O MECENATO CULTURAL COMO INSTRUMENTO DE COMUNICAÇÃO

O MECENATO CULTURAL COMO INSTRUMENTO DE COMUNICAÇÃO

O CASO CAIXA GERAL DE DEPÓSITOS E A CULTURGEST

Cármen Zita Monereo

Prefácio de Mark Deputter

ALMEDINA

O MECENATO CULTURAL COMO INSTRUMENTO DE COMUNICAÇÃO
O CASO CAIXA GERAL DE DEPÓSITOS E A CULTURGEST

AUTORA
Cármen Zita Monereo

EDITOR
EDIÇÕES ALMEDINA, S.A.
Avenida Emídio Navarro, 81, 3D
3000-151 Coimbra
Tel.: 239 851 904 · Fax: 239 851 901
www.almedina.net · editora@almedina.net

DESIGN DE CAPA
EDIÇÕES ALMEDINA, S.A.

PRÉ-IMPRESSÃO
Patrícia Boleto

IMPRESSÃO E ACABAMENTO
AAAAAAAAA

Dezembro, 2022
DEPÓSITO LEGAL
000000/22

ALMEDINA | GRUPOALMEDINA

BIBLIOTECA NACIONAL DE PORTUGAL – CATALOGAÇÃO NA PUBLICAÇÃO
O MECENATO CULTURAL COMO INSTRUMENTO DE COMUNICAÇÃO : O CASO CAIXA GERAL DE DEPÓSITOS E A CULTURGEST
MONEREO, Cármen Zita Batalha Garcia, 1970-
ISBN 978-989-40-0800-2
CDU 316

Dedicatória pessoal
À memória do meu pai.
À minha mãe.
Meus exemplos de dedicação, trabalho e perseverança.

AGRADECIMENTOS

A publicação do presente livro não seria possível sem o apoio e o contributo de um conjunto de intervenientes a quem quero deixar expresso o meu profundo reconhecimento.

O meu primeiro agradecimento é dirigido ao meu orientador, Professor Doutor Luís Vicente Baptista, da Universidade Nova de Lisboa, pelo acompanhamento atento, pelas suas sugestões críticas e pela confiança com que sempre me encorajou. A minha palavra de agradecimento pelas críticas e sugestões dos membros do Júri, que enriqueceram esta obra. Ao Presidente do júri – Prof. Doutor Manuel Lisboa, aos arguentes principais o Prof. Doutor José Neves e o Prof. Doutor Carlos Fortuna, e aos restantes membros do Júri o Prof. Doutor Vitor Flores, o Prof. Doutor José Soares Neves e a Prof. Doutora Cláudia Madeira.

Agradeço igualmente a todos os que participaram nas várias etapas metodológicas da investigação. Ao Professor Doutor Jordi Nofre, pela simpática ajuda na primeira etapa, ao facilitar-me a oportunidade de ser acolhida como *visiting academic* na Universidade de Barcelona. Aos Professores do Departamento de Comunicação da FCSH, em particular à Professora Doutora Cláudia Madeira pelas críticas, sugestões, e palavras de motivação no início deste projeto e à Professora Doutora Ana Margarida Barreto pela disponibilidade na partilha de informação que enriqueceu a pesquisa.

À Professora Patricia Aufderheide, da American University, School of Communication em Washington D.C, pelas importantes sugestões, conversas presenciais e interlocutora com outros académicos, que me possibilitou aceder a bibliografia atualizada, durante os dois anos que residi nos Estados Unidos.

Um agradecimento institucional é devido ao Centro de investigação CISCNOVA-da FCSH que me acolheu como investigadora e proporcionou recursos de investigação durante a feitura da tese. Ao Instituto de Comunicação da Universidade Nova de Lisboa – ICNOVA centro ao qual pertenço como investigadora integrada, e em particular à sua Diretora na pessoa da Prof.ª Doutora Cristina Ponte. Agradeço também à Universidade do Algarve Instituição ao qual me integro, e à University of Saint Joseph, em Macau, onde colaboro como Professora Convidada e em particular ao Prof. Doutor José Manuel Simões pelas suas palavras sempre de encorajamento e confiança.

Um agradecimento especial é devido a todos os que me deram a honra do testemunho da sua ação na Caixa Geral de Depósitos e na Culturgest. Ao Dr. Emílio Rui Vilar ao Dr. António Pinto Ribeiro, ao Dr. Miguel Lobo Antunes e ao Dr. Mark Deputter pelo tempo, pela disponibilidade e pela partilha da sua experiência tão essencial para a realização da investigação que deu origem a esta obra. A todos os profissionais da Caixa Geral de Depósitos, e da Culturgest, pela sua inestimável ajuda na disponibilização de documentos fundamentais para esta pesquisa.

Às Edições Almedina pelo reconhecimento da qualidade editorial e publicação da obra.

Um agradecimento institucional à Caixa Geral de Depósitos sem a qual a publicação desta obra não seria possível, em especial ao Dr. Emílio Rui Vilar e ao Dr. Paulo Moita de Macedo.

Aos meus amigos e familiares, especialmente aos meus irmãos e sobrinhos, que compreenderam a minha ausência e silêncio. À minha mãe a quem tudo devo. Pelo seu amor incondicional, pelo seu exemplo, pela sua força, e por ter-me incutido o gosto pela investigação científica. Ao Nuno, meu marido, pela paciência, pelos momentos de inspiração, aos seus comentários e sugestões, pelas suas palavras de encorajamento e pelo seu incansável apoio em todas as longas trajetórias da minha vida. Aos meus filhos, Vasco e Mariana, ainda que privados de muitas horas da minha companhia, sempre me transmitiram uma força incondicional. A Deus por iluminar o meu caminho.

O MECENATO CULTURAL COMO INSTRUMENTO DE COMUNICAÇÃO: O CASO CAIXA GERAL DE DEPÓSITOS E A CULTURGEST

Cármen Zita Monereo

RESUMO

PALAVRAS-CHAVE: Comunicação Estratégica, Comunicação Institucional, Mecenato, Patrocínio, Filantropia, Caixa Geral de Depósitos, Culturgest

O mecenato à cultura é um dos diversos instrumentos que as empresas têm à sua disposição para comunicar de forma endógena e exógena, por meio do apoio a iniciativas culturais. Das diversas componentes da comunicação integrada das empresas, na literatura científica designada por *mix* de comunicação (Lendrevie, 2010), o mecenato é, certamente, uma das mais importantes e em simultâneo uma das menos estudadas. Esta obra explora a evolução do conceito de mecenato ao longo do tempo e a relação ambígua que sempre estabeleceu entre interesse e altruísmo, poder e generosidade. No entanto, existe um elemento constante, por parte do mecenas: a intenção de comunicar. O que difere ao longo dos tempos não é, pois, a comunicação, mas a intencionalidade da mensagem e os meios disponíveis para avaliar a sua eficácia junto do público-alvo. No Ocidente, a participação dos Bancos na cultura tem crescido, predominantemente, por meio das suas próprias Fundações e na criação de coleções de Arte. Nesta obra, argumenta-se que subjacente às opções estratégicas dos "novos mecenas" existem interesses de valorização da imagem, da reputação institucional, como organizações civicamente responsáveis, muito embora, as motivações variem em função do contexto político, social, macroeconómico e internacional. A abordagem é interdisciplinar, estabelecida no campo teórico reflexivo das Ciências da Comunicação, inserido nas Ciências Sociais e Humanas sob uma metodologia qualitativa. Propõe-se num quadro analítico da Comunicação Institucional (Philip Lesly, 1997) explorar os propósitos da organização, sob a bondade do mecenato. Assim, a distinção dos conceitos de mecenato, patrocínio, filantropia, filantrocapitalismo conduzem à clarividência da imagem organizacional e sua reputação institucional. É nesta conformidade que se instrumentaliza o "estudo de caso" ao qual se aplica um modelo teórico, pretendemos dar um contributo de forma epistemológica para o acréscimo da literatura científica sob a temática já existente, em Portugal. A Comunicação Institucional como marco estratégico conceptual optado pela organização, teve a finalidade de definir também o propósito não mercantil, suscitar a adesão do público. Assim sendo, a CGD enquanto sujeito emissor pretendeu transmitir mensagens com valores políticos, simbólicos e respeito pelas obrigações éticas, sujeitando-se ao permanente escrutínio da opinião pública, para a manutenção da sua imagem de marca, outrora deveras desfavorável. Em conclusão, defende-se que nas estratégias de gestão, as organizações podem conjugar as diversas formas de comunicar, com os seus *stakeholders* (públicos estratégicos internos e externos) e privilegiar o mecenato no contributo à cultura como forma de participação cívica na sociedade.

ÍNDICE

ÍNDICE DE FIGURAS

ÍNDICE DE GRÁFICOS

SIGLAS E ACRÓNIMOS

ADMICAL – Association pour le Développement du Mécénat Industriel et Commercial
AML – Área Metropolitana de Lisboa
AICEP – Agência para o Investimento e Comércio Externo de Portugal
BES Arte – Banco Espírito Santo Arte
BdP – Banco de Portugal
BPI – Banco Português de Investimento
BPN – Banco Português de Negócios
BCP – Banco Comercial Português
CCB – Centro Cultural de Belém
CEE – Comunidade Económica Europeia
CEREC – *Comité Européen pour le Rapprochement de l'Économie et de la Culture* (Comité Europeu para a Reconciliação da Economia e da Cultura – Bélgica)
CGD – Caixa Geral de Depósitos
CML – Câmara Municipal de Lisboa
DCMS – *Department of Culture, Media and Sport* (Departamento da Cultura, *Media* e Desporto – Reino Unido)
DEPS – *Département des études, de la prospective et des statistiques* (Departamento de Estudos e Estatística – França)
DGPC – Direção-Geral do Património Cultural
EBF – Estatuto dos Benefícios Fiscais
EGEAC – Empresa de Gestão de Equipamentos e Animação Cultural
EUA – Estados Unidos de América
FCG – Fundação Calouste Gulbenkian

FLAD – Fundação Luso-Americana para o Desenvolvimento
ICOMOS – International council of monuments and sites
IGESPAR, I.P – Instituto de Gestão do Património Arquitetónico e Arqueológico, IP
IGPAA – Instituto para a Gestão do Património Arquitetónico e Arqueológico
IPPAR – Instituto Português do Património Arquitetónico
IPPC – Instituto Português do Património Cultural
LIVRO VERDE – Promover um quadro europeu para a responsabilidade social das empresas, COM (2001), Bruxelas, 18.07. 2001.
MC – Ministério da Cultura
MoMA – Museum of Modern Art, New York (EUA)
OAC – Observatório das Atividades Culturais
OCDE – Organização para a Cooperação e Desenvolvimento Económico
PAEF – Plano de Austeridade Económico e Financeiro
PIB – Produto Interno Bruto
PLMJ – Fundação A.M. Pereira, Sáragga Leal, Oliveira Martins, Júdice e Associados (Lisboa)
RSE – Responsabilidade Social Empresarial
SEC – Secretaria de Estado da Cultura
UNESCO – United Nation Educational, Scientific and Cultural Organization
UE – União Europeia

PREFÁCIO

Vivemos tempos interessantes e desafiantes para a programação e gestão culturais em Portugal. Depois de o setor cultural ter sido atingido de forma particularmente veemente pela crise pandémica de Covid-19, pondo a descoberto as suas enormes fragilidades, o país tem pela frente uma tarefa indispensável de reconstrução e consolidação. Num esforço reformista assinalável, o governo decidiu avançar com algumas intervenções estruturais há muito reivindicadas pelo setor cultural: a elaboração do Estatuto dos Profissionais da Área da Cultura, o aumento orçamental muito significativo para os Apoios à Criação Artística, a retoma das aquisições para a Coleção de Arte Contemporânea do Estado e a criação da Rede de Teatros e Cineteatros Portugueses (RTCP) e da Rede Portuguesa de Arte Contemporânea (RPAC). Há indicações de que haverá mais iniciativas destinadas a fornecer o setor cultural com os meios e o enquadramento legal de que precisa e que merece, entre outros, na gestão dos museus e das instituições culturais do estado.

A reestruturação e a consolidação do setor cultural em curso só podem resultar se tiverem o apoio e a colaboração dos próprios profissionais da cultura, das instituições públicas e das empresas e fundações privadas. A participação das empresas na vida cultural tem crescido de forma significativa nas últimas duas décadas, mas, num país com recursos económicos limitados, há margem para os mecenas e patrocinadores assumirem responsabilidades mais amplas. É inevitável que as parcerias público-privadas continuem a ter um papel decisivo na gestão e no financiamento das instituições de grande dimensão.

Sabemos que as colaborações entre o setor cultural e o mundo corporativo estão sujeitas a tensões e forças centrífugas. Nem sempre as aspirações artísticas dos criadores e o serviço público das instituições se coadunam com os objetivos dos mecenas corporativos. O desenvolvimento de modelos de colaboração inovadores e estáveis precisa de criatividade, de empreendedorismo e de um conhecimento profundo da arte e do mecenato, no passado e na atualidade.

Neste contexto, é seguro afirmar que o estudo minucioso da história da Fundação Caixa Geral de Depósitos – Culturgest, levado a cabo pela investigadora Cármen Monereo neste livro, é uma contribuição valiosa não só para a história do mecenato no nosso país, como também para a definição dos modelos público-privados do próximo futuro. A análise da relação umbilical entre a Culturgest e a sua instituidora Caixa Geral de Depósitos reveste-se com uma particular relevância, porque se trata de um dos exemplos mais paradigmáticos – pela sua longevidade e consistência – de mecenato cultural no nosso país, que fez nascer e crescer, ao longo de quase trinta anos, um centro de arte contemporânea dinâmico e multidisciplinar com uma programação cultural de referência.

Mark Deputter,
Administrador Fundação Caixa Geral de Depósitos – Culturgest
24 de outubro de 2022

INTRODUÇÃO

Pela relevância do conteúdo temático e as suas abrangências a nível global, a presente obra tem como ponto de partida o papel do tecido empresarial na esfera da cultura e a sua relação com as Estratégias de Comunicação. É neste quadro, que o mecenato se constitui como um instrumento de comunicação privilegiado para a imagem competitiva dos agentes económicos, a afirmação da marca e dos proveitos "não económicos". A relação entre a arte e o negócio não é um fenómeno novo. Muito pelo contrário. A História é rica em evidências e a atual literatura científica da especialidade revela que a utilidade do mecenato como instrumento de comunicação é um fenómeno antigo que existe há mais de 4000 anos. No Ocidente, o Renascimento é o berço dessa relação histórica entre a arte e os negócios a que chamamos mecenato. Os ricos e poderosos, de então, chamavam os artistas, encomendavam as obras e apoiavam as artes, para celebrar o seu poder no presente e assegurar a sua glória no futuro. Na Europa, em Florença, os Médicis, tornaram-se o símbolo do mecenato, o arquétipo do mecenas. O mecenato continuou a ser cultivado e os mecenas nunca mais desapareceram. Historicamente, esta ação mecenática estava relacionada com os interesses privados das elites que doavam ou apoiavam a cultura, em nome individual e com propósitos filantrópicos (Smith, 1994). Cinco séculos depois, o mundo moderno assistiu ao regresso em força do mecenato e ao aparecimento de um novo modelo de mecenas: os Médicis empresariais.

Com o desenvolvimento das grandes empresas multinacionais, a partir das décadas de 60 e 70 do século XX, que produzem, vendem e acumulam riqueza à escala internacional, ao mesmo tempo que disparam as indústrias culturais, começa a desenvolver-se na comunidade empresarial a ideia de que a cultura tem uma dimensão económica e pode ter impacto nos negócios. E não só, diretamente, através das indústrias criativas, na produção e distribuição dos produtos culturais, mas também, indiretamente, através dos benefícios proporcionados pelo apoio às artes, quer sob a forma de mecenato quer sob a forma de patrocínio, favorecendo a imagem e a reputação das empresas. Os grupos empresariais começam, a partir de então, a entrar no mundo da cultura, subsidiando a conservação e o restauro do património cultural, comissionando obras de arquitetura, escultura ou pintura, apoiando exposições, companhias de teatro e dança ou festivais de música. Fosse por interesses empresariais de curto prazo ligados à comunicação e ao marketing, ou por responsabilidade cívica e espírito filantrópico, o certo é que os novos Medici empresariais se tornam atores fundamentais no mundo da cultura. Como é natural, o modelo de intervenção da comunidade empresarial no apoio à cultura não é sempre o mesmo e varia de acordo com os enquadramentos jurídico-constitucionais, os regimes políticos, o desenvolvimento económico e social e as especificidades culturais de cada país em particular. Estas diferentes variáveis influenciam, certamente, a natureza e a extensão do envolvimento empresarial no apoio à cultura e definem não só o âmbito legal e os incentivos fiscais, como chegam, por vezes, a definir os próprios requisitos e o tipo de apoio às artes.

Apesar das especificidades nacionais que subsistem, o mundo ocidental parece dividir-se, hoje, em dois modelos principais no que respeita ao apoio à cultura. O primeiro, modelo norte-americano, é aquele em que o papel do Estado é inexistente ou quase nulo e o protagonismo é desempenhado pelo setor privado, ou seja, pela comunidade empresarial. O segundo é aquele em que o Estado prevalece, não só como legislador, mas também como principal financiador. O setor privado, coexiste com o Estado e, embora a comunidade empresarial tenha um protagonismo crescente, não pode dizer-se que tenha, ainda, o papel principal. É o modelo europeu e, em particular, da União Europeia. Por herança histórica, as políticas culturais na Europa têm estado centradas no papel do Estado. Um enquadramento legal forte e um apoio financeiro quase garantido geraram, neste modelo, uma espécie de *Welfare State Cultural*, que dificultou a relação entre o mundo da cultura e o mundo da empresa e criou, por outro lado, uma relação de dependência entre a cultura e o Estado.

Nas últimas décadas, este modelo tem vindo a sofrer um processo de erosão sob o efeito paralelo de duas dinâmicas: Por um lado, o efeito da globalização, que tem provocado um movimento de universalização do modelo americano, em que a fórmula do apoio às artes não é exceção. Por outro, o efeito das crises económicas e do seu reflexo nas finanças públicas dos

Estados, que têm provocado cortes orçamentais cíclicos no apoio à cultura. A combinação destas duas dinâmicas tem vindo, progressivamente, a abrir maior espaço ao financiamento privado e ao papel dos mecenas empresariais no panorama cultural europeu. É certo que o financiamento privado e o apoio à cultura existem há muito tempo na Europa. Mas, desde o início do século XX, o financiamento privado à cultura, sob a forma de patrocínio tem vindo a ganhar espaço nas estratégias de gestão que procuram elevadas rentabilidades. O que acontece hoje é as empresas questionarem e ponderarem os benefícios do mecenato à cultura, comparativamente a outras modalidades, diretamente relacionadas com objetivos empresariais de curto prazo, de comunicação e de elevada visibilidade. Atualmente desenvolve-se e consolida-se, também, o patrocínio, a filantropia e o mecenato cultural. Portugal não está alheio a este movimento europeu. Desde a década de 70 que a questão do apoio empresarial ao setor das artes se tem colocado, mas é na década de 80 e, particularmente, com a entrada na Comunidade Europeia, que o mecenato cultural entra definitivamente na agenda política e é objeto de enquadramento legal, com a publicação da Lei do Mecenato, em 1986. Embora o Estado mantenha o papel principal no setor da cultura, define-se, então, o regime jurídico dos incentivos fiscais à atividade mecenática de empresas e particulares. Abriu-se, assim, o caminho ao financiamento privado à cultura e às artes, que passa a coexistir com o financiamento público e tem tendência a reforçar-se sempre que a crise das finanças públicas afeta o *Welfare State* (Estado-Providência). É no quadro desta problemática geral do financiamento privado à cultura, em Portugal, que se insere esta obra sobre a ação mecenática da CGD através da Culturgest.

Delimitação do campo de investigação, metodologia, matriz teórica e conceptual

Na atualidade, o mundo enfrenta realidades em acelerada transformação o que impõe análises reflexivas, escolhas responsáveis que apenas o conhecimento objetivo poderá legar através de uma atitude metodológica. Todo o conhecimento científico resulta de um processo complexo que se inicia com uma interrogação, uma hipótese ou um problema. Estamos conscientes da necessidade de uma visão abrangente que acompanhe a busca do conhecimento em articulação com diferentes fontes do saber, mas com a objetividade que o rigor científico impõe. Karl Popper sublinha:

> "a investigação científica objetiva a evolução do conhecimento humano e deve contribuir para aperfeiçoar o progresso da sociedade" (2009, p. 145).

É neste contexto metodológico, que a presente obra foi concebida com base num trabalho de investigacao no âmbito da tese de doutoramento da autora abrindo espaço à reflexão sobre o papel do mecenato e das empresas na cultura das sociedades contemporâneas, que se insere no estudo de caso da "Caixa Geral de Depósitos e a Culturgest". Assim sendo, é relevante compreender o papel das empresas no campo do apoio à cultura. Quais as principais motivações e a relação que estabelecem com a estratégia de comunicação das empresas.

Coloca-se a hipótese pertinente através da qual iremos responder à seguinte questão:

O objetivo do apoio empresarial à cultura através do mecenato, sob uma decisão de comunicação estratégica é dar um contributo para o desenvolvimento cultural e social, com a obtenção de vantagens para a imagem e reputação da empresa? A hipótese levanta desde logo várias questões a que se procurará responder ao longo desta obra tendo subjacente o estudo de caso: "a Caixa Geral de Depósitos e a Culturgest". Com este propósito, definiram-se cinco questões de partida da investigação a saber: Qual o papel da Caixa Geral de Depósitos no apoio à cultura? Quais as motivações do banco subjacentes ao apoio à cultura? Qual o instrumento prioritário que o banco utiliza no apoio à cultura? Qual a relação que estabelece entre a estratégia de comunicação e a prática do mecenato à cultura? Qual o impacto do mecenato empresarial na cultura e na sociedade?

Importa referir que, a motivação e pertinência da escolha do tema do livro resultou de um turbilhão de questões sobre o mecenato e as empresas de grande dimensão do setor financeiro, e focaliza-se no seu papel como atores com responsabilidade social, no espaço e local em que se inserem. No caso particular do sector financeiro onde a autora obteve experiência durante décadas é relevante entender, como é que outros factores poderão impulsionar a instituição financeira para além do lucro – o seu objetivo principal – os bancos, podem contribuir para uma sociedade socialmente mais inclusiva e culturalmente mais inovadora. Por outro lado, aguçou o espírito o descortinar de dois aspetos, subtis, de grande relevância para a prossecução das metas empresariais: a comunicação endógena e exógena das empresas como instrumento para obtenção de mais valias; o modo como o setor financeiro utiliza o cruzamento das suas estratégias de comunicação com a cultura, para obtenção de um relacionamento profícuo com uma maior proximidade junto das comunidades. Em particular pelo facto de cada vez mais, o apoio à cultura estar presente na estratégia de comunicação das empresas e no reforço da sua imagem na sociedade. Procurou-se constatar as dinâmicas do desenvolvimento de uma cidade no modelo capitalista vigente, onde ocorrem as transformações do tecido espacial urbano, no qual a globalização se afirma nos comportamentos hegemônicos das empresas transnacionais e nas memórias esbatidas da vida popular urbana. Para Costa, 1999; Cordeiro, 1997) as imagens sintéticas da vida popular urbana, são entendidas como "património simbólico" partilhado. É inequívoco que como assinala Borja e Castells:

> As cidades são as grandes protagonistas da nossa época. A sua dinâmica surge de uma articulação complexa e multidisciplinar resultado da confluência da ação dos governos locais, dos agentes económicos públicos e privados, das organizações sociais e cívicas, dos sectores intelectuais e profissionais e dos meios de comunicação social (Borja e Castells, citado Baptista & Pujadas, 2000).

A globalização é um dos fenómenos mais significativos das sociedades contemporâneas com consequências na esfera política, económica, tecnológica, social e cultural. Consiste numa posição ideológica relacionada com o neoliberalismo. Os processos de globalização têm gerado impactos em espaços urbanos o que altera a dinâmica das cidades, as lógicas sociais pré-estabelecidas e a morfologia dos tecidos urbanos. Na linha de pensamento de Baptista e Pujadas (2000), as bases que separam a ordem anterior, são sobretudo os fenómenos como a) descentralização e a fragmentação dos processos produtivos b) e a hegemonia das empresas transnacionais c) a rutura dos muros de contenção nacional perante a expansão global do capitalismo financeiro, a par da revolução tecnológica informacional e as d) mudanças de produção industrial das metrópoles para locais menos desenvolvidos.

As migrações e a crescente mobilidade geográfica e social assim como o rápido desenvolvimento e expansão das tecnologias de informação e comunicação vão acentuar a desterritorialização e a intensificação de fluxos culturais globais (Appadurai, 1996) que circulam e interagem a uma escala planetária. Assim sendo, a cultura perde a sua propriedade natural e autenticidade, circunscrita ao espaço em que se inserem as populações, tornando se de forma inequívoca global.

Segundo Tomlinson & Crowling (2005) a globalização não se apresenta como uma ameaça às "identidades nacionais" ou culturais, pelo contrário, a globalização vai criar e fazer proliferar identidades culturais que se reforçam e oferecem resistência à força centrífuga da globalização capitalista (sob diversas formas, por vezes desorganizadas e politicamente reacionárias). Afirma Lipovetsky,

> "(...) o mundo hipermoderno tal como hoje se apresenta organiza-se em torno de quatro pólos estruturantes que desenham a fisionomia dos novos tempos. As axiomáticas são o hipercapitalismo a hiper tecnicização, hiperindividualismo e o hiperconsumo. (...) Vivemos numa época em que vigora a expansão do sector financeiro e bolsista, um sistema integrado do capitalismo globalizado ao que o autor designa por "hipercapitalismo". (Lipovetsky, 2008, p. 40)

As lógicas interagem e formam uma desterritorialização própria de uma cultura globalizada que objetiva uma sociedade universal de consumidores. No hipercapitalismo o poder dominante está nas mãos dos consumidores e dos investidores, dos financeiros e as grandes empresas orientam a atividade para acrescentar valor aos acionistas (Lipovetsky, 2008, p. 40). Nas sociedades capitalistas desenvolvidas, a produção do sector privado (de bens e serviços) com fins mercantis visa incrementar a satisfação dos agentes económicos. A liberalização dos mercados numa era de global do sector financeiro traz um período de incertezas e instabilidade, imprevisibilidades. Num sector de excessos e instável com repercussões a nível mundial. Ora neste livro, faz-se referência justamente às repercussões dos excessos das finanças, e o efeito "dominó" que causados nas sociedades na era da globalização (Lipovetsky, 2008, p. 43). É sabido que os excessos da *performance* do sector financeiro não são recentes. Muito pelo contrário. Os impactos da instabilidade e a fragilidade do hipercapitalismo acabam por ter um âmbito mundial tal como demonstrou a crise *subprime* no sector financeiro. Os empréstimos imobiliários de risco do mercado financeiro norte americano desencadearam uma crise com repercussões a nível mundial. No plano nacional, o país sofreu os efeitos do hipercapitalismo, como revelam os anos de crise económica 2013-2017.

Por outro lado, é sabido que o conhecimento e a cultura, como fatores de crescimento estão presentes no pensamento económico desde o século XVIII. "Os contributos de Marx e de Schumpeter demonstram que os economistas estão de há muito conscientes da importância destes fatores no processo económico" citado por Lopes, A. & Pontes, J. (2010, p. 212), in *Introdução à economia urbana.* "A importância das novas tecnologias da informação ligadas à inovação e ao conhecimento no contexto da globalização são fatores críticos no sucesso de uma economia com sustentabilidade".

As cidades que retiram sucesso através da competição económica, dispõem de concentrações de conhecimento especializado, apoiam instituições e empresas. Na obra citada em *supra* os autores fazem referência ao pensamento de Lever e Turok (1999, p. 791) sublinham que muitas das mais valias das cidades são resultados da cooperação "público-privado", não se devendo menosprezar a importância dos fatores "não económicos" a presença de instituições "não comerciais e não industriais". No caso presente insere-se a Culturgest.

"A existência de uma orquestra filarmónica, de museus de arte, jardins, monumentos artísticos históricos ou religiosos, de teatros, de qualidade arquitetónica dos edifícios, conta bastante mais do que a produção de bens materiais" (*op. cit.*, p. 39) Assim é expectável que, entre os fatores de produção, e para além do trabalho, da terra, do capital, se inclua a comunicação estratégica da empresa, a inovação, o conhecimento e a cultura.

Este desiderato reflete-se no Edifício Sede da CGD na Av.ª João XXI em Lisboa, que constitui um marco arquitetónico de grande porte estético, inserido de forma equilibrada na malha urbana da cidade, valorizou-a e conseguiu sobretudo consolidar a sua imagem de marca. Constituído por três blocos – Nascente, Central e Poente, por quinze pisos, nove acima do solo e seis abaixo, dotado de um conjunto de meios de segurança e proteção, zonas de trabalho, lazer e saúde para os colaboradores. Tendo sido concebido como projeto inovador na cidade de Lisboa, inclui obras de arte na arquitetura do edifício que decoraram zonas públicas no interior e no exterior com jardins nas entradas Norte e Sul. Assim sendo, há diversas obras de arte de autores portugueses, nas zonas abertas aos públicos internos e externos, desde tapeçarias de Júlio Pomar e Júlio Resende, painéis e azulejos de Graça Morais e Sá Nogueira. A Cúpula da entrada Sul "Abóbada Celeste 1987" em mosaico vítreo do saudoso Eduardo Nery, motivos escultóricos de Lagoa Henriques nos jardins, "Os doze vice-reis da Índia 1993" do pintor Luís Pinto Coelho, Ascânio Monteiro, Clara Menéres e Fernando Conduto e a pintura de António Charrua.

Neste sentido, a relevância desta obra pode traduzir-se na possibilidade de contribuir com novas perspetivas, sobre a importância social do tecido empresarial no apoio à cultura e, das razões subjacentes ao seu papel participativo no bem-estar da comunidade.

a) Enquadramento teórico e conceptual

Numa abordagem transdisciplinar, pelo caráter transversal e inovador do tema, o presente livro contou com o recurso a teorias e conceitos de várias disciplinas das Ciências Sociais, tais como, da Sociologia, Direito, História, Filosofia Cultural, Economia Cultural, Gestão entre outras, com relevância para o campo teórico das Ciências da Comunicação e com foco na Comunicação Estratégica e Institucional. Assim sendo, a pesquisa é conduzida a partir da perspetiva disciplinar da Comunicação Institucional, com o olhar epistemológico que permitiu delimitar o campo da investigação e os seus resultados. Para delinear e entender o contexto da investigação e, de modo a proporcionar um entendimento clarividente dos caminhos a percorrer, sob a bússola metodológica, definiu-se quais os conceitos essenciais, a utilizar no estudo. Definido o lugar do mecenato à cultura, como instrumento na Comunicação Estratégica das empresas, clarifica-se a forma como se cruzam conceitos de forma multidisciplinar. Como refere Machado Pais (1993, pp. 110-111) "Os conceitos e teorias devem entender-se como instrumentos metodológicos de investigação ao serviço da capacidade do cientista". Assim sendo é inequívoca:

> "(...) a necessidade de uma apertada vigilância epistemológica às teorias metas e conceitos que mais parecem moldes antecipadamente preparados a que um alfaiate desajeitado adapta laboriosamente um tecido que mal conhece – o tecido social – fazendo com que esse tecido pareça aquilo que não é" (Pais, 1993, pp. 110-111)

O conceito de comunicação deriva do latim *communicare* e significa tornar comum, compartilhar, trocar opiniões, associar, conferenciar. O ato de comunicar implica em trocar mensagens, que por sua vez envolve emissão e recebimento de informações. Comunicação é a provocação de significados comuns entre comunicador e intérprete utilizando signos e símbolos. Como define o sociólogo americano Charles Cooley (Cooley, 1909, p. 61), "a comunicação (...) é o processo através do qual as relações humanas existem e se desenvolvem, ou seja, é o processo pelo qual as sociedades e os indivíduos se constituem, e reproduzem na história humana." Comunicação e cultura são conceitos indissociáveis, na medida em que, desde sempre, as sociedades humanas se ocupam da produção, armazenamento e intercâmbio de informações e conteúdos simbólicos (Ferin, 2002). Como refere Adriano Rodrigues em "*Comunicação e Cultura*" (2010) nas sociedades contemporâneas, os estudos sobre comunicação tornaram-se "indispensáveis à compreensão do nosso tempo. São exigidos não só para compreendermos as mudanças rápidas que se verificam à nossa volta e os processos que as implementam, mas também para evitarmos a confusão entre a ordem mundial da informação e a experiência comunicacional que define o horizonte das culturas humanas" (Rodrigues, 2010, p. 30). A imagem que uma organização transmite é consequência de várias ações de comunicação cujo objetivo único é a conciliação de metas e objetivos traçados.

Ora, os públicos poderão ter uma imagem favorável ou desfavorável das organizações com que se relacionam derivado de vários fatores. Por tal facto, a comunicação intencional e a comunicação não intencional têm uma grande influência junto do público, percecionando-a de forma positiva ou negativa, não só pelos serviços que prestam, mas sobretudo pela forma como comunicam. Assim sendo, a estratégia de comunicação de uma empresa é estruturada de forma a assegurar a relação de confiança e a sustentabilidade das imagens emitidas e recebidas pelo público. A transversalidade da comunicação tem sido avaliada e discutida de uma forma pormenorizada por vários autores (Argenti, 2005; Kunsch, 2006; Tironi & Carvalho, 2011). O mecenato, face à sua relevância na dimensão comunicativa faz parte da linguagem das organizações na sua relação com a comunidade, no contexto contemporâneo que tem como cenário a globalização. Por tal facto, a empresa na sociedade de informação assente em dinâmicas como o aumento dos fluxos de informação, o avanço tecnológico e a sociedade em rede (Cornelissen, 2014) começou a adotar um novo discurso comunicacional junto dos seus públicos internos e externos assente em premissas como os valores humanos, o respeito pelo ambiente, a transparência, a cultura, a cidadania e a Saúde Total (Batalha, 2015).

É neste novo paradigma que as organizações e as empresas inseridas em sociedades em mudança, aplicam ações de grande amplitude de comunicação de forma integrada. Os planos são introduzidos nos princípios das organizações posicionando-os sobre expectativas de excelência junto dos seus públicos e da sociedade dando desta forma um caráter relacional e participativo ao processo comunicativo (Cunha & Granero, 2008). Desta forma é relevante o papel da Comunicação Estratégica como ferramenta de interação junto dos seus públicos internos e externos e ações definidas em metas e objetivos programático.

O conceito de cultura (*Colere*) é de raiz latina, significa cultivar e proteger de *cultus*, e pode ser entendida a partir de diversas abordagens teóricas dos cientistas sociais, como E. B. Tylor (1832-1917) citado por Pires, 2004. Em *Primitive Culture*, a cultura para este autor é o todo complexo que inclui as crenças, os costumes, a arte, a moral, o direito, os hábitos e capacidades que adquirimos enquanto membros da sociedade. Na noção conceptualmente mais vasta nas Ciências da Comunicação, a noção de Norbert Elias, de Edgar Morin, T.S. Elliot, George Steiner, Bourdieu, Giddens, Benedict (citado por Pires, 2004).

Na perspetiva da economia da cultura, Throsby, defende que a cultura[1] caracteriza-se por ser um setor de atividade, que engloba as artes criativas, bens e serviços culturais, capaz de gerar um resultado económico e benefícios sociais. Enquanto valor, pode-se considerar que tem o valor cultural e o valor económico. Do ponto de vista conceptual, o autor considera que valor cultural se refere ao valor que um bem ou serviço de cultura possui, e não do valor no sistema económico. Estes podem ser valores sociais, simbólicos, estéticos, espirituais, históricos e de autenticidade (Throsby, 2001). Num mundo globalizado, os imperativos económicos e culturais, podem ser vistos como duas das forças mais poderosas que moldam o comportamento humano. A evolução das sociedades deu-se no sentido de uma valorização do objeto cultural como elemento de troca, para melhoria da posição social ou aumento da autoestima. Para Arendt (2006), a atribuição de valor de troca à arte constitui apenas parte do problema. As sociedades antigas não consumiam a cultura como se fosse uma mercadoria, um bem de consumo. Pelo contrário, entendiam a cultura como um bem social, que usavam em função de determinados fins. A função da arte[2] era, essencialmente, prender a atenção e comover. Já as sociedades de massas começaram por desejar, não cultura, mas entretenimento, e os artigos fornecidos pela indústria são consumidos pela sociedade "como quaisquer outros bens de consumo". Como defende,

[1] O termo cultura tem evoluído ao longo do tempo. "A cultura é um direito de cidadania e um facto do desenvolvimento social, além de ter um caráter estético, hedonista e lúdico." Pode ter um valor distintivo (classe social ou profissional) ou uma intenção meramente comercial.

[2] Na perspetiva de Herbert Read em "*O Significado da Arte*". A palavra "arte" associa-se em geral àquelas artes que chamamos "plásticas "ou "visuais"; contudo usada com propriedade, deveria incluir também as artes da literatura e da música. Segundo Read há certas características comuns a todas as artes (Read, 1968, p. 11).

no seu interesse pelo artista ele é "o autêntico produtor desses objetos que cada civilização deixa atrás de si como quinta-essência e perdurável testemunho do espírito que a animava (Arendt, 2006). Na presente obra abarcam-se várias definições de cultura focalizadas, no sentido abrangente de modo de vida de um povo.

O conceito inclui a sua estrutura social, crenças, costumes, linguagem, artes, moral e direito, ou seja, leis que traduzem ações, sentimentos e modo de pensar de uma comunidade (Muylaert, 1993). O conceito de cultura, entendido pela UNESCO (United Nation Educational, Scientific and Cultural Organization, 2002), na Declaração Universal sobre a Diversidade Cultural, em 2002, no Preâmbulo do Ato Constitutivo da UNESCO;

> (...) a cultura deve ser considerada como o conjunto dos aços distintivos espirituais e materiais, intelectuais e afetivos que caracterizam uma sociedade ou um grupo social e que abrange, além das artes e das letras, os modos de vida, as formas de viver em comunidade, os sistemas de valores, as tradições e as crenças.

Ora, a diversidade cultural e a criatividade são aceites como prioridades para a preservação do património da Humanidade, assim sendo podemos afirmar que a Cultura apenas poderá ser entendida como um Bem Comum.

> Artigo 7º – O património cultural, fonte da criatividade. Qualquer criação tem por origem as tradições culturais, mas apenas se desenvolve plenamente em contacto com outras culturas. É por esta razão que o património, em todas as suas formas, deverá ser preservado, valorizado e transmitido às gerações futuras como testemunho da experiência e das aspirações humanas, de modo a fomentar a criatividade em toda a sua diversidade e estabelecer um verdadeiro diálogo entre as culturas. Para um melhor entendimento da relevância do mecenato nas estratégias de comunicação das empresas, apresentamos os próximos tópicos, que estão destinados a balizar melhor outros termos aplicados ao longo do presente estudo.

Adicionalmente trouxe-se à tona outros três conceitos aqui adotados: A noção de (i) comunidade revelou-se ser necessária ao longo da investigação para enquadrar conceptualmente o tema. A palavra comunidade vem do latim *comunitate*, que significa compartilhamento. O conceito esteve no centro da sociologia de Tönnies que opõe dois tipos de coletividades: a comunidade e a sociedade. A distinção tem por base as duas formas de vontade. O autor considera que a vontade orgânica corresponde às relações comunitárias com origem em sentimentos naturais e em vínculos familiares. Por outro lado, às relações societárias correspondem à vontade refletida, geralmente baseadas em contratos. Na presente obra é dado enfoque à abordagem do termo comunidade. Usualmente refere-se a um grupo de pessoas que fazem parte de uma população. Incluindo um bairro, uma vila, uma cidade, uma região ou nação, que compartilham uma cultura comum, uma etnia, um modo de vida, uma religião, costumes, língua, uma visão do mundo ou valores. Implica que o grupo pode atuar coletivamente, incluindo na concretização de um determinado objetivo ou meta, que interage dentro de instituições comuns, e que possui um senso comum de interdependência e integração (Bottomore, 1996). O conceito de comunidade tem sido dos mais utilizados em Ciências Sociais e, não se chegando a uma definição precisa e consensual, pode dizer-se que a mais abrangente se refere a qualquer grupo de pessoas ligadas por um interesse comum (Wonneberger, 2008). O termo (ii) envolvimento é considerado preferencialmente como a capacidade de construir uma relação a longo termo com a comunidade através da oferta regular e variada de atividades que estimulem a sua interação e participação (Dahlgren, 2006, p. 24). Importa igualmente salientar que o termo de (iii) bairro adotado, está em linha de pensamento com Appadurai para "referir as formas sociais efetivamente existentes em que a localidade enquanto dimensão ou valor se realiza de vários modos" (Appadurai, 1996, p. 238). Nesta perspetiva, adianta o autor, os bairros são "comunidades situadas caracterizadas pela sua realidade espacial ou virtual, e pelo potencial para a reprodução social, em certa medida, os bairros são etnopaisagens.

O conceito de comunicação estratégica baseado em princípios metodológicos de planeamento para o desenvolvimento, implementação e monitorização de indicadores estratégicos de comunicação. Os mesmos são imprescindíveis quando a empresa procura alterações profundas da sua imagem junto dos seus públicos internos e externos. As metas são de comunicação transversal com os seus públicos, de forma a construir relações fidedignas de credibilidade e aceitação perene junto da sociedade. Para Sousa (2011), esta relação é articulada de forma integrada com recurso às práticas do *Marketing*, Jornalismo, Publicidade, Relações-Públicas, Comunicação Digital entre outras. Comunicação Estratégica na perspetiva que se adota nesta obra, segue a linha de pensamento de Carrillo (2014) entre outros autores, amplamente aceites noutros trabalhos científicos no campo da Comunicação

(Barreto & Boechat, 2018). A Comunicação Estratégica, é o somatório de todas as estratégias de comunicação e não é semelhante à "estratégia de comunicação" (Carrillo, 2014). A Comunicação Estratégica necessita da utilização de todas as formas de comunicação ao seu alcance para atingir todos os seus objetivos. A publicidade como estratégia de comunicação serve para atingir objetivos mais prementes, traçados pela organização. A terminologia só tem significado no conjunto das organizações, isto é, nas empresas, instituições público-privadas com ou sem fins lucrativos e que trabalham de uma forma estruturada para alcançar ou satisfazer determinada missão e materializar a sua expectativa estratégica. Hallahan *et al.* (2007) consideram a "Comunicação Estratégica como uma comunicação feita deliberadamente por uma organização para cumprir a sua missão".

Uma gestão da comunicação apropriada tem presente que o envolvimento com o ambiente só será possível se a organização projetar uma comunicação que possibilite à instituição a desenvolver e pôr em prática as mais diversas ações, com o auxílio da aplicação de medidas corretivas, sobre as suas estratégicas corporativistas, ao ambiente onde se inserem. O efeito esperado é a projeção de uma imagem positiva junto dos *stakeholders* mas também com o reforço da sua reputação. O *Marketing* e as Relações-Públicas são para o Kunsch duas áreas que praticam exercícios fundamentais nas organizações, contudo com tarefas bem distintas. Na sua perspetiva demonstra que "as ações institucionais principalmente através da cultura, propõem-se fundamentar relacionamentos e não unicamente a persuasão do público consumidor". (Kunsch, 2003)

Ora, a Comunicação Institucional está relacionada com todas as ações que ocorrem em espaços públicos e são emissoras de factos significativos, ou seja, para que uma ação seja eficaz deve estar enquadrada com a atividade de toda a instituição (Kunsch, 2003). É o público o recetor das mensagens contidas nas ações de comunicação que capta, organiza e expressa as suas opiniões, podemos dizer que a instituição está permanentemente sob escrutínio em reação à sua conduta, coerência e credibilidade. A Comunicação Institucional orienta-se no sentido da organização sob uma profunda avaliação que almeja afirmar a compatibilidade dos seus interesses com aqueles pertencentes à comunidade (Weil, 1990) e é de finalidade "não mercantil", pois pretende agir sobre opinião "tornar conhecido, defender, acreditar, suscitar a adesão" Daniel F. (1993, p. 118)

Na Comunicação Institucional o emissor procura divulgar uma "identidade" e uma personalidade. Assim sendo, o emissor enquanto sujeito, transmite uma mensagem com valores políticos e simbólicos com respeito intrínseco pelas obrigações éticas. O condutor, afinal, não é o mercado, mas sim a opinião pública.

É sob este paradigma da Comunicação Institucional, que a CGD sustentou o seu envolvimento enquanto agente económico coletivo, no setor cultural, sobretudo no financiamento de iniciativas culturais, enquadrado numa estratégia de comunicação que prestigia a imagem da empresa, dando-lhe uma personalidade própria, um posicionamento diferenciado no mercado competitivo, através da Culturgest. Sendo que, não descurou a premência da auscultação da opinião pública para consolidar a sua missão social no mercado globalizado.

Das investigações anteriores à presente contribuição

A área de estudo sobre o mecenato tem merecido cada vez mais atenção entre os especialistas. Importa salientar que em Portugal, no campo das Ciências Sociais, não se encontram investigações de caráter alargado com vasta bibliografia sobre o tema do papel das empresas portuguesas e as suas ações de mecenato à cultura. Nesta temática, destacam-se os pioneiros trabalhos sociológicos, publicados na década de 1990 pelo Observatório das Actividades Culturais, que mais aprofundadamente incidiram sobre o tecido empresarial português. Pode-se fazer menção à investigação empírica *"10 anos de mecenato cultural em Portugal"* (1998), sob a direção de Maria de Lourdes Lima dos Santos *et al.*, os artigos *"Mecenato cultural de Empresa em Portugal* (Lima dos Santos & Conde), *"Mecenato Cultural: arte, política e sociedade"* (Conde, 1989) e *"Arte e Poder"* (Conde, 2009).

No campo das Ciências da Comunicação, assinala-se as pesquisas de Mendes (1991) em torno da temática *"Marketing, Patrocínio e Mecenato"*, também escrito no contexto nacional que se vivia na década de 90, cujo tema é abordado na perspetiva das organizações culturais. Pela pertinência do tema, mais recentemente, o mecenato cultural como instrumento de comunicação das empresas tem despertado interesse como objeto de estudo de trabalhos académicos, contudo não se encontram publicados em livro no campo da Ciências da Comunicação. Apesar desta dinâmica, os estudos com base na realidade do tecido empresarial português ainda são em número reduzido. Desta forma a presente obra beneficia dos contributos teóricos e das pistas de investigação empírica que foram lançadas em trabalhos nacionais e internacionais incluídos nas fontes secundárias. A pertinência deste livro distingue-se das anteriores, na medida em que o objetivo é estudar o mecenato cultural, essencialmente, à luz da Comunicação Estratégica, com a análise de um caso em concreto da Caixa Geral de Depósitos e da Culturgest. Considerando o período cronológico compreendido entre 1989 e 2019. Importa referir que, para além da consulta aos estudos realizados em Portugal, no campo científico da Ciências Sociais, acedeu-se a diversas obras de referência de diferentes autores internacionais que se debruçaram sobre a temática entre outros citamos Antonie (2020), Bergin (1990), Besançon (1994), Betts (2003), Brébisson (1986), Crutchfield, Kania & Kramer, Cornwell (2014), Clotas (2009), Cunha & Granero (2008), Cunningham & Taylor (1993), Damon & Verducci (2006), Debiesse (2007), Martorella (1996), Piquet (1991), Reis (2003), que permitiu ter uma perspetiva internacional do estado da arte. A pesquisa permite assinalar que nenhum destes trabalhos se refere concretamente à realidade empresarial portuguesa, muito embora se tivesse constatado a existência de estudos internacionais comparativos de outros espaços geográficos. É neste contexto que, após a revisão do estado da arte da literatura científica atual, obteve-se o conhecimento que facultou uma visão mais abrangente, que recae sobre a apaixonante investigação, inerente ao mecenato. Visualizando como um como instrumento de comunicação, para obter proveitos económicos e "não económicos". Legando às empresas contributos para o desenvolvimento social no mundo global.

Metodologia da investigação e técnicas de recolha

É certo que, como em qualquer investigação, foi necessário definir uma estratégia metodológica. Optou-se pelo método qualitativo, orientado para a análise de um estudo de caso, com tipologia de "caso único", num espaço e tempo bem definidos. Os métodos qualitativos ocupam um lugar importante no desenvolvimento das Ciências Sociais, devido à riqueza de informações que originam e as possibilidades que oferecem de aplicação. Yin (1984) refere que um estudo de caso é uma abordagem empírica que investiga um fenómeno no seu próprio contexto atual. Ora, de acordo com o mesmo autor, um estudo de caso deve ter cinco características: ser relevante, evidenciar uma recolha de dados adequada, ser apresentado de forma estimulante ao leitor, completo e considerar alternativas de explicação. Nos estudos de caso torna-se necessário assegurar a fiabilidade e a validade do estudo. A fiabilidade está relacionada com a replicação do estudo. Neste sentido, diz respeito à necessidade de assegurar que os resultados obtidos seriam idênticos aos que seriam alcançados se caso o estudo fosse repetido. A validade diz respeito à correspondência entre os resultados e a realidade estudada. O estudo do caso "CGD e a Culturgest" respeita estas características.

A definição apontada por Yin (1984) reúne os contributos mais significativos que o conceito abrange: "*A case study is an empirical inquiry that investigates a contemporary phenomenon within its real-life context, especially when the boundaries between phenomenon and context are not clearly evident*".

Ora, esta obra distingue-se das demais na medida em que, o estudo de caso permitiu compreender a especificidade de uma determinada situação e estudar as suas dinâmicas e processos. O objetivo fundamental não foi formular generalizações, mas sim e como afirma Yin (1984) produzir conhecimento acerca de um caso particular e contribuir para a construção teórica da temática, confirmar teorias existentes ou criar pistas para novas teorias. Importa salientar que trabalho de investigação que originou este livro tem por base um vasto *corpus documental* de fontes primárias e secundárias. Tendo-se recorrido como principais técnicas de recolha de dados, a pesquisa documental e as entrevistas semiestruturadas. O *corpus* documental das fontes primárias é constituído por três tipologias de fontes diferentes: em primeiro lugar, a documentação arquivística e impressa, do legado existente no Arquivo Histórico e Fotográfico da CGD, bem como, os Relatórios e Contas, Planos de Atividades, Memorandos e Despachos internos, da CGD e da Culturgest. Para aprofundar a investigação consultou-se também fontes arquivísticas municipais, nomeadamente os arquivos da Câmara Municipal de Lisboa. O que permitiu realizar um trabalho de investigação com mais rigor sobre o modo e o contexto em que decorreu a construção do equipamento cultural, e planos de urbanização referentes à área de estudo em Lisboa. Igualmente importante é a legislação nacional e Europeia (Constituição da República Portuguesa, Lei, Decreto-Lei, Portaria, Despachos, Regulamentos).

Em segundo lugar, a informação publicada em órgãos de comunicação social, nacional e internacional, em particular, imprensa e televisão, constante dos respetivos arquivos digitais (notícias cuja maioria é acompanhada de ilustrações, artigos de opinião, entrevistas publicadas), bem como a disponível nos canais digitais. No que diz respeito à análise de imprensa recolheu-se sobretudo notícias impressas entre 1985 e 1995 (ver anexo C). Consultou-se *sites* institucionais, notícias e entrevistas *on-line* cujo objetivo foi conseguir informação contextual em torno dos vários acontecimentos que marcam as diferentes fases do arco cronológico da investigação.

E, por fim, um terceiro nível de informação é constituído por um conjunto de sete entrevistas semiestruturadas, realizadas com base numa amostra definida tendo por critério as funções de decisão dos entrevistados, tanto do lado da CGD como da Culturgest. Decorreram entre junho 2013 e março de 2020 e permitiram apurar informação fundamental, a que de outra forma, jamais se teria acesso. Do lado da CGD, foi entrevistado o Presidente ao tempo, que foi também o principal mentor na origem da Culturgest e dois outros gestores da CGD com responsabilidade direta na Direção de Comunicação. Do lado da Culturgest, foram entrevistados todos os administradores, diretores artísticos e um responsável pela comunicação.

Do ponto de vista metodológico, a entrevista semiestruturada é uma técnica privilegiada para aceder à experiência dos atores sociais e explorar o sentido que atribuem às suas práticas. Neste tipo de entrevista, embora exista um guião que serve de eixo estruturante, as questões são colocadas de forma não diretiva, deixando um certo grau de liberdade aos entrevistados (Bell, 2002). Estes testemunhos e o material recolhido nestas entrevistas foi imprescindível para a recolha de informação. Quanto às fontes secundárias, dentro dos princípios metodológicos, consultaram-se fontes secundárias bibliografia nacional e internacional que consta em livros, capítulos de livros e artigos das revistas científicas, nas áreas de Ciências Sociais, desde a Sociologia, Direito, História, Filosofia Cultural, Economia Cultural, Gestão, Marketing e Ciências da Comunicação.

A recolha de informação passou também pela possibilidade de consultar bibliotecas universitárias da Universidade Nova de Lisboa (FCSH e Nova Business School), Universidade Católica Portuguesa, Georgetown University, Library of Congress em Washington DC, American University, Harvard University e Universidade de Barcelona. Igualmente nas bases de dados internacionais em formato digital e sites institucionais. Terminada a fase de recolha da informação, procedi à análise de documental.

A presente obra está estruturada em sete capítulos:

De uma forma introdutória aborda-se as principais questões que mereciam uma explicação estruturada de hipóteses que se subordinavam aos propósitos da comunicação institucional, cultura e mecenato. As motivações que moveram a realização da investigação, a pertinência a atualidade da temática, o enquadramento teórico da problemática, a hipótese, as perguntas de partida que guiaram a pesquisa, os objetivos, a metodologia utilizada, conceitos, técnicas aplicadas na recolha de dados e as fontes.

No primeiro capítulo – *"O Mecenato Cultural"* – congregam-se as principais reflexões teóricas. Partindo da revisão da literatura científica apresenta-se uma moldura teórica enquadrada nas questões relativas ao mecenato, à cultura e à comunicação das empresas. O enquadramento teórico primeiramente incidiu na evolução histórica da prática do mecenato e a sua evolução até ao momento contemporâneo; seguidamente definem-se os conceitos em estudo: comunicação estruturada, estratégica e institucional, mecenato, patrocínio, filantropia, imagem e reputação, que fundamentam e que se aplicam a esta tese. Compilou-se a informação dispersa existente referente à prática de mecenato, ao contexto da figura de mecenas, visando contribuir para o conhecimento conceptual e histórico do mecenato.

No segundo capítulo – *"Caixa Geral de Depósitos e Culturgest"* – aborda-se o "caso único" da CGD e da Culturgest. De forma empírica reflexiva, procura-se primeiramente investigar a relação da CGD com a cidade-metrópole, entender a ação mecenática da CGD através da Culturgest. A ideia de transformação do ponto de vista urbano e social cultural esteve sempre presente nesta investigação quando se refere ao edifício sede da CGD, num espaço geográfico que acolheu um equipamento cultural. Pode-se dizer que o segundo capítulo constitui uma parte significativa desta obra pois descreve o contributo e analisa a Comunicação Estratégica optada pela instituição para o planeamento, implementação, desenvolvimento do projeto CGD – Culturgest.

O terceiro capítulo – *CGD-Culturgest – "O sonho comanda a vida" (1987-1992)*, corresponde aos acontecimentos antecedentes ao aparecimento da Culturgest na cena cultural portuguesa. Aqui explica-se as motivações e contornos inerentes às decisões da CGD para constituição da Culturgest, enquadrada nos propósitos doutrinários da Comunicação Estratégica e Institucional que suportaram as metas, resultados e a missão que a CGD se propunha a obter. O objetivo desta informação contextual é revelar os fatores exógenos e endógenos que contribuíram para que a CGD se constitui se na Culturgest: os acontecimentos, as polémicas, os debates em torno da decisão da CGD na construção de um edifício de grandes dimensões na cidade de Lisboa. Explica-se por que surgiu a ideia, quem foi o mentor do projeto Culturgest, os motivos subjacentes, as metas, os objetivos e o público-alvo.

O quarto capítulo – *"A Culturgest nasce como empresa (1993-2007)"* diz respeito ao período referente às grandes mudanças sócio políticas decorrentes da adesão de Portugal à Comunidade Europeia, ressurgimento de bancos comerciais, mudanças internas e o nascimento da Culturgest como empresa. Desenvolve uma atividade intensa dirigida a público multifacetado para reforço da imagem da CGD como banco moderno e inovador. A programação e o mecenato eram instrumentos de comunicação com objetivos endógenos e exógenos.

No quinto capítulo – *"A Culturgest transforma-se em Fundação (2008-2017),* Inicia-se com novo ciclo: a CGD cria a Fundação Caixa Geral de Depósitos--Culturgest; assinala-se a crise do sistema financeiro mundial despoletada pelo *subprime* e as repercussões em Portugal; na opinião pública, acentua a fragilidade da quota-parte da responsabilidade dos bancos devido à sua *performance* de lucros, com efeitos na degradação da imagem e a reputação do sector financeiro; a perda de receitas financeiras e as restrições nos subsídios atribuídos à cultura. Numa conjuntura crítica, a CGD prioriza a Culturgest, como principal projeto de financiamento à cultura e expansão da sua imagem e reputação.

O sexto capítulo – *"Rumo a um novo paradigma (2018-2019)"* analisa-se o desenvolvimento da mudança de estratégicas da CGD em relação à Culturgest. Identificam-se os primeiros sinais da definição de um novo paradigma de gestão, de comunicação institucional, e de programação cultural. Estas mudanças de alguma forma surgem como reflexo das transformações de um período pós-crise financeira e de retoma económica em Portugal e de uma dinâmica que caracteriza as sociedades contemporâneas, em permanente mudança.

No sétimo capítulo – *"Mecenato para quê?"* – tem como objetivo o entendimento sistêmico no que concerne a observação epistemológica, presente ao longo das diferentes fases analisadas, desde a construção física e programática da dualidade CGD – Culturgest, até ao clímax descortinador da missão, nobre, que envolvia os instrumentos e mecanismos devidamente planeados desde o mecenato, à programação os veículos de comunicação utilizados. É sabido que as principais motivações para o apoio à cultura, estão sintetizadas em diversos aspetos: o reforço da imagem, reputação, a relação com a comunidade e a responsabilidade social do mecenas. No que se refere à relação com a comunidade não foi possível apurar com profundidade desejável, sobre o verdadeiro efeito prático da missão do mecenas relativamente aos benefícios evidentes da absorção cultural por parte dos públicos que frequentam a culturgest. Nesse sentido afigura-se que a diferenciação social privilegia os consumidores pertencentes às elites da sociedade estratificada portuguesa. Facto que merece a investigação em outro estudo científico, pois não coube no âmbito estrutural desta obra.

Por último, no último capítulo apresenta-se a Conclusão. Faz-se alusão à dimensão do aliciante campo de investigação sobre a temática com diferentes abordagens, que ainda estão por desbravar, deixando em aberto algumas propostas para dar continuidade ao estudo da problemática do mecenato em Portugal. Não obstante, aquelas limitações relativas a recolha de dados, foi um caminho percorrido de forma gratificante pelas descobertas e respostas obtidas. Considerando-se que as mesmas poderão contribuir para uma visão mais abrangente, do papel social das empresas do setor financeiro, através da cultura e da comunicação estratégica.

A seguir a este corpo da obra apresentam-se os anexos onde constam as sete entrevistas semiestruturadas realizadas *(anexo A)*. As imagens do espaço Culturgest *(anexo B)*, artigos de imprensa considerados relevantes *(anexo C)*, a escritura de constituição e os Estatutos da Fundação Caixa Geral de Depósitos Culturgest *(anexo D)*, a Lei de Mecenato *(anexo E)* em vigor em Portugal, à data de realização desta tese; a lista de apoios financeiros recebidos pela Culturgest entre 2009 e 2019 por diversas organizações *(Anexo F)*, um anexo onde consta a lista de Bancos a operar em Portugal em 2019 *(anexo G)* e por último o documento histórico da colocação da primeira pedra do edifício Sede da CGD *(anexo H)*.

"Tentar tornar o mundo de alguma forma melhor do que você achou é ter um motivo nobre na vida."

Andrew Carnegie
O Império dos Negócios

CAPÍTULO 1
O MECENATO CULTURAL

1.1. Mecenato dos primórdios à atualidade

Este capítulo exprime a necessidade premente, no espírito da autora, com vasta experiência profissional no sector financeiro, de escalpelizar numa explanação exaustiva, os quadros conceptuais teóricos e práticas de referência ou alternativas, ao mecenato, o patrocínio, filantropia e mais atualmente, no mundo globalizado, com novos atores globalistas bilionários "solidários" os filantropos, que se redesenham com o recurso ao filantrocapitalismo. Não se pretende fazer doutrina, nem encontrar uma qualquer postura ideológica exemplar, mas refletir também, sobre os presentes dilemas que o mundo contemporâneo inspira. Por um lado, as grandes assimetrias sociais e regionais que envergonham os estados do sistema internacional, mas por outro, há agentes económicos coletivos ou individuais, que disponibilizam os seus recursos em favor da cultura, desenvolvimento, saúde e bem estar, numa missão tendencial altruísta, já que há e sempre houve benefícios, inerentes ao espírito da doação.

É nesta conformidade que se entende como profícua e numa visão globalizante visitar a história e estórias, relativas aos conceitos constantes neste capítulo com cariz conceptual e teórico. Entende-se como uma obrigatoriedade, para a discussão dos resultados da hipótese inicial da investigação que originou esta obra, elevar os esforços para averiguação da bondade e o espírito que fundamenta a postura dos mecenas, patrocinadores e filantropos que traçaram, junto das instituições, países e estados, os perfis dos beneficiários e doadores desde os primórdios aos nossos dias (Mann, 2016). A globalização geradora de uma atmosfera única, expande-se informalmente pela internacionalização da Economia, das Finanças, e dos procedimentos subordinados a uma ideologia dominante que é o globo. Pretende-se, neste capítulo, construir uma visão com alguma preocupação científica, sobre as transformações que o espírito da bondade e altruísmo, quer em termos formais quer em termos materiais tem vivido na globalidade. Entenda-se, no sentido ideológico, o conjunto de experiências vividas ao longo de séculos e, que curiosamente percorreram o espírito da autora, ao longo da elaboração desta obra. Afinal, são elas que conferem a sua particularidade.

O ato de contribuir e auxiliar a arte e a cultura para propósitos públicos, não é recente na História da Humanidade. Não deve ser visto como uma invenção das sociedades ocidentais, modernas e mais competitivas. Com a evolução dos tempos, os modelos de mecenato e as motivações da sua prática também têm seguido um percurso evolutivo. A História do Mecenato revela que, ao longo dos tempos, o que difere é a origem do poder e as motivações. Seja por prazer e gosto pessoal do mecenas, prestígio, bem-estar da comunidade, ou fins políticos, que estão subjacentes ao binómio – cultura e finanças. Certo é que nos últimos anos, o mecenato converteu-se em muito mais do que a mera entrega de dinheiro.

Nas Ciências da Comunicação e de acordo com a revisão da literatura científica relevante, constata-se que nos últimos anos, o mecenato tem vindo a merecer importância como um instrumento estratégico de comunicação e que pode ser um atributo distintivo da imagem e da reputação de uma empresa (Balmer & Gray, 2003), (Fombrun & Van Riel, 2018). Cresce o interesse pela compreensão dos aspetos de comunicação, associados ao financiamento privado das organizações culturais, sendo que a temática tem tido diferentes pontos de vista. Na realidade, o debate é atual porque ainda não é evidente que as empresas podem por meio do apoio à cultura, obter uma imagem pública que ajude a melhorar a reputação institucional e o posicionamento no mercado (Simon & Rukevina, 2003), (Shutts, 2017), (Reich, 2018), (Reich, Cordelli & Bernholtz, 2016). Até aos fins do século XX, diversos autores defendiam a utilidade do mecenato como estratégia e instrumento de Comunicação e Marketing, todavia persiste um aceso debate em torno tema, Kirchberg (2003), (Frumkin, 2006), (Antoine, 2020)[3]. Em geral, as investigações desenvolvidas, essencialmente centram-se na ideia de que, no que se refere ao financiamento à cultura, as empresas procuram beneficiar a imagem ao apoiarem, a realização maioritariamente de eventos desportivos, e algumas áreas como a cultura vão sendo preteridas (Aaker, 1991), (Kushner, 1996),

[3] In artigo "*Queremos crer que el mecenazgo funciona, pero eso es um acto de fé*", 18 de agosto de 2020 publicado em Antoine (2020).

(Skinner & Rubevina, 2003), (Lewandowska, 2015). Com mais ceticismo, alguns autores defendem que o mecenato cultural como instrumento de comunicação é pouco rigoroso porque o retorno não é eficazmente mensurável como o patrocínio e a publicidade (Meenaghan, 1993), (Sandler & Shanti, 1993), (Javalgi, Traylor & Lampman, 1994). A sua eficácia é um tema recorrente nas investigações, pelo facto de os cientistas sociais encontrarem múltiplas dificuldades em dimensionar os seus efeitos nas empresas mecenas. Todavia é eficaz e proporciona vantagens competitivas quando utilizado de maneira conjunta com outros instrumentos de comunicação num projeto de Comunicação Estratégica das empresas (Porter, 1980), (Porter, 1996), (McGeer, 2003), (Palencia-Lefler, 2007). As pesquisas têm-se centrado essencialmente no estudo sobre a origem das motivações dos mecenas e persiste a ambiguidade no tratamento deste fenómeno de comunicação (Cunningham & Taylor, 1993), (Cornwell, 2013), (Antonie, 2020). Na comunidade científica tem havido avanços na investigação sobre as vantagens do mecenato como instrumento de comunicação para as empresas mecenas, embora não sejam, resultados conclusivos. As pesquisas tendem a reconhecer que, os mecenas (financiadores privados) que admitem os benefícios que advêm da prática de financiamento de projetos culturais, tendencialmente sentem-se mais motivados pela continuidade (Betts, 2003), (Crutchfield, Kania & Kramer, 2011). Autores mais críticos defendem que em termos gerais, na origem da motivação das empresas para financiar atividades culturais existem motivos subjacentes às atitudes ditas, aparentemente desinteressadas, justificadas pelo amor às artes e ao benefício da comunidade (Martorella, 1990), (Gray & Balmer, 1997), (O' Hagan & Havey, 2000). Outros argumentam que na realidade, a principal finalidade é alcançar os objetivos de uma Comunicação Estratégica por meio do cumprimento de ações de relações públicas, de responsabilidade social, de criação de imagem, que no fundo proporcionam grandes benefícios na reputação dos mecenas das empresas que financiam atividades culturais (Grégory, 1984), (Okter, 1988), (Fuelner, 1992), (Berrett, 1993), (Flavián, Guinaliu & Torres, 2005), (Frumkin, 2006), (Walliser, 2015), (Fombrun & Van Riel, 2018).

Na Europa, desde a Antiguidade Clássica até aos nossos dias, o termo mecenato tem evoluído e atualmente, significa, algo muito diferente do que tem sido historicamente utilizado, "exceto no facto de hoje continuarmos a designar por mecenas ou patrono, um indivíduo ou organização, que, de alguma forma, protege a produção de obras de arte, a sua divulgação social e o bem-estar de quem as executa" (Antonie, 2020).

> Entre as razões pelas quais uma empresa pode contribuir para o financiamento da cultura e das artes está a procura por esse *citoyenneté* de que a tradição francesa fala. Na medida em que as empresas contribuem para o desenvolvimento de iniciativas de interesse e benefício coletivos, ajuda o público, que conhece estas contribuições, a ter uma nova ideia sobre o papel das organizações dentro da comunidade. Favorecendo aquele que deixa de ser considerado como um centro que produz exclusivamente benefícios económicos. Isto tem a ver com uma revisão do papel da empresa na sociedade, mais ligada ao bem comum. Uma empresa que colabora com a sua comunidade e que lucra com o desenvolvimento das suas atividades, não são aspetos incompatíveis uns dos outros. O interesse em obter dinheiro não é irremediavelmente contra o bem comum (Antonie, 2020).

Para se ilustrar convenientemente a importância do mecenato ao nível da Comunicação é indispensável compreender a sua dinâmica, contextualizar as origens históricas, o processo evolutivo, entender como chegou aos nossos dias, e refletir como poderá evoluir no futuro como instrumento estratégico de comunicação das empresas, com um papel social na comunidade onde se inserem. Destaca-se que persiste a preocupação de definir o conceito pois é frequentemente confundido com outros termos, nomeadamente, patrocínio e filantropia. Estes conceitos são usados de uma forma ambígua por muitos autores que analisam esta realidade. Apesar do crescimento da investigação teórica e empírica sobre o tema, ainda não existe uma teoria única sobre mecenato.

Existem evidências que a prática de mecenato remonta há muitos séculos. Todavia, nas Ciências Sociais e Humanas foi a partir da segunda metade do século XX que o mecenato começou a suscitar um interesse crescente como objeto de estudo no campo científico da Comunicação, mais concretamente na Comunicação Institucional (Kunsch, 2003), (Koekemoer, 2004). Aliás, a construção das Ciências da Comunicação acontece sobretudo a partir dos fins da Segunda Grande Guerra Mundial, nas décadas de 1950 e 1960. Sobre diversas formas, a importância da comunicação foi crescente e ativa na esfera da vida social do ponto de vista prático. Era inegável a relevância no contexto de Comunicação interpessoal e organizacional e visível a abordagem interdisciplinar nos fenómenos de socialização, relações de poder e interação com a comunidade. No século passado o contexto da comunicação teve como panorama a globalização com continuidade até à atualidade. O campo da criação cultural nas suas diversas manifestações é uma das práticas de maior crescimento (Castell, 2001). A crescente reprodutibilidade e circulação de bens culturais, consequência da industrialização e do capitalismo, o aumento do número de espaços (físicos e virtuais) de fruição cultural, a mobilidade territorial, o turismo, o aumento do tempo de lazer, tornaram a produção cultural mundialmente, um dos aspetos mais relevantes da economia. (Monereo, 2016). Esta realidade desenvolveu uma sociedade da informação assente em dinâmicas como o avanço tecnológico a sociedade em rede, o ciberespaço, o aumento dos fluxos de informação. O ideal de "cidadão no mundo" dá lugar ao paradigma do mundo sem fronteiras dos capitais, das multinacionais e dos consumidores (Lipovetsky, 2008). Neste paradigma, as empresas, fruto das dinâmicas de transformação e evolução da sociedade nos seus vários âmbitos, começam a adotar um novo discurso comunicacional junto dos seus públicos internos e externos, assente em premissas como a ética, a transparência, a cidadania, a responsabilidade social, o respeito pelo meio ambiente, pelos direitos e valores humanos. Ora, esta abertura ao mundo exige às empresas novos desafios de Comunicação.

Na sua essência o mecenato é um termo que nos reporta para a vida artística. Esta obra centra-se na realidade Ocidental e no atual modelo de mecenato que vigora na maioria dos países europeus (Gobin, 1987), (Chalendar & Brébisson, 1987). Não se pretende inventariar a História do Mecenato de forma exaustiva, mas é importante referir que a intenção voluntária de apoiar a cultura e as artes, não se limitou exclusivamente aos países Ocidentais e que remonta a Civilizações anteriores à Antiguidade Clássica. Do Ocidente ao Oriente, os exemplos são diversos e trata-se de uma prática antiga. Compreender o fenómeno "mecenato" como hoje o conhecemos nas sociedades contemporâneas, passa também por compreender as relações de poder que se estabelecem entre os indivíduos, na esfera social. Apesar da ação mecenática contribuir para diversos exemplos de manifestações culturais, tão evidentes na História da Arte, a verdade é que a reflexão teórica nas Ciências da Comunicação sobre o tema não acompanhou essa atividade. Parece igualmente interessante e útil recordar que na História do Mecenato, existe um ponto em comum: o mecenato é uma característica transversal e instrumentalizada pelos regimes imperiais como representações de poder. Como refere Conde "(...) a magnificência e o mecenato funcionaram assim como componentes simbólicos claramente eficazes de estratégias de demarcação de espaços de poder" (Conde, 1989, p. 113).

Na Antiguidade Oriental, as motivações para a prática de mecenato centravam-se, primeiramente, nos motivos decorativos, de poder e de prestígio. Os governantes da Civilização Mesopotâmia aplicaram fortunas para contratar os melhores artistas criadores de arte mesopotâmia do seu tempo, que se dedicavam à fabricação de estátuas, rostos de poder, construídas com diorito, calcário e calcite. É dessa época que datam os misteriosos Gudéia, estátuas que representam uma personagem principesca em oração. A arte era financiada para utilização pública, mas não estava longe de símbolos de riqueza e poder, controlada por uma reduzida classe social dominante (Hauser, 1954), (Haskell, 1997), (Antoine, 2020, 4 de abril). No continente africano, os faraós do Egipto, chefes políticos e religiosos do Estado, foram benévolos com artistas egípcios, autores de uma pintura rigorosamente a duas dimensões. Para imortalizar o seu governo, e promover o seu poder dominante, com base em trabalhos artísticos, construíam templos, esculturas maciças, pirâmides e mausoléus ornamentados. No Oriente, o mecenato do século IX a.C. até ao século VI d.C., evidencia-se na China Antiga, no período dos Estados combatentes e, posteriormente, nas Dinastias. Os comerciantes, homens ricos, eram mecenas de artistas chineses que criavam figuras de arte conforme os ideais de Confúcio. O mecenato, por motivações religiosas, com a celebração das divindades e a sua invocação a favor do seu patrono, não era apenas um ato de fé. Desde a funerária chinesa da dinastia Han (século III a.C. ao século III d.C.) até à construção do Parthenon em Atenas, a arte religiosa festeja o padroeiro, quer o imperador quer a cidade-estado (Antoine, 2000). Entre os séculos VI e XII, o mecenato continuava a ser praticado por motivos relacionados com a devoção religiosa, o poder político e a afirmação do estatuto social. Desde a Índia dos Templos de Shiva (século VI ao século XI d.C.) ao Império Bizantino, com a construção da igreja Hagia Sofia em Istambul, notáveis são os exemplos.

No século XI, a Corte Sung chinesa fundou a Academia Hanlin de pintura, enquanto, ao mesmo tempo, os governantes da Norman Sicília encomendavam a artistas cristãos e muçulmanos, obras numa cultura artística secular normanda-árabe-bizantina. Na África Ocidental, no século XII, os povos em contacto com as civilizações do mediterrâneo, constituíram reinos, como é o caso da rica corte real de Iorubá, um dos maiores grupos étnicos do continente africano. Cada Rei, ao contrário dos chefes de tribo, pretendia que o seu poder fosse uma graça de Deus, assumindo-se como divindade. Sustenta uma corte e financia artistas para produzirem peças de arte figurativas em esculturas. "Os mais impressionantes vestígios artísticos desses reinos desaparecidos são as cabeças de bronze de Ifé, na Nigéria, umas de terracota, outras de bronze" (Janson, 1977, p. 45). A Arte de Ifá representava símbolos de fé religiosa da cultura Iorubá, e existem alguns notáveis exemplos como a figura "o retrato do homem", de Ife, Nigéria, século XII.

Qual a origem do termo e quem foi o Mecenas?

Originalmente, "mecenas" corresponde a uma pessoa protetora das Letras e das Artes, que livremente apoia e promove a cultura, e de forma altruísta abdica dos seus rendimentos. Os atos de mecenato correspondem ao suporte, encorajamento, ajuda financeira ou em espécie, aos artistas. Pese embora não exista no latim o seu significado, na língua anglo-saxónica, "*patronage*" é a tradução de mecenato, e o termo geralmente é mais comum nos países latinos. A palavra "*patron*", que deriva do latim *patronus, "patron"*, significa alguém que dá benefícios (termo que nasceu na Roma antiga). O termo mecenato existe ao longo da História da Europa e estende-se aproximadamente do século VIII a.C. à queda do Império Romano, no ano 476 d.C.

No que respeita à dinâmica evolutiva, pode-se afirmar que nas sociedades ocidentais a evolução do mecenato foi marcada, essencialmente, por três momentos como hoje o entendemos: **(i)** primeiro momento compreendido desde a Antiguidade Clássica, cujo Estado é o principal financiador das Artes e da Cultura ao Renascimento; **(ii)** o segundo momento: do Renascimento, no qual a Igreja e a Nobreza assumem a liderança da posição como financiadores ao fim do século XIX; e por último **(iii)** no terceiro momento, desde o início do século XX, marcado pelo poder económico, com maior incidência nos Estados Unidos da América, com o poder financeiro nas mãos das afortunadas famílias (ver *e.g.*, Almeida & Darin (Org.), 1992; Reis & Santos, 1996; Reis, 2003). Nos três momentos, o mecenato revela-se um instrumento de comunicação dinâmico consonante com interesses, religiosos, políticos e económicos, justificado pelas motivações de prestígio e de envolvimento com a comunidade.

Nas páginas seguintes passa-se a explicar cada um dos períodos à luz desta divisão cronológica.

Primeiro momento na História do Mecenato

No Ocidente as raízes históricas do mecenato como forma de comunicação correspondem à Antiguidade Clássica. No eixo condutor desta época estão os fatores culturais das suas civilizações mais marcantes, a Grécia e a Roma clássicas, quando a Arte era considerada uma das mais elevadas expressões humanas. Na Grécia Antiga, as artes plásticas serviam à arquitetura e às esculturas. Péricles (século V a.C.), grande mecenas das artes, contratava os trabalhos de artistas e arquitetos reconhecidos do seu meio, para transformar a cidade de Atenas no centro artístico da Grécia. Nesta época, o mecenato à cultura associava-se sobretudo a finalidades de prestígio, ambições políticas, posições sociais e religiosas, como homenagens aos deuses e às obras públicas patrocinadas pelo Estado. Nas sociedades do sul da Europa, na Grécia e na então Roma republicana, a celebração da classe dominante através do mecenato à cultura era comum. Para serviços aos seus clientes, os artistas recebiam presentes, dinheiro e até títulos e cargos oficiais do Governo, que correspondiam aos mecenas dos setores dominantes da sociedade. A cultura artística estava ao serviço da arquitetura, da religião, dos imperadores romanos, que eram os seus principais financiadores e apoiantes A terminologia mecenas adotada para significar a prática de financiar com recursos próprios a produção artística, científica e literária, está relacionada com o nome de um distinto cidadão romano *Gaius Cilnius Maecenas* 70 a.C. – 8 a.C. *Macaenas* era um político, estadista da época imperial, patrono, conselheiro de confiança e ministro do imperador, César Octaviano (*Caio Augustus*) (entre 30 a.C. e 10 d.C.), e que viveu há mais de dois milénios na Roma clássica. De acordo com a origem etimológica, mecenas deriva do latim *Maecenas.* Assim, a palavra "mecenato" passou a ser utilizada para designar a proteção dispensada às Letras e às Artes, bem como aos seus cultores, por pessoas ricas ou sábias, dotadas de capacidades financeiras que apoiam a cultura. Esta definição advém do facto de *Macaenas* ter tido um papel importante na ligação entre os artistas e o Estado (Llorente, 2011). Nesse período vivia-se a Idade de Ouro da Literatura Romana e destacam-se nomes como: Cícero, Catulo, Virgílio, Horácio, Ovídio, Vário. Conta a história que *Macaenas* utilizou boa parte da sua fortuna pessoal apoiando inúmeros eruditos, patrocinando-os com amizade, bens materiais e proteção política. *Gaius Maecenas* teve o mérito de aproximar filósofos, artistas e governantes do Império Romano. *Maecenas* era descendente dos reis etruscos e, portanto, um patrício de primeira geração. Pode-se dizer que se equiparou a Agrippa[4] no âmbito civil, ao também

[4] Agrippa 63 a.C. – 12 a.C.) foi um romano geral, estadista e arquiteto. Maecenas Morreu em 8 a.C., deixando todas as suas propriedades para Otávio. Sabe-se que pelo menos um terço da cidade de Roma pertencia-lhe no momento da sua morte (Ariés & Duby, 2009).
Virgílio e Horácio, autores das obras "Georgicas" "As Eclogas" e a "Eneida" e do poema "Odes" são os nomes de poetas que assinalam as origens do mecenato, embora que, para além destes nomes, *Caio Maecenas* apoiou vários outros poetas e artistas. (Palencia-Lefler, 2007). A qualidade da literatura de Virgílio, interessou *Maecenas*, onde o mundo rural era descrito de forma bucólica. A obra literária, "As Éclogas" também chamadas as bucólicas de Virgílio foi o primeiro e um dos três maiores trabalhos do poeta romano clássico, que se tornou o poeta oficial do Estado Romano, e protegido político do Imperador.

ocupar vários cargos públicos na administração de Roma e da Península Itálica, mas não tinha grandes talentos militares. (Aries & Duby, 1992). Mas porque importa entender o papel de *Gaius Maecenas*?

Maecenas, para além de patrono da literatura, era um político com uma característica particular: tinha um gosto pessoal pela cultura e era um amante das Artes, aliás, ainda hoje esta é uma das características do perfil de um mecenas individual: o amor pelas artes, pela cultura e pela ciência. Como grande impulsionador da aproximação entre o Estado romano e o mundo das artes, utilizava os seus dons para influenciar a sociedade dos interesses políticos, ao sabor dos poderes do Imperador. Dito por outras palavras, existia a dicotomia entre o poder do Império e a Arte, a Ciência e a Literatura, e estas eram instrumentalizadas satisfazendo assim interesses políticos. *Maecenas* conquistava o reconhecimento e o sentimento de gratidão por parte dos artistas e, por outro lado, ganhava a confiança do Imperador, que naturalmente via os seus objetivos a serem concretizados. O Imperador César Augusto beneficiava da boa reputação, contribuía para o prestígio dos artistas e acrescentava valor para a comunidade. Em suma, na Roma Antiga, o Estado ganhava reconhecimento e popularidade, e assumia, plenamente, a sua função de promotor das artes. Neste ângulo de visão, o poder político estava intimamente correlacionado com o contributo à produção artística. De facto, disseminados quatro séculos antes, nas ideias de Aristóteles, a doutrina do mecenato encontrou, em *Gaius* Mecenas, um terreno propício ao seu desenvolvimento. O conselheiro do Imperador entendia que o poder necessitava da criação artística e do pensamento, na busca de legitimidade e popularidade. Mecenas arquiteta um dos mais subtis e eficientes sistemas de legitimação do poder da história e a sua estratégia foi levar o maior número possível de artistas à população. Ao transformar filosofia e arte em pensamento oficial, o ministro da propaganda do Imperador, César Augusto, inaugura formalmente uma relação que iria prosperar nos séculos seguintes (Ariés & Duby, 1992), (Conde, 2009).

Enfatizando a perspetiva de Paul Veyne (1976), relevada em *Le Pain et le Cirque*,[5] o mecenato teve uma importante função política, pois servia para delimitar territórios de poder senhorial e pessoal. A oferta pública, em forma de generosidade, correspondia na realidade à representação de uma

[5] Paul Veyne afirmava (1970) que a história não passa de um "conto verdadeiro". Com isso, ele surgiu como um dos predecessores do modelo narrativista de reflexão sobre a ciência histórica, modelo esse que se afirmaria sobretudo a partir da receção de Meta-história, livro publicado por Hayden White, em 1973.

pacificação da ordem pública e legitimação de poder instituído. No campo da História Antiga, o termo evergetismo é um termo cunhado pelo historiador francês A. Boulanger (1923) e deriva do grego εύεργετέω ("eu faço boas obras"). Indica a prática, no mundo clássico, de presentes luxuosos para a comunidade de forma aparentemente desinteressada (Veyne, 1976). Na época romana, a prática do evergetismo foi particularmente generalizada: o privado doava à comunidade, ao povo romano a sua propriedade; consertava estradas, edifícios públicos, etc. Seria demasiado fácil reduzir o fenómeno a uma mera busca de prestígio, porque a comunidade realmente beneficiava com as doações (Veyne, 1976). O mecenato na república romana era um instrumento de definição de espaços geográficos, de poder pessoal e senhorial. A oferta generosa em forma de mecenato e dádiva representava a legitimação de um poder instituído. Face à pacificação da ordem pública, Veyne refere-se à ética de civilidade, no sentido de que um mecenas era um indivíduo que fazia bem à cidade, mediante, por exemplo, a edificação de património, a proteção às artes, a oferta pública de espetáculos de circo, banquetes e até os banhos públicos. Veyne dá o exemplo de Trimalquião, antigo escravo que adotou um novo género de vida ao tornar-se homem livre, o qual ostentava luxo e era obrigado a comportar-se como um evergeta:

> Por ter sido levado a homem liberto, ofereceu um grande festim, a expensas suas, a toda a população da cidade. Porque se as plebes urbanas contavam apenas consigo mesmas para conseguirem a nível individual, na vida coletiva contavam receber de graça o supérfluo. Nisto se concentravam as suas reivindicações sociais. Pretendiam receber dos ricos os meios para continuarem a levar o seu tradicional género de vida. (Veyne, 1976, p. 39)

Os evérgetas ofereciam festejos folclóricos e o embelezamento do cenário da vida urbana, o que dava lugar a um sistema e dádivas patrióticas oferecidas pelos notáveis à cidade que governavam. Assim, são formados e mantidos os círculos de eruditos que gravitam em torno do poder político. Cabe a este círculo, a intermediação das ideias e ações imperiais junto da população. Ao exercer influência e prestígio, os eruditos transmitiam credibilidade, e simultaneamente, divulgavam a política imperial. Relativamente a esta questão, Philippe Aries e Georges Duby na obra *História da vida Privada – Do império romano ao ano mil*, que cobre um período de cerca de oito séculos, reúne ensaios de vários especialistas, entre eles Michel Rouche e Paul Veyne que examinam a vida quotidiana de cidadãos e escravos, senhores e servos – e as relações da vida privada (a sexualidade, o casamento, a família), as diversas formas de moradia, as atitudes religiosas e as práticas funerárias (Aries & Duby, 2009). Quanto à prática do evergetismo referem que:

"Na mais pequena cidade do Império, fale-se nela latim ou grego, ou mesmo celta ou siríaco, talvez a maioria dos edifícios da cidade, escavados pelos arqueólogos e visitados pelos turistas tenha sido construída a expensas dos notáveis locais" (Aries & Duby, 2009, p. 14). Os evérgetas tinham que pagar aos seus concidadãos, espetáculos públicos que alegrassem todos os anos a cidade, isto se a generosidade dos notáveis fosse suficiente, já que quem assedia a uma dignidade municipal, devia pagar. Eles financiavam os espetáculos durante todo o ano em que ocupavam o cargo político ou empreendiam a construção. Segundo citam os autores:

> Independentemente de qualquer função pública, os notáveis ofereciam espontaneamente aos seus concidadãos edifícios, combates de gladiadores, banquetes públicos ou festas; essa espécie de mecenato era ainda mais frequente do que hoje nos Estados Unidos com a diferença de que os seus objetos se destinavam quase exclusivamente ao ornamento da cidade e aos seus prazeres públicos. A grande maioria dos anfiteatros, essas enormes riquezas petrificadas, foram livremente oferecidas por mecenas que assim punham a sua marca na sua cidade. (Ariés & Duby, 2009, p. 114)

A questão que se levanta é a intenção e as motivações: os atos são praticados por generosidade privada ou por obrigação pública? Este mecenas, eleito pelo povo, era premiado pelo facto de espontaneamente querer fazer bem à cidade. A urbe agradecia-lhe, fazendo-o nomear pelo Conselho com o título de alto dignitário local, como "patrono da cidade", "pai da cidade" e homenageando-o com estátuas.

Durante a época medieval, a prática de apoio aos artistas partia dos monarcas, do Papa, dos aristocratas e mais tarde da burguesia. Neste período a burguesia destaca-se por financiar a construção de igrejas, palácios, estátuas, assinalar fachadas com brasões, e a pintura de quadros. Estavam subjacentes interesses de troca de benefícios, confiança e reconhecimento, por um lado, para o mecenas também designado por patrono, e por outro lado, para o artista protegido, que beneficiava do apoio (Janson, 1977). Adriano Rodrigues faz notar que não se pode confundir a tradição com a antiguidade, nem a modernidade com a atualidade pois designam marcos cronológicos na história da humanidade e cada época segue os seus próprios ideais. Cada época abarca um conjunto de experiências humanas, na ciência, na técnica, na arte, na moral e na política que são manifestações de modernidade. Tal acontecia na Antiguidade Clássica grego latina (Rodrigues, 1994). O termo de modernidade discute-se quanto ao tempo do seu aparecimento e não tanto ao espaço geográfico onde surgiu. Consiste num período da história humana inaugurado na Europa e o conjunto dos fenómenos que o caracterizam. As opiniões divergem: uns defendem que foi no séc. XVI, que inaugurou uma nova era reatando com a Antiguidade. Outros, o séc. XVII e ao aparecimento da ciência e da filosofia política. Alguns autores defendem que foi no século XVIII, período da filosofia das Luzes e aos primeiros passos da industrialização, ou até ao séc. XIX e ao triunfo da técnica, da ciência e da indústria. No período seguinte, para os humanistas da Renascença, já se confundia tradição e não moderno. Tradição e modernidade na verdade "são categorias que coabitam em qualquer sociedade", e é esta cadeia de acontecimentos que se designa por progresso (Benjamin, 1992).

Um segundo momento na História do Mecenato

O segundo momento pode ser considerado o mais marcante e significativo na História do Mecenato emerge na Europa com o Renascimento e estende-se até ao Iluminismo (séculos XV a XVII), o Renascimento, movimento de revalorização das artes, com enfoque em Itália (século XV ao XVII). O Clero e a Nobreza incentivavam produções artísticas, como forma de expressão de seu poder; incentivaram produções artísticas, como forma de expressão de seu poder; a segunda fase com o movimento de revalorização das artes. Este período considerado a "idade dos mecenas" ganha um sentido de modernidade e marca o auge do Mecenato Cultural (Llorente, 2011). Na História da Europa corresponde ao *rinascità* em italiano, uma espécie de retorno. A origem desta visão revolucionária pode encontrar-se nos escritos de Petrarca (1304-1374)[6], o primeiro dos grandes homens que deu início

[6] O apelo de Petrarca para o ressurgimento da Antiguidade é extraordinário sobretudo pela perspetiva desta apologia em que se revela um humanismo individualista. Segundo afirma H.W. Janson não podemos afirmar que Petrarca e os seus sucessores pretendessem ressuscitar integralmente a Antiguidade Clássica. Eles reconheceram que o mundo grego romano já tinha terminado, e as suas glórias podiam ser revividas pela contemplação. Os arquitetos traçavam as igrejas *all'antica*, ou seja, à maneira dos antigos, e as construções eram baseadas num reportório clássico (Janson, 1977, p. 351).

ao Renascimento (Janson, 1997, p. 351). A arte da Itália renascentista produziu muitos dos ícones pelos quais definimos a cultura europeia, visão do papel do artista e da arte na sociedade, referido como o período do processo de profissionalização dos artistas (Kemper, 1992). O termo significa um processo social total, estendendo-se à esfera social e económica onde a estrutura básica da sociedade foi afetada até ao domínio da cultura, envolvendo as formas de pensar, a moralidade e os ideais éticos quotidianos, a consciência religiosa, a arte e a ciência (Heller, 1982). Foi durante este período histórico que, em virtude da redescoberta e revalorização das referências culturais da Antiguidade Clássica, se nortearam as mudanças em direção a um ideal humanista. O Renascimento teve como principais centros, as magníficas cidades italianas de Siena e Florença, alastrando-se para os restantes países da Europa Ocidental. Itália sempre permaneceu como o local onde o movimento apresentou maior expressão, porém manifestações renascentistas de grande importância também ocorreram em Países Baixos, Alemanha, Espanha e Portugal, muito embora na Península Ibérica tenha sido menos marcante. Caracterizava-se pelos valores da Antiguidade Clássica (Grego – Romana), o racionalismo e o abandono do mundo sobrenatural, o universalismo, caraterizado pela descoberta do mundo, o naturalismo em que se acentua o papel da natureza, e o individualismo, em que se valoriza o talento e o trabalho (Heller, 1982). As obras renascentistas enquadravam-se numa divisão em três períodos marcantes: *Trecento, Quatrocento* e o *Cinquecento*, sendo os dois últimos, os mais importantes a ser tidos em conta no estudo do posterior mecenato contemporâneo.

Mecenato e as famílias

A partir do século XV, começou a emergir na Europa renascentista outro tipo de mecenato, desta vez voltado para famílias ricas, como os *Médici*, os *Borgia*, os *Sforza* e outras famílias na Itália e na Alemanha, com maior riqueza da época. Estas famílias apadrinharam os artistas e os inventores com interesses mercantilistas (Llorente, 2011). Na primeira metade do século XV e posteriormente no *Quattrocento* e *Cinquecento* (século XVI), o sistema das artes estava nas mãos de políticos e religiosos, e o financiamento à cultura proporcionava o surgimento de artistas. Governantes europeus, o clero e, mais tarde, a incipiente burguesia, propiciavam-lhes apoio financeiro, e dessa forma, os "mecenas", incentivavam as produções artísticas como forma de expressar o seu poder e serem reconhecidos socialmente. Corresponde ao período de influência da família Médici[7], que dominou a vida política, cultural e social de Florença, desde meados do século XV até ao século XVIII. A designação de mecenato aparece neste período histórico, como prática corrente entre as grandes famílias italianas e cuja competição ajudou a fazer das cidades italianas, autênticos potentados artísticos. O político e banqueiro italiano Lourenço de Médici (1449-1492), conhecido como *o magnífico*, foi um influente mecenas das humanidades durante o Renascimento. Lourenço de Médici era um colecionador de arte, incentivou os artistas e os poetas e foi designado o príncipe do Estado (Parks, 2009). Em 1420, na prática, a família Médici, não sendo monarca, assume o poder político e a gestão da cidade. Em Florença, o Palácio Médici, a Galeria dos Uffizi, o Palácio Pitti, os jardins Boboli e o Belvedere, pela sua grandiosidade são, ainda hoje, obras que não passam despercebidas aos visitantes desta cidade. Constituem exemplos de prática de financiamento dos Médici e de como as ações de mecenato podem ser utilizadas como estratégicos instrumentos de comunicação, neste caso do poder político e financeiro, para o envolvimento com a comunidade e como forma de influenciar positivamente a sua reputação. (Conde, 2009).

Na História da Europa existem diversos exemplos do apoio mecenático direto a artistas, como a Michelangelo, ao poeta e humanista Angelo Poliziano, em 1419 ao escultor Filippo Brunelleschi[8], quando este estava a trabalhar nos planos finais da cúpula da igreja *San Lourenzo,* em Florença, em dois grandes cascos separados. Ligados de forma a reforçarem-se mutuamente, a técnica era inovadora para a época graças à família Médici, que encomendou ao artista, uma sacristia nova para a igreja românica de San Lorenzo. Os planos que traçou impressionaram de tal maneira o seu cliente que este

[7] Médici (*Medici* em italiano) com origem na Toscana foi uma dinastia política italiana ao qual pertenceram figuras marcantes da história da Europa. Da casa de Médici provieram os Papas João de Médici (1475-1521), o Papa Leão X (1513-1521), Júlio de Angelo de Medici (1499-1565), Papa Pio IV (1559-1565), Alexandre Octaviano de Médici (1535-1605), Papa Leão XI (?-1605). Para além da religião e da política, a família destacou-se também na medicina (no século XV fundaram o Hospital Tozzi Firenze, o maior Hospital da Europa), na Banca, no comércio de produtos têxteis, negócio inicialmente das famílias russas, e principalmente no mecenato (Encyclopedia Britannica, s.d.).

[8] Filippo Brunelleschi (-1446) – A nova arquitetura ficou a dever-se a este escultor. Depois de perder o concurso para a construção das portas do Baptistério, esteve em Roma com Donattelo, onde estudou monumentos da arquitetura antiga e foi o primeiro a medi-las com rigor. Descobriu os princípios da sua perspetiva científica decisiva na pintura florentina do sec. XV. *in* Janson, H.W. *A História da Arte – Panoramas das Artes Plásticas e da Arquitetura da Pré-história à Atualidade*, 1977-1997, 3ª ed. (1984) Lisboa, Fundação Calouste Gulbenkian.

pediu um projeto para refazer toda a igreja. Os patronos rejeitaram o maciço projeto apresentado por Brunelleschi, porque transmitia uma excessiva imagem de ostentação. O caso da pintura "Nascimento de Vénus", o mais famoso dos quadros de Botticelli, representa outro exemplo resultado de encomendas a artistas. Constata-se que, a entrada na época renascentista e maneirista introduziu novos jogos de força nas relações, até então entre poderes tão desiguais, frente à maior autoconsciência e mesmo insubordinação do artista, sendo que "as próprias metamorfoses do mecenato acusam subtis permutações de poder" (Conde, 2009, p. 35).

> Por esse motivo era de boa prudência evitar qualquer ostentação que caísse mal na opinião pública. Se o projeto de Brunelleschi seguisse o estilo de *Santa Maria degli Angeliria* ficaria provavelmente com tal magnificência, inspirada na arte imperial romana, que os Médici não podiam arriscar-se a um empreendimento tão grandioso. A encomenda dos banqueiros foi dada a um arquiteto mais novo e menos notável, Michelozzo, e a construção iniciada em 1444, dois anos antes do falecimento de Brunelleschi. (Janson, 1977, p. 393)

Nos séculos XIV e XV, a riqueza proporcionava o crescimento e a democratização do mecenato, rompiam-se as barreiras de género e começam a destacar-se nomes de mecenas de género feminino.[9] Porém, não é intenção escrever um livro sobre a História do Mecenato com profundidade, nem exemplificar de forma extensiva a relação das famílias financeiramente favorecidas com a evolução do mecenato, todavia não se pode deixar de referir o papel de famílias de banqueiros – os Médici, na cidade de Florença, e o seu contributo para o desenvolvimento social e representações artísticas na cidade. Este é um histórico exemplo do poder financeiro que instrumentaliza a arte para se afirmar na comunidade. Os Médici encomendavam aos artistas, obras em função do que pretendiam comunicar à comunidade, e sobretudo a artistas com papel mais marcante em Florença do século XV.[10] (Conde, 2009).

[9] Em Florença, no último quartel do século XV destaca-se a arte de Leonardo d.a Vinci (1452-1519) e Sandro Botticelli (1444-1510). Este último, aluno de Fra Filippo Lippi – autor do quadro "Virgem em Majestade"(1437) tornou-se o pintor preferido do chamado círculo Médici, os patrícios letrados e poetas que rodeavam Lourenço, o grande mecenas e governante da cidade de Florença (Conde, 2009).

[10] Num olhar atento sobre Itália do Século XVI assiste-se ao poder eclesiástico sob a forma de mecenato. Em *Cinquecento,* o grande mecenas do período foi o Papa Júlio II que pretendia reforçar

Importa também reter que na História regem os nomes de outros banqueiros genoveses, venezianos e alemães do humanismo renascentista: os já referidos Sforza em Milão, e os Doges, líderes políticos de Veneza, os Gonzada de Mantua e dos Este de Ferrara (Trindade, 2019; Curvelo, 2009). O Século XV marca a participação generosa dos monarcas europeus no incentivo e proteção às artes: de Carlos V em Espanha, aos Habsburgo na Áustria, as cortes europeias financiavam a cultura, numa espécie de competição na qual vence a que for capaz de reunir a mais brilhante constelação de talentos. Do outro lado, com influência do mercantilismo, floresce uma classe ascendente, necessitada de prestígio e inserção social, que atua como linha auxiliar do patronato artístico, reforçando a ação dos estados e transformando a Europa no centro da criação e do pensamento.

A acumulação de capital já era característica da vida económica, com as oportunidades de criação de lucro. Outros, para garantir a sua subsistência e a continuidade da sua atuação, ligavam-se à nobreza, às municipalidades ricas, ou às grandes famílias urbanas burguesas, quando atuavam como mestres e preceptores dos jovens. Neste sentido, uma nova conceção nas artes plásticas surge com a burguesia, estabelecendo um contraponto com a cultura medieval. O novo estrato social investe na construção de palácios no centro das cidades italianas, como Milão, Veneza, Florença, em igrejas, catedrais e capelas, fixa os seus brasões na entrada das portas, homenageava os seus heróis através da construção de gigantescas estátuas colocadas nas praças e locais públicos, além de quadros e gravuras no interior de prédios públicos[11], buscando

a grandiosidade, o poder de Roma, e a fé. O seu nome ficou ligado ao início da construção da Basílica de São Pedro. Este é o período de esplendor do mecenato. Aos pintores, o Papa encomendava obras em prol da igreja, como foi o caso de Miguel Angelo ao pintar a Capela Sistina (Heller,1982). Sepulcro de Júlio II, ficou por acabar quando o pintor interrompeu a atividade a pedido do Papa, para que ele fosse pintar o fresco do teto da Capela. O Artista, vencido meio por força meio por adulação, realizou o trabalho em quatro anos (Janson, 1977). A decoração das paredes da Capela em 1482, foi o projeto pictural mais ambicioso desse período, e envolveu os pintores artistas mais importantes da Itália central (exemplo Botticelli e Ghirlandaio). Como o historiador refere, Janson (1977) "a cidade de Roma tornou-se de novo um importante centro de arte nos finais do século XV, quando o Papado foi retomando o seu poder político. Após o exilio papal em Avinhão, os ocupantes do trono de S. Pedro começaram a embelezar tanto o vaticano como a cidade, na convicção de que os monumentos da Roma Cristã deviam ofuscar os do passado pagão". Também há registo de encomendas feitas pelos Médici a Miguel Ângelo. Entre o período que corresponde aos papados de Leão X (1513-21) e Clemente VII (1523-34), intervalo entre a realização do teto da Capela e o Juízo Final, a família encomenda ao pintor a construção de mais um edifício na cidade de Florença – a Sacristia Nova, a Biblioteca Laurentina, a San Lorenzo.

[11] Estatua de David de Bernini, representa um homem do mundo, expansivo, cheio de confiança em si. Bernini representa um tipo de artista do proto-renascimento (Janson, 1977).

sempre uma forma de destaque em relação aos santos ou a cenas do evangelho (Le Goff, 2005). Assim, surgem os novos mecenas, os financiadores de uma nova cultura. Com a Reforma e a Contra Reforma, há um corte drástico do apoio à cultura nos países protestantes e um maior controle da Igreja Católica relativamente ao trabalho dos artistas.

Em meados do século XVII, a situação altera-se. Termina o período áureo do mecenato religioso e aristocrático. Um dos principais contributos de Arnold Hauser (1892-1978)[12], para compreender os aspetos da cultura foi propor em *História Social da Arte e da Cultura* (1954), uma explicação de toda a história a partir do materialismo histórico, sendo as obras de arte interpretadas como reflexo das condições socioeconómicas. Este pensador, de linha marxista, criou teorias extrapolando o enfoque social e salientou a importância de ter em conta os conceitos e os termos que lhe estão associados. Defendia que o interesse pelo objeto individual, a busca da lei natural e o sentido da fidelidade à natureza, na arte e na literatura, surgem ainda antes da Renascença (Hauser, 1954, pp. 354-366). Sobre a procura das obras de

[12] Arnold Hauser estudou História da Arte e literatura nas universidades de Budapeste, Viena, Berlin e Paris, e foi discípulo de Henri Bergson, que o influenciou profundamente. Em Budapeste fez parte do Círculo Dominical de Budapeste, que incluía o filósofo György Lukács, o sociólogo Karl Mannheim, o escritor Béla Balázs e os compositores Béla Bartók e Zoltán Kodály. Por sua influência, Mannheim, que de início duvidara da utilidade da Sociologia no estudo do pensamento, logo se convenceu. Célebre é o livro *História Social da Literatura e da Arte* (1950), que lhe tomou dez anos de trabalho e provocou acesa polémica aquando de sua publicação por causa de sua orientação ideológica de esquerda, quando esta tendência estava excluída do ambiente da crítica de arte. Nas décadas de 60 e 70, contudo, a orientação marxista na crítica conheceu grande florescimento no mundo acadêmico e se tornou quase uma moda, mas com o colapso da União Soviética perdeu seu atrativo e desde então o prestígio de seu estudo pioneiro tem declinado. E foi no século XIV, o correspondente ao florescimento da economia urbana, que a edificação comunal e a atividade artística alcançaram o auge. Sobre o estatuto social do artista, Hauser (cf.1954) constatou que o colecionador e o artista aparecem simultaneamente, lado a lado. A arte do Renascimento tem ainda um caráter de artesanato variando de acordo com a natureza da encomenda. Nessa altura o mercado não era determinado pela oferta mas sim pela procura e cada produtor tem ainda o seu fim utilitário. As regras do mercado e a produção artística eram determinadas pelas encomendas do patrono, ou seja, quem paga é quem encomenda ao artista. A encomenda era feita para uma peça de altar, lugar bem conhecido do artista, para um retrato de um membro da família destinado a certa parede: cada peça de escultura é para um lugar especial e cada importância para um interior designado (Hauser, 1954, p. 393).O contexto económico, social, cultural, institucional, da produção e da receção da arte (Heinich,2008:26). Um dos precursores desta geração foi Martin Wackernagel que em 1938 analisou as relações entre as grandes organizações, a demografia, o público, o mercado e a religião, no livro "*Der Lebensraum des Kuenstlers in der Florent Renaissance*". Os historiadores da História Social da Arte procuraram repor a Arte na Sociedade, em vez de se limitar a unir aspetos destas duas áreas.

arte da Renascença, avança e explica que o público era a classe média urbana e a sociedade palaciana. Este autor interessou-se por estudar a relação da Arte com a Sociedade, e constatou que na Itália Renascentista, a riqueza concentrava-se em poucas mãos. Nas cidades italianas, as encomendas no decorrer dos dois últimos séculos eram para edificações de igrejas, e as obras de arte eclesiásticas foram feitas por agentes seculares e procuradores, e não por autoridades eclesiásticas propriamente ditas (Hauser, 1954, p. 390). A questão do mecenato tem uma direção de investigadores da História Social da Arte, e constitui um veículo de entrada privilegiado, porque alia o projeto explicativo com a exterioridade dos constrangimentos que pesam sobre os assuntos. Salientam-se os trabalhos de dois investigadores: Francis Haskell e Bram Kempers. De que forma os mecenas desta época contribuíram para o desenvolvimento das artes, das comunidades e do espaço urbano nas cidades italianas?

Os autores colocam em destaque as mutações da sensibilidade estética, ela também relacionada com as evoluções da política, da moda, do comércio e da religião. Os investigadores evidenciam a interdependência entre o julgamento estético e as outras dimensões da vida coletiva. Referem-se aos mecanismos de formação dos preços, os diferentes tipos de constrangimentos próprios da produção pictural, como a localização da obra, o tamanho, as cores, os preços e os materiais. A questão da receção rompe com a perspetiva explicativa (das obras) que há muito era patente nas abordagens do tipo "arte e sociedade". A evolução da produção à receção é abordada por Haskell na obra *Rediscoveries in Art* (1976) (Haskell, 2008). Também o investigador de arte holandês Bram Kempers[13], especialista no *Quattrocento* Renascentista

[13] Bram Kempers – Estudou Sociologia na Universidade de Amesterdão realizada para o Ministério da Cultura e lecionou para a Universidade de Groningen, antes de se tornar Professor de Sociologia de Arte da Universidade de Amsterdão. A sua Tese intitula-se *"Painting, Power and Patronage: The Rise of the Professional Artist in the Italian Renaissance"* (1987), publicada em holandês inglês, alemão e chinês. Kempers tem escrito artigos sobre uma ampla gama de tópicos, incluindo o mercado de arte, passado e presente da política cultural, bem como vários aspetos da arte da Idade Média e do Renascimento italiano. Recentemente, a sua investigação tem incidido sobre a vida artística em torno dos papas da Renascença e temas mais contemporâneos, como o patrocínio de arte, o mercado de arte, publicidade e design gráfico. Atualmente Bram Kempers escreve publicações sobre bronzes de Donatello em San Lorenzo, a "Bibliotheca secreta" de Júlio II, e a iconografia de Raphael "Stanza della Segnatura", bem como em "Flagelação" de Piero della Francesca. O primeiro, na obra *"Mécénes et peintres. L'art et la société au temps du barroque italien"* (1963) manifesta o seu interesse pelas relações entre os artistas e mecenas. Com as redescobertas, Haskell, procede a um estudo cronológico das reabilitações na arte. Revê inicialmente o período da Roma Barroca do século XVII com os seus mecenatos religiosos e profanos e o nascimento das suas grandes

Italiano escolheu evidenciar, na obra, "*Painting, Power and Patronage: The Rise of the Professional Artist in the Italian Renaissance*" (1987), desde as diferenças, às questões económicas, políticas e estéticas, entre as maiores categorias. Kempers apresentou o período Renascentista como um processo de desenvolvimento e profissionalização dos artistas, com uma linha de patronato alargada de ordens mendicantes e cidades estado que através de famílias comerciantes, desempenharam um importante papel nas cidades italianas, a profissionalização, no sentido de arte como uma profissão, o trabalho do artista plástico e as condições de emprego; continuidades e estagnações; cidade de Siena em relação a Roma e Florença; a nova Era dos patrões e dos artistas plásticos de Roma. Ainda sobre o mecenato, nesta abordagem refere-se às negociações e ao social *background* da pintura florentina, às famílias que encomendavam obras, à liberdade artística na escolha dos temas das obras encomendadas pela Igreja de Roma. O mecenato no século XVI, outrora tradicionalmente nas mãos da igreja e da monarquia, passa para novos atores sociais: a classe média, e como resultado do Calvinismo que proibia as pinturas religiosas em igrejas, a arte pictórica evoluiu para outras categorias de pinturas (história, retratos, paisagens, mares, vida quieta, pintura de flores e pintura de género) (Antoine, 2020). Vejamos a seguir três momentos relevantes que ajudam a fazer um breve entendimento da História do Mecenato.

Iluminismo e o mecenato

Como explicado, no Renascimento, a produção cultural era prioritariamente identificada pelo mecenas que possibilitou a sua produção e não pelo artista que a produziu. A igreja e a nobreza eram os principais financiadores das atividades culturais (Heller, 1982). As artes plásticas demonstraram, admiravelmente, até que ponto o ideal da unidade de beleza exterior e interior prevalece durante o período Médici não só em Florença, como também sob influência florentina, em Roma. O Renascimento entra em crise após a perda de prestígio das cidades italianas com o fim das grandes navegações que muda o eixo económico do mediterrâneo para o atlântico, e da Contra Reforma que limitou a liberdade de expressão. Inicia-se um novo período histórico,

coleções de obras de arte. Também na mesma perspetiva fala sobre províncias italianas, os artistas inovadores e os colecionadores de Bolonha, Nápoles. Refere também a cidade de Veneza no século XVIII, que estava dividida entre as exigências de uma aristocracia cheia de ostentação, e o poder das novas ideias da época.

com o movimento intelectual na época das Luzes, que teve lugar em França, entre o final do séc. XVII e o fim do séc. XVIII. Os ideais do Iluminismo nascem devido à revolução intelectual, e a situação muda com impacto essencialmente das classes detentoras de poder sobre os artistas: a Igreja perde o monopólio das artes, e são os nobres e os burgueses que assumem o papel de protetores dos artistas. A burguesia utiliza a arte para ascensão social ao estatuto de aristocrata (Williams, 1981). Entra-se no período da Razão. Na Alemanha, Kant na *Crítica da Razão Pura* defendia o racionalismo, e a ideia de que os homens adotam comportamentos de libertação graças ao uso da ciência e da tecnologia. "Kant afirmou que, com o Iluminismo, os homens saíram da sua imagem de imaturidade e começaram a pensar por si próprios e a ter a coragem de utilizarem as suas capacidades" (citado por Pires, 2004, p. 66).[14] Por toda a Europa proliferavam os ideais do movimento – Iluminista, defendidos em ambientes intelectuais de tertúlias, salões literários e lojas maçónicas (Pires, 2004, p. 79). Neste contexto, surgem as Academias Nacionais, as escolas profissionalizantes de produção e educação artística, a preservação do património, e cresce o reconhecimento social dos artistas. A dinamização da circulação de obras de arte desencadeou o interesse por parte do Estado, que então, começava a despertar para o interesse económico das Artes e a encarar o mecenato numa perspetiva funcional socioeconómica (Reis, 2003). A França da corte do Rei Luís XIV tornou-se a nação mais poderosa da Europa militar e cultural. Como refere Norbert Elias no livro *"A Sociedade de Corte"*, neste período, a corte desempenha aí um papel central, uma vez que organiza o conjunto das relações sociais, tal como acontecera os laços de vassalagem na sociedade feudal ou a produção manufatureira das sociedades industriais (Elias, 1987, p. 91). Na Era do Absolutismo, o mecenato é praticado sobretudo por poder e muitos artistas passaram a artistas da corte. Outra forma de mecenato que surgiu no final do século XVII e durou até ao século XIX foi o advento do Grand Tour, considerado a melhor forma de completar a educação pessoal dos cavaleiros na Era do Iluminismo. Homens jovens, europeus (na sua maioria britânicos) embarcaram numa longa viagem, muitas vezes vários anos através de França e Itália, que era visto como o berço da civilização ocidental (Antoine, 2020). Nos fins do século XVII, Paris tinha substituído Roma como capital do mundo das

[14] Em Inglaterra, o Iluminismo (enlightenment), também designado "The Age of Reason" dava continuidade às ideias de John Locke (1632-1704).

artes plásticas.[15] A época de Luís XVI (1660-1685), designada por monarquia absoluta, é marcada por grandiosos projetos como o Palácio de Versalhes e corresponde ao Renascimento Pleno em Itália ou à Idade de Péricles. Colbert, o principal conselheiro do monarca absoluto, chamava os pintores, por exemplo: Bernini, Louis Le Vau, arquiteto da corte, Charles Lebrun, pintor da corte e Claude Perrault, e encomendava-lhes obras que glorificassem a grandiosidade do Rei. Neste período, surgem os primeiros museus europeus, a partir de doações de coleções particulares e obras de arte provenientes de outras civilizações. A arte era um bem para uma elite e o Estado mecenas assumia-se como o subsidiário da produção artística. Contudo, a situação altera-se com a Revolução Francesa, e a ordem baseia-se nos princípios da igualdade, fraternidade e liberdade. Citando Lefebvre:

> A Revolução Francesa fez a história. Não apenas por trazer uma mudança, mas por introduzir algo de novo. Não como acontecimento que abalou o mundo existente e inaugurou um outro "mundo melhor" ou mais racional. Mas mais profundamente ainda: ligou um ato (numa atividade total: social, económica, política ideológica todas as realidades que pareciam exteriores umas às outras e permaneciam presas de relações exteriores a saber: a natureza, a razão, o povo, a nação, a ciência e o conhecimento, as diversas instituições, o direito, a maneira de viver (moral subjetiva e objetiva) as representações, os costumes e vestuários, as festas, etc. (...)(Lefebvre, 1974, pp. 33-34)

Em 1793, no país em que a cultura é a base de atuação do Estado, o Governo Revolucionário inaugura o primeiro museu público francês e o mais antigo da Europa: o Museu do Louvre[16]. O Estado muda de posição perante os artistas.

15 A sociedade de corte pode ser entendida como o estudo da corte dos reis de França entre Francisco I e Luís XIV (...). O objeto do livro é a sociedade de corte – na dupla aceção do termo. Por um lado, há que considerar a corte como uma sociedade, isto é, como uma formação social onde se definem de maneira específica as relações existentes entre os sujeitos sociais e onde as dependências recíprocas que ligam os indivíduos uns aos outros engendram códigos e comportamentos originais. Por outro lado, há que considerar a sociedade de corte no sentido de sociedade dotada de uma corte (real ou principesca) e organizada inteiramente a partir dela. Constitui, portanto, uma forma particular de sociedade, a tratar do mesmo modo que outras grandes formas, como a sociedade feudal ou a sociedade industrial.

16 Museu do Louvre – Um dos mais antigos museus europeus, o edifício foi residência da monarquia francesa, e foi inaugurado Museu pela República Francesa. Marca o fim de um período da monarquia absoluta, de Luís XIV, em que o mecenato se realizava por meio das públicas em nome da coroa.

De mecenas, responsável pela concessão de subsídios, passa para cliente dos artistas, e com esta mudança a arte torna-se um fim social e a cultura acessível a todos (Reis, 2003, p. 254). O mecenato à cultura incluiu também um projeto de educação dos artistas[17], segundo normas de um plano pedagógico oficialmente aprovado (Janson, 1977, pp. 521-537). O seu significado alargou-se à época contemporânea e assumiu a forma de proteção das artes e das atividades relacionadas com o talento. Já no final do século XVIII, inicia-se a valorização das coleções particulares, por especialistas de Arte. Nota-se um maior interesse de privados pelo investimento em obras de arte motivados por uma dimensão económica. Aqui, como refere Melo, as motivações para adquirir obras de arte podem estar também relacionadas com o interesse pelo colecionismo, e até o prestígio social surge como uma motivação para a aquisição de obras de arte "na medida em que estas, devido à sua particular dimensão cultural, se tornam suscetíveis de servir suporte a um processo infinito de diferenciação social e de luxo (Melo, 2012a, p. 19). Para justificação da dimensão política da obra de arte, Melo refere:

> A legitimação e validação social global que a sua dimensão simbólica traz ao sistema da arte contemporânea faz com que a sua existência seja reconhecida e, até certo ponto, enquadrada pelas instituições públicas. Dando assim lugar a uma dimensão política que se articula intimamente com as dimensões já referidas (económica e simbólica) e produz efeitos significativos em termos de legitimação social, na medida em que introduz a representatividade do Estado como caução e garante a relevância social das obras de arte. (Melo, 2012a, p. 21)

Melo (2012a) aponta momentos da história das relações entre o mundo da arte e da política no último século: passagem do academismo para a arte moderna (França, segunda metade do século XIX). A arte moderna, em estado nascente, aposta na oposição cultural à Academia e ao Estado, apoiada em dinâmicas da sociedade civil e do mercado privado. Em suma,

A revolução francesa de 1789 coloca um fim na figura do Estado-mecenas e a cultura é nacionalizada, no sentido em que os objetos culturais outrora nas mãos de uma elite cultural e social, Academias, corporações e instituições privadas, tornam-se produtos culturais para o benefício público.

[17] Na Idade Média os artistas aprendiam nas oficinas, prática que durou até ao Renascimento. No século XVII aparecem as primeiras academias que acrescentam a formação teórica. Em 1648 foi fundada a *Academie Royale de Peinture et de Sculpture* de Paris. Lebrun criou um sistema de ensino aplicado a todas as Academias, incluindo a atual Escola de Belas Artes (Janson, 1977).

o período do Iluminismo foi marcado pelo movimento de pensadores europeus e americanos ligados a Academias de sociedades, onde intelectuais trocavam novas ideias. Surgiam os cafés e bibliotecas públicas, ocorria a "comercialização da cultura", ou seja, a cultura era um bem comercializável. Pese embora na Europa concentre-se o movimento intelectual, este também se espalhou pelo continente americano, provocando transformações na vida social (Pires, 2004, p. 81). A sociedade abria-se à inovação, ciência e tecnologia.

Na teoria norte-americana sobre o mecenato privado, constata-se que a História dos Estados Unidos está intimamente correlacionada com a evolução do modelo mecenato contemporâneo, a nível de organização política e de legislação tributária, e da formação das grandes coleções de arte. vale a pena explicar de que forma. No fim do século XVIII, após a independência conquistada aos ingleses em 1789, com a Constituição elaborada e ratificada, iniciam-se transformações do ponto de vista demográfico, social e económico. Do ponto de vista do capital cultural[18], a aristocracia sulista, diferenciava-se. Política e financeiramente mais poderosa, viajava e tinha mais acesso à cultura europeia, comparativamente com os mercadores e pequenos artesãos do Norte (Philip, A., 1980, p. 115). No séc. XIX, durante o período do capitalismo liberal é eleito o republicano Abraham Lincoln (1857) e nasce uma economia moderna. A indústria vive nessa altura a Era da grande Revolução Industrial. O poder federal cada vez mais assumia um papel de vigilância sobre a economia. Na Europa, o panorama cultural alterava-se. É o início de uma nova filosofia nas artes plásticas: a arte pela arte. Uma arte que não está à disposição de algo ou de alguém. O artista sai do seu ateliê em busca de novos horizontes. Artistas como Van Gogh, Monet, Manet, Cézanne,

[18] O **capital cultural** pode existir sob três formas: estado incorporado, sob a forma de disposições duradouras do organismo; estado objetivado, sob a forma de bens culturais, quadros, livros, dicionários, máquinas; estado institucionalizado, forma de objetivação que deve ser posta à parte porque confere ao capital cultural garantir propriedades originais. A acumulação do capital cultural exige uma incorporação que, como supõe um trabalho de inculcação e de assimilação, custa tempo que deve ser investido pessoalmente pelo investidor (...). O capital cultural é um ter tornado ser, uma propriedade tornada material, tornada parte integrante da pessoa, um *habitus*. Quem o possui "pagou com a sua pessoa" e com o que tem de mais pessoal, o seu tempo. O capital pessoal não pode ser transmitido instantaneamente; pode adquirir-se, no essencial, de maneira dissimulada e inconsciente e fica marcado pelas condições primitivas de aquisição. O capital cultural apresenta um grau de dissimulação mais elevado que o capital económico e desta forma está mais predisposto a funcionar como capital simbólico. A lógica simbólica da distinção assegura lucros materiais e simbólicos aos detentores de um forte capital cultural que adquire um *valor de raridade* pela sua posição na estrutura da distribuição do capital cultural. Revista « *Actes de la Recherche en Sciences Sociales* », ao longo de vários anos nº30, nov.1979, pp. 3-6.

Toulouse-Lautrec, expressavam por meio da pintura a sua perceção do mundo. Os artistas optam pela rutura com os mecenas "tradicionais", fazendo obras adaptadas aos seus próprios tempos, com o seu dinheiro, e depois exibindo-as para venda. Isto levou à ascensão do comércio de arte que deu aos artistas uma maior participação na venda das suas obras.

Terceiro momento

O terceiro momento de mudança acontece no início do século XX, nos Estados Unidos, quando os privados, sobretudo as famílias inglesas burguesas emigrantes, oriundas da Europa, levaram os hábitos de legitimação e assumem o financiamento das artes. Com este fenómeno, que aconteceu predominantemente, por razões económicas, emergiram nomes de empresários doadores de avultadas quantias provenientes de fortunas resultantes, sobretudo do petróleo e da indústria pesada. Mas não apenas. Como iniciativa individual existia uma prática de mecenato, não menos importante de referir, que correspondia ao papel de ex-alunos de famílias ricas que doavam obras de arte para os museus das universidades norte americanas onde haviam estudado, contribuindo assim para a criação de centros de arte e museus locais ligados a universidades (Deboni, 2006).

A ética protestante contribuiu decisivamente para a formação do capitalismo e do moderno espírito de negócios (Weber, 2015, p. 158). Com base nas explicações culturalistas, a relação do homem com a sua riqueza pessoal tinha uma explicação religiosa. Ao contrário do catolicismo, cuja culpa, riqueza e pecado estão interligados, a religião protestante liberta o indivíduo da emoção da culpa, e a prática da filantropia e do mecenato cultural e artístico está relacionada com o êxito económico e pessoal, mas também com uma prática de elevação espiritual. As elites económicas norte-americanas com esta base cultural e religiosa estavam tendencialmente mais predispostas a cultivar o hábito de doar e contribuir para o bem da comunidade. Mais tarde, a transição de mecenato individual para a proliferação de mecenato praticado por empresas, que se expandiu na década de sessenta, não se baseava apenas nestas justificações, todavia o mecenato individual de origem anglo-saxónica tem originalmente esta motivação. Na perspetiva de análise do poder empresarial, subjacente ao interesse de apoiar as artes, está o sentimento de devolução à sociedade parte da riqueza gerada, consequência da tradição protestante dos países anglo-saxónicos (Cobb, 2010; Loebl, 2010).

Ressurgimento dos "The great philanthropists" no capitalismo fordista

Quatro fatores favorecem, positivamente, o florescimento de grandes fortunas relacionadas com a indústria: o primeiro fator, corresponde à abundância de matérias primas como ferro, madeira e petróleo; o segundo, o progresso tecnológico; o terceiro, o fato de existir mão de obra barata, sobretudo originária da primeira vaga do processo migratório no sentido sul-norte dos Estados Unidos – movimento designado por *Great Migration*; em quarto lugar, o surgimento de empreendedores e novos empresários, que concentravam riqueza e um poder político com a ambição de fomentar o desenvolvimento económico do país. O período compreendido entre os fins do século XIX, até ao fim da segunda Grande Guerra Mundial, foi designado pelo período auge do colecionismo privado, sobretudo devido ao interesse de particulares que colecionavam arte por prazer pessoal, e por parte instituições que começaram a comprar arte. Associado a este fator, surgem os novos mecenas do século XX: empresários norte americanos, detentores de grandes fortunas que motivados pelo interesse de criar as suas próprias coleções de arte, tornam-se colecionadores e filantropos, num período em que a questão dos benefícios fiscais dava os primeiros passos para motivar essa prática (Benedict, 1991).

No século XX, em plena sociedade industrial, famílias emergentes como John Rockefeller[19], Andrew Carnegie, Ford, Getty e Whitney, com capital proveniente do setor financeiro e das novas indústrias, são os nomes de referência no financiamento da cultura sob a forma de caridade, filantropia individual e como grandes colecionadores. Pioneiros na criação de Fundações com os seus nomes, procuravam o reconhecimento individual, através do fortalecimento da sua imagem, retiravam vantagens financeiras, das isenções fiscais e indiretamente contribuíram para o progresso e desenvolvimento da comunidade. As motivações de mecenato estavam relacionadas com o auto interesse pela arte europeia e correspondem ao *boom* dos colecionadores nos Estados Unidos da América (Benedict, 1991) Ordani & Miceli *et al.*, 2011) (Antoine, 2020); é interessante salientar duas particularidades: a primeira, é o facto de que neste período surgiram na literatura científica sobre financiamento

[19] John Rockefeller, possuía riqueza proveniente do petróleo. A sua empresa Oil Standard Company controlava o acesso a cerca de 90% de todo o petróleo refinado do país em 1880 (Brinley, 1999, p. 603).

privado à cultura, dois novos conceitos que se distinguem da noção de mecenato tradicional: patrocínio e filantropia.

A segunda particularidade, é que foi a partir desta fase, que o mecenato passa a ser praticado por empresas com objetivos estratégicos institucionais. As grandes fortunas destinadas ao fomento da ciência e tecnologia, das artes e da educação foram organizadas em fundos de entidades formais ou fundações com diretrizes definidas pelos seus criadores e administradas por profissionais. Um aspeto a ressaltar é que numa sociedade de consumo, o mecenato começa a ser um veículo de satisfação das milionárias famílias, que de forma individual se afirmam na sociedade. Em 1917, o governo norte-americano adota uma medida impulsionadora com a criação das leis de incentivo à cultura. Uma política progressista pioneira de redução de impostos, que permite um abatimento até 100% do valor efetivamente doado no Imposto de Rendimento para as organizações sem fins lucrativos (*non-profit*)[20]. (Almeida, 1996, pp. 19-20).

A legislação tributária foi um impulso e, consequentemente, multiplicam-se as Fundações, os Museus, as Bibliotecas e os Teatros, financiados por mecenas, designados na terminologia americana por filantropos particulres e institucionais[21]. Na realidade, durante os anos de liderança política de Roosevelt era indiretamente visível a intervenção pública no setor cultural, sobretudo com objetivos económicos. Todavia, a situação inverteu-se temporariamente com a forte crise de 1929, em que a conjuntura económica levou o Governo a pôr fim à política liberal e iniciar uma política intervencionista. Durou pouco tempo. E, logo após a crise económica, o governo norte-americano retoma a política liberal, que na realidade, trata-se do modelo anglo-saxónico de financiamento à cultura, que vigora até aos nossos dias.

A partir da segunda metade do século XX, com o fim da Segunda Guerra Mundial, entra-se na época pós-modernista e visivelmente, a euforia do consumo provoca uma alteração na relação dos consumidores com as empresas. O modelo organizacional mais frequente é a organização privada que acumula as vantagens da autonomia em relação ao Estado e da liberdade das

[20] Na mesma década, em 1923 era constituída a Escola de Frankfurt, em que a crítica marxista ao capitalismo.

[21] Nos Estados Unidos a criação dos grandes museus resultam do papel mecenático e existem inúmeros exemplos. Por exemplo: o Smithsonian (Washington, DC); Carnegie Hall (New York); o Metropolitan Opera House (New York); Museum of Science and Industry (Chicago), Hillwood Museum (Washington, DC), Whitney Museum (New York); Museum of Modern Art – MoMA (New York).

instituições sem fins lucrativos, autorizadas a receber donativos e a desenvolverem-se ao abrigo da pressão do mercado, enquanto os mecenas se prestam a essa lógica.[22] No Estado de Massachusetts, o desenvolvimento permitia a eclosão de uma cultura de elite fluorescente, ligada aos lugares ricos e decidida a abrir-se ao público (Benhamou, 2004). Num mercado concorrencialmente forte, as técnicas de *marketing* ganham espaço e as empresas procuram a diferenciação. E, como consequência disso, os bens são adquiridos pela atratividade do seu *design*, imagem, marca e estilo de vida que representam, e não apenas pelo valor funcional. As empresas produzem o que os consumidores pretendem comprar. O centro da atenção é o cliente-consumidor. E é dessa relação que alguns autores defendem o surgimento do *marketing*

[22] No que toca às tipologias de políticas culturais os Estados Unidos da América e os países têm modelos distintos no que concerne à intervenção do Estado. O primeiro modelo, pouco intervencionista, privilegia a entrega de subvenções a organismos independentes encarregados de repartir junto de outros organismos que pedem; enquanto no segundo modelo, sobretudo aplicável aos países da Europa do Sul depende das ajudas Públicas. O ministério gere diretamente as subvenções. Entre os dois, vários países escolheram delegar a nível regional a responsabilidade da política cultural. Ex: Länder, na Alemanha e na Itália, quatro níveis de poder repartem as responsabilidades culturais (Chalendar & Bredisson, 1987). No caso da Grã-Bretanha, o *Arts Council*, o *Council for the Encouragement of Music and the Arts*, criado em 1940 e presidido por Keynes, tinha os objetivos iniciais de ajudar os artistas vítimas da crise económica e de permitir que a população se distraia graças à artes. Uma vez estabelecida a dotação orçamental, o Arts Council reúne comissões independentes encarregadas de avaliar os projetos. Este dispositivo tem o inconveniente de atribuir a "um punhado de homens de influência escolhidos no seio de uma ínfima minoria da população que frequenta habitualmente a ópera" o poder de "conceder à ópera fundos públicos consideráveis". Nos Estados Unidos – A intervenção pública em favor das artes só nasceu em 1960, com a criação do *New York State Council*, dotado nesse ano com um orçamento de 50 mil dólares. Em 1965, após vários debates, o presidente Johnson obteve a criação do *National Endowment for the Arts* e do *National Endowment for the Humanities*. Por detrás destes modelos existem razões históricas: A tradição francesa de intervenção. A tradição nasceu com a monarquia. François I, mecenas, protetor de artistas e colecionador, instigador do depósito legal, encorajou e pensionou artistas e escritores. A Revolução traz uma vontade de dar instrução aos homens e a projeção das artes. O Preâmbulo da Constituição de 1946 estipula que a "nação garantiu o acesso igual da criança e do adulto à instrução, à formação profissional e à cultura".

Em 1959, André Malraux reúne atribuições que pertenciam ao ministério da Indústria (no que respeita ao cinema) e ao ministério da Educação (no que respeita às artes e letras, à arquitetura e aos arquivos). Toma a designação de ministro de Estado encarregado dos Assuntos Culturais. As conquistas de Malraux passam pelo desenvolvimento da política de democratização, mas também recorre à encomenda pública "na tradição da monarquia esclarecida". Criou as casas de cultura, "catedrais do século XX", ferramentas da democratização e da descentralização cultural. O Estado dispõe de uma panóplia de meios em matéria de intervenção, cuja escolha depende do grau de importância do sector, das constrições internacionais e das tradições que prevaleciam (Benhamou, 2004).

cultural, como uma versão do mecenato moderno. As empresas, sobretudo por motivação pessoal dos gestores e dos empresários donos das empresas, aproximam-se da cultura, como símbolos de estatuto social[23] Apoiam concertos de música, peças de teatro, festas regionais, exposições de artes plásticas, restauros de edifícios históricos, bolsas de estudo. Vale a pena referir um outro aspeto do pós-guerra que contribuiu para o aumento do consumo cultural: as pessoas passam a dispor de mais tempo e vontade de usufruir de momentos de lazer e ocupam-no com cultura (Muylaert, 1993).

Não é o objetivo desta obra realizar um trabalho comparativo com profundidade sobre a origem dos modelos de financiamento privado à cultura. Todavia, o certo é que, o percurso histórico e religioso das sociedades explica a atual existência de distintos modelos, nos países europeus e nos países de tradição anglo-saxónica, como os Estados Unidos e o Reino Unido, no que se refere à iniciativa privada e do Estado. Sobre este tema, na Europa continental, a realidade era oposta. Durante o período da Segunda Guerra Mundial, nos regimes totalitários, o Estado instrumentaliza as artes para orientar as massas e promover a identidade nacional. Após 1945 e particularmente mais visível em França, o Estado, marcado pela Guerra Mundial, assume para si a responsabilidade de financiar o setor cultural. Coloca a cultura na agenda política e define um quadro legislativo que visa fomentar a criação artística, formar especialistas e proporcionar um acesso democrático à cultura. Cabia ao Estado a responsabilidade de incentivar o setor, numa posição protetora à atividade cultural. De forma genérica pode-se afirmar que nos países anglo-saxónicos predomina o princípio do voluntariado, enquanto na Europa, predomina o princípio da subsidiariedade e do bem público (Benedict, 1991). Em 1967, nos Estados Unidos, o financiamento privado John e David Rockfeller criam o Comitê de Negócios para as Artes, num esforço de aproximar as empresas. No trabalho científico, a interdisciplinaridade da relação disciplinar da Economia e Cultura, captava mais interesse por parte dos teóricos (Baumol & Bowen, 1966), (Jeffry, 1983), (Benhamou, 2004, p. 114; Kirchberg, 2003)[24].

[23] A comunidade pode ser definida de várias maneiras: como uma região geográfica, município, bairro (por si só aberto a uma variedade de definições), ou grupo étnico. Em geral, os investigadores usam definição da comunidade em termos de proximidade entre si e estudam bairros, escolas ou cidades.

[24] A propósito da Broadway, a Fundação Ford encomendou aos economistas William J. Baumol e William G. Bowen, relativo à subida dos custos, ao aumento dos *cachets*, a redução do número de produções e ao consequente fecho dos teatros. Para Baumol e Bowen *The Economic Dilemma*, MIT Press, Cambridge, Mass. (1966). Os dois economistas criaram um modelo de crescimento

Na época, a Fundação Ford solicitou a Baumol e Bowen, um estudo que marcou a Economia da Cultura, com a sua conclusão implícita à especificidade do domínio e da pertença necessária das atividades culturais à esfera não mercante assistida. A disciplina traz uma grelha de leitura do crescimento endémico das subvenções voltadas ao espetáculo ao vivo. De acordo com os resultados do estudo, as empresas de grande dimensão sentem-se atraídas pelos espetáculos dirigidos ao público de massas, como festivais de música, exposições itinerantes e séries de televisão. Trata-se de formas de comunicação que concorrem com a publicidade por meio da intensa vivência emocional do espetador participante nos eventos (Baumol e Bowen, 1966).

No que se refere à produção artística contemporânea existem dois conceitos a referir: um é a indústria da cultura; outro a cultura não industrial. No que toca às transformações na cultura em diferentes condições sociais e numa sociedade de massas, "uma das características do filistinismo educado, sempre foi a de desprezar o entretenimento[25] e a diversão pelo facto de não se poder obter deles nenhum valor". Como refere Hannah Arendt a respeito de cultura de massas, a cultura modifica objetos para chegar a mais pessoas:

> A cultura de massas aparece quando a sociedade de massas se apropria dos objetos culturais, e o seu perigo está em que o processo vital da sociedade (que, como todos os processos biológicos, atrai insaciavelmente tudo o que pode para o ciclo do seu metabolismo) irá literalmente consumir os objetos culturais, irá devorá-los e destruí-los. (Arendt, 2006, p. 216)

Arendt não se refere aqui à difusão massiva de livros e reproduções de quadros, mas à alteração da sua natureza: "reescritos, condensados, digeridos, reduzidos a *kitsch* para reprodução ou adaptação cinematográfica. Aqui, depara-se não com um processo de extensão da cultura às massas, mas de destruição da mesma em prol do entretenimento". A indústria cultural

desigual: sector anárquico, caracterizado pela impossibilidade de gerar ganhos de produtividade; sector progressivo, onde os ganhos de produtividade resultam da inovação, onde se verifica um crescimento permanente dos custos relativos do espetáculo vivo que só uma subida dos preços dos bilhetes pode compensar, com o risco de reduzir a procura e as receitas (Benhamou, 2004, p. 114). Saber mais sobre o tema, numa das principais obras sobre a Economia da Cultura de Rose Towse (1997).

25 Conceito de Entretenimento – regime de produção inteligível das indústrias de lazer e conteúdo implícito a uma comunicação de massas, cujo conteúdo está normalizado. O entretenimento é um termo usado nos *media*. Engloba custos elevados e a maximização com grandes audiências é que permite diminuir os custos (Hartley, 2004, p. 98).

é característica da cultura de massas, associada ao entretenimento e à produção e distribuição em larga escala e com uma estratégia económica. A partir desta data, perante a dinâmica do mercado, as organizações culturais, entendem a necessidade de competir segundo uma lógica de mercado, basicamente por dois motivos: em primeiro lugar, para captar públicos, e em segundo, para captação de recursos financeiros e atrair financiadores para os seus projetos culturais. A principal diferença é que numa lógica de mercado, o artista é produtor de um bem comercializado como mercadoria e surge a figura de intermediário que visa o lucro e proporciona a possibilidade de os artistas expandirem-se no mercado. Na realidade, neste período, ocorrem mudanças significativas: desde as leis tributárias, ao surgimento de novas galerias, artistas e outros profissionais que se aproximam do lado comercial, permitindo tirar proveito do crescente mercado de arte (Caplin, 1988). Os artistas plásticos começam a empregar técnicas de *marketing* para promover os seus trabalhos, aprendem a posicionar-se no mundo da arte, comercializar diretamente ao público, com um entendimento dos princípios de *marketing* e vendas, aplicáveis às obras de arte (Grant, 2010)[26]. Alguns autores

[26] O autor no livro "*The Business of being an Artist*" (2010) refere-se à profissão dos artistas plásticos e a factos sobre o ofício da arte nas várias escolas e programas de arte da universidade, mas raramente aprendem muito, se é que alguma coisa, sobre como fazer carreira com seus talentos. O negócio de ser um artista contém informações sobre como os artistas podem desenvolver uma presença no mundo da arte que leva a vendas. O livro contém informações sobre como os artistas podem aprender a vender seus trabalhos diretamente ao público, com um entendimento dos princípios de marketing e vendas, conforme aplicáveis às obras de arte. Os artistas também aprenderão como encontrar uma galeria adequada que organizará vendas e comissões e como estabelecer uma relação contratual com o revendedor que seja ao mesmo tempo equitativa e lucrativa. Entre os tópicos abordados o negócio de ser um artista estão: o leque de oportunidades de exibição para artistas emergentes e em meio de carreira; como definir preços para obras de arte; quando ou se os artistas devem pagar para avançar em suas carreiras; como os artistas podem se comunicar com o público; solicitação de empréstimos, subsídios e bolsas de estudo; áreas da lei que dizem respeito a artistas; usando materiais de arte com segurança; vendas e marketing on-line e muito mais. Além de todas essas informações inestimáveis, *The Business of Being a Artist* inclui uma discussão exclusiva de alguns dos problemas emocionais que os artistas enfrentam ao longo de suas carreiras, como trabalhar sozinho, enfrentar estereótipos, lidar com críticas e rejeição, o brilho da publicidade, e a falta de atenção. Sem dúvida, *The Business of Being a Artist* é um livro obrigatório para todos os artistas prontos para transformar seu talento em um negócio de sucesso. como definir preços para obras de arte; quando ou se os artistas devem pagar para avançar em suas carreiras; como os artistas podem se comunicar com o público; solicitação de empréstimos, subsídios e bolsas de estudo; áreas da lei que dizem respeito a artistas; usando materiais de arte com segurança; vendas e marketing on-line e muito mais. Além de todas essas informações inestimáveis. *The Business of Being an Artist* inclui uma discussão exclusiva de alguns dos problemas emocionais que os artistas enfrentam ao longo de suas carreiras, como trabalhar sozinho, enfrentar estereótipos, lidar com críticas e rejeição, o brilho.

mais críticos sobre esta postura dos artistas, referem que a cultura, nas mãos de empreendedores culturais, passa a ser um negócio, sujeito a partir de então, às leis de mercantilização (Cauwet, 2017). Os processos de mercantilização da cultura são dinâmicos e já fazem parte da contemporaneidade. O domínio da indústria cultural na sociedade, desde o final da Segunda Guerra Mundial é o principal problema que atinge as artes e afeta as escolhas dos programadores internacionais. Desta forma, explica-se que na década de 1970, o conceito de *marketing* das Artes e da Cultura expandiu-se para a gestão das organizações culturais (Colbert & Cuadrado, 2010, p. 24; Kotler, 2000), (Curvelo, 2009). A propósito da distinção o marketing da Cultura das restantes áreas de estudo dentro da disciplina do marketing, defendem que as instituições culturais, passaram a seguir um modelo de marketing para as artes e para a cultura, diferente do modelo tradicional de marketing. Uma empresa comercial visa otimizar benefícios, satisfazer as necessidades do cliente consumidor e define os quatro básicos elementos do marketing mix (preço, produto, distribuição e comunicação) (Colbert & Cuadrado, 2010, p. 26). Segundo Kotler, "numa sociedade afluente o conceito de marketing torna-se cada vez mais o de interpretar os desejos do consumidor e de criar os bens que irão satisfazer estes desejos" (Kotler, 2000, p. 33). Todavia, no modelo de marketing das organizações culturais, os objetivos são artísticos, e no mercado encontram-se os consumidores, o Estado, os intermediários, e financiadores (patrocinadores, filantropos e mecenas). Nesta abordagem conceptual, importa referir, cronologicamente, a partir da década de 70, as técnicas de marketing alastraram-se também às artes e à cultura, no sentido de dar resposta a algumas dificuldades financeiras sentidas pelas organizações culturais, mas também para criar diferenciação, face ao acréscimo de concorrência. Assim podemos afirmar que o *Marketing*, numa ótica integrada é um conceito evolutivo e de abordagem de gestão das empresas e das organizações sociais. Todavia, é também uma metodologia integrada de planeamento estratégico, a partir de uma análise aos ambientes externos (mercado) e ambientes internos (Nunes, 1991).

O mecenato do século XXI

Novos e inovadores modelos de financiamento à cultura têm surgido no século XXI, nomeadamente, fundos de mecenas coletivos, incubadoras, residências artísticas sustentadas por financiadores coletivos e o micro mecenato.

São mecanismos colaborativos de financiamento de projetos culturais, sobretudo sobre a base de novas tecnologias que geram transformações na relação entre os públicos e os artistas. Proliferam organizações dedicadas a apoiar novas expressões de arte, trazem fundos privados dos seus patrocinadores, parceiros e administradores para museus públicos e projetos artísticos, dedicam-se a facilitar o intercâmbio artístico e a desenvolver práticas criativas através de residências, associações e programação pública. A tecnologia também tem tido impacto no mecenato. A rede de internet e as características do ciberespaço possibilitam uma maior conectividade entre as pessoas, independentemente do espaço geográfico. Os novos mecenas, seja por gosto pessoal ou afinidade no projeto cultural, apoiam projetos artísticos via internet. A comunicação virtual permite maior participação em redes sociais múltiplas e a dinamização de comunidades ditas virtuais (Hartley, 2004, p. 55). Novas plataformas de *crowdfunding* promovem artistas emergentes e facilitam a conexão entre artistas e potenciais financiadores privados. Os *sites* ajudam diversos mecenas, incluindo particulares, a financiar projetos individuais, e proliferam os exemplos: os sites da internet como *Kickstarter*, *GoFundMe* e *Indiegogo* ajudam a financiar projetos individuais. A plataforma *Patreon* possibilita que as pessoas particulares ou empresas financiem os seus artistas favoritos com contribuições mensais para ajudá-los financeiramente no processo criativo. De acordo com o relatório ECN (2014), as plataformas portuguesas de *crowdfunding* atualmente apenas desenvolvem os modelos baseados em doações, submodelo do empréstimo e recompensas, sendo este último o mais habitual. Tal forma de angariar receitas corresponde ao termo anglo-saxónico *Crowdfunding*. Na literatura científica é possível encontrarmos diversas definições de *Crowdfunding* e discute a existência de diferentes formas de o praticar. Assim, é possível encontrar os seguintes cinco modelos: doações, recompensas, empréstimos, ações e royalties (Belleflamme *et al.*, 2014). Ordanini *et al.* (2011) consideram o *Crowdfunding* como um fenómeno em que vários consumidores em conjunto financiam projetos através de plataformas na internet, para apoiar os esforços iniciados por pessoas ou organizações. Na perspetiva dos autores, o foco situa-se do lado dos financiadores dos projetos – *a crowd* ou "multidão". Os consumidores investem e têm a expectativa de um retorno, que sob forma de investimentos baseados nos modelos de ações, recompensas ou empréstimos, ou seja, tangível, no caso do modelo baseado em doações onde o retorno muitas vezes é simplesmente proporcionado pelo *status*, estima social ou identificação, não tangível Ordanini *et al.* (2011).

Mollick (2013) defende a existência de fatores de sucesso observados em projetos de *crowdfunding* fundamentados apenas nas recompensas e nas doações. Segundos os resultados do seu estudo realizado, os fatores decisivos de sucesso dos projetos é a qualidade dos mesmos, a área geográfica onde existe uma maior concentração de pessoas com o mesmo interesse e o cumprimento de prazos. De acordo com as pesquisas já realizadas e existentes na literatura científica é possível notar que para a maioria dos autores, o *crowdfunding* trata-se de uma nova e promissora forma de financiamento em crescimento, que tem espaço na *internet* e que é apropriada para estimular projetos inovadores. No relatório divulgado pela Massolution (2013), constam os resultados de estudo baseados na análise dos dados de 308 plataformas de *Crowdfunding* em todo o mundo. De acordo com o estudo, o *Crowdfunding* é uma forma de financiamento em crescimento, sobretudo nos Estados Unidos de América e na Europa. Em 2012, foram arrecadados 2,7 biliões de dólares, valor que representa um acréscimo de 81% face a 2011. Para 2013 estima-se o valor de 5 biliões de dólares. Pese embora o crescimento deste fenómeno mundial provenha essencialmente do *Crowdfunding* baseado em doações, empréstimos e recompensas, certo é de acordo com o relatório, os modelos que oferecem retornos financeiros têm vindo ganhar relevância. Em suma, o *Crowdfunding* envolve três intervenientes: os apoiantes (a "multidão") o promotor da campanha ou iniciativa de angariação de fundos para o projeto e a plataforma, que consiste no canal de ligação entre os intervenientes. O mecenato contemporâneo possui traços distintos do mecenato antigo essencialmente devido a três aspetos que o caracterizam:

O mecenato moderno não se restringe a área das artes e contempla outros campos do conhecimento. O mecenato antigo era usado nos círculos oficiais de poder (governantes e religiosos) enquanto o mecenato contemporâneo surge independente dos sistemas políticos. Sylvère Piquet, um dos investigadores pioneiro em torno da presente temática, no estudo *Sponsoring et mécénat: la communication par l'événement* teoriza que mecenato clássico é individualista centrado no mecenas enquanto o moderno tem um caráter coletivo (Piquet, 1985).

Há bondade no espírito do mecenato, patrocínio e filantropia?

A análise histórica em *supra* teve como objetivo, o entendimento das conjunturas que estão subjacentes às práticas do mecenato. Contudo, é pertinente avaliarmos o espírito que move o Homem para a prática de atribuição de donativos sob as diferentes modalidades que vão desde: o mecenato, ou patrocínio a filantropia ou o filantrocapitalismo. Com base na revisão da literatura científica de referência, foram elencados diferentes ângulos de visão partilhados por alguns autores. Um dos objetivos desta obra é apresentar uma leitura a partir de um conjunto geral de perspetivas analíticas, que têm gerado discussão sobre as várias modalidades e práticas de atribuição de donativos.

Ora, o mecenas é aquele que dá um bem próprio a outra pessoa ou a uma instituição carenciada para ajudar e por isso o mecenato é discreto, comparativamente ao patrocínio, como instrumento de comunicação que visa grande visibilidade mediática nos meios de comunicação social, onde os *media* têm um papel essencial (Besançon, 1994). Para Piquet (1991) a prática de mecenato tem uma dimensão espiritual impulsionada pela nobreza da generosidade, pese embora possa constituir um instrumento de comunicação institucional. As principais motivações são de natureza não material, como a reputação social, o reconhecimento e o prestígio. No seu entender, a palavra *sponsor*, de origem latina e com profunda ligação à cultura anglo-saxónica, usa-se com frequência como técnica de comunicação praticada com o objetivo de associar a marca do patrocinador na mente dos consumidores a um acontecimento desportivo ou cultural. Dessa forma, a característica distintiva básica entre patrocínio e mecenato seria então a "generosidade da ação" (Piquet, 1985, p.354). A primeira consiste no modo de intervenção. Enquanto o mecenato tradicional tem um caráter individualista e desinteressado, o mecenato moderno tem uma lógica empresarial e integra-se na estratégia de comunicação da empresa. A iniciativa não é apenas dos indivíduos e as ações mecenáticas passam a abranger objetivos estratégicos das organizações. Neste ângulo de visão conceptual, o mecenato constitui um instrumento de comunicação de uma empresa e não resulta de pura generosidade individual. A segunda característica é explicada pelos objetivos subjacentes. Estes, não estão diretamente aliados a governantes políticos e religiosos. E, por último, a terceira característica, ao que o autor designa por campo de aplicação ou ao fim a que se destina. O mecenato contemporâneo diferencia-se do tradicional, por não se circunscrever apenas às artes, e estende-se a diversas áreas, nomeadamente à social, científica e tecnológica.

Almeida (1996), defende um ponto de vista que se corrobora nesta obra. No mecenato cultural, a lógica de troca entre financiador e artista ou organização beneficiária é subtil, mas existe uma relação custo-benefício e o prestígio é conferido. Com os tempos, evoluiu como um instrumento de comunicação que constitui uma técnica de *marketing* que exige esforço e compromissos de ambas as partes (Kotler, 2000): mecenas e artistas ou instituições que requerem apoio mecenático, em espécie ou em dinheiro.

> O *marketing* cultural afasta-se das táticas de comunicação massificadas, nas quais o objetivo é atingir o máximo de pessoas, o mais intensivamente e no maior intervalo de tempo possível. Se a publicidade é conhecida como a arte de comunicar, o *marketing* cultural simboliza a comunicação através da arte. (Almeida, 1996, p. 20)

Paul DiMaggio (1987) considera que a necessidade da empresa em justificar uma despesa (custo) do mecenato, leva-a a privilegiar operações de forte visibilidade e de programas pouco arriscados, mais do que experiências inovadoras. Meenaghan (2001) defende que o mecenato, tanto por definição teórica tanto como pela prática, é essencialmente uma *atividade altruísta*, conduzida sem expectativas de retorno, exceto pela satisfação do mecenas saber que está a fazer o bem. O autor do "*Modelo de Seleção de Patrocínios*", argumenta que atualmente, o mecenato pode concorrer com outros instrumentos de comunicação, principalmente onde os instrumentos tradicionais de comunicação assumem custos elevados, e o mecenato aparece como um recurso conducente à promoção da divulgação da imagem institucional, associada a eventos, através do qual uma organização pode partilhar a sua imagem e conotações a estes associados. No seu ponto de vista, "o mecenato tanto por definição quanto por uso, é essencialmente uma *atividade altruísta* conduzida sem expetativa de retorno, exceto pela satisfação de saber que se está a fazer o bem" (Meenaghan, 1993, p. 10). Guy Brébisson, na obra "*Le Mécénat*" teorizou que as principais atividades do mecenato e especificamente do Mecenato Cultural podem classificar-se em: proteção aos artistas, proteção das obras culturais ou artistas em toda a ampla margem de possibilidades, doação de obras de arte e criação de Fundações (Brébisson, 1986, p. 5).

Existem diferentes tipos de mecenato, conforme o objetivo do mecenas: mecenato de beneficência ou humanitário, de compromisso e de intervenção e ainda financeiro ou espécie. O moderno mecenato privado tem evoluído com raízes na tradição a nível da organização política da sua cultura e legislação tributária. Porém, o ângulo da abordagem de mecenato moderno adotado na presente obra corresponde ao apoio proveniente do tecido empresarial (CGD e Culturgest). As empresas constataram os benefícios desta forma de comunicação com a sociedade e passaram a mencionar por Responsabilidade

Social, o envolvimento com a comunidade através do financiamento da cultura, e surge o conceito de *Marketing* Cultural (Reis, 2003, p. 10).

Rosanne Martorella no seu estudo *Corporate Art* (1990), refere-se ao **"espírito de mecenas"**, que no fundo é uma característica e um gosto sobretudo pessoal dos líderes das organizações (Martorella, 1990). Este perfil revela-se como fator chave dos decisores, notório em posições de liderança: "alguns gestores, onde o mecenato moderno é uma prática comum das empresas, acabam por refletir o seu gosto individual pelo colecionismo nas decisões, no que toca à compra de Arte como um bem cultural" (Martorella, 1996, p. 26)[27]. Martorella revela o papel chave que os gestores de topo desempenham, nas empresas que enquadram na estratégia global, a prática de ações mecenáticas. Igualmente nesta obra defende-se a ideia de que, nas Organizações o líder é um agente catalisador, e a subjetividade, o gosto pessoal pela arte e pela cultura têm, de certa forma, impacto na organização e na definição da comunicação estratégica e objetivos estratégicos das empresas. Em suma, privilegia-se esta visão sobre a relevância das características individuais e sensibilidade pessoal dos gestores, com grande peso direto nos processos de decisão de atribuição de financiamentos sob a forma de mecenato.

Por outro lado, o espírito que impulsiona a atribuição de donativos não está dissociado do contexto sociocultural. As mudanças ocorridas na década de 80, no Ocidente, promoveram uma alteração do foco principal das empresas que se tornou o cliente. O consumidor, com mais tempo de ócio, adere com mais afluência à fruição de espetáculos e atividades desportivas. Este é ponto principal da mudança que contribui para a aplicabilidade do *marketing* e de maior interesse pelo mecenato e pelo patrocínio na Comunicação (Colbert, 2010, p. 22).

Meenagham (1983) refere-se às vantagens do mecenato como alternativa de comunicação comparativamente à publicidade face aos custos-benefícios[28]. Neste sentido, para além das artes e da cultura, o apoio das empresas abre-se a outras áreas para fora do tradicional âmbito, ou seja, a outras necessidades da comunidade como projetos inovadores: ajudas humanitárias, projetos de cariz social, ecológico, ambientais, entre outros.

[27] A autora refere-se a profissionais com os gestores de topo, executivos de empresas.

[28] A publicidade como técnica expandiu-se sobretudo nos EUA e refletia a emergência da sociedade de consumo de massas que mediou as duas guerras mundiais. Sobre publicidade recomenda-se a leitura dos livros "*Scientific Advertising* and *My Life in Advertising*" de Claude Hopkins, e "*Tested Advertising Methods*" de John Caples, que foi Vice-presidente de uma das maiores agências mundiais de Comunicação a BBDO.

Por outro lado, esta mudança acarreta outra vantagem: permite que as empresas mantenham o compromisso de apoio, com maior continuidade e sustentabilidade. Llorente (2011) defende os seis principais interesses das empresas: o primeiro diz respeito ao interesse pela imagem institucional; o segundo, o papel cívico das empresas e da responsabilidade social; o terceiro, o patrocínio e o mecenato tornam-se instrumentos mais vantajosos que a publicidade na medida em que permitem aceder a mais audiências, de forma mais económica; o quarto, as questões relacionadas com as alterações sociais e económicas, com a universalização dos espetáculos de massas; o quinto aos benefícios fiscais que a legislação de alguns países permite; e, por último, o sexto aspeto, o fortalecimento da comunicação.

Palencia-Lefler (2007) frisa que é importante notar que o mecenato é uma forma de expressão cívica, em que o mecenas tenta encontrar um prazer estético e, ao mesmo tempo, *destacar-se socialmente*. Por outro lado, contribui para a integração da empresa na comunidade onde atua e aumenta a sua notoriedade. Facilita a comunicação de forma subtil e distinta com os seus clientes e futuros clientes. A empresa ganha uma dimensão social e cultural responsável, criando um clima de confiança. O autor defende que o termo mecenato apenas deve ser utilizado quando *o objetivo de ação é cultural, cívico ou humanitário, e sempre sem contrapartidas contratuais.* No que diz respeito à distinção do espírito entre patrocínio e mecenato, para Palencia-Lefler (2007, p. 159),

> O mecenazgo se entende como la acción o la actividade organizada, programada u ocasional por la cual una persona privada, una empresa o una institución privada efectúan una aportación económica – habitualmente fijada por contrato – en favor o no de programa continuado – o un acto de naturaleza cultural, cívica, humanitária, educativa, científica.

Como refere Conde (1989) em alguns países europeus, existe uma institucionalização e profissionalização das intervenções de mecenato, nomeadamente por meio da constituição de associações nacionais de empresas-mecenas[29] (Conde, 1989, p 116). A título de exemplo, em França, a Associação francesa – ADMICAL[30] (*Association pour le Développement du Mécénat Industriel et Commercial*), tem como missão promover a maior participação do setor

[29] Conde refere outras Associações nomeadamente, ABSA (Inglaterra), Kullturkreis (Alemanha), entre outras, p. 117.

[30] ADMICAL foi constituída em 1979. Carrefour de mecenat d' Enterprise. Hoje é designada como uma rede de filantropia empresarial.

privado nos campos cultural, ambiental e de solidariedade, monitorizar as iniciativas, e regulamentar, pois, entende que os *setores se complementam* o que resulta num "*mecenato cruzado*"(Clotas,2009). AFMICAL define o conceito de mecenato, atualmente de certa forma institucionalizada no país, em que o mecenato diferencia de patrocínio (ADMICAL, 2018).

> O mecenato é uma doação sem remuneração ou com remuneração limitada, que a distingue do patrocínio, uma operação comercial da qual a empresa espera um benefício comercial direto e proporcional ao apoio que oferece ao projeto. Essa distinção é importante na prática porque o padrinho ou patrocinador não se beneficia das mesmas vantagens fiscais que o patrono. Em outras palavras, o mecenato é uma doação, enquanto o patrocínio é a compra de um serviço de publicidade. É claro que uma empresa pode combinar as duas práticas (ADMICAL, 2018).

A ADMICAL divulgou dados no barómetro "mecenato empresarial em França" (ADMICAL, 2018), que permitiram obter algumas conclusões, que se consideraram interessantes.[31] Sobretudo em França, constata-se um desenvolvimento contínuo do mecenato em termos de valor e número de empresas. A ADMICAL tem feito um esforço na promoção de iniciativas para maior envolvimento das pequenas e médias empresas. Tal justifica-se porque os números confirmam que são as empresas de maior dimensão as que mais se envolvem em ações de mecenato[32]. O barómetro revela que existem três principais setores mais apoiados pelos mecenas: em primeiro lugar o setor social, em segundo lugar o setor cultural e o património, e em terceiro lugar

[31] A pesquisa foi realizada por telefone de 11 a 27 de abril de 2018 entre os responsáveis pelo patrocínio empresarial, com base em uma amostra de 1003 empresas representativas do tecido econômico francês, de acordo com o tamanho e o setor de atividade, complementadas por uma amostra excedente de 20 empresas patrocinadoras.

[32] Em 2010 a 2016, o número de patrocinadores empresariais mais que dobrou. Pela primeira vez, a ADMICAL conta com dados do Ministério das Finanças para analisar mudanças no patrocínio empresarial em França Entre 2010 e 2016, o número de empresas que deduziram doações do imposto sobre as sociedades para patrocínio aumentou 2,5%, passando de 28.000 para 73.500. Da mesma forma, o montante de doações declaradas pelas empresas passou de 945 milhões de euros em 2010 para 1,7 bilhão em 2016 (multiplicado por 1,8).
A tendência continua e se intensifica em 2017, uma vez que os primeiros dados não publicados do DGFIP mostram que as doações declaradas devem atingir 2 bilhões de euros para 82.000 empresas.

a educação.[33] Segundo um estudo divulgado pela ADMICAL, sobre os motivos para a prática de patrocínio, entre as várias modalidades o "desporto" está no TOP das prioridades, das 201 empresas inquiridas, sendo que (56%) revela preferência por financiar atividades desportivas, devido aos retornos comerciais O apoio à cultura surge como terceira prioridade, ver Fig. 1.

Figura n.º 1 – Top das prioridades de doação

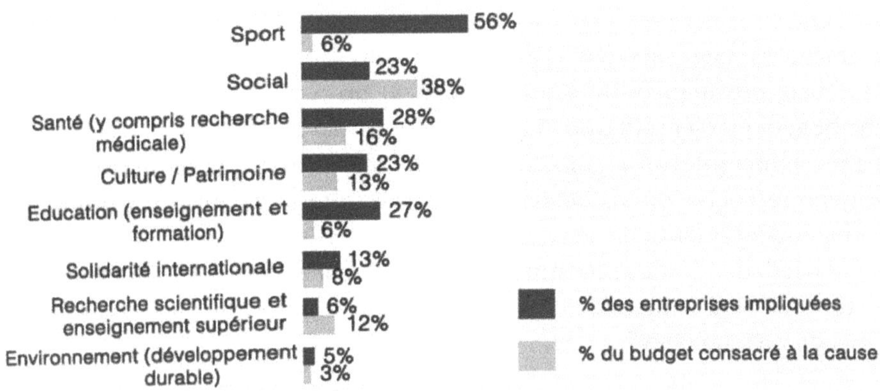

Fonte: ADMICAL (s.d.).[34]

Simon & Eshet (2009), no livro *Le Mécénat, Valeur Actuelle*, defendem que, embora o mecenato receba críticas e uma conotação com estereótipos, como um capricho dos gestores, de publicidade disfarçada, um ato de caridade ou um substituto para um estado carente, certo é que, ao longo dos tempos, o conceito oferece um ponto estratégico entre dois poderes: os poderes do mercado e os interesses gerais da empresa. Na perspetiva da estratégia de comunicação institucional interna, os colaboradores das empresas também

33 Um outro dado relevante diz respeito ao facto de a proximidade geográfica – financiador vs. beneficiário dos projetos apoiados continuar a ser um critério fundamental para os mecenas institucionais preferem optar por praticar mecenato em projetos ao nível local ou regional. É importante referir que o apoio nem sempre é financeiro. Em outras palavras, embora o mecenato financeiro seja o mais praticado, a verdade é que as pesquisas demonstram que o mecenato de habilidades, e em espécie, têm-se desenvolvido. E, existe uma conclusão interessante em relação aos benefícios fiscais: a AMICAL argumenta com dados de estudos realizados, que as isenções fiscais não são o principal motor das empresas para se envolverem em ações de mecenato. Os dados visam contrariar a ideia pré-concebida, de que a principal razão para convencer as empresas a praticar mecenato prende-se com os benefícios fiscais (Debiesse, 2007).

34 *Base corporate giving companies(n=201).*

assumem um papel proativo nas ações de financiamento privado à cultura. Com a evolução do conceito mecenato moderno, atualmente, nos mercados competitivos, o envolvimento dos colaboradores é outro elemento de caracter estratégico das empresas, atentas à importância de motivar, formar, incentivar, unir e reter os mais diferenciados (Barreto & Meirinhos, 2008). Neste ângulo de visão, correlacionar esta necessidade com o mecenato, pelo facto de representar um investimento e não um custo, e o investimento em Capital Cultural pelo seu carater de intangibilidade, nem sempre é um tema consensual entre os decisores. Que estratégia de Comunicação Institucional adotar? Como convencer internamente colaboradores, o acionista e os *stakeholders* (públicos estratégicos internos e externos) em geral de que a empresa recolhe benefícios da prática de Mecenato, por forma a contribuir positivamente para o clima interno organizacional e para a comunicação interna? Como superar restrições operacionais e avaliar os resultados? Empresas, indivíduos, independentemente do seu orçamento ou *status*, embarcam na aventura da solidariedade, desde uma simples doação até à criação de uma fundação. Este tema será explanado com detalhe, no último capítulo no parâmetro "mecenato para quê?".

1.2. Patrocínio

Conceptualmente patrocínio, mecenato, filantropia aproximam-se, porém, são distintos e nem todos possuem como fim a cidadania, conceito relacionado com princípios de ética empresarial[35]. Nas empresas, esta ambiguidade é, por vezes, alimentada pelos próprios patrocinadores, que muitas vezes recorrem a um misto de instrumentos de comunicação para cada situação, de acordo com os interesses estratégicos, problemas institucionais com que se defrontam e até mesmo interesses financeiros de âmbito comercial.

Etimologicamente, "patrocínio" deriva da palavra latina *patrocinium* e de acordo com o significado, que consta nos dicionários de latim, entende-se por proteção aos patrícios, aos plebeus, ou ao povo romano. Com a evolução dos tempos, nas sociedades modernas, primeiramente com os desafios políticos e posteriormente socioeconómicos, o patrocínio acentuou-se com

[35] Ver sobre **ética empresarial**, assistir palestra do professor de teoria organizacional e ética nos negócios R. Edward Freeman, Professor em Darden School of Business, Universidade da Virgínia Edward Freeman TED Talk Business é sobre um propósito. Consultado a 31 de julho de 2020.

uma prática na Comunicação Estratégica das organizações. O termo também varia conforme o idioma:

Para os teóricos italianos, os termos "*sponsorizzazione*" e "patrocínio" ou "*mecenatismo*" diferem. O primeiro está relacionado com um ato comercial, preferencialmente acontecimentos desportivos. Já "patrocínio ou mecenatismo" são atos intencionalmente de proteção a bens artísticos, que podem ter fins não comerciais para melhorar a imagem do patrocinador.

Em Espanha, de acordo com a atual versão do dicionário da Real Academia Espanhola, patrocinar é entendido como "sufragar gastos com fins publicitários" (Antoine, 2011). Significa que o contrato de patrocínio publicitário se rege pela lei geral da publicidade e o consiste na ajuda financeira para a realização de eventos desportivos culturais, científicos, cuja contrapartida é publicitar o patrocinador. Os termos "*sponsorship*" e "*patronage*" correspondem aos termos "*sponsoring*" e "*mécénat d'entreprise*", correntemente usados em França, e "*sponsorizzazione*" e "patrocínio" ou "*mecenatismo*", usados em Itália.

Na terminologia norte-americana, os termos são diversos e, por vezes, aplicados de forma indiscriminada, desde "*patronage*", "*philantrophy*", "*grant-making*", "*giving*", "*gift*", "*support*", "*sponsorship*", "*underwriting*", "*contribution*", "*donation*" e "*sponsoring*" é aplicado distintamente de "*mécénat d'entreprise*".

A palavra "*sponsor*" é também de origem latina – "sponsor-oris" significa fiador e utiliza-se com o sentido de protetor. Patrocinar algo ou alguém é uma ação de apoiar uma atividade, um projeto, um evento, uma pessoa ou uma organização. O apoio pode ser financeiro ou através da prestação de produtos e serviços. Designa-se por patrocinador o indivíduo ou grupo que fornece o apoio, semelhante a um benfeitor.

O termo "*patronage*" ou patronato significa o apoio a artistas, a outros e associa-se às artes, enquanto que "*sponsoring*" associa-se ao desporto, e a outras iniciativas que envolvem publicidade cultura. O termo patrocínio é mais abrangente e engloba o desporto enquanto que o mecenato está relacionado com cultura (Llorente, 2011) (Antonie, 2020). O *sponsor* financia atletas, artistas e diversas iniciativas com fins publicitários, cuja motivação essencialmente consiste no interesse de dar a conhecer a sua marca comercial (Gobin, 1987). O patrocínio engloba a atividade de mecenato à cultura (patrocínio cultural) e a atividade de patrocínio desportivo (Parés, 1994), e acaba por ser uma relação de interesses recíprocos. Por outro lado, Vescia (1987) concluiu que a distinção entre os dois conceitos essencialmente consiste no facto de que subjacente ao mecenato da empresa existem motivações relacionados com a responsabilidade cívica, comunitária e cultural, e nesse sentido a empresa que apoia as artes e a cultura, procura brilhar socialmente através do prazer estético enquanto que Reis & Santos (1996), apontaram que o único consenso existente está relacionado com o modo de exploração da atividade, sendo no patrocínio, sistemático, e no caso do mecenato, discreto.

De opinião diferente, Szybowicz & Magistrali (1990), defendem que não existe distinção entre os conceitos patrocínio e mecenato, pois ambos são instrumentos de comunicação e o que os diferencia é o critério da temporalidade. Neste aspeto é interessante notar como referenciam os autores, que outro elemento é a importância do "fator tempo" na distinção dos conceitos. O patrocínio proporciona objetivos de notoriedade a *curto prazo*, enquanto, o mecenato proporciona ao mecenas benefícios de reforço de imagem a *longo prazo*.

Neste âmbito, refutando uma visão mais quantitativa, Ludwig e Karabetsos (1999) estudaram o tema utilizando estatísticas descritivas, relacionando o patrocínio com eventos desportivos, sobre a relevância que os patrocinadores desportivos atribuem à motivação, e encontraram dois objetivos: aumentar a consciencialização do público e apoiar a empresa ou o produto de imagem (citado por Antoine, 2020). O patrocínio existe há mais de cem anos, embora numa escala menor e numa relação combinada de patrocínio e realização pessoal de empresários, na posição de mecenas. Porém, foi na década de 1960 que o patrocínio ganhou força como instrumento estratégico de comunicação, integrado numa estratégia de gestão das empresas com um efeito sinergético de maximizar valor comercial às marcas e aos produtos (Cornwell, 1998; Cunningham & Taylor, 1993; Iglesia, 2012; Javalgi *et al.*, 1994; Llorente, 2011; Meenagham, 1999; Otker & Hayes, 1987; Parker, 1991). Nas últimas décadas, com um mercado exigente e concorrencial, a eficácia na comunicação tornou-se um dos desafios das empresas e a abordagem ao patrocínio ganha mais legitimidade como instrumento de comunicação. Em consequência, o patrocínio representa uma das áreas da comunicação de marketing em crescimento, usado como um instrumento de comunicação pelas empresas numa escala mundial, um relevante instrumento de Comunicação Estratégica correlacionado com exposição da marca, do logótipo e com um acontecimento (Cornwell, 1998; Cunningham & Taylor, 1993; Meenagham, 2001; Tavares, 2016). No âmbito da Comunicação Estratégica das empresas, a diferença entre patrocínio e mecenato, consiste no facto de que "*o patrocínio é um recurso empresarial* e o *mecenato é um recurso de entidades e de instituições*" (Ramos, 2007, p. 145). O patrocínio é parte integrante do *mix* de comunicação a par da publicidade, do mecenato, das relações-públicas, do marketing digital, das vendas, das promoções e do marketing relacional[36]. Alguns autores, abordam o tema do patrocínio e do mecenato como técnicas de relações públicas da empresa, porque designam processos de comunicação muito específicos das mesmas (Santos, 2009, p. 64) e são "destinadas a melhorar as relações da empresa com todos ou alguns dos públicos com os quais se relaciona no desenvolvimento da sua atividade" (Castro, 2007, p. 95).

O mecenato e o patrocínio caracterizam-se por serem formas de comunicação empresarial baseadas num acontecimento, em algo real e tangível ao qual a empresa pretende associar os seus valores e marca (Besançon, 1994). Consistem em atos institucionais que transmitem a cultura e os valores de uma empresa. Consequentemente, a empresa visa um impacto direto no público e indireto na comunicação social com os objetivos: (i) reforçar e consolidar a imagem institucional; (ii) obter rendimento comercial para além de outros objetivos secundários tais como: (iii) revalorização do produto, (iv) motivação da força de vendas, (v) aceitação social e mudança de opinião pública, (vi) e aumento da cobertura nos meios de comunicação social (Iglesia, 2012).

A análise reflexiva e conceptual esta definição, patrocínio (*sponsoring*) contém os pressupostos inerentes à comunicação estratégica através de uma mensagem primordialmente comercial:

> Técnica de comunicação da empresa que se baseia na criação de uma mensagem comercial indireta através da relação entre o nome da empresa ou produtos, serviços, equipamentos, evento, artista ou uma organização a quem apoia financeiramente que resulta de um interesse para um público com um objetivo ou um conjunto de objetivos em comum. (Iglesia, 2012)

Um outro aspeto, prende-se com os públicos e com os critérios de seleção de projetos por parte dos patrocinadores. Para o Professor Luis Bassat da Universidade de Barcelona existe o fator emocional que caracteriza

[36] O marketing relacional consiste numa expressão originalmente criada por Lester Wunderman, corresponde a uma vertente do marketing direto para designar uma comunicação direcionada a consumidores individualizados, com base nas necessidades dos clientes individuais. O avanço tecnológico tem possibilitado a utilização de ferramentas informáticas nas estratégias de marketing relacional que potenciam a proximidade e conhecer o rasto digital dos consumidores por forma a direcionar com maior assertividade os produtos e serviços em função dos clientes (Castro, 2007).

o patrocínio como a arte de divertir e emocionar consumidores (Bassat, 1993). Dificilmente um patrocinador, que priorize os interesses comerciais e imediatos, opta por manifestações experimentais, de vanguarda e de risco, linguagens artísticas normalmente mais associadas a públicos cultivados (Santos, 2008, p. 281), opostos a públicos displicentes. Acrescenta-se a análise de Clotas (2009) que realça que atualmente, o desporto, o setor social, a cultura e a educação são as atividades que mais atraem os patrocinadores. Na sua linha de pensamento Pere Clotas, no livro "Patrocínio Empresarial y Cómo Buscar Patrocinador", defende que o patrocínio à cultura se destina a um público com rendimento médio, facto oposto ao que acontece em relação ao patrocínio social, que geralmente se destina a áreas e pessoas carenciadas da sociedade. O patrocínio direcionado para a cultura é dirigido para um público específico, dentro da comunidade e nesse ângulo de visão identificam-se pontos fortes e pontos fracos, quando o foco é financiar a cultura (Clotas, 2009, p. 248).

Como pontos fortes pode-se referir: o prestígio de associar-se a uma entidade cultural; a imagem e a notoriedade. Como por exemplo uma placa de reconhecimento num museu; a presença da marca patrocinadora em suportes de comunicação. Em muitos casos, o caráter institucional desta colaboração; a identificação com um território e com a comunidade; possibilidade de aceder a segmentos qualificados de públicos específicos.

No que concerne aos pontos fracos, constata-se que em muitos casos, dirige-se a públicos reduzidos; pouca comunicação, inclusive alguns dos grandes equipamentos não definem um plano de comunicação e de marketing, ou quando o definem é modesto para o conceito; insuficiente esforço de motivação e poucas contrapartidas para os patrocinadores; perceção por parte da empresa que as necessidades sociais da empresa são mais importantes ou urgentes que as culturais.

É interessante notar, que dentro dos diversos setores empresariais, a prática de patrocínio foi também um recurso utilizado pelas empresas multinacionais de bebidas alcoólicas e de tabaco, numa sociedade ativa em que os consumidores preconizam cada vez mais uma visão crítica a práticas civicamente menos responsáveis. Neste sentido, o patrocínio é um contributo prestado a pessoas, a produtos ou organizações, para obtenção de contrapartidas, mediante o direito de publicitar a marca do patrocinador e em algumas situações, sobretudo, para inverter uma imagem negativa junto da população (Koekemoer, 2004). Ao conceito clássico de proteção aos artistas e às artes, a título meramente mecenático, as sociedades modernas acrescentaram um conjunto de incentivos de natureza fiscal, que se traduzem na redução de impostos a quem contribui para o desenvolvimento cultural do País (Costa, 2004). De acordo com Llorente (2011), nesta perspetiva de diferenciação conceptual, entre os termos mecenato e patrocínio, deve-se ter em conta os seguintes critérios: Temporalidade; Motivação; Visibilidade mediática; O "móbil" das ações (benefício ou mais altruísta); A escolha da atividade; As relações com o público.

Os dados referentes a 2018, revelados pelos relatórios oficiais internacionais, do IEG *Sponsorship Report* demonstram que nos Estados Unidos, os patrocínios a eventos desportivos (70%) tendencialmente são a primeira escolha das empresas. O patrocínio como instrumento de comunicação, permite a mensuração do retorno a curto prazo e com base em modelos de avaliação – como por exemplos os modelos RVA – Avaliação do Valor Relativo de Patrocínios de Meenaghan, e o Modelos Brand Equity de Aaker (Meenaghan, 2001), (Aaker, 1991). Consequentemente, as empresas conseguem obter informação de gestão que lhes permite apurar a curto prazo, os resultados da Comunicação Estratégica adotada. Um outro fator que justifica, é o êxito resultante do efeito multiplicador de cobertura pelos meios de difusão. Por este motivo, as empresas disponibilizam cada vez mais recursos para patrocinar o desporto. O IEG revela também que houve um acréscimo do interesse das empresas por patrocinarem as Artes (IEG, s.d.)[37] como resposta aos esforços dos equipamentos culturais na captação de patrocínios. Conforme se demonstra na figura 2, *Ações projetadas para 2018 no mercado de patrocínios da América do Norte*, com dados de referência, os patrocínios destinam-se 70% a eventos desportivos, 10% a entretenimento, 9% a causas sociais, 4% às artes, 4% festivais e eventos anuais e 3% a Associações e organizações de membros.

[37] As organizações de artes têm conseguido captar mais patrocínio empresarial. O aumento de gastos representa o maior aumento ano a ano desde 2006. O aumento dos gastos deve-se, em grande parte, à recuperação dos gastos gerais de patrocínio, e não a fatores específicos. A ESP espera que os gastos com patrocínios na América do Norte cresçam 4,5% em 2018, após o aumento de 3,6% em 2017.

Figura n.º 2 – Ações projetadas para 2018 de modalidades patrocinadas nos USA

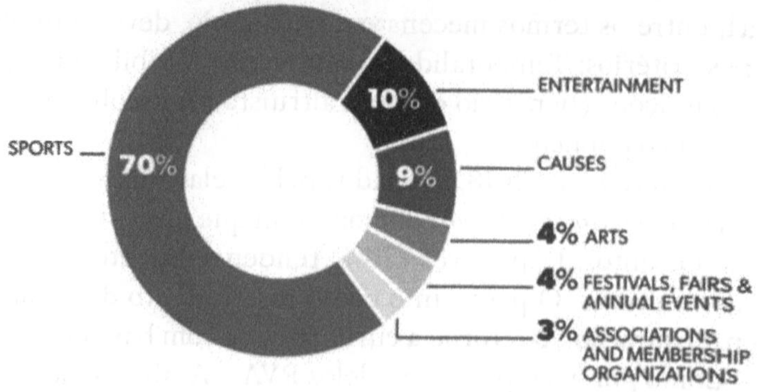

Fonte: IEG.

Confirma-se que relativamente ao top das prioridades das modalidades patrocinadas, o desporto absorve a maior percentagem dos patrocínios comparativamente às Artes. De acordo com esta fonte, no mercado norte-americano, os gastos com patrocínio em organizações de artes cénicas, orquestras sinfónicas e outras organizações de artes, totalizaram 1,03 bilhões de US $ em 2018, o que corresponde a um aumento de 3,7% em relação a 2017. As pesquisas têm demonstrado, que quanto ao setor de atividade, os bancos correspondem à categoria mais ativa que patrocina as artes e a cultura[38]. Quanto ao critério geográfico da apetência das empresas para investirem em patrocínios: de acordo com os dados revelados pelo *"Projected Global sponsorship spending by region"*, pelo IEG *Sponsorship Report*, referentes a 2015, a América do Norte lidera a posição ($21,4B), com um crescimento anual de 4%; seguido da Europa ($15,3B), o que representa um crescimento anual de 3,3%; na Ásia do Pacífico ($14B), com o crescimento anual de 5,2%, onde se regista o maior crescimento anual, comparativamente aos restantes continentes; na América Central e do Sul ($4,3B), com um crescimento de 4,8%; e todos os restantes países em geral ($2,5B), com um crescimento anual de 4,2%. Segundo esta fonte, em relação ao continente africano são ainda escassos os dados existentes (figura nº3).

[38] **Os bancos** têm oito vezes mais chances de patrocinar as artes do que a média de todas as categorias. O Bank of America mantém seu status de patrocinador mais ativo. O Bank of America patrocina 50% das organizações artísticas com um patrocinador na categoria de banco, de acordo com dados da IEG".

Figura n.º 3 – Projeção dos gastos em patrocínio por região 2015

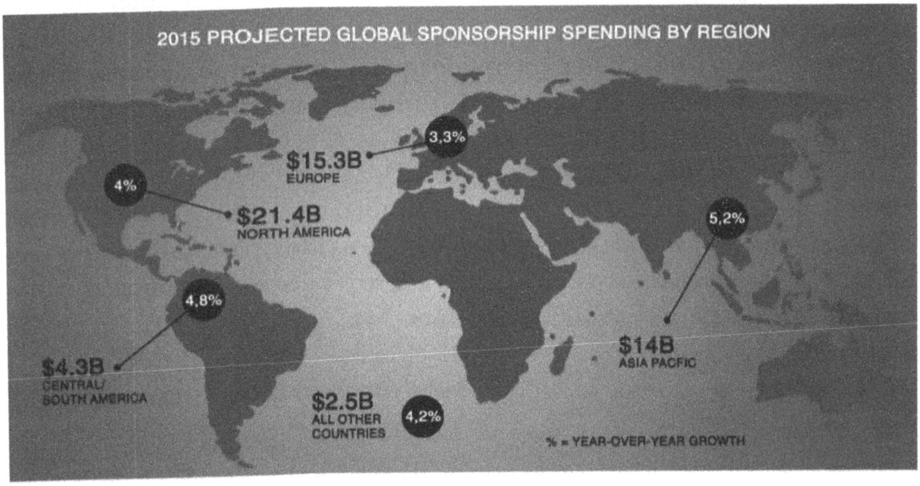

Fonte: IEG.

Tendo em conta os ganhos de notoriedade a curto prazo que os patrocínios proporcionam às empresas, colocam-se novos desafios aos artistas e aos gestores das organizações culturais: inovação para atrair patrocinadores de artes e cultura. O próprio mercado das organizações culturais é concorrencial, e os patrocinadores podem escolher uma diversidade de atividades e eventos, num processo em que Colbert e Cuadrado (2010).

No que concerne aos critérios de tomada de decisão, a categoria relacionada com objetivos comerciais é a mais relevante para os patrocinadores de artes (Colbert & Cuadrado, 2010, pp. 212-215; Turgeon & Colbert, 1992). Assim, o patrocínio tornou-se numa importante ferramenta de comunicação para as empresas que patrocinam. O patrocinador oferece suporte, sobretudo financeiro, e em troca, obtêm o direito de expor a marca e refletir a imagem de uma empresa socialmente responsável (Reis e Santos, 1996). Nas sociedades contemporâneas, a competitividade, e o ritmo de mudança nos mercados é contínuo e acelerado. As comunicações de marketing mudaram e surgiram novas configurações e formas, como resultado das mudanças tecnológicas. Os autores defendem que os gestores das empresas procuram exercer mais influência e controle sobre os processos de marketing. Estas mudanças implicam a compreensão da dinâmica dos mercados a que se dirigem, o entendimento das necessidades e desejos dos consumidores, como também as diferentes configurações económicas, sociais e culturais em que teve lugar o consumo (Kitchen & Proctor, 2015). Nesta obra, sintetiza-se as diferenças entre patrocínio e mecenato, com base nos critérios de diferenciação na perspetiva de dois autores: Baux (1991), defende as premissas do caracter persuasivo do patrocínio e distingue, quanto ao campo de intervenção, à finalidade, aos objetivos, às técnicas utilizadas, ao meio de exploração, ao controlo da atividade e às características do contrato celebrado entre as partes. O patrocínio é uma prática promocional que evoluiu como instrumento, cujo campo de intervenção são os eventos desportivos e utiliza técnicas semelhantes à propaganda. Os patrocínios são usados para aumentar a visibilidade, a notoriedade, associar a marca a certos valores e ter impacto junto de públicos com perfis específicos (figura n. º4).

Figura n.º 4 – Critérios de diferenciação entre patrocínio e mecenato

Tipo de Atividade	Patrocínio	Mecenato
Campo de intervenção	Desporto	Artes e Cultura
Finalidade	Comercial	Cultural
Objetivos	Notoriedade e imagem de marca	Valorização da empresa
Técnicas utilizadas	Semelhantes às técnicas da propaganda	Semelhantes às técnicas de relações públicas
Meio de exploração	Sistemático	Discreto
Controlo da atividade	Total ou parcial	Nenhum
Característica do contrato	Obrigações recíprocas	Relação de mão única, centrada no financiamento

Fonte: Adaptação da autora. Baux (1991, p. 5).[39]

Numa perspetiva diferente, para Lendrevie *et al.* (2018), a finalidade do patrocínio é comercial, enquanto o mecenato visa uma mensagem de caráter social e cívico. O patrocínio tem uma valorização comercial imediata que pode ocorrer antes, durante e depois do acontecimento. Consequentemente, para as empresas o retorno é mensurável num curto espaço temporal. O patrocinador associa a sua marca ao evento e coloca no centro da atenção os potenciais consumidores, por meio de diversos suportes publicitários (cartazes, bandeiras, placas, entre outros) (Figura 5).

[39] Baux, Philippe. Modèles de persuasion et parrainage sportif. 1991.

Figura n.º 5 – Distinção entre patrocínio e mecenato

	Patrocínio	Mecenato
Motivação	Comercial	Social e desinteressada
Objetivo	Criação de vínculos entre uma marca produto e um acontecimento mediático	Busca de uma identidade para uma empresa enquanto instituição
Mensagem	Marketing	Cívica e Social
Público-Alvo	Potenciais consumidores	Público em geral
Exploração	Valorização comercial imediata: antes, durante e depois do acontecimento. O acontecimento é rodeado de grande quantidade de suportes (cartazes, bandeiras, placas, ações paralelas)	Valorização social discreta, com leve intenção comercial. O nome ou logótipo da empresa aparece em cartaz, programa, catálogo, placa informativa
Resultados	Curto e médio prazo	Longo prazo

Fonte: Adaptado de Lendrevie *et al.* (2018, p. 421).

Para os autores, Lendrevie *et al.* (2018) os conceitos também são distintos e justificam com base na informação que consta na figura 5:

> O mecenato aproxima-se do patrocínio, enquanto variável de comunicação, já que em ambos os casos, existe uma associação a um evento ou uma entidade, exigindo apoio financeiro ou material da marca. No entanto, são variáveis de natureza distinta, na medida em que as contrapartidas recebidas, no caso do mecenato são discretas ou inexistentes, enquanto no patrocínio existe uma intencionalidade comercial clara. Pode-se afirmar que o mecenato tem características que o aproximam do patrocínio, mas também das relações-públicas. (Lendrevie, 2018, p. 420)

As principais dificuldades com que as instituições se deparam para captar financiamento privado para iniciativas culturais prendem-se com os seguintes motivos (Bonet *et al.*, 2011; Clotas, 2009, p. 243): desconhecimento do mercado cultural Imagem pouco séria do setor; Intangibilidade de muitos ativos culturais; Abordagens não profissionais. Na presente obra optou-se pela definição de patrocínio, como uma variável de comunicação, que tem como finalidade transmitir o nome da empresa e os seus produtos e serviços movido por interesse de transações comerciais. Como refere Iglesia (2012), "financiamento de uma ação social ou cultural que envolve algum controlo do patrocinador existindo um claro interesse comercial nesse controlo" (Iglesia, 2012, p. 44).

1.3. Filantropia e filantrocapitalismo no século XXI

Na sequência e procura de encontrar evidências diferenciadoras do espírito que emana dos propósitos das doações presente na obra, clarificam-se as características de diferenciação que existem entre os termos filantropia e mecenato, como instrumentos de comunicação estratégica das empresas. O termo filantropia, etimologicamente de raízes gregas, define-se como o "*amor à humanidade*", "desprendimento", "generosidade para com outrem" e "caridade". A filantropia como prática de doações voluntárias pode incluir – doações de dinheiro, propriedade, tempo e partes do corpo, como o sangue – destinado a produzir outros benefícios sociais, e normalmente são doações de indivíduos. A prática da filantropia não é recente. As pessoas oferecem dinheiro, tempo, propriedades aos outros, como forma de filantropia. O desenvolvimento do fenómeno – filantropia – como objeto de estudo, e o aumento do número de pesquisadores, tem vindo a favorecer o acréscimo de interpretações e da diversidade teórica. O fenómeno da filantropia pode ser analisado na ótica dos valores morais, motivos sociais, financeiros e económicos. Até mesmo na lógica das virtudes individuais (altruísmo) salienta o papel do poder da filantropia nas sociedades democráticas. Mas as opiniões divergem quanto à questão dos seus fundamentos (Clotas, 2009).

> A filantropia é, portanto, bastante desapaixonada e impessoal e concentra-se na resolução das causas fundamentais das questões humanas. Trata-se de melhorar a qualidade de vida de todos os membros de uma sociedade, ao "promover o seu bem-estar, felicidade e cultura (Gurin & Van Til, 2008, p. 4).

Originalmente, surgem no século XII com um cariz religioso, e posteriormente ligados à cultura e educação (Clotas, 2009) e tradicionalmente filantropia está geralmente associada à *caridade à benevolência* (Trindade, 2019). Atualmente, nas sociedades contemporâneas dos países europeus, o termo está sobretudo associado a ações altruístas de concessão de recursos para um ato de beneficência e relaciona-se filantropia com o *Welfare State*, realizada por fundações, organizações sem fins lucrativos que remontam a semelhantes organizações sociais que existiam na cultura grega. Hoje tem um sentido mais amplo, podendo ser compreendida como um ato de benevolência empreendido por pessoas ou instituições a favor dos mais desfavorecidos materialmente. No que se refere aos protagonistas, cabe sobretudo às Fundações e aos particulares, e trata-se de uma forma de cidadania participativa.

Significa que a filantropia, como hoje se utiliza o termo, diz respeito aos particulares, que oferecem os seus lucros à comunidade e também às empresas. A filantropia é um termo abrangente e tem suscitado interesse, como revela a abundante literatura científica relacionada com práticas de cidadania. A reflexão sobre o tema é pertinente e a discussão é atual. Na relação sociedade e negócios, a filantropia pode ser entendida como uma forma das empresas estrategicamente disponibilizarem recursos, numa perspetiva de investimento financeiro, com o fim de simultaneamente concretizar objetivos sociais. A "filantropia ", tanto no seu uso corrente como no seu uso científico, emerge no início do séc. XX, recobre noções bastante diversas, com justificações e contornos, e não são consensuais as motivações, quando os atos são praticados por empresários. Foi sem dúvida nos anos sessenta, com o auge do aparecimento de fundações, que a filantropia passa a ser objeto de estudo nas teorias da comunicação a par de outros instrumentos de comunicação das empresas. O nome de Andrew Carnegie[40], empresário norte-americano é um dos mais referenciados filantropos do início do século. Em 1911 fundou a *Carnegie Corporation* de New York, e, mais tarde, renunciou a sua posição como empresário e dedicou a sua fortuna e disponibilidade a causas filantrópicas sobretudo à educação. Aliás, como referido, quando o tema é o financiamento privado à cultura e à solidariedade, por empresas e por particulares, a realidade norte-americana constitui, uma referência nos estudos científicos.[41] A filantropia é basicamente um fenómeno pós-guerra e desde 1960 tem-se formalizado por meio do aumento do número de Fundações de empresas (Clotas, 2009, pp. 111-112).

Na década de 50, nos Estados Unidos da América, destacam-se as Coleções de Arte, nomeadamente a coleção de arte JPMorgan Chase que remonta a 1959, quando o carismático empresário David Rockefeller, então presidente do The Chase Manhattan Bank, encorajava o setor empresarial a suportar as artes. O seu papel foi muito mais influente no sector financeiro: iniciou um programa de aquisição de arte moderna e assumiu a liderança no campo da compra de arte. Rockefeller foi intitulado como sendo o primeiro executivo de topo a aconselhar-se junto de historiadores de arte e pioneiro na tendência

[40] Carnegie autor do livro o *Evangelho da Riqueza*, verdadeira bíblia da filantropia, 1889, que serve a explicação da atual filantropia.

[41] Carnegie Corporation of New York (2020a, 2020b).

moderna de usar arte, para além de elemento decorativo de gabinetes e corredores do Banco. Ao integrar o trabalho artístico à arquitetura de novos edifícios e incorporar uma abordagem esclarecida às aquisições, esse precursor das coleções de instituições tornou-se um modelo para outras empresas, em todo o mundo (Martorella, 1989). Hoje a Coleção de Arte do The Chase Manhattan Bank é uma das maiores e mais antigas coleções de arte de uma empresa, com pintura moderna e contemporânea, escultura, trabalhos em papel e fotografia, que continuam a ser a força do portfólio[42].

Rockefeller defendia a filantropia com ênfase nos benefícios deste eficaz instrumento de comunicação e simultaneamente responsabilizando o papel social dos empresários. Na verdade, de certa forma tratava-se de passos para o estímulo da cultura filantrópica americana. Assim, tão persuasivo foi, que em 1967, os empresários norte-americanos juntaram-se e fundaram o *Business Committee for the Arts*, designado o Comité de Empresas pelas Artes, uma organização americana sem fins lucrativos, cujo objetivo é aproximar a comunidade empresarial privada às instituições culturais. Na Europa, no Reino Unido, na década de 70, foi criado a ABSA – *Association for Business Sponsorship of the Arts* com o mesmo intuito de envolver a iniciativa privada. Nas sociedades dos países anglo-saxónicos, nomeadamente nos Estados Unidos da América[43]

[42] Essa coleção principal é aprimorada por uma gama diversificada e eclética de objetos de todos os países nos quais o JPMorgan Chase faz negócios, oferecendo uma perspetiva única da cultura da empresa. O *JPMorgan Chase Art Program* supervisiona mais de 30.000 objetos em 450 escritórios em todo o mundo. Além disso, gere um calendário ativo de empréstimo para museus, cria exposições itinerantes, fornece programação educacional para o público interno e externo e apoia as atividades filantrópicas e de patrocínio globais da empresa. Nos Estados Unidos de América, O JPMorgan Chase & Co. acredita que as artes e a cultura são a força vital de comunidades vibrantes. Apoiam um leque de programas e eventos que estimulam a criatividade, fornecem acesso às artes a públicos, promovem a autoexpressão e comemoram a diversidade. Outras instituições seguiram os exemplos. E o Bank of America igualmente, possui uma coleção de arte e potencia-a na relação com a comunidade. A Coleção de arte HSBC é outro exemplo. Encontra-se alojada na sede do edifício HSBC de Hong Kong projetada por Canary Wharf. Remonta a 1923 e inclui obras de artistas internacionais. O Banco emprestou ou doou parte de sua arte a grandes museus como o MoMA, mas grande parte da coleção é exibida em áreas exclusivas para funcionários. De acordo com a legislação norte-americana cabe à iniciativa privada o financiamento mediante subsídios indiretos às instituições culturais de interesse público e são sobretudo as fundações que atuam nas comunidades.

[43] A atividade filantrópica tem conhecido diferentes muitas formas e círculos. Embora as taxas e estruturas da filantropia variem pela cultura e pelo lugar, as pessoas em todos os continentes, de países ricos e pobres, democráticos e outros, dão muito de si mesmos, para beneficiar os outros. Nos Estados Unidos, a atividade filantrópica apoia um sector caleidoscópico sem fins lucrativos de mais de um milhão de organizações que representa cerca de 10% da força de trabalho e que toca o quotidiano da maioria dos cidadãos. Em 2013, estimava-se que a doação total nos Estados

e no Reino Unido, a prática de filantropia assume um papel importante na vida pública. Durante a pesquisa constatámos que na literatura científica frequentemente a noção de "mecenato" confunde-se com "*corporate philantropy*" que na língua portuguesa significa "filantropia praticado pelas organizações" e justamente pela ambiguidade dos termos que por vezes apresentam ligeiras interceções. Na realidade anglo-saxónica a prática de filantropia é comum porque prepondera uma conceção liberal e com menos intervenção do Estado, o que significa que prevalece a iniciativa privada (empresas e pessoas individualmente), enquanto na Europa predomina *Welfare State* desde as primeiras décadas do século XX. Corresponde ao período da história do sistema de previdência em Portugal, e corresponde "ao momento crucial na mudança das atitudes do Estado em relação à previdência. Antes de 1910, a intervenção social do Estado tinha um alcance muito limitado, como refere Mirian Halpern-Pereira (2000, p. 47).[44] O modelo da filantropia aplica-se a máxima do Presidente norte americano Jeffersson – "*O melhor Estado é o menos possív*el" e expande-se numa face completamente diferente, da realidade europeia, à exceção do Reino Unido, mais próximo do modelo norte americano. Com menor intervenção, o Estado transfere à sociedade civil, a capacidade de sustentar determinadas áreas de atuação social (proteção social, ambiente, desporto, ciência, educação etc.), mediante subsídios indiretos, ou seja, benefícios fiscais. Os donativos atribuídos às fundações de utilidade pública são fiscalmente dedutíveis.[45] Trata-se de um instrumento legal

Unidos fosse de 330 mil milhões de dólares, um montante superior ao tamanho do produto interno bruto de muitos países. A filantropia não é apenas uma atividade benéfica ou um mecanismo de financiamento. Também pode ser uma forma de poder. Quando Diane Ravitch, antiga secretária adjunta de educação, descreve Bill Gates como o "superintendente não eleito das escolas americanas"; ou quando Stephen Edwards, analista político no americano (Reich, 2018) A Associação para o Avanço da Ciência, relata ao New York Times que "a prática da ciência no século XXI está a tornar-se menos moldada pelas prioridades nacionais ou por grupos de revisão por pares e mais pelas preferências particulares de indivíduos com enormes quantias de dinheiro".

[44] Um texto interessante é de Miriam Halpern Pereira "As origens do Estado-providência em Portugal: as novas fronteiras entre público e privado" (2000). In *A Primeira República Portuguesa, Entre o Liberalismo e o autoritarismo*, Coordenação de Nuno Severiano Teixeira e António Costa Pinto, Lisboa: Ed Colibri.

[45] O nome de Jack Lang, Ministro da Cultura de França, ficou ligado ao Conseil Supériour du Mecenat Cultural em 1987. Objetivava impulsionar o financiamento privado de projetos culturais e estreitar a relação entre Estado e empresas. Mais tarde Jacques Chirac coloca como uma prioridade na agenda política o desenvolvimento do mecenato e das fundações. O estado posicionou-se a favor do financiamento privado. Em 2003, criou a Mission Mecenat, sob a tutela do Ministério da Cultura e da Comunicação, cujo fim é profissionalizar a atividade na promoção da iniciativa privada.

e social, utilizado para aplicar riqueza privada em objetivos públicos, que se pode traduzir em benefícios de diversa ordem, nomeadamente políticos. Existe por um lado, portanto, um conceito global, de generosidade a causas e por outro um conceito muito específico de amor às artes e às manifestações culturais, onde se insere o mecenato cultural. Os indivíduos, as corporações e as fundações utilizam recursos privados para apoiar benefícios públicos, incluindo o auxílio em causas sociais como combate à pobreza, apoio à educação, cuidados de saúde, expressão cultural, artística, ajuda internacional e muito mais. A tendência tem sido largamente vista como um sinal de generosidade. Na perspetiva jurídica, constituir uma Fundação exige trâmites legais conforme o quadro jurídico de cada país. Alguns países requerem obrigatoriamente um fundo patrimonial e uma finalidade de interesse público sem fins lucrativos. Juridicamente podem ser entidades públicas, porém, na maioria dos países europeus, as Fundações geralmente são entidades de personalidade privada (Clotas, 2009, p. 133). Do ponto de vista puramente conceptual, sobre filantropia, as opiniões divergem. Existe uma vasta literatura científica sobre filantropia com diferentes abordagens interdisciplinares conforme o campo científico de estudo: para os cientistas políticos, a lente de visão incide nas sociedades democráticas. Os economistas designam como comportamento pró-social, os filósofos políticos chamam-lhe beneficência e caridade, os juristas estudam a filantropia como um comportamento incorporado nos códigos fiscais, e os sociólogos têm-se interessado pelo dom como uma forma distinta de intercâmbio humano, sendo a filantropia uma das suas variantes. Na linha de pensamento de Reich, o conceito representa uma doação voluntária destinada a fornecer algum benefício relacionado com objetivos sociais (Reich, 2018). A verdade é que, a prática da filantropia desencadeia questões importantes relativas à sua tipologia, emergência, legitimidade, discrição e distribuição do tipo de poder – privado ou político. A filantropia quando realizada por indivíduos pode tratar-se de uma forma de distinção social, de apoio a causas sociais e nobres com interesses subjacentes. Atualmente, um dos motivos para o financiamento privado por meio da filantropia na maior parte dos países europeus, são os benefícios de ordem fiscal, em forma de redução de taxas e de impostos. Assim, a filantropia aplica-se originalmente a indivíduos, e quando aplicada a empresas, é designada para alguns investigadores como a "*nova filantropia*". Neste aspeto, é importante salientar que estudos monográficos de empresários, evidenciam que diversos filantropos, ainda que empresários de elites económicas, aplicavam as suas fortunas pessoais, em atos filantrópicos. Significa que está relacionado com a renúncia, em alguns casos, *renúncia* de excedentes financeiros, coleções, livros e acervos de arte, num ato de doação pessoal e não institucional ou de civismo da empresa. Nesta perspetiva são vistos como os atos de generosidade, demonstrações de espírito comunitário para com a sociedade civil, que provêm do autointeresse, na realidade conferem proveitos tributários aos doadores. (Baux, 1991; Bergin, 1990; Bennett, 2010; Cobb, 1996). Llorente (2011) faz notar que a filantropia está relacionada com interesses nem sempre quantificáveis do ponto de vista económico. A filantropia pode envolver diversas áreas de interesse público, objetivos diversos, como a promoção do desenvolvimento económico local, o combate à degradação ambiental, a defesa de direitos civis, o acesso à educação, entre outros. A intenção da filantropia é atender objetivos da sociedade, que ainda não tenham sido realizados ou que apresentem lacunas sob a responsabilidade do Estado, sendo que a realidade varia conforme os países. Assim compreende-se que existem várias interpretações sobre o conceito de filantropia, conforme o ângulo da visão disciplinar.

Segundo defende Reich (2018), no livro *Philanthropy and Democratic Society? History, Institutions, Values*, as questões sobre a natureza da filantropia e as relações com a democracia envolvem um normativo, orientação de valores das ciências sociais. No entanto, segundo o autor, o poder da filantropia, como objeto de estudo carece de mais atenção dos estudiosos, relativamente aos novos desafios das sociedades capitalistas que a filantropia levanta nomeadamente as questões relacionadas com benefícios que advêm dessa prática, à legitimidade e aos interesses públicos (Reich, 2018). Chiara Cordelli foca-se nas normas éticas que devem limitar o raciocínio e a descrição dos doadores quando decidem como, quando e a quem doar. Na visão dos que defendem filantropia como um ato de generosidade, na prática, a dádiva deveria ser anónima – "fazer bem sem olhar a quem" (Cordelli, 2016). Devido à globalização, a filantropia está presente em várias áreas das sociedades contemporâneas. Embora como referido anteriormente, em alguns países culturalmente tenham longas tradições de doações filantrópicas, certo é que o atual setor global de fundações tem revelado um aumento de envolvimento de grandes empresas, sobretudo do sector financeiro e de particulares, a nível mundial.

Atualmente, uma "nova filantropia" tem despertado interesse devido ao papel ativo do setor financeiro, como alguns bancos de grande dimensão, que tendencialmente criam de produtos e serviços financeiros, com soluções para gerir fortunas de filantropos e, em alguns casos, legados familiares.

O resultado deste estudo, *Global Philanthropy Report*, de autoria de investigadores do *Hauser Institute for Civil Society* da Universidade de Harvard, mostra um quadro de filantropia global que tem crescido, embora fracionado. O Banco UBS (Union Bank Switzerland) criou a Comunidade de Filantropos Globais, a maior rede privada do mundo onde os filantropos comunicam entre si e podem encontrar e trocar informações sobre as melhores práticas e soluções onde pode colocar as suas fortunas como filantropos. O Relatório de Filantropia Global, anualmente divulgado pelo UBS, contém dados sobre o setor das fundações. Revela, também, que no *top* das causas dos filantropos não está a cultura nem as artes. No topo da agenda as áreas que atraem os filantropos são a investigação científica (sobretudo a saúde e inovação), seguido da educação. Cerca de 35% das quase 30.000 fundações direcionam recursos para iniciativas de educação de qualidade. A educação é frequentemente vista como a chave para as oportunidades e realizações individuais e como um motor da prosperidade económica nacional (Stadler, s.d.). Todavia, segundo a referida fonte, embora não seja a modalidade prioritária a Arte não está esquecida. No sentido de direcionar o espírito filantrópico para o investimento em arte, a título exemplificativo, o UBS inclui no seu modelo de negócio, serviços direcionados ao apoio personalizado de potenciais filantropos que visam a aproximação dos seus interesses de doar à Arte a projetos culturais: esta é a função desempenhada por profissionais do sector financeiro – os consultores financeiros de filantropos.

> A arte é uma paixão e existem várias maneiras de cultivar essa paixão. Para ajudá-lo a navegar nas complexidades do mercado de arte, prestamos assistência na compra e venda de obras de arte, gerenciamento de coleções, suporte em obras de arte e também análises e pesquisas no mercado de arte. (Stadler, s.d.)

Alguns autores levantam a questão relativamente ao motivo da dádiva: a filantropia tem subjacente o desejo de prestígio e estatuto social dos privados? As dádivas também devem contar como uma ação filantrópica? Na filantropia não existem retornos imediatos ou bens consumíveis comprados com o ato de doação e o termo legal implica doações voluntárias para certos tipos de organizações, tais como organizações sem fins lucrativos ou organizações não-governamentais (Chrutchfield *et al.*, 2011).

Um outro aspeto a referir é o facto de filantropia encontrar se numa agenda de discussão, pois suscita a questão de legitimidade de os gestores de empresas agirem como filantropos com os lucros das empresas, sobretudo quando se trata de empresas, cujo Estado é o principal acionista (Friedman, 1970), (Vilar, 2013), (Carrillat & Grohs, 2019), (Reich, 2019). Em segundo lugar, se a filantropia, pelo menos em alguns casos, é uma forma de poder privado que perturba o exercício do poder público, ou uma forma alternativa de perseguir e cumprir o interesse público, então a filantropia desencadeia, imediatamente, questões de legitimidade (Damon & Verducci, 2006), (Reich, 2018) As questões de legitimidade são questões de limites morais – limites ao exercício de uma determinada forma de poder. O desenvolvimento de uma teoria política da filantropia levanta à reflexão, numa postura mais crítica, se os indivíduos estão de facto apenas a oferecer e explorar a moralidade pública das doações. E neste ângulo de visão, a filantropia assume uma dimensão política de um poder privado, ou seja, de atos de indivíduos com consequências públicas. A teoria política da filantropia foca a atenção na variedade de regras legais que estrutura a atividade filantrópica: a lei que regula fiscalmente os donativos, a definição do setor sem fins lucrativos e os limites da filantropia, no que concerne ao conteúdo dos donativos (Parés, 1994), (Gurin, 2008), (Reich, 2018). Quando pensamos em filantropia, assume-se, frequentemente, como uma forma ou um paradigma de comportamento humano. E existem diversos motivos para este raciocínio. Alguns atos filantrópicos são conduzidos por um pensamento religioso, um motivo social, o altruísmo ou até mesmo da dádiva. A dádiva é um ato voluntário e espontâneo e simultaneamente obrigatório, no sentido que existe a obrigação de dar, receber, e devolver ou retribuir (Mauss, 2003). Podem ter efeitos positivos para a sociedade, como reduzir o flagelo da pobreza e desigualdade e sem dúvida que todos estes motivos têm um mérito e nobreza da ação. O filantropo são os indivíduos ou agentes sociais que desenvolvem projetos de solidariedade (Damon & Veducci, 2006), (Singer, 2009).

Um outro aspeto deveras discutido diz respeito à filantropia transnacional. Ou seja, se a proximidade geográfica, deve ou não ser um fator no que toca a projetos artísticos. Como Anne Monier (2019) faz notar, está presente em várias áreas das sociedades contemporâneas, todavia a filantropia diplomática, ainda é um campo pouco estudado nas ciências sociais. As pesquisas contrariam a explicação política ou económica de proximidade geográfica ao facilitar a prática de filantropia. A partir de um exemplo tirado de estudo de atores americanos que participam na angariação de fundos, da qual as instituições culturais francesas beneficiam, a autora fundamenta que a filantropia com interesses entre Estados tende a aumentar. Ações filantrópicas transnacionais, que no caso de o Estado Francês incentiva, por ações logísticas e legitima os doadores, podem implicar contrapartidas informais de caráter político. Por conseguinte, é necessário criar fronteiras, uma linha vermelha, para desenhar limites entre a legitimidade do doador, as contrapartidas exigidas e o poder sobre os projetos alvo de doações. Em períodos de cortes no orçamento do serviço público, como aconteceu em França, muitas instituições culturais francesas são levadas a angariar fundos, em território nacional e no exterior, principalmente nos Estados Unidos, com a criação da "rede de amigos americanos dos museus". Abrangendo a França e os Estados Unidos, essas associações agora participam de um verdadeiro trabalho de intermediação diplomática entre os dois países, para *a captação de recursos transnacionais*. Desta forma, a posição é discutível o modo como a filantropia contribui para transformar o mundo cultural, através de reconfigurações públicas e privadas[46] (Monier, 2019). Também, posicionando-se numa relação de poder em que diversas das necessidades coletivas são colmatadas pela filantropia (Monier, 2019). Muito embora, os interesses preponderantes apontem para a captação de recursos transnacionais, é um desiderato ético o respeito pela independência artística e os interesses do financiador. A complexidade dos mercados das sociedades contemporâneas, levanta a necessidade de as empresas privadas marcarem posições de destaque e reinventarem formas de se comunicar com os públicos. A análise reflexiva da componente geopolítica da filantropia transporta-nos para uma redução do poder de influência de organismos estatais nacionais e internacionais perante o emergir no século XXI da bondade dos super filantropos bilionários. Anteriormente, o poder económico e empresarial encontrava-se nas mãos de empresários como Andrew Carnegie, Henry Ford, Getty e Whitney, John Rockfeller entre outros.

Atualmente a filantropia bilionária ou o "filantrocapitalismo" (Dentico, 2020) é uma forma particular de filantropia que usa os modelos empresariais com valores de mercado para promover e impor a sua agenda social. É praticada sob interesses, por vezes pouco transparentes, em várias áreas para além da cultura, por bilionários donos de empresas industriais e prestação de serviços como Ted Turner, George Soros, Mark Zuckergerg, Jeff Bezos,

[46] Em França, o termo geralmente aproxima-se estreitamente de mecenato e é interessante consultar o Código Europeu voluntário, escrito a 1996, definido pela *Associação Europeia Sponsorship consultants association* e a CEREC – *Comité European pour le approchement de l Économie et de la Culture*. O documento faz referência às boas práticas do patrocínio cultural, mecenato cultural e filantropia.

Warren Buffett, Bill e Melinda Gates (Fundação Bill e Melinda Gates – FBMG), que por meio das suas fundações privadas de utilidade pública, intervêm com grande preponderância sobre os estados e em vários sectores da atividade económica e social como o ambiente, a saúde, investigação e formação, entre outros. Atuação, principalmente dirigida para os países menos desenvolvidos e em países não colonizados nos quais beneficiam de contrapartidas fiscais. A bondade dos super filantropos movimenta "montanhas de dinheiro"[47]. Neste modelo, negócios e filantropia funcionam sob soluções empresariais, técnicas e biotecnológicas, a ideia não é a solução do problema, mas sim criar mercados para os pobres numa lógica "*Win-win* ganha-ganha" fugindo do termo positivo da sua etimologia "amor ao homem" com "desprendimento" e "caridade".

1.4. Modelos de financiamento à cultura

Nas sociedades ocidentais de mercados concorrenciais é consensual a importância da cultura no desenvolvimento das populações, o que originou o surgimento de dois modelos básicos que orientam as políticas de financiamento do sector cultural (Santos, 1990), (Brébisson, 1986). No primeiro modelo, o Estado financia a atividade cultural, vigora na maioria dos países da Europa ocidental e predomina a intervenção do Estado no apoio à cultura. Em Portugal, o financiamento do estado à cultura pode ser direto via subsídios a fundo perdido ou via dedução fiscal suportada pelo Estado (Santos, 2005).[48] No segundo modelo a comunidade no seu todo, que engloba pessoas particulares, empresas, fundações, organizações sem fins lucrativos são os protagonistas que financiam as ações culturais. Atualmente nas sociedades ocidentais, estes dois modelos são linhas de orientação das políticas culturais e já não existe uma divisão rígida entre os dois modelos. O segundo modelo, pelo contrário, é mais evidente no mundo anglo-saxónico e predomina a iniciativa privada no investimento na cultura. No primeiro modelo cabe ao Estado definir as políticas culturais, sobretudo em matérias como

[47] Dentico, Nicoletta (2020). *Ricos e Pobres? As tramas sombrias do Filantrocapitalismos*. Editora Verona. A lógica do *win-win* ganha-ganha é simples. Se os pobres forem transformados em consumidores não serão mais marginalizados porque no fim também estarão no mercado. E, como clientes podem conquistar a sua dignidade.

[48] Saber mais no artigo *Políticas Culturais e suas incidências* (Santos, 2005), Lisboa: Observatório das Actividades Culturais.

restauração e preservação do património cultural, difusão dos bens culturais, promoção do ensino artístico e a manutenção dos direitos de manifestação cultural (Silva, 2015). Na maioria das situações, a alocação de verbas públicas depende das prioridades políticas. Jacques de Chalender e Guy de Brébisson no seu "clássico" trabalho realizado em 1987, a pedido do Ministério da Cultura e da Comunicação de França e pelo Conselho Europeu, argumentam que o apoio governamental provém de diversas ações, entre as quais, as transferências dos Orçamentos de Estado e a Legislação que confere isenções tributárias, concedidas às pessoas e empresas que financiam atividades culturais (Chalendar & Brebisson, 1987), neste sentido propõe empregar apenas o termo mecenato para as doações de origem pública. Em Portugal, tal como noutros países da europa, o mecenato representa um complemento e o Estado tem o papel primordial e progressivamente o financiamento é complementado pela participação dos privados[49] (mecenas, fundações, filantropos particulares, colecionadores). Constata-se que as empresas do setor privado investem na cultura, por meio da criação de museus, nos seus próprios espaços expositivos, pela compra de coleções de arte, inclusive no investimento em trabalhos de artistas emergentes de novas gerações, entrega de subsídios e donativos (Simon & Eshet, 2009). Como refere Maria de Loures Lima dos Santos, no artigo publicado em 2005, *Políticas Publicas culturais*, no âmbito das publicações do Observatório das Actividades Culturais, as medidas são incentivadas à medida que crescem as dificuldades do Estado em financiar diretamente as atividades e nesse sentido "(...) o mecenato pode funcionar como um complemento interessante num País com débil parque empresarial" (Santos, 2005, p. 9). As formas de financiamento, dita "mistas", correspondem às parcerias entre sector público, privado e terceiro setor, a quem cabe o papel de mediadores culturais.

No campo da Economia Cultural O'Hagan e Harvey (2000) analisam e descrevem os motivos para as empresas suportarem as artes e a cultura, no ângulo de visão empresarial. Uma lista de potenciais motivos que pode ser consolidada num "*ideal types*". Kirchberg (2003) elenca quatro principais motivos baseados em quatro modelos: o modelo neoclássico, cujo foco é a produtividade da empresa, o modelo da ética ou altruísmo, o modelo político e o modelo dos *stakeholders* (Freeman,2010). Este modelo último,

[49] Sobre os debates em torno da intervenção do Estado e Financiamento Estatal às atividades culturais, ver o artigo "Como financia o Estado as atividades culturais", 2005, de Augusto Santos Silva, Lisboa, OBS.

enfatiza a perceção das empresas como sendo influenciadas pelo "*feedback loop*" do seu próprio comportamento como agente económico, em relação ao exterior. Na linha de pensamento de Kirchberg (2003), o modelo sublinha a imagem de boa cidadania empresarial e neste sentido a relação com a comunidade torna-se cada vez mais relevante. Consequentemente através do lugar participativo que as empresas ocupam ao beneficiar a sociedade, com a fruição de produtos e serviços culturais e de lazer. As empresas procuram não apenas influenciar o meio onde estão inseridas como também são influenciadas por outros grupos de interesses. Ao nível endógeno, a prática do mecenato beneficia a natureza da empresa, contribui para a melhoria das relações intra-organizacionais e o reconhecimento da empresa enquanto organização cultural (Kirchberg, 2003; Martorella, 1996). Os interesses que a organização tem para a concretização e dos seus objetivos, os interesses para os seus beneficiários e financiadores potencia um envolvimento dos seus *stakeholders* (públicos estratégicos) e seu comprometimento (Drucker, 2006).

O conceito de sustentabilidade pode ser analisado sob a ótica dos *stakeholders* (públicos estratégicos internos e externos). As empresas identificam no apoio à cultura uma oportunidade para comunicar e ajustam nas suas estratégias de comunicação o mecenato, como forma de transmitir mensagens às comunidades onde se inserem (Fuelner, 1992), (Frumkin, 2006). A perspetiva teórica de análise adotada na obra, assenta no pressuposto de que existem cinco aspetos diferenciadores relativamente à participação do sector privado (empresarial) na cultura: as motivações organizacionais, o público-alvo, o objetivo a atingir, as formas de mensuração dos resultados e a articulação com a estratégia geral da empresa (figura n.º 6 – Financiamento à cultura: setor público versus setor privado). Os sectores público e privado apresentam diferentes motivações e diferentes participações no sector cultural.

Figura n.º 6 – Financiamento à cultura: setor público versus setor privado

	Setor público (Estado)	Setor privado (setor empresarial)
Motivação	Social	Social ou pessoal (mecenato). Comercial (patrocínio).
Público-Alvo	População	Consumidores, clientes atuais ou potenciais, fornecedores, colaboradores, formadores de opinião pública, governo, jornalistas, comunidade (Stakeholders públicos estratégicos, ou partes interessadas)
Objetivo	Os estabelecidos na política cultural: democratização, diversidade, promoção de identidade nacional, etc.	Pessoais ou sociais (mecenato) ou estabelecidos na estratégia de comunicação: divulgação da marca, aprimoramento da imagem, reputação, endomarketing, promoção junto de segmentos, etc. e patrocínio de projetos culturais.
Formas de mensuração dos resultados esperados	Eliminação das desigualdades de acesso à cultura, distribuição descentralizada dos projetos e instituições culturais, estudos de imagem do país, dinamização da economia local, etc.	Cobertura pelos meios de comunicação, levantamentos de conhecimento da marca, estudos de imagem, predisposição à compra, aprovação de projetos, etc.
Articulação com a Estratégia geral da Empresa	Setores económico, social, educacional, tecnológico, de relações exteriores, etc.	Prioritariamente com a comunidade (mecenato) ou com a estratégia de comunicação (patrocínio).

Fonte: Adaptado de Reis (2003, p. 152).

O sistema económico de mercado leva a que o setor privado progressivamente adquira protagonismo, maior intervenção e o papel do Estado se redefina. Atividades que tradicionalmente são assumidas pelo Estado, consideradas de interesse público, são complementadas pela iniciativa privada (Debisse, 2007). Ao longo dos anos, o financiamento à cultura, através do mecenato, ocupa um espaço, cada vez mais alargado, dentro das variáveis de comunicação. Os bens e serviços culturais comportam uma dimensão tangível[50] ou intangível, que não podem ser separadas. No seu conjunto, definem o seu conteúdo, utilidade e significado simbólico (Hartley, 2004, p. 148).

[50] Os intangíveis são mais importantes para a Nova Economia. Exemplo de bens intangíveis em termos económicos: a cultura, o conhecimento, a competência, a sua I/D (investigação e Desenvolvimento), a reputação, as marcas, a reputação, as relações com os clientes (Hartley, 2004, p. 148).

"O nosso pensamento é imperfeito, mas somente pode ter sido criado por um ser perfeito que é Deus."

1596/1650

René Descartes

CAPÍTULO 2
CAIXA GERAL DE DEPÓSITOS E CULTURGEST

2.1. Identificação do mecenas Caixa Geral de Depósitos

A década de 1990, corresponde ao período em que a Caixa Geral de Depósitos começa a protagonizar ações como mecenas. Almejava simultaneamente posicionar-se no mercado como uma instituição inovadora que oferece um diferencial. Pretendia criar uma mudança na perceção dos seus públicos, defender-se da poluição mediática e do escrutínio público que era alvo permanentemente. Em relação à participação da CGD na atividade cultural é importante frisar que não se limitava ao financiamento em mecenato. Constitui um acervo de arte, compra e restauro de edifícios históricos destinados ao funcionamento de agências bancárias e que representam ativos financeiros. A Culturgest é parte integrante da gestão do Banco público, na medida em que é o resultado de um processo de comunicação estratégica cujo fim último é estabelecer um relacionamento próximo com os clientes e com o meio em que se insere (Vilar, E., 2003).

Na década de 70, à semelhança do que acontecia na maioria dos países europeus, chegava a Portugal o tema dos apoios empresariais à cultura. Contudo apenas adquire verdadeira atualidade cultural e eco na agenda política a partir de 1986, ano em surge a Lei do Mecenato[51]. O enquadramento jurídico vem definir o regime dos incentivos fiscais a empresas e particulares, com o intuito de incentivar o financiamento privado à cultura. Esta participação do sector empresarial na cultura, sinaliza, claramente, a diferenciação entre mecenato cultural público e privado (Santos *et al.*, 1998). Este processo de maior envolvimento das empresas deve-se, de certa forma, a uma

[51] O Decreto-Lei n.º 258/86, de 28 de agosto reconhece a Lei de Mecenato em Portugal. (anexo E-Lei de Mecenato).

maior exposição da atividade artística e cultural ao mercado e consequentemente a um acréscimo de produção cultural. A intervenção das empresas expandiu-se numa conjuntura crítica de esforço do Estado-Providência e, à sobrecarga para o cumprimento de responsabilidades culturais, situação em certa medida transversal a vários países da Europa. Em Portugal, a legislação tem vindo a sofrer alterações ao longo das últimas décadas, mantendo, no entanto, a sua essência.

Em 1999, o Governo foi autorizado no quadro da definição do Estatuto do Mecenato, a proceder à reformulação integrada dos vários tipos de donativos efetuados ao abrigo do mecenato e nomeadamente os de natureza social, cultural, ambiental, científica e desportiva, no sentido da sua tendencial harmonização[52] (Conde, 1989). No que se refere à vertente de comunicação, foi entre 1984 e 1994 que ocorreu a nível mundial, o auge do interesse das empresas em práticas mecenáticas como ferramenta de comunicação, sendo que nesse período estima-se que o investimento em patrocínio e mecenato ascendeu de 2 biliões para 13 biliões de dólares (Llorent, 2011, p. 4). De forma generalizada, as empresas despertavam para os benefícios de um meio forma de comunicação mais sutil, menos invasivo que a publicidade, mais amigável e com grande potencial – o mecenato (Llorent, 2011). E estas formas de comunicação e as suas potencialidades permitiam às empresas dar resposta aos interesses socioculturais da década, acrescido ao facto de as pessoas disporem de uma maior esperança de vida e consequentemente mais tempo de ócio e mais disponibilidade para assistir a uma vasta oferta de eventos culturais. Com "pressão publicitária" e a crescente importância da disciplina de marketing nas várias vertentes, a prática de mecenato empresarial acompanha a evolução e desenvolvimento da diversificação das técnicas de marketing e de comunicação como forma de promoção das empresas que se implantaram nas sociedades ocidentais industrializadas (Santos *et al.*, 1998). O contexto volátil da economia e a rápida mudança social e tecnológica faz com

[52] Pelo artigo 43.º, n.º 11, da Lei do Orçamento do Estado para 1998 (Lei n.º 127-B/97, de 20 de Dezembro). O Estatuto do Mecenato está previsto nos artigos 61.º a 66.º do Estatuto dos Benefícios Fiscais nos termos da Lei do Mecenato publicada no Decreto-Lei n. º 74/99 de 16 de março. Os incentivos fiscais visam impulsionar as empresas, a adotar novas formas de comunicação, como o mecenato, e simultaneamente contribuem para o bem-estar social, acrescido ao facto, de ser uma oportunidade de obterem benefícios fiscais. Desde então até à atualidade, o setor cultural, em Portugal, é financiado por fontes públicas e privadas. As fontes públicas correspondem ao papel do Estado (Ministério da Cultura e Autarquias) e as fontes privadas correspondem aos particulares, empresas, fundações e associações sem fins lucrativos (ver Anexo E).

que os desafios para as organizações e os seus líderes sejam cada vez mais exigentes. Por outro lado, por força da profissionalização e de melhor preparação académica é interessante o gradual papel de participação e maior intervenção dos líderes empresariais, inclusive na maior atenção à comunicação. Este facto levou a que alguns autores se refiram a uma revolução institucional e de gestão. Questionaram a noção de que as empresas objetivam a maximização dos lucros e o modelo do capitalismo de gestão.

O Mecenas CGD no contexto nacional

A Caixa Geral de Depósitos tem uma longa história que merece um enquadramento no âmbito do nosso estudo de caso. Foi fundada pela carta de lei datada a 10 de abril de 1876, no reinado de D. Luís, na vigência do 34º Governo Constitucional, sendo Fontes Pereira de Melo, o presidente do ministério, e Serpa Pimentel, o ministro da Fazenda. A CGD sucedeu aos Depósitos Públicos de Lisboa e Porto do tempo de Pombal e teve como modelo duas instituições estrangeiras: a belga *Caisse Générale d'Épargne et de Retraite*[53] e a francesa, *Caisse des Dépôts et Consignation*[54]. Ao longo da sua história, a CGD sofreu cinco grandes mudanças. Ainda durante a Monarquia Constitucional, em 1880, foi criada Caixa Económica Portuguesa, administrada pela Junta do Crédito Público através da CGD, com o objetivo de receber e administrar depósitos voluntários de baixas quantias, provenientes de classes sociais financeiramente menos favorecidas. Cinco anos mais tarde fundem-se as duas instituições. Durante a Primeira República coube ao Presidente Sidónio Pais fazer uma nova reforma da CGD, em 1918, que alargou a atividade do Banco ao crédito hipotecário, agrícola, industrial e de penhora. No quadro de uma reorganização geral dos serviços administrativos e do crédito público,

53 *Caisse Générale d'Épargne et de Retraite*, o maior banco de poupança na Bélgica há mais de 130 anos. Em 1865, foi fundada em 1865 por iniciativa do estadista liberal Walthère Frère-Orban. Beneficiam da garantia do Estado. No início dos anos 90 foi privatizado, e tornou-se no Fortis Bank em 1999, após sua fusão com a Société Générale de Banque. Em 2009, tornou-se o BNP Paribas Fortis.

54 *Caisse des Dépôts et Consignations* e as suas subsidiárias constituem um grupo público que atende ao interesse público e ao desenvolvimento econômico do país. O Grupo realiza missões de interesse público em apoio às políticas públicas implementadas pelos órgãos do Estado e dos governos locais, podendo também exercer atividades competitivas. [...] "A *Caisse des Dépôts et Consignations* é um investidor de longo prazo e contribui para o desenvolvimento de empresas alinhadas com seus próprios interesses proprietários." (Artigo L. 518-2 do Código Monetário e Financeiro francês, alterado pela lei de 2008 sobre modernização da economia) (BNP Paribas, s.d.).

sendo Oliveira Salazar ministro das Finanças, ocorreu uma nova reforma da CGD com o objetivo de a adaptar aos novos princípios da política económica e financeira do futuro Estado Novo. Quarenta anos depois, já em pleno consulado marcelista, a CGD foi transformada em empresa pública, nos termos da Lei Orgânica, aprovada pelo Decreto-Lei nº 48 953, de 5 de abril de 1969, o que alterou o enquadramento jurídico da instituição, conferindo-lhe a estrutura empresarial que está na origem da sua gradual aproximação às restantes instituições de crédito (CGD, 2020b), (Lains, 2011).

A entrada de Portugal na Comunidade Europeia, em 1986, abriu uma fase de profunda mudança. A integração europeia e em particular, o Mercado Único, obrigaram a uma forte adaptação do sistema bancário português que, nas últimas três décadas, passou por profundas transformações, que alteraram o quadro jurídico, concorrencial e operacional das instituições financeiras. O sistema bancário constitui o principal segmento do sector financeiro da economia de um país. Compete-lhe o papel predominante no financiamento das atividades económicas nacionais. Em Portugal e até 1992 pode-se afirmar que existiram três fases principais, que marcaram a atual História da Banca. A primeira fase corresponde ao período compreendido entre 1957 e 1974, e ao panorama do Estado Novo. A segunda fase, do período de 1974 a 1983, corresponde ao período dos efeitos da transição para a democracia de 1974.

Foi nesta fase, em 1982, que foram dados os primeiros passos para a criação do Grupo Financeiro Caixa Geral de Depósitos (CGD). Por último, a terceira fase de 1983 a 1992, período no qual ocorreu a revisão da Constituição portuguesa, em 1989, que pôs termo ao princípio da irreversibilidade das nacionalizações, possibilitando o processo de privatização, que deu origem a um novo dinamismo de criação de grupos financeiros do Estado e por outro lado de liberalização de movimentos de capitais. Vivia-se o período de crescimento de dois Grupos Financeiros liderados pela CGD e pelo Banco Fomento Nacional. Em 1992 é publicado o Regime Geral das Instituições de Crédito e das Sociedades Financeiras, segundo a nova legislação comunitária, e até final de 1992, ocorreu a fase de transição (Lains, 2011, p. 127). O Grupo Financeiro CGD crescia. Foram criadas as empresas de leasing – a Locapor e a Imoleasing (1982); e nos anos seguintes, as sociedades gestoras de fundos de investimento imobiliário – Fundimo (1986) e Caixagest (1990). Às portas do país entrar em 1986 na Comunidade Europeia estavam reunidas as condições para uma transformação do sistema financeiro português. Neste contexto, interessa primeiramente focar no período de 1983 a 1992, e analisar a conjuntura em 1993, que se caracterizou pela reabertura da atividade bancária à iniciativa privada. Até 1992, o sistema financeiro português permanecia dividido por Instituições de Crédito, Sociedades Financeiras e Companhias de Seguros e Fundo de Pensões. A atividade estava regulamentada nos termos do Regime Geral das Instituições de crédito e sociedades financeiras, conforme o Decreto-Lei n.º 298 / 92, de 31 de dezembro (1ª versão) (Ministério das Finanças, 1992)[55].

Na realidade, o período assinalado pela entrada de Portugal na Comunidade Económica Europeia obrigou a grandes alterações em todo o sistema financeiro e económico do país. A história da CGD ficou sinalizada pelo período de adaptação ao sistema financeiro e bancário que ocorreu de 1992 a 1998, sendo que foi a primeira instituição de crédito portuguesa a, definitivamente, entrar na esfera da internacionalização, pela sua adaptação ao sistema financeiro e bancário europeu (Lains, 2011, p. 127). Em Portugal o aumento de instituições financeiras e de serviços bancários foi acompanhado pelo crescimento do produto bancário, acima da generalidade dos países da Comunidade Europeia. Com a privatização da Banca e Seguradoras, e abertura para a atividade privada, ocorreram duas significativas alterações. A primeira, corresponde à adaptação da CGD ao novo ambiente financeiro nacional e internacional e foi o primeiro estabelecimento de crédito de Portugal.

No seguimento do Decreto-Lei n.º 287/93[56], de 20 de agosto foram publicados os novos estatutos da CGD e a passagem desta, a sociedade anónima de capitais, com um capital social de 275 milhões de contos exclusivamente públicos e totalmente detidos pelo Estado Português. Como sociedade anónima, a CGD devia reger-se por um regime de direito privado com regras idênticas aos restantes bancos (Lains, 2011, p. 138). A segunda ocorrência, diz respeito ao facto de o sistema bancário português abrir-se à concorrência e a CGD passa a reger-se por uma lógica comercial de oferta de produtos e serviços. Definiu os seus objetivos, promover a formação, a captação de poupanças e contribuir para o desenvolvimento económico e social. O espaço financeiro europeu trazia novos desafios ao setor bancário nacional, proporcionou modernização e impôs condições de funcionamento a partir de 1993, com cinco importantes consequências na atividade das instituições financeiras:

55 A 54ª versão é a mais recente (DL n.º 144/2019, de 23 de setembro).

56 Decreto que transforma a Caixa Geral de Depósitos, Crédito e Previdência em sociedade anónima de capitais exclusivamente públicos. Os Estatutos da Caixa ficam definidos no Diário da República de 30 de outubro de 1993, 1. ª serie – A Declaração de retificação n.º 200/93. São aprovados os Estatutos. Passa a chamar-se Caixa Geral de Depósitos, S.A. Ocorre a autonomização da Caixa Geral de Aposentações e do Montepio dos Servidores do Estados.

aumento da concorrência; necessidade de mais inovação[57] e diferenciação na oferta dos produtos e serviços bancários; redução das margens de intermediação; regras de prudência, mais restritas de acordo com as diretrizes e disposições comunitárias para as instituições e mercados financeiros; reforço das medidas de supervisão prudencial e das competências do Banco de Portugal.

Num contexto mais concorrencial, o crédito bancário teve também um desenvolvimento em grande escala, sendo que se destacou, sobretudo, o crédito à construção e habitação. Por outro lado, a expansão do volume de negócios levou ao crescimento do número de agências bancárias. E, naturalmente, a cobertura do país com dependências comerciais próprias teve uma grande influência na dinâmica da atividade bancária. O crédito à habitação foi o responsável fundamental pela mudança, alargando-se às agências, os procedimentos inerentes aos processos de empréstimos. É precisamente nesse ano da grande mudança que se dá a transferência da sede do banco para as novas instalações, em Lisboa. Decorria o ano de 1993 (Culturgest, 1993), (Vilar, E., 2003). A alteração que teve impacto naquele que iria ser mais tarde o espaço físico da nova Sede onde se situa hoje a Culturgest: a concentração de todos os serviços e departamentos dispersos, num único edifício. Com a construção de um espaço físico para se instalar a sede social em Lisboa, na zona do Campo Pequeno, a CGD podia agora cumprir uma dupla missão: por um lado, a concentração das diversas áreas de atividade da instituição; e por outro, passar a desempenhar uma missão de caráter social e responsabilidade cívica, através do envolvimento na cultura. Historicamente, com a missão de ser um "Banco moderno e universal", procurava prestar um "serviço financeiro completo" (Lains, 2011, p. 141). Anuncia-se como uma empresa com um papel ativo na comunidade enquanto ator social cujo papel não se restringe, e muito menos se esgota, na criação de valor económico, antes privilegia a criação de valor global para todos os *stakeholders* (públicos estratégicos).

> A Caixa Geral de Depósitos iria, assim, continuar a ser um instrumento ao dispor da política económica do Estado, mas cada vez mais a sua prioridade era o seu estabelecimento como banco universal, concorrencial, e bem sucedido no sistema bancário português (Lains, 2011, p. 141).

[57] No manual de Oslo da OCDE é possível definir **inovação** como "a implementação de um produto (bem ou serviço) novo ou significativamente melhorado, ou um processo, ou um novo método de marketing, ou um novo método organizacional nas práticas de negócios, na organização do local de trabalho ou nas relações externas" (OCDE, 2005, p. 55).

A década de 90 ficou marcada por vários acontecimentos culturais e, simultaneamente, pela emergência de novas centralidades urbanas em Lisboa (Gonçalves, 2017). A entrada de Portugal na Comunidade Económica Europeia facilitou a modernização de Lisboa com investimento dos fundos estruturais. Do ponto de vista urbanístico, desenvolveram-se, no mesmo período, algumas tendências da ação transformadora a caminho da modernização e do desenvolvimento da cidade (Lains, 2007, p. 227). Em 1991, a cidade vivia um processo de transformação urbana despoletado com a candidatura de Lisboa para acolher a realização da Expo'98. Portugal já tinha tido a experiência da Europália, em 1991, mas realizada fora do país. Em 1994, Lisboa Capital Europeia da Cultura, iria oferecer à cidade uma grande oportunidade. Lisboa tinha de preparar-se e reorganizar-se para ser a capital Europeia da Cultura. A iniciativa "capitais europeias da cultura" é um dos mais reconhecidos projetos da União Europeia. Começou em 1985, impulsionada pela então ministra da Cultura da Grécia, Melina Mercouri. Este projeto visa "colocar as cidades no centro da vida cultural em toda a Europa" e apoia-se na ideia de que através das artes e da cultura pode melhorar-se a vida das cidades e estreitar-se o sentido de comunidade. Os cidadãos participam assumindo, assim, um papel ativo no desenvolvimento das cidades, enquanto oferecem às cidades uma oportunidade de regenerar os centros urbanos e revitalizar a atividade económica social e cultural. O projeto procura assim contribuir para a promoção da imagem e do reconhecimento internacional das cidades (Comissão Europeia, s.d.)[58]. A CGD não ficou à margem de todo este movimento. Muito pelo contrário. Aproveitou a tendência favorável e tornou-se ela própria num dos atores desse processo. Foi o primeiro banco, em Portugal, a construir um equipamento cultural no mesmo espaço do seu edifício-sede, cujo objetivo era, não só, de natureza empresarial, mas também de natureza cultural e em especial mecenática.

A Culturgest, é um dos instrumentos mais relevantes da intervenção da CGD no domínio da ação na cultura. Um breve enquadramento sobre a Caixa Geral de Depósitos, que de acordo com a lista de bancos que operam em Portugal, tem a particularidade de ser o único Banco público. Tal facto sustenta o seu caráter único. Os restantes são bancos de acionistas privados e privados nacionais e estrangeiros. (Anexo G-Lista dos Bancos). A CGD é uma

[58] Glasgow foi a primeira capital cultural da Europa em 1990. Com o motivo desta capitalidade cultural foi feito um investimento no sentido de transformar todo o *Red Riverside* zona sub-regional industrial após a crise fordista da década de 70.

instituição financeira de capitais exclusivamente estatais e que atua em várias áreas da atividade bancária, nomeadamente a Banca de Investimento, Gestão de Ativos, Leasing, Imobiliário, Corretagem e Capital de Risco, Seguros, Crédito Especializado, e Banca à distância. Tem como missão contribuir para o desenvolvimento económico, no reforço da competitividade, na inovação e internacionalização do setor empresarial português, e estabelecer uma posição sólida no mercado financeiro. Na cultura a CGD apoia e promove iniciativas culturais para a divulgação da música, literatura, artes plásticas e da língua portuguesa, em Portugal e no mundo (CGD, 2020a).

Alteração do regime jurídico – CGD Sociedade Anónima

Finalmente em 1993, dá-se mais uma reforma da CGD, e numa época em que o setor financeiro foi aberto à iniciativa privada. A CGD passa a Sociedade Anónima detida pelo Estado Português como acionista único. Inicia-se uma nova prática na atividade bancária. Nas estratégias de gestão, como algo inédito, começa a dar atenção à segmentação de clientes, à segmentação de mercado e ao posicionamento, ou seja, a CGD procura identificação e diferenciar-se no setor financeiro. Neste contexto, assim sendo, pode equiparar-se aos restantes bancos do sistema bancário português, no que respeita às atividades que está autorizada a exercer e a reger-se pelas mesmas normas das empresas privadas do setor. O Ministro das Finanças designa o representante do acionista em Assembleia Geral (CGD, 2018a)[59]. O seu objeto é o exercício da atividade bancária e é "consagrada a natureza de Banco universal, plenamente concorrencial, sem prejuízo da especial vocação, que também lhe é reconhecida, para a formação e captação da poupança, bem como para o apoio ao desenvolvimento económico e social do País" (CGD, 2017).

Quanto à atual estrutura organizacional da CGD, competem ao Conselho de Administração os mais amplos poderes de gestão e representação da sociedade e à Comissão Executiva, a gestão corrente, nos termos das competências que lhe foram delegadas pelo Conselho de Administração expressamente enumeradas no regulamento interno: organograma[60]. Nessa vertente,

[59] Relatório de Gestão e Contas da Caixa Geral de Depósitos.

[60] Atualização decorrente da Deliberação da Comissão Executiva de 03/01/2020. Presentemente, a CGD, com sede na Avenida João XXI, em Lisboa, é uma instituição bancária que visa posicionar-se como líder no sector financeiro em Portugal e como o Banco público de referência, e praticar uma política de envolvimento com a Comunidade, quer interna quer externa.

a CGD rege-se por um Código de Conduta (CGD, 2020c), que consagra os princípios de atuação e as normas de conduta profissional observados no exercício da sua atividade bancária, assente em valores considerados fundamentais como o rigor, a transparência, a segurança, a integridade, o respeito e a responsabilidade. No documento Código de conduta, publicamente acessível, a empresa refere-se à responsabilidade social como um fator importante na sua relação com a sociedade. Demonstra preocupações e os compromissos nas interações com os *stakeholders*. Assim, compromete-se a contribuir para o desenvolvimento sustentável das comunidades onde se insere.

> Artigo 9.º – Responsabilidade Social e Desenvolvimento Sustentável.
>
> A Caixa Geral de Depósitos desenvolve a sua atividade de acordo com princípios e melhores práticas internacionais no domínio da Responsabilidade Social, respeitando e cumprindo compromissos de gestão em matéria de contribuição para o desenvolvimento sustentável – do ponto de vista económico, social e ambiental – das Comunidades em que se insere. (CGD, 2020c, p. 10)

Complementarmente, também neste mesmo documento, a CGD clarifica a matéria relativamente à publicidade e ao marketing:

> Artigo 18º – Publicidade e Marketing.
>
> A Caixa Geral de Depósitos disponibiliza informação sobre os seus produtos, serviços e respetivos custos, incluindo os de natureza fiscal, redigida de forma clara, correta, segura e acessível de modo a que o cliente possa fazer uma escolha livre e ponderada.
>
> As ações de publicidade e de marketing, levadas a cabo pela CGD, que incidam sobre as suas atividades, produtos e/ou serviços, são implementadas no respeito por todas as regras legais e regulamentares em vigor, bem como pelos princípios da identificação, veracidade, transparência, equilíbrio e clareza (CGD, 2020c, p. 16)

O compromisso com os princípios de responsabilidade social, desenvolvimento sustentável e respeito pelos *stakeholders* (públicos estratégicos) consagra-se na Missão (CGD, 2019)[61] da empresa. O Estado, compromete-se a exerce uma das suas tarefas fundamentais: promove o bem-estar e a qualidade de vida dos cidadãos, a igualdade entre os portugueses, bem como a efetivação dos direitos económicos sociais e culturais, mediante a transformação e modernização das estruturas económicas e sociais (Assembleia Constituinte, 1976)[62]. Por outro lado, enquanto *stakeholder*, a CGD, define a estratégia, para a criação de valor (Fig. 7)[63].

Figura n.º 7 – Visão integrada do Modelo de Gestão para a Sustentabilidade seguida pela Caixa Geral de Depósitos

Fonte: Relatório de Sustentabilidade 2018 da CGD (CGD, 2018b).

Neste sentido, conforme se demonstra na figura 7, a empresa segue um Modelo de Gestão para a Sustentabilidade, de forma a garantir a prossecução dos objetivos da Política de Sustentabilidade, com base em cinco áreas-chave: Banca Responsável; promoção do Futuro; Proteção Ambiental; Gestão do Ativo Humano; Envolvimento com a Comunidade.

[61] Carta de Missão da Caixa Geral de Depósitos aprovada pelo acionista Estado em 06/05/2019.

[62] Constituição da República Portuguesa.

[63] Sobre a Teoria dos Stakeholders, Parmar *et al.* (2010) e Freeman (2010).

Assume a responsabilidade de contribuir para o desenvolvimento, em sentido amplo, das comunidades onde está inserida. Por uma questão estratégica, na relação com a Comunidade, a CGD segue uma Política de Sustentabilidade, através da qual pretende garantir: A integração das variáveis não financeiras (ambientais, sociais e de gestão) na estratégia global da empresa; A partilha de conhecimento e experiências nesta temática com as unidades do Grupo que atuam noutros mercados; A criação dos mecanismos necessários para integrar, em conjunto com os seus *stakeholders* (públicos estratégicos), os assuntos ambientais e sociais na gestão corrente, de forma a assegurar a liderança nacional nos serviços financeiros sustentáveis; O reporte de toda a sua atividade de forma transparente e de acordo com as melhores práticas internacionais; O contributo para a divulgação dos princípios do Desenvolvimento Sustentável, aliando-se a iniciativas nacionais e internacionais e promovendo ações próprias sempre que tal se justifique.

Com realce para o pressuposto da gestão pela sustentabilidade, orientada para diferentes públicos, e de acordo com a teoria dos *stakeholders*, o topo dos objetivos das empresas corresponde à criação de valor Freeman (2010). Os *stakeholders* (públicos estratégicos internos e externos) correspondem aos grupos que participam e reivindicam das ações da empresa: o acionista, o governo, as entidades supervisoras, as entidades reguladoras, os clientes, os colaboradores, os fornecedores, os *media*, a concorrência, a comunidade em geral, os órgãos de comunicação social (jornais, televisão, revistas, rádio), a comunidade local, as associações patronais, os sindicatos, a comunidade financeira, os líderes de opinião, os fornecedores, os distribuidores, os consumidores atuais ou potenciais e os colaboradores (Freeman, 2000), (Palmar et Harrison, 2010). No âmbito da investigação que originou esta obra constata-se que a CGD tem desenvolvido a atividade ancorada no modelo de gestão pela sustentabilidade, e o objetivo principal é agregar valor ao negócio bancário. É de acordo com este modelo de mecenato que promove o envolvimento com a Comunidade em geral. Neste âmbito, visa reforçar a sua atuação através da Cultura, apoiando diversos eventos culturais nas áreas da música, artes, letras, cinema e documentário, fotografia e jornalismo, entre outros, prioritariamente através da Culturgest. A Instituição apoia um projeto cultural multiáreas, dirigido à comunidade em geral.

Ora, importa perceber esta linha de orientação, para contextualizar a relação da CGD como mecenas na cultura, em particular da Culturgest (instituição cultural beneficiária), ao longo de cerca de trinta anos. A CGD tem uma forte tradição de envolvimento com a Comunidade. Ao longo da sua história tem procurado promover uma estreita e contínua participação na sociedade, visando o bem-estar social, ambiental, educacional e cultural, com o objetivo último de contribuir para a melhoria global das condições de vida da população. Este é um compromisso que expressa claramente a estratégia de envolvimento com a comunidade. Como agente económico, as principais responsabilidades estão associadas à capacidade de obter bons resultados financeiros pese embora a atividade não se esgote aí. A intervenção na comunidade rege-se por valores financeiros e valores sociais. Este relacionamento com a sociedade civil resulta, por um lado, da dimensão da atividade empresarial, com a presença de um número de filiais e sucursais que abrange o país, por outro, do facto da Responsabilidade Social fazer parte da estratégia da instituição. Assim, a CGD interage com a comunidade em cinco grandes áreas fundamentais: literacia financeira e formação; sensibilização ambiental; solidariedade, com enfoque na promoção do voluntariado; desporto; cultura.

De acordo com os dados revelados nos relatórios de contas consultados, das cinco áreas referidas, o valor maior do investimento direto da instituição bancária na Comunidade é dirigido à cultura[64]. Significa que o instrumento prioritário de apoio à cultura é o mecenato e o seu próprio equipamento cultural da CGD é maior beneficiário desse investimento (CGD, 2019). No âmbito da intervenção e envolvimento com a Comunidade, merece interesse a intervenção na cultura, no qual assume um papel ativo com uma atuação nas mais diferentes comunidades e locais, no apoio a diversas atividades culturais da Música à Cultura Popular, Dança, Teatro, Literatura, Artes-Plásticas e a Língua Portuguesa em Portugal e no mundo (CGD, 2008a)[65]. O apoio da CGD às iniciativas culturais ocorre sob duas formas: por um lado patrocínio a eventos e diversas iniciativas culturais, e por outro, no apoio direto nas iniciativas desenvolvidas pela Culturgest. Ou seja, o maior foco incide numa ação direta como mecenas da Culturgest e, consequentemente, uma presença no mercado da arte contemporânea com a coleção de arte da CGD. É neste quadro que importa compreender o mecenato cultural como instrumento de comunicação da Instituição, enquadrado no *mix* de comunicação (Lendrevie, 2018) definido pela CGD. A Culturgest foi objeto de uma estratégia de comunicação integrada e institucional da CGD, exatamente

[64] Mais de metade – 55% – do valor total investido na Comunidade destina-se à promoção de atividades culturais, sendo a Culturgest, que representa 41% do investimento global em Cultura.

[65] De acordo com a informação que consta no Relatório de Sustentabilidade 2008.

porque o mecenato é uma das estratégias que visam, em primeiro lugar, acrescentar valor social e cujos resultados se manifestam a médio e longo prazo (Vilar, E., 2003), (Llorente, 2011).

2.2. A Caixa Geral de Depósitos e a Comunicação Estratégica

A Comunicação Organizacional, enquadrada nas diferentes áreas da comunicação, atravessa grandes transformações face às novas exigências das sociedades modernas, e do mundo económico e político mais competitivo.

No início da década de 90, após a entrada de Portugal na Comunidade Económica Europeia, o setor bancário deu os primeiros passos de abertura a mercados competitivos. Foi neste contexto que à CGD impunha-se a necessidade de adaptar-se à conjuntura externa e inequivocamente adaptar o seu modelo de Comunicação Estratégica. "O caso CGD e a Culturgest", deve ser enquadrado nos processos de transformação que esses novos tempos exigiam ao setor bancário em geral. Carrillo (2004) advoga que perante a necessidade de modernização, as organizações revelam um crescente interesse pela Comunicação Estratégica, incorporada nas estratégias globais e sob a responsabilidade dos gestores de topo direcionadas para o cumprimento da missão. Como refere Argenti (2006), citado pelas autoras Ana Margarida Barreto e Rosa Meirinhos (2020), p. 78, numa reflexão sobre a temática a respeito da Comunicação Estratégica e a sua relação com os seus *stakeholders*.

> (...) o sucesso da estratégia de comunicação de uma empresa depende em grande parte do elo entre a estratégia de comunicação e a estratégia geral da empresa. É preciso ter um sólido desempenho da comunicação empresarial para apoiar tais missões e visão (Argenti, 2006, citado por Barreto & Meirinhos, 2018, p. 78).

Destas afirmações de estudos realizados no supracitado campo temático, que se entende ser pertinente relacionar o tema da obra "O Mecenato com Instrumento de Comunicação: o caso CGD e a Culturgest", com o caráter estratégico global que assume nas decisões de gestão de uma organização. Este livro pretende-se evidenciar a relevância da Comunicação Estratégica na origem da Culturgest na década de 90. Constata-se que a partir de 1994, a CGD adotou novas formas de comunicar e seguiu uma política de Comunicação Integrada bem delineada com os objetivos que visava atingir para alteração da sua reputação junto dos públicos internos e externos. Cumprindo o que refere Álvarez, 2012, os processos de transformação das organizações implicam consequências a nível das estratégias de comunicação.

> (...) Todas as transformações ocorridas no mundo global, transformaram o desempenho institucional das organizações e a comunicação passou a ser considerada como uma ferramenta de gestão bicéfala, como uma área estratégica direcionada para os colaboradores e para os consumidores. Percebeu-se que ações clássicas, de comunicação de marketing e relações-públicas seriam manifestamente insuficientes para fazer frente aos novos mercados competitivos e para um relacionamento com os públicos cada vez mais exigentes e uma opinião pública sempre mais vigilante. (Álvarez 2012, pp. 1-14)[66]

À data em que a CGD constituiu Culturgest, procurava envolver-se em novos processos de comunicação, por forma a incrementar a sua visibilidade e notoriedade como banco concorrencial e moderno ajustado aos tempos de mudança com clientelas mais diferenciadas e exigentes. Em consequência, a partir de 1994, a CGD adotou novas formas de comunicar com os públicos e seguiu uma comunicação persuasiva, tendo em conta que nenhuma estratégia de comunicação pode ser eficaz se não utilizar conjuntamente diferentes táticas da comunicação (Lendrevie *et al.*). O apoio da CGD à Culturgest pretendia por um lado, contribuir para a oferta cultural em Portugal, e por outro, consolidar a imagem e reputação institucional da CGD. Ora, as organizações descobriram que a relação que estabelecem com os seus públicos, não podem restringir-se apenas ao público-alvo do negócio, através dos meios tradicionais mercantilistas. Como subsistemas, do sistema social necessitam de um posicionamento inequívoco, que as destaque pela sua responsabilidade social e cívica, que está muito para além do lucro que advém da

[66] Jesús Timoteo Álvarez (2012, pp. 1-14), em *Manejo de la comunicación organizacional: espacios, herramientas y tendencias en gestión de negocios*, destaca os caminhos percorridos pela comunicação nas organizações nas últimas décadas. Isto é, desde a comunicação vista como instrumento, como função estratégica e sob novas formas com a revolução digital a partir dos anos 2000. "O desenvolvimento teórico tem sido acompanhado com a evolução que o exercício e a práxis da comunicação tem tido nesses mesmos anos. Nas atividades empresariais a comunicação é um ativo imaterial ou de linguagem mais comum, um fator de valor agregado.

produção e comercialização dos seus bens e serviços. Assim sendo, a conceção de estratégias institucionais proactivas, com o recurso a ações de comunicação exclusivamente não instrumentais e técnico tático com caracter assertivo, alcançam os resultados esperados pela opinião publica interna e externa. Relevando-se a crescente aceitação e permeabilidade, para conceitos e valores éticos como a repartição equitativa da riqueza, preservação do planeta azul, o desenvolvimento global, respeito pelos Bens comuns como a Cultura, o Ambiente, a preservação da Saúde Global (Batalha, 2015). Princípios estruturantes que se inserem num ambiente organizacional interno que se viu forçado às mudanças transversais de comunicação. Assim, a CGD na opinião pública era considerada "tradicionalmente bafienta"[67], com uma imagem e reputação pouco simpática, com colaboradores acomodados ao modelo clássico, constataram-se novas configurações com mudanças comunicacionais de relações no mundo do trabalho. *O endomarketing* foi o instrumento catalisador para o envolvimento do publico interno no projeto CGD Culturgest. Saul Bekin (2004) salienta a sua função primordial num projeto de Comunicação Estratégica, é o elo de comunicação entre os colaboradores e a empresa, obrigando a participação e cumplicidade de todos elementos da organização.

Ora, não é possível definir comunicação estratégica sem referir a etimologia do termo estratégia, muito embora a diversidade das explicações completada por conceitos adicionais como tática e plano, do grego *strategia*, comando do exército ou por vezes como sinónimo de ardil, manha, astúcia, subterfúgio.[68] A comunicação estratégica articulada de uma forma inteligente com perspetiva de gestão holística não deixa margem para o mecanismo reducionista "marketiniano" Na linha de pensamento de diferentes autores como Garrido 2004, o cerne do conceito estratégia, no atual contexto não defende o isolamento operacional. Contempla a assertividade e a sustentabilidade, está marcado pela amplitude da mensagem construída pelo emissor. A subjetividade relacional presente nas organizações, os contextos conflituais, os condicionalismos internos e externos são elementos estruturantes para pensar e implementar a cultura organizacional. Islas (2005) afirma que duas das principais áreas nas quais a comunicação intervém são as da

67 Consultados disponibilizados pela CGD, estudos de marca realizados pela CGD 1995 a 2005 "banco dos idosos". A Caixa tinha a imagem da Instituição pesada, burocrática, pouco dinâmica, atendimento muito demorado, mau atendimento".

68 Dicionário de língua portuguesa, Porto Editora.

cultura e da identidade da organização. Sendo que a comunicação estratégica mapeia o percurso a seguir, de forma apriorística, dá seguimento às táticas escolhidas para a prossecução dos objetivos e resultados, baseados nas decisões tomadas antecipadamente. Esta estratégia de posicionamento permitiu alcançar uma posição distinta na mente dos colaboradores e consumidores dos produtos bancários e que fosse recordada como um Banco moderno e inovador, vanguardista e universal. No sentido amplo, na conceção de cultura como fator de desenvolvimento, procurava contribuir para a elevação cultural da população em geral. Pretendia criar uma mudança na perceção dos seus públicos e defender-se da poluição mediática. Constitui acervo de arte, compra e restauro de edifícios históricos destinados ao funcionamento de agências bancárias e que representam ativos financeiros. A Culturgest é parte integrante da estratégia comunicacional e de gestão do Banco público, na medida em que é variável no conjunto de variáveis de comunicação (ou *mix* de comunicação). Nesta perspetiva a CGD participa no setor cultural, como mecenas da Culturgest, não obstante o recurso a outros instrumentos de comunicação.

Como os autores Porter e Alfred Chandler in "Estratégia e Estrutura" 1992 referem, a estratégia é um instrumento primordial para gestão interna. Os autores defendem que existe uma visão tática com que as empresas promovem as alterações profundas da sua imagem. As metas são de comunicação transversal com os seus públicos, de forma a construir relações fidedignas de credibilidade e aceitação junto da sociedade. O esquema incluído na Figura n.º 8 sugere, assim, a existência de uma Estratégia integrada de Comunicação. De acordo com Lendrevie (2010), uma estratégia implica um planeamento, a execução, meios, orçamento, calendarização das ações, e controlo e avaliação da eficácia das metas alcançadas em conformidade com o plano traçado.

Figura n.º 8 – A Estratégia integrada de Comunicação

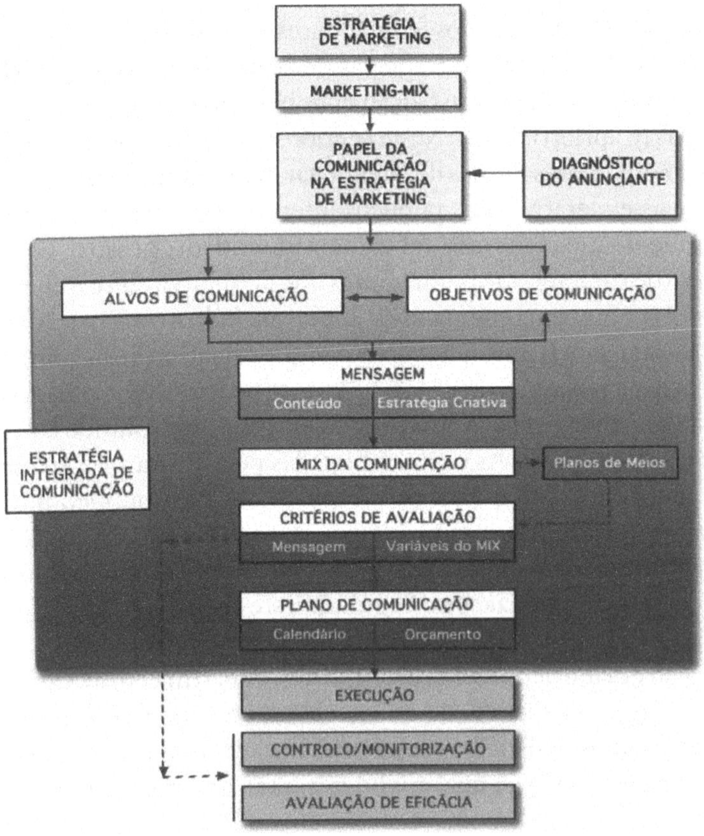

Fonte: Adaptado de Lendrevie *et al.* (2018, p. 386).

Para Sousa (2011), esta relação é articulada de forma integrada com recurso às práticas do *Marketing*, Jornalismo, Publicidade, Relações-Públicas, Comunicação Digital entre outras. Inclusive complementa esta presença na cultura, em outros projetos culturais como patrocinador. Cada instrumento de comunicação tem características específicas e difere no tipo de objetivos a alcançar, e que melhor servem esse objetivo. A utilização do patrocínio concorre com outros métodos tradicionais que se mostram cada vez mais caros e ineficientes. Apresenta-se como um instrumento para promover e divulgar a imagem institucional, na medida em que, associando o seu nome a um determinado evento, uma empresa pode partilhar da imagem e conotações a ele associadas (Meenaghan, 1991).

Como referimos anteriormente, a perceção que um determinado público tem da empresa, dos produtos e serviços que comercializa, o modo como atua em relação aos seus clientes, aos fornecedores, à comunidade em geral reflete um conjunto de mensagens e respostas de aceitação ou rejeição. No fundo, a imagem resulta de uma construção com base no conjunto de mensagens transmitidas (Capriotti, 2013). Neste sentido, Comunicação Estratégica delineada, inclui diferentes formas de comunicar mensagens coerentes e que correspondam às expetativas dos públicos internos e externos (Ramos, 2007). A identidade de uma empresa, tal como a identidade pessoal, corresponde ao conjunto de características e atributos que definem a sua essência (visíveis e não visíveis), e funciona como um estímulo que induz uma reação no recetor designada – imagem. Balmer (1998) advoga que a reação (a imagem) é influenciada pelas características do próprio recetor (padrões culturais, vivências e ideologias) por todas as suas atuações da empresa, as voluntárias e as involuntárias (Balmer, 1998). As táticas utilizadas pela comunicação estratégica da CGD não aplicaram apenas ao mecenato, mas ao público interno primordialmente, através do *endomarketing*. Cabe aos gestores a criação de uma organização alinhada e direcionada para a missão da empresa, que na realidade é a meta das organizações. Seguindo este raciocínio, diversos autores têm advogado a importância da Comunicação Interna no seio das organizações (Boneau et Henriet, 1990), (Brum, 2010). Para uma eficaz Comunicação Estratégica, urge a necessidade do envolvimento dos *stakeholders* internos e nos últimos anos assiste-se a um crescente interesse pelo *endomarketing* nas Organizações, tema ao qual aos líderes estão atentos.

2.3. O *Endomarketing*: os públicos internos

O que se passa dentro da "Caixa"

Ações de gestão, direcionadas para dentro das Organizações, designam-se por *Marketing Interno* ou *Endomarketing*. O pai do marketing, Philip Kotler "Administração de Marketing" (2000), tratou este assunto com acuidade referia-se ao *Marketing Interno das Organizações*. Kotler defende que o ambiente do marketing engloba quatro estratos: o ambiente externo, o macro ambiente, o ambiente de mercado, e por último, o clima organizacional, no qual se insere a matriz da empresa. É neste ponto que se inserem os reflexos do financiamento privado à cultura, por parte empresas, na ótica de abranger positivamente o público interno, uma vez, que corresponde a uma ação de marketing interno (Kotler, 2000).

Saul Bekin, autor da obra "Como Praticar o Endomarketing" (2004), especialista e professor de marketing, foi quem criou e difundiu o conceito *endomarketing* na década de 70. Para o autor é o elo de comunicação estratégica entre os colaboradores e a empresa, visando um único e igual objetivo, obriga a inserção todos no projeto empresarial sendo fundamental que todas as pessoas estejam bem integradas e alinhadas com a organização. A integração entre marketing e endomarketing é dos grandes desafios de quem lidera o projeto de comunicação focado nas duas principais perspetivas: enquanto um atrai clientes, o outro procura captar e fidelizar recursos humanos envolvidos e multiplicadores da marca da empresa. O envolvimento das empresas com atividades culturais pode proporcionar oportunidades de marketing junto do público-alvo interno. No âmbito da estratégia de comunicação da CGD, na abordagem estabelece-se a correlação do mecenato à cultura e que se desenvolve em duas perspetivas: (i) *enquadramento social cívico, de cidadania empresarial* e respetivo reconhecimento pelos colaboradores. A outra, a de um paradigma de gestão empresarial, que visa aproximar os colaboradores às artes e à cultura, como aposta no (ii) *capital humano*. Em ambas, a CGD recorre ao instrumento de comunicação mecenato para complementar o reforço da imagem e da reputação da empresa. O *endomarketing* engloba quatro aspetos a referir: em primeiro lugar a sua definição – consiste em ações dirigidas ao público interno; em segundo lugar, o conceito – foco no alinhamento de informações; em terceiro lugar, os objetivos – consiste em construir com os colaboradores, uma relação baseada na lealdade e na reciprocidade; por último em quarto lugar, a sua função – inclui intensificar a noção de cliente e fornecedor interno dentro da organização (Bekin, 2004).

Bekin afirma ainda que "todo esse esforço de informação poderá perder-se, por melhor que seja a campanha, se não houver "feedback", se a informação não se transformar em diálogo, em troca" (Bekin, 2004, p. 67). O autor alerta para a importância de obter "feedback" no processo de comunicação interna, ao afirmar que a empresa deve oferecer um vasto sistema de informações que faça com que todos possam cumprir as suas tarefas com eficiência. Na perspetiva de estratégia empresarial, o marketing interno um aliado da Comunicação Estratégica, pode promover os valores e objetivos organizacionais, converter-se num agente catalisador de mudança que potencia o desempenho das estratégias implementadas no interior da empresa. Na ideia referida por Llorente (2011) no livro à volta do tema *El patrocinio y el mecenazgo em la comunicación empresarial,* independentemente da dimensão, do espaço geográfico que ocupam, e dos bens e serviços que colocam no mercado, as organizações, em geral, preocupam-se em comunicar para sobreviver. Consequentemente, as necessidades de comunicação têm dois sentidos: interno e externo. A comunicação interna tem como objetivo a troca de informação, em sentido ascendente e descendente, vertical e horizontal dentro da organização e dirige-se às pessoas que trabalham na empresa. Uma sociedade em transformação exige das empresas o repensar das suas estratégias e a consequente valorização dos seus Recursos Humanos, dada que estas se movem num ambiente altamente competitivo (Chiavenato, 2004).

A adesão de Portugal à Comunidade Europeia Económica em 1986, obrigava a uma modernização também do tecido produtivo nacional. Num novo mercado competitivo reforça a importância das pessoas nas organizações, sendo os colaboradores o contato direto com os clientes, o contributo essencial para o sucesso das mesmas. No contexto de transformação, consequência dos desafios da globalização, colocam-se aos colaboradores a necessidade de adaptação à nova realidade, a rutura de condutas e mudança de comportamentos. A par desta constatação, existia outro fenómeno que importa recordar: a passagem da CGD, para um Banco Comercial de gestão privada. A transformação que se exigia não era apenas adaptação a um local de trabalho, em Lisboa, num novo edifício com cerca de 5000 pessoas. Exigia-se aos colaboradores da CGD, uma mudança comportamental sendo este decisivo na reversão das dinâmicas económicas, sociais, culturais e demográficas. Por esses motivos, à data da criação da Culturgest, em 1993, conforme revelado pelos entrevistados (ver anexo A – Entrevistas)[69], a CGD pretendia a participação dos colaboradores nas iniciativas da Culturgest. Por esse motivo, é compreensível a estreita relação que a CGD estabelece entre a prática de mecenato, no âmbito da comunicação estratégica em benefício dos seus colaboradores. Para isso desencadeia uma sistematização dos fatores intra-organizacionais: ações englobadas numa estratégia que visa, impactos positivos, sentimentos de pertença e de referências, reforço motivacional baseado em emoções positivas, para alcançar o potencial máximo dos recursos humanos (ver Anexo E – Lei do Mecenato Cultural).

Num cenário de mercados altamente competitivos e concorrenciais, as organizações recorrem a ferramentas eficazes para obter vantagens competitivas (Porter, 2009). Para Porter & Kramer (2002) as empresas que para

[69] Entrevista a Emílio Rui Vilar realizada no dia 4 de março de 2020.

além da criação de benefícios económicos, também apostam na criação de impactos sociais positivos, obtêm maior rentabilidade no seu investimento em ações de cariz social como a filantropia. Como referido anteriormente neste livro, as ações de mecenato da CGD enquadram-se num Programa de Sustentabilidade, onde se insere a Política de Envolvimento e de Responsabilidade Cívica (CGD, 2018b), baseado em princípios de sustentabilidade económica, ambiental e social. Neste modelo de gestão, a CGD visa complementar a criação de valor aos seus *stakeholders,* através do apoio à cultura. Colocando-se como uma empresa civicamente responsável, refletindo deste modo o compromisso das empresas para com a sociedade. As empresas que são reconhecidas pelas suas ações de filantropia numa sociedade, podem esperar maiores recompensas do mercado Peloza *et al.* (2009, citado por Arizona, W., 2015). Diversos autores destacam a importância de considerar as aptidões emocionais do público interno e nessa perspetiva orientam o marketing interno para promover climas organizacionais. Outros autores, adiantam nas pesquisas e defendem que as empresas reconhecidas como promotoras de ações de apoio a iniciativas como a filantropia são atrativas aos colaboradores ou potenciais colaboradores, sendo que a nível financeiro reportam menos custos de rotatividade Cano; Gilder *et al.*; Peloza *et al.* (2009, citados por Arizona, 2015).

Palencia-Lefler (2007, p. 59) argumenta que algumas empresas que procuram a lealdade de colaboradores com várias ações de solidariedade de ordem interna, como um elemento de gestão. Acreditam também que o sucesso de uma organização depende dos colaboradores, logo, as empresas precisam de atrair os melhores profissionais e uma das melhores estratégias são as *performances* próprias no campo da filantropia institucional. As empresas mais atraentes são vistas com uma melhor reputação pelos colaboradores e pela comunidade. Acresce outro fator: as empresas que se preocupam com a comunicação interna e com o bem-estar dos colaboradores, acreditam que ao proporcionar acesso às artes e à cultura, fomentam um sentido de orgulho de pertença, tornam-se mais atrativas a profissionais talentosos (Martorella, 1996). Todavia, propor uma monitorização isolada dos talentos que a empresa atrai como consequência do apoio a iniciativas culturais, é irreal. Pode ser um fator indutor de recrutamento e retenção de talentos, não diretamente pelos projetos culturais, mas porque reflete uma empresa inovadora, criativa, socialmente responsável e cívica, orientada para o mercado. Neste ângulo, favorece o *goodwill,* a reputação e a perceção que a população tem da empresa. Como referem Howcroft & J. Lavis no estudo

"Retail banking: the new revolution in structure and strategy"[70], num cenário onde as empresas priorizam a competência empresarial, e sobretudo no setor bancário, a diferenciação tornou-se um marco estratégico e diversas empresas recorrem à sustentabilidade para alcançar as metas (Howcroft & Lavis, 1986).

Neste sentido, o verdadeiro fator que permite uma organização diferenciar-se da concorrência, radica na interação única de capital humano organizacional e recursos físicos a longo prazo. Ora, o valor do mecenato tem dimensões tangíveis e intangíveis que podem conferir valor acrescentado para as empresas no sentido de contribuir positivamente, para perceção dos *stakeholders*. Recorda-se que na presente pesquisa, assumimos o termo *stakeholders*, que significa as partes interessadas, com as quais, a organização mantém uma relação contínua: os meios de comunicação, o acionista, a sociedade em geral, as instituições, os clientes e os colaboradores (Freeman, 2010; Freeman & Walley, 1998; Freeman *et al.*, 2010).

Assim, tendo em conta que os colaboradores se incluem no conjunto dos "públicos interessados – internos e externos" não é de estranhar, que alguns dos inquiridos (anexo A – entrevistas) tenham referido a pertinência de envolver o público interno: os colaboradores da CGD. A consulta que realizada às fontes da CGD e da Culturgest no decurso da investigação possibilitou confirmar essa intenção expressa na programação extensiva aos colaboradores da CGD. Pode-se citar alguns exemplos: vantagens de acesso aos espetáculos com preços diferenciáveis; realização de cursos que proporcionem linguagens estéticas; visitas guiadas a exposições fora do habitual horário de trabalho; participação em exposições itinerantes por todas as regiões do país; acesso a diversas atividades educativas extensíveis aos familiares; a importância atribuída à questão da captação de públicos internos foi visivelmente transversal nas entrevistas estruturadas que realizadas no âmbito da investigação, que constam em (Anexo A-entrevistas realizadas).

Por outro lado, é sabido que a motivação é uma questão que assume especial interesse nas organizações uma vez que potencia o desempenho dos colaboradores (Herzberg *et al.*, 1959); uma liderança eficaz é um dos principais aspetos de vantagem competitiva numa estratégia organizacional. O processo de liderança envolve um relacionamento orientado principalmente para o atendimento de objetivos (Chiavenato, 1993). Os líderes procuram compreender o que motiva os colaboradores da empresa, de forma a reduzirem

[70] Howcroft & J. Lavis (1986), no estudo *"Retail banking: the new revolution in structure and strategy"* estudam exaustivamente a realidade do setor bancário no Reino Unido). Oxford: B. Blackwell.

o risco de fuga de talentos, o que significa que devem estar atentos aos adequados e eficazes instrumentos de comunicação que contribuem para o sucesso organizacional sustentado (Locke, E. & Lathan, G., 1984; Kotter, 1990, 1998). Em entrevista cedida no âmbito da nossa investigação, o administrador da Culturgest[71], manifestou essa intencionalidade:

> *"No início de atividade tinha-se, pois, em vista, dois tipos de público preferenciais – o da vizinhança e o dos trabalhadores da Caixa Geral de Depósitos. E sempre se desenvolveram atividades nessas duas direções"*, salienta o Administrador Lobo Antunes[72].

Complementou o seu testemunho ao frisar outro aspeto: a política de inclusão da Culturgest é extensiva às famílias dos colaboradores da CGD:

> *"Quanto ao público interno, para além de descontos especiais, de organização de iniciativas várias dirigidas especificamente aos funcionários (cursos, workshops, ateliers, visitas guiadas à hora do almoço ...) ou de que eles podem melhor beneficiar (como ateliers nas férias escolares em que temos uma grande participação de filhos dos trabalhadores da Caixa Geral de Depósitos, divulgamos o nosso trabalho em vários locais do edifício e, quando se dirigem especialmente aos funcionários, na intranet."*

Tal facto, visa contribuir para a perceção positiva dos colaboradores sobre o papel da empresa, no tecido social e a responsabilidade cívica da CGD. Segundo Meirinhos e Barreto (2018, p. 88):

> (...) Independentemente do nível hierárquico ocupado na organização, todos os funcionários são comunicadores e interagem dentro do processo organizativo, mesmo através da comunicação informal, facilitando a integração e a participação de todos os envolvidos na empresa (Meirinhos & Barreto, 2018).

Para entender a relação entre as práticas de mecenato e os impactos positivos nos colaboradores e as estratégias delineadas para os colaboradores da CGD, referiu em entrevista Emílio Rui Vilar.

71 Entrevista realizada a Miguel Lobo Antunes a 4 de junho de 2003.

72 Entrevista Lobo Antunes a 4 de junho de 2003.

que explicou como a prática de mecenato da CGD na Culturgest, tem impacto nessa transformação organizacional e ao nível da relação da empresa com os mesmos:

> *"Eu tinha várias frentes: eu tinha que transformar a Caixa num Banco plenamente concorrencial; tinha que combater a imagem negativa do edifício; perante a concorrência dos bancos privados ou bancos públicos que iam ser privatizados, eu tinha que preparar a Caixa em termos concorrenciais"* referiu-me em entrevista Emílio Rui Vilar (Anexo A.7.-entrevista).

Um desiderato que está presente nas intenções empresariais é sintonizar os colaboradores com as estratégias de gestão definidas pelas empresas.

> *"A Caixa era uma Instituição Pública e com privilégios e foi preciso transformar 10.000 pessoas de um Banco do Estado sentados nos privilégios, para um Banco Universal e portanto, a Culturgest também faz parte dessa mudança das pessoas."* Acrescentou em entrevista Emílio Rui Vilar.

Seguindo esta lógica, é inequívoco que as ações mecenato da CGD à cultura, inserem-se numa ação de *endomarketing* na medida em que inclui como público-alvo, os colaboradores e a melhoria da motivação todos alinhados num objetivo comum. Mecanismo de gestão que trabalha justamente nesse sentido: fortalecer o sentimento de orgulho de pertença, de prestígio da empresa e por isso correlaciona-se na presente obra, a prática de mecenato com a importância a nível do *endomarketing*. As empresas objetivam fortalecer e construir relacionamentos. Uma organização que pretenda diferenciar-se e inovar no seu mercado, procura envolver positivamente os seus colaboradores e alinhar a estratégia de gestão com os seus objetivos individuais e da empresa (Bekin, 2004), (Chiavenato, 1993). A estratégia de comunicação tem um público-alvo (externo e interno) e neste último, a comunicação interna destina-se aos colaboradores das empresas com objetivos motivacionais (Castro, 2007, p. 29)[73].

É neste sentido que as empresas que pretendam fidelizar clientes, primeiro, devem conquistar os seus colaboradores (Giuliani, 2003, p. 85). Para Chiavenato (1993), as empresas devem ter uma sólida base de informação

[73] De acordo com a grelha Rossiter-Percy, as motivações podem ser informacionais ou transformacionais de acordo com a explicação por Castro (2007, p. 165).

e comunicação e todos os colaboradores devem assumir a responsabilidade de compartilhar informação:

> (...) As organizações necessitam de pessoas motivadas, que participem ativamente nos trabalhos que executam para que consigam alcançar níveis elevados de produtividade e é neste contexto que para satisfazer o cliente externo, as organizações, antes devem satisfazer seus próprios funcionários (Chiavenato, 1993, p. 448).

Neste sentido, corrobora-se nesta obra, com a teoria de Kotler (2000), que defende que o marketing interno é como uma tarefa bem-sucedida de contratar, treinar, motivar e a formar os recursos humanos. Do ponto de vista do marketing, a missão da empresa é a criação de bens e serviços para a satisfação dos clientes (internos e externos) no ecossistema empresarial. Com o mercado extremamente competitivo, em particular o setor financeiro é necessário uma comunicação eficiente, em todas as organizações que visem um diferencial estratégico. Tal passa por atuar ao nível dos comportamentos humanos dentro das organizações e motivações no trabalho (Herzberg *et al.*, 1959), (Pereira, 2004). Revela o interesse da eficiência da estratégica de integração dos públicos internos com as ações de sustentabilidade organizacional[74].

Capital humano

O paradigma da comunicação integrada alerta as lideranças das organizações modernas para o subsistema em que se inserem, enfatizando o desenvolvimento de competências humanas. Ora, um outro ponto a destacar sobre o porquê da CGD praticar mecenato à cultura, prende-se com a intenção de aproximar os colaboradores aos mundos das artes e da cultura, numa dinâmica estimulante para o desenvolvimento de melhores competências

[74] Importa referir que, devido ao contexto macroeconómico e às medidas impostas pelo plano de recapitalização, a CGD reduziu o quadro de pessoal. Assim, no final de 2013 contava com 19 601 colaboradores, o que representou uma diminuição de 309 empregados face a 2012, excluindo os 2 064 empregados dos HPP-Hospitais Privados de Portugal, cuja venda foi concluída em 2013. Apesar de alguma crítica que pudesse ocorrer por financiar a instituição cultural num período de cortes salariais dos colaboradores, a Culturgest manteve a programação ao longo do período em análise e com programas de inclusão do público interno (Culturgest, 2013).

profissionais. Como refere Kotter (1998), "uma economia globalizada gera riscos e oportunidades para todos, e força as empresas a fazer melhorias notáveis não apenas para competir e prosperar, mas para simplesmente sobreviver". Devido à globalização dos mercados e a concorrência, quando ocorrem mudanças em grande escala, as empresas procuram capitalizar oportunidades e os métodos típicos de transformação passa por reengenharias, reestruturações, Programas de qualidade fusões e aquisições, mudanças estratégicas e culturais (Kotter, 1998, p. 20). Os efeitos favorecem a integração de sustentabilidade numa estrutura de organização, contribuem para um aumento do conhecimento individual, a produtividade e por último no valor de contribuição à empresa. Ora, neste sentido a Arte provoca comportamentos intelectuais ou emocionais e pode ajudar em processos de mudança de cultura organizacional. Dado que, os colaboradores são o motor operacional de todas as iniciativas de uma empresa, o endomarketing deve vincular a estratégia de sustentabilidade às competências individuais, as quais estão vinculadas à sua capacidade criativa. Neste sentido a relevância de reunir esforços de ligar a motivação à criatividade Galanakis (2006, citado por Arizona, 2015).

A CGD, ao apoiar a cultura, por meio da Culturgest, proporciona oportunidades de aprendizagem de narrativas estéticas aos seus colaboradores. A programação vanguardista, multiculturalista e experimentalista da Culturgest de certo modo, contribui para aproximar o público interno a reportórios não convencionais e encorajar o sentido criativo. Neste ângulo de visão, pode-se também afirmar que a ação mecenática da CGD corresponde a um indicador de reforço na Estratégia de Comunicação Institucional Interna. À data de criação da Culturgest, a dinâmica do setor financeiro, na era da globalização, exigia preparar os colaboradores com outras competências que se colocavam a um banco comercial, tal como a flexibilidade, a diversidade e a criatividade. Aproximar os colaboradores da CGD às artes e a cultura era um contributo na qualificação dos Recursos Humanos e simultaneamente, na formação de públicos da cultura. Esta vertente educacional inclui diversas atividades, grande parte organizadas pelo serviço de Participação, Famílias e Escolas (Serviço Educativo da Culturgest). Devido ao apoio da CGD à cultura, em mecenato à Culturgest, os colaboradores podem participar num leque variado de ações, que se exemplifica: música, teatro, dança, colóquios, conferências e *workshops*, cinema e vídeo, e exposições de Arte Contemporânea ao longo do país, em parceria com diversas entidades; visitas guiadas às exposições nas Galerias da Culturgest, à hora do almoço ou depois do horário de trabalho; *workshops*, conversas de interpretação com os artistas plásticos, e especialistas de Histórias de Arte e outros campos científicos, que acrescentem valor à aprendizagem de linguagens artísticas.

De facto, e tendo presente a importância vínculo às comunidades a empresa procura implementar uma política de descentralização que tem permitido viabilizar projetos de âmbito local ou regional com a promoção de eventos culturais. Nesta medida, a CGD por meio da Culturgest desempenha também, um papel de intervenção social. Com vista à formação de públicos e sensibilização para as Artes, parece crucial a ação da Culturgest, e de forma indireta, o papel abrangente social intangível do mecenas, especificamente neste foco, aliado aos interesses de responsabilidade empresarial. A Culturgest sempre incluiu no programa, atividades dirigidas ao público interno da CGD e das empresas do Grupo Financeiro e referiu Lobo Antunes (ver A.5. – Entrevista).

"Por exemplo, estabelecendo colaborações com o Instituto Superior Técnico da Universidade de Lisboa ou com as escolas em volta, fazendo uma divulgação do que oferecemos junto da vizinhança, etc. Por outro lado, existia a preocupação de captar um público geograficamente mais próximo: os colaboradores do Banco".

Durante a pesquisa, pode-se confirmar a realização de atividades com intuito de formar o público interno e a CGD retirar sinergias com este propósito. No decurso do dinâmico processo de criação de públicos, a experiência e o efeito da aprendizagem permitiam um crescente domínio das linguagens estéticas.

"Lembro-me de ter a sala cheia com funcionários da Caixa Geral de Depósitos e público externo, que durante meses e anos seguidos, faziam cursos da História da Dança, História do Teatro, História das Artes Plásticas. Isso permitia formar público interno, pessoas que queriam aprender chaves de entrada naqueles espetáculos bizarros que a seguir nós apresentávamos. Sentiam-se muito mais à vontade", referiu *em entrevista* o primeiro assessor artístico da Culturgest[75] (ver Anexo A.1. – Entrevista). Ainda tendo em conta este propósito de chegar a um público interno, Emílio Rui Vilar revelou em entrevista *"Sim, havia muitos descontos e muitos espetáculos em que o pessoal da Caixa era convidado. Até porque não só a Caixa apoiava a Culturgest como também as empresas do Grupo como o Banco Nacional Ultramarino que pertencia, na altura, à Caixa, a Companha de Seguros Fidelidade, as Empresas de Leasing, as empresas de investimento como a Fundimo e a Caixagest. Todas estas empresas do Grupo convidavam pessoas, os clientes para fazerem atividades na Culturgest. Por exemplo, quando os escritórios do Morais Leitão e Galvão Teles se fundiram, a apresentação foi feita na Culturgest.* Num contexto de mudança, as práticas

[75] Entrevista a António Pinto Ribeiro a 17 de março de 2003.

de mecenato e a compra de obras para uma Coleções de Arte podem ser alvo de críticas pelos empregados e restantes stakeholders pelo facto de serem encarados como custos financeiros desnecessários. Tal como refere Martorella (1990) *"in the past, companies were as secretive about their colletions as they were about their other assets and holdings. They rarely exhibited publicity. Ths is not the case today"* (Martorela, 1990, p. 34).

A crítica é reforçada quando se trata de linguagens artísticas contemporâneas que pela sua natureza podem provocar atitudes céticas que refletem o desagrado pelo facto de a empresa onde trabalham, financiar Arte Contemporânea. Nomeadamente obras com elevado grau de abstração, espetáculos visualmente provocatórios e ousados, apoiar artistas emergentes e menos conhecidos, financiar uma programação de risco, com leituras menos acessíveis e de natureza controversa ao público em geral. Nesta perspetiva, a Caixa tentou colmatar com ações de sensibilização e a formação aos colaboradores. Proporcionar "chaves de leitura" importantes quando a arte está associada a mudanças de cultura interna institucional. Este tema não é novo. Antes pelo contrário. Estudos realizados em bancos norte-americanos revelaram que em algumas empresas os colaboradores reagem negativamente à alocação de recursos financeiros na compra de Arte Contemporânea (Martorella, 1990, p. 4041). Em relação à programação da Culturgest, apresentada à data da entrevista (4 de junho de 2013), o administrador da Culturgest explicou *"A programação era dirigida a um público mais disponível, era uma programação experimental, vanguardista e em alguns casos era chocante, mas era diferente. Este foi o mandato que foi dado [pela CGD] à Culturgest. Ser diferente".*

Para ilustrar humoristicamente estas reações, recorre-se a um cartoon (ver Figura 9) que demonstra o sentimento negativo por parte de um colaborador que não entendia o significado de uma peça de arte abstrata adquirida pela empresa onde trabalha. Estas reações são atenuadas sobretudo quando as empresas desenvolvem programas de formação. Tal aconteceu nas décadas de 1970 e 1980, nomeadamente o First Bank of Minneapolis dirigiu aos colaboradores o modelo de Programa Educacional e de Sensibilização, criado por Lynne Sowder em 1980. De acordo com os resultados dos estudos realizados, os colaboradores argumentavam que a empresa em vez de comprar Arte Contemporânea, deveria investir em aumentos de salários, em benefícios de saúde, em refeições gratuitas e outros benefícios visíveis aos colaboradores. O programa educacional em artes visava a inclusão de públicos internos com o objetivo de colmatar atitudes de resistência que as artes e a cultura podem provocar.

Figura n.º 9 – "Todas são iguais,
eu preferia ter um aumento"

"All things being equal, I'd rather have a raise."

Fonte: Martorella (1990, p. 41).

Ora, as atitudes de resistência ocorrem sobretudo quando os colaboradores das organizações não estão familiarizados com a arte abstrata nem envolvidos com a visão estratégica da empresa. Esta postura tem justificações nos investimentos que as empresas fazem em obras de Arte Contemporânea de leitura mais difíceis, que podem provocar comportamentos de resistência com repercussões no clima organizacional. Acresce ao facto que a natureza estética, os estilos, os materiais utilizados, os temas utilizados na Arte Contemporânea, geram críticas por serem controversos a estilos conservadores (Martorella, 1990). Pode-se aqui fazer um paralelismo, pese embora com protagonistas diferentes, à discussão em torno da maior ou menor validade da Arte contemporânea, ou "Antigos *versus* Modernos" ou "Património Cultural *versus* Arte Contemporânea" a que se refere (Ribeiro, 2011). O conflito "radica sobretudo na disputa entre a visão conservadora e uma visão dinâmica do mundo" (Ribeiro, 2011, p. 123). A tensão acentua-se sobretudo, quando se trata de projetos com linguagens estéticas menos convencionais e mais contemporâneas. Neste sentido, se o investimento financeiro em Arte, não for positivamente reconhecido pelos colaboradores da empresa, pode gerar comportamentos de resistência no ambiente empresarial. No seu entendimento, os gastos realizados em arte e cultura por vezes podem ser considerados não prioritários. Conscientes dessa realidade, algumas empresas exploram programas educacionais, que possam contribuir para elevar o nível de conhecimento nas artes e na cultura. Cientes dos benefícios das iniciativas desenvolvidas neste enquadramento, os entrevistados revelaram nas entrevistas (Anexo A). "*Eu acho que o público do interior da Caixa Geral de Depósitos, funcionários, que até tinham alguns benefícios, cresceram imenso e era uma parte muito importante do nosso público, para o qual a Culturgest fazia uma comunicação especial. Isso permitiu formar um público interno, mas não era exclusivo de um público interno,* referiu em entrevista o assessor artístico da Culturgest Pinto Ribeiro. O esforço de "sedução" é continuo ao longo das programações anuais. "*Enfim, tentamos seduzir as pessoas que trabalham da Caixa para estejam connosco, e vêm algumas, às vezes vêm muitas (por exemplo, a certos espetáculos), mas ainda não se conseguiu em número significativo*", argumenta em entrevista o administrador da Culturgest, Miguel Lobo Antunes[76].

2.4. Imagem e reputação

a) Imagem

Todo o processo tático e instrumental delineado pela comunicação estratégica abarcou o envolvimento dos públicos e ambientes organizacionais, endógenos e exógenos. Um ambiente de mercados intensamente competitivos, impõe que as empresas a capacidade proactiva de manutenção positiva da imagem e a sua reputação institucional, alinhadas com os valores apreciados pela opinião pública, e sobretudo congruente com a cultura da empresa. Nesta linha de raciocínio, significa que o objetivo das empresas vai para além da venda dos produtos e serviços. Nesse sentido devem realizar dois tipos de análises: em primeiro lugar, uma análise externa para conhecer e estudar a imagem que os públicos têm da empresa; e, em segundo lugar uma análise interna, que permite definir os elementos que dizem respeito às crenças, linhas de conduta, ou seja, à filosofia – à missão, à visão e aos valores institucionais (Capriotti, 2013). O conceito de imagem tem despertado cada vez mais interesse em diversos domínios. De acordo com algumas definições existentes na literatura científica sobre o tema, para alguns autores, a imagem institucional seria a representação e, no fundo, a estrutura mental que o público recetor tem acerca de uma empresa, em função de um conjunto de atributos. No campo de investigação sobre a perceção, entende-se

[76] Entrevista Miguel Lobo Antunes a 4 de junho de 2003.

que os públicos são sujeitos criadores e não passivos e consequentemente a imagem é um sinal de receção (Capriotti, 1992; Bassat, 1993). A imagem institucional é o comportamento diário de uma empresa, dito por outras palavras, a imagem não é apenas o efeito das mensagens emitidas, mas também a atitude, uma predisposição adquirida, e representa um conjunto de perceções, crenças duradouras sobre uma empresa (Capriotti, 1992). Com este enfoque define-se o termo como "imagem-atitude". A imagem institucional que os públicos internos e externos formam acerca de uma empresa, consiste num esquema mental que resulta de duas fontes: a primeira fonte, provêm da própria empresa; a segunda de todas as outras fontes que contêm informação sobre a empresa ou relacionadas com o seu sector de atividade. No caso concreto dos bancos, que é o âmbito de trabalho da presente obra, significa que, as mensagens enviadas, sobre o sector de atividade, resultam na formação de um esquema mental, que pode indiretamente influenciar ou afetar a formação da imagem institucional. Por conseguinte, a imagem institucional que se cria sobre uma empresa, trata-se de um processo cognitivo individual e interno de assimilação de informação que evolui e influencia a forma de atuar em relação à mesma. Nesta fase, é interessante entender que a imagem institucional é fundamentalmente importante para acrescentar valor como um estratégico ativo intangível. A palavra pode-se referir a diversas vertentes: desde a imagem de marca, à imagem material, imagem visual, imagem mental, imagem em geral e à imagem institucional. Privilegia-se a perspetiva de análise da imagem institucional, relacionada com as motivações de apoio privado à cultura, na medida em que permite criar valor diferencial para a empresa, para os públicos, atrair investidores, incentivar qualidades perante o público (Capriotti, 2013). A identidade institucional é a realidade da organização, a imagem institucional vai mais além, do que a gestão da identidade institucional e possui como objetivos principais criar uma imagem intencional e uma reputação favorável na mente de seus *stakeholders* (públicos estratégicos) (Gray & Balmer, 1997). Para a construção de uma imagem positiva, as organizações devem ter práticas de gestão transparentes sendo um fator importante para o alcance deste objetivo. As empresas concentram esforços recorrendo a vários instrumentos de comunicação e a prática de mecenato é um importante elemento de influência das empresas (Capriotti, 2013). E esta é a visão que aqui se corrobora. A imagem que os *stakeholders* (públicos estratégicos internos e externos) têm da organização é construída através do tipo de relação que vão estabelecendo com a empresa. Nas sociedades contemporâneas cada vez mais as empresas são chamadas a contribuir para a resolução dos problemas do seu meio envolvente. Nas atuais sociedades de consumo, a imagem de uma empresa é influenciada pelas características e pelos próprios padrões do público-alvo como recetor, bem como por todas as ações da empresa (Balmer, 2001). Neste sentido, como se demonstra na Figura 10 (Objetivos de Comunicação), as empresas devem concentrar os seus esforços nos alvos de comunicação, para os quais definem os vários objetivos de Comunicação, entre os quais se enquadra a necessidade de "promover a imagem". Para atingir este objetivo é necessário em primeiro lugar determinar a mensagem-base a transmitir. Em segundo lugar, definir as ações a implementar em função dos alvos e os critérios e periodicidade da monitorização e avaliação da estratégia e das ações (Lendrevie *et al.*, 2018, p. 396). No âmbito desta estratégia de Comunicação integrada enquadra-se, o que se defende neste livro, o financiamento de projetos culturais através da prática de mecenato, a promoção, anúncios, oferta cultural como instrumento de comunicação com os seus públicos.

Figura n.º 10 – Objetivos de Comunicação

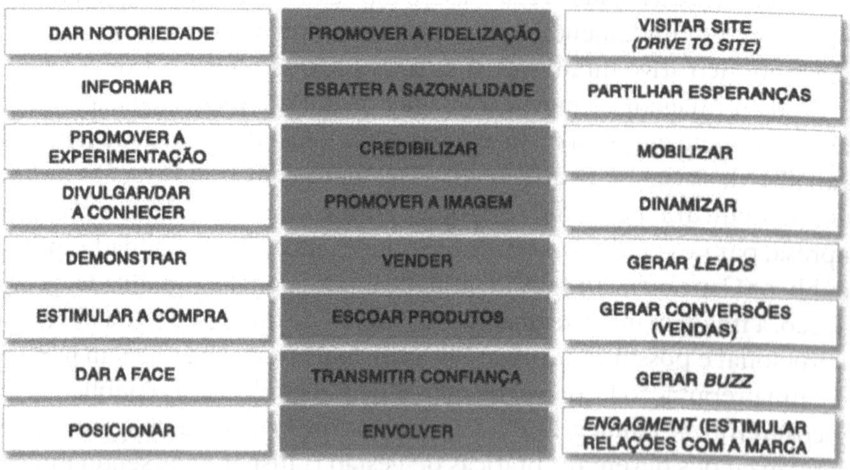

Fonte: Lendrevie *et al.* (2018, p. 391).

Por outro lado, a identidade institucional é constituída pelo conjunto de características intangíveis e tangíveis que uma empresa atribui à marca e consequentemente transmite aos públicos internos e externos. Nesse sentido, afirma-se que a identidade, esse conjunto de características da empresa, está por base na imagem que o público cria. A imagem corresponde à forma como os sinais emitidos pela empresa são interpretados pelos recetores, ou seja, os públicos. Nesta linha de raciocínio, as expressões tangíveis e visíveis da imagem, dizem respeito à identidade visual e à comunicação integrada, nomeadamente o patrocínio e o mecenato, a par de outros instrumentos de comunicação como por exemplo, as relações-públicas e a publicidade. Significa que, as ações de comunicação, correspondem a sinais emitidos, que consequentemente, provocam a construção de uma imagem na mente dos públicos, dando a origem a comportamentos (McGeer, 2003). Por esse motivo, compreende-se que sobretudo em mercados competitivos e particularmente no sector bancário, as empresas preocupam-se em estabelecer vínculos de associações positivas que conduzem a imagens favoráveis (Villafañe, 2004), (Lendrevie *et al.*, 2018).

Na década de 70 as teorias de *marketing* tradicional, baseavam-se na ideia de que, os produtos projetavam um valor, que se refletia na imagem. Com efeito, a satisfação dos consumidores provinha do valor material dos produtos e serviços oferecidos pelas empresas. De acordo com a mentalidade de gestão que vigorava até ao final dos anos 90, de acordo com as teorias e modelos explicativos dos comportamentos dos consumidores, por parte das empresas são vistos como compradores passivos, pré-determinados ao consumo. Contudo, com a mudança de mentalidade de gestão foi gradual, e a partir sobretudo no início do século XXI, os consumidores passaram a ser vistos como uma audiência ativa e cocriadores de valor. Altera-se o paradigma das preocupações dos consumidores que deixa de se centrar nas ofertas de produtos e serviços e passa a abranger o plano ético, ambiental e cívico. As pesquisas levam a concluir que a imagem é que detém o valor, e não os produtos. Atualmente, o conceito de imagem comporta uma importância que vai mais além que a qualidade dos produtos e serviços (Kirchberg, 1995), (Villafañe, 2004).

Neste sentido, as empresas preocupam-se com três aspetos fundamentais: em primeiro lugar, pretendem construir e manter uma imagem positiva, nos seus públicos-alvo; significa que "existe". E vai mais longe. No fundo, está presente e ocupa um espaço na mente das suas audiências; em segundo lugar, conduzir uma comunicação com impacto direto na opinião pública e aqui assume-se a noção de opinião pública como o agregado de opiniões individuais semelhantes sobre problemas de interesse público; e desenvolver atividades que sirvam para comunicar eficazmente o seu desempenho; por último, em terceiro, procurar a satisfação do público e adequar às exigências e a imagem facilita a diferenciação no mercado, face à concorrência.

Ora, estudos empíricos (Vilar, E., 2004) revelam que existe uma forte relação entre a imagem institucional e a confiança dos consumidores.

A imagem forte permite que os públicos tenham previamente construído, um esquema mental sobre a empresa e nesta perspetiva é um fator de poder. Como conceito de receção, a imagem institucional positiva pode ser um capital relevante em diferentes perspetivas: pode incrementar o poder de negociação das empresas, sobretudo nos processos de decisão de comprar; atrair os melhores investidores; conseguir os melhores e mais talentosos colaboradores. Ou seja, uma empresa com uma boa imagem institucional torna-se mais atrativa para recrutar talentos (Balmer,1998; Capriotti, 1992). No setor financeiro, em particular na banca, de acordo com um estudo realizado por Flavián, o grau de lealdade dos clientes, tende a ser maior quando as perceções da reputação e da imagem institucional são fortemente favoráveis (Flavián *et al.*, 2005; Nguyen & Leblanc, 2001)[77].

Assim, importa referir que na ótica de comunicação global de uma empresa, o mecenato corresponde a uma estratégia para valorização social e para valorização institucional. As razões pelas quais as empresas devem efetuar mecenato estão relacionadas com a integração na comunidade, a dotação de uma dimensão social e cultural, o estabelecimento de vínculos de apoio mútuo entre instituições públicas e privadas, e a obtenção de proveitos da notoriedade. O mecenato é uma forma de comunicação da empresa através do qual transmite a sua responsabilidade cívica, cultural e social (Antoine, 2020). Ora, a imagem institucional, como valor estratégico e diferenciador de uma empresa, consiste numa estrutura mental que os públicos formam. Existem seis fatores que influenciam essa imagem: saturação da oferta de produtos; saturação da oferta de serviços; aceleração e mudança dos hábitos de consumo; saturação do ecossistema informativo; mudanças qualitativas e geracionais no público; fator de homogeneização (Ramos, 2007, p. 35). A imagem institucional é conjuntural, projeta a personalidade da empresa, tem a capacidade de gerar expetativas e é difícil objetivar. Quanto à imagem em geral, constrói-se fora da empresa e na mente dos seus públicos,

[77] O estudo de Flavián *et al.* (2005) é abrangente do banco tradicional e os serviços da banca eletrónica. Os pesquisadores concluíram que uma gestão adequada das necessidades e da reputação institucional contribuem para aumentar a lealdade do cliente e como consequência, aumentam os lucros da banca eletrónica e a taxa de retenção. Este estudo apresenta contribuições em três vertentes: o papel da satisfação é encarado como um antecedente da lealdade no *e-banking*; a relação satisfação-reputação é analisada no contexto on-line (essa relação recebeu muito pouca atenção até agora); e há uma análise do efeito da reputação na orientação a longo prazo do relacionamento.

como resultado de observação. É conjuntural e é o resultado da comunicação. A necessidade de desenvolver um relacionamento duradouro com os públicos, uma imagem e uma reputação institucional, contribuem para o investimento em mecenato, porque geram valor, argumentos competitivos e são oportunidades de emitir mensagens aos públicos, sobretudo a certos segmentos-alvo do mercado.

Conforme se ilustra na Fig. 5, a "Imagem e a Reputação", a conjuntura e a estrutura projetam diferentes ângulos percecionados da imagem e da reputação da empresa com a consequente atribuição de resultados. Os termos, imagem institucional e reputação institucional são distintos, pese embora relacionados. Efetivamente, verifica-se que a imagem institucional representa um valor diferencial da organização e significa "uma estrutura mental que os públicos formam sobre uma organização, como consequência da análise de toda a informação que lhes chega a respeito da mesma" (Ramos, 2007, pp. 46-47). A definição que melhor traduz a perspetiva de imagem que aqui se adota resume-se na sua forma mais simples: imagem é a representação mental de um conjunto de associações com significado. Em termos gerais, imagem abrange todas as associações que, direta ou indiretamente, a definem: atributos físicos e simbólicos, benefícios e sentimentos, grafismos, *slogans*, pessoas, situações, eventos; opiniões e conhecimentos factuais, tudo o que vem à mente quando confrontados com determinado objeto (marca, produto, organização) ou com a sua representação. A força existente e depende da experiência e informação possuídas em conjunto com a rede de associações que a suporta. Tanto a imagem como a identidade desempenham um papel muito importante na descodificação daquilo que são os valores e a missão de uma empresa. A imagem institucional tem importância, pois, ao contrário da identidade, que deve traduzir o que a empresa é, a imagem é o que a empresa parece ser (Capriotti, 1992).

A avaliação da imagem institucional, pode ser bastante útil para que a comunicação seja alinhada, de maneira a traduzir, corretamente, a sua identidade. A imagem institucional é o conjunto de associações ligadas à marca que os consumidores guardam na memória. A imagem é a associação de ideias. Ora, quando se fala de imagem do setor empresarial ou do setor bancário, faz-se referência à imagem que os públicos têm sobre o sector ao qual pertence a empresa. Caso a imagem que o público detém do sector bancário seja negativa, a associação mental sobre os bancos será afetada. Neste contexto, infere-se que a comunicação transmite a identidade de uma empresa, que de certo modo, induz a imagem que os públicos criam. De uma forma geral a imagem institucional é definida como um conceito de receção que deve ser gerida por meio de estratégias de comunicação que transmitam coerentemente os valores da empresa. É ao nível das imagens visíveis e tangíveis que a comunicação pode intervir através de instrumentos como os patrocínios, o mecenato, a publicidade e as relações-públicas, porque a comunicação é um alicerce de criação de imagem na mente dos públicos (Kapferer, 1991). A imagem institucional distingue-se de imagem de marca, embora na sua construção baseou-se em processos semelhantes, como representação mental. Daí que a gestão da marca acabe por estar relacionada com o conceito de valor de imagem. A imagem institucional resulta da interpretação dos seus públicos internos e externos (*stakeholders*) sobre o significado da empresa ao longo de um período de tempo, pressupõe uma continuidade e está relacionada com a opinião que os públicos têm sobre a atividade e utilidade da empresa. No fundo, consiste numa interpretação que soma diversas perceções, dos sinais emitidos pela empresa. A imagem institucional forte resulta das formas de comunicação entre a empresa e a sociedade, a partir da qual naturalmente geram comportamentos e atitudes dos seus públicos. Conscientes desta realidade, atualmente as empresas praticam mecenato, numa perspetiva de comunicação, como uma das formas de estabelecer interações com diferentes públicos (Nguyen & Leblanc, 2001). Uma marca tem funções que vão para além da identificação e diferenciação de produtos e serviços. Já é ampla a literatura científica existente sobre o valor da marca (*brand equity*). (Aaker, 1991; Dev, Rao, 2000; Engel, Blackwell & Miniard, 1995; Janiszewski & Osselaer, 2000; Keller, 1993; Klink, Smith, 2001; McCarthy, Heath & Milberg, 2001; Newman, 1957, etc.) mencionado por Barreto (2020, p. 71). Porém, embora a definição não seja consensual, é unânime entre os pesquisadores, que a marca permite incrementar valor comparativamente a produtos ou serviços concorrentes. Uma marca pode ter um valor numa perspetiva meramente financeira, via os *cash-flows* que proporciona à empresa, ou numa perspetiva de ativos sobretudo intangíveis, que resultam da relação da empresa com o meio externo. E esta última é o ângulo de visão desta pesquisa. Entre os vários motivos que justificam as empresas financiarem a cultura por meio de mecenato, sobretudo aquelas que pretendem aumentar o seu posicionamento e notoriedade, prende-se com outros vários temas da área do marketing. No ponto de vista do professor da Universidade de Berkeley, David Aaker que em 1991 teorizou pioneiramente sobre o valor da marca, a imagem está relacionada com o seu posicionamento, ou seja, com a sua reputação. Uma empresa procura a notoriedade e um posicionamento junto dos públicos-alvo.

Por outro lado, no ângulo de visão dos públicos, estes procuram na marca, uma identificação e diferenciação (Figura 11 – As funções da marca). As marcas têm predominantemente duas funções: a primeira, é a diferenciação e a segunda, a identificação. A função da marca relacionada com a diferenciação está subjacente ao interesse de posicionar-se e de criar nos públicos-alvo, associações à marca (Tavares, 2016). Esta é sem dúvida a decisão de fundo da CGD que para o reforço da sua marca institucional utiliza o mecenato, como instrumento de comunicação com os seus *stakeholders*, através da Culturgest. O planeamento, parte integrante de uma Comunicação Estratégica feita deliberadamente por uma organização (Hallahan *et al.*, 2007) implicou a uma definição dos públicos-alvo, permitiu angariar a preferência de camadas mais jovens e com uma instrução mais diferenciada e amantes da cultura. A reputação institucional fideliza os clientes e gera valor. Aaker (1991) defende uma abordagem predominantemente processual e é autor de um modelo de planeamento da identidade da marca. Considera que o valor da marca resulta de uma combinação de três variáveis: a primeira é o conhecimento da marca; a segunda, a lealdade à marca; e a terceira, as associações de marca. O modelo que desenvolveu, tem uma visão orientada para o cliente. Segundo Aaker, o modelo descreve a necessidade de desenvolver uma identidade de marca, que é um conjunto único de associações de marcas que representam o que a marca personifica e oferece aos clientes uma imagem de marca aspirante (Aaker, 1991).

Recorrendo à fig. 11, como Lencastre (2007) propõe, a marca tem uma componente de identidade física: um nome, um logótipo, um grafismo, códigos, cores, ou seja, diversos símbolos visuais ao que se designa por "*identify mix*". E esta identidade visual tem que ser coerente, para facilitar a sua identificação pelo público em geral. Por outro lado, comporta também uma missão, relacionada com os valores, ou seja, a sua personalidade e a sua cultura; E, por último a imagem. Esta trilogia é que permite criar posicionamento, notoriedade, preferência, e fidelidade à marca. As marcas têm merecido crescente interesse na Comunicação Estratégica das organizações porque são um recurso estratégico das empresas e representam uma percentagem significativa no seu valor, sobretudo no processo de globalização de mercados de consumo.

Figura n.º 11 – As funções da marca

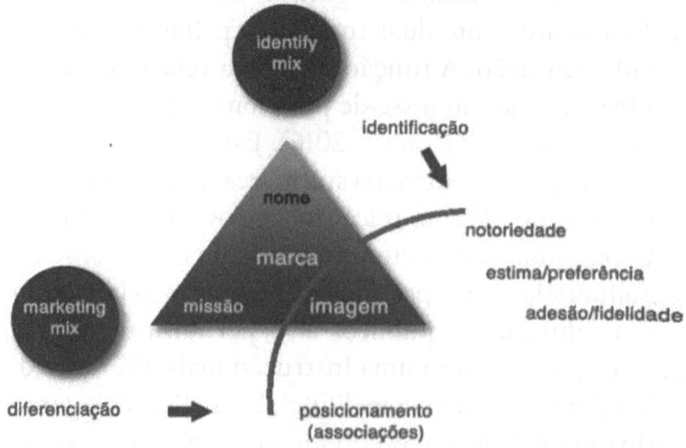

Fonte: Lencastre (2007, p. 62).

A figura reflete que a gestão de uma imagem da marca corresponde ao conjunto de representações mentais.

> (...) uma imagem é como um *icebergue*. Quando se interroga os consumidores de uma forma indireta, eles evocam, espontaneamente, apenas uma parte da imagem que têm das marcas". É uma imagem espontânea ou emergente. Ao interrogar-se o consumidor através de perguntas mais profundas e precisas, ou de métodos projetivos, eles evocam outras associações. É uma imagem latente. (Lendrevie, 2015, p. 221)

Como refere Manuel Castells, a Identidade é "o processo de construção de significado com base em um atributo cultural, ou ainda, um conjunto de atributos culturais inter-relacionados, o(s) qual(is) prevalece(m) sobre outras fontes de significado" (Castells, 1999, p. 22). Podem existir identidades múltiplas, tanto para um indivíduo como para um ator coletivo, e essa multiplicidade é fonte de tensão e contradição, que se reflete tanto na ação social como na auto-representação. Por esse motivo, é necessária a distinção entre identidades e papéis, sendo as identidades, fontes mais importantes de significado do que os papéis. Isto deve-se ao processo de autoconstrução e individualização que envolvem. Segundo a sua conceção, cabe às identidades organizarem significados e aos papéis organizarem funções.

b) Reputação

Reputação significa prestígio, reconhecimento com uma visão a longo prazo.

Segundo Fombrun & Van Riel (2018) a reputação institucional objetiva difere dos segmentos de *stakeholders* e trata-se de um termo relacionado com a criação de diferentes imagens sobre a empresa e o seu desempenho. Por sua vez relacionado com suas dimensões de avaliação. A primeira com fatores financeiros e a segunda com a responsabilidade social. Outra componente a salientar é o fator tempo. A reputação como objeto de estudo é uma área recente, embora já surja há diversos anos em vários textos académicos no campo das ciências sociais. A partir da década de 1990, que se intensificou o interesse na ótica da Comunicação Institucional, porém ainda não é consensual as métricas e os indicadores adequados para mensurar a sua reputação de uma empresa (Balmer, 2001; Gray, 1997). A imagem diferencia-se de reputação institucional na medida em que imagem é conjuntural, enquanto a reputação é permanente, tendencialmente perdura, e quando se perde, é algo difícil recuperar. Uma imagem institucional associada a determinados valores, resulta de uma estratégia de imagem que permite à empresa ou instituição: 1) Criar valor e aumentar públicos; 2) Incrementar os resultados comerciais que resultam da venda de produtos e serviços; 3) Atrair investidores e influenciar *stakeholders* (públicos estratégicos) da empresa; 4) Melhorar o clima organizacional interno e influenciar na captação de talentos para trabalhar na organização. A empresa como sujeito social, não se centra apenas em interesses económicos. Como mecenas, transmite a mensagem que "é uma instituição que financia a cultura" (...) atua como agente social e relaciona-se com o seu contexto situacional (Ramos, 2007, p. 36). Nesta vertente com a sua conduta, pratica responsabilidade social e assume uma dimensão comunicativa que gera uma opinião sobre as suas características visíveis. Constrói uma imagem mental e abstrata, ou seja, cria uma imagem institucional, resultado de uma estratégia de gestão. Algumas empresas, nomeadamente do sector financeiros, tendem a construir a reputação separando-se dos produtos que lançam nos mercados, exatamente, para que o prestígio seja um valor reconhecível. A imagem institucional confere à empresa, um caráter conjuntural, mutável, difícil de objetivar, comparativamente à reputação, que permite uma avaliação rigorosa, tem um caráter estrutural e é construída a longo prazo (Villafañe, 2004). O tema de reputação relaciona-se com a avaliação do capital gerado. A reputação é o conjunto de associações ligadas à marca que os consumidores guardam na memória (Kotler, 2000, p. 193).

O debate em torno da reputação, centra-se, atualmente, ao nível da reputação e da imagem. A responsabilidade social tem assumido um papel preponderante na Comunicação Estratégica pelo interesse das empresas em emitirem mensagens relacionadas com a sua *performance* social, que provoquem reações positivas junto dos públicos internos e externos. A comunicação das ações de responsabilidade social desenvolvidas pelas empresas visa o reconhecimento e consequentemente têm impacto na imagem institucional e na reputação institucional (Welzer, Lavarda & Aldraci, 2016). (Aqui incluem-se as preocupações ambientais e sociais.) Neste ponto traz-se à tona a linha de pensamento de Milton Friedman (1970) defensor que a principal função das empresas é o desempenho financeiro e que "a responsabilidade social das empresas é aumentar os seus lucros". Ou seja, serem competitivas, capazes de maximizar riqueza, colocando os recursos na sociedade, criando emprego e desenvolvendo atividades empresariais que permitam proporcionar lucros aos acionistas. Esta é a prioridade das empresas e vai ao encontro da ideia, de que a responsabilidade social não compete às empresas, mas sim às pessoas. Dito por outras palavras, cabe aos acionistas, numa decisão individual, aplicarem os seus lucros na sociedade e contribuírem para o bem-estar social. As empresas devem desenvolver a sua atividade com um comportamento social responsável, na medida em que seguem de forma ética a sua atuação na sociedade, respeitando as questões ambientais, sociais e culturais. Friedman defendia que as doações voluntárias de recursos cabem, justamente, aos acionistas, e não às empresas que cumprem o seu papel social ao gerar riqueza e produzir bens e serviços.

Muitos países têm regulamentos que exigem que as empresas se envolvam em níveis mínimos de atividades sociais, designadas por responsabilidade social (*Corporate Social*), em áreas como meio ambiente e bem-estar social. As ações refletem-se na sua reputação de responsabilidade social de empresas (RSE), que afeta o seu desempenho. Os impactos no desempenho influenciam a reputação da empresa (Brammer & Millington, 2008)[78].

[78] Os autores realizaram um estudo especificamente no setor bancário. Testaram as hipóteses numa amostra de 7317 bancos entre 1992 e 2007, em que comparamos o retorno sobre ativos (ROA) de um banco com suas classificações de conformidade atuais e anteriores, de acordo com a Lei de Reinvestimento da Comunidade dos EUA. Concluíram que, as mudanças na reputação da responsabilidade social das empresas têm impactos previsíveis, assimétricos e consideráveis no desempenho da empresa. Por exemplo, para um banco médio com US $ 1 bilhão em ativos, ganhar uma reputação positiva de RSE se traduz em um aumento nos lucros de 4,04%; ganhar uma reputação negativa de RSE resulta em uma queda nos lucros de – 7,8%. Concluímos que as mudanças

Num mercado fortemente concorrencial, os bancos e as empresas em geral, preocupam-se com a sua reputação percecionada pelos *stakeholders* (públicos estratégicos) e por isso procuram firmar uma imagem institucional, como "*good and socially responsible citizen*". O financiamento das artes ou de outras organizações não governamentais, é uma forma das organizações se envolverem na comunidade com benefícios no reconhecimento. No domínio da responsabilidade social das empresas, uma boa reputação ajuda os públicos internos e externos, a compreender os programas de RSE como mais altruístas. A imagem da empresa é um reflexo de identidade organizacional, que pode ser afetada pela publicidade, pela prática de patrocínio e de mecenato (Villafañe, 2004), (Vinyals, 2006). Uma reputação negativa, por outro lado, estimula a perceção suspeita do público, interno e externo em relação a uma organização. A reputação representa um dos principais ativos de uma empresa e a sua construção numa linha contínua e positiva demora a ser construída. Lyon & Cameron (2004) argumentam que, durante uma crise, uma empresa pode ter uma estratégia de resposta mais ampla se tiver uma boa reputação, porque os consumidores tendem a acreditar que a resposta de tal negócio é melhor do que qualquer outra. Os autores afirmam que o público tende a deduzir o apoio à cultura, em favor de ter uma reputação institucional (Lyon & Cameron, 2004, pp. 213-241). Fombrun & Van Riel (2018) constatam que "Boas reputações, criam riqueza" e é um fator que está relacionado com a realização de valor a partir da imagem institucional e que gera o "capital de reputação". Por esse motivo os resultados devem ser avaliados e monitorizados.

na reputação da responsabilidade social das empresas têm impactos previsíveis, assimétricos e consideráveis no desempenho da empresa. Por exemplo, para um banco médio com US $ 1 bilhão em ativos, ganhar uma reputação positiva de RSE se traduz em um aumento nos lucros de 4,04%; ganhar uma reputação negativa de RSE resulta em uma queda nos lucros de – 7,8%. Concluímos que as mudanças na reputação da (RS) das empresas têm impactos previsíveis, assimétricos e consideráveis. Por exemplo, para um banco médio com US $ 1 bilhão em ativos, ganhar uma reputação positiva de RSE se traduz em um aumento nos lucros de 4,04%; ganhar uma reputação negativa de RSE resulta em uma queda nos lucros de – 7,8%.

Figura n.º 12 – A perceção do valor da imagem institucional

Fonte: Adaptado de Fombrun & Van Riel (2018).

Charles Fombrun, fundador do Reputation Institute, refere:

> (...) Uma reputação desenvolve-se a partir da singularidade de uma empresa e de práticas de modelagem de identidade, mantidas ao longo do tempo, que levam as partes interessadas a acreditarem que a empresa é confiável, responsável e segura. Ao aumentar a confiança nas ações da empresa, a credibilidade e a confiabilidade criam valor económico (Fombrun & Van Riel, 2018, p. 125).

Embora a reputação seja um ativo não tangível, a boa reputação diz respeito à construção de imagens e as ações mecenáticas contribuem para a construção de um capital simbólico em quatro vertentes: primeiro, confiança para com os colaboradores; segundo, responsabilidade para com a comunidade; terceiro, credibilidade para com os investidores (ou dos acionistas); e quarto, confiança para com os clientes (Figura 12).

2.5. A Caixa Geral de Depósitos e a cidade

Place branding e as memórias culturais

Nesta obra conjugam-se os pressupostos científicos que apontam para compreensão das audiências e o desenvolvimento de ações operativas. As mesmas procuram visualizar a mudança de comportamentos com objetivos concentrados na transmissão de valor e, serviços com grande impacto na organização. A Comunicação Estratégica, entendida como a comunicação alinhada com a estratégia e posicionamento global de uma empresa, esteve sempre presente nas ações da CGD. Conduziu as mudanças nos comportamentos do seu público-alvo do espaço citadino onde se situa. Sendo que na comunicação estratégica, o público em geral não está contemplado, apenas se vislumbram grupos importantes, agentes económicos que são subsistemas influentes que, em virtude do seu poder económico e financeiro, educação, dinamismo social, influenciam as decisões sobre políticas públicas bem como assuntos mais prementes da comunidade. Ora, sem dúvida que a Culturgest é nesse sentido, um reflexo da dinâmica de comunicação, interna e externa da CGD. Assim sendo, com uma estratégia estruturada nos planos que as organizações preparam para obtenção de proveitos, consolidação da marca, sublimou conscientemente, a disrupção ligada à crise do modelo industrial, aliada à expansão do capitalismo financeiro e à revolução tecnológica informacional. Esta análise transporta-se para a visão dos impactos que os processos da globalização têm gerado no meio urbano, à rutura das relações sociais, técnicas e materiais características da sociedade industrial. Alain Touraine o precursor desta discussão em 1969 e outros cientistas sociais têm dado o seu contributo, para a análise de fenómenos como a hegemonia das empresas transnacionais. A desconstrução dos tecidos urbanos que vai substituindo as relações sociais, as proximidades identitárias que exerciam o controlo social, pela individualização e anonimato, a decadência demográfica e, de valores e simbolismos culturais. Neste ponto de análise, a intenção é identificar a nova dinâmica urbanística que a CGD estabelece com a cidade de Lisboa. Sem fugir da ideia central do tema deste livro, analisa-se de forma não exaustiva, o papel do ator social – o mecenas no processo de transformação urbana. Nesta metamorfose, como referem Baptista e Pujadas "podemos constatar a aliança, ou no mínimo a sincronia e direccionalidade de esforços entre os poderes públicos metropolitanos, os governos nacionais e os agentes económicos privados" (Baptista & Pujadas, 2000,

p. 302). Estas mudanças podem ser justificadas por diferentes motivações, é sabido que os centros urbanos são cobiçados por agentes económicos privados, no qual se incluem bancos e sedes empresariais. As grandes infraestruturas invadem as metrópoles com estruturas e espaços de consumo. As mudanças ocorridas nas sociedades nas últimas décadas e a complexidade dos correntes cenários políticos, sociais e culturais, obrigaram as empresas a repensar o seu propósito e papel na sociedade. Na atualidade, com novas dinâmicas e modelos, as cidades são polos de concentração da população, atividades culturais, salas de espetáculos, espaços de hospitalidade para o consumo, com ineficiências para com os residentes. A globalização, a crescente urbanização e o acelerado desenvolvimento tecnológico dos anos recentes vieram colocar em risco muitas das expressões do património intangível, aumentando a necessidade da sua proteção. Como se comportam os agentes empresariais com esta realidade? A literatura científica relevante sobre a globalização salienta que a cultura e a economia são dois focos sobre o tema (Appadurai, 1990, 1996; Castells, 1999).

À medida que o capitalismo se industrializa as cidades transformam-se e surgem níveis de antagonismos merecedores de análise. As sociedades globais procuram maximizar as suas vantagens. Acabam por entrar em confronto social, para se apropriarem de mercados, bens, territórios, com o intuito de assegurar poder político ou imporem a outras sociedades a sua própria ideologia. Diversos são os impactos da globalização nas cidades: Por um lado, pela quebra de fronteiras de espaço e tempo, por outro lado, as tecnologias de informação e comunicação permitem maior proximidade. Por força do crescimento das sociedades, estes agentes sociais coletivos alteram a vida das populações, transformando a dinâmica dos grupos residentes e utilizadores das cidades. A globalização impõe transformações urbanas que originam novas centralidades, e transformam os equilibrados pré-existentes entre bairros residenciais e os novos locais de serviços. Citando Baptista e Pujadas "os antigos centros urbanos como "A Baixa lisboeta" ou "El Raval de Barcelona", que eram residenciais populares, são submetidos a uma pressão constante por parte desse aglomerado de operadores públicos e privados, que estão interessados em ganhar esses espaços de serviços financeiros, comerciais e hoteleiros" (Baptista & Pujadas, 2000, p. 295).

No que diz respeito às organizações e aos grupos no interior das sociedades, o exercício de um poder produzido entre agentes sociais, pode originar conflitos que tendencialmente acumulam-se. Tal acontece porque geralmente, quanto mais uma sociedade se torna complexa e evolui, maiores as contradições que provêm das mudanças assíncronas em diferentes níveis. Ora, a tensão sobre os efeitos de transformação urbana causados pela conduta de agentes sociais na cidade-metrópole, justificadas pelo desenvolvimento social, enobrecimento das cidades, e a vontade de proporcionar benefícios às comunidades, é um fenómeno associado à globalização presente na abundante bibliografia existente que se debruça sobre a sociologia urbana (Fortuna, 2006). Constatamos a existência de conflitos no passado entre a Caixa Geral de Depósitos e a cidade de Lisboa e para usar a denominação dos sociólogos Luís Baptista e Joan Pujadas, partem do princípio que são conflitos que resultam do fenómeno "tentacular" do capitalismo financeiro que tem ocorrido em diversas cidades pós-modernas, a par da revolução tecnológica informacional. São encarados, na maioria, como exercícios de poder, numa forçada replicação ideológica de modelos capitalistas dominantes. Porque este livro tem uma perspetiva multidisciplinar, há inevitabilidade de, na linha de pensamento dos sociólogos urbanos como Fortuna (1997, 2006) referir as mudanças que se verificam nas cidades contemporâneas e que resultam das transformações dos espaços, provocando diversas vezes efeitos reativos por parte dos "velhos residentes", porque geram um sentimento de perda de espaço, dos costumes, das rotinas, de memória coletiva, de referências e identidade. Os antigos residentes encaram a chegada dos agentes sociais coletivos como uma invasão: em primeiro lugar pelo espaço físico que ocupam no território, em segundo pela chegada de agentes sociais individuais com elevado grau de desvinculação territorial, aliado ao facto de verem o seu bairro com uma nova visibilidade mediática. Esta questão precedente é relevante para entender a lógica capitalista urbana em que se enquadram hoje poderosos agentes económicos nas cidades-metrópoles.

Ora, o foco central deste livro não é entender a cidade e os territórios, em análise, como objeto de estudo demográfico ou sociológico, mas é sabido que os contributos de outras ciências sociais são mais valias que acrescentam conhecimento e objetividade da temática. Pois, é indispensável entrecruzar o tema mecenato à cultura, praticado pelas empresas, justificado pelo interesse em favorecer as sociedades, com um modelo de capitalismo dominante, que se replica em cidades ocidentais provocando profundas transformações sociais na morfologia urbana. Contudo, a Culturgest alimentada pelo mecenas CGD parece revelar um processo compensatório pelo envolvimento lúdico que empresta à cidade de Lisboa, muito embora a "invasão espacial" esteja situada num bairro residencial, um bairro social projetado na linha política da 1.ª República (figura 13), à data da sua construção, designado Bairro do Arco Cego[79], com os contornos de um contexto social, político e económico muito específico para a época (Ferreira, 1994, p. 705).

Figura n.º 13 – Bairro do Arco do Cego 1935

Fonte: Imagem cedida pelo ANTT.

A figura em *supra* corresponde ao Bairro do Arco Cego, em Lisboa, em 1935. Como se pode verificar é caracterizado por casas baixas, prédios de três andares, pequenas vivendas em banda, com jardins na frente das moradias e nalguns casos, nas traseiras. O Bairro do Arco Cego é um conjunto urbano modelar, símbolo de uma época e de uma ideologia do Estado Novo (Rosanvallon, 1986); trata-se de um conjunto urbano modelar, ainda que nem todo o equipamento social tenha sido concretizado (Ferreira, 1994). De um modo geral, a morfologia do Bairro residencial mantém-se inalterável desde a data da sua construção até à data de construção do edifício CGD. Nos anos 90, a localização da CGD, num imóvel com estrutura arquitetónica de volumosas dimensões e obra única, encomendada na década de 80 pelo Estado ao arquiteto Arsénio Cordeiro, revela a hegemonia de um agente social coletivo,

[79] No Bairro Social do Arco do Cego o modelo seguido foi o de bairro-jardim, assistindo-se ao nascimento de uma tipologia original no tecido urbano da cidade de Lisboa. Veio a ser concluído com 481 habitações de tipologia variada. A par de vários edifícios plurifamiliares foram construídas inúmeras pequenas vivendas em banda, com jardins na frente das moradias e nalguns casos, nas traseiras. De traçado retilíneo, o projeto foi marcado por uma preocupação de embelezamento das fachadas dos edifícios, constituindo uma unidade de planeamento urbano cuidado que inclui algum equipamento social – duas Escolas primárias, colocadas simetricamente em relação ao eixo central, o Liceu D. Filipa de Lencastre – cujas obras teriam início em 1928 – «que substituíra o previsto Teatro-Circo», alguns estabelecimentos comerciais, o Arquivo da Câmara Municipal e uma esquadra de polícia (Ferreira, 1994).

num bairro residencial. Outros factos no campo das transformações urbanísticas também provocaram "confronto e entreposição" (Baptista e Pujadas, 2000) que corresponde justamente a um dos efeitos da metropolização na vida das cidades contemporâneas. Fenómeno deveras tratado pois preocupa os cientistas das ciências sociais, porque as transformações na morfologia urbana alteram as fronteiras sociais e espaciais.

Amores e desamores

Ora, a CGD e o desamor por Lisboa é um tema recorrente de um namoro interrompido no qual "os confrontos e entreposições" são reflexos dos efeitos da metropolização na vida da cidade. Um fado mal cantado, mas sentido com amargura pela sua reincidência. Segundo fontes que consultamos, há relatos na imprensa portuguesa que nos transportam para o dia 18 de Dezembro de 1984, em que "O Jornal de Letras" publicou uma notícia intitulada "Desamor. A CGD e a Cidade: uma guerra já longa". Refere-se a um artigo que relembra polémicas e tensões que ocorreram no passado a propósito de transformações urbanas causadas pela CGD, na Baixa Lisboeta (Ordem dos Arquitetos Secção Regional Sul, s.d.). Foi na década de 90, que o tema tornou-se cada vez mais mediático, desta vez em outro espaço da cidade. A decisão de construir um edifício no bairro residencial no Arco Cego, no Campo Pequeno foi vista como um novo "desvaneio", "suplícios" "sacríficos" "apetite de intervençãozinha nestas paragens". Sobre a decisão constavam críticas na imprensa "a CGD ataca de novo". Revela que como promotor de mudanças sociais não dá primazia, ao envolvimento com a comunidade, não salvaguarda os modelos estéticos e simbólicos que testemunham o nosso passado. Segundo fontes supracitadas datada dos anos 50, o início desta ambivalência com que a CGD marca a sua relação com a cidade de Lisboa". Todas as alterações provocadas nos edifícios dos Palácios situados na Baixa Pombalina a Santa Catarina, em sítios privilegiados e em localizações competitivas do ponto de vista económico-urbanístico, não só apagava a memória histórica como desfigurava arquitetonicamente os Palácios, com o pretexto de preservar conservação do imobiliário. Com as obras de transformação em imóveis de propriedade da CGD, desapareceram as assimetrias e um conjunto de edifícios históricos foram destruídos, primitivos mezaninos elípticos o que desvirtuou a fisionomia original. A cidade perdeu vestígios de memória coletiva e sobretudo era assumida na opinião pública como um agente social que transforma e não defende a cidade-metrópole. A mercantilização, e a centralidade da cultura sob o comando do poder financeiro transnacional da literatura mais relevante sobre a globalização, insiste especialmente em dois focos: Economia e Cultura (Friedman, 2012) e (Wolton, 2003). A cultura é um sector indissociável das transformações processuais que decorrem nas economias e sociedades globalizadas e que se manifestam no aumento da escolaridade, do rendimento médio e no uso quotidiano das novas tecnologias digitais de informação, consequentemente, conduziu a um aumento do consumo de bens imateriais. Por outro lado, no mundo capitalista, nas economias avançadas, os fatores do trabalho e da competitividade são indicadores relevantes da economia da cultura geradora de postos de trabalho, e saúde total ou satisfação de vida (Lopes & Pontes, 2010, p. 38). Os recentes estudos económicos justificam o investimento cultural pela ideia de que o mesmo tem um efeito multiplicador que, de forma apriorística, parece gerar benefícios económicos que superam os valores investidos. O efeito multiplicador do investimento cultural é real, mas na maioria das vezes, os resultados são principalmente qualitativos difíceis de medir. É inquestionável concluir que, por exemplo, o Museu Guggenheim de Bilbao deu à cidade uma nova simbologia para os visitantes. Ora, sendo investimento cultural também produz efeitos menos positivos ou ambivalentes para os cidadãos deslocados do seu espaço social e afetivo, com perdas na sua qualidade de vida. P. K. Kresl, citado por Malecki (2002), procurou arrumar as determinantes da competitividade entre as cidades.

> As cidades que retiram sucesso da competição económica dispõem de concentrações de conhecimento especializado, apoiam instituições e empresas rivais, querem clientes exigentes; exploram a acessibilidade acrescida que a "proximidade" permite, estreitar relações, melhoram a informação, incentivam fortemente a inovação (Lopes & Pontes, 2010, p. 38).

Para o Professor Donald Rubin (citado por Cybriwski & Western, 1982, p. 362) lembra que "a gama mais ou menos vasta de bens e serviços oferecidos, raramente é considerada índice de sucesso por quem se interessa pela cultura urbana. Em vez disso, o sucesso é avaliado através da presença de instituições não comerciais e não industriais". Como citamos em *supra*, na linha doutrinária da economia urbana, a valorização individual e da cultura local com uma aposta na diversidade e na qualidade são fatores que aliados às infraestruturas seletivas, influenciam a competitividade, podendo contar-se entre elas com a presença de grandes empresas de praças financeiras, de estruturas de investigação, produção científica e cultural que se tem vindo a reforçar na Europa. É neste cenário europeu e internacional que a CGD através da Culturgest procura posicionar-se no espaço das cidades competitivas.

CAPÍTULO 3
CGD E CULTURGEST "O SONHO COMANDA A VIDA" (1987-1992)

3.1. O local e a primeira pedra

Este terceiro capítulo do livro aborda de forma sistemática as alterações do contexto competitivo empresarial português com especial incidência para o período compreendido nos fins da década de 1980 e início da década de 1990. A estratégia de comunicação institucional que se reflete na atuação da CGD. Para se entender os contornos que originaram a decisão alicerçada numa Gestão Estratégica, que induziu a CGD a eleger a Culturgest como instrumento de comunicação. Importa recuarmos ao contexto macroeconómico, social e institucional em torno da tomada de decisão do Estado, num contexto de mudança. A entender os objetivos decisórios salientam-se vários fatores. Desde a escolha do local nesta zona da cidade, os acontecimentos em torno da edificação da Edifício Sede da CGD em Lisboa, os contornos do gesto simbólico do lançamento da primeira pedra, são símbolos que a luz da doutrina simbiótica tem significados e conotações diversos que transmitem os efeitos pretendidos através da comunicação. Para Charles Sanders Peirce precursor da "teoria da semiótica os símbolos", em vez de signo, podem ser não verbais, que representam algo, cujos significados assentam nas conotações culturais partilhadas (Hartley, p. 226). O lançamento a 15 de julho de 1987 (ver Auto no anexo H) da primeira pedra para a edificação de um edifício "megalómano" da CGD, é interpretado com uma simbologia que estabelece uma relação com seu objeto por meio de uma mediação:

> (...) o que significa que as ideias que estão presentes no símbolo e o seu objeto relacionam-se a ponto de fazer com que o símbolo seja interpretado como se referindo àquele objeto, isto é, fazendo com que o símbolo representa algo que é distinto dele" (Peirce, 1958).

A simbologia da mudança, e toda a transformação reflete a Comunicação Estratégica da empresa, resultante de um período de fortes alterações sócio económicas, que se impunha aos bancos, como resposta às adaptações provocadas pela abertura de Portugal à Comunidade Europeia e numa Europa de profunda mudança.

Para contextualizar, importa recuar no tempo. Como referido, indiscutivelmente na década de 80, a CGD, como banco público, teve um papel determinante, num período que marcou o sistema bancário com as privatizações e mais tarde na adaptação do sistema financeiro português no sistema monetário europeu (Lains, 2011). Aumentou a sua atividade e respondeu ao aumento da procura em áreas de negócio em forte crescimento, nomeadamente no crédito à habitação. Porém, o mesmo não acontecia, perante os novos desafios, ao nível da eficiência e na capacidade de concorrer internacionalmente e em mercados mais dinâmicos (CGD, 2020c). Tal facto, à data, levou o administrador da CGD[80] a solicitar, ao Estado, num ofício dirigido ao Secretário-Geral do Tesouro, autorização para estender a rede de agências bancárias, sobretudo nas grandes cidades de Lisboa, Coimbra e Porto. O pedido foi parcialmente aceite. E, em 1987 foi autorizada a abertura de mais agências para acompanhar o nível de implantação da banca comercial nas zonas urbanas (Lains, 2011, p. 97). Havia também necessidade concentrar as várias estruturas e empresas do Grupo Financeiro CGD num único espaço. A dispersão de serviços por vários edifícios tinha impactos negativos na otimização dos recursos humanos, dos custos e da qualidade dos serviços, para além de uma imagem pouco favorável para a Instituição. A Administração da CGD expôs ao Ministro das Finanças e do Plano[81], os motivos da pretensão, os benefícios que adviriam pela racionalização e funcionalidade dos vários departamentos e o melhor atendimento ao público. Apresentou resultados de diversos estudos preliminares que contemplavam a prospeção, a seleção e a análise de opções de aquisição de terrenos que se enquadram nas pretensões da instituição bancária, no que se referia a áreas disponíveis e a critérios de localização em Lisboa (Gonçalves, 2017). E assim, ao abrigo da autorização n.º 185/81, de 13 de agosto (Presidência do Conselho de Ministros, 1981), aprovada em Conselho de Ministros, deu-se início à procura de um terreno que fosse bem localizado na capital, com bons acessos e numa área

[80] Alberto Alves Oliveira Pinto foi administrador geral da Caixa Geral de Depósitos de 7 de julho de 1980 a 2 de agosto de 1989.

[81] Ernâni Lopes liderou a pasta das Finanças, entre 1983-85.

suficientemente grande que permitisse a construção de um edifício de grande volume (fig. 14, 15). A preferência pela localização do Edifício Sede da CGD recaiu entre a área do Campo Pequeno e a Praça de Londres, à data, designadas por Quinta da Palmeira de Cima e Quinta da Palmeira de Baixo. Os terrenos eram ocupados por restos de um complexo fabril do início do século XX, pertencentes à Companhia da Fábrica de Cerâmica Lusitânia, cuja atividade local já tinha cessado. Durante treze anos, a fábrica esteve ao abandono e o complexo fabril estava em avançado estado de deterioração.

Figura n.º 14 – Fábrica de Cerâmica Lusitânia. Arco do Cego, Lisboa

Fonte: Arquivo do Gabinete de Património Histórico da CGD.

Figura n.º 15 – Fábrica de Cerâmica Lusitânia. Arco do Cego, Lisboa

Fonte: Arquivo do Gabinete de Património Histórico da CGD.

A unidade fabril situava-se na Rua do Arco do Cego, nos n.ºs 74 a 88C, possuía uma área de 36.000 m^2 e tinha como confrontações: a norte a Av. João XXI; a sul o Bairro do Arco do Cego[82]; a nascente a Avenida Marconi; a poente a Rua do Arco do Cego. De acordo com os dados revelados nas fichas do Instituto de Gestão e Alienação do Património Habitacional de Estado, e como refere Maria Júlia Ferreira no estudo «O Bairro Social do Arco do Cego – uma aldeia dentro da cidade de Lisboa» publicado na revista "Análise Social", à época, as moradias possuíam bons traços arquitetónicos, situados numa área da cidade em expansão, destinada a um perfil demográfico predominantemente de famílias de funcionários públicos, entre os 21 e 40 anos com fidelidade ao regime (Ferreira, 1994). Era um bairro edificado uma sequência do movimento de industrialização do início do século XX (Ferreira, 1994). Esta zona residencial, tal como outros territórios urbanos, faz parte da memória coletiva da cidade de Lisboa resultado de um modelo de intervenção estatal. Possui um historial que passa pela criação de estruturas de suporte, originalmente do período da I República Estado Novo como resposta a problemas da habitação das classes populares. Inicialmente tratava-se de um Bairro Social, projeto da Primeira República, que mais tarde tornou-se um símbolo do período do regime salazarista e um fruto da política de promoção pública de habitações (Rosanvallon, 1986).

Nas últimas décadas, na sua funcionalidade, a zona residencial é constituída por reduzido comércio, uma esquadra da polícia, uma escola pública e uma igreja. Um estilo urbano calmo, de fácil acessibilidade e de proximidade ao centro da cidade de Lisboa, próximo da Avenida de Roma. Aqui, os edifícios são de baixa dimensão. Casas de dois pisos sem elevador, vivendas de cores claras, com pequenos jardins na parte frontal, ruas estreitas com um único sentido. De cariz residencial, esta zona cresceu com o processo de urbanização (Tiago, 2010). Na realidade, este terreno apresentava todas

[82] Bairro Arco Cego – construído 1935, e assim designado até aos anos 50 pois nesta data passou a bairro privado. Situado no centro da cidade de Lisboa, a nascente das Avenidas Novas, entre as praças de Londres, Campo Pequeno e, mais afastadas, o Areeiro e o Saldanha.
O bairro tem uma planta ortogonal e simétrica em relação ao eixo central, tem hierarquização das vias e espaços públicos bem definidos por largos e espaços verdes ou placas ajardinadas. Trata-se de um bairro de habitação com promoção pública, onde se promovia a casa própria como bem patrimonial da família de acordo com os princípios ideológicos do Estado Novo de preocupação social: a casa própria era um símbolo de enraizamento e de identidade social. As primeiras casas foram entregues pela Câmara num regime de aluguer "como fator de perpetuação dos laços familiares, de estabilidade e continuidade". O bairro mantinha-se como uma "ilha", uma aldeia na cidade idealizada pelo Estado Novo (Ferreira, 1994, p. 706).

as características que o Banco Público ambicionava: um terreno fabril, de 37 mil metros quadrados entre o Campo Pequeno e a Praça de Londres, em Lisboa, uma zona desindustrializada na cidade, ao modelo fordista que a partir da crise urbana dos anos 70 passou para uma terceirização do espaço urbano nomeadamente serviços, tecnologias e novas indústrias de tipo cultural, com fáceis acessos e numa área que possibilita uma construção de uma nova sede da CGD que englobaria todos os serviços num único edifício. Um outro aspeto que pesava na decisão do Estado para construir a sede do Banco público nesta zona da cidade, era a confirmada tendência manifestada durante a década de 1980, refletida na instalação de entidades bancárias, organismos públicos e empresas de grandes dimensões, na linha rodoviária constituída pelo Marquês de Pombal, Avenida Fontes Pereira de Melo e Avenida da República, e como a comunicação social referia, era a "*Wall Street* à portuguesa" (Garcia, 1992, pp. 21-24). Devido a essa tendência de uma nova centralidade, enquadrada na estratégia e ordenamento do território da Câmara Municipal de Lisboa, de acordo com o Planos Diretores Municipais (PDM) em vigor na década de 1990. Em conformidade com a tendência, o Banco público iniciou a sua pesquisa nesta zona da cidade.

Confirmou-se que a transformação que o contexto obrigava, refletia-se em decisões estratégicas da instituição e consequentemente ocorreram acontecimentos geradores de polémicas e contestações protagonizadas pela comunidade em geral ao qual a comunicação social. Pode-se elencar resumidamente alguns dos motivos que geraram problemas de comunicação entre a empresa e a comunidade: a aquisição dos terrenos, a decisão e a edificação da nova sede da CGD. Confrontos de interesses económicos financeiros e políticos; a aquisição de um terreno obrigou a transações de alienação de património da CGD, face aos elevados custos inerentes à edificação da Sede de um Banco do Estado, numa década de 80, em que Portugal atravessava os efeitos de uma profunda crise económica e financeira; abertura do concurso para a realização do projeto de construção. O critério de seleção exigia a integrar arquitetos nacionais e estrangeiros. As regras do concurso eram entendidas, sobretudo pela Ordem dos Arquitetos, como um gesto de minimização da técnica e da imaginação dos engenheiros e arquitetos nacionais; a derrapagem orçamental da obra; a desproporcional dimensão do projeto arquitetónico do edifício; as subestimadas características culturais do complexo fabril onde se situava o terreno e a não conservação da memória histórica de uma Fábrica do início do Século XX (Anexo C – Imprensa). Edificação de um edifício moderno ou salvaguardar os vestígios de património industrial da Fábrica de Cerâmica

Lusitânia que existiam no terreno. O projeto era visto como um caso de atentado ao Património Cultural, essencialmente na perspetiva dos historiadores e dos especialistas em Arqueologia industrial; O descontentamento manifestado pelos residentes da calma zona residencial "aldeia dentro da cidade" que por um lado sentiam o impacto da grande escala do futuro edifício, os processos de alteração urbana (Figueiredo, 1989, p. 13). Com o intuito de pressionar a instituição, o assunto era frequentemente abordado na comunicação social e discutido pela opinião pública, facto que provocava impactos na reputação e na imagem da CGD (*vide* anexo C – imprensa).

Sobre a decisão inicial que consta no projeto arquitetónico – dizia-se à época na comunicação social: – "era a mais luxuosa Sede bancária da Europa" (Sousa Tavares, 1988, p. 7), "Caixa Geral de Depósitos mostra Sede de Luxo" (A Capital, 1993, p. 21), e que se pretendia criar apenas um "bunker", "um cofre-forte ", "um templo do dinheiro", e um "mausoléu" (Garcia, 1992, p. 22) (ver anexo C – Imprensa).

A polémica crescia e ruía a imagem e a reputação da CGD

E existiam motivos muito concretos para este descontentamento que importa aqui mencionar, nesta pesquisa. Como refere Wally Olins, no seu livro *A marca* (2005), as marcas representam junto dos públicos, confiança, consistência e clareza entre outras características (Tavares, 2016).

No referido terreno de Lisboa, existia a Fábrica de Cerâmica Lusitânia construída em 1902, pertencente ao antigo proprietário e fundador Sylvain Bessière cuja produção cessou em 1971. No complexo fabril tinha existido um conjunto de vinte e quatro habitações, destinadas aos operários, que devido ao aumento de trabalhadores na fábrica, passaram a alojar nessas habitações os trabalhadores e os funcionários da Fábrica de Cerâmica Lusitânia, hierarquicamente de um escalão superior. Neste mesmo espaço existiam três fornos destinados à cozedura da matéria-prima, como produtos refratários, elementos em grés, mosaicos, azulejos, telhas e tijolos. Aliás, devido à sua qualidade os tijolos que revestem a Praça de Touros do Campo Pequeno provêm desta Fábrica de Cerâmica Lusitânia (Figura 16 – "Conjunto de três fornos da Fábrica de Cerâmica Lusitânia"). Segundo o Gabinete de Património Histórico da CGD, "parte significativa das demolições foi reaproveitada para erguer as galerias de exposição da Culturgest, no edifício sede" (CGD, 2020d).

Figura n.º 16 – Conjunto de três fornos da Cerâmica Lusitânia

Fonte: Arquivo do Gabinete de Património Histórico da CGD.

Na verdade, existia um processo de pedido de classificação como património industrial junto do Instituto Português do Património Arquitetónico (IPPAR).[83] As críticas recaíram no destino reservado à Fábrica de Cerâmica Lusitânia, isto é, a destruição do seu património. Não era caso único à época, mas foi certamente o mais eloquente. A comunicação social referenciava constantemente esta situação e os contornos deste projeto, liderado pelo banco do Estado (Associação Portuguesa de Recortes da Imprensa, *dossier* 1 e 2 de imprensa, 1992). A Revista do jornal Expresso de 25 de maio de 1985, fazia eco da polémica num artigo sob o título "Roteiro do Património Ameaçado: Cerâmica Lusitânia: apagar da memória da cidade um vestígio seu passado recente" (Trindade, 1985, pp. 14-18). Com esta notícia, a comunicação social alertava para o facto da fábrica adquirida em 1981 pela Caixa Geral de Depósitos, ter tido um papel proeminente no sector industrial, e como património seria esquecido com a nova obra. (ver Anexo C – Imprensa).

"Uma proposta de classificação acionada pela Comissão Organizadora da Exposição de Arqueologia Industrial junto do Instituto Português do Património Cultural teve inicialmente um parecer positivo para depois

[83] Mais tarde designado por Instituto para a Gestão do Património Arquitetónico e Arqueológico (IGPAA). A este organismo competia por Lei, a classificação de imóveis de valor cultural.

num «volte-face» espetacular, vir a ser rejeitada" (Trindade, 1985, p. 17) (ver Anexo C- Imprensa).

Em maio de 1982, o Instituto Português do Património Cultural (IPPC)[84] abre o processo de classificação n.º 82/3 do IPPAR[85] Fábrica da Companhia de Cerâmica Lusitânia – 1890. Deu início ao processo que visava classificar as instalações da Fábrica de Cerâmica Lusitana como Património Histórico de Arqueologia Industrial e diligenciou um conjunto de ações no sentido de averiguar qual a utilização que se pretendia dar aos edifícios do complexo fabril (ofício n.º 7079/IPPC.) Na altura, em que o IPPC classificou o complexo industrial, apenas as construções do edifício da Sede da Fábrica de Cerâmica Lusitânia e a moradia do antigo proprietário Sylvain Bessière, apresentavam um estado razoável de conservação. A competência de gestão dos critérios utilizados no processo de classificação da antiga Fábrica de Cerâmica Lusitânia, coube ao Organismo do Estado. De acordo com os critérios de classificação de bens imóveis, competia-lhe também emitir pareceres sobre projetos de obras particulares, projetos promovidos pelas Câmaras Municipais, instituições do Estado, loteamentos, entidades de capitais públicos, paraestatais e Planos Diretórios. As restantes instalações estavam em ruínas ou em estado decadente. A figura 17 – "Vista aérea da Fábrica de Cerâmica Lusitânia" revela uma imagem panorâmica dos vestígios da antiga Fábrica, já desativada.

[84] O Decreto-Lei n. 59/80 de 3 de abril, da Secretaria de Estado da Cultura definia a sua estrutura orgânica, na qual nos termos da f) do Art. 3.º, se englobava o Instituto Português de Património Cultural.
Nos termos da) do n.9 do Art. 4.º era competência do Instituto Português de Património Cultural (IPPC) planear e promover a pesquisa, cadastro, inventariação, classificação, recuperação, conservação, proteção e salvaguarda dos bens que pelo seu valor histórico, artístico, arqueológico, bibliográfico e documental, etnográfico ou paisagístico, constituam elementos do património cultural do país. Lei n.º 13/85 de 6 de Julho, Património cultural português (Revogada pelo art.º 114.º da Lei n.º 107/2001, de 8/9).

[85] O Instituto Português do Património Arquitetónico (IPPAR) – Instituto Público que entre 1992 e 2007 regulou a classificação do património histórico português bem como a homologação do nível de proteção. Foi criado em 1992 pelo Decreto de lei N.106-F/92 de 1 de junho, e sucedeu na universalidade dos direitos e obrigações o Instituto Português do Património Cultural (IPPC) criado em 1980. No âmbito do Programa de Reestruturação da Administração Central do Estado em 22 de outubro de 2006 por Decreto-Lei N.215/2006 o IPPAR este organismo funde-se e é criado o IGESPAR, I.P – Instituto de Gestão do Património Arquitetónico e Arqueológico, IP. Em 2011, foi fundido com o Instituto dos Museus e Conservação, I.P que originou a DGPC- Direção-Geral do Património Cultural (Direção-Geral do Património Cultural, 2020).

Figura n.º 17 – Vista aérea da Fábrica de Cerâmica Lusitânia

Fonte: Arquivo do Gabinete de Património Histórico da CGD.

Em 1982, o IPPC determinou a "não classificação" por não ser economicamente viável nem histórica e culturalmente justificável a sua manutenção. Apesar de ter decorrido o pedido de classificação como Património Arquitetónico e Cultural, da unidade industrial localizada nos terrenos comprados pela CGD, a verdade é que acabou por ser demolida. (Ofício n.º 7079, maio de 1982, IPPC). Porém, a contrapartida exigida à CGD, por este organismo da Secretaria de Estado da Cultura, era somente a criação de um Museu, em parte dedicado à Fábrica de Cerâmica Lusitânia e à conservação dos fornos tipo-contínuo. A CGD comunicou que seria atribuído o máximo cuidado na salvaguarda dos vestígios do complexo industrial. Em fevereiro de 1982, a Companhia das Fábricas de Cerâmica Lusitânia, de acordo com o contrato de compra e venda estabelecido, inicia a remoção de materiais existentes em edifícios vendidos ao banco público. Outros critérios artísticos e outras lógicas financeiras estavam em jogo.

A comunidade científica não ficava alheia a estas temáticas. A 3 de julho de 1982, o conceituado historiador José-Augusto França, escrevia no semanário Jornal Expresso, um artigo intitulado "*Um inimigo público: a Caixa Geral de Depósitos*". Na sua opinião, e conforme expressa através da comunicação social, a CGD teria provado um bom comportamento cívico se, embora não fosse obrigada, tivesse consultado o Instituto de Património Cultural,

(França, J.A., 1982, 3 de Julho). No mesmo artigo, o conceituado historiador José-Augusto França revela que em matéria de preservação cultural o Banco do Estado já tinha precedentes no comportamento em casos semelhantes e na sua crítica, deixava em aberto se seria o último valioso documento da história da indústria a ser destruído pela CGD. No edifício que adquiriu para antiga sede no Calhariz, no Palácio Calhariz dos Sousas, realizou obras de profunda transformação, num palácio de fins do século XVII, obras que alteraram um dos melhores palácios lisboetas de fins de setecentos.

> O que vai possivelmente passar-se no Arco Cego entra, assim, numa série de maléficos urbanos que a CGD realizou contra o património nacional. Não pode ser ignorado essa agravante. Como também não pode ser finalmente ignorado que a Cerâmica Lusitânia, em termos culturais, que ao país interessa, tem mais importância, mesmo fechada, que a Caixa Geral de Depósitos, mesmo aberta. Pela simples e evidente razão de que um edifício histórico não pode voltar a ser feito e é insubstituível, por natureza – enquanto a CGD se por qualquer decisão administrativa, viesse a ser dissolvida, apesar do seu centenário passado institucional, logo a sua função pública, comercial e empresarial, seria assumida por algumas das inúmeras instituições semelhantemente bancárias que existem sem prejuízo para ninguém no caso interessado (...). (França, 1982)

Em 1984, já na posse da CGD, o conjunto fabril foi demolido, perderam-se os vestígios do edifício património industrial[86] e, atualmente, resta apenas uma chaminé, "elemento estrutural que a Caixa Geral Depósitos fez questão de conservar e incluir na área envolvente, enquanto testemunho histórico da Fábrica de Cerâmica Lusitânia" (CGD, 2020d)[87].

[86] Na presente pesquisa considere-se, a definição do conceito de "património industrial" aquele que consta na "carta de Nizhny Tagil emitida pelo "INTERNACIONAL COUNCIL OF MONUMENTS AND SITES" (ICOMOS) em 1999:
O património industrial consiste nos restos da cultura industrial que têm um valor histórico, tecnológico, social, arquitetónico ou científico. Estes restos consistem em edifícios e máquinas, oficinas, fábricas, minas e locais para processamento e refinação, armazéns e locais onde a energia é gerada, transmitida e utilizada, meios de transporte e todas as suas infraestruturas, bem como os locais onde as atividades sociais relacionadas à indústria, como moradia, culto religioso ou educação (ICOMOS, 1999).

[87] Exposição "*Lançamento da primeira pedra do Edifício Sede da Caixa Geral de Depósitos*", que esteve patente ao público na Agência Central (Edifício Sede) de 17 de julho a 1 de setembro de 2017, em Lisboa.

Um concurso a nível nacional para a construção do edifício foi aberto e concorreram cinquenta e quatro gabinetes de projetos e numa primeira fase foram selecionados dez. Entretanto, a CGD elaborou o programa de concurso para a construção, com base em cinco parâmetros prioritários, a saber: representatividade, habitabilidade, flexibilidade, segurança e gestão. Estes eram requisitos que os dez gabinetes selecionados, deveriam respeitar na elaboração das soluções arquitetónicas a apresentar[88] (CGD, 2020a). À época, a Fábrica de Cerâmica Lusitânia era uma referência. Diversos são os trabalhos produzidos para decoração, painéis para revestir fachadas de casas, loiças, entre outros trabalhos encomendados como anúncios para fins comerciais, conforme aqui exemplificado na figura 18 "Painel de Azulejos produzido na Fábrica de Cerâmica Lusitânia".

Figura n.º 18 – Azulejo produzido na Fábrica de Cerâmica Lusitânia

Fontes: Museu Berardo em Estremoz. Foto captada pela autora, 2020

[88] A administração da CGD nomeou um conselho consultivo para analisar as propostas. Compunham o referido conselho, os representantes da Câmara Municipal de Lisboa do Instituto Português do Património do Conselho Superior de Obras Públicas, da Academia Nacional de Belas Artes, do Laboratório Nacional de Engenharia Civil do Departamento de Arquitetura da Escola Superior de Belas Artes de Lisboa e do Centro Nacional de Cultura (Dias, 2013).

Um dos edifícios possuía uma fachada, constituída por azulejos portugueses, onde predominavam obras de um dos mais célebres criadores de azulejo, o pintor Jorge Colaço, que foi responsável artístico pela fábrica, neste local onde tinha o seu *atelier*. Os azulejos, que parcialmente cobriam a fachada do Edifício dos escritórios da Fábrica de Cerâmica Lusitânia (Figuras 20 e 21) não só anunciavam os produtos da empresa em interessantes composições ornamentais *Art Deco*, como em painéis que revestiam o topo imóvel logo abaixo de uma grande legenda com o nome da fábrica. No que diz respeito à conservação do Património Industrial, e tal como refere Jorge Custódio (1999).

> É na década de 80 que se dá um grande impulso na sensibilização e que se recuperaram algumas estruturas de grande interesse patrimonial. No entanto, as dificuldades continuam a ser sentidas sobretudo devido a alguma incapacidade técnica do Estado, que por um lado ainda não está totalmente motivado, em segundo lugar porque este é um tema vastíssimo, e por último porque falamos de intervenções que envolvem muito dinheiro. (Custódio, 1999, p. 17)

À época existiam acesos debates em torno da riqueza cultural dos edifícios industriais, os interesses de investidores nas zonas industriais desafetadas para nos locais construírem loteamentos urbanísticos, e a preservação da memória. Neste âmbito, Jorge Custódio propôs a preservação do Património Industrial, daquilo que considerava ser um dos mais importantes centros artísticos do País.

Figura n.º 19 – Fachada da Fábrica de Cerâmica com painel de azulejos alusivos à olaria

Fontes: Arquivo do Património Histórico da CGD.

O jornal Diário Popular, no dia 23 de julho de 1984, divulgava numa notícia sobre a importância histórica da Fábrica:

> Ora, tendo em conta o papel que a cerâmica Lusitânia representa na defesa dos padrões do azulejo industrial que cobriam imensos edifícios da capital, do país e do estrangeiro, em especial do Brasil, assim como dos estudos que nela se efetuaram a cerca do azulejo antigo e das técnicas que o inovam e renovam, consideramos, que o edifício deveria ser conservado. Como será possível fazer o estudo de identificação dos padrões de azulejo espalhados pelo Mundo sem o concurso das fábricas de cerâmica que são preciosos auxiliares a compreensão das formas de fabrico e dos padrões utilizados? – afirma e interroga o arqueólogo Jorge Custódio, num parecer dado em defesa das instalações do Arco do Cego (Garcia, 1984).

Os painéis da fachada visíveis na figura 19 "fachada da sede da antiga companhia das Fábricas Cerâmica Lusitânia" não os encontrámos expostos no edifício sede da CGD. Em agosto de 1984 a CGD, através da comunicação social responde às acusações que estavam relacionados com os elevados custos, a falta de transparência no processo do concurso público, a classificação patrimonial da antiga Fábrica e a seleção discriminatória, com o facto de apenas ter envolvido projetistas nacionais (Lains, 2011, p. 100). Foi no mês de outubro de 1985, que a Câmara Municipal de Lisboa recebeu da CGD o projeto de licenciamento para a construção do edifício de aproximadamente 195.000 m^2. Em maio de 1986 foi aprovado pela edilidade, com um custo estimado de 8,67 milhões de contos. O projeto do edifício e das áreas envolventes foi da responsabilidade de um consórcio integrando três empresas: para a arquitetura, o Gabinete do Arquiteto Arsénio Cordeiro; para a engenharia, a Lusotecna Consultores Técnicos Industriais; e a Tecnoplano, Tecnologia e Planeamento, Sociedade Anónima, para o planeamento. Arsénio Cordeiro que liderava a empresa vencedora do concurso afirmava,

> Quando a Caixa Geral de Depósitos decidiu concentrar num único complexo os seus serviços espalhados por mais de vinte edifícios na cidade de Lisboa, criou um acontecimento arquitetónico de invulgar dimensão (...) – da qualidade da obra, o tempo falará por si. (CGD, 2018, p. 40)[89]

[89] Testemunho do Arq.º Arsénio Raposo Cordeiro, "A Nova Sede da Caixa Geral de Depósitos".

Nos terrenos que se demonstra na figura 20, iniciam-se, os trabalhos com a demolição dos edifícios da fábrica, ocupados e infraestruturas restando uma simbólica de uma chaminé.

Figura n.º 20 – Vista das antigas instalações da Fábrica de Cerâmica Lusitânia

Fontes: Arquivo do Património Histórico da CGD.

Nas últimas décadas, a nível internacional existem exemplos de edificação e de remodelação de equipamentos culturais financiados por empresas. No Brasil, conhece-se os casos do Instituto Itaú Cultural (Itaú Cultural, 2020)[90]; da Caixa Económica Federal; dos sete espaços da Caixa Cultural (Caixa Econômica Federal, 2020)[91] do Banco brasileiro, instalados em sete capitais,

[90] Itaú Cultural é uma organização voltada para a pesquisa e produção de conteúdo e para o mapeamento, incentivo e difusão de manifestações artístico-intelectuais. Dessa maneira, contribui para a valorização da cultura de uma sociedade tão complexa e heterogénea como a brasileira. Ao considerar a cultura, uma ferramenta essencial à construção da identidade do país e um meio eficaz na promoção da cidadania, desde 1987, quando foi aberto, o Itaú Cultural busca democratizar e promover a participação social.

[91] No dia 12 de janeiro de 1861, Dom Pedro II assinou o Decreto nº 2.723, que fundou a Caixa Econômica da Corte. A entidade tem evoluído e desde 2017 assume a marca "Caixa". É uma empresa 100% pública, e é o maior banco da América Latina. Como parte integrante da política de desenvolvimento sustentável, instalou unidades da Caixa Cultural em sete capitais. Como empresa socialmente responsável, estimula a inclusão e a cidadania, procura trazer ao universo cultural alunos do ensino público, pessoas da terceira idade e com necessidades especiais, por

nomeadamente, Brasília, Curitiba, Fortaleza, Recife, Rio de Janeiro, Salvador e São Paulo; do Instituto Moreira Sales; do Banco Nacional do Desenvolvimento (Banco Nacional de Desenvolvimento [BNDES], 2020)[92]; das unidades do Centro Cultural Banco do Brasil com oferta cultural a preços simbólicos ou gratuitos. Existem também exemplos de edifícios como Teatros e Salas de espetáculos que foram construídas ou reconstruídas com patrocínios de empresas, com atribuição do nome do patrocinador. Em São Paulo, o Teatro Abril, que ocupa o lugar do antigo Teatro *Paramount*, inaugurado em 1929, que na época, era um espaço glamouroso, mas que em 1969 foi destruído por um incêndio; outros exemplos são o Teatro Alfa[93] e *Credicard Hall*, uma sala de espetáculos de entretimento com capacidade para 7.000 pessoas (Reis, 2003, p. 15).

Na Europa existem diversos exemplos de velhos edifícios históricos convertidos por novos edifícios de bancos ou agências de seguros que provocam o que Baptista e Pujadas referem "duplo sentimentos de perda de referentes" de laços e lugares, sentido em Centros Culturais por instituições bancárias (Baptista & Pujadas, 2000).

Em Barcelona, por exemplo o edifício do banco *La Caixa*, que visitamos no âmbito desta investigação localiza-se num dos principais edifícios modernistas de Barcelona. Situa-se num espaço onde havia a Fábrica Textil

meio do programa de arte-educação Gente Arteira. Com uma programação plural e de qualidade, gratuita ou a preços acessíveis, a Caixa proporciona aos brasileiros o acesso a uma diversidade de manifestações da arte e da cultura nacionais, e também estimula o intercâmbio cultural e a troca de experiências, patrocinando eventos de artistas de outros países.

92 **Banco Nacional de Desenvolvimento – O BNDES** patrocina o desporto e a cultura, por reconhecer o potencial desses dois segmentos em gerar benefícios sociais e económicos para o país. O patrocínio cultural tem como foco eventos nos segmentos de Música e Literatura, como festivais, feiras e espetáculos. Alguns dos mais conhecidos são a Festa Literária Internacional de Paraty (Flip) e o festival de animação *Anima Mundi*.

93 O **Teatro Alfa** é uma referência de qualidade nas agendas culturais do Brasil e recorre a parcerias e patrocínios para manter a atividade. No Brasil vigora a Lei Federal de Incentivo à Cultura que institui políticas públicas para a cultura nacional. O grande destaque desta Lei é a política de incentivos fiscais que possibilita empresas (pessoas jurídicas) e cidadãos (pessoa física) aplicarem uma parte do IR (imposto de renda) devido em ações culturais. Empresas tributadas com base no lucro real podem direcionar até 4% do Imposto de Rendimento devido em projetos culturais e deduzir 100% do valor investido (art.º 18). O Programa de Ação Cultural do Governo do Estado de São Paulo (Proac) foi criado em 2006 e permite que parte do ICMS (Imposto sobre Circulação de Mercadorias e Serviços) pago pelo contribuinte seja revertido para o patrocínio de projetos culturais aprovados pela Secretaria de Cultura do Estado de São Paulo. Empresas contribuintes do Imposto sobre circulação de mercadorias do estado de São Paulo (ICMS-SP) credenciados no PROAC/ICMS-SP podem deduzir 100% do valor investido.

Casaramona, em Montjuic, construída em 1909 e inaugurada três anos mais tarde em 1912. Todavia esteve em funcionamento pouco tempo e acabou por fechar as portas depois da sua inauguração. Reabriu já mais tarde, mas para a Exposição Universal em 1929 e até 1992 o espaço servia com cavalariças e parque móvel da Polícia Nacional. A fundação *"La Caixa"* havia adquirido o edifício em 1963 e é uma obra de arquitetura modernista catalã industrial, do início do século XX. A *La Caixa* está socialmente presente em várias áreas, nomeadamente na cultura através da Fundação Bancária *"La Caixa"* (Fundación "La Caixa", 2020).[94] Neste caso, ao contrário dos interesses que moveram a CGD, houve a vontade de preservar historicamente o património do Banco. A Fundação *La Caixa* optou pela construção de um edifício que em parte preserva o espírito original (ver Figura 21). A obra foi restaurada e ampliada com a colaboração de arquitetos de renome internacional, dotando-o de infraestruturas de equipamento cultural, com três salas de exposições, um auditório e uma mediateca. O centro tem atualmente 12.000 m^2 em três andares e destes mais de 2.500 são ocupados por quatro salas de exposições. O *CaixaForum* tornou-se um emblemático e dinâmico equipamento cultura em Barcelona.

Figura n.º 21 – Edifício CaixaForum em Barcelona

Fonte: CaixaForum (2020).

[94] A Fundação "La Caixa" patrocina os centros culturais a *CaixaForum*, distribuídos em sete cidades espanholas: Madrid, Sevilha, Zaragosa, Palma, Girina, Lleida e Barcelona. Por exemplo, o edifício do Centro Cultural *CaixaForum* em Barcelona, inaugurado em 2002, envolveu prestigiados arquitetos, como Arata Isozaki, Francisco Javier Asarta, Roberto Luna e Robert Brufau. Oferece ao público um programa contínuo de concertos, exibições de filmes, debates e conferências, espetáculos de teatro, ciclos de literatura e pensamento, arte multimídia e programas familiares e tornou-se um centro cultural de referência.

No caso da CGD verificou-se que ao contrário do que sucedeu com exemplos internacionais de algumas instituições bancárias, que optaram por projetos de ampliação e restauro de edifícios antigos, tal não foi o caso do edifício sede da CGD em Lisboa. Deparamo-nos com opções contrastantes. A CGD oferece-nos um bom exemplo de que a intencionalidade não era restaurar vestígios de um edifício fabril, e perpetuar simbolicamente o "antigo" porque não se adequava à opção de Comunicação Estratégica da empresa. Daí que, na nossa opinião, o edifício moderno protagoniza a transformação que a empresa almejava comunicar. A CGD optou pela edificação de um edifício de linhas arquitetónicas modernas ajustada a uma mensagem de mudança em fruto do contexto contemporâneo da comunicação num cenário de globalização, com a Comunicação Estratégica (Hallahan *et al.*, 2007), definida e que pretendia desenvolver.

A cerimónia de início dos trabalhos de construção do edifício-sede da CGD foi, simbolicamente, assinalada em 15 de julho de 1987 através do lançamento da primeira pedra. Distinguiu-se com uma simbologia e um apontamento histórico para memória futura. Nas fundações do edifício, no eixo vertical do átrio central foi colocado um sarcófago de pedra selado, oficializando-se simbolicamente o início dos trabalhos de construção do complexo. O sarcófago continha um pergaminho, e diversas moedas datadas de 1987 com informação sobre os motivos que conduziram à conceção do projeto deste edifício e que estiveram na base do planeamento do empreendimento na cidade de Lisboa:

> (...) para que nele venham a ser concentrados os Departamentos Centrais da Caixa Geral de Depósitos, dispersos por vários edifícios na cidade de Lisboa, assim como os pressupostos que presidiram à sua realização, nomeadamente (...) características específicas e obedecendo a imperativos de natureza programática e urbanística, a sua conceção tem em conta a representatividade inerente ao peso histórico da Instituição e à posição que a mesma ocupa no sistema financeiro português, bem como a intervenção marcante e adequada inserção. (CGD, 2020d)

O processo de demolição que fora, anteriormente, embargado, votou a ser reativado. E o modo como foi feito acendeu publicamente a polémica. A Associação dos Arquitetos Portugueses contestou o concurso público que a CGD realizara. "Nada a fazer: o destino da histórica Fábrica de Cerâmica Lusitânia parecia de há muito traçado" (Trindade, 1985, pp. 14-18). E mesmo não havendo autorização camarária para a sua demolição, ela é concretizada no silêncio da noite, dinamitando o edifício. "O facto estava consumado. Desapareciam, assim, de um só golpe, os três fornos Hoffmann e quatro pisos do edifício fabril"[95]. Com eles desaparecia também a possibilidade de um projeto de recuperação e reabilitação do conjunto da Fábrica de Cerâmica Lusitânia, ao contrário da tendência internacional de recuperação do património de arqueologia industrial. Mas a polémica não se limitava à questão patrimonial. Ainda que em menor escala, os evidentes danos, nomeadamente rachas nas paredes, que a construção do edifico da CGD causava nas suas habitações. Acontecia, intensivamente, o protesto dos moradores do bairro que ameaçavam processar juridicamente a CGD pelos danos materiais causadas nas suas habitações (fissuras), provocadas pela obra desde a abertura das fundações do edifício.

Outra faceta da celeuma durante o período de construção, prendia-se com a utilização de mão de obra clandestina na construção do novo edifício e nas precárias condições de segurança da obra, que provocaram a morte de cerca de 30 operários durante a construção (Anexo C.7. – Imprensa). Na nossa opinião, à data, um edifício tradicional, antigo tal não fazia parte da estratégia de comunicação CGD naquela altura. Contrariamente a outras realidades congéneres, no caso da CGD, o interesse era construir uma obra moderna e contemporânea e que se tornasse um marco histórico na cidade e contribuir para o desenvolvimento de uma cidade de imagem atrativa e cosmopolita como se ambicionava.

Concomitantemente a CGD tinha um problema de comunicação institucional por resolver e que colocava a imagem do banco do Estado numa reputação negativa. As mensagens da Comunicação Social chamavam a atenção os acontecimentos controversos do Banco Público, e os acontecimentos tornaram-se uma realidade mediática o que influenciava a "opinião pública". Nas Teorias dos Efeitos a Prazo, Lippmann em 1922, introduziu no livro *Public Opinion,* o conceito de "opinião publica" é um dos mais comuns quando se fala em comunicação social e que dominou uma corrente da pesquisa da comunicação de massas. Trata-se de um conceito amplo e está sujeito a várias interpretações, no entanto, e como refere José Rodrigues dos Santos, no livro

[95] Mateus (1999). "*Contribuição para um melhor conhecimento sobre a História do fabrico do tijolo*". O autor explica que a passagem de utilização de fornos tradicionais para fornos Hoffman decorreu de um progresso de industrialização de diversos sectores produtivos, na fabricação dos fins do seculo XIX. A sua utilização de fornos tradicionais foi sendo gradualmente abandonada, com a vulgarização dos fornos contínuos, concebidos em 1858, por Friederich Hoffman.

Comunicação (2001) é indesmentível que as pessoas, em geral tem opinião sobre assuntos mais diversos. Algumas dessas são maioritárias, e por isso há tendência para considerar que elas representam a opinião pública. Evidentemente que, nesta interpretação, se levanta o enorme problema de saber qual a opinião maioritária partilhada pelo público sobre um determinado tema, para que o conceito se torne operacional. (Santos, 2001, pp. 122-123).

Sem dúvida que foi relevante, o papel dos meios de comunicação de massas e os efeitos sobre o público. Os acontecimentos em torno da CGD estavam no *agenda-setting*[96] da atualidade. Neste sentido a comunicação social, estava atenta e sobretudo através da imprensa escrita, mantinha aceso o polémico o debate, como revelam as notícias dos jornais (anexo C – Imprensa). Tal facto devia-se ao poder de agendamento dos meios de comunicação social de massas com foco em mensagens e a destinatários, em relação a temas que despertavam atenção da população. Tal como advogam Fleur e Ball-Rokeach, no livro "Theories of mass Communication", segundo a Teoria dos Efeitos dos meios de comunicação, nas sociedades modernas, na relação tripartidária entre "audiência-sociedade e meios de comunicação social", os impactos das mensagens na audiência poderão não ser imediatos mas, a logo prazo. (De Fleur; Ball-Rokeach (1982), citados por Santos, 2001, pp. 111-126).

A recuperação do património era irreversível, a edificação da nova Sede da CGD prosseguia, acrescido ao facto de ocorrer uma incontrolável derrapagem orçamental devido aos custos da edificação do edifício e os desvios orçamentais. E em 1989 o Estado acaba por reestruturar a liderança da CGD. Esta nova estratégia viria a ter um impacto relevante não só na revisão do projeto do novo edifício, o início de um processo de tentativa de imagem da CGD, e mais tarde a criação da Culturgest, relacionamento com a comunidade em geral, e o seu lugar na cultura em particular, alterou-se (Anexo A.7).

3.2. "O Mausoléu": o edifício que gera polémica

As características do edifício, inovadoras para a época, despertavam várias opiniões discordantes. O novo edifício era apelidado pela comunicação social por "mausoléu"; Por outro lado, as derrapagens financeiras, com os elevados custos que se registavam, progressivamente, na construção da obra eram agravantes deveras censuráveis por de se tratar de um banco público. No

[96] Conceito desenvolvido pelos teóricos McCombs e Donald Shaw na década de 1970.

presente capítulo analisamos algumas ocorrências que marcaram a Comunicação Estratégica da CGD, no período compreendido de 1989-1992, no qual procurou melhorar a relacionamento com a comunidade com *media*, para prossecução do projeto Culturgest como um instrumento de comunicação persuasiva. É neste panorama que se pode inferir que a Comunicação Estratégica surge como ferramenta de interação, da organização junto dos seus públicos e estes sofrem a influencia das suas políticas e ações. A Comunicação Estratégica assenta em princípios de planeamento, desenvolvimento, implementação e monitorização de estratégias de comunicação, de forma a construir relações de credibilidade e confiança da organização empresarial junto da sociedade. Esta relação é articulada de forma integrada, utilizando práticas de Relações Públicas, Marketing, Mecenato, Jornalismo, Publicidade, entre outros (Sousa, 2011).

Em 1989, com o edifício sede já em fase de edificação, a nova administração da CGD confronta-se desde logo um problema de comunicação com os públicos internos e externos. Pesavam em primeiro lugar o impacto urbanístico do novo edifício-sede numa zona da cidade de Lisboa, onde passariam a trabalhar cerca de 4000 pessoas motivo de contestação; A edificação da Sede do banco do Estado, de grandes dimensões arquitetónicas, envolvia avultados custos financeiros. Estas eram duas preocupações que haveriam de condicionar as orientações estratégicas da liderança da empresa no que respeita a estes desafios, tendo como ideia central, devolver à comunidade uma compensação pelos efeitos negativos causados pela construção do novo edifício[97]. Alguns aspetos importam referir, acerca do contexto que se vivia em Portugal na mudança na área da comunicação social de massas, no período de adesão de Portugal à CEE, mais tarde União Europeia. Como realça Rogério Santos a respeito de fatores relevantes do início da década de 1990: nascia o jornal *Público* (1990) como jornal de referência, a privatização do *Diário de Notícias* (1991) a privatização de Rádios, os canais privados de televisão (SIC em 1992), grupos empresariais associavam-se à comunicação social num período de liberalização (Santos, 2007, p. 87).

"A CGD era objeto de inúmeras críticas na comunicação social – nos jornais e na televisão", referiu-nos um dos entrevistados (Anexo A.7.). A polémica não se circunscrevia aos custos financeiros. Ia mais longe. Dizia também respeito

[97] As informações sobre esta questão devem-se à entrevista concedida por Emílio Rui Vilar, no 4 dia de março de 2020, às 11.00, na sede da Caixa Geral de Depósitos (Anexo A.7.). Entrevista ao Miguel Lobo Antunes dia 4 de Junho de 2013, na sede da Caixa Geral de Depósitos (Anexo A.5.).

ao desperdício de recursos, à dimensão desnecessária para o nº de pessoas que aí trabalhariam e o choque urbanístico causado nesta zona de Lisboa. Numa situação conjuntural de contenção de despesas, o Estado pedia aos contribuintes comportamentos de contração no consumo e mais poupança. O artigo do jornalista Miguel Sousa Tavares com o título "A ordem é rica" (Tavares, 1988, p. 7) argumentava que o Estado usava o dinheiro dos contribuintes para redecorar sedes bancárias de fazer inveja ao *Chase Manhattan*. Um país pobre como Portugal não poderia coexistir com a situação de ter um Estado com gastos exagerados. (Anexo C.2. – Imprensa).

> (...) torna-se assim particularmente difícil de aceitar que (...) com o dinheiro gasto a construir a Sede da CGD, o Estado poderia alojar gratuitamente trezentos mil portugueses! (...). A ordem é rica dir-se-ia. Mas se a ordem é rica, não faz sentido que o Ministério das Finanças aconselhe os portugueses a deixarem de comprar casa e carro, ameaçando-os de que "ou há poupança voluntária ou teremos de a forçar". (Tavares, 1988, p. 7)

O edifício da CGD, numa afirmação territorial era considerado uma instrumentalização do poder público. O espaço físico era maior que as necessidades e existiam espaços dentro edifício que iriam permanecer vazios por serem desnecessários. E a prova desta afirmação foi o facto de assim que tomou posse, o novo Conselho de Administração ter constatado que a CGD não necessitava de um edifício com aquela dimensão. Com a pressão mediática a estratégia foi alterada. Perante tal, decidiu ainda que contra a vontade do próprio arquiteto escolhido pela anterior Administração, reduzir a dimensão do edifício e atenuar o seu impacto urbanístico no bairro residencial do Arco Cego. (Anexo A.7.). A construção estava ainda em curso, o que tornou ainda possível proceder a alterações ao projeto. Foi cortado o topo nascente, aberta uma quarta frente e cortada uma arcadilha e um edifício, no topo poente. A construção do arruamento obrigou a demolir uma parte que já estava construída. (Anexo C.8.-Imprensa). Como podemos constatar na maquete inicialmente idealizada – figura 22, "Maquete original do Edifício Sede da CGD em Lisboa" que se encontrava exposta ao público nas instalações da CGD e que tivemos oportunidade de fotografar. Revela as alterações ao projeto inicial numa redução da área construída em 14.500 m^2 (7,25%).

Figura n.º 22 – Maquete original do Edifício Sede da CGD em Lisboa

Fonte: Fotografia captada pela autora no Atrium central, CGD, Lisboa, 2020.

Verifica-se na figura 23, "Fotografia aérea do Edifício Sede da CGD", a redução da dimensão do projeto arquitetónico do edifício permitiu um acréscimo de zonas verdes, a criação de um novo arruamento, ligando as Av. João XXI e o edifício da Marconi e um jardim com auditório ao ar livre (CGD, 2020b). Tornou-se, assim, possível a CGD devolver duas ruas à cidade de Lisboa, com consequências urbanísticas e arquitetónicas. Esta alteração ao projeto inicial, insere-se nas várias medidas adotadas numa tentativa de melhorar a imagem e a reputação da CGD na comunidade e a relação da instituição com os públicos (*stakeholders* internos e externos).

Figura n.º 23 – Fotografia aérea do Edifício Sede da CGD

Fonte: Google Maps (2020).

Apesar da redução do projeto inicial, continuavam a existir espaços livres e desproporcionados em relação às necessidades funcionais da CGD. O plano arquitetónico assinado pelo Conselho de Administração anterior a 1989, previa a construção de um grande auditório com cerca de 600 lugares destinado a um Centro de Formação para os colaboradores da CGD e um espaço para um projeto museológico da CGD. Porém, o projeto CGD foi alterado em linha de continuidade com a Comunicação Estratégica definida. A nova liderança do banco entendeu que estes espaços deveriam ganhar uma nova funcionalidade. Em primeiro lugar, um auditório daquela dimensão seria manifestamente exagerado para as necessidades de formação dos colaboradores da CGD. Por outro lado, o património museológico existente não justificava a existência de um museu. A ideia do projeto museológico foi colocada de parte. O Presidente da CGD, decidiu então, transformar a funcionalidade destes espaços num futuro centro cultural e criar um grande auditório e um pequeno auditório, ambos com valência de sala de espetáculos, galerias de exposição e salas polivalentes e de geometria variável (Anexo B - Imagens do Espaço da Culturgest). A Culturgest tinha dimensão para se tornar numa empresa de gestão de espaços culturais do grupo financeiro CGD. Uma ideia que o Presidente da CGD tinha já proposto ao Governo português de então, para a gestão do Centro Cultural de Belém e que retoma para a Culturgest. Na linha da ideia anteriormente proposta, consistia na gestão do Centro Cultural de Belém, situado na zona ribeirinha de Lisboa, fosse objeto de concessão através de um concurso, disponibilizando-se a CGD para, em associação com a sua congénere francesa – *La Caisse Des Dépôts et Consignations* – e uma instituição norte americana a selecionar, constituírem uma empresa gestora de espaços culturais para concorrer à gestão do Centro Cultural de Belém. Esta ideia nunca obteve resposta do Governo, que meses depois constituiu a Fundação das Descobertas que se encarregou da gestão do Centro Cultural de Belém. Ora, é esta mesma ideia que o Presidente da CGD retoma e propõe ao Conselho de Administração do Banco para a gestão do futuro centro cultural a criar no edifício-sede (Anexo A.7.).

Figura n.º 24 – Cúpula do grande auditório da Culturgest e vestígios de uma chaminé da antiga Fábrica de Cerâmica Lusitânia

Fonte: Arquivo do Património Histórico da CGD.

A ideia era inédita em Portugal, porque não existia mais nenhum equipamento cultural na sede de um banco. O entrevistado recorda: "*Lembro-me muito bem que os meus colegas não disseram nem sim nem não, o que significava que havia alguma dúvida. Aprovaram em silêncio, mas aprovaram. E assim, em 1993, surgiu a Culturgest*"[98]. Historial feito de certa forma detalhada e ouvido e entrevistado o mentor da ideia de criação da Culturgest, leva a refletir sobre os motivos que transparecem em termos de imagem e reputação institucional. O foco é a mensagem de persuasão tal como advoga a Teoria da Persuasão (Fleur, 1970). Ultrapassada as polémicas em torno do edifício e a sua obra de construção, o desafio seguinte passou pela afirmação da CGD como uma marca na Cultural, por meio da Culturgest com uma programação diferenciadora no panorama cultural nacional internacional subsidiada pela CGD.

[98] Entrevista concedida por Emílio Rui Vilar, no 4 dia de Março de 2020, às 11.00, na sede da Caixa Geral de Depósitos. Veja-se também Emílio Rui Vilar, "Sobre a Origem da Culturgest" (Vilar, E., 2003).

3.3. Comunicação Institucional

O enquadramento histórico estrutural, que se descreve neste capítulo, referente ao projeto arquitetónico e cultural que a CGD concebeu e implementou, demonstra a existência de um processo intencional que não se limitava ao restauro de vestígios de um edifício fabril, para perpetuar simbolicamente o "antigo". Também, a opção por uma Comunicação Estratégica (CE) da empresa que incluiu a Comunicação Institucional, é uma evidência que o banco visava melhorar a sua imagem, perante a sociedade, os consumidores e investidores. Segundo Lüdke e André (citado por Duarte, 2005, p. 218) o estudo de caso "(...) é comumente visto como de natureza qualitativa ou 'naturalística'; aquele que 'se desenvolve numa situação natural, é rico em dados descritivos, tem plano aberto e flexível e focaliza a realidade de forma complexa e contextualizada". Nesta perspetiva, a Comunicação Integrada delineada pela CGD focalizada, na nossa opinião, no edifício moderno simbólico, protagonizava a transformação organizacional que a empresa almejava comunicar.

A CGD optou pela construção de um edifício de linhas arquitetónicas modernas, ajustada a uma mensagem de mudança, fruto do contexto contemporâneo da comunicação num cenário de globalização, com o foco numa Comunicação Estratégica (Hallahan *et al.*, 2007), muito bem definida e que tem desenvolvido até a atualidade. Ora, é sabido que as relações-públicas, o envolvimento dos colaboradores, as ações de marketing social e cultural entre outras, são instrumentos de comunicação, utilizados para a reconstrução da imagem, o que beneficiou a Culturgest e a estrutura da sua programação cultural. A comunicação baseada em princípios metodológicos de planeamento, implementação e monitorização de indicadores estratégicos de comunicação, são imprescindíveis, quando o objetivo da empresa são as alterações profundas da sua imagem junto dos seus públicos internos e externos. As metas traçadas, também, são de comunicação transversal com os seus públicos, de forma a construir relações fidedignas de credibilidade e aceitação perene junto da sociedade. (Barreto & Boechat, 2018). A Comunicação Estratégica, é o somatório de todas as estratégias de comunicação e não é semelhante à "estratégia de comunicação" (Carrillo, 2014) utiliza todas as formas de comunicação ao seu alcance para atingir todos os seus objetivos. De entre as diversas estratégias a Comunicação Institucional é para as organizações, uma prioridade no seu conjunto, isto é, nas empresas, instituições público privadas com ou sem fins lucrativos e que trabalham de uma forma estruturada, para alcançar ou satisfazer determinada missão e materializar a sua expectativa estratégica. Uma gestão da comunicação apropriada tem presente que o envolvimento com o ambiente só será possível se a organização projetar uma comunicação que possibilite à instituição desenvolver e pôr em prática as mais diversas ações, com o auxílio da aplicação de medidas corretivas, sobre as suas estratégicas dirigidas ao ambiente onde se inserem. O efeito esperado é a projeção de uma imagem positiva junto dos *stakeholders* (parceiros estratégicos internos e externos) também com o reforço da sua reputação. O *Marketing* e as Relações-Públicas são duas áreas que praticam exercícios fundamentais nas organizações, contudo com tarefas bem distintas. Na sua perspetiva demonstra que "as ações institucionais principalmente através da cultura, propõem-se fundamentar relacionamentos e não unicamente a persuasão do público consumidor" (Kunsch, 2003).

Ora, a Comunicação Institucional está relacionada com todas as ações que ocorrem em espaços públicos e são emissoras de factos significativos, ou seja, para que uma ação seja eficaz deve estar enquadrada com a atividade de toda a instituição (Kunsch, 2003). É o público o recetor das mensagens contidas nas ações de comunicação que capta, organiza e expressa as suas opiniões, podemos dizer que a instituição está permanentemente sob escrutínio em reação à sua conduta, coerência e credibilidade. A Comunicação Institucional orienta-se no sentido da organização, sob uma profunda avaliação, de forma afirmar a manter a compatibilidade dos seus interesses com aqueles pertencentes à comunidade (Weil, 1990). A finalidade da Comunicação Institucional "não é mercantil", pretende agir sobre a opinião "tornar conhecido, defender, acreditar, suscitar a adesão" Daniel F. (1993, p. 118) o emissor procura divulgar uma "identidade" e uma personalidade. Assim sendo, o emissor enquanto sujeito, transmite uma mensagem com valores políticos e simbólicos com respeito intrínseco pelas obrigações éticas. O condutor, afinal, não é o mercado, mas sim a opinião pública.

É sob este paradigma da Comunicação Institucional, que a CGD sustentou o seu envolvimento enquanto agente económico, no setor cultural, sobretudo no financiamento de iniciativas culturais. Enquadrou numa estratégia de comunicação que prestigia a imagem da empresa, dando-lhe uma personalidade própria, um posicionamento diferenciado no mercado competitivo, através da Culturgest. Sendo que, não descurou a premência da auscultação da opinião pública para consolidar a sua missão social no mercado globalizado. Hallahan *et al.* (2007) consideram a "Comunicação Estratégica como uma comunicação feita deliberadamente por uma organização para cumprir a sua missão"[99].Sendo holística e integrada, demonstra que as organizações têm em atenção as diferentes expectativas dos diferentes atores sociais e, demais respostas, orientadas para a Responsabilidade Social Coletiva. É neste desiderato e seguindo a linha de pensamento de Barreto e Meirinhos (2018) que se deve inferir que a Comunicação Estratégica, como catalisador organizacional, define o papel da RSC sob um projeto devidamente integrado e participativo

> "tem em atenção as expectativas de diferentes intervenientes da sociedade, e se a eleva como uma ferramenta de suporte ao fortalecimento das empresas enquanto elementos de relevo no campo social, trata-se, para nós, de uma relação que poderá contribuir positivamente para as organizações" (Barreto & Meirinhos, 2018).

Ora, a relevância da Comunicação Institucional como responsável por suas ações, transporta um projeto integrado na Comunicação Estratégica garante que a "Comunicação Institucional está intrinsecamente ligada aos aspetos corporativos institucionais que explicitam o lado público das organizações e tem como proposta básica a influência político-social na sociedade onde está inserida". Numa definição sobre a Comunicação Institucional, Abílio da Fonseca (citado por Kunsch, 2003), diz que a mesma pode ser definida como "conjunto que é de procedimentos destinados a difundir informações de interesse publico sobre as filosofias, as políticas, as práticas e os objetivos das organizações, de modo a tornar compreensíveis essas propostas" (2003, p. 164).

Como estratégia, a organização considera a aplicação de vários instrumentos comunicacionais, em consonância com os seus objetivos, referentes aos seus proveitos diretos, indiretos e "não económicos" assim sendo, há um propósito estratégico Argenti, Howell & Beck (2005, p. 83) citado por Margarida Barreto e Rosa Meirinhos (2018) veem a Comunicação Estratégica como a "comunicação alinhada com a estratégia global da empresa, por forma a alcançar o seu posicionamento estratégico". Relevando os diferentes contributos citados, notamos a persistência do elo existente entre os três pilares – Comunicação Institucional (CI), Responsabilidade Social Coletiva (RSC)

99 "Realçando este pressuposto de orientação da Responsabilidade Social Coletiva para diferentes Stakeholders (Katsoulakos *et al.*, 2004), acrescentamos a análise de Hallahan *et al.* (2007), que avalia a CE como o campo que estuda o uso que as organizações fazem da comunicação planeada, controlada e persuasiva, analisando a aplicação intencional da comunicação para o cumprimento da missão da organização enquanto ator social".

e Comunicação Estratégica (CE) – sobretudo no que concerne ao cumprimento dos objetivos por parte das instituições que definiram a sua missão, visão, ideologia, filosofia, os seus valores, ética e sustentabilidade.

Figura n.º 25 – Estudo de caso CGD-Culturgest. Comunicação sistémica

Estatuto jurídico CGD e da Culturgest	Data	Imagem e reputação	Instrumentos de comunicação com os públicos	Modelos teóricos
Banco Público	Antes de 1989	Negativa Banco tradicional	Comunicação sem orientação futurista	Comunicação tradicional
CGD, Sociedade Anónima	1992	Tradicional Polémica	"Mausoléu" no Bairro do Arco Cego. Projeto arquitetónico inovador. Edifício símbolo de modernidade.	Comunicação Estratégica/Persuasiva Mensagens de RSC (Responsabilidade Social Corporativa)
Empresa Culturgest Gestão de Espaços Culturais	1993-1994	Moderna Polémica	Mecenato cultural Marketing Cultural Promoção e oferta cultural Patrocínios *Media* (Jornais, anúncios na TV, revistas)	Comunicação Integrada
Fundação CGD-Culturgest	2008	Inovadora Moderna Vanguardista Universal	Comunicação organizacional e intraorganizacional Mecenato. Endomarketing Marketing Relações Públicas Patrocínios	Comunicação Institucional Públicos externos Públicos internos Comunicação de Massas

Comunicação Institucional

Missão - Objetivos – Imagem - Responsabilidade Social (RCS)
Valores – Ética - Sustentabilidade

Fonte: Elaboração de autoria de Cármen Monereo.

Ora, estando já definida neste livro, a Comunicação Institucional como uma área da comunicação integrada, responsável pela construção estratégica da identidade e imagem positiva de uma organização, a identidade da Culturgest está ligada aos propósitos e objetivos da CGD. Enquanto a imagem está conectada ao que o público em geral pensa a respeito dessa empresa, neste contexto conceptual e pragmático, através do mecenato à cultura e sua programação cultural, a CGD e a Culturgest promovem a conquista da simpatia, a credibilidade, o reforço da marca, reforço da reputação, imagem e efetivam a sua missão junto da comunidade no que concerne à Responsabilidade Social Coletiva (ver Figura 25).

3.4. Programação Cultural

No período compreendido entre 1989 e 1992, a intervenção ao nível da Cultura é uma opção lógica no âmbito da Comunicação Estratégica na sequência de duas intervenções importantes neste domínio e que associadas ao nome da CGD: a constituição da Coleção de Arte da Caixa Geral de Depósitos, a partir de um embrionário acervo de arte constituído, e o início de uma definição das atividades culturais da Culturgest, que iniciou atividade em 1993. Nas últimas décadas, as instituições financeiras desempenham um papel promotor da produção artística, particularmente "através da sua ação colecionista, da exposição pública das aquisições do mecenato praticado" (Duarte, 2019, p. 107). Como refere Patricia Zambianchi (1996) no estudo "*Art Patronage among Banks in Italy*", dentro do tecido empresarial, os bancos são os principais promotores de arte e cultura compradores de obras de arte para as suas Coleções de Arte (Zambianchi, 1996, pp. 151-158). Nesse sentido, não se poderia deixar de mencionar, a Coleção de Arte da CGD.[100]

[100] Quanto à Coleção de Arte, as empresas sobretudo a banca, historicamente, tende a adquirir coleções de peças de arte para decorar os espaços, mas também para realçar a imagem da empresa, um cenário de prestígio para os seus clientes. As Coleções de Arte das empresas são ativos dos bancos e podem igualmente ser vistas na ótica de comunicação por diversos motivos: para as relações públicas e como criadores de imagem (*image-making*); proporcionam benefícios aos funcionários, no ambiente de trabalho, pela motivação e pela educação, ao envolverem-se em programas relacionados com artes; e por último, consiste na perspetiva da Arte como investimento, ou seja, constitui um bem económico, um ativo do capital com um potencial real por aumento do valor, ou seja, como forma de investimento (Martorella, 1990). Porém, existe um gosto pessoal pela arte e cultura subjacente aos líderes dos "novos mecenas". O sucesso dos programas de apoio à cultura, em grande parte deve-se aos apoios dos Presidentes de Administração das empresas, caso que também se aplica à motivação subjacente à criação da Coleção de Arte da Caixa Geral de Depósitos – Culturgest. O mecenato aparece, assim, fortemente personalizado pelas administrações e dos líderes de topo das empresas. Afirmação que se confirma com a origem da Culturgest em 1993. Em entrevista realizada nesta investigação, as palavras do, ex-Presidente do Conselho de Administração da CGD permitiu compreender a importância do gosto pessoal de um colecionador, pela Cultura e pelas Artes (Anexo A.7.). De acordo, Kirchberg (2003) a influência e a aptidão pessoal dos líderes das empresas é relevante nas decisões de suportar as artes e a ligação com os mundos das artes.

Criação do acervo de Arte da Caixa Geral de Depósitos (1983-1989)

Até 1989, existia um acervo de peças de arte. A evolução e o crescimento da Coleção de Arte, como hoje a CGD possui, não foi linear[101], como explicou Emílio Vilar em entrevista (anexo A.7.).

Embora variem as motivações subjacentes para alocar recursos financeiros na aquisição de arte existem diversos exemplos que ilustram que a relação "Coleção de Artes e negócios" e "*Corporate Art*" é uma prática antiga como uma das formas de reconhecimento social. Em França sobretudo após a II Guerra Mundial, o colecionismo de arte moderna desenvolveu-se como símbolo de democracia e de liberdade (Duarte, 2019, p. 46); nos Estados Unidos, também na década de 40, essa prática tornou-se mais visível ao público em geral publicitada e tende a crescer. As históricas das Coleções de Arte (*Corporate Art Collections*), nos Estados Unidos têm origem primeiramente nas coleções privadas. Posteriormente transitam para a esfera pública quando as empresas do setor industrial e petrolífero constituíram as suas Coleções de Arte (Martorella, 1996, p. 21). O *boom* cultural encorajou o envolvimento dos artistas e a década corresponde à emergência da *Pop Art*, do Conceptualismo, do Minimalismo e da *Land Art*.[102] O apoio às artes permitia às empresas comunicar valores humanísticos ao seu público, bem como conquistar prestígio, visibilidade e, em algumas situações, converter e influenciar na construção de uma imagem pública positiva. Posteriormente, já nos anos 80, devido às mudanças dos mercados, assistiu-se ao alargamento do interesse no colecionismo pelo setor imobiliário, bancário, e financeiro em geral. Este movimento generalizou-se a diversos setores empresariais, incluindo as sociedades de advogados e a hotelaria (Martorella, 1990, p. 13). Neste âmbito, a CGD seguiu a tendência e inseriu na estratégia de intervenção na cultura, a política de aquisição de obras de arte como património. Desde o início dos anos 80 reúne um acervo em diversos suportes, que inclui, maioritariamente, arte moderna portuguesa. Em meados de 1982, a CGD, por proposta apresentada

[101] A 1983 foram dados com a aquisição das primeiras obras de autoria de Guilherme Parente e de Eduardo Batarda, ambas sem título e datadas de 1973 e 1940, respetivamente.

[102] Em 1960 o *Whitney Museum* apresentou a exposição "Business Buys Art". Esta exposição encorajou outros museus locais a patrocinarem grupos de exposições de coleções de arte de empresas. Em 1961, o *San Francisco Museum of Modern Art's* exibia a exposição *"American Business and the Arts"*. O *Montegomery Museum of Fine Arts*, em Alabama, também organizou uma exposição com 91 peças pertencentes a trinta empresas que viajaram para Washington, DC, Califórnia e Indianapolis.

pelo Administrador-Geral[103], iniciou uma intervenção mais atuante no apoio a manifestações culturais nas atividades de natureza sociocultural, nomeadamente no domínio das artes plásticas, através, exclusivamente, da aquisição de trabalhos de artistas plásticos contemporâneos. Tal facto, permitiu criar um acervo integrando uma multiplicidade de disciplinas artísticas, desde o século XIX até aos nossos dias com cerca de duzentas obras de diferentes práticas artísticas desde a pintura, a escultura, a tapeçaria, o desenho e, mais tarde, a fotografia, com as aquisições decorrentes de orientações do Conselho de Administração. Na segunda metade da década de 80, também, a Fundação Luso-Americana para o Desenvolvimento (FLAD) iniciou a sua Coleção de Arte Contemporânea[104]. Contribuía, assim, para a alteração do panorama do colecionismo institucional, com a valorização da criação artística portuguesa e a motivação de artistas, galeristas, colecionadores e do mercado de arte em geral. A FLAD perspetivava, ao mesmo tempo, promover a internacionalização da arte contemporânea portuguesa, e como afirmava o seu presidente, Rui Machete, "incentivar a nível institucional privado, o hábito de um colecionismo convicto e esclarecido, que na proliferação de modelos diferentes venha reforçar uma prática que cumpre, em Portugal, incentivar, contribuindo para o desenvolvimento de uma sociedade portuguesa que transcende o estreito economicismo" (Machete, 2002).

A terminar o ano de 1989, a CGD realiza as últimas aquisições, somando um total de 698 obras. O acervo engloba nomes de conceituados artistas, nomeadamente: Ângelo de Sousa, António Dacosta, Artur Bual, Carlota Emauz, Cruzeiro Seixas, Domingos Pinho, Espiga Pinto, Figueiredo Sobral, Gil Teixeira Lopes, Graça Morais, Guilherme Parente, José Faria, Júlio Pomar,

103 Alberto Oliveira Pinto – Foi o 15º Administrador-Geral da Caixa Geral de Depósitos. Para leitura adicional ver Pinto (2013).

104 A Coleção da Fundação Luso-Americana para o Desenvolvimento, iniciada em 1986, constituiu-se como um projeto cultural específico, integrado na estratégia global da FLAD. Inicialmente centrada num núcleo de artistas emergentes nos anos 80, a coleção reúne perto de 1000 peças, na sua maioria obras sobre papel, hoje em número de cerca de 650. Coube a Manuel Castro Caldas, a curadoria e o conceito e a definição inicial da coleção. Desde cedo, obras da coleção têm sido mostradas em diferentes exposições e representações dentro e fora do país; cerca de 120 obras foram também solicitadas por empréstimo, em diversas circunstâncias. A partir de protocolo estabelecido em maio de 1999, obras do acervo encontram-se em depósito na Fundação de Serralves, no Porto. Por ocasião da passagem dos 20 anos do seu estabelecimento, a Fundação Luso-Americana apresenta uma escolha de desenhos nas galerias da Culturgest, empresa da qual é cofundadora e participante como sócia. "Exposição O Desenho na Coleção da Fundação". Luso-Americana. De 13 de julho a 25 de setembro, nas galerias 1 e 2. Comissário Manuel Castro Caldas. In Programação cultural da Culturgest temporada de 2005. Consultado no site www.culturgest.pt. www.flad.pt.

Justino Alves, Margarida Cepêda, Menez, Pedro Portugal, Rocha Pinto, Rogério Ribeiro, Sam. O acervo de arte define-se como um importante repositório no contexto da preservação da memória artística nacional e reúne obras de um conjunto de artistas fundamentais da História da Arte portuguesa, desde a década de 60 (Kotova, 2012). Em 1989, sob a presidência de Emílio Rui Vilar, a CGD iniciou um acervo com critérios, que daria origem à atual Coleção de Arte da CGD. Na época, o panorama colecionístico institucional, no domínio da Arte Contemporânea em Portugal era escasso (Duarte, 2017). Algumas empresas possuíam obras adquiridas de forma discricionária, com critérios baseados em gostos pessoais ou especulações de um reduzido mercado de arte nacional, na época ainda embrionário. O Conselho de Administração da CGD, a quem cabe a competência para a decisão das aquisições, enunciava os seis critérios de aquisição das obras para o acervo: o critério com dimensão económica, em que a obra surge como um objeto de um processo económico de produção, circulação e valorização (Melo, 2012a, p. 8) – a instituição deveria ter um papel discreto no processo de compra por forma a não inflacionar o mercado de obras de arte; o segundo critério corresponde à relação de respeito pelos acordos comerciais estabelecidos entre artistas e galerias; o terceiro critério define que a escolha deve incidir em obras de valor médio-baixo, privilegiando as exposições públicas realizadas pelos artistas para ter maior leque de opções; o quarto, o critério da diferenciação das tendências, engloba a política de aquisições – uma seleção de artistas menos consagrados representativos de diferentes linguagens artísticas, e talentosos jovens artistas jovens, e para esta categoria de artistas, as obras que revelem todas as suas fases de evolução artística; o quinto critério, beneficiar a aquisição de pintura em detrimento de escultura, critério provisório, por uma questão de espaço, até a edificação do novo edifício sede; e por fim, o sexto critério define o interesse museológico que as obras de arte devem ter, pois previa-se a criação de um Museu da Caixa Geral de Depósitos (Kotova, 2012).

À data, existia a Coleção Nacional da antiga Secretária de Estado da Cultura, mas sem linguagens artísticas de continuidade e de alguma forma sujeita às circunstâncias e variações das Comissões de Compras. Neste contexto nacional, a Coleção de Arte da Fundação Calouste Gulbenkian representava uma exceção no panorama do colecionismo institucional português da época. Era, de alguma forma, mais representativa da arte do século XX, não só nacional, mas também internacional, pois, incluía um acervo de arte contemporânea britânica, essencialmente do período *pop,* devido ao envolvimento da instituição no mercado britânico de negócios. Ora, uma das novidades adotada pela Administração, em funções a partir de 1989[105], diz respeito justamente à definição de uma nova política de aquisição de peças para a Coleção de. A Administração definiu linhas orientadoras para a criação de uma coleção de arte, que também teria impacto na comunicação estratégia da CGD como uma marca na Cultura. No caso "CGD e a Culturgest" é importante notar que a empresa procurava, deste modo, comunicar e transmitir a imagem de uma empresa comprometida em contribuir para o desenvolvimento da sociedade portuguesa e para a valorização social da arte e da cultura, numa ótica que não se restringia apenas ao benefício económico. Ora, o foco é a mensagem de persuasão tal como advoga a Teoria da Persuasão (Fleur, 1970). A empresa entendia que a continuidade e o enriquecimento do acervo deveriam permitir criar uma Coleção de Arte e que a escolha e aquisição das obras, ao contrário do que acontecia até então, deveria ser independente dos serviços responsáveis pelas compras de património da CGD. Este facto marca uma mudança face à anterior Administração da CGD sinaliza o início de um novo modelo para a constituição de uma Coleção de Arte que, mais tarde, transitaria para a responsabilidade da Culturgest. Como refere Duarte no estudo "*Da Coleção ao Museu, o colecionismo privado de arte moderna e contemporânea em Portugal* (2017), o processo de colecionar arte esta relacionado com o domínio cultural e com o da economia, no sentido em que a obra não se dissocia do valor comercial e do poder financeiro do comprador (Duarte, 2017). Em meados de 1989, em regime de cedências externas, foram cedidas obras do acervo do património artístico da CGD para serem exibidas em duas exposições A primeira exposição ocorreu no âmbito das comemorações dos 200 anos do Ministério das Finanças; e, pela primeira vez foi apresentada ao público uma parte do acervo. A segunda exposição, realizou-se em Serralves, no Porto[106]. No início da década de 90, a nova Administração entendeu que a Coleção de Arte precisava de uma visão estratégica e de um

105 Mandato 1989-1995.

106 Em Portugal, apenas na década de 90, a coleção de arte da sociedade de advogados PLMJ foi iniciada por A. M. Pereira, Sáragga Leal, Oliveira Martins, Júdice e Associados. A Fundação PLMJ com o lema "Uma sociedade de advogados como espaço de cultura" enriqueceu desde 1998 para decorar os espaços de trabalho da empresa fundadora. A Fundação teve como objetivo a divulgação das artes plásticas em Portugal, e atividade regular na área do colecionismo (...) da criação artística contemporânea (Fundação PLMJ, 2006-2018). Paralelamente, aconteceu justamente a partir da década 80 o auge dos investimentos das empresas, nos instrumentos de comunicação – patrocínio e mecenato (Llorente, 2011).

programa de aquisições. Era a prova da visão, do gosto e do entusiasmo pessoal de colecionador do presidente da CGD. Tal facto, representou um passo fundamental na continuidade da coleção, e o acervo começa a ser tratado segundo as premissas museológicas. Ora, este período determinou os primeiros passos para a CGD posicionar a sua presença no setor cultural.

Em primeiro lugar, o gestor definiu internamente, as principais linhas estratégicas orientadoras, posicionando a CGD na Cultura, por meio da Coleção de Arte. Ficou definido que a Coleção atualmente existente deverá ser objeto de análise e apreciação por parte de dois peritos devidamente credenciados, se possível, do quadro da Secretaria de Estado da Cultura ou do Instituto Português do Património Cultural; de futuro, a aquisição de obras de arte contemporânea será cometida a um ou dois curadores de reconhecimento mérito; o património artístico poderá abranger obras posteriores à criação da instituição; cometer à Direção de Aquisições da Caixa Geral de Depósitos a manutenção de um inventário atualizado das obras de arte e a sua guarda em adequadas condições de segurança e conservação (Kotova, 2012, p. 18; Mamontova, 2019).

Em segundo lugar, optou-se pela profissionalização da gestão do acervo. O trabalho de inventariação do espólio das obras de arte, ficou a cargo de arquiteta Margarida Veiga e do artista plástico Fernando Calhau que, mais tarde, passou a consultor da Culturgest, responsável pelas aquisições de arte, onde permaneceu até 1995. Realizaram um exaustivo trabalho e transmitiram em relatório ao Conselho de Administração as diversas deficiências técnicas encontradas e o estado do acervo. Inventariaram cerca de 200 peças e definiram o património que daria origem a um espólio de obras de arte catalogadas e organizadas conferindo as características que o individualizavam. Decorrida uma década, após uma análise ao acervo, bem como às diversas coleções de arte institucionais existentes em Portugal, passou a privilegiar-se, entre outros critérios, a produção artística posterior à década de 1980. Sem, porém, deixar de se manter uma atenção à oportunidade de inclusão de obras anteriores de artistas cuja consagração tenha ocorrido nos anos 60 e 70. Definiram-se, então, dois critérios fundamentais para a aquisição de novas peças: o primeiro, o da exclusividade pela criação artística portuguesa; e o segundo, a temporalidade, numa seleção de aquisições que recuava até aos anos 60. Foram definidas as linhas de orientação para o desenvolvimento de uma Coleção de Arte, reformulados os seus objetivos de seleção e apresentados novos critérios de incorporação das obras. O objetivo era dar continuidade a uma Coleção de Arte, que pudesse trazer à cultura portuguesa atualidade e aderência de novos públicos. Assim, já inaugurada, a Culturgest assumiu por um período experimental, a decisão de escolha e compra das obras de Arte para a Coleção da CGD. Contudo, apenas em 1993, por ocasião da abertura dos espaços da Culturgest no novo edifício-sede da CGD foi apresentada ao público a exposição com o título "A Arte Moderna em Portugal 1" com obras da Coleção de Arte portuguesa da CGD, iniciada em 1983. E dois anos mais tarde, uma exposição intitulada "A Arte Moderna em Portugal 2". Ambas comissariadas por Fernando Calhau. Entende-se que, a Coleção de Arte consistia numa ação mecenática da CGD e revelava, ao mesmo tempo, um exercício de cidadania, com uma política de aquisições e de circulação de obras com cedências temporárias. Neste sentido, aquando da realização da primeira mostra da Coleção de Arte da CGD quis afirmar-se como uma instituição orientada para o desenvolvimento económico e social português. Prova dessa intenção é o prefácio do catálogo dessa exposição, escrito pelo, então, Presidente do Conselho de Administração da CGD:

> Nestes novos espaços, agora abertos ao público, terá lugar uma programação que divulgará outros aspetos da arte portuguesa e estrangeira, contribuindo, também nestes domínios, para o diálogo e a criatividade que são fatores indispensáveis ao desenvolvimento da sociedade portuguesa. (Vilar, E., 1994, p. 3)

Em linha com a Comunicação Estratégia da CGD, a participação da CGD na vida cultural portuguesa traduzia-se pois numa ação de mecenato, nas mais diversas áreas de criação e de produção intelectual, científica e cultural (Culturgest, 1993a), que no caso CGD- Culturgest, "o mecenato cultural é um instrumento de Comunicação". Na exposição "A Arte Moderna em Portugal" estava agrupada por autores com formulações conceptuais próximas, não descurando outras possíveis abordagens estéticas, poéticas ou conceptuais, escreve Fernando Calhau, no catálogo da coleção, publicado pela Culturgest em 1993[107]. O núcleo de fotografias existente na Coleção de Arte da CGD foi impulsionado, também, pela mesma administração da CGD, no mandato de 1989 a 1995. Teve como motivo a viabilização da exposição "*Regards Étrangers*" no Musée de La Photographie em Mont-sur-Marchienne

[107] Constavam os nomes de Michael Biberstein, Gerardo Burmester, Alberto Carneiro, Pedro Casqueiro, Graça Pereira Coutinho, Jose Pedro Croft, Gaëtan, João Jacinto, Álvaro Lapa, Vitor Pomar, Pedro Cabrita Reis, Rui Sanches, Julião Sarmento e Pedro Sousa Vieira é o conjunto de artistas escolhidos por opção pessoal do comissário, e que constavam na exposição acessível ao público em geral.

na Bélgica, no âmbito da *Europália 91,* dedicada a Portugal. Exposição, que aliás, nunca foi mostrada em Portugal (Culturgest, 1993b). Em 1991, a Secretaria de Estado da Cultura, pretendia fazer uma exposição de fotografia no âmbito da Europália 91. Contudo, tal não era possível porque a Coleção Nacional de Fotografia não tinha um número de provas fotográficas que permitisse uma exposição impactante. A CGD foi, então, consultada, mas a Coleção institucional possuía, apenas, vinte e seis imagens, o que era igualmente, um número insuficiente de fotografias para formar um panorama representativo a ser apresentado na Europa. A CGD, numa iniciativa mecenática e para reforçar o núcleo de fotografia estrangeira, adquiriu um conjunto de fotografias de fotógrafos de renome internacional feitas em Portugal, como Henri Cartier Bresson, Edouard Boubat, Esther Bubley Alma Lavenson, entre outros e diversos contemporâneos (CGD, 1994).[108] A escolha das obras adquiridas em 1991 foi sob a responsabilidade de curadoria de Jorge Calado, comissário das exposições da Europália de Paris e da Bélgica. Pretendia-se que este núcleo fotográfico representasse um olhar exterior sobre a realidade portuguesa e proporcionasse a fruição das obras de arte que compõem a coleção institucional. Terminado o Festival Europália 91, as obras foram integradas na Coleção de Arte da CGD. As cedências internacionais ocorreram no contexto da Europália e mais tarde do *Palai de Beaux Arts* em Bruxelas. Em 1995, Fernando Calhau retira-se da Culturgest para assumir a Direção do Instituto de Arte Contemporânea. Deixa uma coleção enriquecida com mais 219 aquisições de obras de artistas portugueses ou residentes em Portugal dando sequência a uma tendência verificada nas instituições financeiras sobretudo Bancos e Seguradoras que têm vindo a ocupar um lugar hegemónico na dinamização do mercado da arte, na perspetiva económica do valor patrimonial da arte, e por outro lado na legitimação de trabalho artístico (Duarte, 2017). Conclui-se neste capítulo, invocando este percurso, que demonstrou que para além da disponibilidade financeira, a estratégia empresarial regia-se por valores de apoio a cultura na forma de intervenção social. Por outro lado, do ponto de vista da diferenciação artística, nomeadamente por parte do colecionador, protagonizado pelos líderes das empresas, evidencia-se um perfil onde predomina a ousadia, o risco, a novidade por aquisição de correntes artísticas emergentes, o atração pela novidade, em oposto, de forma geral a um perfil tradicionalista, conservador, conformista, "onde impera o gosto pelo seguro" (Duarte, 2017, p. 70).

[108] Consta no texto de explicação no Catálogo "Olhares Estrangeiros. Fotografias de Portugal".

CAPÍTULO 4
A CULTURGEST NASCE COMO EMPRESA (1993-2008)

4.1. A empresa de espaços culturais

Este livro sobre "o Mecenato Cultural como Instrumento de Comunicação: o caso CGD e a Culturgest" levou a percorrer com entusiasmo as várias fases para escrutinar os primeiros anos da presença da CGD na cultura. Neste quarto capítulo analisa-se a evolução da Culturgest, com especial incidência o início da década de 1990 até 2008, período correspondente ao regime jurídico da Culturgest como empresa de Gestão de Espaços Culturais. Diversos fatores endógenos e exógenos contribuíram e favoreceram para que a CGD colocasse a Culturgest em lugar estratégico e primordial na Comunicação Institucional, para sinalizar a sua presença no setor Cultural em Portugal. Primeiro, a CGD era o maior Banco público português que atravessava um período de transição de Instituto Público para Banco com gestão privada, plenamente concorrencial. Segundo, possuía um edifício com grandes dimensões e com um espaço autónomo para um equipamento cultural, o que à época era pioneiro e único no setor bancário português. Terceiro, havia a possibilidade de integrar, neste equipamento cultural, uma equipa de profissionais experientes, muitos deles provenientes da Europália 91[109], com o compromisso de colaborarem na criação de uma programação cultural diferenciadora e caracterizada pelo vanguardismo, experimentalismo e multiculturalismo. Quarto, contava com uma Administração da CGD civicamente comprometida com o envolvimento na comunidade e na cultura. E, finalmente, o quinto fator, manifestava uma necessidade de evolução

[109] Sobre Europália 91 ver o artigo "Memória da Europália 91 – Portugal", da autoria de Emílio Rui Vilar, publicado no Jornal *As Artes Entre As Letras*, em maio de 2019.

na área da Comunicação e do Marketing e ações que fortalecessem a imagem e a reputação da CGD. As ajudas estratégicas da CGD à Culturgest visam garantir o alcance de objetivos específicos. A Culturgest, como empresa nasceu no centro histórico da cidade de Lisboa. Iniciou a atividade, temporariamente, num pequeno espaço localizado no primeiro edifício-sede da CGD, existente desde 1887, no largo do Calhariz[110], que na altura esta zona da cidade sofria um processo de desertificação. Aqui permaneceu durante os primeiros seis meses de atividade. E, mais tarde, na sequência da inauguração do novo edifício-sede, nas Avenidas Novas em Lisboa, a Culturgest abre as portas ao público com um trimestre de programação (Figura 26). É neste contexto que, em 11 de outubro de 1993, que pela primeira vez, surge em Portugal, uma empresa de gestão cultural, pertencente ao maior grupo financeiro português e com um equipamento próprio inserido na sede do banco. Conforme se pode verificar, o edifício sede situa-se numa extensa área e a Culturgest abrange uma parte da Av. João XXI, onde é visível a cúpula do palco. A entrada para a Culturgest é pela Rua do Arco: acessos aos auditórios, à área de cargas, à bilheteira, à porta dos artistas. Do lado da Rua Brito Aranha é a entrada para o estacionamento exterior.

[110] Único "bairro cultural de Lisboa", de acordo com a conceito utilizado por Pedro Costa (2009), no estudo sobre o bairro em processo de transformação e gentrificação e os efeitos de meio e desenvolvimento sustentável de um bairro cultural: Bairro Alto – Chiado. Do ponto de vista analítico é ao conceito de "meio inovador" desenvolvido pela escola francófona GREMI (Groupe de Recherche Européen sur les Milieux Innovateurs) que Pedro Costa recorre para construir a matriz que lhe permite não só captar os efeitos de meio no bairro cultural Chiado, mas também apreciar, à luz do referencial teórico adotado, a natureza, a intensidade e a qualidade dessa complexa rede de influências. Na verdade, e apesar das características urbanísticas no Chiado-Bairro Alto, a Culturgest foi transferida para o novo edifício do banco, um projeto que tinha obrigado a um reordenamento nesta zona da cidade de Lisboa.

Figura n.º 26 – Edifício-sede da CGD

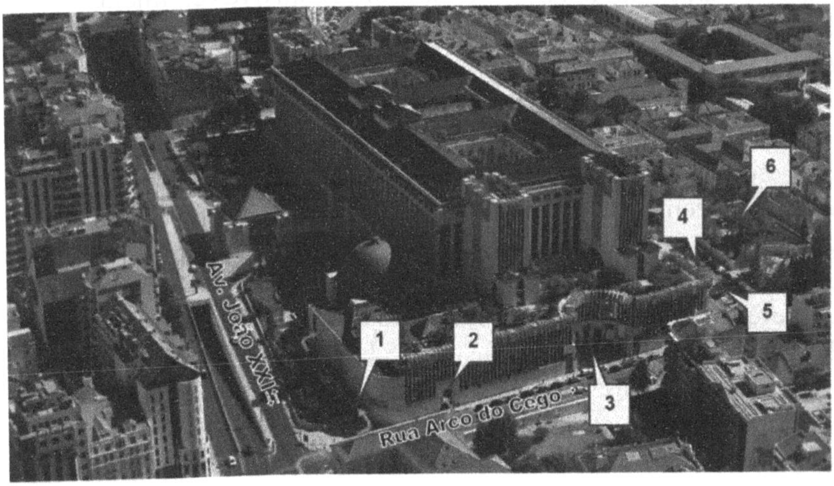

Acessos à Culturgest 1) Carga Grande Auditório 2) Carga ao Pequeno Auditório 3) Entrada principal 4) Porta de artistas 5) Portaria Exterior 6) Parque de estacionamento ao ar livre
Fonte: Culturgest (2020).

A Figura 26 retrata o contexto urbano e metropolitano em que se a Culturgest se insere na cidade de Lisboa. O contraste é visível: o edifício é um empreendimento azul, de grandes dimensões, simbolicamente dominante, localizado num espaço urbano residencial e numa área distante da zona ribeirinha da cidade, próximo das avenidas novas, do Saldanha, da Alameda e do Areeiro. No espaço do edifício da CGD em Lisboa situam-se também os serviços administrativos e financeiros da Culturgest. No Edifício, o espaço destinado à Culturgest segue o princípio da especialidade, ou seja, separada das áreas destinadas ao banco, com entrada pela rua Arco do Cego, n.º 50, em Lisboa (CGD, 1992)[111] (ponto n.º 3 da figura 26). Os espaços incorporam: dois auditórios, um auditório ao ar livre, seis salas e três *foyers*, totalmente equipados e preparados para apresentar as mais diversas tipologias de eventos: conferências, congressos, reuniões, colóquios ou festivais; duas galerias para exposições permanentes da Coleção de Arte da CGD e exposições de artes plásticas e artes aplicadas; o Grande Auditório é uma sala de cena contraposta à italiana e tem uma lotação de 612 lugares e quatro para pessoas de mobilidade reduzida. Está vocacionado para espetáculos de teatro, dança, música,

[111] Ata de despacho do Conselho de Administração da CGD.

ópera, cinema, congressos, e todo o tipo de reuniões. Possui chão alcatifado, cortinas em veludo, mobiliário feito de acordo com o revestimento do espaço e paredes forradas a madeira. Está equipado com tecnologia de som, luz e vídeo e disponibiliza cabines para tradução simultânea, varas para colocação e movimentação de cenários, mobiliário e *internet*. O auditório comunica com o exterior do edifício através de um detalhe surpreendente: uma janela imensa escondida atrás da cortina de fundo do palco. O pequeno auditório é uma sala de conferências, cuja utilização em espetáculos tem algumas restrições (teto de favos até ao pano de boca, pé direito de 3,3 m, pilar de betão imediatamente atrás do pano de boca. Na sua utilização normal, como sala de conferências ou cinema, tem 11,20 m de largura por 3,50 m de profundidade. A sala tem uma capacidade de 145 lugares e dois lugares para cadeiras de rodas. (Ver Anexo B- Espaços da Culturgest). O auditório tem uma decoração, com chão alcatifado, cortinas em veludo, mobiliário moderno e paredes forradas a madeira, é adequada para apresentar reuniões, conferências e espetáculos de pequena e média dimensão.[112] (conjunto de fotografias que constam no Anexo B) (Culturgest, 2020).

[112] O Grande Auditório dispõe de concha acústica em painéis de madeira. A concha acústica é composta por módulos, sendo possível adaptá-la à dimensão da orquestra. A iluminação é feita através de projetores convencionais. O palco dispõe de 3 pequenas quarteladas de 0,60 m x 0,60 m. O fosso de orquestra é motorizado e tem paragem em 4 níveis: palco, plateia, fosso (2,87 m debaixo do palco) e um acesso de carga 6,4 m abaixo do palco. Projeção de cinema e vídeo, ecrãs e plasmas, mobiliário para conferências, mobiliário de orquestra, Piano, Camarins (8 individuais e 2 para 14 pessoas), Cabines para tradução simultânea / camarotes.
O pequeno auditório está equipado com cena preta completa em veludo (4 bambolinas, 4 pares de pernas e um fundo), um ciclorama branco em PVC e o chão pode ser coberto com linóleo de dança preto. O palco tem três metros de altura e está equipado com tecnologia de luz, som e vídeo, cortinas e acesso direto aos camarins. Dispõe ainda de mobiliário próprio como púlpitos, sofás e mesas, cabines para tradução simultânea e internet, Equipamento e recursos das salas: Equipamento de luz, som e vídeo, Projeção de cinema e vídeo, ecrãs e plasmas, mobiliário para conferências, Mobiliário de orquestra, Piano, Camarins (oito individuais e dois para 14 pessoas), Internet.

4.2. Quem manda e quem paga

Governance e financiamento

Neste ponto abarca uma área relevante quando se fala de arte, cultura e empresas. Quem paga e quem manda?

A empresa Culturgest – Gestão de Espaços Culturais foi constituída com um capital social de 20.000.000 escudos, subscrito por três acionistas: duas empresas e uma organização sem fins lucrativos: a CGD que detém uma quota de 51% do capital; a Caixa Participações, SGPS, Sociedade de gestão de participações sociais que possuí 39%; e, a Fundação Luso Americana para o Desenvolvimento – FLAD, com os restantes 10% do capital da empresa Culturgest[113].

A CGD constituiu a Culturgest com o estatuto de empresa sob a forma de sociedade anónima, com sede em Lisboa. O objeto social consiste na gestão de espaços e centros culturais e dos respetivos bens, equipamentos sociais, zonas de lazer ou comerciais, com eles relacionados, bem como a promoção e desenvolvimento de atividades culturais, artistas e científicas, nomeadamente a organização de exposições, espetáculos e congressos[114]. Conforme o protocolo celebrado, que regulamenta a cooperação com a CGD, a Culturgest orienta-se de acordo com três princípios fundamentais: em primeiro lugar, contribuir para um processo de integração harmoniosa, enriquecedora e equilibrada do Edifício-Sede no espaço e comunidade envolvente; em segundo lugar, manter presente as linhas estratégicas da CGD; e, em terceiro lugar, afirmar a CGD como instituição de referência, de modernidade e de inovação (Culturgest, 1993a). À data da sua entrada em funcionamento, a Culturgest regia-se pelos seguintes linhas de orientação: ser uma empresa com uma estrutura ligeira, com o regime de subcontratação e uma gestão com equilíbrio financeiro que poderia evoluir para uma Fundação; seguir na sua atividade, os princípios de qualidade, isenção e rigor; desenvolver a atividade nos espaços destinados à Culturgest; e por último, ter o fim de celebrar protocolos com outras reconhecidas instituições, nomeadamente, a Fundação Calouste Gulbenkian, a Fundação Luso Americana para o Desenvolvimento – FLAD, a Fundação Oriente, a Fundação Serralves a Fundação António Almeida

113 Para efeitos do disposto nos Artigos 447° e 448° do Código das Sociedades Comerciais regista-se que as participações no capital da Empresa.

114 Nos termos do decreto-lei n.º 77 de 1 de abril de 1993. Conservatória do registo comercial de Lisboa, 4.º secção. Matrícula n.º 2009, inscrição nº 1, número e data da apresentação 21-7 de outubro de 1992.

a AR.CO – Centro de Arte e Comunicação Visual o Centro Cultural de Belém-Fundação das Descobertas[115].

À data de constituição como empresa de gestão de espaços culturais, o financiamento provinha de três instituições (Gráfico nº1): Caixa Geral de Depósitos; Fundação Luso-Americana para o Desenvolvimento (FLAD); Caixa – Participações, SGPS. De acordo com os estatutos[116], o quadro institucional era constituído pelos seguintes órgãos sociais: o Conselho de Administração composto por um Presidente de Administração, nomeado pela Caixa Geral de Depósito, um Vice-Presidente nomeado pela Caixa – Participações, SGPS e um vogal nomeado pela Fundação Luso-Americana para o Desenvolvimento (FLAD); pela Assembleia Geral, pelo Conselho Fiscal e por um Conselho Consultivo (CGD, 1992)[117]. Na respetiva administração encontram-se um administrador principal responsável, e com uma longa ligação ao Teatro São Carlos, uma vice-comissária geral da Europália 91 e ainda um representante da Fundação Luso-Americana para o Desenvolvimento (FLAD) (Culturgest, 1994).

Nos primeiros seis meses de atividade, a empresa Culturgest integra uma reduzida equipa de colaboradores. A estrutura interna conta com um núcleo formado pela administração, um assessor artístico, um diretor técnico, uma secretária e um auxiliar administrativo. Mais tarde, decorrente da atividade artística, a Culturgest aumenta o número de colaboradores, porém dispondo sempre de um reduzido quadro de pessoal. As estruturas artísticas não são residentes, dito doutra forma, recorre a contratação temporária de serviços especializados, embora conte com a disponibilidade das equipas técnicas que

[115] Despacho de Conselho Administração da CGD, 11 de março de 1992. Protocolos a celebrar com a Fundação Calouste Gulbenkian, a FLAD, a Fundação Oriente, a Fundação Serralves, a Fundação António Almeida, a AR.CO – Centro de Arte e Comunicação Visual e o Centro Cultural de Belém (CCB)-Fundação das Descobertas.

[116] Nos termos do Decreto-lei n.º 77 de 1 de abril de 1993. Conservatória do registo comercial de lisboa, 4.º secção. Matrícula n.º 2009, inscrição n.º 1, número e data da apresentação 21-7 de outubro de 1992.

[117] Conselho da Administração da Culturgest em 1993 – Manuel José Vaz (Presidente de 1993 a 2008); Fátima Ramos (Vice-Presidente), que foi funcionária da Secretaria de Estado da Cultura, Chefe de Gabinete de Teresa Gouveia na Secretaria de Estado do Ambiente e Vice-presidente no Comissariado Geral da Europália 91; Luís dos Santos Ferro representante da Fundação Luso-Americana para o Desenvolvimento; Assembleia Geral: José Manuel Simões (Presidente), Fernando Manuel Antunes Durão, Salomão Jorge Barbosa Ribeiro; no conselho fiscal José Alberto Costa Barros (Presidente), João Augusto Ayala Botto, Manuel Oliveira Rego (R.O.C.); **Conselho Consultivo** – Emílio Rui Vilar (Presidente), Yvette K. Centeno (Vice-Presidente), Rui Manchete (Vice-Presidente), Manuel Pinto Barbosa, António Barreto, José Mariano Gago, Maria Isabel Silveira Godinho, Gérard Castello Lopes, Eduardo Lourenço, Paulo Lowndes Marques, Rui Vieira Nery, João Marques Pinto.

pertencem aos quadros da própria CGD. Da equipa técnica fazem parte nove elementos: um assistente artístico, um assessor técnico, quatro elementos na produção, um elemento na maquinaria de cena, um técnico nos audiovisuais e um responsável pela iluminação[118]. Uma equipa constituída por jovens, comprometidos com um inovador projeto cultural. Vigora uma Comunicação Organizacional interna, predominantemente, informal e horizontal. Este estilo de comunicação interna facilita a agilidade de circulação e partilha de informação e é interessante o facto de ser oposta a uma comunicação formal e hierárquica, que caracteriza a Comunicação interna da CGD[119]. Significa que no seu conjunto, o grupo financeiro CGD detém uma participação de 90% na Culturgest (Ver gráfico 1).

Gráfico n.º 1 – Estrutura acionista da Culturgest S.A (1993 – 2006)

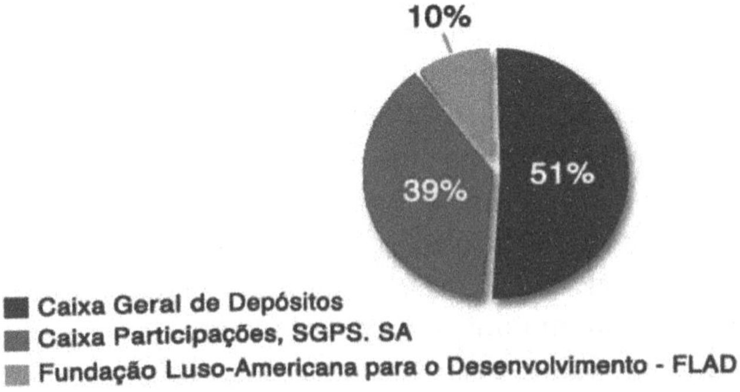

Fonte: Elaboração própria com base nos dados do Relatório e Contas da CGD de 1993 (CGD, 1993).

As principais fontes de financiamento da Culturgest provêm dos donativos concedidos pela CGD, de algumas Empresas do Grupo financeiro e dos subsídios oriundos de instituições externas ao Grupo Financeiro CGD. A par dos proveitos provenientes das atividades culturais da própria programação, registavam-se, também, proveitos de fontes complementares[120], nomeadamente as receitas de aluguer dos espaços (Auditórios) para

118 Assessor artístico António Pinto Ribeiro; o diretor técnico Eugénio Sena e duas pessoas no secretariado.

119 Entrevista a António Pinto Ribeiro a 17 de março de 2020.

120 Em 1993, complementarmente foram conseguidas outras receitas provenientes do aluguer dos auditórios para a realização de entidades externas e prestação de serviços conexos com elas

a realização de conferências, congressos, seminários e reuniões da responsabilidade de entidades externas[121]. No período 1993-2006, o total dos proveitos operacionais, em média, estava repartido da seguinte forma: os subsídios representam 84%; as receitas de espetáculos e exposições representam 8%; e por último, as receitas de aluguer dos auditórios significam 8% dos proveitos da empresa. (Culturgest, 1994 a 2006). Para além destes financiamentos regulares, a Culturgest beneficia de outros subsídios variáveis provenientes de outras entidades externas[122]. Nos primeiros anos, o subsídio que a CGD atribuía à Culturgest, provinha do orçamento destinado à Comunicação em publicidade e relações-públicas da CGD. O que, na prática, não implicava custos acrescidos para a Caixa Geral de Depósitos porque substituía uma parte dos custos gastos em publicidade tradicional. Está-se perante uma relação em que existem contrapartidas:

A Culturgest ocupava espaço e tempo nos órgãos de Comunicação Social e a marca CGD beneficia da publicidade indireta, com visibilidade mediática da Marca em resultado da diferenciada atividade da instituição cultural. Crescia assim o seu reconhecimento. Importa referir um detalhe estratégico. As condições e objetivos foram fixados logo ao início, pelo mecenas CGD com a criação da Empresa de gestão cultural: o beneficiário (Culturgest) tem o dever de manter o bom equilíbrio das contas financeiras e as referências com a exposição mediática da Culturgest na Comunicação Social como contrapartida do subsídio atribuído.[123] De certa forma, estas contrapartidas exigidas têm naturalmente um impacto na visibilidade da imagem de marca do banco. As principais fontes de financiamento da Culturgest foram os apoios concedidos pela CGD, por algumas Empresas do Grupo CGD e por entidades externas, nomeadamente do Ministério dos Negócios Estrangeiros de França,

que representaram 20% do total dos proveitos operacionais. Os custos correspondiam à produção artística e cultural (75%) e ao funcionamento administrativo (25%) relativamente ao total dos custos operacionais. Verificou-se um resultado negativo de 2.350.040$00. O capital da Caixa Geral de Depósitos (51%), Caixa Participações, SGPS, SA 39%, e da Fundação Luso-Americana para o Desenvolvimento 10%. Nos termos das disposições legais designadamente do Art. 66 nº2, alínea f) do Código das Sociedades Comercias, a Administração propôs que o resultado do exercício fosse integralmente aplicado em resultados transitados (Culturgest, 1993b).

[121] Entre 1993-2008 as receitas provenientes do aluguer de espaços, representam cerca de 16% do total dos proveitos operacionais.

[122] Por exemplo, o Ministério Francês dos Negócios Estrangeiros, *The Japan Foundation, British Council, Mondriaan Fondation,* entre outras (Culturgest, 1993b).

[123] Entrevista concedida por Emílio Rui Vilar, no 4 dia de março de 2020, às 11.00 h, no seu gabinete na sede da Caixa Geral de Depósitos.

o *British Council* e *The Japan Foundation*. A par dos proveitos da atividade cultural, que representaram 83% das receitas, 17% provêm de receitas de aluguer dos auditórios, e receitas dos espetáculos e exposições[124]. Princípio de gestão seguido pela Culturgest. A ação da CGD no domínio das atividades culturais é enquadrada pelas relações institucionais e comerciais que desenvolve com os mais diversos agentes sociais, prosseguindo, em muitos casos, uma colaboração continuada com Autarquias, Fundações e Associações Culturais. O ano de 2006 foi marcado por dois acontecimentos relevantes a referir: o aumento dos subsídios financeiros e a transferência da gestão da Coleção de Arte da CGD para a Culturgest. Esta estratégia resultou numa integração das obras na Culturgest. A 29 de setembro de 2006, por deliberação do Conselho de Administração da empresa, foi atribuída à Culturgest a gestão da Coleção de Arte da CGD, e recomendado às Administrações de empresas do Grupo CGD, detentoras de coleções similares, que procedessem do mesmo modo, mantendo-se a manutenção da sua propriedade (Culturgest, 2006). Esta passagem resultou de um processo de assessoria da Culturgest, solicitado pela CGD para a criação de um espaço condigno para uma Coleção de Arte da CGD[125]. Aferiu-se o modo como se processou a passagem e entende-se que face a esta decisão de novas atribuições, a Culturgest propôs um programa de trabalhos e um reforço de recursos humanos e financeiros. Na atividade cultural, a nova administração da Culturgest promete uma atividade diversificada nos vários domínios artísticos, apresentando, seja os grandes nomes da criação nacional e internacional, como outros menos consagrados, mas que igualmente revelam talento. Assim, no seguimento dos subsídios atribuídos pela CGD à Culturgest, em 2006 e novamente em 2007, o Conselho de Administração da CGD decidiu, aumentar o subsídio anual, para reforço da programação cultural. De acordo com os dados revelados no Relatório e Contas de 2006, constara-se que a CGD atribuiu, a título de mecenato, a Instituições do Estado, Fundações, Cooperativas, Instituições Particulares de Solidariedade Social (IPSS) e a outras ações de interesse social, ambiental, cultural e científico, um montante global de 4,9 milhões de euros (CGD, 2006). Os anos de 2007 e 2008 são anos de transição na Culturgest. Em síntese, é possível apontar os três fatores mais relevantes destes anos. Neste período

124 Consta no Relatório e Contas da Culturgest referente a 2005, anteriormente citado, que os custos associados à produção cultural e artística, acrescidos dos custos de funcionamento administrativo, representam, relativamente, aos custos totais da Culturgest, percentagens de 40% e 56%, respetivamente.

125 Foi adaptado o espaço da cave da Agência da CGD do Lumiar, em Lisboa.

a Fundação Luso Americana para o Desenvolvimento – FLAD diminui a sua participação no capital social da Culturgest de 10% para 4% (Gráfico 2 – Estrutura acionista da Culturgest 2007-2008) que se refere à estrutura acionista da Culturgest em 2007.

Gráfico n.º 2 – Estrutura acionista da Culturgest (2007 – 2008)

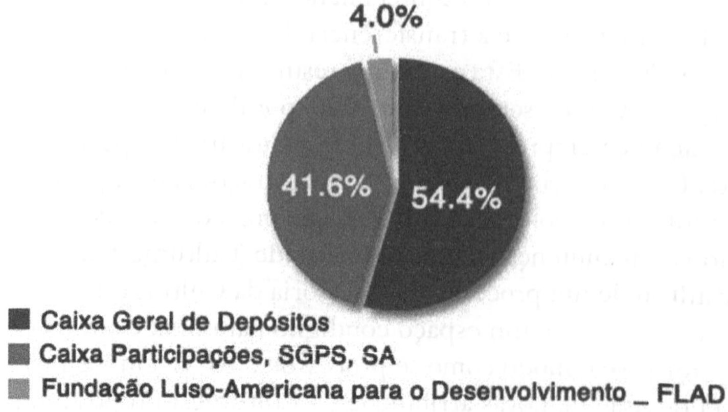

Fonte: Elaboração própria com base em informação do Relatório e Contas da Caixa Geral de Depósitos 2008 (CGD, 2008b, 2008c).

A segunda alteração diz respeito à estrutura organizativa. Com o falecimento, a 9 de março de 2008, do principal responsável que marcou fortemente a gestão direta da Culturgest, o Conselho de Administração ficou temporariamente reduzido à presença do Vice-Presidente nomeado pela Caixa Participações, SGPS e do, vogal da Fundação Luso-Americana para o Desenvolvimento, que no mesmo ano retira-se da Culturgest. A terceira corresponde às alterações na estrutura societária da empresa. Em 2008, o Grupo consolida a sua posição acionista com 100% da Culturgest. A CGD e a Caixa Participações, SGPS aumentam a participação para 54,4% e 41,6%, respetivamente (Gráfico 2).[126] Entende-se que o aumento de participação societária representava um importante passo na estratégia delineada anunciava a passagem de empresa de sociedade anónima para Fundação do Grupo financeiro CGD.

[126] Participações do capital da Empresa para efeitos do disposto dos Artigos 447º e 448º do Código das Sociedade Comerciais.

4.3. "Culturgest, uma casa do mundo"

Orientação programática

A CGD definiu uma Comunicação Estratégica, como uma orientação programática para a Culturgest de caráter internacional e multicultural, com estímulo à criação e coprodução de artistas portugueses, ainda que correndo riscos necessários de uma programação de autor. Aos públicos, era dada a oportunidade de fruir de uma oferta cultural singular no panorama das atividades culturais em Portugal, traduzida no *slogan* "uma casa do mundo" criado em 1995.

Como paradigma da modernização de Lisboa, existiam na cidade dois grandes equipamentos culturais: em 1992 o Centro Cultural de Belém[127] e a Culturgest em 1993 e o museu do Chiado que reabriu em 1994. A CGD através da Culturgest visava apresentar uma oferta cultural de apoio à criação e à produção, superar as expectativas dos públicos e fazer a diferença, em relação a outras propostas culturais existentes no país. Por outro lado, desenvolvia a atividade da Culturgest com o empenho de alcançar, renovar, e criar uma oferta dirigida a todas as audiências – ao público, em geral, e ao público jovem, em particular. Do ponto de vista de gestão existia a crucial e urgente necessidade de renovação de imagem (Vilar, E., 2003). A missão da Culturgest centra-se no acolhimento de produções nacionais e internacionais, na itinerância, na internacionalização e na atualidade das expressões envolvidas. Um dos objetivos mais desafiantes de uma organização cultural é conseguir atrair e fidelizar públicos, que implica conhecer as atitudes e ultrapassar os obstáculos. Este era justamente o desafio da Culturgest. O objetivo era criar novos públicos, fidelizá-los e surpreendê-los com uma oferta inovadora e criativa. Tal meta implicava seguir uma programação cultural vanguardista, experimentalista e multiculturalista, ou seja, diferenciadora em relação à existente em Portugal, enquadrada na comunicação institucional, de forma a divulgar uma "identidade" ou "personalidade" (Daniel, 1993). E era vanguardista, no sentido de corresponder a uma rutura com as convenções artísticas da época, com a tradição, ou uma programação clássica, com modelos

[127] Centro Cultural de Belém – o que é e estava envolto de polémicas de diversa ordem, que foi um dos motores de transformação urbanística na frente ribeirinha ocidental de Lisboa. Do ponto de vista arquitetónico as principais críticas recaiam na localização do projeto do arquiteto italiano Vittorio Gregotti com o arquiteto e vereador da Câmara Municipal de Lisboa Manuel Salgado, "com a remodelação da zona nascia uma nova cidade".

preestabelecidos, defendendo formas anti tradicionais de arte e o novo nas fronteiras do experimentalismo.

Foi possível distinguir a programação cultural da Culturgest de programações de espaços como a Fundação Calouste Gulbenkian. A Culturgest caracterizou-se pela sua vontade de rutura com expressões estéticas dominantes e com as convenções artísticas que vigoram em Portugal na década de noventa. O contemporâneo tornou-se a prioridade. Neste cenário anui-se que a Comunicação Estratégica da CGD estava alinhada com os objetivos programáticos da Culturgest, e como demonstra (Kunsch, 2003) para que uma ação de comunicação seja eficaz deve estar enquadrada com a atividade da organização no seu todo.

No período de criação, a Culturgest ambicionava diferenciar-se de outros três exemplos de projetos culturais que existiam em Portugal e que se destacavam: o primeiro projeto é a Fundação Calouste Gulbenkian, fundada em 1956, com o objetivo de apoiar o desenvolvimento artístico e levar a uma transformação do panorama cultural da cidade e, em Portugal. A Gulbenkian surgiu em pleno Estado Novo, num período em que se elaborava a experiência da modernidade, num país com défice de liberdade. A Fundação Calouste Gulbenkian teve o mérito de lançar as bases de criação e implementação de todos os campos artísticos e conferiu uma dinâmica de excelência, sobretudo no Ballet Gulbenkian, no Serviço da Música, nas exposições de Belas-Artes, nos Colóquio/Artes/Letras, no apoio e atribuição de subsídios ao cinema e ao teatro. À época, a Fundação Calouste Gulbenkian tinha dois serviços distintos: o serviço de música tendencialmente conservador e o Serviço de Animação, Criação Artística e Educação pela Arte/ACARTE[128], pertencente ao CAM- Centro de Arte Moderna, um projeto mais inovador, cosmopolita, moderno e contemporâneo com o panorama cultural europeu. Foi diferenciador pela programação multidisciplinar de vanguarda ou experimental,

[128] **ACARTE** – O Serviço de Animação, Criação Artística e Educação pela Arte é um serviço complementar do Centro de Arte Moderna. A 7 de maio de 1984, o ACARTE iniciou a sua atividade, orientado "para a cultura contemporânea e atividades artística de vanguarda. Deveria promover projetos multidisciplinares na área da dança, do teatro, da música, do cinema, da poesia, e do vídeo. Em 2000, passou a Departamento do Centro de Arte Moderna José de Azeredo Perdigão. Foram diretores do ACARTE: Maria Madalena de Azeredo Perdigão (1923-1989), que chegou à Fundação Gulbenkian, presidida pelo marido José de Azeredo Perdigão, em 1984. A ex-diretora do Serviço de Música da Gulbenkian, foi responsável por grande parte da programação ate1990; José Sasportes, de junho de 1990 a 1994; Yvette Centeno, de 1995 a 1999; Jorge Molder, de 2000 a 2002, responsável pela programação e Mário Carneiro foi diretor adjunto. O ACARTE foi extinto no final de 2002 tendo sido mantidos o Prémio Maria Madalena de Azeredo Perdigão e o Jazz em agosto.

na área da dança, do teatro, da música, do cinema, da poesia, e do vídeo. Conseguiu a criação de públicos para todo o tipo de manifestações artísticas e a democratização do acesso à cultura; destacou-se ainda, pela qualidade da sua programação e inscrição de Portugal no panorama internacional e principalmente na área da dança, música e teatro. A Europália Portugal em 91, *"A Europália teve o condão de profissionalizar o sector e isso foi muito importante porque todas as pessoas que estiveram envolvidas, aprenderam a ser profissionais no sector cultural, alinhados com outros países europeus, "de uma forma europeia"*[129]. Em suma, foram projetos que conquistaram notoriedade e marcaram à época o figurino cultural português[130]. Ora, na sua origem a Culturgest ambicionava apresentar uma programação cultural que marcasse a diferença sem intenção de concorrer com outros equipamentos, conforme bem salientavam os administradores.

"Não queremos sobrepor-nos nem às outras instituições que já existem ou estão a ser criadas nem entrar em competição com elas, tal como não pretendemos substituir-nos ao que são as obrigações das instituições estatais em matéria de cultura", revelavam em entrevista publicada em 1993, pelo Jornal Expresso, os administradores Fátima Ramos e Manuel José Vaz, responsáveis pela Culturgest (Pomar, 1993), (Anexo C.14.-Imprensa).

Desde a criação da Culturgest, em 1993 e até 2003, o primeiro assessor artístico trouxe para a Culturgest, a enriquecedora experiência profissional cosmopolita do ACARTE da Fundação Calouste Gulbenkian, onde trabalhara com Madalena Azeredo Perdigão. Com os Encontros ACARTE – Novo Teatro/Dança da Europa, algumas companhias, mesmo que desconhecidas do público, passavam a ter alguma projeção. *"A intenção da Culturgest revela, era fazer a diferença, não era fazer mais do mesmo que as outras instituições culturais, caso contrário seria semelhante ao ACARTE"*. Este foi o mandato que foi dado à Culturgest pela CGD[131]. Quando o assessor artístico chegou à Culturgest, começavam a ser delineados os contornos da empresa e não havia qualquer definição programática.

129 Entrevista realizada a António Pinto Ribeiro a 17 de março de 2020.

130 Europália Portugal em 91, seguiram-se outros eventos como Lisboa-94 e a Expo98,cujas principais vantagens apontadas são a criação de equipas profissionalizadas (ex: quase todos os que participaram na Europália vieram a ter funções de relevo na área da ação cultural); a visibilidade (mesmo que pontual) da cultura portuguesa no estrangeiro; a produção de materiais da divulgação da nossa cultura, a necessidade de restaurar ou tornar disponíveis um certo número de peças fundamentais da nossa cultura e a possibilidade de dinamizar a produção interna em certos.

131 Entrevista concedida por Emílio Rui Vilar, no 4 dia de março de 2020, às 11.00 h, na sede da Caixa Geral de Depósitos.

"A própria Caixa Geral de Depósitos, de facto, não tinha nenhum programa e a Culturgest chamava-se empresa de gestão. Portanto, havia a ideia de uma atividade que fosse de natureza mais empresarial" (Anexo A.1.-Entrevista APR).

Sobre a origem da Culturgest, não será excessivo explicar que juridicamente era uma empresa do Grupo Financeiro CGD, porque no entender do "Conselho de Administração da Caixa Geral de Depósitos, a Culturgest não era mecenato: era um instrumento de Comunicação e de Marketing, resultado de uma Comunicação Estratégica definida pela CGD como revelou Emílio Rui Vilar, no artigo "Sobre a Origem da Culturgest", publicado no Jornal de letras (Vilar, E., 2003, pp. 562-563),

"A Culturgest nasceu como uma empresa que tinha que ter as contas equilibradas e, que teria mais ou menos o subsídio da Caixa, consoante conseguisse mais exposição mediática da sua atividade." (Anexo A.7. Entrevista a Emílio Rui Vilar)

De acordo com a informação recolhida nas entrevistas, parece contraditória e ambígua a relação de mecenato e patrocínio, pois são oscilantes as fronteiras entre os dois conceitos. Ora, dentro das diversas obrigações, como assessor artístico, cabia-lhe a responsabilidade de intermediação entre o Conselho Consultivo, o Conselho de Administração da Culturgest, os artistas, as equipas técnicas, as instituições culturais, a equipa da Culturgest e sobretudo a escolha e definição de uma programação cultural. A Culturgest foi um projeto que nasceu como uma experiência ou projeto piloto por um período de três anos com grandes desafios a enfrentar[132]. O primeiro desafio de todos, como gestor programador foi criar uma linha de programação num contexto sociocultural de 1993 e depois de tantos anos em que existiam poucas referências em Portugal. As referências eram as das plataformas internacionais. O Teatro Nacional tinha uma programação cultural inconstante, umas vezes abria outras vezes fechava, revelava em entrevista do assessor artístico da Culturgest. À data, em Lisboa, apenas existiam quatro galerias de arte contemporânea e o Centro Cultural de Belém[133] tinha aberto um ano antes. A Culturgest diferenciava-se por ser um centro cultural voltado para a contemporaneidade e para a modernidade no mercado nacional e internacional. Desde o seu início, propõem-se programar de forma cosmopolita, com uma relação intensa com a comunidade e uma programação contemporânea

[132] Entrevista realizada a António Pinto Ribeiro a 17 de março de 2020.

[133] Centro Cultural de Belém – Fundação das Descoberta – foi inaugurado em 1992 para a primeira presidência portuguesa da União Europeia. Um imponente prédio de construção pós-moderna, construído no bairro denominado Belém, nas proximidades do rio Tejo, o mesmo local de onde partiram os navegadores portugueses para os descobrimentos.

inovadora de teatro, dança, música, artes visuais, conferências e festivais de cinema. Inclui uma proposta de espetáculos de produção própria e de coprodução, apresentação de conferências, *workshops* de experimentação e uma programação que não compete com as existentes noutros equipamentos culturais (Lopes, 2010).

No início da década de 80, na Europa e nos Estados Unidos da América, e mais tarde, na década seguinte em Portugal, dois modelos de programação condicionavam a produção cultural. O primeiro modelo, ideologicamente democrático na oferta pública, defende que a programação deve estar ajustada ao interesse do público. A sua defesa conceptual assenta no facto de existir público para toda a oferta cultural. Está implícita a possibilidade de toda a oferta ter o mesmo peso e de tudo se restringir a entretenimento. O programador cultural e a equipa seguem uma programação em função dos gostos e interesses dos públicos, e não colocam qualquer ideia de autoria programática. Em Portugal, o Centro Cultural de Belém representa um exemplo. Ora este modelo, induz em equívoco: a escolha é subjetiva; depende da decisão do responsável pela programação; e existe sempre uma escolha dos programadores, mesmo que de forma implícita. Ao público não é facultada informação de distintas obras, artistas, propostas culturais e autores. A oferta cultural como um produto de *marketing* numa sociedade de consumo depende justamente dos efeitos publicitários. Tal cria um fosso entre obras "solitárias" e obras de maior consumo, ao que acresce ao facto do programador não ser o representante do gosto maioritário do público (Ribeiro, 2009, p. 69). Assume uma posição crítica, pois este modelo entende que as "obras de cultura" são colocadas na mesma linha de escolha que outros produtos "não culturais". Neste ponto, torna-se oportuno pensar no conceito de produto cultural. Na linha de pensamento dos académicos François Colbert e Manuel Cuadrado, e a terminologia de marketing das artes e da cultura, o "produto cultural" é o conjunto de benefícios percebidos pelo produtor e a complexidade de um produto. Pode variar em grande medida, segundo as suas características, o perfil dos públicos e a perceção que esse produto causa no consumidor. No caso dos mercados culturais como refere Santos Silva, 2005, umas das mais importantes complexidades, resulta da importância da ação do Estado, a na sua opinião, "os públicos da cultura não podem ser reduzidos à definição económica convencional de consumidor e a formação dos consumidores culturais requer um denso e demorado processo" (Silva, 2005, p. 79). Nantel e Cobert (1992) defendem que a maioria dos produtos de natureza cultural podem ser definidos como complexos, sobretudo quando as obras requerem determinados conhecimentos ou contam com noções abstratas que requerem a habilidade do consumidor para apreciar tais conceitos O setor cultural inclui, não obstante, produtos menos complexos como é o caso daqueles baseados em estereótipos conhecidos pela maioria das pessoas, ou os que utilizam conceitos mais simples, considerados como populares. A figura n.º 27, reúne segundo o critério destes autores, o posicionamento dos dezasseis produtos culturais em função dos principais benefícios para os consumidores (Colbert & Cuadrado, 2010).

Figura n.º 27 – Posicionamento dos 16 produtos culturais em função dos principais benefícios para os consumidores

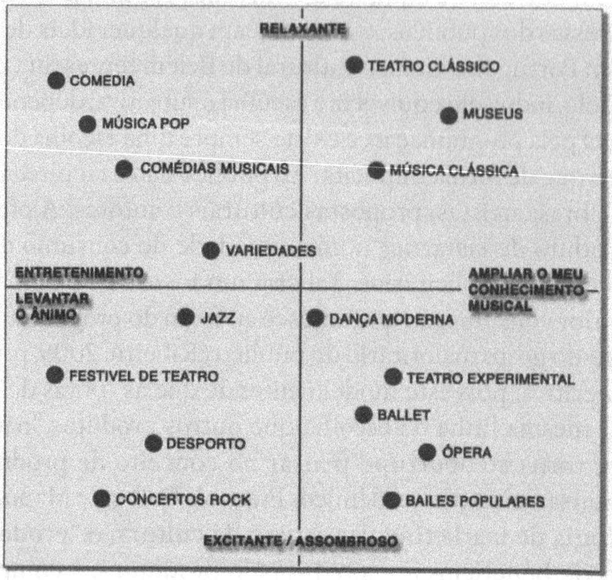

Fonte: Colbert e Cuadrado (2010).

O segundo modelo de programação artística e cultural, corresponde à programação de autor, baseada em premissas. No início da sua atividade, o programador apresenta um manifesto cultural, que representa o compromisso da sua responsabilidade ética, política e cultural. Neste documento constam os objetivos, a missão, o calendário da execução da programação sujeito e a aceitação pelos responsáveis da CGD e da Culturgest. O manifesto consiste no seu guião da atuação do programador, com caráter de justificação das suas escolhas de programação e produção. O modelo adotado para a Culturgest, para o período (1993-2003), consistia numa programação de autor[134], da responsabilidade do primeiro assessor artístico da Culturgest e foi baseada num Manifesto Programático, sujeito à apreciação do Conselho Consultivo. Depois de auscultado o Conselho e aprovado pela Administração, o manifesto legitima a natureza das escolhas do programador e as suas argumentações, junto da organização que o contrata, dos criadores, dos artistas, e por último do público. A Culturgest deveria apresentar uma programação, que se diferenciasse das instituições já existentes. E, entende que o modelo seguido pela Culturgest consiste numa programação de autor porque esta definição implica (Vilar, E., 2003), (Lopes, 2010), sucintamente, três princípios: o primeiro princípio, uma ideia de que a produção artística é uma forma de produção de conhecimento e de pensamento crítico; O segundo, a programação de autor direcionada para uma determinada linha programática, que é coerente, homogénea e que tem sempre um objetivo final para a comunidade: adquirir e partilhar conhecimento; E por último, a programação de autor tem sempre uma dimensão experimental e de risco[135].

Em entrevista que nos concedeu argumentou que a única maneira que as Instituições têm de se afirmarem é pela diferenciação: *"A programação era dirigida a um público mais disponível, era uma programação experimental, vanguardista e em alguns casos era chocante, mas era diferente. Ser diferente."* (Anexo A.7.).

É de sublinhar que, em Portugal, apenas na década de 90, se iniciava a progressiva a profissionalização do programador. A direção dos equipamentos culturais era confiada a uma nova geração que desenvolvia uma atividade profissional e artística: os programadores culturais. Os programadores culturais são os pontos de ligação entre a organização e os agentes (organização/artistas e espectadores). Estabelecem os contatos com os diversos intervenientes do campo, desenvolvem-se como se de uma rede se tratasse (Centeno, 2012, p. 155). Ao programador cabe efetuar escolhas, opções, no que concerne à formação dos públicos, à escolha dos públicos a que se dirige e à ponderação de variáveis relacionadas com as características da organização para a qual trabalha. Esta atitude, o que implica tomar decisões com cunho pessoal, gerir a dotação orçamental proveniente dos mecenas e receitas variáveis, gerir as equipas, ser criativo e orientar determinismos que podem influenciar ou condicionar a atividade de programar. A gestão de equipa está

134 Entrevista a António Pinto Ribeiro, em Lopes (2010).

135 Entrevista realizada a António Pinto Ribeiro a 17 de março de 2020.

diretamente relacionada com as suas funções (Lopes, 2010). Na realidade, o programador cultural pode assumir dois papéis distintos: escolher em função dos públicos e do interesse dos públicos, ou programar em função do contrato programático, que assume como reflexo de uma realização prática, e de um conhecimento que deriva dessa reflexão. Madeira (2002) evidencia a existência de diferenças relativamente ao tipo de organizações e ao tipo de programação. Existem dois tipos de programação direcionados para públicos diferentes: programação diversificadas dirigida a públicos múltiplos e públicos mais abrangentes; e a programação de criação, dirigida sobretudo a públicos especializados na qual a Culturgest se enquadra. O programador assume para com a instituição cultural, a comunidade artística e os públicos, o respeito pelo compromisso de escolhas programáticas. As suas perspetivas de programação cultural resultam da sua atividade como especialista no campo cultural. As especificidades próprias das artes performativas influenciam também a programação, colocando o programador num lugar crucial, uma vez que se trata de práticas artísticas que acontecem ao vivo – ao contrário das artes plásticas, por exemplo – e que, por isso, necessitam de uma escolha imediata que permita a sua existência (Madeira, 2002, p. 2).

O dilema e o conflito criativo

Nos primeiros anos da Culturgest existia um dilema, embora naturalmente, relativo à definição da programação cultural: como apresentar de obras representativas do século XX, mas também produções e criação artística da prolífera década de 90[136].

[136] Sobre este tema, ver Ribeiro (1998). A atividade cultural em Lisboa ou no Porto alterou-se substancialmente nos últimos cinco anos. Lisboa tem uma programação artística semelhante a outras cidades europeias – consultar programas de casas de cultura. Lisboa e, mais recentemente, o Porto fazem parte do circuito internacional e têm tido acesso ao que de mais pertinente em termos artísticos tem circulado. Exceções: programações de ópera e de exposições históricas (altos custos e escala).
Abundância de programas – a multiplicidade de opções a que o cidadão de Lisboa e Porto tem acesso: Diferença de acontecimentos culturais que separam Lisboa das outras cidades e vilas de Portugal: há obras que podem circular de Lisboa para as cidades de província sem que tal seja obrigatório e permanente; há obras que circulam pela província que não têm de passar por Lisboa; relação entre a abundância de oferta e o tipo de resposta dos espectadores e visitantes a essa mesma oferta; um observador pode constatar que essa oferta nem sempre tem correspondido a uma receção proporcional dos públicos.

Um programador cultural entende que a atividade de programação implica dilemas na tentativa de responder entre fazer e o pensar, dilema anunciado em Hannah Arendt há 50 anos. Ou seja, trata-se de uma reflexão prática do mundo. Isto porque existiu um longo período de ditadura em Portugal que provocou um isolamento relativamente às correntes artísticas e de pensamento, que vigoravam no panorama internacional. Consequentemente, a população portuguesa revelava um baixo nível de escolaridade, pouco acesso a manifestações culturais que existentes fora de Portugal, alguma desinformação e distancia à inovação cultural. A abertura social e cultural ocorreu no pós-25 de abril de 1974, e foi reforçada com a integração europeia em 1986. Tal facto dificulta os diretores artísticos em traçar uma programação moderna e contemporânea, sem referir as anteriores correntes artísticas, o que leva o assessor cultural a revelar o dilema à época: existia um vazio da história de 50 anos e a necessidade de recuperar o que nunca foi feito em Portugal. Exigia espaço, tempo, dinheiro e decisão sobre o que apresentar: apenas projetos contemporâneos. Ora, o objetivo era adaptar a programação ao contexto e mostrar ao público, o reportório e as artes antigas, a tradição e simultaneamente, a criação contemporânea, a inovação e as criações multiculturais. Na tentativa de recuperar o vazio, ser atual sem esquecer o que Portugal não tinha visto durante 50 anos afastado das tendências filosóficas europeias e norte americanas[137].

O diálogo programático de uma escolha entre o antigo e o novo, o reportório e o experimentalismo[138], a abertura às artes de todo o mundo e a participação nos circuitos nacionais e internacionais de produção e exibição, foram algumas das orientações programáticas definidas no documento manifesto cultural. E isso foi um dilema permanente durante vários anos. É por isso que opção foi por uma programação intermédia. O outro dilema no momento em que foi criada a Culturgest, era a inexistência, em Portugal, de produção artística em quantidade e qualidade, para suportar a distribuição. E por esse motivo, cerca de 50% da dotação anual proveniente de mecenato da CGD destinava-se à produção de exposições, filmes e vídeos, peças de teatro, dança, encomendas e coprodução internacional. Esta última, justificava-se por a Culturgest perspetivar uma programação internacional, contemporânea, que valoriza a multiculturalidade. E esta necessidade de internacionalização

137 Um eixo referido por APR da programação cultural em entrevista. Entrevista realizada a António Pinto Ribeiro a 17 de março de 2020.

138 Sobre Arte Experimental consultar o capítulo "Experimentalismo e Vanguarda", na obra *A Definição de Arte* (Eco, 2000).

relacionava-se com o facto de Portugal ter o referido vazio e ter estado ausente do mundo durante 50 anos. Portugal não conheceu o movimento CoBra, a PopArt, a revolução existencialista e o abstracionismo[139]. Uma proposta programática com uma visão abrangente de interculturalidade inclusiva de todas as culturas e não apenas as culturas de matriz europeia. A Culturgest seguiu, os fins para que foi criada, marcada por uma gestão cultural moderna e consonante com a vertente mecenas humanista da CGD. Contribuía assim, para o fortalecimento do tecido cultural português e para a criação de novos públicos numa lógica de programação artística moderna, inovadora e contemporânea. No enquadramento internacional, a Culturgest iniciava as suas atividades numa época particularmente difícil para a produção cultural e artística no plano internacional (Culturgest, 1993b). A programação da Culturgest para além dos efeitos sociais que produzia diretamente sobre o público e sobre os agentes culturais intervenientes na produção cultural, utilizava suportes tecnológicos de audiovisuais. Enquanto produtora e exibidora de projetos culturais, a Culturgest mantinha a linha da não massificação cultural e não se fechava numa programação nacional.

Ora, o sucesso da Culturgest à época radica sobretudo, em dois aspetos: o primeiro, ao facto de ter uma programação inovadora, com produção cultural e criação artística, e isso surpreendeu o caráter experimental dos artistas os agentes mediáticos e atraiu novos públicos da cultura[140]; o segundo aspeto prende-se com a visão de um real internacionalismo visível na capacidade de abertura à colaboração com agentes culturais internacionais.

No dia 26 de junho de 1993, o jornal *Expresso* (Pomar, 1993) divulga o novo polo cultural na capital e anuncia a programação aliciante, oficialmente apresentada pela Culturgest a quatro meses da inauguração. Os responsáveis pela Culturgest anunciam a programação para os dois primeiros anos (1993/1994) e as linhas de orientação programática. Assim, com este acontecimento, a CGD entra numa fase de grande visibilidade à comunidade, dando a conhecer as suas atividades mecenáticas ao abrir a 11 de outubro, nas suas edificações, o centro cultural. A abertura das portas da Culturgest ao público ocorreu com um concerto inaugural e com duas exposições simultâneas: a apresentação da Coleção de Arte da CGD e da grande mostra de fotografia que comemorou os 50 anos da agência Magnum. Esta mostra esteve em

[139] Entrevista realizada a António Pinto Ribeiro a 17 de março de 2020.

[140] Entrevista concedida por Emílio Rui Vilar, no 4 dia de março de 2020, às 11.00 h, na sede da Caixa Geral de Depósitos.

digressão mundial desde 1989 (passou pela Hayward Gallery de Londres, Folkwang Museum de Essen, Stedelijk Museum de Amsterdão, Pallazo delle Expozioni de Roma, Museo Alinari de Florença, Palais de Tokyo de Paris, e Centro Reina Sofia de Madrid). E, para o mês de dezembro, a programação prometia uma mostra de 22 jovens artistas portugueses selecionados por Fernando Pernes, «Imagens dos anos 90», em coprodução com a Fundação de Serralves e com itinerância na cidade de Chaves, e «Cem aguarelas de Egon Schiele», mostra com origem na coleção Sabasky, de Nova Iorque, organizada para celebrar o centenário do nascimento do pintor vienense (1890-1918). Nas artes plásticas, a programação contempla dois acontecimentos: o primeiro consiste numa mostra subordinada ao tema «Arte e dinheiro», comissariada por Alexandre Melo e paralela a um colóquio organizado no âmbito de Lisboa 94 Capital da Cultura; e, por fim, «Paraísos e outras histórias», novas séries ainda inéditas de pinturas de Júlio Pomar, também no quadro da programação da Capital Cultural. A Culturgest anuncia também um panorama de arte belga, «Resistências poéticas», em colaboração com Serralves. A música, a dança e o teatro e as exposições ocupam áreas de programação regular, com duas intenções que merecem ser sublinhadas: a programação a longo prazo e a opção pelas coproduções, com abertura às circulações nacionais e internacionais. Na música, desde logo, a Culturgest afirma a intenção de não restringir a agenda musical às áreas eruditas. Na programação anuncia os miniconcertos de jazz, onde se destacam com a *Big Band do Hot Club*, um ciclo dedicado à música americana, das raízes autênticas dos espirituais, do gospel ou do dixieland, aos grandes êxitos de Gershwin e a Cole Porter e um programa da responsabilidade de Gary Gibbs, que é o animador cultural da Ópera de Houston.

Ainda, para seduzir o público, a Culturgest anuncia que a programação iria contemplar grandes acontecimentos: destaque para a colaboração com a Capital Cultural num «Ciclo de Integrais» (32 concertos, de Janeiro a Novembro, sucessivamente dedicados aos quartetos e quintetos de Beethoven, Mozart, Bartok ou da Segunda Escola de Viena e ainda a obras solísticas de Schubert, Ravel e Bach) e, por outro lado, a divisão com a Fundação Calouste Gulbenkian da responsabilidade pelos Encontros de Música Contemporânea, a ópera Orfeu, de Walter Hus, encenada por Jan Lawers e que fez parte do Festival de Ópera Contemporânea de Antuérpia 93; e um recital de obras de Rachmaninov por Sequeira Costa, por ocasião do lançamento de um disco gravado com a Royal Philarmonic Orchestra. A sociologia dos públicos testemunha a preocupação que os investigadores têm enfrentado para partindo de problemáticas diversas, para definir a noção ao público e explicar os processos de receção e de formação de públicos. Na linha de pensamento de Jean-Pierre Esquenazi sobre públicos, o autor considerava que o público é um objeto mensurável. Na perspetiva massificada, a reação é previsível, desprovida de vontade própria e nesse sentido o publico de massas não tem escolha (Esquenazi, 2006, p. 39). Miege defende a existência de vários públicos relacionados com a escolha no interior das alternativas diferenciadas (Santos, 2007, p. 54).

Nos primeiros anos de atividade um dos desafios que a CGD enfrentava por meio da Culturgest era a captação e a formação de públicos para uma programação vanguardista, multicultural. As pessoas receavam o que não conheciam. Havia necessidade de as cativar, ajudá-las a ultrapassar as barreiras, os receios e tornar possível a fruição. A Culturgest tinha a missão de encontrar meios e processos de sedução e de estímulo para induzir a comportamentos de escolha por parte do público. Esse processo deveria ter a capacidade de aliciar as pessoas de forma a atrair novos públicos para o novo centro cultural no edifício-sede de um banco, envolvê-las, de forma a experimentarem uma oferta cultural não convencional. Por outro lado, o talento da programação consistia em alimentar a curiosidade intelectual das pessoas e fidelizá-las. Referindo-se ao público no período da abertura das portas da Culturgest as reações divergiam, pois a referência que as pessoas tinham era o modelo de programação da Fundação Calouste Gulbenkian[141]. Foi desde logo compreendido que, para a Culturgest se impor teria de criar ruturas com o passado. Criar algo de novo que correspondesse ao que era a cena artística e cultural na década de 90, e que estava em mudança o panorama internacional (Anexo A.1.). Ora, provocar a adesão dos públicos a uma proposta cultural requer um processo complexo, sabemos que com um público ausente, a oferta não tem razão de existir. Os espectadores são o pilar que dão razão de ser a uma instituição cultural. Na verdade, a este propósito, convém recordar que havia a necessidade de criar e fidelizar públicos, e progressivamente aumentar os públicos sendo importante ter em conta o contexto cultural do país, à época.

Em primeiro lugar, a elite cultural portuguesa era reduzida, *"ao contrário de outros países, Portugal não tinha um grande público culto"* (Culturgest, 1993c).

Na produção científica existente em Portugal sobre Públicos da Cultura, destacam-se os estudos no campo das práticas culturais dos Lisboetas (Pais, 1994), que importa referir. De acordo com os dados revelados no estudo

[141] Entrevista realizada a António Pinto Ribeiro a 17 de março de 2020.

"Práticas Culturais dos Lisboetas"[142] constata-se que a existência de uma concentração dos consumos e da prática de atividades culturais em Lisboa, ou área Metropolitana de Lisboa em 1994, constatou-se que 20% corresponde à taxa de saídas culturais (assíduos e ocasionais). No Cinema verificam-se as taxas de 28 e 34%, para o público raro e não público, respetivamente; e no Teatro regista-se – público assíduo 3%, público ocasional 10%, público raro 32%, e não-público 56%. Os dados da mesma fonte de 1994 apontam para um público assíduo de concertos na área metropolitana de Lisboa no intervalo de 1% a 9%, em que os valores mínimos correspondem à música clássica/erudita/ópera, e os superiores a géneros como pop/rock ou outros mais populares. Quase uma década antes (1988), a procura juvenil de concertos de música clássica/ópera rondava também de 1% a 2% (idas regulares ou ocasionais). E mesmo com a música pop/moderna, como centro na cultura juvenil, os jovens como público mais habitual dos seus concertos ficava por 4%, subindo a 7% para idas ocasionais. Em 1988 no Teatro verificava-se o seguinte padrão: idas ocasionais 5%; idas regulares 2%. No sinal do boom no consumo de música em geral, houve na Europa da década de 80, começos de 90, um impulso considerável nas saídas musicais, do rock ao jazz e também música clássica (Conde, 1989, p. 6). Os resultados do inquérito de 1994 aos lisboetas revelam a hierarquia dos seus géneros preferidos: música ligeira portuguesa (47%); fado (42%); música popular brasileira (40%); pop/rock estrangeiro (38%); música clássica (36%). Mas nesse investimento institucional ou político, que procura alargar a disponibilização da cultura cultivada/erudita, está também uma das condições para se ir cumprindo a tarefa da democratização cultural, por enquanto adiada e inacabada; em segundo lugar, o mercado geral das artes em Portugal era reduzido na produção na distribuição e na oferta do mercado; em terceiro lugar, existia um fosso entre a produção e a formação artística – era necessária uma programação complementar, com sentido pedagógico para formar o público e incentivar a criação artística; e em quarto lugar, os agentes criativos viviam um estado de ceticismo e de uma crise de produção nacional.

Facto é que o papel da CGD, através do trabalho da Culturgest no apoio à criação artística, era no sentido de conquistar a confiança dos criadores

[142] *Práticas Culturais dos Lisboetas*, (1994), Pais, J.; Nunes, J.; Duarte, M. & Mendes, F., Lisboa: ICS. O estudo corresponde a uma solicitação de Lisboa 94 – Sociedade Promotora de «Lisboa Capital Europeia da Cultura» ao Instituto de Ciências Sociais da Universidade de Lisboa, com o objetivo de se conhecerem, nos seus traços mais genéricos e diversos, as práticas culturais dos habitantes da Grande Lisboa.

e interpretes portugueses. Este papel participativo era feito no apoio logístico com a disponibilização das instalações da Culturgest para a experimentação e abertura ao debate cultural. Com critérios de qualidade definidos, a intenção central era a dinamização de atividades culturais desenvolvidas pelos criadores e intérpretes portugueses. A programação e os públicos. A relação com a comunidade: públicos internos e públicos externos. A tarefa prioritária incidia num investimento para cativar e tentar formar públicos, sendo certo que não era apenas para captar públicos de outras instituições culturais. Para além da programação, a Culturgest ambicionava, simultaneamente, formar públicos com linguagens estéticas que lhes permitisse entender os códigos e as leituras. Para muitos criadores culturais, no qual se insere, Paquete de Oliveira, os públicos formam-se, cultivam-se de acordo com as suas palavras "O Público não existe. Cria-se. Novos *media*, novos públicos?" O grande público é desconhecedor e necessita de educação para o produto cultural, para a arte e para o espetáculo (Paquete de Oliveira, 2003, p. 145)[143]. A preocupação incidia em realizar o trabalho pedagógico, cativar e formar novos públicos da cultura. No conjunto, o olhar atento incidia em dois públicos: em primeiro lugar, a comunidade em geral, e a comunidade residente na área envolvente do edifício, que se caracterizava por ter uma população fixa e constituída em larga maioria por adultos na vida ativa e jovens adolescentes (Culturgest, 1993c); em segundo lugar num público interno, no qual se incluíam os colaboradores, para os quais se praticava, uma política de diferenciação nas condições de acesso e fruição. Começamos pelo primeiro ponto: a comunidade em geral.

A questão das características sócio demográficas da população existente nesta zona da cidade era, no período de constituição, considerada uma oportunidade, pois os hábitos de vida moderna progressivamente adquiridos, abriam espaço a novas necessidades, lacuna que a Culturgest se propunha a preencher com a criação de espaços de convívio social, com atividade recreativa e cultural. Os aspetos demográficos desempenham um papel-chave no mercado desde que a mudança na população pudesse conduzir a um aumento ou redução da procura[144].

[143] Atas do Encontro organizado pelo Observatório das Atividades Culturais no Instituto de Ciências Sociais da Universidade de Lisboa, Lisboa, 24 e 25 de novembro de 2003.

[144] Sobre as questões demográficas, e o problema do envelhecimento da população em Lisboa e na Área Metropolitana de Lisboa na investigação consultei Costa (2000). Também é bom artigo com notas sobre a População- Lisboa, Área Metropolitana e cidade. Segundo afirma Rosa (2000), Em Portugal, os desequilíbrios de povoamento da população são evidentes. Ver dados estatísticos INE

E o que se verificou foi que "*os primeiros anos foram de desalento e de uma solidão enorme com espetáculos extraordinários vazios, ou para um público que não sabia o que ia lá fazer.*" (Anexo A.1. Entrevista A. Pinto Ribeiro)

Mas de opinião diferente em entrevista Emílio Rui Vilar refere "*a programação era democrática na seleção dos públicos e não elitista. E não se poderia ser elitista porque era dirigida a um público muito jovem facilitando-lhe o acesso.*" (Anexo A.7. Entrevista Emílio Rui Vilar)

A Culturgest formou um público, "*o que no início era uma coisa angustiante com as oito pessoas, depois no fim já tínhamos salas esgotadas. Apresentava arte contemporânea, algo que não era interessante para a maioria das pessoas, e apareceu com esse lado sedutor.*"

A vertente pedagógica artística também ocupa um espaço importante na programação. A dificuldade enfrentada era o processo de conquista do público face às características do espaço físico do equipamento cultural. No início de atividade, este aspeto era considerado uma das fragilidades a ultrapassar porque as pessoas sentiam que vinham a um banco. Por outro lado, a volumetria arquitetónica do edifício era confrangedora. Retornamos à questão do edifício da CGD. No seu testemunho o primeiro assessor artístico da Culturgest invocou os estímulos negativos que o espaço não convencional proporcionava:

"*O edifício foi uma enorme violência provocada num bairro popular, pequeno, acolhedor de uma escala pequena e de repente há um monstro que ainda por cima é feíssimo. O interior era feio. Parecia que meteram todas as amostras de materiais dentro para ver o que dava e por outro lado a Caixa não comunicou à população.*

Estimativas da população residente (1997), Índice de envelhecimento – número de pessoas com 65 anos e mais anos por cada 100 com menos de 15 anos – por concelho e freguesias. Constata-se que a composição etária da população do concelho de Lisboa é bastante envelhecida, e que contrasta claramente com a composição etária de outros concelhos da Área Metropolitana de Lisboa. Por exemplo, freguesias como São João de Deus, onde está situada a Fundação Culturgest, apresentam um índice de envelhecimento maior do que 250. A cidade, e especificamente o bairro onde se situa a Culturgest, é um local de vida intensa durante o dia, mas que perde população a favor da periferia, pois a população residente vai envelhecendo de forma particularmente intensiva, segundo o estudo de Rosa (2000). Também de acordo com este estudo sociológico, entre os aspetos mais negativos assinalados estão o trânsito e a insegurança. Mas principalmente são as pessoas mais jovens que afirmam gostar de viver na cidade, e que reconhecem a centralidade de como uma das vantagens de Lisboa. O ano de 1994 caracteriza-se pelo acréscimo do saldo natural, para o que contribuiu a baixa simultânea de 6% nos óbitos e de 4% nos nados vivos. É, contudo, em 1996 que se assinala o valor mais baixo do saldo natural ao longo do período, cerca de 3 360 indivíduos. Apesar de ter ocorrido naquele ano um aumento de 3% nos nados vivos, em relação ao ano anterior, o agravar da mortalidade em 3,3% praticamente anulou aquele efeito (Instituto Nacional de Estatística [INE], 1995).

E foi muito difícil. E a Caixa Geral de Depósitos no princípio não ajudava nada." (Anexo A.1. Entrevista A. Pinto Ribeiro)

Persistia o problema da resistência, por parte da comunidade residente, contrariada pela existência da CGD naquela zona da cidade de Lisboa. A articulação da oferta cultural vanguardista era dificultada com a imagem e a estética do edifício sede da CGD.

"Eu dizia muitas vezes aos meus colaboradores que o difícil era convencer as pessoas a entrarem no edifício porque não apetecia. Depois de entrarem no edifício estavam conquistadas. Foram constrangimentos muito grandes e o edifício não ajudava. Para além de que significava vir a um banco. As pessoas sentiam que entravam num banco. A dimensão da escala era grande e a própria imagem do banco era fria." (Anexo A.1. Entrevista A. Pinto Ribeiro)

Nos primeiros anos, o processo de formação de públicos da cultura não foi fácil. No caso concreto da CGD e da Culturgest, considerava-se que surgia uma perspetiva de diferença de programação e porque também não era uma sala convencional à época. A Culturgest era fiel à pedagogia e aos princípios gerais da programação definidos e às contrapartidas acordadas com a Administração da CGD, cuja intervenção na programação sempre foi inexistente (Culturgest, 1993c). Facto é que a CGD mantinha o financiamento e as políticas de apoio à Culturgest pela confiança depositada no projeto cultural[145], e tinha um papel de agente articulador e não uma atuação executadora e intervencionista. O Conselho de Administração da CGD apoiava a programação e a larga divulgação proporcionada pelos meios de comunicação social, consubstanciada na profusão de notícias publicadas na comunicação social, as quais permitiram associar a imagem do grupo financeiro CGD a um conjunto de ações de prestígio nos meios culturais.

"Lembro-me, por exemplo, que organizei em 94-95 o primeiro Grande Festival de Cinema Africano e entrei numa sessão no grande auditório em que estavam oito pessoas num auditório para seiscentas pessoas. E eu pensei: "o que estou aqui a fazer? isto não tem sentido nenhum." (Anexo A.1. Entrevista A. Pinto Ribeiro)

E nesse aspeto, revelou que foi muito importante o apoio do Conselho de Administração da Culturgest e da CGD, *"naturalmente, porque não desistiram".* (Anexo A.1). A situação começou a ser ultrapassada ao fim do primeiro ano de atividade, a empresa em balanço da atividade, com a gradual adesão do público tendo em atenção a novidade do espaço e da sua localização. Em 1995

[145] Para um maior aprofundamento da análise sobre programação cultural e o papel do Programador cultural, ver Lopes (2010).

a CGD assumia uma forte presença no mercado financeiro. Um banco concorrencial, moderno e com projeção internacional (Lains, 2011). Crescia o reconhecimento e o impacto mediático da Culturgest ao firmar a sua implantação no panorama artístico português. Em 1996, à data Emílio Rui Vilar, Presidente do Conselho de Administração da CGD, anunciou a sua saída e aceita o convite da Fundação Calouste Gulbenkian.[146] Na sua opinião, um país moderno e competitivo não pode ignorar todos os domínios do saber e da cultura, e a competitividade de Portugal não pode ser reduzida à competitividade económica. *"O país tem de apostar na cultura, tem de apostar no desenvolvimento integral e, por isso, o papel de instituições como a Fundação Gulbenkian é um grande contributo para o desenvolvimento do país. Hoje, o problema que se põe nas economias modernas, além do saber fazer, é o saber fazer bem."* (Azevedo, 1995, pp. 1-2). Encerrava-se um ciclo, com as alterações no Conselho de Administração da CGD. A 10 de janeiro de 1996, o seu sucessor, a convite do então ministro das finanças, toma posse como Presidente do conselho de administração da Caixa, onde permaneceu na liderança até fevereiro de 2000 (CGD, 2011).

"Durante o ano de 1995, "deu-se o click" (Anexo A.7.) foram as palavras do nosso entrevistado. No que toca aos públicos, em 1995, houve um reconhecimento internacional muito grande. Os públicos vinham assistir aos projetos e às práticas internacionais, deparavam-se positivamente pelo facto de constarem, no programa, artistas portugueses que eram produzidos pela Culturgest. Como revela o assessor artístico, *"criou-se um público para esses artistas portugueses. Isso foi muito importante porque tentar conciliar a produção internacional com a produção portuguesa era o objetivo, mas não era fácil de fazer".* (Anexo A.1. Entrevista A. Pinto Ribeiro)

A Culturgest assumia um modelo de intervenção descentralizador do desenvolvimento de parcerias com entidades que, por todo o país, que desempenham um papel fulcral na organização de eventos e outras iniciativas culturais de prestígio. Criava parcerias com instituições culturais nacionais tais como o Museu de Serralves[147], inaugurado em julho de 1999, com a Fundação

146 Numa entrevista ao Jornal Expresso Economia, a 16 de setembro de 1995 (Azevedo, 1995, pp. 1-2), questionado sobre se o convite recebido para ser Presidente da Fundação Calouste Gulbenkian, com funções na área patrimonial e financeira, se devia à sua ligação à área cultural. Respondeu que preferia dizer que a sua ligação se enquadrava na área do desenvolvimento integral.

147 **Museu de Serralves** – Inaugurado a 6 de junho de 1999 com a exposição "Circa 1968". O Museu de Arte Contemporânea foi definido pela criação da Fundação de Serralves em 1989 e tem duas vertentes: a primeira, consiste na criação de uma coleção de arte contemporânea nacional e internacional. A segunda, assenta no desenvolvimento de uma programação cultural expositiva de cariz internacional.

Calouste Gulbenkian, Cinemateca Portuguesa, Instituto Cervantes em Portugal, e o Instituto Superior Técnico. Por outro lado, também, no mercado internacional, a Culturgest presenciava um crescimento de credibilidade na área da gestão cultural e artística. A nível internacional, consolidava colaborações com instituições, nomeadamente: o Ministério da Cultura de Espanha, o *Institut du Monde de Árabe*, o *Klapstuk Festival de Lovaina*, o *Sommer Theater Festival de Hamburgo* e o *Siemens Kulturprogram*. Dava os primeiros passos de integração no polo do circuito internacional de espetáculos e exposições.

"Eu lembro-me no início ser difícil negociar com artistas internacionais, por diversas razões, algumas anedóticas, que tinham a ver com alguma má experiência que tinham tido com outro equipamento cultural em Lisboa." (Anexo A.1. Entrevista A. Pinto Ribeiro)

A partir de 1995, tornou-se mais fácil negociar com os artistas ou com as companhias, pois para muitos, do ponto de vista reputacional era muito importante a visibilidade da Culturgest, que passou a ser um lugar de referência na Península Ibérica. Aproveitavam-se datas de alguns eventos que aconteciam em Espanha ou em França, e conciliavam agendas para espetáculos em Portugal. Como referiu o assessor artístico em entrevista.

"Vir à Culturgest era importante para alguns artistas internacionais e, a partir do momento em que a Culturgest passou a fazer parte das redes internacionais, tornou-se tudo mais fácil porque estava na rota do artista(...)." Isso foi a partir de 1994 e 1995 e nasce a frase "Culturgest, uma casa do mundo".

Por outro lado, a nível nacional, crescia a programação em itinerância e chegava-se a outros territórios e públicos. Na oferta cultural, em particular na área da música, destacam-se os concertos em digressão, em Évora, Coimbra, Porto, Braga, Aveiro e Lisboa. Estes concertos dirigidos, na maioria ao público universitário, eram possíveis devido à colaboração da CGD com as universidades e politécnicos, com as quais tinha celebrado protocolos para a

O Museu de arte contemporânea insere-se na linha de continuidade da estratégia da Fundação de Serralves. A Fundação foi criada em 1989 como instituição privada de utilidade pública a partir de uma parceria entre o Estado e a sociedade. Em 1996, tive início a construção do edifício, projetado por Álvaro Siza Vieira. O Museu situa-se nos espaços únicos da Fundação de Serralves, que incluem um Parque e a Casa de Serralves. Este espaço inclui, para alem da área expositiva, uma livraria, um restaurante e um bar, uma biblioteca, uma loja do museu, uma área de acolhimento, um auditório (754 m^2, 260 luares em plateia, escritórios para os serviços do museu, e para as reservas.
As empresas que desejem colaborar como mecenas no projeto de Serralves, beneficiam de vantagens proporcionadas pela Fundação: um vasto conjunto de modalidades de colaboração no âmbito do mecenato, configurando-se projetos onde o Mecenas assume um papel importante enquanto membro ativo no âmbito de uma parceria. O BPI-La Caixa são os mecenas exclusivos.

adesão aos produtos e serviços bancários. Por esses motivos, a atividade cultural da Culturgest registou um crescimento nas receitas de espetáculos e exposições, e as receitas provenientes do aluguer dos Auditórios a entidades externas, o que significou, respetivamente, um acréscimo de 7% e de 15% dos proveitos operacionais.[148] A Culturgest instituía um modelo de gestão e produção cultural em Portugal que era justamente uma das finalidades da sua criação. A avaliação do impacto era medida por quatro variáveis: a primeira, era a crescente adesão dos públicos com cera de 100% de frequência em parte substancial da programação; a segunda era visibilidade da marca CGD; a terceira, era o impacto mediático na comunicação social e a referência à Culturgest em artigos nacionais e internacionais; a quarta eram os resultados financeiros da empresa. Com os resultados alcançados, cumpria um dos objetivos de natureza empresarial. No Relatório e Contas da Culturgest do final de 1995, administração da Culturgest manifesta a ideia: "é-nos grato assinalar que os benefícios de ordem fiscais aliados à valorização da imagem da Caixa Geral de Depósitos ultrapassam em larga margem a contribuição concedida." (Culturgest, 1995). A partir do ano de 1996, em conformidade com as iniciais orientações estratégicas da CGD, a Culturgest apresentou espetáculos e exposições consentâneos com um equipamento cultural que pretendia ser reconhecido pelo seu caráter inovador, moderno, e que se capta públicos. Para além de consolidação no panorama das artes em Portugal, ambicionava aumentar, progressivamente, o reconhecimento na área da gestão cultural no mercado internacional e desenvolver atividades comparáveis aos ritmos de centros culturais de cidades europeias. Apresentou espetáculos e exposições prestigiadas integradas em redes internacionais de circulação de obras de arte, em parceria com instituições de renome, como por exemplo: com o *Théâtre de la Ville de Paris*, na ópera "L'épouse injustement soupçonnée"; a exposição "Desenhos de Julio Gonzável" com o Museu Reina Sofia em Madrid; o IRCAM para o ciclo de Música Francesa em Paris; a exposição "Tom Wesselmann – obras de 1959 a 1993", com o *Instituto für Kulturaustausch* em Tübingen e a Exposição "CoBra: a Coleção" do *Museu Stedelijka* em Amesterdão[149].

[148] Os custos associados à produção artística e cultural representam 68% dos custos totais. Os custos de funcionamento administrativo representam 24% dos custos totais. Relatório e Contas da Culturgest ano 1995.

[149] Cf. Ribeiro (2009, p. 44), movimento CoBra de rutura artística fundamental na Europa, teve como um dos mentores, o sul-africano Ernest Mancoba, excluído da retrospetiva do movimento CoBra no Museu Stedelijka.

A Culturgest prosseguiu com uma programação cultural de caráter internacional e multicultural, com estímulo à criação e coprodução de artistas portugueses, ainda que correndo riscos necessários de uma programação de autor. Aos públicos, era dada a oportunidade de fruir de uma oferta cultural singular no panorama das atividades culturais em Portugal, traduzida no *slogan* "uma casa do mundo". As obras produzidas, coproduzidas, e apresentadas, circulavam em outras cidades e países, o que permitia uma ligação ao mundo artístico contemporâneo. Os criadores nacionais começavam a fazer parte do circuito e redes internacionais. Esta abertura e circulação também proporcionava vantagens em termos de negociação com os artistas internacionais[150]. O Festival Anual Multicultural, iniciado neste mesmo ano, com o evento "os árabes entre nós"[151] era um ícone da programação. O fenómeno da multiculturalidade relaciona-se com questões étnicas, culturais, mas também com os grupos minoritários de uma sociedade. Por esse motivo, a título de exemplo, a programação incluía peças de teatro, dança com deficiência, temas relacionados com questões de género e minorias étnicas (Ribeiro, 2009, p. 68). A Culturgest, tal como o Centro Cultural de Belém e o Museu de Serralves no Porto, faziam parte de um conjunto de equipamentos culturais que necessitavam de permanente e continua visibilidade nos *media*, e, por esse motivo, havia necessidade de implementar estratégias de Comunicação mais operativas no sentido de consolidar e captar mais públicos. Devido à orientação programática com este impulso no sentido de internacionalização, a Culturgest apareceu nos *media* estrangeiros configurando um Portugal moderno, a caminho do cosmopolitismo[152] e criou a "marca" de instituição com propostas multiculturais. As parcerias para produção com outras instituições culturais como o Instituto Camões, o Instituto Português do Livro e das Bibliotecas, e o Teatro Rivoli[153]. Paralelamente, a Culturgest prosseguiu a colaboração com instituições culturais nacionais,

[150] Conforme referido em entrevista realizada a António Pinto Ribeiro a 17 de março de 2020.

[151] O programador Frie Leyson, que dirigiu o centro cultural De Singel, em Antuérpia, criou um festival de artes árabes, para dar resposta a questão da política da comunicação entre ocidente e oriente, o desconhecido e o conhecido (Ribeiro, 2009, p. 68).

[152] O cosmopolitismo é a continuidade e a expressão contemporânea da modernidade. Ser cosmopolita não é necessariamente ser urbano, embora no cosmopolitismo se inclua geralmente a urbanidade, por ser ambiente privilegiado de encontro e de troca de experiências diferentes. O cosmopolitismo é, principalmente, uma abertura e uma predisposição para receber todos os mundos, inclusivamente os dos excluídos.

[153] Em 2002 foi privatizado. Atualmente é um Teatro Municipal, e apresenta programação própria e regular. Isabel Alves Costa foi nomeada diretora artística de 1993 a 2006.

sendo de salientar, o Teatro Nacional de São Carlos, a Câmara Municipal do Porto, o Teatro Municipal Rivoli, o Teatro Nacional de São João e a Fundação Calouste Gulbenkian, para os Encontros Acarte. No panorama português existe um exemplo que demonstra que, a Culturgest criou um modelo para outras instituições que foram surgindo mais tarde, orientados para a contemporaneidade. Destaca-se um dos mais significativos: a empresa Culturporto. Surgiu na década de 90, designada por "CULTURPORTO", que resulta da conjugação das duas palavras Cultura + Porto exatamente para de alguma, forma mimetizar a Culturgest. A Culturgest não tinha nenhuma ligação direta na gestão da Culturporto, todavia, criou um inspirador modelo artístico contemporâneo. A instituição cultural era uma iniciativa apoiada pela Câmara Municipal do Porto, em parceria com o Instituto Politécnico do Porto, sediada no Rivoli – Teatro Municipal do Porto.[154]

"A Culturporto desempenhou um papel importante e na altura foi exemplar" refere António Pinto Ribeiro em entrevista (Anexo A1 – entrevistas). Neste sentido, fazemos referência que na década de 90, à época a CGD e Culturgest, eram projetos pioneiros, no panorama cultural português. Por esse motivo,

[154] O Teatro Rivoli, situa-se num edifício do início do século XX (inaugurado a 20 de janeiro de 1913) e na época designava-se Teatro Nacional e tem uma história contínua com o Rivoli, conforme explanado no livro "Rivoli – Teatro Municipal (1913 – 1998)", de José Gomes Bandeira, escritor e ex-jornalista do Jornal de Notícias. O Teatro Nacional era maior, ia até à Avenida dos Aliados e ocupava o edifício da CGD situado na imponente Praça D. João I. O Teatro teve um declínio, na década de 70, devido a uma crise financeira, mas graças à compra deste, pela Câmara Municipal do Porto, reergueu-se por completo. Em 1997, abriu ao publico remodelado, resultado do plano desenhado pelo arquiteto Pedro Ramalho, A área foi ampliada, com inauguração de outras salas, auditório secundário, café-concerto, foyer de artistas e sala de ensaios. Era essencial colocar o Porto no roteiro das cidades médias europeias no domínio da oferta cultural. A tutela do novo teatro municipal pertencia à nova empresa municipal Culturporto. A Isabel Costa, diretora artística objetivava um teatro para visitar, discutir, criticar e para fruição cultural e inspirou-se na programação da Culturgest como um modelo de programação de autor da Culturgest. Uma estrutura pensada para responder a todos os públicos, aos criadores, às linguagens múltiplas das expressões artísticas e, por isso, conseguiu transformar o Rivoli numa sala de espetáculos de referência da cidade, sobretudo nas áreas da dança e do novo circo. Uma das intenções era a apresentação de obras que permitissem o diálogo entre o antigo e o novo, o reportório, o experimentalismo, a abertura ao mundo, e a participação nos circuitos nacionais e internacionais de coprodução. O projeto vingou apenas durante 14 anos, pois outros interesses soaram mais altos, e por uma decisão política, Camara Municipal do Porto decide terminar o projeto. A Culturporto desapareceu, em 2007 e o Teatro Municipal passou para gestão privada, a decisão gerou despedimentos e várias contestações da comunidade e foi concedido a Filipe La Féria assume uma programação de entretenimento, propõe-se apostar nas grandes produções para o auditório principal do Rivoli, e dedicar o pequeno auditório, predominantemente, para ações educativas e produções infantojuvenis.

compreende-se o facto da Culturporto seguir um modelo de programação artística muito semelhante ao apresentado pela Culturgest: pluridisciplinar, multigéneros e com uma oferta muito ousada.

O megaevento e o impacto na Culturgest

E em Lisboa em 1998 vive-se um megaevento. A atividade da Culturgest de 1998 foi afetada por dois condicionalismos com impacto numa redução da utilização dos auditórios e do número de visitantes e espectadores: o primeiro condicionalismo diz respeito à oferta de espetáculos, em Lisboa, com a realização da Exposição Internacional de Lisboa de 1998 – Expo 98[155], com os Festivais dos Cem dias e Mergulho do Futuro, celebração que antecede a Exposição Mundial. O tema "Os oceanos, um Património para o Futuro" era abordado nas vertentes lúdicas e artísticas, científicas e tecnológicas. Valorizava os bens culturais e físicos dos oceanos chamando a atenção para a sua conservação futura.

No âmbito da formação, a Culturgest dá continuidade aos ciclos temáticos nas áreas de dança, de música, de teatro, ópera e artes plásticas. No ensaísmo português, contribuí para a divulgação de teses de autores e pensadores portugueses. A formação destina-se ao grande público e aos colaboradores da CGD. A Culturgest realiza visitas guiadas regulares, conversas com os artistas e com o público no fim dos espetáculos, visitas às exposições à hora do almoço, *workshops* de diversos temas, ensaios com a possibilidade de assistência do público em geral e diversos protocolos com as escolas. A evolução registada refletia o crescimento da atividade da Culturgest. Os apoios à criação e à produção de obras de autores portugueses, mereciam destaque na comunicação social, sobretudo na imprensa (Culturgest, s.d.). As produções exigiam meios técnicos e financeiros, sobretudo para inerência e produção de óperas, peças de teatro (encomendas da Culturgest), apresentadas em itinerância, concertos de música e exposições nas galerias. Por outro lado, a Culturgest cumpria, também, mais um dos objetivos traçados inicialmente

[155] Expo 98 – Exposição Mundial decorreu na zona oriental da cidade de Lisboa, Portugal entre 22 de maio e 30 de setembro de 1998 dedicada ao tema "Os oceanos: um património para o futuro", realizou-se de 22 de maio a 30 de setembro de 1998. Teve o propósito de comemorar os 500 anos da chegada de Vasco da Gama à India. Foi visitada por quase 10 milhões de pessoas e mudou para sempre a capital de Portugal. A vitalidade cultural foi um fator do seu sucesso. Ocorreram cerca de 5000 eventos musicais constituíram um dos maiores festivais musicais da história da humanidade.

pela CGD: estabelecer colaboração com instituições de formação e universidades portuguesas. A título de exemplo, promoveu a realização de estágios em áreas diversas como investigação em sociologia da Cultura com o ISCTE – Instituto Universitário de Lisboa e em Produção de Espetáculos com a Faculdade de Motricidade Humana da Universidade de Lisboa (Culturgest, 1996).

Face à necessidade de manutenção e aumento da qualidade do projeto cultural, em função da alteração qualitativa de outros equipamentos promotores de espetáculos e exposições, nomeadamente a Fundação Calouste Gulbenkian, o Centro Cultural de Belém, e o Teatro Nacional de São Carlos era preciso dar continuidade a projetos de criação e produção artística nacional e aumentar a visibilidade da Culturgest. Todavia, colocava-se a questão da relação dos públicos, da natureza dos eventos e da sua capacidade de atrair públicos mais alargados, não apenas quantitativamente, mas também na sua composição social. O segundo condicionalismo estava relacionado com limitações orçamentais. Novos espaços culturais surgiam em Lisboa: o Teatro Camões[156], o Pavilhão Multiusos[157], a Praça Sony[158], o Armazém Abel Pereira da Fonseca[159], assim como outros espaços novos com iniciativas de entretenimento que atraíam público. O acréscimo de oferta era uma concorrência positiva e proporcionava à cidade de Lisboa, um desenvolvimento cultural, social e urbano. Os custos da produção dos espetáculos e das exposições aumentavam. Os subsídios internos recebidos não acompanhavam os custos, havia menos receitas provenientes do aluguer dos dois Auditórios. Diminuía o número de alugueres porque a oferta era maior, e por outro lado, a elevada oferta cultural em Lisboa, dificultava a concretização de grandes realizações

156 **Teatro Camões** – é um espaço cultural de Lisboa, Portugal, localizado no Parque das Nações numa zona da cidade dedicada ao lazer e à fruição dos espaços livres. O Teatro Camões foi construído nos anos de 1997-1998, englobado no projeto Expo 98.O espaço possui três foyers, com 304 metros quadrados no rés-do-chão e 233 metros quadrados no 1º andar, com 2 bares de apoio, um Auditório atualmente uma capacidade para 873 lugares. Em 2002 a Companhia Nacional de Bailado assume a programação e gestão do Teatro. Auditório tem atualmente uma capacidade para 873 lugares. Integrou a Expo '98, hoje Parque das Nações.

157 **Atlântico – Pavilhão Multiusos de Lisboa** –foi construído em 1998 para a Expo '98. Trata-se de o maior espaço multiusos em Lisboa, Portugal. É o maior pavilhão fechado da Europa e o tem uma capacidade para 20,000 pessoas. Os pavilhões mais emblemáticos da Exposição permanecem até aos dias de hoje em atividade, como é o caso do Altice Arena, que era o Pavilhão da Utopia. Quando a Expo terminou foi transformado numa sala de espetáculos e eventos, e batizado de Pavilhão Atlântico, tendo sido vendido em 2013 ao Consórcio Arena Atlântico, que lhe mudou o nome para Meo Arena. atualmente chama-se Altice Arena.

158 **Praça Sony** – construído em 1998 para a Expo '98.

159 **Armazém Abel Pereira da Fonseca** – construído em 1998 para a Expo '98.

com espetadores. Para fazer face à diminuição dos públicos era necessário ajustar a escala e apropriar a natureza do espaço físico, à oferta cultural e aos públicos. Em primeiro lugar, em alternativa, aumentou o número de espetáculos no Pequeno Auditório, com capacidade para 148 lugares, dirigido a grupos mais restritos (embora esta sala tenha algumas limitações de infraestruturas), em detrimento da quantidade de espetáculos no Grande Auditório, com uma capacidade para cerca de 600 lugares.

Em segundo lugar, para atrair públicos, públicos Universitários, a CGD estabelecia protocolos com as Universidades[160], com ofertas vantajosas dirigidas a clientes com um cartão de identificação (Caixa Universidade), visando benefícios para ambas as instituições a partir desta ação de marketing[161]. Assim, a Culturgest alargava a oferta cultural em espaços físicos noutras cidades: Braga, Porto, Covilhã, Coimbra, Aveiro, Évora e Faro. Paralelamente, a Culturgest acolhia estagiários universitários e profissionais de outras instituições culturais[162]. De facto, a procura de profissões artísticas e a oferta emprego no setor cultural cresceu, assim como, a profissionalização, e a crescente promoção do ensino e formação profissional. Os dados estatísticos disponíveis do Instituto Nacional de Estatística (INE), relativos a 1998 revelam que, de entre as áreas artísticas consideradas, as atividades socioculturais são as que evidenciam o maior volume e maior crescimento de 33% em 1995 para 44%. Crescimento que, no entanto, ainda é pouco significativo no contexto europeu. De facto, a CGD por meio da Culturgest procurava captar do público jovem e diferenciado, que particularmente interessava à CGD na perspetiva comercial e, por outro lado, captava novos públicos da cultura, contribuía positivamente para o volume de receitas provenientes de ingressos, e expandia a atividade.

Acrescia vantagens, com uma política de preços diferenciados para os utentes do espaço Mediateca no edifício-sede, das escolas e universidades, dos seniores, professores, colaboradores da CGD. E por último, o preço único para o público com idade até aos trinta anos. Para o público em geral, mantinha uma política de preços reduzidos para espetáculos e exposições,

[160] Entrevista a Dr. Emílio Rui Vilar e no Relatório e Contas de 1999.

[161] Cooperação da Culturgest com o Polo universitário de Almada da Universidade Nova de Lisboa. Protocolos celebrados com as Universidades do Algarve e Aveiro, com a abertura de agências nos Campus universitários (Culturgest, 1998).

[162] Exemplos estágios profissionais a trabalhadores da Fundação Serralves, Centro Cultural de Macau e Teatro Viriato de Viseu; Alunos da Universidade Nova de Lisboa, do ISCTE, da Universidade Católica de Lisboa, e da Escola de Teatro e Cinema (Culturgest, 2000).

comparativamente aos preços praticados pela concorrência; por outro lado, associava, continuamente, a comunicação nas relações com os *media*. Progressivamente cimenta a sua posição como uma referência cultural no país, fundamentalmente em projetos nacionais de criação e produção. Em 1999, a Culturgest cumpria os objetivos que estavam definidos. Assim sendo, solicita à CGD um aumento do subsídio anual compatível com o crescimento contínuo, para prosseguir com os objetivos fixados.

A década de 1990 marca um ciclo na história da cultura em Portugal para além de surgir grandes equipamentos culturais, como referido[163] assistiu-se também às grandes celebrações internacionais como Europália em 1991, Lisboa Capital da Cultura em 1994, a Expo Internacional de 1998 e os megaconcertos e as embrionárias produções. A gestão de alguns destes equipamentos é liderada por profissionais – os programadores culturais portugueses, com experiência internacional de formação no contexto cultural europeu, fenómeno semelhante ao que ocorria nas principais plataformas internacionais (Ribeiro, 2009, p. 61)[164], a contribuição destes equipamentos culturais, foi relevante para o acesso das cidades a bens culturais e para a qualificação da oferta artística gerada localmente. As cidades abriam-se à multiculturalidade com a presença de pessoas oriundas do Brasil, de África, de países do Leste da Europa, que traziam consigo as práticas culturais tradicionais e modernas e simultaneamente influenciavam novas narrativas artísticas. Com este progresso, abria-se um caminho para o novo milénio. Em relação à população alvo da CGD, importa referir a situação demográfica em Portugal. As estratégias de atuação de uma empresa para a colocação de produtos e serviços bancários e rejuvenescimento da carteira de clientes. A análise da fotografia demográfica não se impõe apenas para as empresas. Impõe-se também para as organizações culturais. Programar para quem? Qual o público-alvo a manter e a captar? Na interação com a comunidade a natureza global dos problemas

163 Nomeadamente do CCB em 1992, Culturgest em 1993, Museu de Serralves em 1999, a Rede de Cineteatros em 1999.

164 O autor defende a decomposição da história da cultura em Portugal durante as últimas quatro décadas, tem três ciclos com motivos e características: o primeiro ciclo, de 25 de Abril de 1974 até ao final da década de 70, designa por "a cantiga é uma arma"; neste período não surgiram novos autores que permitam afirmar a ocorrência de uma alteração na história da contemporânea cultura artística em Portugal; o segundo ciclo corresponde à primeira metade da década de oitenta, aquele em que se pretende "'ter' uma cultura como as da Europa e que quer ser 'desesperadamente moderno'". O modelo cultural era o da Europa Ocidental para os criadores, produtores e agentes culturais portugueses; Por último, o terceiro ciclo, 1986-1998, recorre ao *slogan*: "Já somos internacionais. Falta sermos cosmopolitas!".

atuais tem levado as empresas a abordagens focadas nos problemas do contexto onde se inserem e alinham modelos de intervenção e à definição de novas prioridades estratégicas.[165]

O cenário demográfico tem impacto nas estratégias de gestão empresariais, na definição dos públicos-alvo, e nos públicos das organizações culturais. No início do novo milénio, o panorama cultural em Portugal alterou-se substancialmente e tal facto refletiu-se naturalmente na atividade da Culturgest. Assistiu-se à multiplicidade da oferta cultural, particularmente evidenciadas nas logicas de concentração dos ambientes urbanos contemporâneos (Fortuna e Silva, 2002; Menger, 1993; Scott, 2000 citado por Santos, 2002), concentrando-se nas cidades do Porto[166] e Lisboa. Em 2001, Lisboa era uma cidade com uma vasta oferta de atividades contínuas, programadas

[165] O envelhecimento da população enquadra-se numa alteração do modelo de intervenção e à definição de novas prioridades estratégicas. Em Portugal, a proporção da população idosa, que representava 8,0% do total da população em 1960, mais que duplicou, passando para 16,4% em 12 de março de 2001, data do último recenseamento da população. Em valores absolutos, a população idosa aumentou quase um milhão de indivíduos, passando de 708 570, em 1960, para 1 702 120, em 2001, dos quais 715 073 homens e 987 047 mulheres. Assiste-se, pois, ao fenómeno do envelhecimento demográfico, isto é, ao aumento da proporção da população idosa no total da população, ou seja, de pessoas com 65 e mais anos de idade (INE, 2001) (gráfico 3 "Pirâmide de idades da população portuguesa em 2019"). Portugal evidencia um comportamento demográfico próximo da média da União Europeia (UE = 0,4% em 2000) embora com um ritmo de crescimento mais acelerado. Mas, existe outro aspeto demográfico na dinâmica do crescimento da população residente em Portugal relevante a considerar quando são traçados programas de oferta cultural: a população reforma-se mais cedo, vive muitos mais anos fora do mercado de trabalho; o sistema de segurança social deu uma independência económica aos idosos; e a esperança de vida é maior, embora as disparidades regionais em termos de esperança de vida sejam evidentes. De acordo com os resultados estatísticos disponíveis (Censos 2001) e confirmando as projeções existentes, a população residente em Portugal ultrapassou os 10 milhões de habitantes A ligeira subida da natalidade e o forte incremento da imigração, acompanhado do declínio dos surtos emigratórios na segunda metade dos anos noventa e no início dos anos dois mil, explicam o substancial acréscimo da população entre 1991 e 2001, comparativamente ao saldo natural. De acordo com este indicador, comportamento demográfico português não é uniforme. De acordo com as fontes estatísticas, a distribuição da população e os ritmos de crescimento diferem, no passado e no presente, nas regiões do país, como consequência dos diversos comportamentos das variáveis demográficas. As assimetrias regionais, sobretudo entre interior e litoral, retratam as diversas evoluções.

[166] **Porto 2001—Capital Europeia da Cultura** – Durante a Porto 2001, o Rivoli acolheu boa parte dos espetáculos e eventos. No Porto, o século XXI abre com Porto 2001—Capital Europeia da Cultura, constituí um ponto alto deste ciclo político-cultural, que afirmou, tanto no discurso como na prática, uma estratégia política para partir da cultura, estratégia singular, pela sua densidade e continuidade, no Portugal dos anos 90 (Silva, 2007).

e de qualidade e proliferavam os megaespectáculos e superproduções que envolviam elevados custos de produção de grande escala.

A Culturgest propunha-se dar continuidade a iniciativas que fossem de encontro com as expectativas sociais e culturais para a qual foi criada, e simultaneamente, manter os compromissos assumidos com os mecenas. Consolidava a atividade de gestão e enfrentava novos desafios de produção e criação artística. A visibilidade nos *media*, a reputação, a crescente dinâmica, diversidade e qualidade da programação cultural, a vertente multicultural, as ações de caráter pedagógico, o apoio à criação contemporânea portuguesa e coprodução internacional, e a reputação em ambos os contextos culturais, favoreciam positivamente a Culturgest. Tal facto, traduz-se num acréscimo das fontes de financiamento provenientes de empresas externas ao Grupo financeiro CGD, assim como, uma estreita colaboração com instituições nacionais e internacionais. A título de exemplo: o *British Council*, em Londres, a Fundação Jean Dubuffet, em Paris, a Comissão Nacional para as Comemorações dos Descobrimentos, o AICEP – A Agência para o Investimento e Comércio Externo de Portugal[167], o Metropolitano de Lisboa, a Renault, S.A, a Fundação Calouste Gulbenkian, a AFAA – *Association Française d'Action Artistique* (atualmente *CulturesFrance*), entre outros.

A Culturgest seguia, como princípio de gestão, aplicar quase na totalidade (cerca de 92%), o investimento do subsídio da ação mecenática do banco, nas despesas de produção cultural (espetáculos e exposições). Os custos de estrutura eram suportados por receitas oriundos de outros donativos e receitas da prestação de serviços. A partir de 2000, a Culturgest realizava espetáculos descentralizados, ou seja, externas ao edifício da CGD. A título de exemplo, os seis concertos de música realizados em Évora, Faro, Coimbra, Porto e Guimarães pela "Big Band do Hot Clube de Portugal", orquestra galardoada com o Prémio Almada do Ministério da Cultura, e um espetáculo dedicado a Duke Ellington-Billy Strayhorn (Culturgest, 2000). Em suma, em números globais, de outubro de 1993 até dezembro de 2001, a Culturgest totalizou 1 247 eventos, entre os quais, música, teatro, dança, cinema e vídeo, ações de caráter pedagógico e informativo, maratonas de leitura, colóquios e conferências e exposições. Para além da oferta cultural e das atividades secundárias

167 **AICEP** – A Agência para o Investimento e Comércio Externo de Portugal, E. P. E. é uma entidade empresarial do Estado Português que visa o desenvolvimento e a execução de políticas estruturantes e de apoio à internacionalização da economia portuguesa. A AICEP realiza a sua comunicação para o exterior sob a marca AICEP Portugal Global. A AICEP realiza a sua comunicação para o exterior sob a marca AICEP Portugal Global.

e para melhor servir a Comunidade, a Culturgest empenhou-se em colocar à disposição, de forma mais atrativa, as vantagens do seu próprio equipamento.

As infraestruturas disponibilizadas pela CGD à Culturgest, por se situar no edifício de um banco, não era tão cativante como a oferta programática. Como referem Falk e Dierking (2016), quanto melhor a conceção das condições do espaço interior, maior é a apetência do visitante e o tempo de permanência do espectador dentro de um equipamento cultural. Nas instituições culturais, essas condições passam por uma inclusão de espaços de sociabilização, locais de descanso, ventilação, ambiente climatizado, segurança, parqueamento, restaurante, bar, loja-museu, livraria, e até mesmo espaços ao ar livre, como jardins e esplanadas. E assim, face ao contexto mais concorrencial, e para a captação de visitantes e espectadores, a aposta incidiu, também, na componente lúdica, com a criação de espaços de lazer – uma cafetaria e uma livraria. Ambas situadas no grande espaço da entrada da Culturgest visavam a criação de um ambiente mais envolvente e acolhedor para momentos de sociabilidade e convivialidade. A acessibilidade a estes dois espaços era independente do horário da realização dos espetáculos e das exposições, ou seja, o horário de funcionamento era diurno e estendia-se a dias de espetáculo. Vale a pena acrescentar que, as melhorias nas infraestruturas no espaço da Culturgest, dependiam sempre de aprovação e o financiamento da CGD. Significa que, e é importante tornar claro, para além da dotação anual que a Culturgest recebe da CGD, tem à sua disposição vantagens do próprio equipamento, isto é, o edifício e as suas funcionalidades[168].

Como referiu em entrevista, o assessor artístico,

"O Café, espaço de lazer na Culturgest, demorou quatro anos a ser aceite pela administração. Argumentávamos que um centro lúdico deve ter um Café, um espaço social onde as pessoas se encontram antes e depois do espetáculo. Não havia. O edifício era de uma grande frieza. Eu dizia muitas vezes aos meus colaboradores que o difícil era convencer as pessoas a entrarem no edifício porque não apetecia. Depois de entrarem no edifício, estavam conquistadas." (Anexo A.1. Entrevista A. Pinto Ribeiro)

Durante a pesquisa que originou este livro, foi possível recorrer à experiência contada na primeira pessoa, de colaboradores da CGD e da Culturgest

[168] A Culturgest dispõe do Auditórios interiores, um Auditório exterior, Galerias de arte, salas de diferentes esquadrias; beneficia de funcionalidades do edifício-sede da CGD: climatização, vigilância eletrónica nos pontos de entrada, circulação e de prevenção de intrusão, deteção de incêndios, água, instalação elétrica, rede de telecomunicações e informática. Os portadores de bilhetes para os espetáculos ou de convites para as inaugurações têm acesso gratuito ao Parque de Estacionamento da CGD.

diretamente envolvidos no processo de criação e desenvolvimento da Culturgest. Na entrevista, o responsável pela área de Comunicação da Culturgest[169], apontou a acessibilidade, a localização e as infraestruturas do equipamento como fatores favoráveis a explorar melhor. Na opinião deste informante, à data em que foi entrevistado, o edifício-sede é pouco explorado do ponto de vista cultural e tal deve-se ao facto, da Culturgest estar centrada numa visão "egocêntrica" de valorização da sua própria programação cultural contemporânea e vanguardista. Segundo este informante, que desempenha funções na Culturgest como responsável pela área de comunicação, salienta que não existe um aproveitamento do edifício-sede como cenário, nem dos jardins envolventes, nem das obras de arte contemporâneas existentes. O espaço oferece ainda vários outros locais que poderiam ser utilizados se fossem potenciados. O jardim também é arte, que tem a natureza como inspiração e também porque integra esculturas de artistas portugueses. Apesar de se tratar de um espaço "pouco acolhedor, pouco convidativo", as pessoas da cidade acolheram bem este projeto. "as pessoas hoje vêm à Culturgest por causa da programação (...) por exemplo o Centro Cultural de Belém tem um jardim, um restaurante, infraestruturas que a Culturgest não dispõe." (Anexo A.3.).

O entrevistado, reforçou a sua ideia e exemplificou com dois equipamentos que diversificam a oferta: em primeiro lugar, a prática do Teatro Maria Matos, que realizava visitas guiadas aos bastidores, a Culturgest poderia também incluir uma atividade semelhante; e em segundo lugar, o evento "Serralves em Festa" iniciado em 2003, cujo Banco de Investimento Português (BPI) é o mecenas fundador. O BPI enquadra na sua política de responsabilidade social o apoio a entidades culturais de referência, sendo o mecenas exclusivo da Fundação Serralves, da Fundação Calouste Gulbenkian, da Casa da Música, do Museu de Arte Contemporânea de Elvas (MACE), e da Fundação Museu do Douro. Este evento celebra Serralves[170] como um espaço inclusivo da arte contemporânea e da cultura. Inclui o pensamento

169 Entrevista a Filipe Folhadela em entrevista realizada na Culturgest em 19 de junho de 2013.

170 **Serralves em Festa** – Este é o maior evento da cultura contemporânea em Portugal e um dos maiores da Europa, com atividades a decorrer nos vários espaços da Fundação de Serralves, no Porto. Ao longo dos anos tornou-se ponto de passagem obrigatório para milhares de visitantes portugueses e estrangeiros e em 2019 recebeu mais de 264 mil visitantes. "Visitas guiadas à casa" é um programa regular, que se iniciou em maio de 2013, e consiste na realização de visitas guiadas à Casa de Serralves, orientadas por artistas, arquitetos e pensadores. Promove diferentes perspetivas sobre a história e a arquitetura de um projeto recentemente classificado como Monumento Nacional, exemplar, paradigmático e melhor preservados do estilo *art déco* em Portugal.

e práticas ligadas à reflexão sobre o meio ambiente e a paisagem. Nesta festa existem vários eventos para públicos de todas as idades e gerações: fotografia, teatro, música, dança, *performance* e circo contemporâneo, exposições no museu, cinema, vídeo, e inúmeros *workshops*.

O informante criticamente refere-se à *performance* de outros equipamentos culturais existentes em Portugal. No caso de Serralves, sempre houve a preocupação de envolver a comunidade, pois geograficamente Serralves situa-se numa zona residencial, fora dos circuitos turísticos e distante do centro da cidade. A localização não é, portanto, um ponto forte, mas o complexo constituído pelo parque, a casa cor-de-rosa, as esculturas de espaços públicos no parque, como a emblemática Plantoir [Colher de jardineiro][171], de Claes Oldenburg & Coosje van Bruggena, a quinta e o museu, no seu conjunto, tornam Serralves um espaço único na Europa. Ora, "o evento Serralves em festa, pretende tornar acessível a toda a comunidade este complexo. Seria limitado dar mais a um público em detrimento de outro, e dar mais programação ao público residente em relação a outro", refere o responsável pela comunicação da Culturgest (anexo A.3. Entrevista F. Folhadela). Foram, igualmente, apontados como pontos fracos da Culturgest, a insuficiência de serviços complementares. Se um equipamento cultural pretende melhorar a experiência da visita e aumentar o tempo no espaço cultural, como parece ser a tática de muitos outros centros culturais internacionais, é necessário prestar mais atenção à comunidade e à oferta complementar do espaço e a valências disponíveis para o público. A cafetaria é o lugar de socialização onde se pode descansar, conviver, e este é um assunto de especial relevância na vista aos espaços culturais[172] (Laporte, 2011, p. 250). Não obstante, são existentes

[171] Plantoir foi instalada no Parque da Fundação Serralves para a exposição "Pelo Passeio dos Liquidâmbares: Escultura no Parque" no âmbito do programa Porto 2001: Capital Europeia da Cultura. Plantoir é característica das esculturas para espaços públicos, desenvolvida por esta equipa de artistas desde 1976: esculturas gigantes e coloridas, cuja forma os artistas vão buscar aos mais vulgares objetos do quotidiano, instaladas em espaços públicos, em articulação ou contraste com o seu contexto. Procurando uma forma especificamente destinada a um jardim, os artistas foram desenvolvendo a ideia da pá até à sua configuração final, que a apresenta como uma "lâmina" curva, ondulada por fora e lisa por dentro, com a ponta parcialmente enterrada no solo, o que confere a toda a escultura uma força direcional para o chão, como se ele estivesse de facto a ser cavado pelo objeto. Retirado do seu contexto original e através da grande alteração de escala, este objeto familiar adquire um caráter insólito. O local escolhido para instalar a obra permite que ela seja observada de três perspetivas diferentes: do carreiro que rodeia o edifício do Museu, da Casa de Serralves e da rua, no exterior (Fundação Serralves, 2020).

[172] Sobre o tema experiências e fadiga no Museu pode-se consultar Falk & Dierking (2006).

os espaços de cafetaria/bar/restaurante, espaço multimédia audiovisual, de arquivo e de auditório. Comparativamente a outros equipamentos culturais, nomeadamente a Fundação Serralves: o espaço e a programação cultural, dois motivos atraem o público afirmando-se, atualmente, como um polo de referência nacional e internacional. Como referido, foco deste livro é o caso da Culturgest no edifício sede, em Lisboa delimitado no espaço metropolitano da cidade de Lisboa, mas sem fugir ao tema que aqui nos traz, importa referir um aspeto relacionado com a expansão geográfica da atividade da Culturgest. À medida que atividade cultural da Culturgest se consolidava, a CGD recebia vários apelos por parte da comunidade, para criar noutras cidades "filiais" da Culturgest. Porém, apenas aconteceu no Porto, a segunda maior cidade portuguesa. Assim, em 2002 a CGD criou uma pequena galeria de arte, na cidade do Porto ao que designou por – *Culturgest Porto*. Como explica em entrevista o primeiro assessor artístico da Culturgest,

"*a Culturgest no Porto nasceu desta reivindicação das pessoas do Porto, dos artistas, da Câmara Municipal do Porto e de pessoas que também queriam, de alguma forma, refletir a Culturgest no Porto*" (Anexo A.1. Entrevista A. Pinto Ribeiro).

Em resposta aos apelos, era um espaço, situado no centro da cidade do Porto, com atividades culturais centradas nas exposições de arte contemporânea, com uma programação diversificada, cujo objetivo é criar e cativar um público alargado, prioritariamente jovens dos ensinos secundários e universitários. Situada num espaço emblemático da antiga sede da CGD à Avenida dos Aliados na cidade do Porto.[173] Neste sentido, expande as atividades da Culturgest a zona nobre na cidade do Porto, contribuindo, não apenas, para a criação e formação de novos públicos, mas também para o desempenho do seu papel participativo na responsabilidade cívica na sociedade. Do ponto de vista de gestão, a estratégia de expansão da Culturgest e situar-se no ambiente cultural no norte do país mereceu três cuidados: preservar a escala de uma empresa de pequena dimensão, para a qual está vocacionada, e de equilibrar a expansão em função dos seus recursos humanos e financeiros (Culturgest, 2002). (ver anexo B- imagens da Culturgest).

173 Reside na primeira filial construída de raiz, num edifício inaugurado em 1931, projeto elaborado entre 1924 e 1925, da autoria do arquiteto Porfírio Pardal Monteiro, num período no qual ainda se refletiam no setor bancário, os efeitos negativos da crise de 1923 e a três anos do fim da 1.ª República.

Figura n.º 28 – Culturgest Porto

Fotografia do hall octogonal do edifício da filial do Porto (à esquerda) Livraria da Culturgest (à direita)
Fonte: Arquivo Histórico da CGD.

Dois motivos atraem os públicos à Culturgest-Porto: em primeiro lugar, a orientação programática com obras encomendadas ou criadas "*in situ*" através dos novos suportes como o vídeo, a instalação e a fotografia, muita atenta à criação internacional, embora não exclua os suportes e as linguagens clássicas como a pintura e a escultura; em segundo lugar, a forte arquitetura da Galeria do edifício constituída por colunatas de estilo jónico, portões em cobre e ferro forjado, planta octogonal, com uma galeria apoiada sobre oito pilares em mármore azulino, um teto envidraçado, decorado e dotado com iluminação indireta. As paredes revestidas a mármore apresentam baixos-relevos dos notáveis artistas Alexandre Silva, Anjos Teixeira, António da Costa, Henrique Moreira e os mosaicos de arte, da autoria do vitrinista e empresário Ricardo Leone (Brites, 2018). Por isso, a Culturgest salienta que desde que artisticamente seja oportuno, colabora com galeristas, museus, instituições locais, museus, salvaguardando a orientação artística e programática. O acontecimento é sinalizado com a inauguração da exposição "Arte Contemporânea – Coleção Caixa Geral de Depósitos – novas aquisições – Parte II". Nesse mesmo ano realizam-se mais duas exposições[174]: Keith Haring; "*Fichet*", de Leonor Antunes; *Descubra as Diferenças experiências sobre aresta cinematográfica – modelo simulado,* de José Damasceno; *Um+Dois+Mil*, e o ciclo de conferências: "Clássicos do século XX".

[174] Philipe Bazin – exposição de fotografia e "En Garde" – Noe Sendas.

Oferta cultural descentralizada: arte e cultura em itinerância

Podemos constatar que a oferta cultural da Culturgest não se confina ao espaço físico em Lisboa. A Culturgest desenvolve iniciativas no exterior, em outros territórios, proporcionando uma oferta cultural descentralizada. Espaços expositivos em regime de itinerância, essencialmente em parcerias com instituições públicas e privadas. A programação cultural incluí espetáculos e exposições de arte contemporânea em diversas cidades do país e até mesmo fora de Portugal, nomeadamente em Madrid e Barcelona.[175] Projetos que visam dinamizar e estabelecer pontes entre a cultura, o território e as pessoas. As iniciativas sobretudo correspondem as exposições a partir da Coleção de Arte da CGD, democratizando assim o acesso à coleção e aos seus discursos. Evidencia-se o interesse de, através da sua ação mecenática chegar a mais populações. A CGD atribuía mais subsídios de mecenato à Culturgest por forma a responder à expansão de iniciativas culturais a outros territórios[176]. No período decorrido entre 1995 e novembro 2000[177], o programa de aquisições de obras de arte foi suspenso e no final deste mesmo ano, com a chegada da nova Administração de a Coleção é retomada. A partir de 2000, as aquisições de obras para a Coleção de Arte da CGD (2000-2003), têm um novo fôlego, com uma programação pioneira. O assessor artístico opta por integrar artistas lusófonos, alguns emergentes nessa data e ao fazer o seu percurso na internacionalização, conseguiram reconhecimento. Rompiam-se barreiras. A Culturgest apresentava novas narrativas discursivas em torno dos temas interculturalidade e colonialismo e abria caminhos para discursos culturais inéditos e abrangentes[178].

A partir de 2002, é nomeado um novo consultor para a Coleção de Arte da CGD o saudoso Delfim Sardo. Com a sua chegada apresenta-se uma

175 Exemplo disso, o ICEP Portugal – Investimento Comércio e Turismo, integrados no evento "Perfil de Portugal em Madrid" solicitou à empresa Culturgest, a coordenação e a programação de espetáculos com Pedro Burmester e Alexei Eremine; Mafalda Arnauth; saudoso Waldemar Bastos; Mário Laginha, Maria João e Drumming (Culturgest, 2002).

176 Tendo em conta as disposições legais, designadamente o Artº. 66, nº 2, alínea f) do Código das Sociedade Comerciais, o Conselho de administração propõe em todos os exercícios de 1993 a 2007, que o resultado líquido do exercício seja transferido para resultados transitados.

177 Emílio Rui Vilar finda a sua primeira passagem pela Caixa Geral de Depósitos. João Salgueiro é o Presidente da 19ª administração da Caixa Geral de Depósitos de 9 de janeiro de 1996 a 6 de abril de 2004. António de Sousa é o presidente da 20ª administração de 23 de fevereiro de 2000 a 6 de abril de 2004 e da 21ª administração de 7 de abril de 2004 a 30 de setembro de 2004.

178 Veja-se sobre este tema, Duarte (2017).

proposta estratégica para a Coleção, que contribuía para a abertura ao público da produção artística contemporânea. Foram definidos novos critérios para o programa de aquisições. A produção artística internacional ganha espaço e, pela primeira vez, é enriquecida com a abertura à aquisição de produção de artistas da lusofonia.

Assim, foi a partir dessa data que a Coleção de Arte da CGD inclui obras de artistas brasileiros e africanos, de países de expressão portuguesa, artistas das décadas de sessenta, setenta e oitenta e artistas emergentes da década de noventa. Como mecenas, a CGD exercia assim o incentivo à produção de jovens criadores ainda pouco conhecidos no panorama artístico português (Duarte, 2017), (Culturgest, 2002). Em 2003 a Coleção foi enriquecida por via da internacionalização, convergindo com a linha de programação da Culturgest. As manifestações de artistas africanos de expressão portuguesa assumiram uma posição de crescente destaque. Os países do espaço lusófono têm em comum, por um lado, uma experiência de colonização, e, por outro lado, a língua, porém o conhecimento das produções e as histórias são desconhecidas, reciprocamente. São exemplos deste período, as obras de artistas brasileiros, como Lygia Pape (1927-2004), Adriana Varejão (n.1964), Caio Reisewitz (n.1967), José Bechara (n.1957) Tunga (1952-2016), Nelson Leiner (1932-2020) e africanos, como Shikhani (n.1934), Malangatana (1936-2011), Fernando Alvim (n.1963), António Ole (n.1951), entre outros. A Coleção de Arte da CGD cresce também com artistas portugueses, como Ana Jotta, Ana Perez-Quiroga, Ana Vidigal, Ângelo de Sousa, Cristina Lamas, Fátima Mendonça, Fernanda Fragateiro e Paulo Nozolino, e abria-se a novas linguagens plásticas e ao critério do internacionalismo artístico. O consultor reconhece a carência de representatividade da multimédia na coleção e propõe a aquisição e vídeo, filme e fotografia. Em março de 2005, quinze anos depois da primeira exposição de fotografia, a Fundação Calouste Gulbenkian propôs à CGD, em parceria com a Culturgest, a realização de uma exposição de fotografias da Coleção institucional, no centro cultural da Gulbenkian em Paris, sobre o tema Portugal visto por estrangeiros. O convite surge numa altura em que o núcleo de fotografia da Coleção havia aumentado, mas aleatoriamente e sem a aquisição de fotografia estrangeira dedicada a Portugal. Desta forma, a Coleção de Arte da CGD contribuía para o fortalecimento do compromisso da CGD com a sociedade, a cultura e a arte, conservando a memória presente e aproximando-se das tendências internacionais, em particular, dos países de língua oficial portuguesa. Na realidade constitui uma forma de estar presente na cultura. A Coleção de Arte da CGD não privilegia apenas obras nacionais.

A opção é de arte internacional, mas circunscrita a artistas de língua portuguesa. Era opção era original, no sentido em que as Artes nestes países tinham seguido trajetórias separadas, e, com estas aquisições criava-se, pela primeira vez, uma plataforma de diálogo, que antes não existia. No fundo, colocava em contato os artistas que eram o legado da condição pós-colonial da lusofonia (Culturgest, 2004). A CGD empenhava-se, assim, como mecenas na promoção de artistas de língua portuguesa, através da proposta de aquisição de obras para a sua Coleção de Arte da CGD. Consolidada a Coleção, não fica circunscrita ao espaço da Culturgest, do edifício-sede em Lisboa, mas percorre outros territórios. Por forma a chegar a vários públicos, é apresentada em exposições itinerantes em diversos locais do país, naturalmente sem fins comerciais, com uma prática de preços simbólicos de acesso às exposições, uma iniciativa que realiza em colaboração com áreas de Marketing e de Comunicação da CGD e com outras instituições externas.

A Administração da Culturgest emitia então, a seguinte nota:

> Para que a Coleção funcione como instrumento privilegiado, quer de constituição de um património de assegurada valorização ao longo do ano, quer de projeção da imagem da Caixa como Empresa que apoia as artes, é condição indispensável que o seu crescimento seja acompanhado de um programa articulado de exposições que a faça circular no país e, eventualmente, no estrangeiro. (Culturgest, 2004, p. 4)

A Culturgest como empresa, presta o serviço de assessoria da CGD para a aquisição de peças de arte e gere um orçamento atribuído pela CGD. Desde 1993, o valor da dotação anual atribuída para a gestão da coleção cifrou-se em 200.000,00 €, tendo este montante sido aumentado para 300.000,00 €, em 2005. Um novo colaborador assume o cargo de assessor de arte contemporânea da Culturgest e tem a responsabilidade de apresentar propostas de aquisição à administração da CGD, Em 2006, o Conselho de Administração da CGD decide delegar a gestão e conservação da coleção à responsabilidade da Culturgest. Já sob a tutela da Culturgest e ao cuidado de especialistas, foram adquiridas novas obras (20 desenhos de João Queiroz e 10 pinturas de José Loureiro).

4.4. Comunicação Persuasiva

Através da Comunicação Estratégica foi possível associar e identificar o nome e a marca CGD com a Culturgest. Não era uma comunicação comercial, porque não procurava promover os produtos e serviços bancários, mas sim subordinada à Comunicação Institucional com os mecanismos de pertença e aceitação da programação cultural da Culturgest por parte do público. A CGD acumulava, assim, vantagens dos resultados obtidos pelas referências na Comunicação Social: a primeira consistia no ganho indireto de visibilidade porque essa publicidade contribuía para uma mudança da imagem da CGD; a segunda permitia chegar a um segmento de que comercialmente interessava ao banco, ou seja, atingir um público-alvo, de universitários e jovens; a terceira vantagem consistia em contribuir para a motivação dos colaboradores, o ambiente interno positivo, o sentimento de pertença no seio da empresa, a satisfação organizacional. Vivia-se um período de transformação organizacional. Aos colaboradores, o acionista Estado exigia mais empenho em prol da ambição e dos objetivos de liderança no setor bancário. E não só. Exigia também uma transformação e uma capacidade de adaptação a ritmos de trabalho compatíveis com um banco comercial e concorrencial no mercado europeu. Uma nova CGD surgia aos olhos da comunidade local, dos clientes, fornecedores, da opinião pública, dos parceiros, do acionista, e da Comunicação Social (Vilar, E., 2020)[179].

A análise do percurso do estudo de caso expressa bem como a criação do equipamento cultural estava intrinsecamente relacionado com os objetivos comunicacionais do banco e com a visão da liderança. É interessante salientar que no início, nos primeiros anos após a criação da Culturgest, como uma empresa de gestão de espaços o subsídio anual que a CGD atribuía, estava formalmente acordado num contrato de patrocínio celebrado entre a CGD e a Culturgest, na qualidade de empresa de gestão cultural. A relação nasceu com um modelo de patrocínio com contrapartidas de proveitos bem definidos e sob a forma de um contrato. Neste acordo, constam as contrapartidas (direitos e os deveres entre as partes) do patrocinador e do patrocinado. Ora a cobertura mediática (*buzz* mediático) constitui o objetivo instrumental do patrocínio e neste sentido, a Caixa transferia a verba inicialmente destinada para publicidade dos produtos e serviços bancários, para um subsídio que atribuía à Culturgest. Como afirma Emílio Rui Vilar, o subsídio era

[179] Entrevista concedida por Emílio Rui Vilar, no dia 4 de março de 2020, às 11.00 h, na sede da C.G.D.

determinado em função da ocupação de espaço de comunicação nos *media* (objetivo: visibilidade mediática da marca).

> *No fundo, a Caixa substitui a publicidade pela Culturgest e aparecia nos jornais e na Televisão não como um Banco a vender depósitos e títulos, mas como uma atividade cultural e isso também com uma lógica subjacente (...) a Culturgest era uma empresa, porque entendia que não era mecenato, mas sim um instrumento de comunicação e marketing.* (Anexo A.7. Entrevista Emílio R. Vilar)

No caso "CGD e a Culturgest", na linha de pensamento de Porter, ambas as organizações beneficiaram de sinergias e de vantagens competitivas na comunicação (Porter, 1980) de reforços de imagem e reputação (Fombrun & Van Riel, 2018) do banco. Um processo de transformação dentro das Comunicação Estratégica da CGD e desde a sua origem era um instrumento de comunicação que respondia a claros objetivos de marketing da CGD. Assim, as mais valias (contrapartidas) acordadas entre as duas instituições são as seguintes (Culturgest, 1993c): promoção da imagem de marca institucional; disponibilização de espaços nomeadamente salas e apoio na organização de ações do Banco; oferta de catálogos de exposições; oferta de programas e brochuras; convites para exposições e espetáculos que se realizem na Culturgest no âmbito da programação cultural; cartão de utente visitante para colaboradores da CGD; cartão de cliente para acesso privilegiado; cartão de residente para acesso privilegiado a residentes da área onde se encontra a sede da CGD.

A criação da Culturgest tinha subjacente uma estratégia simultaneamente comercial, social e de comunicação. Nas interações a Culturgest devia ser respeitada a identidade institucional com o nome, logótipo e outros sinais de identidade do seu principal mecenas. Por outro lado, há fatores determinantes que revelam como a Culturgest conveio como instrumento de comunicação para a CGD e que estão também relacionados com as decisões de marketing numa perspetiva comercial, em função dos seus principais públicos-alvo, que visavam benefícios financeiros. A estratégia de *Marketing* era agressiva e segmentada. Para além do segmento fidelizado de reformados e funcionários públicos que já eram clientes da CGD, a nova estratégia comercial priorizava a captação de um segmento jovem, sobretudo, para alcançar o cliente estudante universitário. A CGD estabeleceu protocolos com várias universidades e politécnicos que previam a emissão de um cartão com uma dupla função: cartão bancário e de identificação académica. Num contexto de responsabilidade social e de mecenato cultural, a CGD a assumia-se, assim, como um agente de criação de valor, não só em relação à Culturgest, mas também em relação a outros projetos culturais. De facto, as linhas orientadoras da Programação Cultural da Culturgest estavam em conformidade com Comunicação Estratégias da CGD (Vilar, E., 2003). No conceito apresentado por alguns autores, faz todo o sentido aplicarmos o termo Comunicação de Marketing, numa perspetiva mais ampla, na medida em que abrange a pluralidade dos meios que as organizações dispõem para comunicar de forma abrangente com os públicos-alvo: público externo e público interno (Castro, 2007, p. 29), (Fenton, 2011). É nesta perspetiva teórica, que poder-se-á perceber que desde a sua criação em 1993, a CGD pretendia por meio da Culturgest provocar um impacto positivo junto da comunidade em geral e com os colaboradores da CGD, tinha objetivos de comunicação persuasiva (Vilar, E., 2003). Desde a sua abertura em outubro de 1993, a Culturgest desempenha um papel importante no desenvolvimento artístico do país. Apresentou várias realizações de produção própria e outras em coprodução com uma política de estreita colaboração com instituições nacionais. Como referido, no período em que a Culturgest foi constituída, o acionista Estado procurava ultrapassar o problema de comunicação para resolver e pretendia melhorar a reputação. Todo "o ruído"[180] (Castro, 2007) em torno da CGD afetava o processo de comunicação, que provocava criar novos segmentos e posicionar-se no mercado como uma instituição inovadora Pretendia criar uma mudança na perceção dos seus públicos e defender-se da poluição mediática. Na Fig. 29, apresenta-se de forma esquematizada, a relação empresa, como emissor de mensagem para Comunidade e o impacto do ruído no processo de comunicação, no contexto de 1993, em que a Culturgest foi constituída como empresa.

[180] Ruído – É a distorção não planeada que pode afetar o processo de comunicação. A mensagem chega ao recetor de forma distorcida e diferente daquela que é pretendida. Os acontecimentos da década de 90, Banco com gastos financeiros desnecessários; edifício "megalómano"; desperdício financeiro por parte do Estado; Banco conservador, pesado, burocrático, ex-instituto público, banco de reformados e dos funcionários públicos, não dirigido a um público jovem; a *performance* o setor bancário e os contribuintes.

Figura n.º 29 – Modelo funcional da comunicação de Schannon e Weaver

Fonte: Elaborado pela autora; adaptado de Castro (2007, p. 32).

Os meios de comunicação social relatavam uma má imagem institucional e a CGD era notícia por uma conduta de insensibilidade social. A *American Marketing Association* elucida que um mau comportamento institucional pode levar uma empresa a uma grave crise de imagem institucional. Uma circunstância que exigia mecanismos de comunicação persuasiva, De Fleur, 1970, p. 122. Numa extensa pesquisa sobre crises das empresas, alerta para dualidade e a imprevisibilidade dos efeitos relevantes se as mensagens forem adequadamente estruturadas e, a certeza de que, frequentemente, os efeitos que se procurava obter não foram conseguidos. "A mensagem contém características particulares do estímulo, que interagem de maneira diferente de acordo com os traços específicos da personalidade do destinatário" (De Fleur, 1970). A Teoria da Persuasão preconiza as diferenças individuais do público. Dessa maneira, estabelece-se uma estrutura lógica, muito semelhante ao modelo mecanicista. Persuadir os destinatários é possível se a mensagem se adequa aos seus fatores pessoais e à sua interpretação. A CGD compreendeu a crise de marca em que mergulhara, devido ao projeto de comunicação de massas deficiente, a necessidade de uma ação persuasiva como acelerador importante (se não o mais importante) para a superação de uma crise de marca da empresa[181]. Por outro lado, os estudos da *American Marketing Association* revelam que a cobertura mediática, que aponta para a pouca responsabilidade social por parte das empresas, provoca perda imediata da força da marca. Assim, a cobertura mediática é um fator-chave que molda a profundidade e a duração de uma crise e as suas consequências para

[181] https://www.ama.org/ Sagejornals, consultado a 18 julho de 2020.

uma empresa (American Marketing Association, 2020). Ora, o Presidente do Conselho de Administração da CGD, de então, mentor do projeto Culturgest, quando entrevistado, enfatizou que, a contrapartida de cobertura mediática acordada entre a CGD e a Culturgest tinha objetivos definidos, nesse sentido. Por um lado, colmatar simultaneamente a imagem negativa resultante da pressão publicitária e dos rumores. Por outro lado, melhorar o relacionamento publicitário com o meio de comunicação. É importante salientar neste ponto sobre a Comunicação:

"A Culturgest era uma empresa, porque no meu entender a Culturgest não era mecenato, era um instrumento de Comunicação e de Marketing". (Anexo A.7. Entrevista Emílio Rui Vilar)

A Culturgest fazia parte de uma estratégia geral de comunicação e aplicou na perspetiva teórica, os critérios do "*The sponsorship Report*", quatro características do patrocínio como instrumento de comunicação: primeira característica, consiste no facto de através da Culturgest, o banco publicitar a marca institucional. Na realidade do ponto de vista de gestão empresarial, o subsídio à Culturgest tratava-se de um custo de promoção e contratação de meios de comunicação; segunda característica, trata-se do objetivo e das contrapartidas comerciais definidas. A CGD, como patrocinador visava concretizar objetivos comerciais captação de novos clientes e comercialização de produtos e serviços do banco; terceira característica melhorar a imagem institucional nos diversos intervenientes no mercado; e por último, a característica relacionada com o recetor ou beneficiário do patrocínio, que pode ser um evento, uma organização cultural, projetos culturais, causas associadas à empresa (Colbert & Cuadrado, 2010, p. 210). Significa que na origem da Culturgest, os instrumentos de comunicação que a CGD privilegiou para firmar a sua presença na cultura foram o patrocínio especificamente para as atividades da Culturgest e a vertente mecenática na criação da Coleção de Arte da CGD. Perante o contexto, para a CGD era necessário inverter os ruídos perturbadores que afetavam a sua imagem institucional (Balmer, 1998) a perceção que o público em geral construía sobre a CGD. A construção de um edifício de elevadas dimensões, na zona central da cidade escolhida e com elevados custos associados à construção. No fundo, a organização cultural era instrumentalizada pelo acionista, para modificar e corrigir a imagem pública da entidade bancária e facilitar a proximidade junto dos públicos-alvo de um banco concorrencial que ambicionava ser líder de mercado no setor financeiro português. Por outro lado, era necessário controlar o impacto económico e reputacional da cobertura da comunicação social, e consequentemente aumentar a publicidade da marca do Banco, como uma instituição que apoia a cultura[182] (Vilar, E., 2003).

As características de uma programação vanguardista, experimentalista e multiculturalista, contribuíam para corrigir o "ruído", configurar uma imagem, e construir simultaneamente a Culturgest como uma imagem de marca institucional no panorama cultural português da década de 90. De acordo com as metas da Comunicação Institucional (Daniel, 1993), (Carrillo, 2014) a CGD pretendia uma reconversão da imagem e agir no sentido em que nos *media* a notícia não fosse sobre a (má) conduta social do Banco. A publicidade sobre a Culturgest e programação inovadora, ocupava a cobertura mediática. A novidade era a Culturgest e a sua programação contemporânea o que se atenuava progressivamente os ruídos. Durante o período de atividade como empresa de espaços culturais, a Culturgest desenvolvia, de forma diferenciadora, o programa de atividades (Culturgest, 2003)[183], (Anexo A.7. – Entrevistas). Uma das áreas estratégicas da organização cultural é a valorização do relacionamento com os artistas por meio do apoio à produção e coprodução (Bonnet, 2011). Significa que a Culturgest, numa relação de mediação, posiciona-se como uma instituição cultural que fomenta as relações de produção com a comunidade artística. Simultaneamente, a sua atuação cumpria os requisitos de reconhecimento social da CGD e colocava a oferta cultural

182 Estudos existentes na literatura de marketing sobre crises de marca / empresa numa nova direção. Pesquisas anteriores estudaram os efeitos de notícias negativas sobre várias métricas e condições de desempenho – por exemplo, vendas (Cleeren, Van Heerde, e Dekimpe, 2013), eficácia da publicidade (por exemplo, Liu e Shankar, 2015) e valor para o acionista (por exemplo, Flammer, 2013). Além disso, os pesquisadores analisaram consequências para variáveis de mentalidade do cliente, como atitude em relação à marca (por exemplo, Ahluwalia, Burnkrant, e Unnava, 2000), valor da marca (por exemplo, Dawar e Pillutla, 2000), atenção e força da marca (por exemplo, Backhaus e Fischer, 2016) e boca a boca on-line (WOM; por exemplo, Borah e Tellis, 2016). Outro fluxo relacionado de pesquisa em marketing e economia estuda o comportamento e os resultados nos mercados da comunicação social. Os pesquisadores sugeriram modelos teóricos (por exemplo, Gal-Or, Geylani & Yildirim, 2012; Xiang & Sarvary, 2007) e modelos empíricos (por exemplo, Gentzkow & Shapiro, 2010; Gurun & Butler, 2012; Rinallo & Basuroy, 2009). A interdependência dos *media* e dos parceiros de publicidade e como ela resulta em várias formas têm sido de particular interesse em estudos de autores como Beattie *et al.*, 2020; Gurun & Butler, 2012; Rinallo & Basuroy, 2009. Como resultado, os estudos geralmente concentram o foco na publicidade, mas não prestam muita atenção a outras variáveis que também podem influenciar significativamente a cobertura da comunicação social.

183 Total de 75 exposições, abertas ao público num total de 4.769 dias, e 782 espetáculos dos quais: 322 de teatro; 307 sessões de cinema ou de vídeo; 247 de música; 161 de dança; 28 de ópera; 24 variados e 276 conferências, cursos, *workshops* ou sessões de leitura.

diferenciadora, para benefício da comunidade em geral. Nas Artes Plásticas, nos primeiros dez anos, a Culturgest posicionava-se como uma instituição cultural que visa a promoção de artistas lusófonos, em duas vertentes: a primeira, na continuidade do critério subjacente à política de aquisições de obras para a Coleção de Arte da CGD; a segunda, na realização de exposições com trabalhos produzidos por artistas emergentes ou pouco conhecidos em Portugal. Em 2004, o programa de exposições era concebido, com artistas pouco consagrados, muitas vezes já com o seu lugar na história, que expunham em Portugal depois do seu trabalho ter corrido o mundo. A CGD suportou a modernização dos equipamentos técnicos de palco, a remodelação completa das infraestruturas das condições sonoras e vídeo, bem como a instalação de vários equipamentos do Grande Auditório. Em 2003, a estrutura organizacional da Culturgest alterou-se. Preparavam-se as mudanças no Conselho de Administração[184]. A situação interna na Culturgest alterou-se, e a forma de comunicar e programar também. Assiste-se a um período de reorganização interna, mudanças na estrutura organizacional e a definição de um novo Conselho de Administração da Culturgest – novas divisões do trabalho com a entrada de especialistas com diferentes trajetórias, para as áreas artísticas; e novas relações de poder. Ocorrem novas lideranças. O acionista Estado, por meio do Conselho de Administração da CGD influência Indiretamente o poder na Culturgest. Embora não interfira, diretamente, compete-lhe a escolha dos rostos da nova equipa de gestão do equipamento cultural[185] e é nomeado o Vice-Presidente da Culturgest com a responsabilidade da programação cultural, assim como os assessores especializados em diferentes áreas

[184] O Conselho de Administração com Manuel José de Carvalho Fernandes Vaz como Presidente, nomeado pela Caixa Geral de Depósitos, SA; Maria de Fátima Patrício Ramos, Vice-Presidente, nomeada pela Caixa Participações S.G.P.S., SA; Luís Eduardo de Oliveira dos Santos Ferro Vogal, nomeado pela Fundação Luso-Americana para o Desenvolvimento. Quanto à estrutura dos recursos humanos, a 31 de dezembro de 2003, prestavam serviço na Culturgest 28 trabalhadores, sendo 21 efetivos e sete empregados da Caixa Geral de Depósitos em regime de cedência do quadro de pessoal. Desempenham tarefas: artísticas; de execução e assistência às tarefas artísticas; gestão artística; tarefas de marketing, de comunicação e comerciais; tarefas de planificação logística; informática; jurídicas e financeiras. Uma organização com uma programação continua que recorre a uma pequena equipa permanente de pessoal técnico.
O desenvolvimento da natureza das suas funções e face à múltiplas tarefas e continua atividade da Culturgest exige a flexibilização dos tempos de trabalho das equipas.

[185] Revelado em entrevista a Miguel Lobo Antunes, presidente, administrador e programador da Culturgest, onde desempenhou funções de 2003 a setembro de 20018. A entrevista realizou-se a 4 de junho de 2013.

artísticas: teatro, dança e artes visuais e um serviço educativo. As áreas do cinema, da música e das conferências ficaram a seu cargo[186]. As responsabilidades são partilhadas. Cada especialista é responsável pela sua área, apesar de caber ao Administrador, responsável principal pela programação e pela definição da estratégia de comunicação, o ajuste da decisão final. Desta forma, com a reorganização interna, definiram-se diferentes lideranças. Em abril de 2004, o administrador nomeia um novo consultor da arte contemporânea da Culturgest, com uma aposta de programação que abrangia um universo de artistas experientes e carreiras dinâmicas de produção artística na cena internacional, mas com níveis de visibilidade e de consagração baixos, mas, longe do topo da pirâmide de afirmação nacional e abaixo dos níveis de consagração dos artistas apresentados em instituições, como o Centro Cultural de Belém e a Fundação Serralves. Com novos administradores a partir de 2003, a Comunicação Estratégia altera-se e uma nova mensagem é comunidade para o exterior. Sobre a oferta cultural constata-se que os líderes da Culturgest traziam uma proposta de programação muito distante do tipo de programação desenvolvida pelo anterior assessor artístico: uma programação organizada a partir de preocupações relacionadas com uma agenda artística, intelectual específica, e um pensamento ideológico, conotado com as questões do multiculturalismo e pós-colonialismo (Lopes, 2010). Na entrevista que concedia à Arte Capital em 2006, o curador explicou as linhas de orientação que propunha desenvolver na Culturgest:

> (...) *Interessou-me, e continua a interessar-me, fazer uma programação vigilante e crítica relativamente às lógicas e aos processos de consagração, uma programação que reclama a sua própria autonomia e uma participação ativa no contexto internacional, que recusa ser um eco ou andar a reboque dos cânones e das modas que vão sendo definidos e reproduzidos no contexto internacional* (Arte Capital, 2006).

No ano de 2005, a Culturgest segue a tendência nacional, e começa a dinamizar o Serviço Educativo (SE). Entre diversos fatores, a necessidade de comunicar e fortalecer a sua ligação à comunidade local terá favorecido a criação do serviço voltado para as populações inicialmente do concelho

186 Manuel José de Carvalho Fernandes Vaz presidente, nomeado pela Caixa Geral de Depósitos; Miguel Lobo Antunes vice-presidente, nomeado pela Caixa participações S.G.P.S.; Luís Eduardo de Oliveira dos Santos Ferro vogal, nomeado pela Fundação Luso-Americana para o Desenvolvimento.

de Lisboa, e posteriormente para outros concelhos. Cabe ao Serviço Educativo a oferta de atividades pedagógicas e formativas, desenvolver uma programação própria de atividades, que respeita os objetivos programáticos da Culturgest e ajustar-se ao orçamento disponível. Em Portugal, 2005 corresponde ao ano em que foram criados o maior número de Serviços Educativos nos equipamentos culturais. No âmbito da pesquisa realizada *"a Democratização cultural e a formação de Públicos: Inquérito aos Serviços Educativos em Portugal"*, apresentado por Gomes e Lourenço (2009) o estudo revela que nessa data aumentaram muito significativamente o volume de equipamentos culturais com serviços educativos (ou serviços equiparados). A Culturgest seguia essa tendência e no mesmo ano foi constituído o Serviço educativo com uma programação própria[187]. A tendência crescente para a constituição de Serviços Educativos estava em sintonia com o que era a linha de orientação das políticas públicas para a cultura. "Todos os equipamentos dependentes do Ministério da Cultura e todos os equipamentos integrados em redes nacionais devem proporcionar programas educativos dirigidos a diferentes públicos, quer se trate de crianças, jovens, adultos ou cidadãos seniores" (Gomes e Lourenço, 2009, p. 74). Nos programas de Governo ganhava mais relevância o tema da promoção do acesso à cultura, as estratégias de alargamento de públicos e crescia a perceção da cultura e das artes como fatores dinamizadores das economias locais. A prioridade era a qualificação das atividades, dos profissionais e formação dos cidadãos. A iniciativa de criar o Serviço Educativo da Culturgest também estava em conformidade com a estratégia de comunicação persuasiva da CGD: aproximar-se da comunidade, chegar a mais públicos e simultaneamente contribuir para o desenvolvimento social[188]. Num ângulo

[187] Informação transmitida por email à autora por Raquel Santos Silva a 15 de abril de 2020.

[188] Promover do enriquecimento da cultura multicultural mediante uma proximidade às propostas anunciadas na programação geral da Culturgest; promover a componente educativa e cultural das várias atividades que fazem parte da programação da Culturgest e do Serviço Educativo.
Relativamente ao ano de 2005, para além de ter cedido gratuitamente as suas instalações para algumas iniciativas culturais, como lançamento de livros ou ante estreias de filmes, a Culturgest alugou ainda os seus espaços para a realização de 33 eventos, ou cedeu-os, a solicitação da Caixa, para outros 35, da mais variada tipologia: espetáculos, congressos, reuniões e convenções de empresas, colóquios e ações de promoção.
Em suma, para as atividades de janeiro a dezembro, o número de espectadores chegou a um total de 68.216, para 9 exposições, 198 espetáculos, 40 conferências/leituras e 68 sessões de *workshops*. Tal revela que a Culturgest continuou, com especial intensidade, os fins para que foi criada, prestando, crê-se, relevantes serviços à sociedade, contribuindo muito positivamente para o seu desenvolvimento através das artes, da ciência, do fortalecimento do tecido cultural português, das artes, da ciência, do fortalecimento do tecido cultural português, da criação de novos públicos.

de visão empresarial, a CGD reconhecia nas iniciativas da Culturgest, uma oportunidade comercial de aumentar a carteira de clientes, e oferecia diversas vantagens, como por exemplo, o acesso diferenciado a clientes de produtos bancários da CGD. Simultaneamente celebrava protocolos com escolas e universidades. Para o intuito de aproximar famílias, professores, alunos e outros públicos, o estímulo era praticar uma política de preços diferenciados de acesso à programação da Culturgest. Neste sentido, constata-se que, por meio da programação, um dos principais objetivos do Serviço Educativo passa por conquistar e formar os mais variados públicos num processo de aprendizagem. Comtempla a realização de atividades, especialmente, dirigidas ao público em geral de diferentes interesses culturais, diferentes faixas etárias, aos públicos escolares, aos colaboradores da CGD e seus familiares, reformados e a um público de profissionais do setor cultural[189] (Anexo A.5.), (Culturgest, 2005).

Neste ponto importa reter que a programação a Culturgest, incluía atividades direcionadas a dois públicos-alvos: em primeiro, para diferentes segmentos da comunidade oferece um leque variado de propostas, para crianças, jovens, professores, educadores e outros mediadores, grupos

Ao longo dos 12 anos de atividade apresentou, 104 exposições, abertas ao público 5 951 dias, e 1 022 espetáculos – dos quais 182 de dança, 283 de música, 380 de teatro, 30 de ópera e 26 variados – 487 sessões de cinema ou de vídeo, e 403 conferências, cursos, *workshops* ou sessões de leituras. Cedeu, gratuitamente, as suas instalações para algumas iniciativas culturais, como lançamento de livros ou ante estreias de filmes. No regime de prestação de serviços, realizaram-se 68 espetáculos alheios à própria programação cultural e congressos científicos, reuniões e convenções de empresas, ações num total de 1 197 eventos de diversa ordem. Foram ainda realizadas nos mesmos espaços 73 reuniões internas da CGD (www.culturgest.pt).

189 Fruição de diversas obras de arte expostas no edifício da CGD em zonas abertas ao público, tais como, tapeçarias de Júlio Resende e de Júlio Pomar nas entradas de acesso público, uma abóboda em mosaico vítreo, intitulada “Abóboda Celeste” com uma base de 20 m de diâmetro e lateralmente quatro vitrais com cerca de 1 m de diâmetro no revestimento interior da cúpula da entrada sul do edifício, de Eduardo Nery; Enquadra-se na lógica funcionalista da utilização do azulejo no século XX com uma qualificação estética dos espaços urbanos quotidianos que surgiu nos finais dos anos 19; pintura de António Charrua, a motivos escultóricos de Lagoa Henriques estão visíveis no lago do jardim norte, obra intitulada “secreta mensagem” com duas estatuas em bronze à escala humana e bloco de pedra do tipo rocha metamórfica proveniente da zona de Borba; Ascânio Monteiro, Clara Menéres e Fernando Conduto, e paneis de azulejo de Graça Morais e Salinas Calado e Sá Nogueira. Aos escultores Fernando Conduto e João Cutileiro coube a conceção do soco escultórico a aplicar na fachada sobre a Rua do Arco Cego e no gaveto e pare da fachada para a Avenida Joao XXI. Foi adquirido ao pintor Luís Pinto Coelho e situado no jardim anexo ao auditório ao ar livre localizado na Rua do Arco Cego. Existe um outro vestígio cultural a salientar: o Padrão da Batalha de Alvalade.

de escola. Para as escolas, a Culturgest criou programas específicos para alunos desde o 1.º ciclo ao ensino secundário – visitas temáticas em torno do artista ou do âmbito da exposição, que podem ser adaptadas aos conteúdos escolares ou aos interesses específicos de cada turma. As atividades dirigidas aos diferentes públicos e orientadas com um sentido pedagógico consistem numa oportunidade para compreender as obras, o percurso dos artistas e a natureza do seu trabalho. Em segundo lugar, realiza atividades programadas especificamente para os colaboradores da Caixa Geral de Depósitos, com o objetivo contribuir para a formação de públicos da cultura, cooperar para a aprendizagem de diversas linguagens artísticas, incentivando o diálogo, a partilha de perceções e para o engrandecimento cultural do público interno.[190]

[190] A Culturgest propunha-se melhorar o tipo de condições de acesso à programação e a uma maior abertura relativamente aos conhecimentos sobre cultura e arte contemporânea, suscitando uma vivência com o apoio da CGD, a Culturgest congrega também um leque de atividades para profissionais de museus e centros culturais. Atividades como: oficinas artísticas de expressão dramática musical ou corporal, festas de anos, exposições e *workshops* são algumas das práticas realizadas. No catálogo da temporada, anuncia as atividades relacionadas com as exposições para toda a família (visitas guiadas com os comissários), diversas atividades para crianças jovens e para grupos escolares.

CAPÍTULO 5
A CULTURGEST TRANSFORMA-SE EM FUNDAÇÃO (2008-2017)

5.1. Ciclo de mudança – A missão

Este quinto capítulo tem como objetivo espelhar uma visão alargada sobre a evolução da Comunicação Estratégica definida pela CGD, nas áreas da Cultura, com o foco no seu projeto primordial. A partir do ano de 2008, inicia-se um ciclo de mudança com reflexos nas orientações organizacionais, financeiras, programáticas e comunicacionais que serviram de bússola à Fundação Caixa Geral de Depósitos-Culturgest. Identificam-se os impactos da Crise Financeira que abalou fortemente o setor bancário português, a adaptação da Comunicação Institucional, num período que simultaneamente marcado por uma crise de imagem e reputação da banca em Portugal. A par, a Culturgest transita de empresa de espaços culturais, para organização sem fins lucrativos, tal como vigora até à atualidade. No dia 1 de abril de 2008 inicia-se um novo marco histórico na CGD e na Culturgest. A empresa de gestão de espaços Culturgest, SA cessa e juridicamente foi constituída a Fundação Caixa Geral de Depósitos – Culturgest, uma instituição de utilidade pública. O contexto macroeconómico compreendido entre 2008 e 2017, a imagem da banca resultado da *performance* da banca os anos de crise do setor financeiro, tiveram impacto na Comunicação Estratégica do Banco do Estado. A história da Culturgest confunde-se com as mudanças e vivências políticas e económicas que se iniciaram em 2008 em Portugal. Primeiro, por corresponder ao ano de extinção da Culturgest, Sociedade Anónima, uma empresa de espaços culturais do setor privado, que deu lugar à atual Fundação Culturgest (ver anexo D- Escritura da Constituição da Culturgest); segundo, pelo facto de o ano ficar sinalizado por uma profunda crise financeira, que provocou a desaceleração da economia mundial. Em Portugal, como consequência da crise económica da última década, assistiu-se à implementação de programas de austeridade e à contração dos fundos públicos para o sector cultural com impacto direto no financiamento de instituições públicas (por imposição legal), e nas atividades culturais em geral, cenário que ocorreu um pouco por toda a Europa, em especial no Sul. Em 2007, a crise à escala no sistema financeiro norte-americano teve início com a crise do *subprime* e rapidamente gerou um efeito de dominó, com agravamento em outras economias; inicialmente afetou os créditos imobiliários, porém estendeu-se a outros ativos financeiros, ao crédito concedido às famílias com baixo rendimento para a compra de habitação (Dam, 2010). Apesar de nos Estados Unidos de América o endividamento para compra de habitação ter sido superior em relação à Europa, a verdade é que nos mercados financeiros dos países europeus, o impacto da crise foi superior (Vaz, 2013). Antes de meados do ano de 2007, no divulgado Relatório de Estabilidade Financeira, os Bancos Centrais e o Fundo Monetário Internacional haviam alertado para a atuação do sistema financeiro. O problema deveu-se à subvalorização dos riscos, caracterizado por baixos *spreads* entre o ativo com e sem risco. Os *spreads* decaíam para o nível mais baixo registado alguma vez na história. De igual modo, conceituados economistas, como Krugman (2009), alertavam para a atuação do sistema financeiro. Existia a possibilidade de se estar a gerar uma crise financeira grave e para a existência de uma bolha especulativa no mercado imobiliário que poderia provocar uma descida do preço das casas, o sério endividamento das famílias e consequentemente, a perda nos ativos inscritos nos bancos. A história confirmou a previsão. Em 2008 com a falência de um grande banco de investimento, o *Lehman Brothers*, a crise se fez notar e algumas medidas e começaram a ser tomadas (Vaz, 2013). A falência do quarto maior banco norte americano foi uma forte ameaça para a toda a economia. Os efeitos da crise atravessaram o Oceano Atlântico e depressa abalaram os países europeus e sobretudo o setor bancário (Dan, 2010). A contração da economia portuguesa era inevitável. O setor bancário nacional, por representar uma parcela significativa na economia portuguesa, sofreu os impactos da crise que afetou os cinco dos maiores bancos a operar no país[191]: a Caixa Geral de Depósitos (CGD), o Millenium-Banco Comercial Português (BCP)[192],

[191] De acordo com o critério do Banco de Portugal com base no valor do ativo. https://www.bportugal.pt.
[192] O Millennium – Banco Millennium Comercial Português (BCP) – Constituído em Junho de 1985, após o início do processo de liberalização do sistema financeiro português. O BCP tinha 1.600 Balcões, cerca de 20.000 colaboradores em 2012 e era o maior banco privado português em termos de ativos (BCP, 2012).

o Banco Espírito Santo (atual NOVO BANCO)[193], o Banco Português de Investimento (BPI)[194] e o Banco Santander Totta (2014-2020 Bancos de Portugal, 2020)[195]. Mas não eram os únicos. Em geral, 2008 foi um ano nefasto para a banca e para toda a economia portuguesa, por vários motivos, entre eles a eminente falência do Banco Português de Negócios (BPN) e o papel regulador que coube ao Estado Português. A descapitalização da banca era um dos maiores obstáculos à recuperação económica, pelo que foi necessária a intervenção do Estado através de injeções de capital. Com perdas de mais de 700 milhões, o Presidente da República Portuguesa, promulga em 11 de novembro de 2008, o diploma que nacionalizava o BPN, motivo de fortes críticas pela opinião pública envolvimento a fraude fiscal e branqueamento de capitais. Sem liquidez após nacionalização a sua gestão foi entregue à CGD cuja gestão depende das decisões políticas governamentais. Ora, aqui gerava-se uma polémica: o papel interventor do Estado Português da crise do sector financeiro e as medidas tomadas de privatização. O plano não era bem recebido pelos portugueses. Sentia-se o baixo índice de confiança dos consumidores que olhavam como muito receio para o setor bancário (Figueiredo, 2009).

Em 2010, a crise de *subprime* ganhou outra dimensão. O contexto macroeconómico agravava-se pela crise da dívida soberana que se refletiu em vários países europeus, sobretudo sobre os países ditos periféricos da zona Euro. Portugal encontrava-se numa difícil situação financeira, que abalava toda a economia. Alguns economistas encontram semelhanças entre as ocorrências da época e as da crise de 1929, nomeadamente no que se refere a uma aparente falta de controlo e de supervisão das autoridades financeiras, aliado a uma liberalização dos movimentos de capitais. As diversas crises bancárias e económicas tiveram certos paralelismos no passado (Dam, 2010). Não é o âmbito desta obra, mas certo é que a atividade bancária merece um estudo pormenorizado sobre as causas e os impactos das crises financeiras na vida das instituições bancárias e fundamentalmente na vida dos cidadãos. No caso "CGD e a Culturgest", não é distante correlacionar com os temas da imagem, reputação das instituições com a crise financeira e os impactos da *performance*

193 NOVOBANCO – fundado em 1869.

194 Banco Português de Investimento (BPI) fundado em 1985, foi em 2012 o terceiro maior banco privado português, em termos de ativos.

195 Banco Santander Totta, sediado em Espanha, foi resultado de uma fusão entre o Santander e o Banco Totta e Açores em 2004. O banco Santander Totta contou com 667 balcões e 5.663 colaboradores no fim de 2012. Dados do Banco de Portugal, revelam que trinta e três diferentes instituições bancárias operavam em Portugal.

do sector bancário, no sentido em que a imagem era novamente abalada. Neste âmbito é importante notar que os acontecimentos que ocorreram durante o período da crise de 2013 a 2017, marcaram a perceção sobre o setor financeiro. Certo é que, assinalava-se uma forte e dura recessão que se arrastou por vários anos. Portugal mergulhava numa profunda crise económica e financeira. O Governo admitia que Portugal se encontrava numa recessão técnica. E foi assim também, na Irlanda e na Grécia. Os governos dos países periféricos da Zona do Euro sofriam uma grave crise da dívida soberana. E, apesar de várias resistências políticas e depois de esgotada a via negocial, o país foi objeto de resgate financeiro. Em maio de 2011, o Estado Português assinava um Programa de Assistência Financeira que assegurava em grande parte as necessidades de financiamento até 2013. Em boa verdade, o país abria um novo ciclo, sob vigilância da *Troika*, missão liderada por Comissão Europeia, Banco Central e Fundo Monetário Internacional (Mateus, 2009).

Na sequência desse pedido, o Governo português assumia o compromisso de realizar profundas reformas estruturais e acelerar o processo de consolidação orçamental. As restrições no acesso aos mercados interbancários, contribuíram para aumentar, de forma significativa, a dependência dos bancos portugueses face ao BCE (Banco Central Europeu). Neste enquadramento foram anunciadas pela *Troika* várias medidas de apoio aos países europeus com dificuldades de aceder aos mercados internacionais (Mateus, 2009). O que é o Programa de Assistência Financeira e porque importa referir este enquadramento macroeconómico na presente investigação?

O Programa de Assistência Financeira da União Europeia/FMI traduz-se num conjunto de medidas legislativas, de natureza estrutural, relacionadas com as finanças públicas, a estabilização financeira e a competitividade, a implementar durante um período de três anos e que estavam definidas no Memorando de Entendimento acordado com o Estado português. Ora, o setor bancário português sofreu o impacto das medidas acordadas no Plano de Ajustamento Económico e Financeiro (PAEF), pois tiveram reflexo na vida financeira das empresas e consequentemente nos seus compromissos de responsabilidade cívica. O Memorando de Entendimento sobre os condicionalismos específicos de política económica designado o Memorando da *Troika*, datado a 3 de maio de 2011, foi o documento orientador da política de finanças públicas (Memorando de Entendimento, 2010). Reflete as orientações para a política orçamental, no que concerne às despesas e às receitas do Estado; as medidas para os diversos setores do mercado e a regulação e supervisão do setor financeiro, ponto que importa referir com mais detalhe.

De facto, o Memorando de Entendimento (2010) evidencia os objetivos: era necessário preservar a estabilidade do setor financeiro; manter a liquidez e apoiar um processo de desalavancagem equilibrado e ordenado no setor bancário; reforçar a regulação e supervisão bancária, levar a bom termo o caso do BPN e agilizar a CGD; implantar o quadro de resolução de crises bancárias e reforçar o Fundo de Garantia de Depósitos; identificar os quadros de falência de empresas e famílias. Em suma, era necessário manter a liquidez no setor bancário (União Europeia/Banco Central Europeu, 2011)[196]. No Memorando de Entendimento consta especificamente em relação ao Grupo do Estado:

> O Grupo estatal Caixa Geral de Depósitos será otimizado por forma a aumentar o seu capital de base do seu núcleo duro bancário como for necessário. Espera-se que o Grupo CGD aumente o seu capital para o novo nível exigido recorrendo a fontes internas e à melhoria a sua própria governação. Isto incluirá um plano temporal mais ambicioso para a já anunciada venda do sector de seguros do grupo, seguir um programa para se desembaraçar das subsidiárias que não façam parte do seu núcleo e, se necessário, a redução das atividades no estrangeiro. (União Europeia/Banco Central Europeu, 2011, p. 9)[7]

Assim, entende-se que em consequência dos efeitos do PAEF e da crise económica instalada, ocorreu uma significativa redução dos subsídios atribuídos à Culturgest pelo Grupo Financeiro, para além dos subsídios mecenáticos provenientes de outras instituições[197]. Naturalmente que as medidas causaram impacto, uma vez que as principais fontes de financiamento da Culturgest provêm essencialmente do Estado como único acionista. Para os dois primeiros anos de intervenção do PAEF estava prevista uma redução de 5% do PIB; e Portugal registava uma taxa de desemprego de 15% (fevereiro de 2012) e uma taxa de inflação de 2,8% que esteve muito próxima da taxa média da Zona Euro – 2,5%. De acordo com os dados revelados pela Organização para a Cooperação e Desenvolvimento Económico (OCDE, 2020),

196 Regulamento (UE) n.º407/2010 de 11 de maio de 2010, que estabelece um Mecanismo Europeu de Estabilização Financeira, nomeadamente o artigo 3 (5) do mesmo, o Memorando de Entendimento detalha as condições gerais de política económica como incorporado no Conselho de execução Decisão [...] de [...] sobre a concessão de ajuda financeira da União a Portugal.

197 Nesse ano reduziram os subsídios provenientes do *British Council* e do *Institut Français* na área do teatro, o Centro Económico e Cultural de Taipe para um ciclo de cinema e o Município de Leiria para a concretização da exposição da coleção da CGD.

nesse ano a economia portuguesa registou uma contração de 1,5%, enquanto a economia mundial crescia em média 3,8%. O impacto negativo do Produto Interno Bruto (PIB) piorou em 2012, com uma retração de 3,1% – Evolução do PIB da economia de cinco países da Zona Euro (Figura 30).

Figura n.º 30 – Evolução do PIB da economia de cinco países da Zona Euro

	2008	2009	2010	2011	2012
Zona euro	0,5%	-4,2%	1,9%	1,5%	0,3%
Alemanha	1,0%	-4,7%	3,7%	3,0%	0,6%
França	3,0%	-2,4%	1,5%	1,7%	0,4%
Espanha	0,9%	-3,7%	-0,1%	0,7%	-1,0%
Itália	1,3%	-5,0%	1,5%	0,4%	-1,3%
Portugal	0,0%	-4,7%	1,4%	-1,5%	-3,1%
Economia Mundial	2,8%	-0,5%	5,0%	3,8%	3,3%

Fonte: Adaptado com base nos dados da Caixa BI (2020), Fundo Monetário Internacional (2020), OCDE (2020).

Os requisitos dos vários acordos que existem entre os países que partilham a moeda única, como por exemplo, o Pacto de Estabilidade e Crescimento, deveriam ter evitado os problemas financeiros, económicos, políticos e sociais que se verificaram em alguns países da zona Euro. O crescimento da economia portuguesa estava fortemente dependente do impacto das medidas de austeridade e de consolidação orçamental anunciadas pelo Estado, do cumprimento das condições impostas pela *Troika* diretamente ao setor bancário, na sequência do pedido de ajuda externa (Candelon & Palm, 2010). No primeiro esboço do Memorando, entre várias sugestões para incrementar a receita pública e diminuir a despesa, esteve em cima da mesa a eventual privatização do banco público. A ideia foi rejeitada pelo Governo e a privatização nunca ocorreu. Diversas foram as imposições da *Troika* para o setor bancário. Os bancos portugueses passaram a funcionar com necessidades de capitais superiores às dos concorrentes europeus, o que agravou a sua situação[198]. Estes objetivos podiam ser alcançados

[198] Imposição de rácios de capital de 10%.

de várias formas: com a retenção de resultados, a realização de aumentos de capital e operações de troca de dívida por ações, venda de ativos e em último caso o recurso à linha de capitalização pública. Esta última opção implicou a entrada do Estado no capital dos bancos, com direitos especiais (Mateus, 2009). A degradação da economia trouxe o aumento do crédito malparado com sérios impactos sociais. Muitas famílias endividadas, outrora seduzidas por aliciantes campanhas de Comunicação de Marketing[199] para a compra de habitação própria. A taxa de desemprego atingia níveis históricos: em 2011 atingia a taxa de 12,4%, sendo a população desempregada de 689,6 mil indivíduos, o que representa um crescimento de 24,1% face ao período homólogo. Diminuía o consumo privado e o consumo público. O poder de compra das famílias reduzia significativamente e a inflação aumentava. Com a crise de dívida soberana, e a crise económica subjacente, o capital passou a ser o tema principal da banca, que via a rentabilidade a baixar a níveis históricos[200]. O aumento da procura de crédito, conjugado com a diminuição da poupança fizeram com que os bancos nacionais recorressem ao financiamento externo para darem resposta à procura interna. Por causa das necessidades crescentes de mais capital e da escassez de capitais privados, sentem-se forçados a pedir ajuda ao Estado para cumprir os novos rácios. Os bancos privados passam assim a ter o Estado como um regulador com poderes de acionista, uma vez que ao recorrerem à linha de capitais públicos tinham de cumprir diretrizes das Finanças (serão os casos de BCP, BPI e Banif). O início do processo de ajustamento da economia caracteriza-se por duas medidas de gestão das finanças públicas: uma por uma redução do défice orçamental, bem como por uma desalavancagem gradual do sector privado, nomeadamente do sector bancário, e outra, pelo aumento da receita pública. A missão da *Troika* confirmou o cumprimento dos critérios quantitativos vinculativos do Programa de 2011: défice orçamental e dívida pública. Devido ao défice orçamental, era necessário, tomar medidas de contenção de custos por forma a diminuir a despesa pública. E, o Estado foi obrigado a criar diversas medidas legislativas, nomeadamente a alteração jurídica, com o recenseamento das Fundações e a Lei-Quadro das Fundações. O Governo procedeu à classificação e de

199 O termo Comunicação de marketing no sentido mais amplo, abrange o conjunto de meios que uma organização utiliza para a troca de mensagens com o mercado. Os não especialistas apelidam por *advertising*, na terminologia anglo-americana publicidade (Castro, 2007, p. 29).

200 Os Causas e Impactos da crise financeira no setor bancário português 37 bancos, que enfrentam uma baixa rentabilidade histórica, viram-se então obrigados a aumentar os capitais para fazer face aos riscos, e a vender carteira de crédito (a desconto) para melhorar os rácios de crédito tier I.

proposta de redução ou eliminação de apoios pelo sector público. A alteração do quadro legislativo, por ação governativa, viria a limitar o dinheiro a atribuir à Fundação Culturgest[201]. De acordo com os dados revelados pelo Banco de Portugal, no final de 2012, o Estado português aplicou no setor bancário, o montante de 4,5 mil milhões de euros do total de 12 mil milhões de euros que constituem a dotação global do mecanismo de apoio à solvabilidade bancária do Programa de Assistência Económica e Financeira. Um aspeto que afetava significativamente o setor bancário, e até mesmo a economia em geral, é a insegurança dos agentes económicos. (Mateus, 2009). No caso da CGD, o Governo português disponibilizou recursos fora do fundo de recapitalização atendendo ao contexto do programa, para cumprimento pleno com as condições de capital mais exigente do exercício da Autoridade Bancária Europeia. Devido à *performance*, a confiança no setor bancário desmoronava. De forma generalizada, a situação afetava a imagem de marca do setor[202]. Aos cidadãos o Estado pedia sacrifícios.

Crise financeira e contenção orçamental

A crise económica que se sentia no país teve impactos no setor cultural à qual a Culturgest não foi alheia. Em primeiro lugar, pelas medidas tomadas pelo Estado Português por meio do quadro jurídico da Lei das Fundações, e em segundo lugar, em particular pela redução financiamento e pelas receitas próprias inerentes à atividade da Instituição Cultural, e por último, em terceiro lugar pela perda de poder de compra dos públicos em geral (INE, 2013-2017). Desta forma, observa-se que devido aos acontecimentos, a perceção generalizada sobre o setor financeiro, deteriorava-se, e uma vez mais colocava-se um problema de Comunicação, cuja resolução exigia o empenho da CGD; na opinião pública, sentia-se a fragilidade da imagem do setor bancário,

[201] Nos termos da Lei n.º 1/2012, de 3 de janeiro, Diário da República n.º 2/2012, Série I de 2012-01-03. De acordo com o Parecer do Conselho Consultivo das Fundações, obteve a concordância do Secretário de Estado da Presidência do Conselho de Ministros, por despacho de 13 de fevereiro de 2013, durante o XIX Governo Constitucional– Período de Governação de 2011.06.20 até 2015.10.30 (República Portuguesa, 2020).

[202] A imagem do banco é conjunto de associações de natureza cognitiva e afetiva que lhe são atribuídas e que expressam o seu significado. Assim, está relacionada com as atitudes e ações dos clientes. E, nesta perspetiva, a uma imagem positiva e distinta corresponderá uma maior proteção e rendibilização da base de clientes existente, fator essencial ao marketing num sector marcado por crescente competitividade e caracterizado por alguma indistinção substantiva entre concorrentes.

e ruído na boa relação entre a CGD e os seus *stakeholders* (parceiros estratégicos individuais e coletivos). Era notória a necessidade de os constrangimentos serem ultrapassados por meio de diferenciados canais e meios de transmissão de informação. Como Kunsch (2003) demonstra, particularmente através da cultura, as ações institucionais propõem se criar relacionamentos e não apenas persuadir o publico consumidor. Essencialmente, o sucesso da comunicação estratégia de uma empresa depende do alinhamento com a estratégia geral. A situação que se vivia, exigia à CGD, a definição de uma Comunicação Estratégia de eficaz, com objetivos específicos para manter a boa relação com o público-alvo e agregar valor à CGD. As medidas tinham indiretamente impacto nos subsídios a atribuir a uma das principais estratégias de Comunicação de envolvimento com a comunidade: a Culturgest. Face ao contexto apresentado, o ano de 2012 foi marcado por uma grande redução de financiamento de mecenato, que ocorreu até 2017. No primeiro ano da crise, a Culturgest contou com uma contribuição, inferior em 14% relativamente ao ano anterior, e de forma geral, os seus mecenas complementares reduziram significativamente os subsídios a partir desta data, como será demonstrado com mais detalhe na presente investigação (Consultar anexo D-Escritura e Estatutos da Fundação CGD-Culturgest). O acontecimento de sucessão das entidades jurídicas não provocou visíveis alterações e impactos estruturais do ponto de vista estratégico visíveis para o exterior. Para o público, os artistas, os fornecedores, e para a Comunidade em geral, e do ponto de vista operacional. A Culturgest cumpria o plano anual de atividades (Anexo D- Escritura e Estatutos de Constituição da Fundação Caixa Geral de Depósitos-Culturgest).

Interessa reter que, a passagem de – Culturgest, Empresa de Gestão de Espaços Culturais, para Fundação Caixa Geral de Depósitos – Culturgest, não foi apenas uma alteração de nome. Corresponde, a uma nova etapa da vida do centro cultural, essencialmente, no que diz respeito à captação e gestão dos recursos. Cabe salientar que no caso da Culturgest há um aspeto diferenciador comparativamente a outras Fundações pertencentes a bancos a operar em Portugal, que visam a promoção da cultura, da arte e da ciência. É uma Fundação do banco público. Justamente por pertencer ao Estado, por um lado é instrumentalizado, e por outro lado goza de privilégios dessa posição, comparativamente a outras organizações culturais existentes no país.

5.2. *Governance* e financiamento: gestão da Fundação CGD-Culturgest

A partir de 2008, a Culturgest tornou-se juridicamente uma organização cultural sem fins lucrativos, e os recursos proveem maioritariamente de subsídios e dotações. A CGD é a instituidora: atribui um subsídio anual e complementa com outros recursos não financeiros (mecenas financeiro e em espécie). A CGD detida pelo Estado português posiciona-se, no mercado, com a lógica de um banco comercial, pertence ao sector lucrativo, tem o objetivo de maximização dos lucros, através do fornecimento de serviços e produtos. Ora, pertencer à CGD atribui à Culturgest uma unicidade de receber dotações sobretudo da CGD. Recebe uma dotação anual e a disponibilidade das instalações para desenvolver a atividade. Os fins pela qual a Fundação Culturgest se rege ao longo da sua existência confere-lhe um caráter diferenciador no panorama cultural português. A Culturgest conta com outras fontes de receitas e compromissos com outros mecenas conforme se demonstra no Anexo F – apoios financeiros recebidos pela Culturgest de 2009 a 2019). Como se pode constatar na maioria, correspondem a empresas do Grupo Financeiro CGD e pontualmente outras instituições que se associam a conceitos e ideias, para a concretização de projetos artísticos específicos[203]. A Fundação CGD – Culturgest goza de plena autonomia financeira na prossecução dos seus fins e o seu património é constituído por (Ver anexo D – Estatutos da Fundação Culturgest): 1)Uma dotação inicial de três milhões e quinhentos mil euros, feita pela instituidora; por decisão do Conselho de Administração do Banco, a dotação inicial é aplicada em produtos financeiros e não pode ser utilizada para financiar as atividades da Culturgest[204]; 2) Uma dotação anual a realizar pela instituidora, de montante a definir por esta; 3) No exercício da sua atividade, a Fundação pode: adquirir, alienar

[203] Durante o ano de 2008, a CGD investe 4.53 milhões de euros no apoio financeiro a variados projetos, dos quais 41% se destinam para a Fundação Culturgest. Em 2009, os donativos para a Culturgest foram de 2.087 milhões, sendo o dobro do ano de 2008.

[204] Conforme consta na certidão da Escritura de Constituição da Fundação Culturgest, registado a 24 de outubro de 2007, sob o n.º 3323, folha n.º 1. Relativamente às aplicações financeiras baseadas na dotação inicial da Fundação refira-se que em 2010 adquiram-se aplicações Caixa Valor V – Seguro de capitalização – emitidas pela Fidelidade-Mundial, com uma taxa fixa de 2,9% a 5 anos e Caixa Valor Nacional – Obrigações – emitidas pela Caixa Geral de Depósitos também a 5 anos e com uma taxa fixa de 3,5%. Durante os anos de 2011/2012 foram aplicados os juros gerados pelas anteriores aplicações financeiras a 3 anos com uma taxa fixa de 3,75% e por outras aplicações decorrentes dos cortes salariais do orçamento de Estado a uma taxa efetiva que varia entre os 2,25% e 2,50%.

e onerar bens móveis, imóveis ou outros; aceitar doações, heranças ou legados, devendo a aceitação depender da adequação da condição ou do encargo aos fins da Fundação; negociar e contratar empréstimos, bem como conceder garantias a eles associadas, nos termos e limites estabelecidos na lei e nos presentes estatutos; praticar todos os atos necessários à gestão e valorização do seu património; 4) Quaisquer subsídios, donativos, heranças, legados, doações e demais atribuições de pessoas singulares ou coletivas, públicas ou privadas, nacionais ou estrangeiras e todos os bens que à Fundação advierem, a título gratuito ou oneroso, sujeitos ou não a condição; no caso de haver condição ou encargo, a aceitação deve depender da adequação da condição ou do encargo aos fins da Fundação; 5)Todos os bens, móveis ou imóveis, adquiridos pela Fundação com os rendimentos provenientes dos seus bens próprios; 6) Todos os proveitos que decorram para a Fundação da realização das suas atividades ou de aplicações financeiras.

Em menor percentagem, complementam, as receitas provenientes da grande variedade de atividades artísticas, as receitas de bilheteira nos espetáculos, das vendas na área comercial - livraria, nas atividades do serviço educativo, o aluguer dos espaços e por último, outros, onde se englobam os rendimentos financeiros. Em 2008, assumem a seguinte distribuição percentual, que se revela regular praticamente nos anos seguintes: cerca de 80% (mecenato), e os restantes proveem de receitas de bilheteira de espetáculos, aluguer de espaços, exposições e outros (Relatórios e Contas da Culturgest, 2008-2019). A situação converte-se mais tarde, em 2019, como será adiante demonstrado no presente livro[205]. Há ainda a salientar a existência de subsídios atribuídos por outras organizações, contudo, as verbas provenientes do banco estatal têm a maior representatividade no orçamento, o que permite a estreita relação de poder que se estabelece entre mecenas e beneficiário. É importante realçar que a organização cultural está maioritariamente dependente desse financiamento, e pelo facto de pertencer ao Banco dificulta a obtenção de subsídios financeiros com outras empresas privadas. Por outro lado, torna-se vulnerável a fatores endógenos, como as alterações das políticas de comunicação e as sensibilidades das decisões dos gestores de topo, em lugares de poder das empresas financiadoras. Cada vez mais, quando se afirma que o envolvimento das empresas na cultura é uma realidade consolidada,

205 Quanto à estrutura dos custos operacionais, e de acordo com a informação que consta em relatório de contas de 2008, 47% estão associados à produção artística e cultural; 36% equivalem a despesas com pessoal; e 12% dos custos operacionais com as exposições, o que permite confirmar que à data, em média o dispêndio dos subsídios destinava-se à criação artística.

a afirmação refere-se, essencialmente, ao seguinte: as empresas de diversos setores económicos, sobretudo as de grande dimensão têm interesse em participar no panorama cultural em diferentes formatos e algumas criam as suas próprias fundações (Clotas, 2009, p. 42). Em Portugal, as empresas podem contribuir de diversas formas nas atividades culturais. Em primeiro lugar, diretamente, ou seja, com ações promovidas pelos seus departamentos de Comunicação e de Marketing; em segundo lugar, contratando externamente um produtor cultural para a organização de eventos mediante *briefing*[206]; em terceiro, contratando os serviços de consultoria cultural, e por último, em quarto lugar, criando uma Fundação de direito privado de utilidade pública e organizações sem fins lucrativos. Sobre esta matéria, a realidade tem revelado que nos últimos anos verifica se o crescimento na Europa, sobretudo em França, um país em que a cultura tem grande intervenção do Estado, um modelo híbrido – os Fundos de Doações criadas por empresas que financiam a Cultura. Na plataforma "*Les entreprises pour la Culture*" a Ernst & Young, um dos líderes mundiais da auditoria, consultoria, transações, fiscalidade e direito, que atua no mercado francês, revela os resultados de um estudo realizado em 2014 com o objetivo de analisar os desenvolvimentos no setor de fundações em termos de medição de impacto, comunicação ou orientações estratégicas. Aborda as questões relacionadas com os procedimentos de avaliação, sobre a evolução das fundações e fundos de doações na França. Desde 2016, as estruturas de interesse geral criadas pelas empresas aumentaram 32%: o número de Fundações de empresas ou de 14% para Fundos de Doações em 63%[207]. Porém este modelo de fundos de doações ainda não existe em Portugal. Nesta opção de envolvimento da iniciativa empresarial com o setor cultural, os bancos identificam vantagens em constituir uma Fundação, pois representa um compromisso de longo prazo, contribuindo para o acesso da Comunidade, a atividades de índole cultural que possivelmente de outra forma seria mais difícil (Reis, 2003, p. 70). Existem vários

[206] A empresa neste caso elabora um Briefing onde define as característica e objetivos de comunicação que pretende alcançar traça os objetivos e terceiriza o desenvolvimento, a implementação, e geralmente a avaliação do projeto (Reis, 2003, p. 68).

[207] Ao contrário da fundação, o fundo de dotação: – pode ser criado pela vontade exclusiva dos seus fundadores declarando a sua criação à Prefeitura, enquanto a fundação só pode ser criada por decreto no Conselho de Estado; – pode permanecer sob o controlo dos seus fundadores maioritários, enquanto a fundação deve ser independente dos seus fundadores; – pode consumir a dotação que constitui; – não permite que os seus doadores beneficiem da isenção do EWB (imposto de solidariedade sobre a riqueza), prevista na lei TEPA de 21 de agosto de 2007, ao contrário da fundação reconhecida como utilidade pública ou fundação sob a égide.

exemplos e, geralmente, as instituições financeiras atribuem o próprio nome à Fundação. Acontece com o nosso estudo de caso – "Fundação Caixa Geral de Depósitos" – "Culturgest".

Em Portugal existem outros exemplos, nomeadamente a Fundação Millenium BCP, Fundação Ricardo Espírito de Santo e a Fundação Bancária "*la Caixa*" – Banco BPI. No caso particular da Culturgest, trata-se de uma entidade cultural privada de utilidade pública, sem fins lucrativos, inscrita no Terceiro Setor. Como mencionam Gomes *et al.* (2006) no *Estudo Entidades Culturais e Artísticas em Portugal* (OBS), as entidades culturais do terceiro sector têm ganho um crescente protagonismo no panorama artístico e cultural do país. No regime jurídico de fundação, as entidades culturais podem congregar apoios públicos, nomeadamente, apoios centrais e locais, bem como apoios privados, na modalidade de mecenato (Gomes *et al.*, 2006). Em matéria de fundações, existe uma distinção central: fundações públicas e fundações privadas. As primeiras, visam fins de interesse público e constituem-se por via legal do poder administrativo; as segundas, constituem-se por iniciativa privada, formalizadas por escritura pública e visam prosseguir fins de interesse público em áreas diversas, com meios privados, pese embora, careçam necessariamente de reconhecimento público. O caso em estudo insere-se na categoria de fundação privada e rege-se pela Lei-Quadro das Fundações Lei n.º 24/2012, de 9 de julho alterada pela Lei n.º 150/2015 de 10 de setembro.

Nos termos da referida Lei consta a seguinte definição:

> Uma fundação é uma pessoa coletiva, sem fim lucrativo, dotada de um património suficiente e irrevogavelmente afetado à prossecução de um fim de interesse social. São considerados fins de interesse social aqueles que se traduzem no benefício de uma ou mais categorias de pessoas distintas do fundador, seus parentes e afins, ou de pessoas ou entidades a ele ligadas por relações de amizade ou de negócios. (Assembleia da República, 2012, p. 3553)[208]

No caso das fundações privadas, o pedido de reconhecimento é dirigido para a Secretaria-Geral da Presidência Conselho de Ministros. Sem pretensão de aprofundar a definição jurídica de fundação, por não ser o âmbito deste

[208] Lei-Quadro das Fundações Lei n.º 24/2012, de 9 de Julho. As fundações no ordenamento jurídico português enquadram-se no âmbito do Código Civil dedicado às pessoas jurídicas coletivas (artigos 157.º e seguintes) e o reconhecimento *proprium* senso compete ao Primeiro-Ministro, nos termos do artigo 6.º, n.º 1 e 2, da Lei-Quadro.

estudo, importa salientar por último que, em matéria dos estatutos das fundações podem fundir-se ou extinguir-se, tal como acontece com a maioria das pessoas coletivas, desde que fundamentados os motivos e comunicado à entidade que reconheceu o Estatuto, e seja declarada a sua extinção. A Administração da CGD concretizou um projeto há muito ambicionado: a escritura da Fundação Culturgest como pessoa coletiva de direito privado[209], dotada de personalidade jurídica por instrumento notarial, de interesse social e sem fins lucrativos. (Anexo D – Escritura e Estatutos da Fundação CGD-Culturgest). Na prática, o ato legal foi, sobretudo, uma alteração do estatuto jurídico da empresa Culturgest, que, entretanto, entra em liquidação, para dar lugar a uma entidade fundacional de utilidade pública cuja finalidade é o desenvolvimento de atividades culturais, artísticas e científicas, com sede em Lisboa. De acordo com os seus estatutos podem ser criadas delegações, dependências ou quaisquer outras formas legais de representação, em Portugal ou no estrangeiro, sempre que a Fundação o julgue necessário para a prossecução dos seus fins. Em caso de expansão internacional, deve privilegiar os países de língua oficial portuguesa. Todavia, apesar dos estatutos o permitirem, não dispõe, até à data, de espaço físico no plano internacional. Em Portugal, para além de Lisboa, desde 2004 dispõe de um espaço na cidade do Porto – a Culturgest-Porto. (Anexo B – Imagens do Espaço da Culturgest). A Fundação Caixa Geral de Depósitos – Culturgest é instituída por tempo indeterminado e em caso de extinção, o património reverterá para o Estado ou para pessoas coletivas de utilidade pública e de solidariedade social. Cumprindo os Estatutos (cf. art.º 4.º), a Culturgest é um agente na promoção cultural ao serviço do público, principalmente urbano, da área Metropolitana da Grande Lisboa. (Ver Estatutos da Fundação CGD – Culturgest no Anexo D). A finalidade consiste no desenvolvimento de atividades culturais, artísticas e científicas nomeadamente as seguintes: produção e apresentação de exposições de artes plásticas e visuais ou de arquitetura, de artistas portugueses e estrangeiros; produção e apresentação de espetáculos de dança, teatro, multidisciplinares ou transdisciplinares,

[209] Fundação Caixa Geral de Depósitos — Culturgest, pessoa coletiva n.º 508122554, instituída por escritura pública de 2.10.2007 e reconhecida pelo Despacho n.º 4897/2008, publicado no Diário da República, 2.ª série, n.º 39, de 24.1.2008. Registada no cartório do Porto da Caixa Geral de Depósitos sob o nº 3323, uma Fundação com sede em Lisboa, aviso publicado no DL nº 210 de 31 de outubro de 2007. A Culturgest ao abrigo do artigo n 62.º- B aditado pela Lei n.º 82-B/2014, de 31 de dezembro, enquadra-se no conjunto de entidades que são consideradas entidades beneficiárias do mecenato cultural e pode receber donativos.

óperas, concertos e espetáculos de música, sessões de cinema, vídeo e outros suportes digitais; produção e apresentação de conferências, seminários, *ateliers*, *workshops*, mesas-redondas, colóquios, seminários e outras manifestações similares, em todos os domínios do conhecimento e em todas as disciplinas artísticas; produção e apresentação de atividades dirigidas a públicos específicos, em especial o público escolar, no sentido de lhes desenvolver a prática, o gosto e o conhecimento pelas artes e pela cultura em geral; produção, edição ou coedição de obras bibliográficas ou fonográficas, filmes, vídeos, CD-ROM e outros bens de consumo relacionados direta ou indiretamente com as atividades referidas; promoção e apoio de iniciativas destinadas à difusão da cultura e da língua portuguesas, e i) apoio de projetos tendentes à inventariação, valorização e conservação de coleções de arte de entidades várias.

Nós temos da Lei – Quadro das Fundações n.º 24/2012, de 9 de julho alterada pela Lei n.º 150/2015 de 10 de setembro. Impreterivelmente, as fundações privadas têm que dispor de três órgãos: um órgão de administração, um conselho executivo – direção, e um órgão de fiscalização. O órgão executivo pode estar agregado ao órgão de administração. A Lei também prevê a existência facultativa de um conselho consultivo.

No caso concreto da Culturgest, a sua estrutura organizativa segue o formato legal para as fundações. Engloba, igualmente, um conselho consultivo constituído por personalidades de reconhecido mérito da comunidade artística. Por força da passagem a "Fundação", a 10 de janeiro de 2009 cabe ao Conselho de Administração da CGD designar os membros do conselho de administração da Culturgest (Culturgest, 2008)[210]. Na equipa, mantem-se os mesmos nomes dos programadores para Artes Plásticas, Teatro, e Dança, bem como a estrutura do Serviço Educativo. Compete ao Conselho de Administração, a gestão geral da Fundação, praticar todos os atos para desenvolver e realizar as iniciativas culturais necessárias para esse fim e submeter à aprovação da instituidora, o orçamento e os programas anuais de atividade. O Conselho Consultivo, emite pareceres, não vinculativos, sobre o orçamento e os programas anuais da atividade. A noção quase generalizada,

210 Em 2007 foi atribuído um subsídio anual de 3.400.000. Para 2008 a Culturgest conta com um orçamento de € 3 605 000, que não incluí nenhuma verba para a gestão da Coleção de Arte, que, entretanto, passara para a sua gestão e por isso foi necessário um reforço de € 295.000 ao orçamento inicial.

que associa o interesse das empresas pelo mecenato, devido principalmente pelos benefícios fiscais, tem sido alvo de várias interpretações. E estudos realizados revelam que ao primordial interesse prende-se com a melhoria de comunicação (Conde, 1989), (Santos *et al.*, 1998), (Mendes, 1991, p. 79), e existem diversos benefícios a oferecer para além das isenções fiscais consagradas na legislação, fator que poderá não ser a única decisão para a prática mecenática. Geralmente, para o financiador, quando o objetivo é o envolvimento com a comunidade, outras motivações pesam na decisão, tais como: acreditar na consistência dos projetos culturais, o papel da cultura como um instrumento de marketing e de comunicação estratégica (público interno e externo), os desafios de uma gestão ética, socialmente responsável comprometida em contribuir para o desenvolvimento das comunidades e maximizar a cobertura mediática. Ainda assim, vale a pena referir, que a ligação entre a iniciativa privada e a cultura não poderá ser totalmente desprendida do regime jurídico do mecenato e do Estatuto dos Benefícios Fiscais. Em Portugal, e na maior parte dos países onde vigora o sistema de deduções fiscais, a alocação de doações atribuídas a instituições sem fins lucrativos, conduz a benefícios fiscais quer às empresas quer aos particulares (Conde, 1989), (Trindade, 2019). A legislação permite às empresas que financiam a cultura, deduzirem aos seus impostos a totalidade dos donativos concedidos a projetos e instituições culturais, até ao montante equivalente a 0,8% do seu volume de negócios.

No que toca ao regime jurídico do mecenato, mais poderia ser feito pela cultura em Portugal pois os benefícios são reduzidos e pouco aliciantes para as grandes empresas. De forma geral, na prática do ambiente empresarial, a fiscalidade não se trata de um assunto da competência dos departamentos de comunicação e marketing, mas sim da contabilidade. Existem outros aspetos importantes a considerar na seleção de projetos. Significa que a decisão do apoio em mecenato não depende prioritariamente dos benefícios fiscais que daí possam advir. De acordo com o Decreto-Lei n.º 108/2008, de 26 de junho, são concedidos os donativos a Cooperativas culturais, Institutos, Fundações e outras entidades sem fins lucrativos, que desenvolvam ações no âmbito da cultura, dos museus, das bibliotecas, dos arquivos históricos e documentais e dos organismos públicos de produção artística (Trindade, 2019). O Estado português fixa os requisitos e as normas gerais que determinam o apoio financeiro e o regime jurídico das fundações. A Culturgest encontra-se sujeita ao regime fiscal consignado no Código do Imposto sobre o Rendimento das Pessoas Coletivas (IRC), atualmente à taxa de 21,5%. De acordo com o modelo normativo português, cabe ao Estado definir uma política cultural para o país, definir a Lei do Mecenato, a responsabilidade de atos mecenáticos, estabelecer regras, definir os Estatutos dos Benefícios Fiscais e os incentivos financeiros que incentivem a proliferação da prática mecenática. O Estado define majorações e os limites para pessoas individuais e coletivas, em relação aos valores doados que podem ser abrangidos pelos benefícios dos atos mecenáticos praticados pelas empresas. Existem dispositivos legais em vigor, expressos na legislação, e regras dirigidas ao investimento em bens culturais. Por despacho de 2011, foi reconhecida à Fundação Culturgest a isenção de Imposto sobre Rendimento Comercial que confere diversas categorias de rendimentos, exceto os rendimentos decorrentes da atividade de alugueres de espaços, a possibilidade de serem consideradas rendimentos empresariais. Os abatimentos previstos na Lei são fixados como tendo um teto de descontos conforme as entidades beneficiárias. Como tal, as contribuições que as empresas oferecem à Culturgest podem ser reportadas como custos durante o exercício em que são realizadas: a 130% (para contratos anuais) ou 140% (contratos plurianuais) do seu valor original[211]. Os benefícios fiscais variam em função do volume de negócios da empresa mecenas e dos lucros natureza do ato mecenático[212] (ver Anexo E- Lei de Mecenato).

[211] De acordo com o Decreto-Lei n.º108/2008, de 26 de junho são concedidos os donativos a cooperativas culturais, a institutos, a fundações e a outras entidades sem fins lucrativos que desenvolvam ações no âmbito da cultura, dos museus, das bibliotecas, dos arquivos históricos e documentais e dos organismos públicos de produção artística.

[212] No final da década de 80 a prática mecenática por parte das empresas ainda era incipiente, e em 1986 foi emitida a Lei do Mecenato, no Decreto-Lei nº 258/86, medida do governo social-democrata numa linha de matriz liberal. Esta medida corresponde ao enquadramento legislativo e incentivo ao mecenato, em dinheiro e em espécie, por forma a encorajar as empresas e os particulares, na sequência da crise do Estado Previdência que se verificava em vários países da Europa. Estava em linha de conformidade com o que havia ocorria em alguns países europeus no que se refere à contenção do Estado no apoio a cultura. Em conformidade com as disposições estabelecido nos 1º e 2º do artigo 62.º da Carta de Benefícios Fiscais, na redação dada pela Lei nº. 64/2008, Lei no. 64-A / 2008 e Lei no. 10/2009. O limite de custos fiscais em sede de IRC até 0,8%, e 8 do volume das vendas ou serviços prestados. Lei n.º 82-b/2014, de 31 de dezembro-Orçamento do Estado para 2015.

Figura n.º 31 – Regime Jurídico do Mecenato

Entidades Beneficiárias	Valores dedutíveis de majoração	Limites de custos fiscais IRC
Entidades públicas	Contratos anuais - 130% Contratos plurianuais - 140%	Limites de custos fiscais IRC
Entidades privadas sem fins lucrativos	Contratos anuais - 130% Contratos plurianuais - 140%	São considerados custos do exercício até ao limite de 8 /1000 dos serviços prestados ou volume de vendas

Fonte: Adaptado com base na Lei do Mecenato de Portugal.

A questão que tem levantado debate sobre os benefícios fiscais que a Lei atribuí às empresas em sede de mecenato, advém da permissibilidade da atual Lei de Mecenato de Portugal (ver Figura 31). Permissibilidade em que sentido? Qual a fronteira entre mecenato e o patrocínio? Aqui vale a pena clarificar, no sentido em que algumas empresas retiram vantagens nomeadamente, de âmbito fiscal da atual Lei. Acabam por designar por ação mecenática, quando o financiamento utilizado para a realização de atividades culturais tem fins comerciais, cuja contrapartida é publicidade comercial dos seus produtos e serviços. O problema coloca-se quando as empresas procuram retirar benefícios do investimento publicitário e agregar valor à marca.

Pode-se abordar este tema na seguinte perspetiva: em Portugal, o Estado não é o único ator em matéria de financiamento da cultura. Existem os mecenas, as empresas culturais e os consumidores. Nesta partilha de responsabilidades existem dois formatos de instrumentos de financiamento público indireto: o primeiro, é a imposição normativa de determinadas obrigações de investimento, a certos investidores; e, o segundo formato é a dedução fiscal para incentivo de patrocínios e mecenato. Ora é este último que se centra no tema aqui analisado que corresponde à matéria do cumprimento fiscal. O Estado retira à receita fiscal do orçamento destinado ao financiamento público às atividades culturais estatais, para incentivar o mecenato privado, e este deve privilegiar a criação artística. A fronteira entre a arte dita comercial, e a de experimentação, da fruição cultivada e criação artística, é uma fronteira que nem sempre é respeitada. Na verdade, esta última é de menor previsibilidade de públicos e de certa forma o vanguardismo desencoraja o grande público e as grandes produções. Todavia não é certo que desencoraje a prática de mecenato e o caso empírico aqui demonstrado é revelador.

O debate não é dissertar sobre se o Estado deve ou não financiar indiretamente a cultura. O recurso ao mecenato cultural deve ser à luz da nobreza dos valores sociais e cívicos da empresa. Tal exige eficiência, transparência na utilização do mecenato – que por um lado é um instrumento de comunicação para as empresas, por outro um instrumento do financiamento indireto público (Conde, 1989). Do ponto de vista jurídico, através do mecenato cultural, as empresas que praticam atos mecenáticos beneficiam do referido enquadramento legal de isenções fiscais. (ver Anexo E- Lei de Mecenato Cultural). Quando se trata de patrocinar o setor da cultura, com contrapartidas comerciais para a divulgação de produtos e serviços, a atual legislação não prevê qualquer benefício fiscal, uma vez que se insere numa ação de comunicação e de marketing da empresa. Em suma, existem valores comerciais inerentes ao patrocínio, ainda que destinadas a atividades culturais, e por outro lado, valores sociais na ação de mecenato. Colocada a questão sobre de que forma deve o setor bancário privilegiar a cultura, o entrevistado[213] expressou a sua opinião: *"Acho que os Bancos devem fazer opções. Acho que deviam ser muito claros e não mascarem o patrocínio com o mecenato porque há uma ideia de nobreza no mecenato que não se pode aplicar a esta perversão da publicidade."*

A CGD atribui apoios financeiros anuais, no âmbito de patrocínio[214]. Com a prática de patrocinador dessas iniciativas, a CGD procura atingir finalidades de marketing através do aumento de tempo de exposição mediática do nome da CGD.

A crise e a saúde financeira da Culturgest: a contração e a dotação orçamental (2011-2017)

Perante o contexto macroeconómico que se vivia no país, todas fontes de financiamento foram afetadas. Para o Estado a prioridade era recuperar a situação financeira do país endividado. Mergulhado numa forte crise económica, impunha-se a necessidade de reduzir a despesa pública. Fruto de uma conjuntura desfavorável, o apoio do Estado português à cultura, de uma maneira geral, sofreu significativas diminuições ao longo dos últimos anos.

213 Entrevista a António Pinto Ribeiro a 17 de março de 2020.

214 nomeadamente: a tournée nacional e internacional de reconhecidos cantores como a fadista Mariza, com elevadas Audiência estimada de 1.200.000 espectadores (média anual), relatório da Culturgest 2008 (CGD, 2008b, 2008c).

E tal contração naturalmente não poupou as Fundações beneficiárias de dotações do Estado.

A partir de 2012 a Culturgest vivia dificuldades de gestão orçamental. A CGD seguia um plano de reestruturação e ajudas do Estado. E a situação piorava. A cada ano, as dotações orçamentais diminuíam, os impactos da crise económico-financeira, e a quebra dos subsídios de mecenato tornaram a gestão orçamental da Culturgest cada vez mais difícil. De acordo com os dados revelados pelo INE a partir de 2010 foi visível o desinvestimento direto e indireto no setor cultural por parte do Estado Tal acontecia simultaneamente por duas vias: ao nível central e ao nível local, conforme ilustrado no Gráfico n.º 3, sobre a "evolução das despesas das Autarquias e da Secretaria de Estado" e "Despesa em cultura a preços correntes, por tipo de entidade", relativo ao período de 2000 a 2012.

Gráfico n.º 3 – Evolução das despesas das Autarquias e Secretaria de Estado (2000-2012)

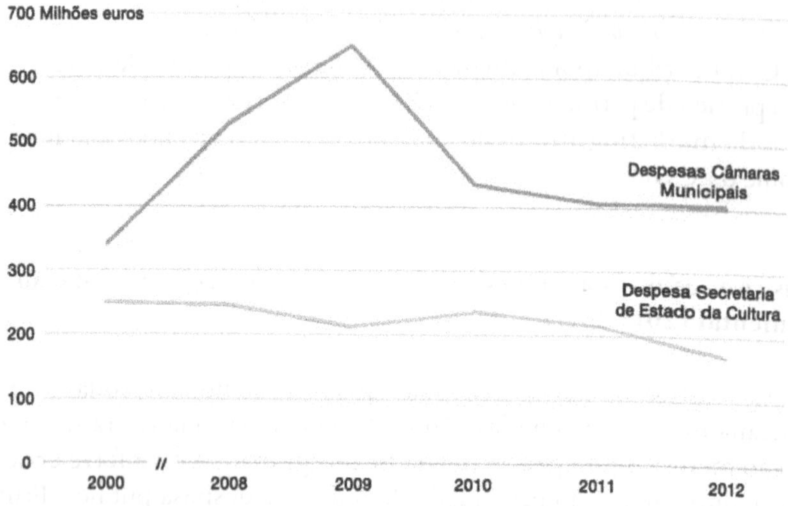

Fonte: INE – Despesas na Cultura entre 2000-2012 (Portugal).

Na conjuntura de recessão e escassez de recursos públicos, segundo os números revelados pelo Instituto Nacional de Estatística referentes às Estatísticas da Cultura, o financiamento público das atividades culturais, criativas e desportivas diminuiu progressivamente. Em 2012, as Câmaras Municipais afetaram 401,5 milhões de euros às atividades culturais e criativas, o que significa um decréscimo face aos 406,8 milhões de euros verificados no ano anterior. Como se pode constatar na Figura 32, entre 2010 e 2012, a despesa dos municípios com a cultura diminuiu. Passou de 433,9 milhões de euros para 401,5 milhões de euros, contrariando a tendência de crescimento registada entre 2000 e 2009[215]. Quanto às despesas da Secretaria de Estado da Cultura, também se verifica uma sucessiva redução da despesa com a cultura, com um decréscimo a partir de 2010 e um decréscimo de 248.9 de 2000 para 167,7 milhões de euros no ano de 2012.

Figura n.º 32 – Despesas Públicas em cultura
a preços correntes, por tipo de entidade (milhões euros)

	2012	2011	2010	2009	2008	2000
Despesa Câmaras Municipais	401,5	406,8	433,9	649,8	526,0	339,9
Despesa Secretaria de Estado da Cultura	167,7	215,5	236,4	212,6	245,5	248,9

Fonte: INE- "Despesas na Cultura" referente aos anos compreendidos entre 2000 e 2012.

Os números revelados demonstram que, diante o deficit estadual é grande a tentação das entidades públicas de reduzir despesas com a cultura e, com elas, vêm também as vantagens concedidas ao terceiro setor, mesmo que esses atores, na área social, sejam cada vez mais procurados num contexto de crise. E pela via legislativa, o Estado indiretamente intervinha na diminuição da despesa pública no setor cultural e implementava medidas legislativas limitando as dotações às Fundações. Em março de 2013, por resolução do Conselho de Ministros é publicada a legislação que define a redução do subsídio atribuído às Fundações (Presidência do Conselho de Ministros, 2013)[216]. O Estado "recomenda" à CGD, "sem prejuízo da sua autonomia de gestão", a redução de 30% do total dos apoios financeiros concedidos à Fundação.

215 A implementação iniciada com o ministro da cultura Manuel Carrilho, em 1999, da Rede Nacional de Teatros e Cineteatros conduziu a um aumento das despesas das Câmaras Municipais no setor cultural, conforme revela o estudo de José Soares Neves, Despesas Municipais com a Cultura (1986-2003).

216 Decreto-Lei n.º 13-A/2013, de 8 de março. Devido às orientações, a CGD reduziu o valor do subsídio de 2.800.000 euros para 2.184.233 euros.

Na era da austeridade com menos apoio do Estado, principal financiador das entidades culturais, os agentes culturais aumentavam a expectativa de ter o apoio privado, quer de empresas quer de particulares para manter a atividade.

Focando-nos agora numa análise, aos subsídios atribuídos pela CGD à Culturgest, durante o ano de 2008, constata-se que investe 4,53 milhões de euros no apoio financeiro a projetos diversificados, sendo que 41% foram diretamente para a Culturgest. Em 2009 assiste-se a um crescimento. Destina um total de 9,118 milhões de euros dos quais 53% destinam-se ao apoio de atividades culturais e os donativos para o mecenato aumentam com a criação da Culturgest como Fundação. Confirma-se, entretanto, que a história da Culturgest mudou com a crise financeira uma tendência observável conforme ilustrado nos gráficos 4 e 5. A partir de 2008, o subsídio anual atribuído pela CGD e outros subsídios de caráter não regular diminuíram. Exatamente 2013, corresponde ao ano em que se registou o valor mais reduzido de dotações e em que se iniciaram as dificuldades de gestão orçamental (Culturgest, 2008).

Gráfico n.º 4 – Subsídios atribuídos em 2009

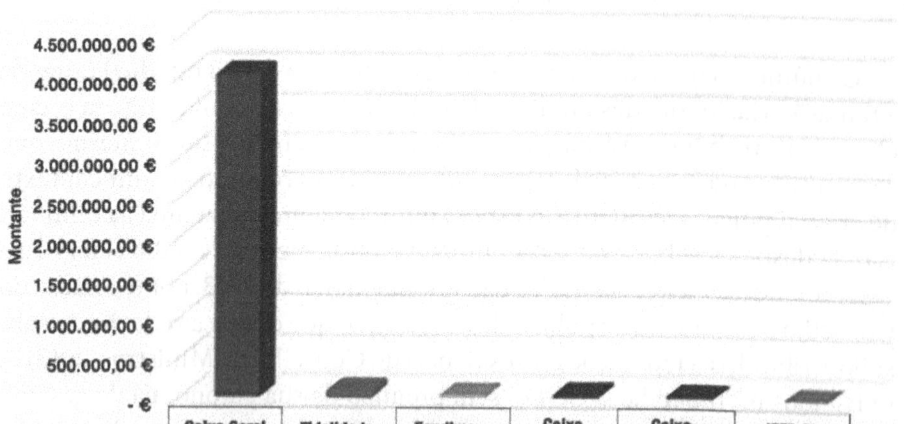

	Caixa Geral de Depósitos	Fidelidade-Mundial SA	Fondimo-SGFII, SA	Caixa Leasing e Factoring	Caixa-Banco de Investimento	IEFP, IP-PEP
Apoios Recebidos	4.017.000,00	75.000,00 €	25.000,00 €	40.000,00 €	20.000,00 €	686,70 €

Fonte: Culturgest (2009).

Gráfico n.º 5 – Subsídios atribuídos em 2013
(período de contração financeira)

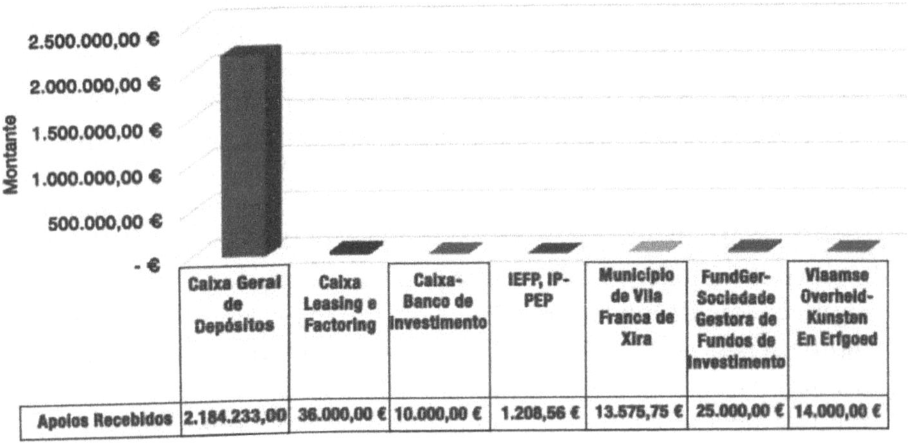

Fonte: Culturgest (2013).

O decréscimo de atribuição de subsídios à cultura não se passou apenas com a Culturgest. A diminuição de apoio era extensível à generalidade das Fundações que existiam de norte a sul do país, a maioria suportada por mecenas do setor bancário. No fundo, e de forma geral, o corte no financiamento privado destinado às instituições culturais devia-se a dois motivos: por um lado à intervenção do Estado por via legislativa e por outro lado, devido à própria saúde financeira das empresas, sobretudo da Banca. Exemplificam-se: Casa da Música (mecenas BPI, Sonae, Galp), Fundação Serralves (mecenas BPI, EDP, Mota-Engil, Sovena, Unicer), Coleção Berardo, Fundação Arpad Szénes-Vieira da Silva (mecenas Eletricidade de Portugal (EDP) e CGD), Museu do Oriente (mecenas BES) Museu de Arte contemporânea de Elvas (mecenas BES e BPI) e muitas outras que trabalham em aéreas diversas (Culturgest, 2012). Em conjunturas económicas de crise, com escassez de recursos, as empresas reveem as suas estratégias de comunicação, adaptam os seus objetivos estratégicos centrando o esforço em três aspetos fundamentais: primeiro, os lucros; segundo, os clientes; por último e terceiro, contribuir para o clima social, e desempenhar assim o seu papel em prol do desenvolvimento da comunidade (Kotler & Armstrong, 1999). A verdade é que, apesar da crise financeira que se vivia em Portugal, o setor privado, sobretudo algumas empresas de grande dimensão, mantinham o apoio financeiro à cultura e apoiavam iniciativas e áreas sociais que vão de encontro aos seus interesses estratégicos e valores. Em Portugal, destacavam-se duas empresas: a Galp e a EDP, ambas ativas no papel de financiadoras do setor cultural. Por via das Fundações, repartiam os donativos a fundo perdido com iniciativas próprias e em parcerias plurianuais com instituições culturais. Como referido, em Portugal dentro dos sectores de atividade, e sobre o perfil das empresas, os bancos têm aderido ao mecenato cultura (Santos *et al.*, 1998), (Conde, 1989). Vale a pena, um olhar atento ao que se passava nos anos de crise financeira com os principais bancos a operar no país[217]. À data de constituição a Culturgest caracterizava-se como "fundação pública de direito privado", reconhecida pela Secretaria de Estado da Administração Pública. Atualmente, e por força da alteração da Lei, já não é possível a criação de fundações públicas de direito privado. Por esse motivo, a Culturgest passou para "fundação privada de utilidade pública" cinco anos após a sua criação.

Em relação à CGD, o Estado entendia que mesmo nos anos de crise económica, tinha um papel de responsabilidade social a cumprir e que a atividade desenvolvida pela Culturgest continuava a ser um pilar fundamental no apoio e intervenção na vida cultural portuguesa, no domínio da ação cultural ao serviço do público português e dos criadores e intérpretes nacionais e estrangeiros.[218] Verifica-se um decréscimo dos subsídios anuais, mais pronunciado entre 2010 e 2013, e um recuperação a partir de 2017, ano a partir do qual o crescimento é mais acentuado. Conforme consta no anexo F, referente aos apoios recebidos pela Culturgest de 2009 a 2019, pode-se analisar com mais detalhe as oscilações dos valores dos subsídios atribuídos entidades por públicas ou privadas, enquadradas no Estatuto dos Benefícios Fiscais relativos ao mecenato de Portugal, no período compreendido de crise e pós-crise. Na tentativa de ultrapassar preocupações relacionadas com a gestão financeira da Culturgest, em fevereiro de 2014, a Culturgest requereu diretamente ao Estado, junto da Ministra das Finanças[219], que fosse autorizada

[217] Na generalidade cultivavam o seu envolvimento na Cultura: o Millenium BCP, um dos mecenas ativos em Portugal mantinha a atividade fundamentalmente em duas áreas: museologia e o património e o mesmo acontecia com o BPI, mantinha a atividade mecenática e o Banco Espírito Santo em 2011, contabilizava um apoio de 1,2 milhões de euros atribuídos à cultura e às artes (36% da ação mecenática da Instituição), para além de possuir a Galeria Arte e Finança em Lisboa e ser mecenas de outras espaços culturais.

[218] Relatório de Sustentabilidade 2009, mensagem do Presidente Faria de Oliveira, www.cgd.pt (consultado a 15 de março de 2020).

[219] Nos termos do nº. 16 do art. 20 da Lei n. 83-C/2013, de 31 de dezembro.

a beneficiar de uma exceção ao agravamento das reduções de transferência a conceder a fundações. A administração da Culturgest geria o orçamento com profundas dificuldades e o recurso às aplicações financeiras seria inevitável, caso a CGD não se atribui o subsídio regular anual previsto de 2.800.000 euros. A Culturgest mantinha a atividade com escassos recursos financeiros e encerrava novamente o exercício com resultados negativos.[220]

> Se se repetir a contribuição financeira de 2013, seremos obrigados a socorrermo-nos das nossas reservas, visto que não é possível programar com menos dinheiro. Haverá, inevitavelmente, algum abrandamento da nossa atividade, e as nossas escolhas têm que se dirigir a espetáculos, exposições, etc., mais baratos do que noutros anos (Culturgest, 2013, p. 168).

A preocupação manifestada era manter a qualidade da programação e manter o lugar de prestígio que a Culturgest adquirira no panorama cultural. A mesma fonte frisava: "*A nossa perspetiva é otimista, desde que tenhamos os meios financeiros mínimos que permitam o desenvolvimento da nossa atividade, como sabemos ser desejo da nossa instituidora*" (Culturgest, 2013).

Os outros mecenas do Grupo Financeiro CGD

O orçamento disponível engloba as dotações provenientes de apoio de outras entidades e na maioria corresponde a empresas do grupo financeiro da CGD. Numa análise, mesmo que breve, é possível perceber os diferentes comportamentos das empresas, adotados no período de contração económica. Em tempos de crise deveria a CGD manter o financiamento à cultura? O que muda? Será o mecenato à cultura um custo supérfluo ou um investimento, mesmo em tempos de contração económica? Sobretudo em tempos de contração financeira do ponto de vista de gestão, as empresas equacionam custos e priorizar despesas e monitorizar os seus retornos económicos no futuro. Esta reflexão naturalmente que se coloca sobre o que financiar e em que montantes. Num modo geral, a crise desencadeou uma diminuição

220 Este quadro de crise financeira conduziu à redução de custos com os colaboradores. Consequentemente Programa Contratos desencadeado pela CGD com reflexos na equipa da Culturgest. Como referido o mecenato de competências, consiste na cedência por parte do mecenas, de profissionais, para exercício de funções no beneficiário, neste caso na Culturgest.

dos financiamentos culturais. Desde 2011, que a CGD apresentava contas anuais negativas, porém nunca suspendeu o seu financiamento à Culturgest. O cenário não foi igual para todas as empresas do Grupo Financeiro CGD. Dentro do contexto macroeconómico desfavorável e no quadro económico de austeridade financeira, também os subsídios anuais atribuídos por empresas do Grupo CGD reduziram significativamente. Como demonstrado nos gráficos 4 e 5 e no anexo F, constata-se que as empresas – Caixa Banco de Investimento (CaixaBI)[221], a Caixa Leasing e Factoring, a CaixaGest e a Fidelidade gradualmente reduziram o valor da dotação. A partir de 2013 algumas empresas que atribuíam subsídios decidiram suspender na totalidade. De forma sintetizada pode-se analisar o modo como se comportaram as empresas do grupo CGD, no exercício de mecenato cultural durante o contexto de crise económica em Portugal.

O mecenas "Companhia de Seguros Fidelidade"

Ao analisar a variação do universo de empresas financiadoras é visível a importância dos valores financeiros atribuídos pela Seguradora Fidelidade Mundial e a enorme quebra do subsídio anual que ocorreu a partir de 2013 (de 75.000 euros para 10.000). Por detrás desta quebra, existia uma decisão política. Uma das medidas impostas ao Estado português e que consta no Memorando da *Troika* diz respeito ao quadro das medidas fiscais estruturais, no qual se insere o plano de privatizações que visava os seguintes objetivos:

> Melhorar a eficiência da administração pública através da eliminação de redundâncias, simplificação dos procedimentos e reorganização dos serviços; Regular a criação e funcionamento de todas as entidades

[221] **Caixa Banco de investimento** – Banco orientado para mercado alvo de grandes e médias empresas, os institutos públicos e autarquias, os investidores institucionais e promotores de grandes projetos de investimento de dimensão nacional e internacional, e ainda os particulares com investimentos na área de *trading*. O Caixa Banco de Investimento (CaixaBI) pertencente ao grupo financeiro Caixa Geral de Depósitos, detentor de cerca de 99,8% das ações representativas do seu capital. O Banco de investimentos segue as orientações estratégicas definidas para a globalidade do sector empresarial do Estado português. A ação empresarial está alinhada com as estruturas comerciais do Banco estatal e concentra toda a atividade da banca de investimento.

públicas (e.g. empresas, fundações, associações); simplificar o processo orçamental através do novo quadro legal aprovado, e através da adaptação dos quadros legais financeiros a nível local e regional; fortalecer a gestão do risco, a responsabilização, a produção de relatórios e a monitorização (Conselho da União Europeia, 2010).

Ora, a relação mecenática da Seguradora Fidelidade com a Culturgest merece ser referenciada pois não se trata apenas de um instrumental de entrega de dinheiro. Vai mais além. Não apenas pela histórica ligação *win-win*, mas sobretudo pela estreita cooperação que existe entre as duas instituições no desenvolvimento de projetos nas artes plásticas. Mas algo mais confere à Fidelidade um caráter diferenciador e único: o facto de dispor de uma Galeria de Arte no Centro histórico da cidade de Lisboa-Chiado 8 Arte Contemporânea. A galeria inaugurada em janeiro de 2002, é um projeto da empresa que, aproveitando a localização privilegiada de um dos seus edifícios centrais, decidiu participar nas iniciativas de reabilitação urbana do Chiado, zona histórica de Lisboa, através da criação de um espaço de divulgação de Arte Contemporânea. De março de 2006 a julho de 2013, a Culturgest, numa parceria com a Companhia de Seguros Fidelidade-Mundial, programava e produzia as exposições realizadas no Espaço Chiado 8. Durante esse período realizaram-se 28 exposições, muitas delas classificadas pela crítica como das melhores dos anos respetivos.

Ao abrigo de um acordo celebrado entre a Culturgest o Espaço Chiado, foram organizadas diversas exposições em parceria, com resultados positivos. Desde 2008 que aumentava progressivamente o número de visitantes[222]. Inesperadamente o cenário de sucesso converteu-se. A partir de 2011, e com base os dados revelados no Gráfico 6, permite-nos observar, uma alteração na distribuição do montante global envolvido por este mecenas no processo, tendo como referência os anos 2009 a 2012, ano em que se prepara a alienação de 80% do capital da Seguradora a outro Grupo económico.

222 Registou 11 831 pessoas contra 9 060 visitantes do ano anterior. Com a saída de Ricardo Nicolau, entra Bruno Marchand onde permanece até 2012 como programador e curador das exposições apresentadas no Chiado, um projeto de exposições coordenado por Miguel Wandschneider, da Culturgest e com a coordenação do Gabinete de Comunicação e Imagem da Fidelidade Mundial.

Gráfico n.º 6 – Subsídios provenientes da Fidelidade-Mundial entre 2009-2012

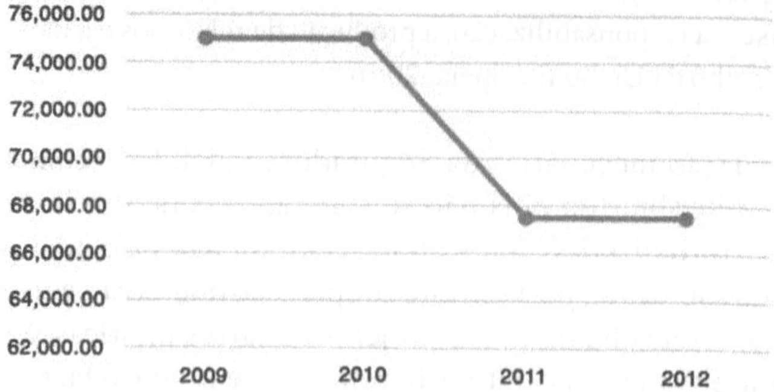

Fonte: Relatórios e Contas da Culturgest (Culturgest, 2009, 2010, 2011 e 2012).

Fazendo uma análise dos subsídios atribuídos à Culturgest por um outro mecenas – a Fidelidade, verifica-se um decréscimo mais pronunciado a partir de 2010. Complementamos com a informação que consta no Anexo F – apoios financeiros recebidos pela Culturgest, que no caso do setor segurador, a Fidelidade-Mundial-Confiança mantinha um apoio regular com a atribuição de um subsídio anual de 75.000 euros, que a partir de 2010, reduz significativamente[223]. A partir de 2013 cessam as expectativas artísticas que caracterizavam os projetos culturais até então desenvolvidos em parceria. Os motivos que originaram a rutura dos subsídios do mecenas Fidelidade à Culturgest foram as decisões políticas com objetivos macroeconómicos: primeiro, a premeditada fusão das duas seguradoras do Estado, e logo a seguir, a privatização com a passagem para as mãos da Holding Chinesa. A proposta inicial de alienação surgiu na discussão do Orçamento de Estado para 2011, onde consta primeiro como uma intenção ainda no XVIII Governo Constitucional[224], e no Memorando inicial, negociado nesse ano, com a *Troika*. O Estado, acionista único do Grupo CGD, a 25 de outubro do mesmo ano, vinha então a aprovar a fusão de duas companhias de seguros do grupo estatal – a Fidelidade e a Mundial. Com esta transação financeira, a empresa aumenta o seu valor negocial no mercado, e torna-se um ativo financeiro mais atrativo a potenciais investidores internacionais.

223 A Fidelidade-Mundial resulta da fusão das seguradoras Fidelidade-Mundial e Império-Bonança, tendo esta sido incorporada na Fidelidade, e em simultâneo assumiu a denominação social Fidelidade-Companhia de Seguros.

224 XVIII Governo Constitucional período de governação: 2009.10.26 até 2011.06.20.

Eis os primeiros passos da negociação: "A venda destes ativos está prevista no plano de financiamento e capitalização entregue pelo Banco Estatal às autoridades no final de janeiro", revelava a 12 de fevereiro de 2012, em entrevista aos *media*, ao tempo, Presidente do Conselho de administração da CGD. A transação seria então negociada em 2013, num contexto de retração financeira, pelo Governo, que optou por uma venda direta por considerar que era a que mais receita traria (Lopes, 2017). As negociações decorriam. Em virtude do acordo estabelecido entre o Governo português e a *Troika*, o conselho diretivo do Instituto de Seguros de Portugal[225] aprovou a fusão por incorporação da Império Bonança na Fidelidade Mundial, com a consequente transferência de carteira e extinção da sociedade incorporada, bem como com a alteração da firma da seguradora incorporante para Fidelidade Companhia de Seguros mais tarde privatizada[226]. Em declarações contraditórias à Comunicação Social (ao *Jornal i*), o presidente da Império Bonança e Fidelidade Mundial, garantia que a fusão não era uma resposta às exigências da *Troika*, embora tenha reconhecido que a operação "torna mais fácil burocraticamente a alienação do negócio segurador". (Diário de Notícias, 2012). O certo é que, no Memorando da *Troika* já constava o plano de privatizações que o Governo se comprometera a cumprir, no qual se enquadra a Caixa Seguros, e, portanto, englobava a Fidelidade:

> O plano existente, elaborado com horizonte até 2013, cobre as áreas dos transportes (Aeroportos de Portugal, TAP, e o ramo da carga da CP), da energia (GALP, EDP e REN), das comunicações (Correios de Portugal) e seguros (Caixa Seguros), assim como um número de pequenas

225 O Instituto de seguros de Portugal atualmente ASF, ou seja, a Autoridade de Supervisão de Seguros e de Fundos e de Pensões, trata como o próprio nome indica da regulação das seguradoras, assim como dos fundos de pensões em Portugal. Este instituto é, portanto, responsável pela regulamentação, pela aplicação das regras aplicas às companhias de seguros e fundos de pensões, e ainda pela verificação do cumprimento destas regras. Concretamente Instituto de seguros de Portugal controla todas as atividades que envolvam seguradoras, ressegurados, fundos e pensões, bem como das entidades gestoras e de mediação de seguros.

226 A administração acompanhou o processo mais de perto. Em junho foi publicado o DL nº 80/2013 que definiu as regras referentes à alienação do capital social das sociedades Fidelidade-Companhia de Seguros, SA, Multicare- Seguros de Saúde, SA e Cares-Companhia de Seguros, SA ou da sociedade ou sociedades que detenham, direta ou indiretamente, a totalidade ou parte dos respetivos ativos; – Em setembro, ocorreram reduções do capital social da Fidelidade o qual passou de 605 milhões para 381 milhões de euros e da Caixa Seguros de 800 milhões para 460 milhões de euros. Foi ainda liquidado pela Fidelidade um empréstimo subordinado de 76,6 milhões de euros da Caixa Seguros; Fonte: Relatórios de Contas Caixa Geral de Depósitos.

> empresas. O plano tem como objetivo receitas de 5500ME até ao fim do programa, com apenas um desinvestimento parcial para todas as grandes empresas. (Conselho da União Europeia, 2010).

No campo da gestão das Finanças Públicas, a alienação da Fidelidade teve um impacto nas receitas patrimoniais do Estado, pois contribuía para aumentar as receitas públicas, como consequência do encaixe financeiro proveniente da venda. Esta transação remete aos temas relacionados com a estrutura e ao conceito de receitas patrimoniais, no campo disciplinar das Finanças Públicas como os rendimentos provenientes da venda de bens e serviços do Estado (Franco, 1982). Certo que as receitas tributárias constituem o grosso modo das receitas correntes e a parcela mais relevante, mas a venda de seguradora era mais um contributo. Tal correspondia, por outro lado, a uma quebra nas fontes de financiamento da Culturgest com a perda de um mecenas, mas também como um parceiro nas iniciativas culturais. Em 2013 findou-se a parceria. A Seguradora do Grupo CGD foi privatizada e a Administração da Seguradora para a não renovação da colaboração cultural antes da sua privatização[227]. Nesse último ano ainda estiveram patentes três exposições, todas com curadoria de Bruno Marchand, que anos mais tarde ingressa à Culturgest, como curador. Em janeiro de 2014, chega a Portugal o Grupo Fosun[228], Holding chinesa cotada no índice principal da Bolsa de Hong Kong. Em Lisboa, a Fosun está instalada uma filial no emblemático edifício do Palácio Loreto, construído no século XVIII, situado na zona urbana e histórica do Chiado, no centro da capital do país. Após uma operação de privatização, adquire 80% do capital social da Fidelidade – Companhia de Seguros, e de outras

[227] Relatório de Contas Culturgest 2013.

[228] A Fosun Portugal Insurance pertence ao Fosun International. A holding fundada em 1992 é uma das mais representativas companhias que emergiu da reforma da China orientada mercado económico (FOSUN, 2029). Fazem parte integrante do sector da saúde a Fosun Pharma, Henlius, Fosun Kite, Wanbang Biopharmaceuticals, YAOPHARMA, Guilin Pharma, Gland Pharma, Foshan Chancheng Central Hospital, United Family Healthcare, Sisram, Silver Cross, Fosun United Health Insurance, etc. Nos últimos anos, através da inovação tecnológica, a Fosun tem desenvolvido a sua base de operações no que respeita ao fabrico, a pesquisa e desenvolvimento de produtos farmacêuticos, um serviço de gestão de assistência médica inovador, produtos para mães e bebés, etc. A Holding também detém uma Fundação criada em 2012 que conta com a Fosun e suas subsidiárias como doadores principais. Os projetos da Fundação Fosun incluem: mitigação do impacto de desastres naturais, alívio de pobreza e assistência a pessoas com problemas físicos, patrocínio de projetos de responsabilidade social cultural e educacional ("RSC"), apoio ao empreendedorismo etc. Nos últimos anos, a Fundação Fosun tem como foco principal as áreas da cultura, educação e assistência médica.

seguradoras do Grupo estatal (CARES e Multicare). A alienação permitia ao Estado Português um elevado encaixe financeiro.[229] Esta compra faz parte da estratégia de atuação da *Fosun* que, nos últimos anos tinha vindo a expandir-se mundialmente e a fortalecer posição, no setor financeiro, ligada à tecnologia de *icloud* (tecnologia em nuvem), nomeadamente nos seguros, na banca, nos valores mobiliários e na gestão de ativos.

É interessante constatar que, em Portugal, o interesse estratégico da empresa chinesa *Fosun* não se limita à área financeira. Detêm capital patrimonial no Banco Millenium BCP e a sua visão é muito mais abrangente. Visa reforçar a sua presença no setor da saúde que engloba o fabrico, pesquisa e desenvolvimento de produtos farmacêuticos, serviços de assistência médica, dispositivos e diagnóstico médico, distribuição farmacêutica, seguro de saúde, serviço de gestão de assistência médica, produtos de saúde entre outros. O grupo privado *Fosun* de origem chinesa, com sede em Hong Kong, resulta de um proativo projeto de empreendedorismo de cinco jovens estudantes e atualmente tem escritórios a nível mundial. As três linhas de negócio do Grupo são: saúde, felicidade e património (Fosun, s.d.).

Com um Plano de Reestruturação para cumprir as alienações, o Estado estrategicamente concentrava o foco no negócio bancário e em simultâneo preocupava-se em racionalizar e aumentar a rentabilidade da sua atividade[230]. Aumentar as receitas públicas mediante uma política de privatizações era uma prioridade do Estado. Em consequência de uma decisão do poder político, a Culturgest perde um importante apoio de mecenato e uma parceria institucional. Com a perda das dotações provenientes da Fidelidade, a situação financeira agravou-se. Acrescia a quebra das receitas provenientes das aplicações financeiras devido ao impacto das descidas nas taxas. Era insustentável a situação sem recurso ao empréstimo de tesouraria. Tal teve custos e impossibilitou a realização de aplicações financeiras a curto prazo, como

229 Estima-se um total de 1.263 milhões de euros de receita.

230 Fidelidade Mundial e a Império Bonança uniram-se em 2012 dando origem à Fidelidade – Companhia de Seguros, S.A. A história da Companhia remonta a 1808 com a fundação da Bonança. Em 1835 é fundada a Companhia de Seguros Fidelidade. Ao longo destes 175 anos têm sido vários os momentos que marcaram a atividade das empresas que estão na sua origem: fusões, nacionalização e posterior privatização, expansão para novos mercados, enfim, novas estratégias. A Companhia está direcionada para a exploração dos ramos vida e não vida, apresentando um diversificado leque de soluções de proteção destinados a particulares e empresas. a seguradora assume uma estratégia multicanal na distribuição dos seus produtos, o que lhe permite responder de forma eficaz às exigências do mercado em que opera. Em 2014 sociedade de capital risco chinesa Fosun Internacional foi escolhida pelo Estado português para comprar a Fidelidade.

prática da gestão de tesouraria. As verbas propostas em orçamento inicial não foram atribuídas. A relação de parceria da Culturgest com a seguradora Fidelidade, maioritariamente nas mãos da Holding chinesa foi retomada em 2019, como será explanada mais à frente.

5.3. Programação multicultural

Não obstante o enquadramento económico e financeiro exposto em *supra*, que originou cortes orçamentais, a Culturgest esforçava-se por cumprir o programa de atividades e nunca esteve em causa a sua autonomia programática em relação à CGD. No período em análise, as principais linhas estratégicas de intervenção foram definidas pela equipa liderada pelo administrador, mantinha-se a programação de autor, multicultural e vanguardista marcada pelo risco.[231] Relativamente à orientação programática vigente deste período da vida da Culturgest, constata-se que enquanto o anterior assessor artístico, tinha a preocupação, em mostrar linguagens artísticas multiculturais, incluir na programação cultural, artistas de África, Ásia e América Latina, o seu sucessor segue uma orientação diferente na aposta central, "*há algumas diferenças em relação ao que no passado se fazia, tem a ver, por exemplo, com menor que se tem dado às culturas não ocidentais*". (Anexo A.5. M. Lobo Antunes)

Durante a entrevista semiestruturada que realizamos revelou-nos o seguinte: "*nós não o temos feito senão esporadicamente. Mas também nos temos preocupado com as periferias embora não com as periferias fora do mundo ocidental, mas dentro do mundo ocidental*". (Anexo A.5. M. Lobo Antunes)

Nas Artes Plásticas, os eixos definidos em termos de programação passam por acolher exposições temporárias e as mostras que possui têm por objetivo exibir as peças da Coleção de Arte da CGD em circulação por todo o país. Incluem-se as frequentes cedências à CGD para decoração no edifício e delegações no estrangeiro. Em linha de continuidade com o anterior assessor artístico, o modelo de programação é quase todo de risco, no sentido em que apresenta artistas que são em grande parte desconhecidos do público, espetáculos que fogem aos condicionalismos e apontam direções novas à criação, exposições que não estão no circuito das grandes instituições internacionais.

[231] Recorda-se que, a noção de vanguardista tal como refere Conde, correspondeu a uma reconversão da noção de vanguarda proposta dos movimentos pós-impressionistas, "como a arte de rutura e de subversão estética, política e social, uma arte que desencorajava o mecenato e a adesão do grande público". (Conde, 1989, p. 126).

Ao longo dos anos de atividade e devido à programação de qualidade, a Culturgest criou uma corrente consistente de públicos face ao contexto do país, que evoluíra. Ao nível nacional, a oferta aumentou em dimensão, variedade e qualidade. A programação cultural não se destinava para um público de massas. "*Caso a aposta fosse na apresentação de espetáculos mainstream ou exposições de grande visibilidade como a fotografia da Magnum ou da World Press Photo, a adesão do público seria superior*", explica a administração da Culturgest. O modelo de programação aponta para novas criações, exposições fora do circuito convencional e longe dos equipamentos internacionais, artistas pouco conhecidos. Neste período (2008) a CGD juridicamente a passado a Culturgest para Fundação, manteve a missão e a linha programática. A partir de então, perante o impacto verdadeiramente esmagador da quebra de subsídios à Culturgest, a opção foi ajustar o orçamento e gerir a programação com criatividade e menos recursos: salas com menor capacidade para um menor número de público; teatro-palco, com maior frequência, no Grande Auditório, mas acondicionado para acolher apenas uma centena de pessoas; concertos de música para lugares em número reduzido; outras iniciativas de custos mais reduzidos.

20º aniversário – O acontecimento Cultural em cenário de crise

Em 2013, em pleno cenário de crise que originou a contração financeira, a Culturgest completa vinte anos de existência. E, ao contrário do que era expectável numa sociedade de consumo, para uma organização cultural que completa 20 anos de existência, a festa foi discreta. "*Foi uma comemoração discreta, económica e que se enquadrava na orientação programática seguida ao longo da vida da instituição*", declaravam os responsáveis da Culturgest à Comunicação Social.

A programação procurava estabelecer semelhanças à que fora apresentada no dia de inauguração, que ocorreu a 11 de outubro de 1993. A Culturgest abria as portas às artes de vanguarda com propostas para todos os públicos. O edifício da CGD foi palco e polo de uma série de iniciativas, com instalações, *performances* coreográficas e espetáculos de teatro[232]. Com esta aposta, visava enfatizar uma ideia de continuidade e simultaneamente programática

232 Explica Lobo Antunes na entrevista dada na reportagem à RTP 2, a 29 de setembro de 2013, a propósito da "Festa do 20º aniversário da Culturgest". Cautela (2013).

da "Culturgest Casa do Mundo" e homenagear os fundadores da Culturgest. Uma casa de todas as artes que aposta nas ruturas. "*Procuramos coisas delicadas*", referiu o administrador da Culturgest. "*A atmosfera cria calma, não no sentido de festa que agora se fala em que é tudo festas*", acrescentou o administrador da Culturgest, Miguel Lobo Antunes em entrevista dada à RTP 2, (Cautela, 29 de setembro de 2013), a propósito da "Festa do 20.º aniversário da Culturgest". Numa altura que a Culturgest sofria uma profunda crise orçamental, a abrem-se as portas às artes de vanguarda com propostas para todos os públicos. A celebração do vigésimo aniversário constituiu um marco importante no desenvolvimento da Culturgest e a celebração foi marcada por um vasto programa com atividades de entrada gratuita.[233] Constituída por uma multiplicidade de obras, mantém-se como uma das mais consequentes iniciativas públicas no que se refere à criação de um património artístico coletivo, explicou o curador Bruno Marchand a propósito do seu trabalho para o vigésimo aniversário: "a exposição foi concebida para esta efeméride e afirma-se como uma viagem particular através dos núcleos mais representativos da Coleção" (Agenda Cultural Lisboa, 2020). A iniciativa de comemoração foi limitada face à falta de recursos. Ainda assim, o 20.º aniversário[234] da Culturgest diferenciou-se pela oferta e em matéria de preço, simbolicamente, era uma ação de responsabilidade social. O público fruiu gratuitamente da programação.

Na abordagem à temática sobre os preços, importa referenciar os estudos de Baumol no que se refere às decisões dos preços a praticar pelas organizações culturais, inerente à debilidade do setor das artes (Baumol & Bowuen, 1966; Cobert & Cuadrado, 2010). Os custos de produção dos espetáculos não são compensados pelas receitas diretas, o que obriga um apelo constante a subvenções públicos, ajudas diretas do Estado, subsídios privados, parcerias entre instituições e outras modalidades de financiamento. A elasticidade dos preços dos produtos culturais e a relação entre o preço praticado e quantidade de procura dos públicos, significa que a fixação dos preços não poderia acompanhar a mesma lógica comercial para organizações com fins lucrativos. Para o estudo de caso, as decisões de preço podem ser usadas como

[233] Desde *performances* coreográficas de Vera Mantero, a espetáculos de teatro e curtas peças musicais de compositores portugueses, como a obra inédita do compositor António Pinho Vargas, interpretada pelo Coro Gulbenkian e pela Orquestra Metropolitana, com a Direção de Cesária Costa. Esteve patente a exposição com obras da Coleção de Arte da Caixa Geral de Depósitos.

[234] Aqui incluídos aqueles em que a Culturgest tinha a forma jurídica de sociedade anónima e o nome de Culturgest – Gestão de Espaços Culturais, S.A.

uma ferramenta estratégica. E em termos gerais, a prática de preços reduzidos da Culturgest tem por objetivo permitir a acessibilidade da comunidade à Cultura, às artes e à Ciência. O preço praticado está intimamente relacionado com os benefícios que pretende atribuir à comunidade, as vendas que pretende alcançar, um equilíbrio competitivo no panorama cultural português, e, por último, os benefícios associados à imagem institucional que daí advêm. De uma forma geral, ao longo dos anos de atividade, a Culturgest pratica uma política de preços equilibrada. Esta estratégia combina com os objetivos delineados para proporcionar à comunidade em geral, o acesso à oferta cultural: por um lado porque tem em conta a realidade social e económica do País; por outro lado, não obstante as necessidades de angariar receitas próprias é uma fundação subsidiada, enfatiza-se que se enquadra na política de Responsabilidade Social da CGD[235]. Nesta perspetiva, os preços variam consoante diversos fatores: o tipo de espetáculos, os lugares na planta dos Auditórios e outros descontos e concessões em função da segmentação de públicos. Esta política visa influenciar a procura, aumentar os públicos, permitir a acessibilidade a um público diversificado, por exemplo, com a prática de preços mais baixos para jovens, escolas, universidades, grupos profissionais, reformados e colaboradores das empresas do Grupo CGD (público interno). Particularmente, no dia da comemoração do 20.º aniversário a tática foi facilitar gratuitamente o acesso às atividades.

"*E as pessoas não têm que pagar (...) Se se sentirem bem ainda têm música na cafetaria*", referiu em entrevista o administrador da Culturgest em funções até 2017.

Questionado se considerava a programação da Culturgest ser elitista, em entrevista, esclareceu que antes de assumir o cargo na Culturgest, a organização cultural era criticada por ser uma instituição elitista e que na sua opinião "*De facto, era e é uma instituição que se dedica à arte contemporânea, que em geral não apresenta espetáculos de entretenimento ou mainstream, mas apresentamos alguns*"[236].

A programação de entretenimento consiste num regime produção enquadrada nas indústrias de lazer e conteúdo e sobretudo direcionada para a maximização de audiências, redução dos custos unitários e sem imperativos comerciais. Tal como refere Hartley (2004).

235 Em França, Alemanha, Itália ou Bélgica, onde as artes são fortemente subsidiadas pelo Estado, as empresas e os museus podem sobreviver com a venda reduzida de ingressos. Países Anglo-saxónicos como a Grã-Bretanha, onde o financiamento do Estado é muito menor e as organizações dependem do rendimento, a maioria não está preparada para um futuro em que só pode admitir uma fração de sua audiência habitual (The New York Times, 2020).

236 Revelado em entrevista a Miguel Lobo Antunes realizada no dia 4 de junho de 2003.

> (...) a produção de entretenimento tem custos elevados, por isso tal como outras indústrias culturais ou criativas está orientada para a maximização de audiências e para a redução de custos unitários. A "ideologia" de um tal regime é que esses imperativos comerciais se limitam a satisfazer as exigências do espectador: a forma de entretenimento reflete aquilo que é pretendido. (Hartley, 2004, p. 98).

Ora, o caráter inovador dos espetáculos e exposições, provocava alguma perplexidade e alguma dificuldade de entendimento por parte do público, sobretudo aquele público pouco familiarizado com as novas linguagens artísticas. A rutura e a desconstrução das artes contemporâneas por vezes exigem esforço pelas dificuldades de entendimento que provocam e uma grande abertura à novidade.

"Ao contrário do que pensam as pessoas que faziam (e ainda farão) essa crítica, as elites são fundamentais para que um país avance e se desenvolva e ter elites cultas é uma coisa boa, não é uma coisa má", refere-nos Lobo Antunes na mesma entrevista (ver anexo entrevista A.5.).

Como a revela Madeira 2002,

> (...) "a análise aos programadores culturais tem evidenciado a existência de diferenças em relação ao tipo de abrangência das organizações e ao tipo de programações desenvolvidas. Há uma escala de abrangência nacional de divulgação internacional que abarca duas tendências paralelas: 1) programações diversificadas, direcionadas para públicos múltiplos, como é exemplo Lisboa'94 e Festival dos 100 Dias; e 2) programações direcionadas essencialmente para a esfera da criação e, portanto, para públicos especializados, ou com tendência à especialização, como são exemplo (com algumas exceções programáticas) o CCB, a Culturgest, e o Festival Mergulho no Futuro".

Diversos estudos realizados, referentes à análise das práticas culturas dos públicos em Portugal, têm demonstrado que, *grosso modo,* existe uma correlação entre o perfil dos públicos das atividades culturais e o status sócio profissional. Tendencialmente, possuem um capital cultural mais elevado, é um público instruído, com uma formação superior ou estudantes do ensino superior, pese embora em concreto, não dispomos de dados detalhados que nos permita neste livro, desenvolver uma leitura sociográfica e uma interpretação mais profundada da composição e tipologia dos públicos da Culturgest.

5.4. Comunicação digital e o *Social Networking Management*

O período que se iniciou em 2008 foi marcado pelos anos de evolução da Fundação CGD-Culturgest. Decorridos quinze anos após a sua criação, o seu nome já era uma referência na produção cultural, devido a uma colaboração ativa com organizações culturais, escolas, universidades, empresas e organizações da sociedade civil portuguesa (Culturgest, 2008).

Uma das variáveis relevantes na definição de Comunicação Estratégica é a promoção e existem particulares características na comunicação das organizações culturais relativamente à imagem projetada (Lindon *et al.*, 2011). A Culturgest define autonomamente a gestão da Comunicação de Marketing, sem influência direta da CGD, muito embora, os orçamentos para a comunicação sejam escassos e controlados, face às necessidades de novos desafios e novas abordagens nas estratégias de comunicação, as mesmas refletiram-se nas opções definidas pelo mecenas CGD a quem cabe o controlo direto da comunicação. A utilização destas estratégias tem sido desenvolvida e alinhada com os valores e objetivos estratégicos dos mecenas. Como refere Kunsch (2003) a Comunicação Institucional define-se nos conceitos de cultura e identidade das instituições e é um mecanismo para captar atenção para a empresa, visto que o seu objetivo é a opinião pública e não o mercado. Assim sendo, caracteriza pela natureza da mensagem que transmite e não pelos meios pela forma como gere a imagem, o conteúdo da mensagem que transmite aos públicos. A imagem que os públicos formam das organizações provêm igualmente das perceções que obtêm, formadas pela influência da opinião de terceiros, das suas experiências pessoais, campanhas e das mensagens transmitidas pelos críticos de arte e cultura (Kapferer, 1992); Em relação a estes últimos, é interessante perceber que a informação dos críticos de arte emitem na Comunicação Social, é encarada como uma forma de enviar mensagens para a potencial audiência, sobretudo ao público especializado ou com tendência à especialização, como são os públicos da Culturgest. Significa que, embora as organizações controlem a mensagem que transmitem às audiências, não controlam a perceção que os públicos obtêm por meio das opiniões dos críticos especialistas (Keller, 1993), (Balmer, 2001).

Com menos recursos devido à redução orçamental do mecenas, a forma de comunicar acompanhou, necessariamente, os impactos e incrementou a promoção e comunicação nos canais digitais. Em termos gerais, os estudos realizados e a evidência empírica têm demonstrado que as organizações que já adotaram a tecnologia digital, apresentam um crescimento de interação com as audiências, mais rápido comparativamente com aquelas que ainda não o fizeram[237]. A conectividade entre as pessoas, com potencial emancipador é possível através de comunidades virtuais e graças à rede da *Internet* (Pérez Del Campo, 2002). Pode-se afirmar que a Comunicação Estratégia da CGD através da Culturgest baseava-se em três objetivos essenciais no âmbito da comunicação com o público-alvo: informar, persuadir e educar (Hallahan *et al.*, 2007). Em primeiro lugar, informar e manter o público-alvo a par do programa de atividades; em segundo lugar, persuadir e cativar o público, com uma oferta programática com qualidade e diferenciadora, com outros fatores complementares tais como praticar preços reduzidos, as facilidades de acessos, o prestígio e o reconhecimento; e, por último, em terceiro lugar, contribuir na formação e educação. Este objetivo, implicava proporcionar ao público, as ferramentas e os códigos que o permitia fruir da oferta cultural, atividade que naturalmente ajuda a ampliar uma audiência mais preparada para entender as modalidades artísticas.

Consequentemente, continuou a comunicar em diversos canais de comunicação, a sua programação cultural, agora de conteúdo mais reduzido, abandonando certas áreas de intervenção e optando pela escolha de exposições e espetáculos com custos mais baixos, e conferências sem custos ou com custos mínimos. A Culturgest, adaptou a necessidade, com uma aposta de transmitir a mensagem através das novas tecnologias. A opção por diversificar os canais de divulgação não era apenas uma questão orçamental. A Comunicação Estratégica de uma empresa precisa de utilizar as diversas formas de comunicação ao alcance no sentido de cumpre os seus objetivos (Carrillo, 2014). A Culturgest acompanha as transformações tecnológicas a nível da comunicação, nas artes e na cultura e a integração no panorama digital tem-se integrado progressivamente Comunicação Estratégias das organizações, sendo que a CGD culturais e a Culturgest procuram seguir a tendência na captação e no aprofundamento das relações com os públicos. No novo contexto é importante reconhecer que a difusão já não se trata de um exclusivo monopólio dos *media* tradicionais – jornais, revistas, rádios, televisões – habituados a comunicar de forma unidirecional. Os meios digitais potenciam a relação e a interatividade entre o público e as instituições

[237] Dados revelados no "Prosperar na Economia Digital", conduzido pela IDC e revelado pela SPA a 3210 inquiridos de 11 países que trabalham com 10 a 999 trabalhadores (2016). O estudo indica uma forte tendência das organizações, em todo o mundo empreenderem e beneficiarem do valor de *softwares* colaborativos e de gestão com as audiências, que as ajudam na simplificação das operações como também a competirem no mercado.

num mundo onde impera a criatividade, a inovação e a ousadia de correr riscos. E este é exatamente o atual desafio da abordagem de comunicação de uma instituição cultural (Pérez Del Campo, 2002). No exigente contexto, a Comunicação Estratégia da Culturgest incidiu numa aposta no *mix* de dinamização das plataformas digitais, sem abandonar os meios tradicionais e no sentido de explorar outras oportunidades de alcançar mais públicos. Como referido anteriormente, o público-alvo da Culturgest é sobretudo um público jovem e urbano[238].

Num mundo em profundas mudanças, para que a organização cultural não se torne anacrónica deve acompanhar atentamente as características sócio demográfica do público-alvo que pretende atingir. Por outro lado, o ajuste das estratégias de comunicação do mecenas, coloca, paralelamente, um olhar atento, às características sócio demográficas dos consumidores e às vantagens da globalização de um mundo sem fronteiras. Estas gerações apresentam algumas características que merecem ser referidas nesta abordagem sobre Comunicação e Marketing nas organizações culturais: a nova tendência dos comportamentos sociais, tipificados em jovens que cresceram num período, cuja tecnologia desempenha um papel crucial; uma geração com acesso a um conjunto de recursos educacionais e tecnológicos, adepta da mobilidade, do formato em multimídia e do *download*. Para além de consumidores, alguns seguem e são, também, influenciadores de consumo. Enquanto consumidores de produtos culturais, tipificam-se por uma procura de novidades e inovação e não se reveem num estilo de Comunicação baseado em mensagens a unilaterais, acompanham as novidades *online* e não abdicam dos meios de entretenimento e de informação, onde a comunicação acontece a ritmo acelerado. As principais características deste grupo de indivíduos consistem essencialmente: valorização da liberdade de escolha; decisões tomadas com base na confiança; procura de informação; procura da individualidade; relação e interatividade; valorização da experiência e do Entretenimento (Dionísio *et al.*, 2009, p. 35). Claro está que, se o instrumento de Comunicação que a CGD privilegia é o apoio mecenático da Culturgest, e procura chegar a um público jovem, ambas as instituições devem acompanhar as características globalizantes da *internet*.

238 **Definição**: população urbana refere-se a pessoas que vivem em áreas urbanas, conforme definido pelos escritórios nacionais de estatística. É calculado usando estimativas da população do Banco Mundial e proporções urbanas das Perspetiva de Urbanização Mundial das Nações Unidas. Fonte: Pyramide.net site consultado a 14 de julho 2020.

Nesta perspetiva é coerente que exista sintonia entre Comunicação Estratégica e Institucional adotadas entre a CGD e a Culturgest, para alcançar este público-alvo. Para que cumpra os objetivos definidos é necessário adequar os meios e utilizá-los em cada período de vida, de acordo com uma estrutura básica de Comunicação: o que comunicar, quando, para quem e através de que meios.

Como referem Dionísio *et al.* (2009, p. 35):

> São indivíduos que tem a sua disposição um conjunto de recursos que lhes permite estar permanentemente em contato com tudo, e com todos; que lhes dá uma visão global do mundo, um mundo sem distâncias e onde as barreiras linguísticas são cada vez menores; onde a máxima "*anytime, anywhere, anything*" faz parte da sua realidade diária e onde a sua opinião pode ser efetivamente ouvida.

Perante esta realidade social e tecnológica, diferente dos primeiros anos da criação da Culturgest, alguns passos foram tomados para melhorar a comunicação, com um modelo que concilia os meios tradicionais com as vantagens tecnológicas da Comunicação *online*. Novos desafios colocaram-se, essencialmente devido a um mercado onde a concorrência de oferta cultural também é global. O *Website* próprio (www.culturgest.pt) foi uma das primeiras prioridades nos meios digitais disponíveis. Um portal que permite a divulgação da programação cultural. De caráter meramente informativo, o *Website* não permite efetuar compras de bilhetes nem reservas em *online*, e possui parcas interatividades adicionais. Ciente da importância do conjunto de meios e ferramentas digitais, a comunicação estratégia incluía, desde 2009, uma comunicação fora dos tradicionais canais. Numa ótica de Comunicação integrada de Marketing pode-se afirmar que a comunicação digital potencia a interatividade[239] (Hartley, 2004, p. 148) dos públicos. A realidade comprova que os meios digitais têm produzido um efeito sinergético no *mix* de comunicação e em consequência contribui favoravelmente para a ação dos restantes meios de comunicar com os públicos (Dionísio *et al.*, 2009). E este período na história da Culturgest, corresponde aos primeiros anos de presença no social *media* e maior atenção na eficácia do *Social Networking*

[239] A interatividade corresponde à relação entre indivíduos e o computador e outros indivíduos através deste meio (Hartley, 2004, p. 148).

Management.[240] (Sharp, L., 2001). A tática passou pela criação e dinamização de uma página no *social media,* primeiro no *Facebook*[241], e posteriormente, em 2015, no *Instagram.* Qualquer estratégia de gestão exige planeamento e controlo e, por esse, motivo é necessário dispor de meios e de métricas de controlo para a avaliação dos resultados. As métricas de avaliação da estratégia de comunicação adotada permitem aferir os resultados, otimizar ou corrigir, as ações em curso. Nesta fase, entre 2013-2017 existem dados quantitativos expressos no Gráfico 7 "Evolução do número de visitantes nos canais de comunicação no *online*", que revelam o comportamento dos visitantes, uma análise evolutiva entre o número de visitantes no *Website* e os seguidores da página de *Facebook*[242] (CGD, 2013-2017). A partir das interações no site, ou seja, o número de visitas à página, constata-se que tendencialmente diminui e o inverso sucede-se com o *social media,* que aumenta anualmente. Revela que o comportamento de comunicação com mais possibilidade de gerar resultados de interação com a organização são as redes sociais. Um padrão de comunicação em ascensão embora timidamente, sobretudo a partir de 2003 como revelam os dados.

240 Sobre Social Neworking Management recomendamos consultar Sharp, L. (2001). Positive response action: the ultimate goal of website communication. *Journal of Communication Management,* Vol. 6, nº1, 2001, pp. 41-52.

241 Página de Facebook da Culturgest. https://www.facebook.com/culturgest criada a 23 de novembro de 2019.

242 Cada *post* publicado chegou a uma média de 5913 (contra 4785 em 2012) e a média diária de visitas subiu de 69 para 73. No que diz respeito ao sítio na internet, o número de visitantes subiu de 80 367 (em 2012) para 98 786 e o das visitas de 135 474 para 159 807. A percentagem das pessoas que, entrando no web site institucional não navegam, baixou de 61% para 56%, e o número de páginas vistas, em média, passou de 1,94 para 2,31. A percentagem de novos visitantes subiu de 56% para 59% do total de visitantes, o tempo médio de cada visita passou de 1'32 para 1'41. Estes números não dão quaisquer indicações sobre a qualidade da atividade do estudo de caso, todavia, reforçam a ideia da notoriedade da Culturgest. A 31 de dezembro de 2013 a página no Facebook tinha 62 336 "fãs" que compara com 40 198 em 2012. Fonte: Relatórios de gestão Culturgest.

Gráfico n.º 7 – Evolução do número de visitantes nos canais de comunicação no online

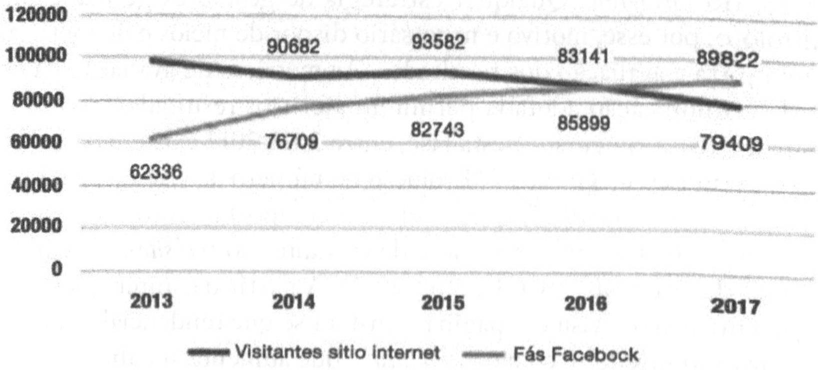

Fonte: Relatórios e Contas da Culturgest referente aos anos de 2013 a 2017.

A comunicação não se limitou ao *Website* e ao *Social Networking Management* embora represente maior incidência e seja o principal foco de divulgação. Com o objetivo de incrementar os públicos, a Culturgest adota um *mix* entre a abordagem tradicional e a *online*. A divulgação é complementada com outros meios, nomeadamente as *newsletters* eletrónicas, e informação em revistas e jornais nacionais e internacionais em formato digital. Salienta-se que o custo de difusão de informação *online* é menor e tem uma maior abrangência. E esta particularidade pesou na opção, sobretudo, perante uma redução de orçamento. O sucesso da divulgação depende da sua qualidade e rapidez. A partir de 2013, a Culturgest revelou um esforço na comunicação para alcançar públicos no circuito internacional e obter maior proximidade com o público nacional[243].Uma das principais características da comunicação por meio dos canais digitais é a quantidade e a informação que circula. Tendo essa consciência, a Culturgest utiliza estas vantagens para a divulgação da programação num circuito de divulgação na rede internacional e atravessa as fronteiras através do *online*. A título de exemplo: a divulgação das exposições efetuada em anúncios no *e-flux journal*[244], uma publicação mensal de Arte com

[243] Por exemplo com publicações na *Time Out for Tourists*; uma revista de lazer, consultada essencialmente em percursos turísticos; e o segundo, na divulgação *online* em revistas e jornais internacionais em formato digital. Pese embora, durante o período de crise, por dificuldades orçamentais, a Instituição reduziu a frequência de comunicação.

[244] ***E-flux*** – Organismo com uma das maiores bases de dados de pessoas e instituições ligadas à arte contemporânea (E-flux, 2012).

ensaios e contribuições de alguns dos artistas e pensadores atuais. A revista, disponível *online*, divulgava em 2012 e 2013 as exposições "Rui Toscano: esculturas Sonoras 1994–2013", e de "Retratos: Michel Auder", com a curadoria de Miguel Wandschneider anunciadas na *e-flux* (Figura 33).

Figura n.º 33 – Anúncios da programação cultural no Marketing Digital

Michel Auder, Rui Toscano e Andy Warhol na abertura de Anthlogy Film Archives (à esquerda)
Rosemarie Trockel: "Flagrant Delight" (à direita) New York, 1970.
Fonte: Gretchen Berg. Courtesy: © DMF- Direção de Mercados Financeiros da CGD 2012. *e-flux* jornal.

Outro exemplo de aposta da Culturgest na comunicação digital com visibilidade internacional, é o caso da *A Frieze Magazine*[245], uma revista líder sobre arte e cultura contemporânea. Trata-se de um esforço no acréscimo de reforço de notoriedade, no mercado internacional e afirmação da sua especificidade cultural na cidade ibérica. A Comunicação Estratégica teve que acompanhar a redução do financiamento dos mecenas, manter as linhas orientadoras da programação cultural e as tendências de Comunicação Digital, sob pena de correr o risco de perder públicos.

245 *Frieze Magazine* –Pertence à empresa de *media* e eventos, que compreende três publicações, a revista Frieze, a Frieze Masters Magazine e a Frieze Week; e quatro feiras internacionais; um programa de cursos e palestras na Frieze Academy, e frieze.com – o recurso definitivo para a arte e cultura contemporâneas. Foi fundada em 1991 por Amanda Sharp, Matthew Slotover e Tom Gidley com o lançamento da revista Frieze. Os fundadores estabeleceram Frieze London em 2003, uma das mais influentes feiras de arte contemporânea do mundo que se realiza todos os outubros no The Regent's Park, em londres. Em 2012, Frieze lançou Frieze New York a ter lugar em maio; e Frieze Masters, que coincide com Frieze London em outubro e é dedicado à arte do antigo ao moderno. Em 2019, a Frieze abriu a sua primeira edição em Los Angeles nos Estúdios Paramount Pictures.

O mecenato deve ser *low-profile*? o retorno pode ser mensurável? Constrangimentos.

Coloca-se a com frequência a questão pertinente relativa a forma como as empresas mecenas e os beneficiários, podem monitorizar o retorno resultados. Para a CGD, a opção estratégica, de recurso ao mecenato situa-se ao nível do reconhecimento da marca civicamente responsável com a Comunidade e com interesses no envolvimento do seu público-alvo. Enquanto, por outro lado, a gestão de patrocínios comerciais, largamente usada pelas empresas como um método de marketing e de comunicação, por exemplo, de eventos culturais, envolve necessariamente uma avaliação da rentabilidade, principal interesse de um patrocinador (Cornwell *et al.*, (Farris *et al.*, 2010), tal não acontece com o mecenato (Fenton, 2019). Como refere o professor da Universidade College de Dublin, Tony Meenaghan, em termos operacionais, o patrocínio está estreitamente relacionado com as atividades de comunicação e de marketing, como as relações-públicas, a publicidade e o interesse comercial em divulgar produtos e serviços (Meenagham, 2001). Quando o financiamento é destinado a uma Instituição sem fins lucrativos, a atribuição de donativos é a fundo perdido. Porém, tal não invalida que, naturalmente todos os anos os acionistas e os gestores das empresas mecenas questionem o retorno desta prática, no momento da atribuição de verbas destinadas a mecenato. Isto implica definir objetivos e escolher os métodos para medir os impactos a longo prazo. A informação é um dos recursos principais da atividade empresarial, e, independentemente da dimensão das organizações ou da natureza do negócio é um instrumento fundamental para a obtenção de vantagens competitivas sustentáveis, seja através de uma gestão mais eficiente da atividade ou de uma maior eficácia na abordagem aos mercados e aos fatores críticos de sucesso (Drucker, 2006). No que se refere às organizações sem fins lucrativos, as autoras Patricia Flynn e Virginia Hodgkinson, no livro *Measuring the Impact of the Nonprofit Sector* (2001), explicam que tem crescido a importância de mensurar o impacto do seu papel na sociedade e acresce a atenção sobre a necessidade de avaliação; quer por parte dos Governos, quer das empresas que doam subsídios e das próprias fundações. Face ao contexto macroeconómico e à realidade empresarial, da parte do mecenas, os gestores dirigiram olhares atentos às verbas canalizadas para a cultura, sobretudo nos anos de contração financeira, no sentido de avaliar a presença da marca do mecenas na cultura.

Na década de 90, os modelos de investimento privado em cultura exigiam, originalmente, o foco do investimento e alinhamento com o posicionamento na ótica do marketing cultural. Isto significa que algumas empresas passaram a ter visibilidade por investirem em projetos culturais e iniciativas culturais, como o cinema ou as artes visuais e o teatro (Brent, 2007; Kotler, 2000).

CAPÍTULO 6
RUMO A UM NOVO PARADIGMA (2018-2019)

6.1. Inovação num mundo em mudança

Este capítulo aborda as alterações do contexto competitivo particularmente da banca portuguesa, em particular neste estudo de caso. A alteração de paradigma funda-se na perspetiva do macro ambiente das organizações, quer em termos de inovação, com a crescente disseminação da internet, quer em termos sociais com as alterações de comportamento dos consumidores nas sociedades de consumo. Após a crise económico-financeira de 2013-2017 e a intervenção internacional, a economia nacional registou uma taxa de crescimento elevada, acima da média da zona Euro e da União Europeia. A partir de 2018, Portugal inicia o período de recuperação económica. A CGD, induzida pelos compromissos assumidos no Plano Estratégico 2017-2020, acordados entre o Estado Português e a União Europeia, adota um novo paradigma de gestão e de comunicação. Neste contexto, o acionista Estado define para a CGD: a missão, a visão, as linhas de orientação e os valores fundamentais que devem pautar a atividade e a sua conduta. Perante o novo plano estratégico a CGD define metas, uma orientação organizacional, financeira, programática e comunicativa para a Fundação CGD-Culturgest.

De acordo com os dados revelados pela Comissão Europeia, as previsões apontavam para um crescimento de 2,2% em 2018, e de 1,9% em 2019.

> (...) Em Portugal, o sector bancário assume uma enorme importância qualitativa e quantitativa na economia, demonstrada, por exemplo, por um acréscimo dos serviços prestados significativamente superior ao crescimento da atividade económica nos últimos dez anos, evidenciado pela comparação da evolução do Produto Interno Bruto com a dos ativos e passivos bancários (...) (Salgueiro, 2002, citado por Emílio Rui Vilar, 2004).

A CGD, alinhou a atividade para uma gestão de criação de valor para garantir o crescimento sustentável. No contexto pós-crise sem precedentes de confiança no setor bancário, com a retoma económica, testemunhou-se a redefinição de uma estratégia de gestão sustentável, transversal ao Grupo CGD, que englobou, simultaneamente, transformações de gestão na Fundação CGD-Culturgest. A crise financeira levou a que fossem tomadas medidas para assegurar a estabilidade financeira no sector. No sentido etimológico a palavra crise, de origem grega *krisis*, significa mudança, momento decisivo, separação e julgamento. Ora, a crise leva à rutura com o estado anterior e o novo rumo pode ser de melhor ou pior. E esta definição aplica-se à nova fase. Por carta dirigida à CGD, o Governo determinava o compromisso acionista na prossecução dos objetivos[246] (Memorando de Entendimento).

> O Governo português, nos termos acordados com a Comissão Europeia, garantiu a recapitalização da CGD em condições de mercado, numa operação singular na União Europeia que permitiu à CGD manter o seu posicionamento num mercado onde opera em concorrência, cumprindo as normas de supervisão, os rácios de capital, os critérios prudenciais, o modelo de governo societário e de remuneração dos acionistas em igualdade de circunstâncias com o restante setor bancário. O Governo garantiu, assim, que Portugal mantivesse o seu banco de referência, de capitais exclusivamente públicos, apto para servir os portugueses e a economia nacional, merecendo a confiança que é essencial para prosseguir a sua atividade.

A partir de 2018, a atividade da CGD, distinguia-se pela conclusão do Plano de Ajustamento, pelo progresso alcançado na rendibilidade financeira, e pela concretização do Plano Estratégico (CGD, 2018). Adotou um novo modelo de governo societário, conforme os compromissos assumidos no processo de recapitalização do banco e em consonância com princípios de competitividade e sustentabilidade (CGD, 2020c). Consequentemente, o Plano Estratégico imposto pelo acionista à CGD, medidas tiveram impacto na orientação organizacional, financeira, programática e comunicativa que a CGD delimitou para a Fundação CGD-Culturgest.

[246] Comunicação do Secretário de Estado Adjunto e das Finanças a www.cgd.pt, consultado a 1 de março 2020.

6.2. *Governance* e financiamento: estratégias de sustentabilidade

Do ponto de vista financeiro a CGD continuou a subsidiar a Culturgest, conforme se pode verificar no anexo F- apoios financeiros recebidos pela Culturgest. Contudo, definiu uma nova Estrutura Organizativa para o quadriénio iniciado em 2017 até 31 de dezembro de 2020[247]. A estrutura é a sequência do novo modelo de governo societário, implementado com a alteração estatutária de 2016, constituída por um Conselho de Administração, um Conselho Fiscal, e uma Sociedade Revisor Oficial de Contas.

Os objetivos estratégicos estão explícitos nos Planos Anuais de Atividades: aumentar receitas financeiras e estratégias de sustentabilidade. Nos mercados competitivos, um dos maiores desafios que se coloca às empresas é manter o seu envolvimento socialmente responsável por meio da cultura, para suster a missão. Por outro lado, aos equipamentos culturais os desafios prendem-se, os obstáculos para atrair recursos financeiros, as alterações dos padrões de consumo e ocupação dos tempos de ócio, a diminuição de audiências, a intensificação da concorrência com outras formas de entretenimento e gerir uma realidade cada vez mais virtual. Na Culturgest, a gestão implica uma mudança no seu modelo de captação de receitas. Para o efeito, em termos genéricos multiplica os esforços para encontrar alternativas. Assim, afigurava-se, necessariamente, uma inversão do rumo de Gestão da CGD na Culturgest sobretudo após vários anos de prejuízos consecutivos, com uma retoma que apenas aconteceu a partir de 2019 (CGD, 2019). É neste contexto que ocorrem as alterações na estrutura organizativa cujo objetivo é a prossecução do Plano Estratégico para 2017-2020 que simultaneamente permitia à CGD manter o seu posicionamento num mercado onde opera em concorrência e em igualdade de circunstâncias com o restante setor bancário a atuar em Portugal.

[247] Emílio Rui Vilar nomeado administrador Geral da Caixa por resolução do Conselho de Ministros, tomou posse a 26.10.1989. Eleito para o cargo de Vice-Presidente do Conselho de Administração a 26.10.2016. Eleito como Presidente do Conselho de Administração a 31.01.2017. Em termos estatutários o número de mandatos sucessivos sucessivamente pelos membros do Conselho de Administração não pode exceder o limite de a 4 anos.

Estratégia de sustentabilidade

A CGD reporta anualmente o seu desempenho no Relatório de Sustentabilidade, para além de informação constante no Relatório de Governo da Sociedade em resposta ao DL n.º 89/2017 e às orientações da UTAM (Unidade Técnica de Acompanhamento e Monitorização do Setor Público Empresarial) (CGD, 2020). O desempenho implica uma gestão de recursos, baseada em três pilares: negócio, responsabilidade ambiental e responsabilidade social (*profit, environment, people*). É interessante observar que, na generalidade dos relatórios anuais da CGD consultados sobre a política de envolvimento com a comunidade, constata-se que, na vertente social, cabe ao mecenato à cultura a maior percentagem de investimento. Passa-se agora evidenciar, com um exemplo, os dados referentes a 2018-2020. A CGD investiu proactivamente cerca de 10,4 milhões de euros em iniciativas de responsabilidade social, das quais cerca de 6,968 milhões de euros correspondem a mecenato. Este investimento abrangeu diversas áreas prioritárias: inclusão socioeconómica dos indivíduos e famílias, apoio a instituições do terceiro setor, na criação de emprego e no voluntariado (0,1%), sensibilização ambiental (0,3%), promoção do conhecimento (26,9%), protocolos gerais (0,2%), promoção da cultura (1,5%), donativos (3,5%) e mecenato (67,4%), conforme consta no Gráfico 8.

Gráfico n.º 8 – Distribuição do investimento com base na Política de Envolvimento da Comunidade (2018-2020)

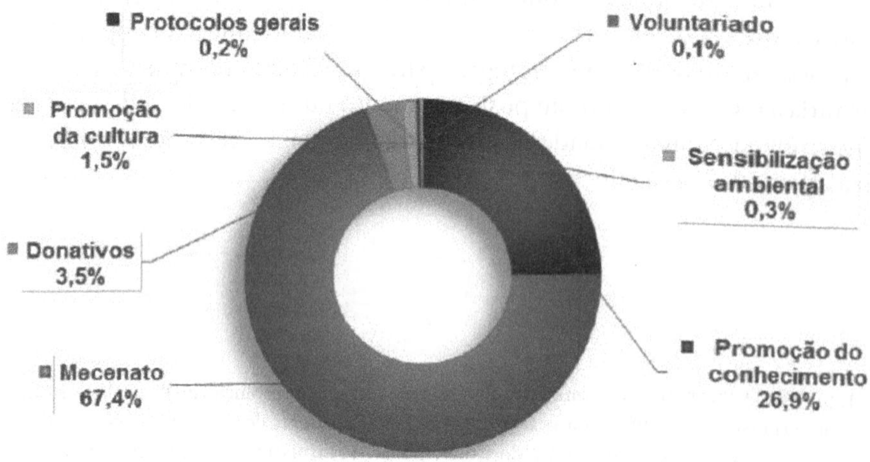

Fonte: Relatório do Programa de Sustentabilidade 2018 da Caixa Geral de Depósitos (CGD, 2018b).

Exemplifica-se esta constatação com os dados destinados ao período de 2018 a 2020, em que no orçamento "investimento na Comunidade"; como mecenas da Cultura essencialmente privilegia o apoio ao programa de atividades da Culturgest. No contexto da orientação global, os compromissos assumidos pela CGD provocam mudanças com impactos extensíveis na gestão estratégica da Culturgest. O ano de 2018 sinaliza-se como o início das profundas mudanças na história da Culturgest. O cumprimento dos compromissos assumidos pelo acionista, ocorreram ao nível da Culturgest e na implementação de um leque de medidas, necessárias para a concretização das metas e dos objetivos organizacionais. Na linha de pensamento de Peter Drucker (2006), para uma Gestão por Objetivos eficaz, os objetivos devem ser ferramentas úteis para a organização, pelo que é necessário cumprir um conjunto de requisitos que espelham a sua utilidade tal como serem claros e concretos. Assim a CGD definiu uma Estratégia que implica um conjunto de mudanças que , incidem em quatro pontos essenciais: (i) alteração dos Estatutos da Fundação CGD-Culturgest e as finalidades estabelecidas na missão de promoção da cultura, da arte e da ciência definidos e a consequente mudança da estrutura organizativa; (ii) definição da Estratégia de Gestão em consonância com a missão; (iii) mudança da Comunicação Estratégica e de Marketing com efeitos na Culturgest, que engloba a linhas gerais orientadoras do programa de atividades (produto), o formato da divulgação ou promoção, distribuição e a política de preços, e por último; (iv) diversificação das fontes de financiamento, com a procura de novos financiadores.

Sinais de mudança da Comunicação Estratégica a CGD na Culturgest

As Sociedades da Informação e do Conhecimento têm produzido profundas transformações na vida das organizações. Como refere Cohen (2020) em análise aos estudos sobre "*Top Reasons to support the arts*" os últimos anos comprovam a relevância do marketing na gestão das organizações, na medida em que as organizações culturais assumem uma postura de comunicação mais proactiva. O peso das equipas de marketing na gestão das empresas, e em especial nas instituições culturais não cessa de crescer (Bergin, 1990). Os gestores de marketing, das Empresas que atribuem o financiamento, procuram ser mais interventivos, assumem lugares de liderança de topo nas instituições culturais com a ambição de capitalizar o valor da marca (Aaker, 1991), (Cohen, 2020). O caso da Culturgest confirma esta tendência. Cada vez é menor a separação entre os planos de Marketing e de Comunicação da instituição bancária e os planos da Culturgest. A partir de 2018, a incursão da história da vida da Culturgest passa por profundas alterações organizacionais, em particular com os cortes dos subsídios mecenáticos, que se verificaram durante os anos da crise.[248] A partir desta fase abre-se também o caminho para a mudança na instituição cultural (Culturgest, 2018). Uma nova equipa de gestão traz consigo linhas de orientação de uma Comunicação Estratégia e um novo modelo de marketing. Na Figura 34, adaptou-se como explicação de mudança que tendencialmente as instituições seguem, num tempo de novos desafios da globalização, o modelo de Colbert & Cuadrado (2010) à Culturgest, no que os autores consideram ser as intervenientes que influenciam a gestão de uma instituição cultural: o Estado, o público e os financiadores à cultura (neste último enquadram-se os mecenas). No panorama cultural (mercado), a Culturgest disponibiliza ao público a fruição de uma oferta cultural diversificada contemporânea e multidisciplinar, traços de singularidade que a caracterizam desde a sua criação Colbert e Cuadrado (2010, p. 267).

Figura n.º 34 – Componentes do Modelo de Marketing das artes e da cultura das Organizações Culturais

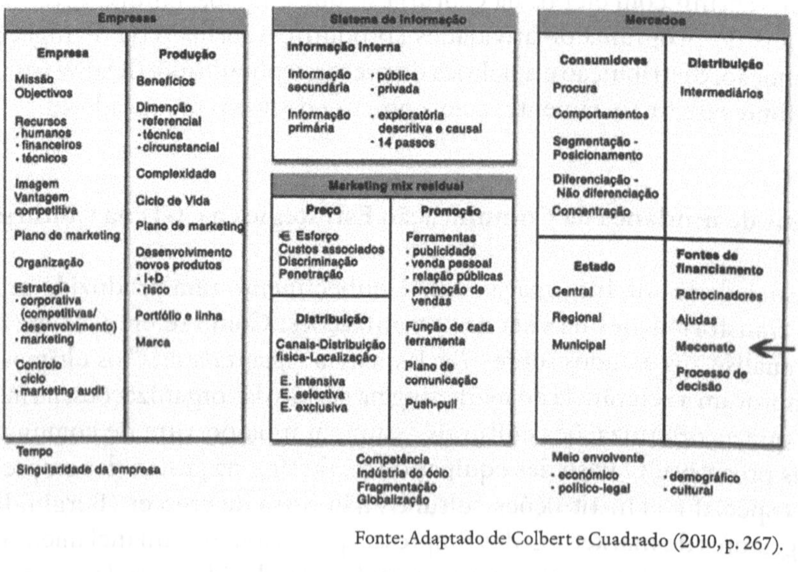

Fonte: Adaptado de Colbert e Cuadrado (2010, p. 267).

[248] Sem prejuízo do disposto nos n.os 3 e 4 do presente artigo e da possibilidade de destituição por justa causa, no caso de incumprimento dos deveres inerentes ao exercício das suas funções.

A posição da CGD relativamente à Culturgest, vem-se a confirmar na nova estrutura organizativa. A CGD assume uma posição mais pronunciada na gestão da Culturgest. Novos líderes designados pelo acionista Estado[249] assumirem funções como membros dos órgãos diretivos da Culturgest para num mandato de quatro anos. O Conselho de Administração da Culturgest responde à gestão de topo da CGD, com participação direta no processo de tomada de decisões, uma gestão caracterizada por uma Gestão empresarial por objetivos, orientada para os resultados. Pese embora, constate-se que a CGD não intervém diretamente na tomada de decisão do programa anual de atividades da Culturgest cabe ao Diretor artístico a definição da programação pautada pelas finalidades estabelecidas nos estatutos, de promoção da cultura, da arte e da ciência, em conformidade com a missão. E a última palavra é do Conselho de Administração da Culturgest. Certo é que, pela primeira vez deixa de existir a separação de poderes dos órgãos de gestão da administração da CGD em relação à Culturgest. Assim, fruto da mudança organizativa, o Presidente da Comissão Executiva da CGD, acumula o cargo de Presidente do Conselho de Administração da Culturgest. É nomeado também um Vice-Presidente e um administrador executivo que acumula funções de diretor artístico[250]. Persiste a existência de um conselho de curadores, com a competência de emitir pareceres sobre a programação cultural, o orçamento e a pronunciar-se sobre quaisquer matérias das atribuições dos conselhos de administração e diretivo, que lhe sejam submetidas por estes, bem como apresentar sugestões e recomendações quanto ao funcionamento

249 Conselho de Administração e aos restantes Órgãos Sociais – Conselho Diretivo e Conselho Fiscal.

250 José Berberan Ramalho e Mark Deputter, respetivamente. Por deliberação de 28 de julho de 2017 do Conselho de Administração do Banco. "Por deliberação do Conselho de Administração da CGD de 19 de outubro de 2017, foi autorizada a alteração do artigo 11.º-A, n.º 2 dos Estatutos da Fundação Culturgest, no sentido de que o Presidente do Conselho de Administração da Fundação não tivesse de, por inerência, acumular esse cargo com o exercício de funções no respetivo Conselho Diretivo. A alteração dos Estatutos foi aprovada por despacho de 20 de dezembro de 2017, da Ministra da Presidência e da Modernização Administrativa, no âmbito das competências conferidas à Presidência do Conselho de Ministros em matéria de reconhecimento das fundações e, após a escritura, a versão atualizada dos Estatutos, com a nova redação do artigo 11.º-A, n.º 2, foi publicada em fevereiro de 2018 no site da Culturgest." O conselho de curadores é um órgão colegial, formado por personalidades de reconhecido mérito e prestígio, em número ímpar não superior a 13. Antes da designação dos membros do conselho de curadores é ouvido que fundamentará, aprovados por maioria simples dos votos expressos. (Artigo 18º).

da Culturgest[251]. Na prossecução da sua missão e das finalidades definidas para o triénio 2018-2021, evidenciam-se diversas mudanças não apenas de gestão. Numa instituição cultural com reconhecimento público no panorama nacional e internacional, experiência, com um posicionamento firme baseado numa atividade projetada pela matriz da contemporaneidade e multidisciplinariedade, muda igualmente a linha de programação da "Culturgest – uma Casa do Mundo" (www.culturgest.pt).

Neste contexto é importante clarificar que as novas linhas orientadoras visam alcançar objetivos estratégicos específicos: aprofundar a oferta cultural multidisciplinar e abrangente; aumentar o reconhecimento público e diversificar os públicos; dinamizar e estimular a participação ativa da Comunidade em geral.

Ao longo do período aqui referido, Culturgest tem procurado melhorar a gestão financeira interna com uma atividade financeiramente menos dependente de um único mecenas, mais rentável do ponto de vista financeiro e com sinergias que possam ser duradouras parcerias de sucesso. O apoio tem sido em quatro pontos: mecenato de partilha de competências, ou seja, a cedência de recursos humanos; o apoio logístico; os espaços físicos com as ferramentas de gestão disponibilizadas. No que se refere aos subsídios, conforme consta no Gráfico 9, desde a constituição de Fundação de utilidade pública, entre o período 2009-2019 têm ocorrido oscilações. Pode-se constatar a forte quebra orçamental em 2013, nos anos de crise financeira e uma retoma de crescimento a partir de 2018, com a reposição da dotação da CGD, mas não chega a alcançar os valores dos subsídios nos primeiros dois anos da constituição da Fundação CGD-Culturgest.

[251] Cf. "Estatutos consolidados da Fundação Caixa Geral de Depósitos – Culturgest (após inserção das alterações aprovadas em reunião do conselho de administração em 17 de outubro de 2017 e despacho de deferimento da presidência do conselho de ministros de 20 de dezembro de 2017 e escritura de 2 de fevereiro de 2018". Art. 20 – As competências do conselho de curadores.

Gráfico n.º 9 – Apoios recebidos pela Culturgest provenientes da Caixa Geral de Depósitos entre 2009 e 2019

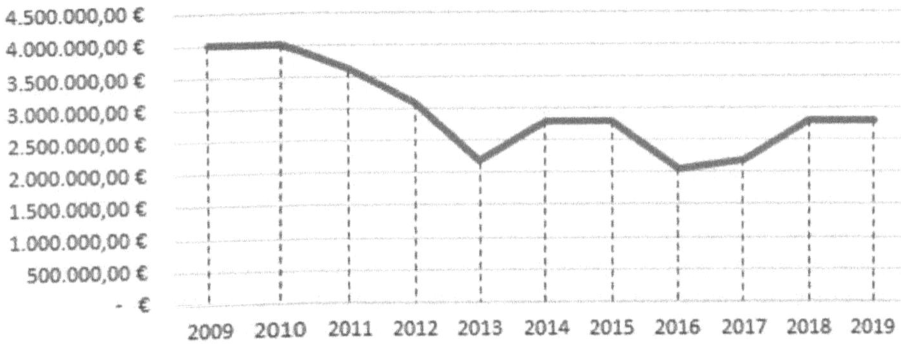

Fonte: Elaboração própria baseada nos dados extraídos dos Relatórios e Contas da Culturgest 2009 a 2019.

No percurso de investigação, com as entrevistas realizadas pretendeu-se aferir em que medida a imagem e a identidade Institucional da CGD, naturalmente associada à Culturgest contribuem favoravelmente para que a Culturgest consiga angariar outros mecenas. Certo é que celebrar parcerias e captar mecenas privados e institucionais não é tarefa fácil para a Fundação CGD-Culturgest pelo facto de pertencer ao Banco do Estado. Pese embora existam vantagens e sinergias positivas que agregam valor à CGD, no que toca à captação de recursos de outros financiadores persistem dificuldades na diversificação. E importa explicar o porquê.

As Fundações são organizações do terceiro setor e para concretizarem a sua missão necessitam de várias fontes de financiamento: prestação de serviços, financiamentos externos, acordos de cooperação com o Estado e outras doações. Quando o financiamento depende maioritariamente de uma única fonte de receita, poderá existir uma dependência excessiva o que poderá condicionar o desenvolvimento da missão da organização cultural. As organizações que diversificam as fontes de recursos, são menos vulneráveis aos choques económicos e a crises financeiras pelo facto de disporem de diversificação de recursos para captação de fundos (Clohesy, 2003). No caso da Culturgest o grande crescimento das receitas próprias constituiu, efetivamente, o traço mais marcante da evolução financeira e deve-se à orientação organizacional da CGD, para a celebração de novas parcerias de cofinanciamentos- Relativamente às "receitas", englobam-se os proveitos de bilheteira, e de venda de publicações, que atingiram 282.621 €, registando um crescimento de 46,5% face a 2018, que se deve fundamentalmente às receitas dos ingressos nos espetáculos do ciclo específico *"Caixa na Culturgest"* e ao grande aumento do produto da venda. A diversificação dos públicos foi reforçada através das parcerias que foram celebradas. Neste dinâmico contexto de procura de novas fontes de financiamento, a Culturgest conquista um novo mecenas. Celebra uma nova parceria com a seguradora Fidelidade e aqui recorde-se que 80% do capital desta seguradora pertence ao grupo de origem chinesa – Fosun. Em 2019, merece referir um realce especial, aos donativos de maior montante e que provêm de novas parcerias: Seguradora Fidelidade – corresponde a 286.431,08 euros e 100.000 euros de co financiamento do programa *"Create to Connect"*, conforme se pode confirmar na consulta ao anexo D – apoios financeiros recebidos pela Culturgest de 2009 a 2019 (Culturgest, 2019). Os cortes no financiamento à cultura vieram acentuar a necessidade das instituições culturais se tornarem mais proactivas, estabelecer e diversificar novas parcerias, aprimorando técnicas de angariação e captação de fundos (*fundraising*) de um modo mais profissional e permanentemente. Obrigaram as instituições a refletir sobre qual o seu papel e relevância para a sociedade, que justifique e sustente o investimento público, passando a ser essencial providenciar indicadores acerca do seu valor, de modo a consciencializar e comunicar que a cultura (e as instituições culturais) podem gerar valor de uma forma multifacetada e multidimensional e demonstrar que o público valoriza a experiência cultural, permitindo esclarecer e ajudar os decisores políticos a tomar decisões informadas. Constata-se que perante a necessidade de incrementar as receitas, aumentar públicos e diversificar a atividade multidisciplinar, uma das vias é a participação em parcerias institucionais e académicas[252]. Criar parcerias vencedoras possibilita que as organizações sem fins lucrativos, desenvolvam o seu plano de atividades com a diversificação de parceiros, e é de toda a conveniência procurar novas parcerias. Convém ter presente que, em Portugal, não é fácil uma Fundação, que pertence a um Grupo Financeiro do Estado, captar parceiros financeiros (institucionais ou particulares), sobretudo dentro do mercado nacional. E existe uma justificação, aliás confirmada nas palavras dos entrevistados no decurso

[252] Existem diversos exemplos de parcerias científicas que englobam: Debates e conferências, ciclos de cinema com a participação de grupos de investigação de Universidades portuguesas. Exemplo a iniciativa AFRO-PORT Afro descendência em Portugal (ISEG) e Discursos Memorialistas e a Construção da História (Faculdade de Letras – Universidade de Lisboa. Projeto MEMOIRS – Filhos do Imperio e Pós-Memorias Europeias, um projeto de investigação europeu sediado na Universidade de Coimbra, com investigadores oriundos de Franca Portugal e Bélgica (Culturgest, 2019a).

da investigação. Apesar de se verificar algum esforço no processo de conquista de filantropos institucionais e particulares, no momento de decisão de donativos, o sentimento das pessoas e das empresas é expresso através da seguinte pergunta *"Ora, se a Culturgest é do Estado porque motivo vem pedir-me dinheiro?"* (anexo A- Entrevistas). Assim, estabelecer parcerias pode constituir uma forte alternativa face às dificuldades em captar mecenas e filantropos, que advém de a Culturgest pertencer à CGD. Mas afinal qual a maior dificuldade em estabelecer parcerias e angariar filantropos privados? As pessoas particulares revelam resistência em serem filantropos e atribuir dinheiro a projetos culturais como a Culturgest, que pertence a um Banco cujo acionista é o Estado. Não obstante este raciocínio, a verdade é que a procura de outras fontes de receitas, ocorre por parcerias institucionais e é compreensível num cenário de crise e pós-crise. Este propósito salienta a questão da motivação através do prisma dos critérios de seleção de projetos por parte de empresas mecenas. Como referido, as evidências empíricas têm revelado que, de forma genérica, uma das fortes motivações das empresas para a prática de mecenato está relacionado com objetivos comunicacionais em relação à comunidade onde estão inseridas. O reforço da imagem institucional das empresas em termos de prestígio e notoriedade, as sinergias que se criam, com benefícios entre vários parceiros, possibilitam a realização de atividades que sem parcerias seriam de difícil concretização. É o caso das exposições itinerantes, que envolvem parcerias com os Municípios e comparticipações financeiras destes para a produção artística. A um nível mais específico existem três aspetos que pesam a decisão estratégica: primeiro a preponderância da localização dos projetos a financiar; segundo, a qualidade dos projetos; e em terceiro, o tema com o âmbito ou área de atuação da própria empresa (Santos, 1998, p. 202). Ora, no que toca à proximidade da área de atuação é mais fácil no momento de decisão de financiamento à cultura, as empresas privilegiarem parceiros locais e com cumplicidade na esfera de atuação geográfica. Este critério deve-se ao facto de lhes permitir um maior entrosamento cívico e comunitário.[253] O mecenas financia ou estabelece parcerias

[253] Sobre a questão, da preferência dos mecenas financiarem projetos com proximidade geográfica ou interesses geoestratégicos, alguns académicos trazem à tona alguma reflexão. O recente estudo de Anne Monier, revelado no livro, *Our Dear American Friends,* publicado a 11 de setembro de 2019, pela *Presses Universitaires de France,* traz à reflexão uma tendência que ocorreu em França, exatamente numa época de crise económica, com cortes orçamentais e transformações no serviço público. Diversas instituições culturais francesas viram-se obrigadas a procurar fundos em França e no exterior, e em particular nos Estados Unidos. Neste estudo, intitulado *"O papel do capital*

com projetos culturais, com os quais se identifique e simultaneamente, exista proximidade geográfica sobretudo no caso de grandes empreendimentos. No que toca aos critérios de decisão de projetos para financiar projetos culturais, esta tendência aplica-se no caso da CGD como confirmou em entrevista uma das interlocutor da Direção de Comunicação da CGD (anexo A – entrevistas realizadas – Filomena Crespo).

Captar parcerias e os recursos financeiros, recorrendo a entidades públicas e ou privadas, tem-se revelado uma das primordiais medidas da administração da Culturgest, para ultrapassar a baixa dotação orçamental com que se deparou nos últimos anos. As parcerias podem não se afigurar apenas no âmbito nacional, e podem ter uma dimensão territorial internacional[254]. A prática de projetos de parceria não é algo novo na gestão da Culturgest. Antes pelo contrário. Verifica-se notoriamente na história do equipamento cultural, diversos exemplos de projetos de produção e coprodução cultural em parceria. Porém, a necessidade de diversificar as fontes de financiamento reforçou-se e tornou-se mais evidente no cenário pós-crise. Duas parcerias bem sucedidas foram destacadas pelo diretor artístico Mark Deputter, em entrevista, e que importa referir: a parceria com a Holding chinesa Fosun Internacional (marca Fidelidade) e as iniciativas do Programa Europa Cultural

social na filantropia transnacional de elite: o caso dos amigos americanos das instituições culturais francesas", baseado num trabalho real, Monier (2019) destaca a "intermediação diplomática entre a França e os Estados Unidos, através das "associações americanas de amigos", como novas formas privadas de diplomacia. A autora revela os casos das instituições culturais, que no período de crise económica procuraram angariadores de fundos transnacionais, ou seja, novos mecenas transnacionais. Estes também participam de desenvolvimentos recentes no mundo cultural francês, oferecendo novas reconfigurações público-privadas. A investigação ao abordar a territorialidade das doações, levanta o véu sobre as negociações financeiras ocultas por trás do glamour da cultura (Monier, 2019).

[254] Encorajar o mecenato estrangeiro. O mecenato estrangeiro está a crescer, como vimos. As principais instituições culturais estão familiarizadas com o patrocínio dos Estados Unidos. Em Versalhes, por exemplo, a Fundação Versailles e a associação American Friends of Versailles são bem conhecidas, e na Ópera de Paris, os amigos americanos da Ópera de Paris e da Associação de Ballet desempenham um papel significativo. As instituições culturais estão a começar a virar-se para os mecenas chineses, como nos disse Jean-Louis Beffa (41 anos), presidente da Associação para a Divulgação da Ópera Nacional de Paris. Deve ser promovida a atração que a influência da cultura e do património franceses pode exercer sobre os mecenas estrangeiros, incluindo a nível europeu. Existem iniciativas, como a Transnacional Giving Europe (TGE), que abrange 15 países europeus e permite que os doadores que desejem doar a uma instituição de caridade localizada num país estrangeiro beneficiem das vantagens fiscais proporcionadas pela legislação do seu país de residência. O sistema baseia-se na parceria de grandes fundações, incluindo a Fondation de France. Um potencial patrono que deseje financiar um projeto cultural em França pode recorrer ao TGE, que depois o direciona para cada uma das suas fundações parceiras.

(programa Europa Criativa), cujos montantes referenciámos em páginas anteriores, na presente obra, mas que vale a pena contextualizar melhor. A primeiro trata-se de uma parceria no panorama nacional, mas de uma Holding Fosun recentemente chegada ao mercado português; e a segunda, um projeto de rede de equipamentos a nível internacional, financiado pela União Europeia, que se destaca nas iniciativas de gestão a partir de 2018. Como referem Gomes & Lourenço (2009), a prática de parcerias tem-se generalizado. Mas, o que são parcerias e em que diferem de mecenato? Entende-se por parceria, a contratualização de um protocolo de colaboração entre duas entidades. E atualmente o equipamento cultural destaca a aposta em parcerias institucionais: científicas e financeiras. O trabalho desenvolvido sob a forma de parcerias é com efeito um trabalho enriquecedor do setor cultural e que influencia as estratégias e os modelos das organizações. As empresas formalizam parcerias para obter vantagens, em termos financeiros, ou que lhes tragam benefícios em termos de imagem, de publicidade ou outros objetivos estratégicos (Gomes e Lourenço, 2009).

No caso do CGD e da Fundação Culturgest existe um exemplo concreto de uma relação de parceria com a Fidelidade, assinada em outubro de 2018 para o triénio 2019-2021, para o projeto designado Parcerias Institucionais: "Fidelidade-Art". Envolve um amplo conjunto de iniciativas: conferências nas áreas da ciência, saúde e sociedade, e programação na área das artes visuais. O primeiro ano da parceria concluiu-se com diversas iniciativas programadas, designadamente, um ciclo de conferências e debates sobre Inteligência Artificial e diversas de exposições. Com a concordância do mecenas CGD, a Culturgest aposta na celebração de parcerias com um leque muito variado de parceiros, já referidos no capítulo anterior na descrição da atividade cultural desenvolvida, sobretudo para a coprodução. Muitas dessas colaborações são de longa data e consolidaram-se em 2019 com novos espetáculos e novas realizações. Outras são mais recentes, ou foram objeto de desenvolvimentos específicos em 2019, justificando-se um destaque especial para as mais relevantes. Foi referido o caso e retoma de relação de proximidade com a seguradora Fidelidade, agora nas mãos de outro poderoso mecenas, com presença nos mercados financeiros internacionais, com capacidade financeira para, de forma continuada, atribuir subsídios para criativos projetos artísticos.

A título exemplo, fruto desta folga financeira, surgiu um novo projeto para a promoção da arte contemporânea designado por *Reação em Cadeia*, inicialmente com a curadoria de Delfim Sardo (e-cultura, 2020). Na verdade, no ângulo de visão dos artistas, dos curadores e do público em geral, a origem do dinheiro que suporta estes projetos artísticos não é tão evidente e percetível. Muito menos são visíveis as entradas de outras empresas mecenas e a atribuição dos subsídios à Culturgest. Em termos de imagem de marca, publicamente continua-se a reconhecer a marca "Fidelidade"[255] como uma empresa que apoia a Cultura no panorama português. Dito por outras palavras, do ponto de vista comunicacional, o novo mecenas, com posicionamento no plano internacional, mantém, estrategicamente, exatamente a mesma marca, identidade institucional e beneficia das sinergias estratégicas de posicionamento no mercado português. Na realidade, o designado projeto "Fidelidade Arte" é um espaço de exposições de arte contemporânea que se enquadra no âmbito do Programa de Responsabilidade Social da Holding Fosun, na vertente Cultural para envolvimento na comunidade portuguesa, onde se insere (Culturgest, 2020)[256]. Com o designado espaço físico a "Fidelidade Arte" já era uma referência nos circuitos artísticos em Lisboa, e atualmente reflete a estratégia convicta e determinada da Holding chinesa, na divulgação da Arte Contemporânea[257]. Uma das formas da Culturgest sustentar a sua continuidade,

[255] A **Fidelidade** é a seguradora líder de mercado em Portugal, tanto no ramo vida como não vida, registando atualmente uma quota de mercado de cerca de 30,7%. A companhia está presente nos vários segmentos de negócio da atividade seguradora e beneficia da maior rede em Portugal, marcando presença em vários países, nomeadamente Angola, Cabo Verde, Moçambique, Espanha, França, Macau, Perú, Bolívia, Paraguai e Chile. A Fidelidade atua com base numa estratégia definida e continuada de "Customer Centric Approach", onde os clientes estão efetivamente em primeiro lugar. O facto de dar uma importância crucial à qualidade do serviço que presta e à oferta abrangente e inovadora que oferece fazem da Fidelidade uma das seguradoras mais premiadas em Portugal, bem como internacionalmente. Em 2014, a Fidelidade foi distinguida pela "Efma Accenture Innovation Awards", na categoria de "sustainable business", com o seu projeto "WeCare", que tem como objetivo apoiar a correta reinserção de pessoas que foram vítimas de acidentes graves que puseram em causa a sua reintegração física, económica e social (Fidelidade, 2020).

[256] A Holding Fosun disponibiliza às Artes, um espaço emblemático no centro de Lisboa que permite o acesso gratuito, da população em geral, a projetos artísticos nacionais e internacionais, com recurso ao *know-how* das equipas da Culturgest. Localizada em Lisboa, no Largo do Chiado, nº 8, paredes meias com o Teatro Nacional de S. Carlos e a Brasileira do Chiado.

[257] Sobre esta pareceria: a Fidelidade Arte e a Culturgest acabam de lançar um novo projeto intitulado "Reação em Cadeia", com o objetivo de ajudar a promover a arte contemporânea. Com curadoria de Delfim Sardo, o projeto prevê que os artistas convidem sucessivamente os próximos artistas, em articulação com o curador, para as seguintes exposições. "Esta parceria de programação cultural entre a Fidelidade e a Culturgest consiste em implicar os artistas na seleção dos seus pares que lhes sucederão, para exibirem obras ou exposições: num primeiro momento, na Fidelidade Arte e, posteriormente, na Culturgest Porto. Em ambos os espaços, as exposições têm entrada gratuita", explica a organização em comunicado. Ângela Ferreira abre a primeira exposição deste projeto com a mostra "Dalaba: Sol d'Exil", que pode ser visitada até 17 de maio, na Fidelidade Arte, em Lisboa. A mostra estará também presente na Culturgest, no Porto, de 1 de junho a 1 de setembro (Culturgest, 2019b).

sustentabilidade e crescimento é a manter capacidade de autonomia de gestão, que o apoio mecenático da CGD lhe proporciona, justamente, para que possa aumentar o orçamento de gestão por meio de angariação de outros recursos financeiros. Não obstante o facto da Culturgest receber subsídios de mecenato, a verdade é que, a aprendizagem dos anos da crise financeira, demonstram que uma estratégia baseada no acréscimo de receitas e diversificação de fontes financeiras proporciona benefícios para a gestão da sua atividade cultural. Consequentemente, reflete-se na oferta cultural dirigida aos públicos internos e externos (Clohesy, 2003). Desta forma, o mecenato empresarial acresce valor à comunidade, ao proporcionar mais oferta cultural e científica. Naturalmente, que o sucesso estratégico da CGD, proporciona benefícios para a concretização dos objetivos institucionais da CGD, subjacentes às suas motivações estratégicas da sua presença na Cultura. Dito por outras palavras, a capacidade de autonomia da Culturgest para estabelecer outras parcerias com empresas está, intimamente, correlacionada primordialmente com as razões estratégicas de gestão da CGD.

O Financiamento da União Europeia. À procura de novos caminhos

A experiência tem demonstrado que as crises económicas que tem afetado os países industrializados geram recessões e políticas de contenção dos gastos públicos, geram a diversificação de fontes de recursos e novas formas de cooperação internacionais. A Culturgest segue a tendência e potencia as sinergias de trabalhar em rede na União Europeia (UE). Diversifica e complementa as fontes de financiamento, com formas alternativas fora do âmbito nacional. Uma das táticas consiste no recurso aos programas culturais no âmbito da Política Cultural Europeia sobre as bases dos Tratados da União. Sem dúvida que constitui um desafio no futuro da Culturgest. A Política Cultural da Comunidade visa contribuir para o desenvolvimento das Culturas dos Estados Membros (Yabar, 2011, p. 37). A decisão tem sido bem sucedida. Os programas de financiamento em rede enquadram-se na agenda política europeia para a Cultura e destinam-se aos países membros da Comissão Europeia (European Commission, 2020). Diferem nos objetivos específicos, todavia baseados no objetivo geral de desenvolvimento e cooperação entre os países comunitários. Visam apoiar diversas áreas, realizadas a nível europeu. A proposta concretiza-se mediante o apoio de projetos de cooperação entre instituições culturais e impulsionam iniciativas em diversas áreas, conforme:

arquitetura e design, artes do espetáculo, artes visuais, audiovisual e multimédia, editorial e livro, e património cultural. A iniciativa visa melhorar o acesso à cultura e às obras criativas europeias e promover a inovação e a criatividade apoiando projetos de cooperação que envolvam organizações culturais e criativas de diferentes países europeus.[258] (Culturgest, 2019).

O Programa Europa Criativa[259] nasce na sequência do programa cultural anterior e do subprograma MEDIA[260], conta com um orçamento de 1,46 bilhões de euros (9% superior aos seus antecessores). De acordo com os dados revelados no estudo, *Culture and creative sectors in the European Union – key future developments, challenges and opportunities*, 2019, da Comissão Europeia (Gesche-Koning, 2018) o investimento público em cultura sofreu com os efeitos da crise económica de 2008, alterando o ambiente de financiamento e os modelos de negócios. Como resultado, as despesas públicas em cultura na União Europeia foram reduzidas em 3% no período de 2007 a 2015, com o *per capita* diminuindo 4,77%, entre 2007 e 2015. Em 2016, o gasto médio com cultura na UE28 era de 0,45% do PIB. Apesar do potencial do setor cultural, ele permanece pouco explorado e em risco, tanto do ponto de vista ambiental quanto humano. O programa Europa Criativa visa justamente incentivar e apoiar o crescimento do setor, face ao contexto da diminuição do financiamento público que se verificou em vários países e por outro lado, à

[258] Create to Connect / Create to Impact, ACT-Art, Climate, Transition Wild man.

[259] Regulamento (UE) nº.1295/2013 do Parlamento Europeu e do Conselho de 11 de dezembro de 2013 que cria o Programa Europa Criativa (2014-2020).

[260] O subprograma MEDIA do Europa Criativa é um instrumento da Comissão Europeia de apoio ao Cinema e Audiovisual. Tem duas prioridades: reforço da Capacidade do Sector Audiovisual; Promoção da Circulação transnacional; No sentido de se atingir o Reforço da Capacidade do Sector Audiovisual, como objetivos visa Facilitar a aquisição de competências e o desenvolvimento de redes incentivando, em especial, o uso de tecnologias digitais para assegurar a necessária adaptação à evolução dos mercados; Aumentar a capacidade de criação dos operadores audiovisuais relativamente a obras audiovisuais com potencial de divulgação dentro e fora da Europa e facilitar as coproduções europeias e internacionais, incluindo com empresas de difusão televisiva; Estimular o intercâmbio entre empresas, facilitando o acesso dos operadores audiovisuais aos mercados e a ferramentas comerciais que reforcem a visibilidade dos seus projetos nos mercados Europeu e internacional. Relativamente à Promoção da Circulação transnacional, são objetivos do MEDIA: apoiar a distribuição cinematográfica através de atividades transnacionais de marketing, promoção, distribuição e exibição de projetos audiovisuais; apoiar a comercialização e a distribuição transnacionais através de plataformas on-line; apoiar a formação de públicos como meio de estimular o interesse pelas obras audiovisuais, nomeadamente através da sua promoção, de eventos e festivais e do desenvolvimento de competências cinematográficas; promover a flexibilidade dos novos meios de distribuição, a fim de permitir o surgimento de novos modelos de negócio.

transformação do setor das Indústrias Culturais e Criativas[261] e à transformação com as novas tecnologias e dinâmicas do mercado. Contudo, como revela o estudo, a procura e a concorrência são elevadas e os recursos ainda escassos. No contexto da promoção artística e cultural para o período 2018-2022, a Culturgest apresenta candidatura para participar em três projetos cofinanciados sujeitos a critérios de Avaliação.

Esta participação de iniciativas do setor cultural, como as que promovem cooperação transfronteiriça, plataformas, trabalho em rede e tradução literária, envolve 14 parceiros de 13 países europeus. Visa a produção de espetáculos e iniciativas participativas, a promoção do impacto social da programação artística e cultural e o desenvolvimento de públicos. Em 2019 foram incluídas neste projeto diversas iniciativas da Culturgest, na área do teatro, dança, participação, conferências e *performances*. Para o período de 2019-2023, a Culturgest, juntamente com outros parceiros de nove países europeus, assumiu em 2020 a coordenação de um projeto cujo objetivo é o desenvolvimento de espetáculos e iniciativas sob a temática da ecologia, mudanças climáticas e sustentabilidade (Culturgest, 2019). O envolvimento nestas iniciativas europeias permitiu obter financiamento para criar um plano de atividades participativo e desenvolver uma programação diversificada, incluindo projetos criativos dirigidos a diferentes públicos. Exemplifica-se com iniciativas inovadoras dirigidas ao público interno, ou seja, aos colaboradores da CGD, como por exemplo, um programa de formação em curadoria direcionado aos colaboradores. Consistia num programa projetado para a apresentação da Coleção de Arte CGD e co financiado pelo programa Europa Criativa da União Europeia. O projeto "Coletivo de Curadores" iniciou-se em 2019 e visa contribuir para o envolvimento dos colaboradores do banco, no mundo das artes visuais, e simultaneamente é uma iniciativa com os objetivos de marketing interno *endomarketing*), conforme foi abordado exaustivamente no segundo capítulo. Tratou-se de uma ideia pioneira, criativa e inovadora que teve adesão do público interno (colaboradores da CGD). Durante cinco meses, sob a orientação de um curador profissional, os participantes, usufruem da

261 De acordo com a definição da Direção-Geral das Atividades Económicas o conceito de Indústrias Culturais e Criativas engloba o conjunto de atividades que têm em comum a utilização da criatividade, do conhecimento cultural e da propriedade intelectual para produzir bens e serviços com significado social e cultural, como sejam as artes performativas e visuais, o património cultural, o artesanato e a joalharia, o cinema, a fotografia, a rádio, a televisão, a música, a edição, o *software* educacional e de entretenimento e outro *software* serviços de informática novos Média, a arquitetura, o Design, a moda e a publicidade. (fonte: DGAE.gov.pt).

oportunidade de entrar no mundo da curadoria e das artes visuais, aprender sobre a lógica subjacente à organização das exposições, experimentar técnicas museográficas e museológicas e selecionar obras para uma exposição real. No final do curso, o objetivo é apresentar ao público em geral, uma exposição de obras da Coleção de Arte da CGD. A atividade tem uma abrangência nacional pelo que programação mantém a circulação das obras para exposição em diversas zonas do país. Esta ação visa levar a Arte a públicos cada vez mais abrangentes, contribuindo, assim, para a descentralização e enriquecimento cultural do país.

Em suma, do ponto de vista do financiamento da atividade da Culturgest, entre 2017 e 2019, houve um significativo acréscimo de receitas, sobretudo no último ano. O formato de Gestão Organizacional está na origem deste crescimento. A principal necessidade consiste na angariação de receitas que financiem o desenvolvimento das atividades culturais, artísticas e científicas. O fim não é o lucro, mas é importante obter folga financeira para desenvolver a atividade. Outros fatores também relacionados com a prossecução do modelo de Gestão por Objetivos na Culturgest: em primeiro lugar, uma melhoria no planeamento da utilização dos espaços, especificamente, os Auditórios da Culturgest que permitiu uma ocupação mais intensa e consequentemente, uma melhor rentabilização dos espaços; e em segundo lugar, a redução de espetáculos permitiu uma maior disponibilização dos auditórios e maior rotação no aluguer a terceiros. Acréscimo das receitas provenientes da rentabilização da atividade complementar da Culturgest: a gestão de espaços culturais[262]; em terceiro lugar, devido às receitas de bilheteira provenientes de espetáculos *mainstream*, de entretenimento com mais público; em quarto devido à venda de publicações da livraria da Culturgest, e por último, pelos donativos e diversificação de parcerias e trabalho em Rede. (Culturgest, 2019).

Objetivos: a linha de orientação financeira da CGD para a Culturgest induz à diversificação das fontes de financiamento e estabelecer novas parcerias. Os esforços vão todos num único sentido: aumentar e diversificar os públicos da Culturgest a todo o custo. (Culturgest, 2019).

[262] A gestão dos espaços culturais que inclui o aluguer dos auditórios e das salas aumentou, de 12.000 pessoas em 2017, para 15.800 pessoas em 2019. Em 2018 o valor das receitas mais que triplicou muito embora o subsídio atribuído pela entidade bancaria tivesse aumentado.

6.3. "Uma Culturgest mais *Pop*"

Orientação programática

A partir de 2018, a CGD determina uma orientação estratégica programática para a Culturgest. Engloba alterações que se refletem no perfil programático de matriz multidisciplinar e neste sentido – "A Culturgest vai ser mais Pop" – como à época a imprensa divulgava. No contexto referido, corresponde a uma programação que tem o objetivo primordial de aumentar e diversificar os públicos. O termo *pop*, está relacionado com a "cultura popular", e surgiu em uso original para se referir à educação e a uma cultura das classes mais baixas. Hoje em dia "*Popular culture*", também designa cultura de massas e "cultura pop". Dentro desse contexto, uma das mais características da programação é contemplar programas inter disciplinares, dirigidos a um público diversificado. As diversas atividades "são ligações que visam aprofundar o diálogo com os espectadores e estimular a mobilidade dos públicos tradicionalmente segmentados" (Culturgest, 2019). Tendo a perceção que se viviam tempos de mudança e que os cenários financeiros, de prejuízos anuais tinham que se alterar, novas decisões foram assumidas na gestão da Fundação CGD-Culturgest.

Públicos-alvo

Uma das grandes decisões incidiu na definição de uma Comunicação Estratégica por forma a alcançar as metas traçadas para um período para um período de restruturação pós-crise financeira. Os esforços para a CGD conquistar um público-alvo diversificado e alargado, foram suportados por meio da atividade cultural da Culturgest assente na inclusão de produtos culturais, de comunicação de massas com conteúdos normalizados. A estratégia de programação apresentou um equilíbrio e teve como base a seguinte na linha de orientação:

- menos espetáculos, embora de maior dimensão e com um ritmo de programação mais pausado capaz de criar a possibilidade de desenvolver um trabalho paralelo mais robusto.
- apresentação de programas e ciclos temáticos interdisciplinares;
- programação que visa a visibilidade junto dos públicos. Tal implica o convite de artistas, espetáculos, concertos de música, exposições

e conferências com temas apelativos de interesse do grande público. A programação cultural adotada, não privilegia a experimentação e o encorajamento de trabalhos de artistas emergentes no mundo das Artes. A opção, pela exposição de trabalhos de artistas prestigiados e reconhecidos, desperta um maior interesse de visitantes sobretudo quando se tratam de Exposições, por vezes com leituras estéticas mais acessíveis. Nas artes performativas, a agenda contrasta com a anterior programação de risco.

- dinamização de iniciativas que quebram a segmentação e proporcionam a participação mais alargada da Comunidade (Culturgest, 2019).

A Culturgest ambiciona um novo paradigma na oferta cultural, muito além do anterior foco programático. Desde outubro 2018, sob a responsabilidade do administrador e diretor artístico, Mark Deputter (n.1959)[263], demonstra diversos sinais de mudança. A sua admissão liderada pela CGD, resulta de um concurso aberto a vários candidatos. Assume a posição na Culturgest, após um período consecutivo de seis anos de prejuízos da Culturgest e herda ainda no primeiro semestre a programação assinada por uma equipa do antecessor que findou quinze anos de liderança. A Culturgest enfrenta desafios. Um dos maiores decorre do impacto orçamental e de mudanças de gestão, decorrentes do Plano Estratégico a cumprir pela entidade bancária[264], pois como referido, o acordo celebrado entre o acionista e o Governo teve efeitos práticos da ação mecenática da CGD na Culturgest. O diretor artístico revelou em entrevista que quando assumiu o cargo, o corte da doação, já havia acontecido desde 2013 na Culturgest, aliás situação transversal a outros equipamentos culturais como "o Teatro Nacional, o Centro Cultural de Belém, a Casa da Música e aqui também. A CGD na altura seguiu as indicações por parte do Governo," revela o entrevistado[265]. Com ambiciosos objetivos,

[263] Mark Deputter – Substitui o Miguel Lobo Antunes, que passa a situação de reforma ao fim de quinze anos como administrador da Culturgest. Chega à Culturgest depois de a Caixa Geral de Depósitos ter lançado uma consulta pública em inícios de junho, com o objetivo de "recolher eventuais manifestações de interessados para um eventual convite" para a direção artística da sala lisboeta (Horta, 2017). De origem belga, o diretor artístico chegou a Lisboa em 1995 depois de um experiente percurso profissional em diversos equipamentos culturais. Destacam-se o Centro Cultural de Belém, o Teatro Camões, a programação no Festival Alcântara e mais recentemente o Teatro Maria Matos.

[264] Alterações estruturais e do programa de recapitulação da CGD, impostas pelo Governo português, na sequência dos acordos com a Comissão Europeia que garantiu a recapitalização do Banco.

[265] Revelado em entrevista realizada a Mark Deputter a 13 de março de 2020, na Culturgest.

a nova administração da instituição cultural adota uma estratégia de gestão com diversas medidas opostas à administração anterior. A recém-chegada Administração, sob orientações estratégicas da CGD, decide explorar as potencialidades deste equipamento cultural situado no edifício imponente, com um dos melhores auditórios da cidade de Lisboa e defende que a Culturgest tem que ser mais proactiva em relação aos públicos. O público cresceu ao longo dos últimos anos em Lisboa, é normal que quando aumenta a oferta de qualidade há uma resposta da procura. "*Mas acho que ainda estamos muito no mesmo sítio*", referiu Deputter. (Anexo A.4. Entrevista).

Na realidade, trata-se de uma agenda focada em atrair um público de massas e grandes audiências. Os números reagiram. A adesão do público às atividades tem vindo a aumentar significativamente. De acordo com os dados revelados pela Culturgest, constata-se um progressivo acréscimo de públicos da Culturgest, comparativamente aos últimos anos. Entre os anos fortes da crise, sobretudo em 2013, aquando da contração orçamental dos subsídios atribuídos pela CGD à Culturgest, constata-se: de 72.133 pessoas em 2013, um total de 75.785 em 2018, para um total de 85.103 em 2019.[266] As atividades incluem os espetáculos, os visitantes a exposições, os eventos educativos (designado Participação, Famílias e Escolas). (Culturgest, 2019). A partir de 2018, quantitativamente o crescimento do número de público é visível nas áreas das artes performativas, da música, das artes visuais, do cinema, um leque diversificado de iniciativas participativas e educativas, que englobam conferências, *workshops*, e eventos próprios da programação da Participação, Famílias e Escolas. A adesão do público varia consoante as áreas de atividade, sendo que, as exposições em números absolutos é a atividade que mais públicos atrai. No que se refere aos eventos de divulgação da Coleção de Arte em território nacional, entre 2018 e 2019, também se verifica um aumento significativo no número de visitantes nas exposições. A dinamização da atividade a nível regional envolve projetos de itinerância da Coleção de Arte da CGD com curadores convidados, protocolos de parcerias, sobretudo com os Municípios, comparticipações financeiras institucionais, no esforço de produção de cada uma das exposições (Culturgest, 2018). Na atividade no exterior, em 2019, a Culturgest teve um acréscimo no número de públicos

266 Considera-se eventos fora da Culturgest, todas as exposições de divulgação da Coleção de Arte da CGD por diversos locais do país. Os números englobam a programação destinada aos espaços da Culturgest e às iniciativas realizadas geograficamente no exterior (outros territórios), de acordo com os dados públicos revelados nos Relatórios e Contas da Culturgest consultados no decurso da nossa investigação.

alcançados, com um total de 6.424 pessoas face ao número de 1.437 que se verificou em 2018. (Culturgest, 2019).

Ora, o crescimento do número de públicos deve-se, essencialmente, a dois fatores: em primeiro lugar, a fatores exógenos, característicos de um país que retoma de uma profunda crise económica e financeira. Assiste-se a um período com indicadores económicos de crescimento favoráveis ao consumo das famílias devido ao aumento do poder de compra. Simultaneamente ocorre um acréscimo da oferta, com o surgimento de outros equipamentos culturais com diferentes formas de manifestar a contemporaneidade da arte. Mas não apenas. O segundo facto, deve-se a fatores endógenos devido a uma programação variada, à oferta cultural diversificada, a um aumento do orçamento e esforços suportados por um Plano de Comunicação proactivo e diversificado.

Por outro lado, obter respostas para questões fundamentais do marketing contribuem para melhor satisfazer as necessidades dos "consumidores de produtos culturais", na terminologia do *Marketing*, bem como perguntas que se colocam no angulo de visão do mecenas e da instituição cultural, relevantes para os processos de gestão. A análise sobre os públicos, as suas motivações, as expectativas, o comportamento que induz à escolha, as perceções, a experiência que o público obteve com a fruição, é que contribuem para aprofundar e monitorizar os benefícios obtidos das ações de mecenatos por parte das empresas mecenas, bem como para o processo de decisão. Na linha de pensamento de Colbert e Cuadrado (2010) e nas perspetivas de uma gestão direcionada para o Marketing das Ates e da Cultura, os públicos "consumem produtos culturais" por diversas razões: enriquecimento cultural, lazer, exotismo, ou até mesmo desconexão, e processos afetivos.

(Des)caracterização da Culturgest?

As organizações culturais são confrontadas com diversos desafios, nomeadamente a não fidelização dos públicos, a redução da sua rendibilidade, a necessidade de uma gestão de Comunicação on-line mais eficiente e rápida, e a pressão da programação para grande distribuição. Por sua vez, os grandes mecenas, da comunidade empresarial exigem aos líderes das organizações culturais, respostas às alterações dos comportamentos "do seu próprio consumidor". A programação orienta-se para a realização de um menor número de espetáculos, no sentido de aumentar a visibilidade da CGD – Culturgest apoiada numa Comunicação Estratégica que engloba um Plano de Comunicação proactivo. Significa que, conforme o novo paradigma, a opção programática incide primordialmente nos espetáculos de dança, música e teatro, preferencialmente no Auditório com maior capacidade, com o objetivo de atingir uma taxa de ocupação de 100%. Confirma-se a afirmação de Paul DiMaggio, que considera que a necessidade da empresa em justificar uma despesa do mecenato leva-a a privilegiar operações de forte visibilidade e de programas pouco arriscadas mais do que experiências inovadoras (DiMaggio, 1987).

De certa forma, a orientação programática, formalmente mantém o compromisso de continuidade na ideia de ser uma "Casa do Mundo", e uma "Casa Contemporânea", com a inclusão de diferentes géneros artísticos e grupos minoritários da sociedade portuguesa. Todavia, em termos de formato, a estratégia da nova administração incide na realização de grandes espetáculos, eventos que proporcionem mais visibilidade, e em menor quantidade, abandona certas áreas de intervenção, opta por exposições com artistas reconhecimento público, e afasta-se da aposta em manifestações artísticas periféricas (Culturgest, 2019).

Nos *media*, a revista *TimeOut*, a 15 out 2017 (Branco, 2017), divulgava uma das primeiras entrevistas concedidas pelo recém-chegado diretor artístico da Culturgest, Mark Deputter, com o título "*A Culturgest vai ser mais Pop*". Explicava "*não quer dizer que vamos ser pop*", mas a proposta da direção artística incidia numa profunda mudança de paradigma. Na sua opinião, a programação da sala lisboeta tornou-se anacrónica, porque o panorama cultural em Lisboa alterou-se ao longo das duas últimas décadas. Outrora a Culturgest fora o único espaço com uma aposta consistente e firme na criação contemporânea nacional e internacional, pese embora outras salas e instituições também tivessem a mesma oferta de forma mais pontual. "*Aqui tem sido apresentado um leque diversificado de obras, desde trabalhos de jovens artistas até nomes consagrados, mas isso tornou-se anacrónico*", defende o Diretor artístico em funções desde 2018. Nas Artes Plásticas, a Culturgest pretende apostar em artistas contemporâneos experientes, ativos em diferentes linguagens de criação, com percursos reconhecidos, considerando a administração que não significa, um desvio relativamente ao caráter contemporâneo da programação da Culturgest, mas abre as portas a um público mais abrangente. Ora esta atuação mais confortável e com menor risco afasta-se de algum modo da importância do mecenato. A importância do suporte indireto a artistas emergentes, encoraja a criação e a coprodução e não pode ser subestimada ainda que essa aposta não seja popular e atraente à comunidade.

A expectativa de que a diversificação de públicos seja igualmente reforçada através de várias parcerias, entre as quais as colaborações já existentes com os festivais de cinema DocLisboa e IndieLisboa, com a CGD (no âmbito do ciclo "Caixa na Culturgest") e uma nova colaboração com a marca Fidelidade (Holding Fosun)[267]. As empresas mecenas que no apoio à cultura procuram a visibilidade da marca, tendem a financiar grandes produções mediáticas, ao invés de projetos com programação vanguardista de risco. Levanta-se à reflexão, a continuidade de interesse das empresas, em financiarem instituições culturais, reservadas e distinguidas por uma programação de autor, uma vez que espetáculos que atraem popularidade tendem a conquistar um público massificado e maiores audiências.

Para os defensores de uma programação de autor, colocam-se sérios desafios a instituições culturais como a Culturgest, e assiste-se a uma situação muito delicada, para a qual não há grandes nem imediatas soluções e depende da realidade de cada país. Mas, assiste-se sobretudo nas artes performativas e visuais, a preferência por grandes acontecimentos, como grandes festivais capazes de atrair um elevado número de público *"por um lado, existe uma oferta artística cujo público é cada vez mais reduzido e atinge um número inferior a 100 pessoas"*[268]. Outro aspeto que se realça na história da Culturgest, prende-se com o exercício da autonomia da programação e a de estratégia de comunicação da Culturgest em relação aos mecenas financiadores, em que ambos beneficiam e acaba por ser uma relação *win-win*[269]. No caso da CGD, e das restantes empresas que financiam a Culturgest não influenciam a definição anual da programação. Naturalmente que o exercício deste princípio é ainda mais possível quando existe uma diversidade de meios de financiamento e uma diversidade de gostos e de preferências estéticas (Melo, 2012a).

No âmbito da promoção do gosto e do interesse pela arte e cultura, a Culturgest continua a desenvolver um conjunto de iniciativas específicas dirigidas ao contexto escolar, em que se visa a aprendizagem artística

[267] Entrevista divulgada na revista Time Out, a 25 outubro 2017, Deputter revela que vai programar menos e apostar em grandes produções para o grande público (Silva, 2017). Os subsídios de mecenato provenientes deste mecenas englobam uma parceria para a organização ciclos de conferências na área científica e exposições partilhadas entre a nova galeria Fidelidade Arte Lisboa e a Culturgest Porto.

[268] Entrevista a António Pinto Ribeiro realizada em Lisboa, realizada em Lisboa a 17 de março de 2020. Desempenhou as funções de programador cultural na Culturgest entre 1993 e 2003.

[269] Na entrevista a Filipe Folhadela realizada a 9 de junho de 2013, responsável pela comunicação da Fundação Culturgest.

e cultural de alunos e o fornecimento de ferramentas específicas para os professores. Estas atividades incluíram residências artísticas para alunos e professores, visitas guiadas às exposições, oficinas de expressões artísticas e formação para professores no âmbito das artes contemporâneas, e da realização de atividades artísticas e culturais com interação com a comunidade envolvente (Culturgest, 2019a).

Uma casa duas programações? "Caixa na Culturgest" a perda da autenticidade ou vantagens sinergéticas?

Sob a oferta cultural, um dos pontos marcantes que acresce aos diversos sinais de mudança, diz respeito à diversificação de atividades artísticas, científicas e culturais para um público alargado com eventos massificados, de música popular portuguesa. Para atingir as metas complementam a programação de autor, de "amplo conhecimento cultural", a dança moderna e o teatro experimental – para uma programação de entretimento, que engloba concertos de *música pop*. A estratégia de diversificação seduziu mais públicos aos auditórios da Culturgest atraídos por conhecidos artistas do público em geral. Esta dinâmica e cruzamento de públicos em maior escala deve-se, sobretudo, ao ciclo de espetáculos e de conferências em parcerias estabelecidas com duas fortes marcas: a CGD, em concertos de música pop portuguesa; e com a seguradora Fidelidade na organização de um ciclo de conferências e exposições partilhadas em Lisboa, nas Galerias de Arte Contemporânea, no espaço Fidelidade Arte no Chiado, bem como na Culturgest do Porto. Colocam-se as questões sobretudo pelos mais céticos, sobre o que diferencia a atual tipologia da oferta cultural no panorama cultural português e por outro lado, em que medida beneficia a instituição com a realização de duas distintas programações. Os defensores desta linha de programação argumentam que o volume de oferta praticada nos últimos anos, revela claramente uma subida significativa de públicos. Esta gradual mudança na linha programática justifica os números já anteriormente referido a sobre os "novos públicos" a que na Comunicação Estratégica a CGD pretende alcançar por meio da Culturgest, e um maior equilíbrio na repartição dos diferentes géneros artísticos. Por outro lado, beneficia na popularidade na maior presença mediática e nas receitas financeiras.

Constata-se que em relação ao novo paradigma adotado a partir de 2018, sobre a orientação programática as opiniões são divergentes. Existem diferentes perspetivas sobre a programação que vigora desde o referido período. Em entrevista conheceu-se a opinião do primeiro assessor artístico da Culturgest. Na sua opinião a programação da Culturgest não está anacrónica, mas tornou-se "bipolar" (Anexo -entrevistas), e constata-se o impasse na realização de uma programação de autor. Face aos novos desafios de um mercado dinâmico, onde fortalece a promoção e de marketing, os programadores seguem a Comunicação, Estratégias e as principais orientações programáticas da empresa mecenas. Assim, dentro do novo paradigma partir de 2018, a Culturgest divide-se entre dois modelos diferentes de programação. *"Vamos ver quais são as consequências a médio prazo e quais são as opções que o Conselho de Administração vai fazer relativamente a isto"*, remata com algum ceticismo o ex-assessor artístico da Culturgest.

"Caixa na Culturgest"

A gestão da Culturgest está articulada com a Comunicação Estratégica da CGD. Entre as várias iniciativas da CGD na cultura, merece particular destaque, o programa *"Caixa na Culturgest"*. O projeto criado em 2019, consiste numa série de concertos de música popular portuguesa, uma **programação *mainstream*, dirigida a públicos abrangentes.** Passa a incluir concertos de **música *pop*.** Com esta iniciativa, começa uma dicotomia na programação que satisfaz estratégias de comunicação de marketing, que vigoram em mercados competitivos e que caracterizam as sociedades de consumo (Koekemoer, 2004). Numa iniciativa singular, onde vigoram "duas programações culturais" distintas quer no conteúdo quer na liderança de organização. A primeira, consiste numa programação de autor sob a responsabilidade da Culturgest; a segunda, trata-se de uma programação direcionada para uma cultura de massas, mediática, preenchida com eventos de música popular portuguesa, cuja organização compete diretamente à Direção de Comunicação e Marca da CGD, com a intenção de proximidade e identificação com valores institucionais. Na divulgação dos concertos constam as fotos dos músicos e está visível no canto inferior direito do cartaz a frase, em tom de *slogan*: ***"a Caixa na Culturgest"***; como se exemplifica na Figura 35, referente aos anúncios dos concertos de música popular portuguesa Xutos & Pontapés e Jorge Palma.

Figura n.º 35 – "A Caixa na Culturgest"

Fonte: Culturgest (2020b).

Na realidade fundo consiste numa iniciativa, na qual a CGD assume-se a organização "emissora" potência as sinergias de recursos financeiros, de competências técnicas (*Know how*), recursos logísticos e visa benefícios da reputação institucional (Fombrun & Van Riel, num sentido amplo, e na linha de pensamento Michael Porter, que preconiza a Teoria das Vantagens Competitivas (Porter, 1980), o banco, numa relação de *goodwill*, visa a obtenção de resultados positivos junto dos *stakeholders*.

E as vantagens derivam do alcance da Comunicação de Marketing, que na mente do consumidor (público) tem a perceção da reputação da marca CGD na cultura e da qualidade programática da Culturgest. A CGD recorre a esta escolha programática baseada em concertos de música portuguesa para ações de relações públicas e promoção da imagem da CGD. Recorre à Culturgest como instrumento de comunicação para interagir com os clientes (nomeadamente com a oferta de convites aos seus clientes, a colaboradores) e alcança estrategicamente uma parte de público que, com outra tipologia de programação cultural, não alcançaria. Os ciclos de música *pop* desde 2019 têm um denominador comum: inclui nomes reconhecidos no panorama musical português, com reputadas e longas carreiras na música, intra-geracional para captar um público alargado. Sobem aos palcos do Grande auditório da Culturgest, reconhecidos e populares nomes, como Xutos & Pontapés e o vocalista, Tim, Jorge Palma (ambos na Figura 35), João Gil, que revisitaram alguns dos temas que fazem parte da História da Música Portuguesa e do património nacional português, com concertos de 90 minutos. A recetividade ao projeto *"A CAIXA NA CULTURGEST"* originou taxas de ocupação de 100% no Grande Auditório, e, consequentemente, uma forte presença mediática e significativas receitas de bilheteira[270]. Tal deveu-se a vários motivos: a opção por um modelo cultural massificado e de diversão, com uma dimensão moderna, popular e nacional. Com a "fusão" híbrida de programação, obtém proveitos financeiros, dos ingressos de bilheteira e reputação no setor cultural. O "hibridismo" seduziu públicos abrangente. Outro aspeto que se coloca é o mercado de consumidores para estas expressões culturais, ditas populares. Diferentes pesquisas sobre o perfil de públicos têm demonstrado, que do ponto de vista sócio demográfico, produtos culturais relativos à cultura popular e cultura de massas, atraem consumidores de nível escolar mais baixo, comparativamente a produtos culturais ditos de "artes maiores", como museus, artes, orquestras, festivais culturais, entre outros (Esquenazi, 2003). Constata-se que as opções da direção artística passam, por algumas ruturas com a programação que vigorava no período anterior a 2018 em conformidade com os objetivos estratégicos de comunicação da CGD e incluem diversos espetáculos em diferentes áreas artísticas,

[270] O primeiro concerto do ciclo realizou-se no dia 9 de janeiro João Gil estreia o Ciclo "Caixa na Culturgest". O músico com mais de 40 anos de carreira, distingue-se como compositor de algumas das músicas que fazem parte da memória coletiva nacional. "125 Azul, Perdidamente, Timor, Solta-se o beijo, Postal dos Correios, Saudade" são exemplos de canções com a sua assinatura que se tornaram verdadeiros fenómenos de popularidade e que, ainda hoje, se ouvem nas principais rádios portuguesas. Junta amigos num grande concerto onde – Ala dos Namorados, Carlão, Tatanka e Tim são os convidados numa sucessão de grandes êxitos que "promete por o público a cantar do princípio ao fim" num espetáculo de 70 minutos para maiores de seis anos. "*Melhores Momentos*" é um concerto, onde Tim revisita os melhores momentos de sua carreira, de Xutos & Pontapés a Resistência, passando por projetos como Tais Qué e Rio Grande, sem esquecer os sucessos de sua carreira solo. No âmbito do ciclo "Caixa na Culturgest", o quarto concerto com os Xutos & Pontapés realizam dois concertos acústicos ao vivo da sua XL Tour a celebrar os 40 anos de carreira. Atuaram, no Grande Auditório da Culturgest, nos dias 8 e 9 de novembro 2019, "os Xutos & Pontapés são "A" bandeira do próprio Rock & Roll em português, por portugueses e para portugueses. Verdadeiros "animais de palco" que vivem para os seus concertos, é através destes momentos que os Xutos cimentam a sua ligação indestrutível com um público sempre presente à chamada, de braços cruzados em "X", a celebrar a maior longevidade de uma carreira rock, neste cantinho à beira-mar. (...) No ano que celebram 40 anos de vida, os Xutos continuam a ser a locomotiva rock'n'roll portuguesa que arrasta multidões e gerações inteiras, a celebrarem canções únicas. Esta será, sem dúvida, uma grande oportunidade de testemunhar as canções que fazem parte do Património Musical Nacional." No dia 15 de fevereiro, no Grande Auditório, o grupo os Resistência realizam um concerto, onde revisitam alguns dos temas que fazem parte da História da Música Portuguesa, intitulados "verdadeiros hinos geracionais como *Não Sou o Único, Nasce Selvagem, A Noite* ou *Amanhã é Sempre Longe Demais*." A banda integra alguns dos maiores nomes da música portuguesa das últimas décadas, e neste percurso tem colecionado um reportório, fruto da sua forma particular de interpretar os grandes temas de míticas formações como Xutos & Pontapés, Delfins, Sitiados, Rádio Macau ou Heróis do Mar e Jorge Palma.

e uma multiplicidade de eventos.[271] A intervenção formativa e didática engloba: oficinas, *workshops*, visitas guiadas às exposições. Estimula-se o esforço pedagógicos dos professores, com sessões dirigidas a escolas, e consagra-se ainda uma área de intervenção e participação com uma configuração transversal à comunidade.

6.4. Comunicação diversificada e o *Social Networking Management*

A partir de 2018, num processo de mudança e na linha de orientação comunicacional, e em conformidade os objetivos da Comunicação Estratégica definida pela CGD, a Culturgest desenvolve um plano de comunicação proactivo e diversificado, sobretudo no *new media*, assente em várias vertentes. Objetiva potenciar as sinergias da comunicação digital, no sentido de aumentar e diversificar públicos com forte recurso às redes socias sem descurar os *media* tradicionais (Culturgest, 2019). As mudanças ocorreram simultaneamente no "Corporate Identity": a imagem "projetada", na identidade gráfica e numa melhoria de espaços físicos apelativos. Como refere Van Riel (2008), as empresas procuram manter a coerência entre a identidade institucional e a imagem corporativa e neste sentido o que as empresas pretendem comunicar à sociedade deve estar alicerçada no que realmente é a sua identidade.

[271] Assim, agenda passa a contemplar uma programação anual de espetáculos e atividades diversificadas, orientadas ao público em geral, designado Escolas / Participação e dirigida às famílias, que substitui o Serviço Educativo e Formação. Desde setembro de 2020, passou a designar-se apenas a Participação com cerca de quatro ou cinco anualmente, de convocatória ao público para a coprodução ou interpretação. O serviço educativo, criado em 2005 a 2017, foi transformado em duas áreas de programação (Famílias e Escolas / Participação). Nas atividades direcionadas para captar e diversificar os públicos correspondem a diversas componentes, destinadas à participação das famílias e das escolas. O objetivo é capacitar e promover, chegando a mais públicos, sobretudo, de escolas, universidades, jovens, famílias, e promover o envolvimento da Comunidade em geral. Referido por Raquel Ribeiro Santos, por e-mail de 15 de abril de 2020, no âmbito desta investigação. Assim, agenda passa a contemplar uma programação anual de espetáculos e atividades diversificadas, orientadas ao público em geral, designado Escolas / Participação e dirigida às famílias, que substitui o Serviço Educativo e Formação. Desde setembro de 2020, passou a designar-se apenas a Participação com cerca de quatro ou cinco anualmente, de convocatória ao público para a coprodução ou interpretação

Social Networking Management e as tendências do século XXI

Nos últimos anos tem-se assistido a um maior interesse por um processo comunicacional bem gerido que potencie todos os recursos (tangíveis e intangíveis) das empresas. Assim, entendendo que uma das premissas subjacentes à Comunicação Estratégica consiste no cruzamento de uma gestão eficaz dos recursos a que as empresas têm disponíveis, e as metas a alcançar, a relevância da comunicação no ciberespaço, não pode ser descurada.

Perante a realidade, compreende-se que a comunicação digital veio alterar profundamente a comunicação das empresas e das instituições culturais ao proporcionar novas oportunidades ao nível da interação com a comunidade. Um dos maiores desafios prende-se com a capacidade de implementar e potenciar nas instituições, a nova dimensão de diálogo que a comunicação digital proporciona na proximidade com os públicos-alvo. À semelhança do que acontecia com os *media* tradicionais, atualmente as empresas procuram posicionar as suas marcas e cada vez mais integrar-se no ecossistema digital, onde os seus públicos imergem. Por outro e noutra dimensão, o público assume-se participativo na comunicação. Como refere Clay Shirky, a atual "cultura da participação" permite afirmar que os *media* não permitem a interatividade dos públicos. Os movimentos da nova indústria cultural vêm sendo traçados a partir de grandes negociações entre conglomerados de canais de comunicação geridos por empresas digitais. Exemplos como a *MySpace* e *YouTube*, refletem uma Cultura da Participação. Impera a criatividade no mundo conectado, em que o "cidadão contemporâneo" assume uma nova atitude em relação ao seu tempo livre. Os novos padrões de comportamento dos seres digitais contemporâneos agregam as seguintes características: são proactivos, protagonistas, em busca de "autonomia como motivação pessoal intrínseca" (Shirky, 2010). Numa perspetiva de dimensão de "comunidade" existe no *online* a criação de conteúdos e a partilha dos mesmos, com a criatividade dinamismo e rapidez.

Na dinâmica era das Tecnologias de Informação, os públicos exploram os espaços virtuais e deixam de ser passivos recetores de mensagens e informações. Antes pelo contrário. São participantes ativos na criação da informação e na partilha da mesma. Nesta linha de raciocínio, os públicos deixaram de apenas usufruir, mas também passam para o lado da concorrência, possuem uma ampla variedade de meios de comunicação nas quais podem interagir. Os gestores das instituições culturais começam a aperceber-se de que as técnicas de captação e formação de públicos adotadas durante anos já não são tão eficazes como antes e podem até perder a aderência dos públicos, caso não se ajustem à realidade do panorama cultural. Ora, a mudança de paradigma das instituições atentas aos sinais de mudança de comportamento dos públicos, como o estudo de caso aqui analisado, não passa apenas pela atribuição de subsídios de mecenato, definição de inovadoras estratégias de programação cultural, mas, também, pela atualização de uma Comunicação Estratégica institucional da empresa mecenas, no sentido de acompanhar a evolução tecnológica das plataformas digitais e os hábitos de consumo de informação dos seus públicos. O próprio conceito de segmento de mercado é posto em causa, porque é difícil a sua sustentação para a oferta de produtos e serviços porque os públicos consumidores navegam entre ofertas.

A partir de 2018, a CGD, em conformidade com a estratégica delineada, a Culturgest traçou um plano de comunicação que passou por várias vertentes no sentido de potenciar as sinergias da comunicação digital, enquanto fonte de informação e ferramenta de comunicação com a capacidade de captar os públicos. Numa visão integrada[272], para difundir informações sobre as suas atividades, a Culturgest conjuga os meios interativos, designados *online*, e os meios tradicionais, que se designam por meios *offline*. Faz uso da quase totalidade dos meios considerados, como sejam os meios digitais institucionais (sítio web, Facebook e newsletter), os suportes físicos impressos (agenda cultural e imprensa), o radiofónico e ainda outros suportes como os pendões na fachada do edifício. Relativamente à utilização das tecnologias de informação e comunicação (TIC), em 2019 não existiam Wi-Fi, postos/ecrãs interativos, conteúdos nas salas acessíveis através das tecnologias de sistema códigos QR (*Quick Response Code*) ou de realidade aumentada. A necessidade de alterar todo o visual e a Comunicação da Culturgest conduz a uma aposta na comunicação digital[273], devido à relevância que representa entre a Culturgest e os públicos internos e externos, e o objetivo de assumir um novo posicionamento. Esta aposta teve como prioridades, a criação de um novo *site* institucional, no qual apresenta informação de forma clara e atrativa, suportada na produção e difusão de conteúdos multimídia e multicanal, ou seja, em várias plataformas. Dos meios digitais disponíveis, este consiste num dos mais implementados e otimizados. De forma geral, os *Websites* institucionais, objetivam, essencialmente: comunicar com os *stakeholders* (públicos estratégicos)

272 Em marketing esta visão integrada designa-se por *Blended Marketing*. Este conceito corresponde às atividades de marketing de forma integrada (Dionísio, 2007, p. 45).

273 Entrevista a Mark Deputter publicada 25 outubro 2017, na Revista Timeout (Branco, 2017).

considerados relevantes para a Instituição; induzir à interação, o retorno; e fomentar uma interação contínua (Dionísio *et al.*, 2017, p. 177). Visualmente está mais apelativo e intuitivo, do ponto de vista do manuseamento em relação ao anterior, para além das informações habituais de cunho prático. No *Website* consta informação relacionada com os horários, programação, acessos e localização, planta, contatos, preços de bilheteira, informações gerais sobre o espaço e de natureza comercial, relatórios de contas, entre outros. Outro objetivo, não menos importante dos sites institucionais é fomentar uma reação positiva nos "cibernéticos". Esta reação passar pelo tempo de permanência na consulta de informação que consta no *site*; o *download* de conteúdos; a partilha com outros interessados, de forma verbal ou digital; a subscrição da *e-newsletter*; a aquisição do serviço ou produto e as visitas continuadas ao *site*.

Certo é que, cientes da importância desta ferramenta de comunicação para as instituições culturais, e no caso específico, para a concretização dos objetivos delineados, o *Website* institucional da Culturgest sofreu uma reorganização da estrutura e hierarquização da informação. Trata-se de um *site* facilmente detetável pelos motores de busca, quer através de *links* pagos quer através de pesquisa por palavras-chave. Apresenta um *layout* e design renovado, de linguagens simples, acessíveis aos públicos, com informação necessária e útil para o utilizador, com a *Homepage* subdividida em cinco principais grupos: bilheteira, programação, participação, coleção e informações. Enquadrada numa Comunicação Estratégica os conteúdos são bilíngues: português e inglês. Em segundo lugar, decorrente da mudança de estratégia de comunicação digital existe uma aposta de manter a presença da Culturgest nas redes sociais *online*, nomeadamente nas contas no *Facebook*, no *Instagram*, e o reforço do digital no *YouTube*, com a produção de vídeos. Descontinuou em outubro de 2018 o recurso à plataforma de vídeo *Vimeo*, onde eram difundidas as conferências até então, passando a recorrer ao canal *YouTube*[274]. O recurso ao canal no *YouTube* em 2018 iniciou-se no último trimestre do ano, ainda com números abaixo do expectável[275]. Como funciona o *Youtube* (Web 2.0) e quais as vantagens para a Culturgest? Esta rede social, permite partilhar com os públicos, vídeos *online*, de forma gratuita e rápida, com alertas e categorias de eleição, bem como de captura através de uma *webcam*,

[274] Culturgest – Culturgest – www.youtube.com › channel
Canal Youtube Oficial da Culturgest, Fundação Caixa Geral de Depósitos. Vídeos sobre arte contemporânea e artistas de Portugal e de todo o mundo.

[275] Foram produzidos 18 vídeos, que tiveram um total de 2.312 visualizações.

de forma muito rápida e com acessibilidade massificada. Como o cenário da comunicação digital mudou a forma como os públicos descobrem o conteúdo reflete-se, por exemplo, com as exposições patentes nas Galerias de Arte da Culturgest. Por outro lado, coloca-se a questão da organização cultural poder enfrentar o difícil desafio de saber quando, onde e como alcançar uma audiência. No novo contexto comunicacional, o *YouTube* é considerado um canal de Comunicação institucional (Dionísio *et al.*, 2009, p. 49), do qual diversas empresas retiram vantagens. Os gestores precisam de saber se o orçamento em comunicação está a alcançar o público-alvo e a gerar conversões, avaliar com precisão a eficácia das atividades de marketing em canais e dispositivos. Ora, uma vez mais, coloca-se em análise a questão da mensuração a propósito do reforço da comunicação digital.[276] Ao analisar os dados de diversas fontes de comunicação, os gestores identificam vários indicadores, que podem ajudá-los a tomar decisões relativas à organização e ajustar a comunicação ao público-alvo. O objetivo de gerir com base em métricas e indicadores torna a avaliação do mecenato como um instrumento tão passível de identificar o retorno como outros instrumentos de comunicação. Por outro lado, podem identificar aspetos a otimizar, permitindo a definição de uma estratégia de comunicação baseada em objetivos estratégicos, sujeita a controlo para avaliar a concretização dos objetivos traçados, e eventualmente mudar comportamentos de comunicação. O impacto da nova estratégia começa a ser percetível no último trimestre de 2018 com uma inflexão positiva de um conjunto de indicadores anuais sobretudo da presença *online* e no *new media*[277] da Culturgest. Num mundo cada vez mais marcado pela evolução tecnológica, a atual estratégia de comunicação da Culturgest torna menos representativa a informação sobre a presença mediática, anteriormente utilizada como um dos principais indicadores da comunicação e da visibilidade. Esta última também é uma informação relevante para melhorar a eficiência em todas as áreas de investimento.

O ano de 2019 é, assim, o primeiro ano em que se pode já fazer uma avaliação do desempenho sobre o impacto da Comunicação Estratégica e os efeitos significativos da comunicação digital, que seguiu sobretudo o critério

276 Para saber mais sobre *Social Networking Management*, recomenda-se consulta à vasta bibliografia especializada em como Sharp, L. (2001). Positive response action: the ultimate goal of website communication. *Journal of Communication* Management, Vol. 6, n. º1, 2001, pp. 41-52.

277 ***New Media*** – Expressão genérica utilizada na Comunicação *blended* e Marketing Digital para referir os novos *media* interativos e às novas soluções encontradas fora dos meios tradicionais, como referem Dionísio *et al.*, 2009, p. 167.

de verificação das métricas na Internet.[278] Na prática, e no caso em concreto da CGD e da Culturgest, em 2019 a mensuração da *performance* da Culturgest realiza-se essencialmente pelos meios de comunicação tradicionais, e na *performance* na comunicação digital. A recolha desta informação é importante para avaliar a eficiência dos gastos em cada canal, as táticas incluindo no *social media*, nos vídeos *online* entre outros canais, bem como a importância de cada canal no plano de comunicação. Nem todos os custos com a comunicação convertem-se em mensagem alinhadas aos objetivos para alcançar o público-alvo. O impacto da nova estratégia com a proliferação dos meios, é especialmente patente nos indicadores da presença *online* da Culturgest, que constituiu a aposta central da reorientação realizada. Em consulta aos dados, podemos aferir um acréscimo da comunicação nos canais digitais e diminuição das referências nos *media* tradicionais (imprensa, rádio e televisão).[279] Em mobilização da comunicação social em geral para as propostas de programação, designadamente para os eventos de grande dimensão que constituem o seu eixo central (Culturgest, 2019). Em 2018, ocorre uma quebra no *online*, comportamento a converter através de uma estratégia de dinamização dos canais digitais. Nas redes sociais *on-line* também o esforço é visível. Estes dados revelam a perda de visibilidade no *online* e na comunicação tradicional, provavelmente pela falta de orçamento.

Constatamos uma mudança para uma comunicação dinâmica e dirigida aos públicos-alvo. A fragilidade de mensurar com profundidade a atividade de uma instituição cultural através das redes sociais online advém do facto

[278] **Métricas comparativas de *performance* dos meios** uma organização pode medir e comparar a sua *performance* em meios diferentes: a sua presença mediática na Televisão (GRP), na Imprensa, ar nos *outdoors* através de pós-estudos, e por último pode avaliar a *performance* nas plataformas digitais. Atualmente as organizações recorrem frequentemente a diversas técnicas de mensuração da sua presença no ciberespaço, nomeadamente através de *Search Engine Marketing; Search Engine Optimization (Google Analitics / Keywords / #hastags); Display Advertising* (Sharp, L. 2001), Kitchen, P. & Proctor, T. (2015).

[279] Até 2013, a Culturgest gere predominantemente a divulgação em vários canais: imprensa, rádio e televisão. Devido aos cortes orçamentais na comunicação a presença mediática reduziu e a Culturgest procurava manter a visibilidade e reconhecimento dos públicos sobretudo no *online*. Paralelamente, em Portugal vivia-se um período de mais concorrência no panorama cultural. A situação foi-se, necessariamente, convertendo e a partir de 2015 verifica-se com uma aposta no digital: programático, marketing de mecanismos de busca, vídeo, *social media* e marketing por e-mail. Através da análise é possível constatar que, comparativamente a 2016, no ano de 2017 regista-se um crescimento significativo da presença *online*. Tendo em conta a importância da comunicação nos canais digitais é possível verificar um acréscimo de visitantes nos canais digitais, essencialmente a partir de 2013.

de dificuldades em obter com rigor e detalhe de informação do ponto de vista sócio demográfico, os públicos que fruem da oferta cultural.

No que concerne à avaliação de resultados do contributo do *online*, a Culturgest monitoriza a informação através de ferramentas de recolha de análise de medidas no digital, ou seja, de métricas *online*. Contudo, as métricas atualmente disponíveis, ainda dificultam essa medição. Estes indicadores permitem conhecer o tráfico ou *web analytics*, o acréscimo do impacto reativo nos *posts* colocados nas redes sociais, avaliado pelo número de "fãs" e "*likes*" da página no *Facebook*, os "seguidores" no Instagram, número de visitas no site institucional da Culturgest (*page view*), e visualização dos vídeos, tempos de visualização, o número médio de visitas, frequências ou assiduidade e o número de visualizações de páginas (Dionisio *et al.*). Um dos pontos que diferencia a segmentação tradicional da segmentação *online*, diz respeito aos públicos. No tradicional, os limites são muito claros e estáveis, ao passo que a segmentação *no online* tem limites pouco definidos e um indivíduo pode pertencer a diferentes segmentos de públicos, em momentos diferentes, em função de critérios comportamentais e psicográficos que adota. A monitorização no mundo *online*, permite identificar os sites que o visitante consulta, o tempo de demora em cada site, as preferências por tema e no fundo o seu rasto digital. Colocam-se dificuldades na identificação dos públicos segundo, critérios sócio demográficos, com a não identificação dos públicos internautas, devido à imposição de proteção de dados. Ou seja, através dos motores de pesquisa e do *clickstream* é possível entender os comportamentos (Dionisio *et al.*) mas pouco consistentes na caracterização dos públicos, nas variáveis relacionadas por exemplo com: faixa etária, sexo, educação, etnia, dimensão do agregado familiar, rendimento e profissão. Em suma, a segmentação dita tradicional pouco se aplica no *online*, esta última fortemente circunstancial.

Identidade visual: a identidade gráfica e a identidade física da organização

a) Identidade gráfica

No centro da imagem projetada por uma organização encontra-se a identidade visual, que configura, explícita ou simbolicamente, a sua identidade global, através do nome, símbolo, logotipo e cor que utiliza para se distinguir a si própria, às suas marcas e às suas subsidiárias (Balmer & Gray, 2003).

Como refere Aaker (1991) a par das funções primordiais de identificação e diferenciação, a identidade visual pode constituir-se ela própria como associação por analogia, alegoria, lógica, de forma emblemática ou simbólica (Villafañe, 1998), adquirindo, deste modo, também uma dimensão estratégica, enquanto comunicadora de uma intenção de posicionamento da CGD. O termo "imagem", como nos referimos anteriormente, conceptualiza a perceção que um determinado público tem da empresa, dos produtos e serviços que comercializa, o modo como atua em relação aos seus clientes, aos fornecedores, à comunidade em geral. No fundo, a imagem resulta de uma construção com base no conjunto de mensagens transmitidas (Capriotti, 2013). Francisco Garrido (2009) no livro "Comunicación de la Estrategia". Neste sentido, Comunicação Estratégica definida inclui diferentes formas de comunicar mensagens coerentes e que correspondam às expetativas dos públicos internos e externos (Garrido, 2017). A identidade de uma empresa, tal como a identidade de uma pessoa, corresponde ao conjunto de características e atributos que definem a sua essência (visíveis e não visíveis), e funciona como um estímulo que induz uma reação no recetor designada – imagem. Como refere Balmer, reação (a imagem) é influenciada pelas características do próprio recetor (padrões culturais, vivências e ideologias) por todas as suas atuações da empresa, as voluntárias e as involuntárias (Balmer, 1998).

A partir de 2018 a CGD define uma orientação comunicacional e também altera a imagem visual da Culturgest, com a intenção de obter um novo posicionamento estratégico, apresenta uma nova imagem gráfica. A criação de novos materiais gráficos constituiu mais um passo de comunicar a mudança, sobretudo concretizada pelo acontecimento, uma rutura simbólica do antes de 2018 e o depois de 2019. A mudança da entidade visual da marca inclui o desenvolvimento de uma nova identidade gráfica: alteração do logotipo da Culturgest, uma nova definição e desenho de todos os suportes de divulgação da programação e também da indicação dos espaços físicos, a opção pela mudança das cores do símbolo e estilo específico de letras e um novo *layout* do site. Os programas, em formato em papel e em digital, são incluídos no catálogo que anuncia os diversos eventos organizados pela Culturgest e também revelam um sinal de mudança com a progressiva maturação da sua imagem e um grafismo[280] visualmente mais sofisticado. Pela primeira vez na história da Culturgest, como Fundação que aconteceu em 2008, o grafismo é alterado (figura 36).

[280] Em relação a este propósito, cabe ainda registar que de 2004 a 2018, o grafismo dos catálogos manteve-se inalterado, de que são exemplo as capas apresentadas (fig. 36 e 37).

Figura n.º 36 – Catálogos de divulgação da Culturgest a partir de 2018

Fonte: Culturgest (2020b).

As alterações acontecem também ao nível da escolha de um novo logótipo da Culturgest, o que implica numa nova definição e desenho de todos os suportes de divulgação da programação. Visualmente mais apelativos contrastam com catálogos mono coloridos num formato que existia até ao ano de 2019 (figura 37).

Figura n.º 37 – Catálogos da Culturgest das temporadas anteriores a 2018

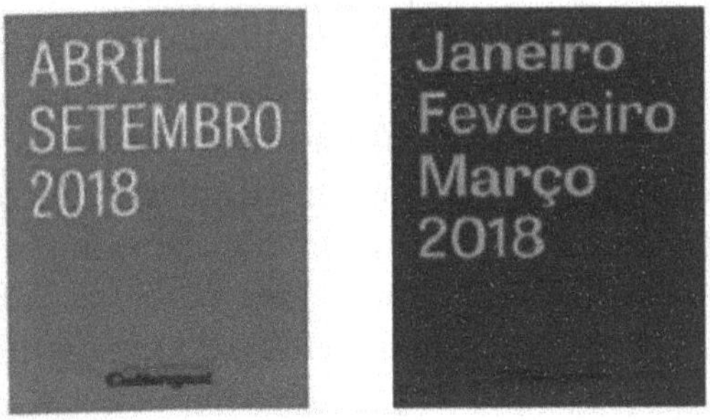

Fonte: Culturgest (2020b).

A mudança é extensiva à sinalética nos espaços físicos da Culturgest no Edifício da CGD. A atual estratégia com maior ênfase numa comunicação digital atribui uma menor representatividade à informação sobre a presença mediática. A informação é baseada no número de referências nos seguintes canais: imprensa escrita e digital, com abrangência nacional, regional e especializada, televisão e rádio. Exclui os canais privilegiados da divulgação da programação da instituição: o *Website* institucional e as redes sociais.

os dados de 2019 revelam um decréscimo na presença mediática, da Culturgest nos tradicionais meios de comunicação, comparativamente a 2018, quer em termos de referências (menções) quer em termos de valorização. Com base nas ferramentas mensuráveis, a Culturgest interpreta os números como um positivo reflexo estratégico da ação de comunicação nos meios digitais.

b) Um equipamento cultural com espaços apelativos, novo layout, etc

A livraria. Um canal de distribuição de produtos culturais

Em fevereiro de 2002, inaugura uma livraria especializada alocada à Culturgest, num espaço junto às galerias de exposições. Trata-se de uma referência especializada em arte contemporânea, que reúne uma ampla secção de escritos, entrevistas de artistas, escritos sobre arte, com especial ênfase na História e Teoria da Arte (Culturgest, 2019), onde é possível encontrar essencialmente, os catálogos das exposições da Culturgest, livros de artistas e autores consagrados, e autores de projetos editorais de escala mais reduzida (Culturgest, 2019). Enquadra-se numa estratégia integrada de comunicação, a Caixa Geral de Depósitos complementa o envolvimento com a Comunidade. A livraria consiste numa extensão da programação expositiva, com um horário de funcionamento diferenciado, e, consequentemente, encontra-se numa categoria de compra esporádica e ocasional. A abertura das portas (horário e dias de funcionamento) está condicionada pela existência de exposições nas Galerias da Culturgest. De acordo com o conceito de *marketing-mix*, a livraria da Culturgest no edifício da CGD é um ponto de distribuição da Culturgest.

Numa instituição cultural, a variável distribuição comporta três elementos: o canal de distribuição, a distribuição física e a localização do equipamento cultural (Colbert & Cuadrado, 2010, p. 184). E neste sentido é importante salientar que os espaços comerciais, como a livraria da Culturgest, consistem como um elemento indiretamente enquadrado numa Comunicação Estratégia de apoio à Cultura. Na perspetiva dos investigadores John Falk & Lynn Dierking (2016) autores do livro "*The Museum Experience*", que resultou de um estudo exaustivo sobre a experiência museológica, concluíram que os públicos valorizam experiências interativas nos equipamentos culturais. De acordo com o modelo, existem três fatores que contribuem para a experiência positiva: o contexto pessoal, o contexto sociocultural, e o contexto físico. "Cada um dos contextos é construído continuamente pelo visitante, e a interação entre eles cria a experiência do visitante" (Falk & Dierking, 2008).

O contexto físico corresponde à orientação do espaço físico, a arquitetura do equipamento cultural, o *design* das exposições, o contexto global da experiência do espaço físico. Neste sentido, na gestão dos equipamentos culturais deve ser incluída uma estratégia de acrescentar valor à experiência dos visitantes, muito para além das suas motivações pessoais relacionadas com as exposições e eventos. Os autores relevam igualmente a importância do contexto social cultural, a sociabilização ente outros fatores. O contexto social, que permite a interação e o consumo de produtos. No conjunto de produtos culturais de consumo individualizado, englobam-se as obras de arte, os livros, gravações de vídeos, etc. Ora, nesta perspetiva, a livraria da Culturgest comercializa produtos de consumo individual. A sua oferta está, geralmente, contextualizada pelo programa de exposições patente, e correspondem a pontos de distribuição localizados no Edifício Sede da CGD; significa que as áreas comerciais beneficiam do espaço geográfico e do efeito sinergético das infraestruturas cedidas pelo mecenas, com impacto da imagem institucional transmitida aos seus clientes. No âmbito cultural, importa referir que existem dois tipos de produtos culturais: uns de consumo coletivo e outros de consumo individual. Os primeiros correspondem a todos os que são consumidos de forma conjunta num determinado lugar e durante um certo espaço de tempo. Incluem, por exemplo, as modalidades culturais como aos espetáculos, exposições e filmes. Os segundos, os produtos de consumo individual podem ser desfrutados em qualquer hora e local. O consumidor é quem decide e constrói o seu "aqui e agora", "a hora de entrada e hora de saída" (Falk & Dierking, 2016).

Em suma é um local de venda especializada, com uma oferta dirigida a clientes específicos, a preços que tendem a ser acessíveis. A configuração da área comercial, nas organizações culturais, depende em grande medida do tipo de produto que comercializam, e, neste caso em concreto, é visível a disposição apenas de livros, maioritariamente em estantes com prateleiras ao longo das paredes (figura 38).

Figura n.º 38 – Livraria da Culturgest- edifício sede CGD Lisboa

Fonte: *Culturgest. Créditos de fotos Miguel Fever.*

Em 2019, para incrementar as receitas, houve um acréscimo no número de publicações editadas a preços acessíveis, e um aumento do volume de vendas (Culturgest, 2019). Aqui, o facto relevante é constatar que a livraria, originalmente destina-se a proporcionar uma oportunidade educacional e contribuir para o conhecimento. Pode-se ir mais longe, e afirmar que a motivação relativa à gestão da livraria, não pode ser encarada simplesmente como um fluxo de venda de livros. Antes pelo contrário. Corresponde a uma forma de envolvimento da CGD com a Comunidade, ao facilitar a inclusão social, a acessibilidade a produtos culturais de consumo individual e com o objetivo de maximizar o benefício da interação com os *stakeholders*, por meios da cultura. Exemplo dessa preocupação são as estratégias de Marketing das organizações culturais relativamente à definição dos preços dirigidos a um determinado público-alvo e que pode estar alinhada com objetivos de melhoria de imagem institucional e a política de preços para a captação de públicos. As organizações culturais sem fins lucrativos podem fixar o preço em função da imagem institucional que pretendem projetar e se objetivam refletir, no consumidor. A prática de preços de venda reduzidos na venda das publicações e livros, com uma estratégia de distribuição seletiva, corresponde a uma medida de inclusão e acessibilidade à compra de produtos culturais[281]. Em termos de política de preço, os preços praticados tendem a ser acessíveis à compra, embora superiores ao preço de custo de produção do espetáculo.[282] (Anexo B – imagens do espaço da Culturgest). Assim, a prática de uma determinada política de preços reduzidos de acesso às exposições, espetáculos e, neste caso em concreto, aos livros, é possível, justamente porque a CGD inclui a Culturgest; o que leva a concluir que corresponde a mais uma forma de beneficiar do mecenato da CGD na cultura. No período em análise [2018 e 2019] e como já referido, houve uma mudança estratégica que originou uma evolução das receitas próprias (receitas comerciais) resulta da venda de bilhetes de espetáculos, sobretudo do ciclo de música *pop* (*Caixa na Culturgest*), mas é também do acréscimo de vendas da livraria.

[281] Existem dois tipos de estratégias de distribuição: *push* e *pull*. Uma estratégia de distribuição seletiva elege as minorias de acordo com um específico critério. Com a estratégia *push*, a margem de benefício é maior.

[282] Relevado em entrevista a Miguel Lobo Antunes a 4 de junho de 2003.

CAPÍTULO 7
MECENATO PARA QUÊ?

Quais são as motivações empresariais para a prática de mecenato?

Percorrido o caminho definido pela hipótese, surge a ideia que conduz a pertinência da interrogação que se formula em *supra*, pois o mecenato está associado às grandes empresas, instituições de grande relevo nas áreas da cultura, desporto, educação e social. Não é pacífica a resposta. Como refere Lendrevie (2018), a principal motivação que está subjacente ao mecenato é apoiar, promover o bem-estar social através de donativos, com uma mensagem cívica e social, dirigida ao público em geral. Para outros autores como Philippe Baux (1991) as empresas independentemente da sua dimensão, objetivam a valorização social, e ao incluírem o mecenato nos parâmetros da responsabilidade social obtêm benefícios, entendidos como custos transformados em benefícios fiscais ou perdas do exercício, como está consignado no Estatuto do Mecenato.

Ora, o mecenato é uma das correntes de transmissão de valor das empresas para o bem comum. As evidências revelam que a prática de mecenato resulta de um paradigma de gestão da comunicação institucional, suportado numa política de sustentabilidade e envolvimento com a comunidade. No caso em estudo, a CGD segue uma estratégia de Comunicação Institucional, que tem uma conceção delimitadora da bondade da "missão", que é o pilar delineado para a prossecução de objetivos traçados. Os mesmos estão em conformidade com as metas de uma empresa sustentável, fiel aos seus compromissos éticos e, para a progressão social e económica da comunidade. Dentro da vertente social o ângulo de visão pode ser: **exógeno e endógeno.**

Ora, é sabido que as empresas financeiras beneficiam no mercado tão competitivo, quando emitem para a comunidade a mensagem de organizações politicamente sustentáveis nos três pilares: o negócio, o ambiente e o social. Assim sendo, a prática de mecenato insere-se, nos três pilares com destaque para o "**social**" sob as vertentes da Comunicação Estratégica e Comunicação Institucional, ressalvando a "**missão**" assente na Responsabilidade Cívica e Sustentabilidade social. Hallahan *et al.* (2007) O projeto de comunicação estratégica, é um instrumento de gestão bem orientado, no sentido da organização definir a aplicação das suas métricas, sob uma profunda avaliação, pois almeja afirmar a compatibilidade dos seus interesses com aqueles que são pertencentes à comunidade (Weil, 1990). No caso da presente obra podemos concluir que a CGD investe na promoção da cultura em diversas iniciativas. A Culturgest não é o único projeto. Antes pelo contrário, porém é o projeto que mais privilegia enquanto agente social na cultura e no conhecimento, estando os seus objetivos alinhados com os eixos estratégicos do pilar social. Neste sentido, o apoio à Culturgest cabe no exercício da responsabilidade social da CGD, no plano da promoção da arte e da cultura. A disponibilização de recursos, sob a forma de mecenato permite o desenvolvimento das atividades culturais, artísticas e científicas que constituem a sua finalidade e missão. A Culturgest tem vindo a exercer uma atividade cultural diversificada e multidisciplinar, com uma política de preços acessíveis à comunidade, promovendo a inclusão social, a formação e a componente pedagógica, uma participação de diversos grupos sociais de diferentes faixas etárias, desde crianças, jovens, adultos e público em geral. As contribuições das empresas geram efeitos colaterais positivos para a sociedade, consequentemente obtendo o que em economia se designa por externalidades positivas, pois as iniciativas culturais e artísticas pressupõem gastos elevados, quer na produção, quer na manutenção, razão pela qual os custos finais de uma produção artística são onerosos, por esse motivo, dificilmente seriam cobertos pelos preços de bilheteira pagos pelos públicos (Baumol & Bowen, 1966). Assim podemos inferir que é o financiamento que as instituições culturais beneficiam, que lhes permite praticar preços finais de ingresso mais reduzidos.

O mecenato facilita, assim, o acesso social a um maior número de pessoas, à cultura e promove uma maior inclusão social no domínio cultual e artístico, por outro lado, permite a existência de maior criação e produção artística. Os estudos científicos até agora desenvolvidos têm revelado que a maioria das empresas aponta essencialmente para dois tipos de motivações para o apoio à cultura: a primeira tem uma **dimensão social**, a empresa prioriza questões sociais e assume uma responsabilidade cívica e socialmente participativa; a segunda motivação relevante, consiste no reforço da *imagem e reputação*

(Kirchberg, 2003). Os dados que estão expressos no trabalho precursor de Maria de Lourdes Lima dos Santos *et al.*, realizado na década de 1990, já referido no presente livro, revelam uma dinamização que está de acordo com a conjuntura social e económica. Ora, devido às dinâmicas da globalização, desde a década de 1990 foram enormes as mudanças nos modelos de gestão das empresas, nos objetivos de comunicação estratégica e nas expectativas dos consumidores. Assim como outros desafios globalizantes, que se colocaram ao tecido empresarial português. Assim sendo, com base numa amostra de empresas portuguesas inquiridas, as principais motivações para a efetivação do mecenato, incidia sobretudo na dimensão externa: *a responsabilidade social e cívica* na perspetiva de inserção comunitária (53,3%); *reforço da imagem institucional e notoriedade* (47%) e a *relação com os públicos* (16,5%). De acordo com os dados revelados, no estudo sociológico, os benefícios fiscais não constituem o aspeto motivador para a prática de mecenato (Santos *et al.*, 1998, p. 162). A par das tendências internacionais, estes resultados complementam as conclusões realizadas noutras investigações científicas, no campo da Comunicação. Reis (2003) advoga no livro *Marketing Cultural e financiamento da Cultura: um estudo internacional comparativo* que os objetivos das empresas consistem em: (i) agregar valor à imagem institucional; (ii) ao prestígio e à reputação; (iii) motivar, manter e formar o público contribuindo positivamente para o ambiente interno da empresa; (iv) estabelecer relações duradouras com a comunidade local; criar uma comunicação direta e próxima com o público-alvo (Reis, 2003, p. 62). Ora, existe uma bifurcação. Atualmente, a par das tendências internacionais, as empresas, regem-se pelas diferentes teorias da comunicação estratégica e têm interesse em transmitir à comunidade que são cumpridoras dos princípios e valores éticos de responsabilidade social e cívica. Naturalmente, daqui advém sinergias com efeitos (i) exógenos e (ii) endógenos que se estabelecem com os públicos-alvo:

(i) ao nível na relação que estabelecem com a comunidade em geral.
(ii) relação com colaboradores da empresa mecenas (capital humano).

A CGD, envolvida nos paradigmas da Comunicação Estratégica e Institucional sob permanente escrutínio da opinião pública, consolidou as estratégias favoráveis para a sua imagem e reputação, que removeram os procedimentos clássicos e desatualizados do banco público. Assim sendo, atingiu as metas que consolidaram, a sua missão social nacional, num mercado deveras competitivo, marcado pelas mudanças geopolíticas que ocorreram no século passado. Ora, estes resultados positivos já avaliados são inequívocos, foram obtidos ao longo desta investigação multidisciplinar, baseada na metodologia analítico reflexiva do estudo de caso Caixa Geral de Depósitos – Culturgest, suportada pelas fontes primárias e secundarias, com a matriz doutrinária consultada e transcrita, sob a bússola metodológica que conferiu o suporte reflexivo e qualitativo. Infere-se através da leitura deste livro intitulado "O Mecenato Cultural como Instrumento de Comunicação: o caso CGD e a Culturgest" que as razões mais relevantes que respondem à questão supracitada "Mecenato para quê"? encontram resultados congruentes baseados em factos objetivos e como tal constatáveis ao longo da pesquisa. A evidência da implantação arquitetónica de um edifício, classificado inicialmente, pela comunicação social e outros atores sociais, de forma pejorativa de "mausoléu" "cofre de dinheiro" mas que teve um grande impacto num espaço citadino residencial, arquitetónico único, de grandes dimensões que aloja e suporta uma estrutura cultural; a reestruturação da comunicação organizacional do banco, com reflexos positivos e diretos na reversão da má imagem de outrora; reforço da reputação favorável da CGD; relação duradoura com os colaboradores e a comunidade, consequentemente os objetivos que estiveram subjacentes ao de comunicação foram atingidos. É neste desiderato que se ressalta a missão da instituição financeira, CGD através da Culturgest, servindo com o recurso ao mecenato, os desígnios estabelecidos no quadro jurídico estatutário, que visam a pretensão da redistribuição equitativa da riqueza do mecenas, através da cultura.

7.1. A marca. O reforço da imagem

Os mercados globais assistem a uma rápida mudança social e tecnológica que obriga as empresas a uma maior diferenciação, de forma a obterem um maior reconhecimento e aceitação competitiva. Ambicionam posicionarem-se com o recurso ao *marketing* como líderes de mercado[283], recorrem à comunicação integrada a par da promoção de uma postura de cidadania empresarial, participativa, diversificada por forma a incrementarem positivamente a imagem e reputação. Como resultado da dinâmica do mercado e da multiplicação de marcas, o conceito de marca tem vindo a ganhar importância no domínio

[283] O posicionamento em marketing corresponde ao lugar que a empresa dá ao produto no mercado com uma imagem de diferenciação (Lendrevie *et al.*, 2015, p. 345).

do *marketing*. Atualmente a marca revela-se como um capital intangível, uma mais-valia com relevância estratégica para as empresas, na medida em que promove a diferenciação e funciona como fator decisivo no comportamento de compra dos consumidores ou clientes. Um dos desafios que se colocam atualmente às empresas consiste em praticarem ações que provoquem associações no espírito dos públicos, capazes de criar relacionamento para associações positivas, forte e únicas. (Keller, 1993). As empresas procuram por meio da marca emitir sinais para obter respostas cognitivas, estabelecer mensagens emocionais junto do público-alvo, e consequentemente formular um reconhecimento positivo (Aaker, 1991). A função a que nos referimos está subjacente ao interesse económico das empresas posicionarem-se no mercado e conquistar associações à sua marca. Por outro, no ângulo de visão dos públicos-alvo, estes esperam coerência entre as práticas de atuação das empresas, como agentes económicos, os produtos que colocam no mercado e uma atitude ética e responsável, como agentes sociais que socialmente contribuem para o bem-estar social. Considerando a importância identificada na **imagem e reputação**, as empresas interessam-se por obter sistematicamente informação sobre estes indicadores e apurar a imagem que constroem "aos olhos da comunidade". Com este propósito, procuram aferir os efeitos do valor da marca em termos do conhecimento que o consumidor tem sobre ela e a forma como esse conhecimento influência o seu comportamento de compra e relacionamento.

A Teoria do capital de marca (*brand-equity*) ou o valor da marca referência *(brand-equity)*, tendo como princípio a conceção "realista" da marca, desenvolveu-se com o objetivo claro de procurar aferir o valor acrescentado que o nome de uma marca confere aos produtos e aos serviços e à empresa. No essencial, todas as abordagens teóricas interpretam os efeitos do valor da marca em termos do conhecimento que os públicos têm sobre ela e a forma como esse conhecimento influência o seu comportamento de compra. Na literatura científica, as duas principiais teorias para a avaliação do valor da marca tem duas diferentes linhas de pensamento: a abordagem defendida por David Aaker (1991) e outra abordagem defendida por Kevin Keller (1993). A primeira, a teoria do Modelo de Avaliação da Marca, apresentada por Aaker (1991), o pai do "*modern Branding*", foi pioneira na abordagem ao estudo sistemático da marca e defende que o capital da marca corresponde ao conjunto de ativos (disponibilidades) associados ao nome e símbolos da marca, que acrescentam ou retiram valor, aos produtos e serviços de uma empresa. Aaker advoga no seu livro *"Aaker on Branding: 20 principles that drive Success"* que o *branding* (valor da marca) deve ser o principal orientador das estratégias das empresas, sobretudo em mercados cada vez mais competitivos (2020). Na sua linha de raciocínio, os elementos mais importantes nesta aferição do valor da marca e respetivos benefícios, podem agrupar-se em quatro categorias: a "**notoriedade**" da marca; a "**fidelidade**" à marca (mede o grau de ligação desta ao consumidor) "**qualidade**" percebida (perceção que o consumidor tem da qualidade global), "**associações**" de marca (ativo associações) refere-se às correlações que os consumidores fazem relativamente à marca.

A "notoriedade" pode ser espontânea, quando a marca é citada de memória, sem necessidade de recurso a uma qualquer intervenção exterior, ou assistida, quando a capacidade de os consumidores recordarem e identificarem as marcas é sugerida, por exemplo, fazendo referência à categoria de produto a que pertence (Aaker, 1991). Por tal motivo, CGD procura aferir o valor acrescentado da marca, em termos do conhecimento que os públicos têm sobre ela e a forma como influencia os seus comportamentos. Por isso realiza estudos para entender os índices de notoriedade da sua marca no setor cultural[284]. Recorre a sondagens, estudos de marca, a informação qualitativa e quantitativa que obtêm sobre a atividade. Em termos gerais, a "notoriedade da marca "designa a força da presença da marca no espírito do consumidor, ou seja, a capacidade de este reconhecer ou recordar a marca. Como consequência as empresas medem a notoriedade (espontânea, total e *top-of-mind*, para averiguar o reconhecimento da marca, identificam o *top-on-mind awareness*, ou seja, procuram saber qual a primeira escolha espontânea dos consumidores e nos estudos de marca é colocada a pergunta "***Qual a marca que lhe vem à cabeça quando se fala de Cultura em Portugal?***"

Lencastre (2007) define marca como sendo:

> (...) o sinal de um benefício junto de um segmento-alvo" e "todo o dispositivo da marca vai no sentido mais estrito, é o seu posicionamento: é a primeira associação espontânea associação (***top of mind***) que um sinal da marca traz à mente de um indivíduo. (Lencastre, 2007, p. 63)

Uma segunda abordagem, corresponde ao Modelo de Avaliação da Marca desenvolvido por Kevin Keller. A teoria apresentada por Keller (1993) vai mais longe e divide as associações (ou conjuntos de informação sobre a marca que residem no espírito dos consumidores) em três categorias: 1) "atributos";

284 A ***brand awareness***, conceito em inglês, ou notoriedade da marca é uma das tarefas da comunicação (Castro, 2007).

2) "benefícios" e 3) "atitudes". Pode abranger a perceção que os públicos têm da marca em geral, tudo que os clientes ou consumidores aprenderam, viram, sentiram sobre a marca em consequência das vivências que tiveram ao longo do tempo. (Keller, 1993). O poder da marca reside em tudo (conjunto de representações mentais) e da reputação (a representação mental que suscita no público) e a forma como a mensagem condiciona os comportamentos e atitudes dos públicos (Flavian *et al.*, 2005; Nguyen & Lebanc, 2000).

Na generalidade os bancos procuram diferenciar-se no mercado, pela associação da sua marca a acontecimentos.[285] No caso "CGD e a Culturgest", o mecenato, corresponde a estratégias institucionais de valorização social para transmitir a imagem de um banco socialmente responsável na dimensão cultural e social. E alguns autores mais críticos, defendem que as empresas demonstram interesse pela prática de ações que reforcem positivamente a sua **imagem**, e nos últimos anos, a imagem do setor bancário tem sido negativa devido sobretudo à *performance* da banca:

> Os bancos, as companhias de seguros e as instituições financeiras utilizam bastante o mecenato, porque têm necessidade de valorizar a sua imagem junto do grande público. A atividade financeira é encarada negativamente e tal preconceito nasce da ideia de que os bancos são, de certo modo, inacessíveis porque funcionam como templos de dinheiro, reservados apenas aos poderosos. Historicamente os grandes banqueiros estão na base da criação de algumas fundações destinadas ao apoio das artes. (Mendes, 1991, p. 93)

Também os estudos da marca ganham relevância quando as empresas monitorizam o retorno do investimento das ações na cultura e o impacto na sua imagem:

> Várias questões se colocam a respeito do mecenato e o impacto da marca no setor cultural. O objetivo é relativamente fácil de mensurar,

[285] Segundo estudos de monotorização da marca realizados pela CISION Portugal, a marca CGD detém a elevada notoriedade na Banca portuguesa. Números oficiais divulgados publicamente sobre a reputação da marca revelam evoluir positivamente. De acordo com o *BrandScore*, a marca atingiu 28% de notoriedade *top-of-mind* e 68% de notoriedade espontânea, anos 2018 e 2019. Consta no barómetro, a reputação da marca mantém uma avaliação positiva nos atributos, que se podem considerar essenciais a uma entidade bancária: Ética, Solidez, Governance, Confiança e Transparência (CGD, 2019).

> no que se trata de divulgar uma marca, e, no caso de marcas bem estabelecidas no mercado, como acontece com os bancos, geralmente a notoriedade da marca tende a aproximar-se dos 100%, este acaba por ser um indicador fácil de aferir (Castro, 2007, p. 152).

A imagem institucional representa o primeiro ponto de contacto entre a empresa e os seus públicos (internos e externos). Deriva da interpretação daquilo que a empresas exprime ao longo de um período de tempo e não da perceção recolhida num único momento, em resultado, por exemplo, de uma Acão de comunicação. Por outro lado, a imagem institucional está associada **à opinião** que os diferentes públicos têm da empresa, da sua atividade ou utilidade social (Balmer & Gray, 2003).

Ora, no caso particular da CGD, foi possível constatar que recorre a diversas vias, para averiguar os impactos que ao longo do tempo obtêm ao nível da imagem institucional:

(i) o posicionamento, e se o público-alvo associa espontaneamente a empresa no apoio à cultura (rankings das empresas na cultura, que elencam as organizações que financiam a cultura).
(ii) posição de liderança relativamente a outros bancos concorrentes, e empresas de grande dimensão em Portugal. (ver anexo G- lista de bancos em Portugal).
(iii) a cobertura mediática com a recordação da opinião pública, para avaliar o potencial mediático e quantificar o valor a transferir para a marca CGD.

A cobertura mediática, permite aferir o conhecimento das ações da empresa é exposição nos *media*, ou seja, dar a conhecer ao público em geral os projetos que financia como mecenas. Tal é possível mediante uma analisa sistemática, ao apurar o número de notícias que constam na comunicação social com referência ao mecenas CGD. A contabilização da cobertura espontânea nos *media* (publicidade gratuita) designado *clipping* permite quantificar o espaço, o tempo de antena ocupado, as oportunidades de visualização, tendo em conta as audiências alcançadas, e ao valor do espaço editorial em função das tabelas de publicidade de cada órgão de Comunicação Social. Por último, valorizam a análise do *feedback* nos canais de comunicação digital, em geral. É pertinente salientar uma vez mais, que a CGD para além da Culturgest, a intervenção na cultura estende-se a diferentes modalidades como o cinema, as artes plásticas, a literatura, o design, e colabora com outras entidades externas que promovem eventos. (CGD, 2019). O reforço da imagem da CGD na cultura como mecenas, não se centra apenas na Culturgest, mas sim como mecenas de diversos projetos culturais e científicos que contribuem para o desenvolvimento social e cultural do país. A CGD apoia na área da Cultura, referimos outros exemplos:

- Projeto Orquestras, dedicado à música clássica tradicional e de fusão. Lançado em 2001, o projeto integra atualmente seis orquestras: Orquestra do Norte, Orquestra Clássica do Centro, Orquestra Filarmónica das Beiras, Orquestra Metropolitana de Lisboa, Orquestra Clássica do Sul e Orquestra XXI, entre outros projetos.[286]
- Festival das Artes e diversas outras iniciativas de aproximação da cultura à população portuguesa. Entre outros.

Neste sentido, o mecenato contribui para desenvolvimento social, e por isso os estudos do retorno não se podem limitar apenas no valor da marca, pelos modelos teóricos do valor da marca. Os estudos de marca que tem sido realizados dificultam a diferenciação entre as reações aos eventos que foram concedidos ao abrigo do Mecenato (donativos) e os eventos patrocinados, o que vai condicionar a posterior análise da informação. Não obstante, esta limitação permitem aferir a perceção dos públicos tem sobre a atividade mecenática da CGD tendo em conta à avaliação de aspetos intangíveis, como seja a imagem. Na sua maioria, os estudos realizados sobre a temática do patrocínio focalizaram-se no cumprimento dos objetivos de notoriedade, designadamente analisando os índices de recordação junto das audiências e menos atenção tem sido dada aos de mecenato dedicada aos temas relacionados com a imagem do evento e do agente que financia (Javalgi *et al.*, 1994).

Tendo presente que a **notoriedade da marca** se consegue através da exposição a um segmento de mercado tão alargado quanto possível (Aaker, 1991), as ações de patrocínio apresentam múltiplas oportunidades para conseguir objetivos de notoriedade. Atualmente nas sociedades de consumo,

286 A título de exemplo, durante o ano de 2008, a Fundação CGD – Culturgest apoiou iniciativas nas diferentes áreas culturais: Eventos de Dança, Teatro, Música, Circo e Cinema, os quais tiveram a assistência de cerca de 46.000 espectadores e envolveram 54 grupos, companhias e artistas a solo Conferências e Exposições a que assistiram respetivamente, 3.285 e 25.875 pessoas, e que tiveram como protagonistas 89 conferencistas e artistas No Serviço Educativo realizaram-se 529 atividades que envolveram 11.292 participantes e 29 formadores (CGD, 2008d).

as empresas tendem a investir no campo das indústrias de lazer e conteúdo, orientadas para a maximização de proveitos financeiros, audiências, redução de custos e impacto na imagem. Dirigido a um público de massas oposto a um publico homogéneo e único (Esquenazi, 2006, p. 39). Alcançam grande visibilidade, diferentes *targets*, com maior abrangência, geralmente um público jovem e urbano. Na sua maioria são produtos organizados num modelo de produção industrial, de entretenimento de comunicação de massas normalizado para consumidores (Hartley, 2004). Contudo, uma vez mais deixamos claro, que eventos com estas particularidades não correspondem a praticas de mecenato à cultura. Os fins são distintos. Pese embora promovam a imagem da empresa, caracterizam-se pelo primordial cariz comercial e obter cobertura na comunicação social. Consistem em eventos de grande escala, de massas, que arrastam grandes audiências e são ativos de comunicação valiosos, sobretudo do ponto de vista mediático. Caracterizam-se por proporcionarem ao patrocinador grande visibilidade notoriedade e originam receitas de bilheteira (Crowley, 1991) e trata-se de uma indústria dirigido a um público de massas, e em grande crescimento. Com a evidência empírica foi possível constatar que na estratégica de comunicação, a CGD diferencia praticas de mecenato e de patrocínio, conforme refletida nas entrevistas que realizámos aos interlocutores da CGD. (anexo A – entrevistas).

Exemplificamos com referência a alguns festivais de música financiados pela CGD sob a forma de patrocínio: Festival Caixa Alfama e Festival Caixa Ribeira; Festivais de Verão Vodafone Paredes de Coura; NOS Primavera Sound, MEO Marés Vivas, NOS Alive, SBSR, MEO Sudoeste[287], EDP Cool Jazz Fest, entre outros.

Caracterizam-se, genericamente, pela predominância de símbolos, *slogans*, frases persuasivas[288] e indutoras de consumo, nos suportes de comunicação dos eventos. Reforçamos a ideia, por exemplo, com as peças de comunicação utilizadas do festival de música Caixa Alfama, um evento com fadistas

[287] **MEO Sudoeste** é um dos eventos favoritos para muitas dezenas de milhares de festivaleiros, realizado na Herdade da Casa Branca, na Zambujeira do Mar há duas décadas.

[288] Nas campanhas comerciais de produtos do Banco foram apresentados alguns produtos financeiros associados ao evento: "a partir de 19 de agosto e até 6 de setembro estará disponível para subscrição o Depósito Festival Caixa Alfama – DP não mobilizável antecipadamente. Exclusivo para clientes particulares residentes, primeiros titulares da conta à ordem de referência e com vínculo Cliente Mais". Pretende-se, desta forma, promover a captação de recursos associada à oferta de bilhetes para um Festival inovador que dá nome ao Depósito e cuja dinamização junto dos clientes da Caixa é fundamental. O Depósito Festival Caixa Alfama é um Depósito a Prazo a 1 ano, não mobilizável antecipadamente e com pagamento semestral de juros/2013.

portugueses, que durante cinco anos ocorreu em Alfama, num dos bairros mais típicos de Lisboa, o qual assisti. Conformo se demonstra na Figura 38, podemos constatar que nesse evento existem mensagens da CGD (*slogans*), "***Banca-te eficazmente no Festival***", que incentivam o consumo de produtos e serviços bancários. Ou seja, a figura 38 refere-se a um evento patrocinado pela CGD com objetivos comerciais e não corresponde a mecenato. Neste caso que aqui exemplificado, a CGD (empresa patrocinadora) exige contrapartidas geradoras de retorno financeiro. Para além da capacidade de alcançar diferentes segmentos populacionais, a versatilidade do patrocínio permite ainda assegurar o cumprimento de funções que, habitualmente, são características de outras formas de Comunicação (Meenaghan, 1991). Por exemplo, no caso dos festivais de música é evidente a sua contribuição no âmbito da realização de ações de relações públicas, promovendo o desenvolvimento de contactos, institucionais e comerciais.

Figura n.º 38 – Imagem e *slogan* do evento Caixa Alfama

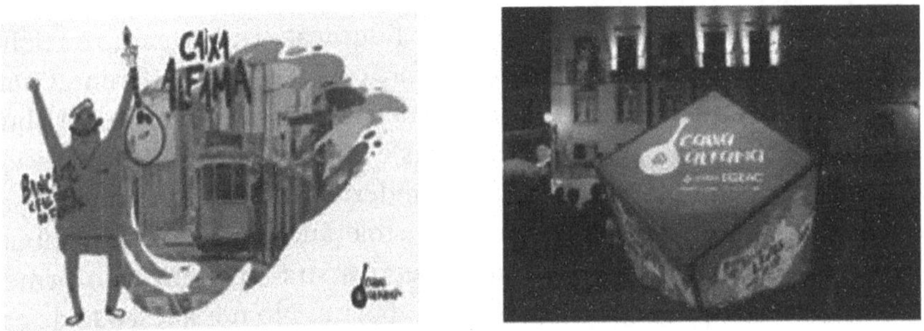

Fonte: Festivais de Verão.com (2017).

Na dimensão do *marketing* (Lindon *et al.*, 2011) o patrocínio é utilização da estratégia para a promoção comercial junto dos consumidores, e visa reforçar a notoriedade da CGD, das suas marcas e produtos e configura uma relação comercial entre duas partes. Ao contrário do patrocínio, o mecenato, pressupõe uma doação voluntária que decorre da intencionalidade da nobreza dos atos sociais, o bem estar social dos valores condizentes com a sua missão, contribuindo para o desenvolvimento sustentável sem que as empresas comuniquem diretamente mensagens que induzam ao consumo. Assim sendo o apoio mediante mecenato é um dos veículos de relacionamento da empresa com entidades externas, enquadrada na Comunicação Institucional deliberada pela organização sem um "fim mercantil" (Kunsch, 2003).

Empresas do tecido produtivo português que praticam mecenato cultural

Não é o objeto central do livro realizar um levantamento exaustivo e elencar todas as organizações que praticam mecenato cultural em Portugal. Contudo, é um aspeto importante a realçar que, nos últimos anos têm despertado a atenção projetos sociais muito meritórios apoiados por organizações que também praticam mecenato à cultura. A título de exemplo, como mecenas, no tecido empresarial destacam-se bancos como o Millenium (BCP)[289], Novo Banco, Banco Português de Investimento (BPI), Montepio, Santander e outras empresas de grande dimensão, como Galp, FNAC, a EDP, SONAE, Continente e a Delta Cafés. Estas organizações são reconhecidas por procedimentos englobados nas suas Políticas de Sustentabilidade. Para estes fins, as empresas financiam a cultura de forma direta ou por meio das suas próprias Fundações. Celebram protocolos com diversas entidades no qual estabelecem a promoção e difusão de projetos de modernização, valorização e promoção de atividades e outras atividades culturais. Assumem-se como agentes de criação de valor e de promoção da sustentabilidade em áreas de intervenção como a Cultura, a Ciência e Conhecimento Educação/Investigação e a Solidariedade Social entre outros. A empresa reforça os laços com diferentes públicos e ao associar-se a iniciativas culturais transfere para a sua marca atributos relacionados com as expressões artísticas e culturais, ou seja, a inovação, a criatividade, a contemporaneidade, a modernidade, o multiculturalismo, o respeito pela diferença, o vanguardismo, a tolerância entre outros atributos.

Assim, os mecenas conseguem projetar a sua imagem, conforme as características dos projetos artísticos que apoiam. No nosso estudo de caso, a preferência por Arte Contemporânea e uma Programação Cultural ousada, generalista, inclusiva, multicultural, inovadora e vanguardista deve-se justamente, a essa associação de atributos dos quais a empresa mecenas pretende beneficiar (Vilar, 2003), (Lopes, 2010), (Curvelo, 2009). A imagem institucional não é uma questão unicamente do emissor, mas também do recetor (Kapferer, 1992; Caproitti, 1992; Bassat, 1993). Nesta interface, a imagem que se cria na mente de quem observa, resultado de mensagens emitidas com um caráter conjuntural. Por esse motivo, as empresas, como no caso da CGD, preocupam-se em manter e incrementar, de forma sustentável a sua imagem junto dos públicos internos e externos, resultado da Comunicação Estratégica definida.

289

> (...) mas melhorar a imagem interna e externa significa também readquirir potencialmente um outro perfil social, associando os indivíduos em torno dos valores comuns da empresa e assumindo compromissos de implicação e responsabilidade social. (Conde, 1989, p. 124)

Os objetivos que concretizam por meio de mecenato à cultura e a subvalorização de incentivos imediatamente económicos com fiscais, como refere Conde (1989), acabam por se revelar secundários e funciona como instrumento de reconhecimento público e de legitimação da atuação da empresa, além da atividade estritamente económica.

7.2. Comunidade, mecenas e responsabilidade social

No conjunto das razões que motivam as empresas para a prática do mecenato consiste no interesse em estabelecerem uma relação duradoura com a Comunidade envolvente. No contexto dessa orientação, para além dos fatores anteriormente referidos numa perspetiva endógena, as empresas visam criar relações de afinidades, indo ao encontro de concretos interesses e necessidades de comunidades locais que possam contribuir para a melhoria da qualidade de vida das comunidades onde estão inseridas. Como mecenas, não se limitam a meros doadores de subsídios, como o mecenato tradicional. Vão mais além. Passam a assumir uma posição mais interativa e participativa, como agentes atuantes em projetos culturais valorizados pelas comunidades ou por públicos específicos, justificáveis pela responsabilidade social. Mesmo em períodos de contração orçamental, as empresas não se desvinculam como mecenas porque reconhecem a continuidade da sua função, pois não se esgota o vínculo estabelecido com a comunidade, o renome obtido, e o reconhecimento público.

"Temos a preocupação de atingir aqueles dois tipos de público, a nossa programação dirige-se a toda a população de Lisboa e arredores. Nem poderia ser de outra forma. A Culturgest não é um centro cultural de bairro. É uma instituição cultural com projeção nacional e internacional. Digo-o com a tranquilidade de não ter sido eu a "inventar" a Culturgest."[290].

Esta abrangência enquadra-se numa opção estratégica, alinhada com os valores institucionais no sentido de concretizar a intervenção em projetos

290 Entrevista realizada a Miguel Lobo Antunes a 3 de março 2013.

associados ao desenvolvimento económico e social. Em 2007, Palencia-Lefler publica o artigo intitulado "*Donación, mecenazgo y patrocinio como técnicas de relaciones públicas al servicio de la responsabilidad social corporativa*" e salienta que o mecenato é uma forma de expressão cívica, comunitária, cultural. Então identifica que o mecenas trata de encontrar um prazer estético e destaca-o socialmente. Quando os projetos se direcionam para a comunidade, uma das formas de monitorizar o sucesso é verificar o número de frequentadores das atividades, e acompanhar as opiniões dos *stakeholders* e da Comunicação Social (Reis, 2003, p. 123).

Assim, constata-se que ao longo dos anos, a ação de mecenato da CGD por meio da Culturgest tem beneficiado a comunidade por meio da oferta cultural: acesso a eventos culturais, criação de parcerias com instituições, universidades, escolas; a formação de públicos externos e públicos internos, a produção e coprodução de oferta cultural. Verifica-se que a CGD, no ciclo cronológico em que se engloba este livro (1987-2018), por meio da Culturgest, visa abranger a comunidade em geral, estimular a participação ativa de toda a comunidade.

> "Para além destes fatores, o crescimento do público foi sustentado por uma programação que assentou largamente na realização de concertos, espetáculos e conferencias de grande dimensão no Grande Auditório e na presença, nas galerias de artistas contemporâneos de renome, ativos em várias áreas da criação. A aposta em artistas experientes com percursos reconhecidos não significou, de modo algum, um desvio relativamente ao caráter contemporâneo da programação da Culturgest, mas abriu as portas a um público mais abrangente". (Culturgest, 2019, p. 6).

No contexto dessa orientação global, a Culturgest tem espelhado desde 2018, uma mudança de paradigma baseada na aposta de uma oferta com matriz multidisciplinar, abrangente com temas contemporâneos. Em síntese, abordámos as razões exógenas e endógenas que motivam as empresas para a prática de mecenato como instrumento de comunicação. Podemos concluir que, na perspetiva do nosso campo de estudo as empresas têm com fim primordial comunicarem com a comunidade em geral. Como agentes sociais contribuem para o desenvolvimento económico, social e cultural das comunidades onde estão inseridas, e simultaneamente obtém sinergias positivas ao nível da imagem e reputação. Na dinâmica própria das sociedades contemporâneas, o desafio que se coloca às empresas é a capacidade de uma forma inovadora, para a manutenção do equilíbrio das suas responsabilidades sociais e cívicas e os interesses empresariais. Ora, no nosso ponto de vista e, fazendo uma análise reflexiva sobre o contributo no sentido lado, que advém da oferta cultural da Culturgest, ressalta uma dúvida que se refere ao impacto com efeito prático na estratificada sociedade portuguesa. Quer na redução das desigualdades, inserção social, quer no sentimento de pertença, na dinamização para os patamares mais elevados da hierarquia social.

Não é um processo afirmativo ou mero exercício criativo, dirigido pela obrigatoriedade de uma postura crítica e reflexiva que reverte sobre investigador nas ciências sociais já demasiado imposta por Max Weber[291], Mills ou pelo estruturalismo funcional de Talcott Parsons. A questão recai sobre a realidade que ressalta sobre os públicos que frequentam e usufruem do equipamento cultural e, toda a programação subsidiada, sobretudo pelo mecenas CGD. Ora, embora os preços não sejam uma questão relevante que limite o acesso aos eventos e, o poder económico não seja a única variável a considerar, há outros fatores mais subtis que definem os comportamentos sociais. Pareto descreve os mecanismos na sua Teoria das Elites, referindo-se ao pequeno grupo que detém o poder, radicaliza e sublinha "as armas", que as elites utilizam, quando visam o controlo das massas, tendo como metas a sua neutralização e, a instrumentalização das utopias mobilizadoras, para o despertar de sentimentos de pertença. Esta visão, ainda que extremista merece o contraditório Dahl (1961) e Putnam (1976). No campo das ciências sociais, no nosso ponto de vista, o tema é pertinente e carece de investigação num estudo sobre o entendimento dos sentimentos díspares das elites – lucro e bondade – que apoiam o mecenato à cultura, sob os valores da responsabilidade social e, a efetiva redução das desigualdades sociais. Afigura-se-nos, como um mito ou utópico aceitar de forma apriorística, como real a homogénea absorção cultural de todos frequentadores da Culturgest. Muito embora não se coloque em causa a relação positiva com a comunidade, parece-nos que os públicos provenientes das elites serão os maiores beneficiários da Culturgest.

Ora, as desigualdades sociais não se diluem sem que para tal outros setores sociais, tenham uma intervenção, em concomitância com projetos para melhoria da saúde total, redução da pobreza, mais assertivos e menos assistenciais, focalizados na dimensão da dignidade humana. "O contributo dos diferentes agentes – Administração Pública Central ou Local, Universidades,

291 Weber Max (2015), *Conceitos Sociológicos Fundamentais.*

Associações empresariais, empresas, ONG – é indispensável para o desenvolvimento sustentável, marco a atingir para satisfação das necessidades e interesses saudáveis da população" (Batalha, A., 1997, p. 109). A OMS na cidade de Alma Ata, em 1978, definiu o conceito de Saúde Total, não como um estado de graça referente a ausência de doença, mas como, um bem-estar holístico, social, transversal ao bio-económico-psicológico-habitacional, no qual se inclui a cultura e a dignidade humana. W. Mills (1959) alerta para atualidade do mundo ocidental, que não produziu a indispensável libertação do ser humano, já que as principais ideologias desenvolvidas – capitalismo e socialismo – não se mostraram aptas e com o perspetivismo, para prever e controlar intensos processos de mudanças sociais no mundo globalizado. Pelo exposto, afigura-se que está em aberto um campo de estudo no âmbito das Ciências Sociais e Humanas.

"Aquilo que designo por conhecimento objetivo é formado por teorias, conjeturas, hipóteses, problemas, etc. O conhecimento objetivo não precisa de ser verdadeiro, pode ser uma conjetura que foi objeto de crítica e já submetida a alguns ensaios. Pode denominar-se conhecimento objetivo."

Karl Popper (2009)

O Conhecimento e o Problema Corpo-Mente

CONCLUSÃO

As conclusões que emergiram nesta obra referem-se ao envolvimento empresarial no apoio à cultura em Portugal. Como argumento principal, infere-se que as empresas financeiras têm um papel fundamental no apoio à cultura e, devem incluir o mecenato, entre as suas diferentes formas de comunicação, para uma interação eficaz com as comunidades onde se inserem.

Este desiderato é uma constante que está subjacente às questões que formalizadas como hipótese da investigação. Abordou-se o papel das empresas na cultura: as formas de contribuição, as causas e motivações, os benefícios que se obtem através da comunicação com a sociedade. No "estudo de caso" método optado para a investigação empírica, analisou-se o papel da CGD, a construção do seu lugar no apoio mecenático à cultura, por meio da Culturgest. Teoricamente desenvolveu-se uma abordagem sobre as origens e a evolução histórica do mecenato até aos nossos dias e evidenciou-se que o apoio à cultura não é um fenómeno recente nem apenas das sociedades ocidentais. Antes pelo contrário. A História revela que a generosidade na proteção às artes e à cultura ocorre há vários milénios também em países não ocidentais. Contudo, no mundo atual surge nas sociedades contemporâneas um novo fenómeno: os mecenas empresariais. A pesquisa realizada permitiu clarificar a distinção entre os diferentes conceitos: mecenato, patrocínio, filantropia, o filantrocapitalismo a nova filantropia dos bilionários globalistas, imagem e reputação institucional, como estratégia conceptual que permite situar o mecenato no processo de comunicação. A conceptualização é, aqui, essencial devido à ambiguidade com que os termos de financiamento privado à cultura surgem na literatura científica dedicada ao tema. Com efeito, a opção baseia-se no termo mecenato, que se traduz por *patronage* no idioma inglês, entendido como a proteção e doação voluntária para o apoio às artes e à cultura. A obra vem demonstrar que, ao longo dos séculos, a arte e a cultura são veículos de comunicação. Atualmente, as empresas, sobretudo, as de grande dimensão, financiam projetos culturais, motivadas pelo objetivo de comunicar com os seus públicos externos e internos.

Concluiu-se que a CGD tem um papel de promotor às artes e à cultura e a sua intervenção é ampla e abrange diferentes áreas. Como aspeto distintivo, de interesse, salienta-se que é o único banco exclusivamente de capitais públicos, no contexto da concorrência de bancos a operar em Portugal que possui um equipamento cultural com infraestruturas e programação cultural própria, através da Culturgest. Na cultura pretende ser um banco de referência e desempenhar um papel no desenvolvimento social do país. A CGD atua através da atribuição de donativos, em forma de mecenato, e na atribuição de patrocínios de projetos culturais, com objetivos estritamente comerciais na promoção de produtos e serviços financeiros. Mas é no mecenato que a CGD centra a sua estratégia principal no apoio à cultura. Em geral, com a participação no sector cultural, as empresas valorizam as contrapartidas mediáticas da promoção da atividade mecenática, procuram ganhos de imagem, de reputação institucional e agregação de valor à marca. A intervenção das empresas tem também consequências positivas que se refletem ao nível do enriquecimento do capital cultural numa sociedade. Analisado sob esta ótica, as políticas de envolvimento que as empresas definem para interagirem com a comunidade precisam de estar alinhadas com os interesses sociais, por forma a serem positivamente percetíveis e reconhecidas pelos públicos. Concomitantemente, mediante o contributo das empresas, as comunidades beneficiam do estímulo à economia em torno do setor cultural e do enriquecimento cultural.

A CGD, ao desenvolver a atividade mecenática, através dos subsídios atribuídos à Culturgest, contribui positivamente para a promoção da imagem do Banco. Simultaneamente, reforça o seu papel social como instituição civicamente responsável e assim obtém vantagens para a melhoria do seu prestígio e reputação na comunidade onde se insere. Verificamos que de uma maneira geral, a imagem que as empresas transmitem é determinada pelas suas estratégias de comunicação para com os seus públicos.

Conclui-se, que existe um desvirtuar da instrumentalização do conceito de mecenato, que na sua origem está ligado à discrição e ao altruísmo e pouca exposição do nome do mecenas. Contudo, a tendência revela que na verdade, atualmente, como mecenas, as empresas são motivadas pela exposição mediática, pela visibilidade e pela associação da sua marca a atividades de natureza social. O reconhecimento, o prestígio e a reputação estão subjacentes às ações mecenáticas de grandes empresas num mercado competitivo, onde patrocínio ou comunicação integrada com as técnicas de relações públicas, revelam-se insuficientes, assim, compreende-se as razões que impulsionam o mecenas para a exibição do seu nome e marca, para projeção da sua imagem pública. É nesta perspetiva, que os objetivos relacionados com o reforço de imagem e reputação são alcançados quando os públicos reconhecem na sua atividade mecenática realizada, como sendo uma empresa que está presente na cultura e com uma atitude civicamente responsável. Atualmente, uma das formas das empresas avaliarem o cumprimento dos seus objetivos de reconhecimento, como empresas financiadoras de projetos culturais, e medirem os impactos produzidos é por meio da realização periódica de estudos de imagem das marcas na cultura. Neste aspeto, constatou-se que existe uma necessidade por parte das empresas de melhorar os instrumentos de medição e os impactos causados medindo com periodicidade os resultados obtidos a partir do mecenato, para a obtenção de informação rigorosa sobre o perfil dos públicos-alvo. Durante a pesquisa, acedemos a estudos sobre o impacto da imagem e de notoriedade das marcas, solicitados pelo Banco a empresas externas, os mesmos comprovam que em termos gerais, em Portugal os públicos percecionam a CGD como uma empresa que financia a cultura. O investimento na cultura visa envolver públicos externos e públicos internos. Fazendo referência aos reflexos de imagem positiva, importa também referir que a pesquisa permitiu concluir que do ponto de vista dos públicos internos, as empresas que praticam o mecenato procuram, igualmente, obter sinergias positivas na comunicação institucional interna e que a prática de mecenato realizado seja bem aceite no interior da empresa. Através da sua aproximação às artes e à cultura buscam recolher benefícios para os seus próprios colaboradores, nomeadamente:

Transmitir os valores institucionais; reforçar a cultura organizacional e gerar emoções positivas; sentido de pertença; motivação; atração; retenção de talentos e fidelização à empresa. Para além do facto comprovado teoricamente, por vários estudos que têm provado, que as artes e a cultura estimulam a capacidade criativa e permitem encontrar novas aptidões e crescimento pessoal. A aprendizagem de linguagens estéticas fora do seu habitual ambiente de trabalho, estimula as capacidades criativas. Por último, a fruição de arte proporciona bem-estar no local de trabalho. Pese embora frequentemente, à luz do entendimento dos colaboradores, no interior da empresa, exista resistência na adesão e os gastos realizados em arte e cultura sejam avaliados subjetivamente como custos não prioritários.

Entende-se que, para além dos motivos referidos existe também a pretensão de aproximar os públicos internos da Caixa Geral de Depósitos à programação cultural da Culturgest.

Podemos inferir que, apesar das vantagens tributárias, os benefícios fiscais não constituem o principal fator de motivação para que as empresas apoiem a cultura e as artes. No que se refere às motivações, de acordo com o modelo de mecenato que vigora em Portugal, o Estado concede benefícios fiscais aos privados, em concordância com a lei, verifica-se que esses benefícios são um estímulo à participação de privados na cultura. O principal fator é a adequação da estratégia de comunicação que resulta de objetivos institucionais como empresa de referência no seu papel social de apoio à cultura. As principais motivações são a notoriedade e o reforço institucional, a responsabilidade social cívica e a relação com os seus públicos. A estratégia de envolvimento com a sociedade, a Caixa Geral de Depósitos, atua em diversas áreas de intervenção e a cultura é uma das diversas formas de participação. E, de acordo com dados apurados, no que respeita aos montantes investidos por área de intervenção, o mecenato à cultura, por meio do apoio à Culturgest, concentra um maior investimento de recursos. Entre as diferentes formas de financiar a cultura, o mecenato é o instrumento de comunicação prioritário no apoio ao setor cultural.

Concluiu-se que, apesar de atuar como mecenas em diversos projetos no domínio das artes e da cultura, a Culturgest é assumida como o eixo estratégico e a principal forma de atuação da CGD na cultura. O mecenato está relacionado com as estratégias de comunicação das empresas que diferem conforme as conjunturas políticas, económicas e de gestão empresarial. Os bancos tendem a criar as suas próprias Fundações e obter sinergias com impacto comunicacional. O caso da Culturgest confirma esta tendência. No livro reforça-se a ideia de que em diversos momentos da vida da CGD, a prática de mecenato foi sempre uma ação comunicacional. Na escolha pelas diferentes modalidades que constituem o *mix* de comunicação, nomeadamente a publicidade, o patrocínio, as relações-públicas, o mecenato é o instrumento utilizado de acordo com a ênfase da mensagem que a empresa pretende transmitir e a forma como espera que seja percecionada pelos públicos. Esta estratégia evidenciada através da análise aos quatro marcos temporais da história da CGD: 1987-1992; 1993-2008; 2008-2017, e por fim, na atualidade, a partir de 2018. Instituída em 1993, a Culturgest reflete a vontade da CGD em assumir uma responsabilidade cívica de apoio à comunidade.

A década de 90 coincidiu com um período de mudança do contexto macro económico e cultural: a entrada de Portugal na Comunidade Europeia, a modernização e transformação urbana da cidade de Lisboa, a experiência da Europália 91 e Lisboa Capital Europeia da cultura em 94. A CGD seguia a política económica do Estado, precisava de reger-se por uma lógica comercial, rejuvenescer a carteira de clientes, abranger audiências mais jovens, descolar-se da imagem desfavorável de banco popular, predominantemente direcionado para os funcionários públicos e reformados, enfrentar a abertura à concorrência, e adaptar-se aos desafios do novo sistema financeiro nacional e internacional. Simultaneamente, neste período sofria uma forte crise reputacional que afetava a relação do banco do Estado com os *stakeholders*, devido às polémicas geradas pela construção do edifício da nova Sede na cidade de Lisboa.

Neste primeiro período era necessário, desenvolver uma estratégia de comunicação, para melhorar a reputação e converter a imagem negativa de uma instituição pública antiquada, pouco comunicativa e de um banco conservador para um banco moderno. Além disso, era uma empresa detida por capitais públicos, que num período em que o Estado exigia esforços aos cidadãos, paralelamente, investia na construção muito onerosa de uma nova sede que ao tempo se dizia "faraónica". Para além dos custos, a comunidade criticava o banco público, pelo impacto urbanístico que as dimensões do edifício causavam à cidade, o desrespeito pela memória histórica e a não valorização do património cultural português, que evidenciava com a destruição dos vestígios da Fábrica de Cerâmicas Lusitânia, existentes no local da construção da sede. A empresa precisava de melhorar a imagem e a sua relação com a comunidade. A criação da Culturgest como compensação à comunidade, comprova a convicta ideia de que o mecenato se revela eficaz quando as empresas, pretendem valorizar a imagem, acrescentar valor social, contribuir para o desenvolvimento social e cultural de um país. Numa linha de continuidade com os objetivos específicos, que originaram a Culturgest, a CGD pretendia posicionar-se num mercado nacional e internacional, romper com a visão conservadora e ganhar uma visão dinâmica no mundo. Esses objetivos eram concretizados por meio da Culturgest, que privilegiava a produção cultural e a criação artística numa linha programática vanguardista, multiculturalista e contemporânea. A investigação permitiu concluir que, nas empresas, a adoção de uma estratégia de promoção da cultura depende dos recursos financeiros disponíveis, mas trata-se essencialmente de uma opção de gestão influenciada pelas caraterísticas pessoais dos seus líderes de topo, com visão e sensibilidade para os temas das artes e da cultura. Como se comprova com a liderança da CGD que esteve na fundação da Culturgest. Este estudo permitiu concluir que, em períodos de crise financeira, as empresas desinvestem no sector cultural e consequentemente, as organizações culturais tendem a enfrentar difíceis situações de gestão de recursos. Aconteceu sobretudo em Portugal, durante os anos de contenção orçamental e os condicionalismos específicos da política económica, entre 2011-2017. A crise financeira obrigou o Estado português a implementar medidas acordadas no Programa de Ajustamento Económico e Financeiro, imposto pela *Troika*. Nesse período, o setor bancário português perdia reputação e prestígio, como consequências da crise financeira e da *performance* da banca com impacto direto na vida dos cidadãos o que agravava a confiança da opinião pública no setor bancário. A CGD não fugia a este contexto e estava, igualmente, envolvida em polémicas, o que fragilizava a sua imagem institucional.

Nesse sentido e no que diz respeito à sua presença no sector cultural, embora com redução dos subsídios e diminuição de apoios a outros projetos culturais, optou estrategicamente por privilegiar a ação mecenática à sua própria Fundação. A aprendizagem decorrente deste período, confirma que as organizações culturais devem diversificar as suas fontes de recursos: estabelecer parcerias, trabalhar em rede com várias organizações internacionais e procurar mecenas de diferentes zonas geográficas, no sentido de assegurar maior autonomia financeira e criativa. Neste sentido, especificamente no que diz respeito ao resultado de análise aos marcos históricos da vida da Culturgest, confirma-se que no desenvolvimento da atividade mecenática da CGD, o processo de transferência de imagem que aconteceu por meio da Culturgest, contribuiu para os objetivos de reconversão de imagem institucional e consolidação de uma empresa civicamente responsável.

O mecenato tem impacto positivo no desenvolvimento do panorama cultural a vários níveis. Para além do apoio e sustentabilidade das instituições culturais já referido, reflete-se também no acesso dos públicos à cultura e às artes e na própria mudança do comportamento dos privados na indução de novos mecenas. Verifica-se que as contribuições das empresas geram efeitos colaterais positivos para a sociedade, o que em economia se designa por externalidades positivas. As iniciativas culturais e artísticas supõem um gasto elevado na produção e na manutenção. Os custos finais de uma produção artística são elevados e por esse motivo dificilmente podem ser cobertos pelos preços de bilheteira pagos pelos públicos. Significa que o financiamento de que as instituições culturais beneficiam lhes permite praticar preços finais de ingresso mais reduzidos. O mecenato facilita, assim, a participação e, socialmente um maior número de pessoas tem acesso à cultura. A aprendizagem adquirida através da experiência da Culturgest revela que as grandes empresas como os bancos podem contribuir não só financeiramente, mas também para uma mudança de comportamentos dos diferentes actores, empresariais e individuais, promovendo o surgimento de novos mecenas que exerçam o seu papel no exercício da cidadania. Ainda numa última consideração, importa salientar que a debilidade financeira das organizações culturais compromete a autonomia e a separação de poderes entre mecenas e beneficiários.

Na qualidade programática e na produção artística dos projetos que financia um equipamento cultural depende maioritariamente de um único mecenas, a excessiva dependência pode colocar em causa a autonomia na definição de uma linha programática; as necessidades de financiamento para sobrevivência, sobretudo de uma organização cultural indiretamente financiada pelo Estado, pode ter dois impactos: obrigar a ceder a objetivos empresariais, para chegar a públicos de massas; e rejeitar programações fora do *mainstream*, dirigidas a públicos específicos. Um projeto de caráter empresarial orientado para o mercado procura a rentabilidade e a sustentabilidade económica, baseado num raciocínio custo-benefício. Atualmente, verifica-se com frequencia que as empresas doadoras tendem a participar na definição de estratégias de gestão das organizações culturais que financiam. Como consequência desta maior participação, têm influência preponderante na gestão em função dos seus próprios objetivos. É importante notar que, como o lucro é o objetivo primordial das empresas financeiras, tendencialmente, as empresas resistem e com algum ceticismo aderem, quando solicitadas para ações de mecenato para as quais dificilmente conseguem justificar os seus benefícios, junto dos acionistas e restantes *stakeholders*. Não deixa de ser interessante a este propósito o confronto que existe entre o lucro, a generosidade e a bondade das intenções do mecenas. O mecenato é, pois, uma forma de diferenciação importante num mercado altamente competitivo como o sector bancário. O reforço positivo e a construção de uma imagem institucional (Capriotti, 2013) são possíveis graças ao financiamento de projetos duradores e sustentáveis como é o caso da criação de uma Fundação.

Os impactos do mecenato na cultura e o contributo das empresas na criação de riquezas culturais intangíveis numa sociedade são normalmente percetíveis numa distância temporal de longa duração, contrariamente ao que ocorre no financiamento de eventos pontuais, associados a agendas conjunturais para incrementar as vendas de produtos e serviços. No livro, defende-se uma maior participação de privados na Cultura e uma regulamentação que suscite mais interesse ao tecido empresarial. De acordo com o atual modelo de Estado-providência, que vigora na maioria dos países europeus, a despesa pública dirige-se, prioritariamente, por um lado, para as despesas sociais (educação, saúde e segurança social) e por outro para as despesas de soberania (segurança, defesa, justiça ou negócios estrangeiros) onde o mecenato é inexistente. A cultura constitui, por isso, uma oportunidade para as empresas complementarem o papel do Estado, acrescido o facto de terem maior autonomia na seleção de projetos a financiar e sem riscos de escrutínio público.

Nesta perspetiva, pode-se concluir que as empresas, independentemente da sua estrutura, devem adequar as suas estratégias de comunicação e intervenção na sociedade. Desta forma, podem contribuir positivamente para o desenvolvimento cultural de um país, aplicando também parte dos seus proveitos, em benefício da sociedade por meio de múltiplas formas: doação de dinheiro, a doação de espólios de livros, obras de arte criação de museus privados, atribuição de prémios, apoio a artistas emergentes, constituição de coleções de arte, apoio à produção e criação artística, criação de espaços expositivos, atribuição de bolsas de investigação, cedências de espaços e apoio logístico, a assistência técnica de forma "pro bono", a assessoria, e a disponibilidade de tempo, constituição de residências artísticas, financiamento à conservação, restauro e preservação de património cultural.

Pistas para novas investigações e limitações

"Deus quer, o homem sonha e a obra nasce"

No espírito e na "Mensagem" de Fernando Pessoa, esta obra representa a concretização de um sonho que se concretizou e expressa o gosto exacerbado pela investigação científica, num turbilhão de sentimentos provenientes da busca inacabada do saber e do conhecimento rigoroso, que a ciência nos pode proporcionar. Parte-se da convicção, que ainda há um campo muito vasto para investigação, sobre o mecenato à cultura em Portugal.

Não obstante, a investigação que originou esta obra tenha tido o foco na realidade mecenática de empresas de grande dimensão, a reflexão permite inferir, que existindo diversas formas de financiamentos e apoios privados à cultura, a reduzida participação de agentes económicos, coletivos e privados de pequena e média dimensão, é uma janela de oportunidades num campo de estudo que está em aberto, no que concerne a ausência de motivação, de estímulos e incentivos fiscais, que facultem a possibilidade de maior participação no apoio à cultura por parte de empresas de pequena dimensão. Efetivamente o "estudo de caso Caixa Geral de Depósitos e a Culturgest", demonstrou com clarividência, que a prática de mecenato enquanto estratégia recorrente de Comunicação Institucional da empresa (Philip Lesly, 1997), permitiu que a CGD definisse uma estratégia eficaz dirigida aos seus públicos internos e externos. De forma inequívoca e inquestionável para além da procura de prestígio, imagem e reputação foi motivada por uma conduta de responsabilidade social cívica, suportada por um processo de racionalidade de Comunicação Estratégica. A mesma pretendeu a promoção do desenvolvimento cultural, a inserção social de forma profícua, sendo a Culturgest a beneficiária do mecenas. O desempenho da instituição reflete uma liderança que privilegiou o gosto pelas artes e pela cultura, que beneficia os públicos internos e externos e, que intrinsecamente é a raiz mais profunda da bondade de um mecenas.

FONTES E BIBLIOGRAFIA

A elaboração da presente listagem de fontes e de bibliografia respeitou os princípios consignados nas normas APA aplicáveis. Foram criados seis grupos: 1. Fontes Arquivísticas; 2. Legislação; 3. Imprensa e Televisão; 4. Bibliografia; 5. Sites Institucionais 6. Webgrafia.

1. Fontes Arquivísticas

Arquivo Histórico da Caixa Geral de Depósitos; Arquivo Fotográfico Caixa Geral de Depósitos; Arquivo Fotográfico da Câmara Municipal de Lisboa; Hemeroteca, Arquivo Municipal de Lisboa; Depósito de documentos na Culturgest; Cópia do Ato Instituição Escritura Culturgest; Estatutos consolidados da Fundação Caixa Geral de Depósitos Culturgest; Relatório "*Os 10 anos de atividade. Culturgest – passado e futuro*", de 12 de março 2003.

2. Legislação

Assembleia Constituinte (1976). *Constituição da República Portuguesa*. Lisboa.

Leis

Lei n.º 127/1997, *Diário da República n.º 293/1997, 2º Suplemento, Série I-A de 1997-12-20.*

Lei nº 52A/2006, *Diário da República n.º 53/2006, Série I-A* de *2006-03-15.*

Lei n.º 53-A/2006 de 29 de dezembro. Atualização mais recente deu-se com a redação dada pela (DL n.º 322/2009, de 14/12). *Diário da República n.º 249/2006, 1º Suplemento, Série I* de 2006-12-29.

Lei n.º 1/2012, de 3 de janeiro, recenseamento das Fundações e a Lei-Quadro das Fundações. *Diário da República n.º 2/2012, Série I de 2012-01-03.*

Lei n.º 24/2012 de 9 de Julho. *Diário da República n.º 131/2012, Série I de 2012-07-09.* Diário da República, 1.ª série — N.º 131 — 9 de julho de 2012. Alterada pela Lei n.º 150/2015, de 10 de setembro.

Lei n.º 83-C/2013, de 31 de dezembro, Orçamento do Estado para 2014. *Diário da Repú-*

blica n.º 253/2013, 1º Suplemento, Série I de 2013-12-31.

Lei n.º 82B/2014, de 31 de dezembro. *Diário da República n.º 252/2014, 1.º Suplemento, Série I de 2014-12-31.*

Lei n.º 150/2015 de 10 de setembro. *Diário da República n.º 177/2015, Série I de 2015-09-10.* Lei das Fundações que substitui a Lei – Quadro das Fundações, aprovada pela Lei n.º 24/2012, de 9 de julho. Diário da República, 1.ª série — N.º 177 — 10 de setembro de 2015.

Decretos-Lei

Decreto-Lei n.º 185/81, de 13 de agosto. *Diário da República n.º 189/1981, Série I de 1981-08-19.*

Decreto-Lei n.º 258/86, *Diário da República n.º 197/1986, Série I de 1986-08-28.*

Decreto-Lei n.º 215/89, de 1 de julho, Estatutos dos Benefícios Fiscais relativos ao Mecenato. *Diário da República n.º 149/1989, Série I de 1989-07-01.*

Decreto-Lei nº 298 / 92, de 31 de dezembro. *Diário da República n.º 301/1992, 6º Suplemento, Série I-A. 6056-(24) a 6056-(51).*

Decreto-Lei n. º 77 /93, de 1 de abril de 1993, certifica os Estatutos da Culturgest, Gestão de Espaços Culturais, S.A. *Diário da República n. º 60/1993, Série I-A de 1993-03-12.*

Decreto-Lei n. º 287 /93, de 20 de agosto. *Diário da República n.º 195/1993, Série I-A de 1993-08-20.*

Decreto-Lei n.º 71/99, de 16 de março. *Diário da República n.º 60/1999, Série I-A de 1999-03-12.*

Decreto-Lei n.º 74/99, de 16 de março. *Diário da República I nº. 63/1999, Série -A.*

Decreto-Lei n.º 210/2007, de 31 de outubro. *Diário da República nº 103, Série I de 29-05-2007.* Ato que transforma a Culturgest – Gestão de Espaços Culturais, S.A. em Fundação Caixa Geral de Depósitos – Culturgest.

Decreto-Lei n.º 108/2008, de 26 de junho. *Diário da República n.º 122/2008, Série I de 2008-06-26.*

Decreto-Lei nº. 13-A/2013, de 8 de março de 2013. *Diário da República n.º 18/2013, Série I de 2013-01-25.* Presidência do Conselho de Ministros.

Decreto-Lei nº. 144/2019, de 23 de setembro. *Diário da República n.º 182, Série I de 2019-09-23.* Presidência do Conselho de Ministros.

Despachos

Despacho n.º 6420-C/2018 – *Diário da República 2.ª série — N.º 124 — 29-6-2018.* Renovação do Estatuto de Utilidade Pública da Fundação Caixa Geral de Depósitos – Culturgest com efeitos desde 1 de março de 2018.

Despacho n.º 4897/2008. *Diário da República n.º 210/2007, Série II, n.º 39 de 24-1-2008.*

Regulamentos

Regulamento do Conselho (UE) Europeu n.º 407/2010 de 11 de maio de 2010. Artigo 3(5) Memorando de Entendimento.

Regulamento do Conselho (UE) nº. 1295/2013 de 11 de dezembro de 2013.

Regulamento (UE) nº. 407/2010 de 11 de maio de 2010. Establishing a European financial stabilization mechanism, *Official Journal of the European Union*, L 118/1-L118/4. Conselho Da União Europeia.

Outros ofícios

Ofício n.º 7079, maio de 1982, o Instituto Português do Património Cultural (IPPC) abre o processo de classificação n.82/ 3.

3. Imprensa e Televisão (RTP e SIC)

A Capital; Diário de Notícias; Expresso; O Diário; O Jornal; Jornal de Letras; Público; Revista Marketeer.

Osório, L. (1999, 1 de março). *Entrevista a António Pinto Ribeiro* [Programa Portugalmente III]. Disponível em: https://arquivos.rtp.pt/conteudos/antonio-pinto-ribeiro/ [consultados a 10 de novembro de 2020].

Cautela, F. (2013, 29 de setembro). *Entrevista a Miguel Lobo Antunes, sobre a "Festa do 20º aniversário da Culturgest"*. Portugal: RTP 2-Radio Televisão Portuguesa.

Santos, R. L. (2005, 16 de março). *Entrevista a Isabel Alves Costa* [Programa Entre Nós]. Disponível em: https://arquivos.rtp.pt/conteudos/isabel-alves-costa-2/ [consultado a 12 de abril de 2020].

RTP (1991, 6 de fevereiro). *Restauros para a Europália 1991*. Lisboa: Autor. Disponível em: https://arquivos.rtp.pt/conteudos/exposicao-da-europalia-1991/

Barreiros. M (Produtor) (2019, 3 de abril). *Exposição "Dalaba: Sol D`Exil"* [Programa de televisão]. Lisboa: SIC Notícias Cartaz. Disponível em: http://pt.cision.com/cp2013/ClippingDetails.aspx?id=dc65f3e2-bb5b-41b9-af63-db8c3b3462f0&userid=a1bfe107-5ba2-41f5-a801-f074817e1827

4. Bibliografia

Obras de referência ou de caráter geral

AA. VV. (2004). *Públicos da Cultura*. Atas de Encontro 24 e 25 novembro, 2003, Observatório das Atividades Culturais, Lisboa.

AA. VV. (2001, abril). Colóquio *o Estado das Artes. As Artes e o Estado*. Atas de colóquio CCB, Observatório das Atividades culturais, Lisboa.

Aaker, D. (1991). *Managing Brand Equity: Capitalizing on the Value of a Brand Name*. New York: The Free Press.

A Capital. (1993, 13 de fevereiro). Mudanças começam em maio e demoram seis meses. *Jornal A Capital*, 21-21.

A Capital (1991, 14 de maio). Construção de Sede da CGD já matou 27 a 30 operários. *Jornal A Capital*, 13-13.

A Capital. (1991, 16 de outubro). CGD desmente braço de ferro com a Câmara. *Jornal A Capital*, Caderno principal, 13-13.

Adorno, T. (2003). *Sobre a Indústria da Cultura*. Coimbra: Ed. Angelus Novus.

Alexander, V. D. (1996). *From philanthropy to funding: The effects of corporate and public support on American art* (Tese de Doutoramento). Department of Sociology, University of Surrey, Guildford, Surrey. .

Alexander, V. D. (1996b). Monet for money? Museum exhibitions and the role of corporate sponsorship. In Martorella, R. (Ed.), *Arts and business: An international perspective on sponsorship* (pp. 215–223). Westport, CT: Ed. Praeger.

Almeida, C. & Darin, S. (Org.) (1992). *Marketing cultural ao vivo*. Rio de Janeiro: Ed. Francisco Alves.

Alderman, L. (2018, 22 de julho). Portugal Dared to Cast Aside Austerity. It's having a major Revival. *The New York Times*. Disponível em https://www.nytimes.com/2018/07/22/business/portugal-economy-austerity.html. [consultado a 20 outubro 2020].

Álvarez, J. *(2012). Manejo de la comunicación organizacional: espacios, herramientas y tendências em gestión de negocios*. Madrid: Diaz de Santos

Andrade, L. T. D. & Baptista, L. V. (2016). Public spaces: Interactions, appropriations, and conflicts. *Research In Urban Sociology*, (15), 19-34. https://doi.org/10.1108/S1047-004220160000015001

Andrés, A. J. (1993). *Mecenazgo y Patrocinio*. Madrid: Ed. Editmex.

Almeida, C. J. M. de (1996). *Fundamentos do marketing cultural*. São Paulo: Ed. Martins Fortes.

Appadurai, A. (1996). *Dimensões Culturais da Globalização. A Modernidade sem Peias*. Ed. Teorema

Appadurai, Arjun (1990), Disjuncture and Difference in the Global and Cultural Economy, *Public Culture*, 2, 1-24.

Argenti, P., Howell, R. & Beck, K. (2005) "The strategic communication imperative", *MIT Sloan Management Review*, 46, 3: 82-90.

Arizona, W. (2015). *Estado del Arte del Endomarketing, un enfoque de sostenibilidad* Santander: Universidad Industrial de Santander

Arendt, H. (2006). *Entre o Passado e o Futuro – Oito exercícios sobre o Pensamento Político*. Lisboa: Ed. Relógio d'Água.

Ariés, P. & Duby, G. (2009). *História da vida Privada – Do império romano ao ano mil*. São Paulo: Companhia das Letras.

Ariès, P. & Duby, G. (1992). *História da vida Privada – Da Renascença ao Século das Luzes* (R. Chartier & P. Ariès, Orgs.) São Paulo: Companhia das Letras.

Aron, R. (1966). *Peace and War. A Theory of International Relations*. Garden City, NY.Doubleday.

Azevedo, V. (1995, 16 de setembro). Privatização da CGD seria um grande sucesso. *Expresso - Caderno de Economia*, 1-2.

Azevedo, V. (1993, 27 de março). Limpeza Geral no Grupo CGD. *Expresso – Caderno de Economia*, 1-1.

Bachelard, G. (1986). *O Novo Espírito do Capitalismo. Lisboa: Edições 70.*

Bandeira, J. (1998). *Rivoli – Teatro Municipal 1913-1998. Breve história de 85 anos de espectáculos e acção cultural.* Porto: Edições Afrontamento.

Balmer, J. (2001). Corporate Identity, corporate branding and corporate marketing – Seeing through the fog. *European Journal of Marketing, 35*(3-4), 248-291. doi: 10.1108/03090560110694763

Balmer, J. (1998). Corporate Identity and the Advent of Corporate Marketing. *Journal of Marketing Management,* (14), 963-996. doi: 10.1362/026725798784867536

Balmer, J. & Gray, E. (2003). Corporate Brands: What are they? What of them? *European Journal of Marketing, 37*(7-8), 972-997. doi:10.1108/03090560310477627

Baptista, L. (2005). Territórios Lúdicos (e o que torna lúdico um território): ensaiando um ponto de partida. *Forum Sociológico,* (13/14), 47–58.

Baptista, L. & Pujadas, J. (2000). Confronto e Entreposição: os efeitos da metropolização na vida das cidades, *Fórum Sociológico, IEDS/UNL nº 3/4 (IIª série): 293-308.*

Baptista, L. (1999). *Cidade e Habitação Social: O Estado Novo e o programa das casas económicas.* Lisboa: Ed. Celta.

Bassat, L. (1993). *El libro Rojo de la Publicidad.* Barcelona: Ed. Folio.

Baumol, W. J. & Bowen W. (1966). *Performing Art. The Economic Dilemma: A Study of Problems Common to Theater, Opera, Music and Dance.* Cambridge, MA: The MIT Press.

Barreto, A. M. (2020). Measuring Brand Equity with social media. *Revista Prisma Social,* 28, 69-85.

Baux P. (1991). Modèles de persuasion et parrainage sportif. *Revue Française du Marketing, 131*(1), 51-67.

Batalha, A; Barros, C. & Santos, G. (1997). As Instituições Não-Lucrativas e a Acção Social em Portugal. Lisboa: Ed. Vulgata. Coleções: Estudos e Pesquisas Multidisciplinares

Becker, H. S. (2010). *Mundos das Artes.* Lisboa: Ed. Livros Horizonte.

Bekin, S. (2004). *Como praticar o Endomarketing.* São Paulo: Ed. Prentice Hall. Bell, J. (2002). *Como realizar um projeto de investigação.* Lisboa: Ed. Gravida.

Belleflamme, P. Lambert, T. e Schwienbacher, A. (2014), Crowdfunding: Tapping the Right Crowd, *Journal of Business Venturing,* 29, pp. 585-609.

Benedict, (1991). Public Money and the Muse: Essays on Government Funding for the Arts. *The American Assembly,* 288-288.

Benjamin, W. (1992). Obra de arte na era da sua reprodutibilidade técnica. (1936-1939). (M. L. Moita, Trad, 1980). In Benjamin, W, *Sobre Arte, Técnica, Linguagem e Política* (pp. 68-110). Lisboa: Ed. Relógio d'Água.

Bennet, R. G. (2010). Corporate philanthropy in the UK: altruistic giving or marketing communications weapon? *Journal of Marketing Communications, 3*(2), 87-109. doi: 10.1080/135272697345989

Benhamou, F. (2004). *L'économie de la culture* (4ª ed.) Paris: Ed. La Découverte.

Bergin, R. (1990). *Sponsorship and the arts: a practical guide to corporate sponsorship of the performing and visual arts.* Evanston: Ed. Entertainment Resource Group.

Besançon, T. (1994). *Nouveaux Enjeux du Mécénat en Europe.* Paris: Ed. Júris Service.

Betts, S. J. (2003). *Avaliação de retorno de investimentos em marketing cultural: Um estudo exploratório com cinco empresas em São Paulo e no Rio de Janeiro* (Dissertação de Mestrado). Fundação Getúlio Vargas, São Paulo. Disponível em https://bibliotecadigital.fgv.br/dspace;/bitstream/handle/10438/2220/1200300937.pdf?s equence=1&isAllowed=y [consultado a 6 de novembro de 2020].

Bonet, L., Castañer, X., & Font, J., (2011). *Gestión de Proyectos Culturales*. Barcelona: Ed. Ariel Practicum.

Bourdieu, P. (2001). *O Poder Simbólico* (4ª ed.). Lisboa: Ed. Difel.

Brammer, S. & Millington, A. (2008). Vale a pena ser diferente? Uma análise da relação entre desempenho social e financeiro corporativo. *Strategic Management Journal*, (29), 1325- 1343.

Brammer, S. & Pavelin, S. (2006). Corporate reputation and social performance: the importance of fit. *Jornal of Management Studies*, (43), 435-455. doi: 10.1111/j.1467-6486.2006.00597.x

Branco, M. (2017, 25 de outubro). Entrevista a Mark Deputter: a Culturgest vai ser mais pop. *Revista TimeOut*. Disponível em https://www.timeout.pt/lisboa/pt/ blog/entrevista-a-mark-deputter-a-culturgest-vai-ser-mais-pop-102517 [consultado a 20 de abril de 2020].

Brébisson, G. (1986). *Le Mécénat* (2.ª ed.). Paris: Presses Universitaires de France. Brent, L. (2007). *O Poder da Cultura*. Brasil: Editora Peirópolis.

Brites, J. (2014). *Arquitectura da CGDCP. Filiais e Agências da Caixa Geral de Depósitos, Crédito e Previdência (1929-1970)*. Lisboa: Ed. Prosafeita.

Brites, J. (2018). *Do Caixote à Caixa: Filiais e Agências do Banco do Estado (1929-1970)*. In Brites J. & Correia, L. (Coord.). *Obras Públicas no Estado Novo* (pp. 289-315). Coimbra: Imprensa da Universidade de Coimbra.

Caiado, A. & Caiado, J. (2006). *Gestão de Instituições Financeiras* (1.ª ed.). Lisboa: Edições Sílabo.

Calhau, F. (1993). *Arte Moderna em Portugal – Colecção de Arte da Caixa Geral de Depósitos*. Lisboa: Grupo Caixa Geral de Depósitos – Culturgest.

Calhau, F. (1995). *Arte Moderna em Portugal 2 – Colecção de Arte da Caixa Geral de Depósitos*. Lisboa: Grupo Caixa Geral de Depósitos – Culturgest.

Candelon, B. & Palm, F. C. (2010). *Banking and Debt Crises in Europe: The Dangerous Liaisons?* CESifo Working Paper Series, nº. 3001. Maastricht: The Economist. Disponível em: https://www.cesifo.org/DocDL/cesifo1wp3001.pdf

Caples, J. (1997). *Tested Advertising* Methods (5ª ed.). NY: Prentice-Hall, Inc. Capriotti, P. (1992). *La imagen de la empresa*. Barcelona: Ed. El Ateneo.

Capriotti, P. (2013). *Planificación Estratégica de la Imagen Corporativa* (4ª ed.). Málaga: IIRP - Instituto de Investigación en Relaciones Públicas.

Caplin, L. (1988). *The Business of Art*. NY: Ed. Prentice-Hall, Inc.

Carrillat, F. & Grohs, R. (2019). Can a replacing sponsor benefit? Consumer responses toward a new sponsor in the context of a sponsorship change *European journal of Marketing*, *53*(12), 2481-2500. doi: 10.1108/EJM-04-2016-0248.

Carrillo, M., García, M., Tato, J., & Castillo, A. (2013). *Los retos de la comunicación.* México: Pearson

Castells, M. (1999). *A sociedade em rede.* São Paulo: Ed. Paz e Terra. Castells, M. (2009). *Comunicación y poder.* Madrid: Alianza Editorial Castro, J. (2007). *Comunicação de Marketing.* Lisboa: Ed. Sílabo.

Cauwet, L. (2017). *La Domestication De L'Art. Politique Et Mécénat.* Paris: La Fabrique Éditions.

Cavaleiro, D. (2017). *Caixa Negra.* Lisboa: Ed. Oficina do Livro.

Cavaleiro, D. (2020, 10 de outubro). Emílio Rui Vilar sai da CGD no final do mandato. *Expresso*, 15-15.

Cazeneuve, J. & Victoroff, D. (1982). *Dicionário de Sociologia.* Lisboa: Ed. Verbo.

Centeno, M. (2012). *As Organizações Culturais e o Espaço Público. A Experiência da Rede Nacional de Teatros e Cineteatros.* Lisboa: Edições Colibri.

Chalendar, J. & Brédisson, G. (1987). *Mécénat em Europe.* Paris: La Documentation Française. Chandler, A. (1962). *Strategy and Structure.* NYC: Forgotten Books

Chaves, N. (1994). *La Imagem Corporativa. Teoria y Metodología de la Identificación Institucional.* Madrid: Pearson. Prentice Hall.

Chiavenato, I. (1993). *Introdução à teoria geral da administração* (4ª ed.). São Paulo: Makron Books do Brasil.

Chomsky, N. (2003). *Piratas e imperadores, velhos e novos, o terror que nos vendem e o mundo real.* Publicações Europa-América.

Clotas, P. (2009). *El Patrocinio empresarial Y cómo buscar patrocinador.* Barcelona: LID Editorial Empresarial.

Cobb, N. K. (1996). *Looking ahead: Private Sector Giving to the Arts and Humanities.* Disponível em: https://www.americansforthearts.org/by-program/reports-and-data/legislation-policy/naappd/looking-ahead-private-sector-giving-to-the-arts-and-humanities

Cobb, N. K. (2010). The New Philanthropy: Its Impact on Funding Arts and Culture. *The Journal of Arts Management, Law, and Society*, 125-143. doi: 10.1080/10632920209596969

Colbert, F. & Cuadrado, M. (2010). *Marketing de las Artes y la Cultura.* Barcelona: Editorial Ariel.

Conde, I. (1989). Mecenato Cultural: arte, política e sociedade. *Cadernos de Sociologia*, (7), 107-131.

Conde, I. (2009). Arte e Poder. *CIES e-Working Paper*, (62). Lisboa: Centro de Investigação e Estudos de Sociologia – ISCTE. http://hdl.handle.net/10071/1476

Conde, I. & Santos, M.L.L (1990). Mecenato Cultural, de empresas em Portugal. *Análise Social, XXV* (107), 376-376.

Cohen, R. (2015, Mar 13). *Top 10 Reasons to Support the Arts in 2015. American for the Arts.* Disponível em: https://blog.americansforthearts.org/2019/05/15/top-10-reasons-to-support-the-arts-in-2015 [consultado a 5 de novembro 2020].

Cohen, R. (2019, Oct 02). Top 10 Reasons to Support the Arts for National Arts & Humanities Month [Publicação em blogue]. Disponível em: https://blog.americansforthearts.

org/2019/10/02/updated-top-10-reasons-to-support-the-arts-for-national-arts-humanities-month

Cooley, C. (1909). The Significance of Communication. Chapter 6. *In Social Organization* (pp. 61-65). New York: Charles Scribner's Sons.

Costa, A. F. (2004). *Dos Públicos da Cultura aos modos de relação* com a cultura: algumas *questões teóricas e metodológicas para uma agenda de investigação.* Lisboa: Observatório das atividades culturais.

Costa, P. (2000). Centros e margens: Produção e práticas culturais na Área Metropolitana de Lisboa. *Análise Social, 34*(153), 957-983. Disponível em: http://www.jstor.org/stable/41011404 [consultado a 7 de novembro 2020].

Costa, P. (2009). *Estratégias para a Cultura em Lisboa.* Lisboa: Edição da Câmara Municipal de Lisboa.

Cordeiro, G. Í., & Baptista, L. V. (2015). Introduction: Lisbon places, urban experiences: Lisbon places, urban experiences. *Portuguese Journal of Social Science, 14*(2), 119-122. doi: 10.1386/pjss.14.2.119_7

Cornwell, T. B. (1995). Sponsorship – Linked Marketing Development. *Sport Marketing, 4* (4), 12-21. Disponível em: https://www.researchgate.net/profile/T_Cornwell/publication/330076141_ Sponsorship_Linked_Marketing_Development_SMQ_1995/links/5c2bd37ca6fdccfc70 76f32b/Sponsorship-Linked-Marketing-Development-SMQ-1995.pdf

Cornwell, T. B. & Maignan, I. (1998). International Review of Sponsorship research. *Journal of Advertising, 27*(1), 1-21. doi: 10.1080/00913367.1998.10673539

Cornwell, T. B. (2013). State of the art and science in sponsorship-linked marketing. In Dolles H. & Söderman S. (Eds.), *Handbook of Research on Sport and Business, Collection Business* (pp. 456-476). Massachusetts: Edward Elgar Publishing.

Cornwell, T. B. (2014). *Sponsorship in Marketing: effective communication through sports, art and events.* New York, London: Routledge.

Clotas, P. (2009). *El patrocinio empresarial y cómo buscar patrocinador.* Barcelona: LID Editorial Empresarial.

Clohesy, W.W. (2003). Fund-Raising and the Articulation of Common Goods, *Nonprofit and Voluntary Sector Quarterly*, vol. 32, no. 1, 128-140.

Crespi, F. (1997). *Manual de Sociologia da Cultura.* Lisboa: Editora Estampa.

Crutchfield, L., Kania, R., & Kramer, M. (2011). *Do More Than Give: The Six Practices of Donors Who Change the World.* San Francisco: Jossey Bass.

Cunningham, M. & Taylor, S. (1993). Event Marketing: The Evolution of Sponsorship from philanthropy to strategic promotion. *Sixth Conference on Historical Research in Marketing and Marketing Thought*, Atlanta, GA.

Cunha, P. & Granero, A. (2008). Marketing Cultural: Modalidades e Estratégias De Comunicação Institucional. *REC – Revista Eletrônica de Comunicação Uni-FACEF* 2008, Edição 6 – Jul / Dez. Disponível em: http://legacy.unifacef.com.br/rec/ed06/ed06_art03.pdf

Curvelo, R. (2009). *Marketing das artes em Directo.* Lisboa: Ed. Quimera.

Custódio, Jorge (1999). A História das cidades termina no século XX e não no século XVIII. *Pedra & Cal. Revista do Grémio das Empresas de Conservação e do Património Arquitetónico*, ano 1, (4) pp. 15-17. Disponível em: http://www.gecorpa.pt/Upload/Revistas/Rev4_Revista_Completa.pdf

Daniel, F. 1993 'Communication Institutionelle et d'Entreprise'. SFEZ, L. Dictionnaire Critique de la Communication. Tomo II. Paris: PUF. pp. 1177-81.

Dam, K. (2010). The Subprime Crisis and Financial Regulation: International and Comparative Perspectives. *Chicago Journal of International Law, 10*(2), 581-638.

Damon, W. & Verducci, S. (Eds.). (2006). *Taking Philanthropy Seriously*. Bloominghton: Indiana University Press.

Damascena, M. (2011). Marketing Cultural: visão, prática e objetivos da Comunidade empresarial, SEGet, *VIII Simpósio de Excelência em Gestão e Tecnologia.*

Dearlove, D & Crainer, S. (1995). *O Livro definitivo das Marcas*. São Paulo: Makron Books.

Debiesse, F. (2007). *Le Mécenat. Que sais-je*. Paris: Presses Universitaires de France.

Deboni, H. (2006). *Marketing Cultural: uma análise comparativa em bancos no brasil* [Dissertação de mestrado]. CMA – UFPR. Curitiba.

Debord, G. (1972). *A Sociedade do Espectáculo*. Lisboa: Edições Afrodite.

Deputter, M. (2008, 23 de maio). O novo teatro político: nada se perde tudo se transforma. (excerto). *Le Monde Diplomatique* (Edição portuguesa). Disponível em: https://pt.mondediplo.com/spip.php?article190 [consultado a 5 de novembro de 2020].

Devlin, M. & Billings, A. (2018). Examining confirmation biases: implications of sponsor congruency. *International Journal of Sports Marketing and Sponsorship*. doi: 10.1108/IJSMS-10-2016-0078

Dichter, E. (1985), What's in an Image. *Journal of Consumer Marketing*, 2 (1, Winter): 75-81.

Diário de Notícias (2012, 29 de fevereiro). Aprovada fusão entre Império Bonança e Fidelidade Mundial. *Jornal Diário de Notícias*. Disponível em: https://www.dn.pt/economia/aprovada-fusao-entre-imperio-bonanca-e-fidelidade-mundial-2334091.html [consultada a 4 de novembro de 2020].

Diário de Notícias (2006, 12 fevereiro). Problemas da cultura iguais em todo o lado. *Jornal Diário de Notícias*, 13-13.

Diário de Notícias (1982, 7 de maio). Cerâmica Lusitânia.

Diário de Notícias (1943, 27 de agosto). Segundo grande incêndio no Arco Cego. *Jornal Diário de Notícias.*

Dias, Z. (2013). *A construção da nova sede da CGD*. Lisboa: Gabinete do Património Histórico da Caixa Geral de Depósitos. Disponível em: https://www.cgd.pt/institucional/patrimonio-historico-cgd/estudos/pages/lancamento-primeira-pedra-sede-cgd.aspx [consultada a 4 de novembro de 2020].

Dimaggio, P. (1987). Classification in Art. *American Sociological Review, 52*(4), 440-455.

Dimaggio, P. (1987). Nonprofit organizations in the production and distribution of culture. In Powell, W., *The Nonprofit Sector: A Research Handbook*. New Haven: Yale University Press.

Dimaggio, P. (1982). Cultural entrepreneurship in nineteenth century. *Media, Culture, and Society*, *4*, 33-50.

Dionísio, P. (2009). *B-mercator.* Lisboa: Publicações Dom Quixote.

Donnat, O. (2005). La Connaissance des Publiques et La Question de la Démocratisation. *Culture & Recherche,* (106-107), 16-17. Disponível em: https://chmcc.hypotheses.org/237.

Drucker, P. (2006). *Managing NonProfit Organization.* New York: Harper Paperbacks.

Drucker, P. (2002). *Sociedade Pós-Capitalista.* Lisboa: Actual Editora.

Duarte, A. (2017). *O Colecionismo Privado de Arte Moderna e Contemporânea em Portugal.* Lisboa: Caleidoscópio.

Dwek, R. (1992). Doing well by giving generously. *Journal of Marketing,* (July 23), 16-18.

Eco, U. (2000). *A Definição de Arte.* Lisboa: Edições 70.

Eco, U. (1991). *Como se Faz uma Tese em Ciências Humanas* (5ª ed.). Lisboa: Editorial Presença.

Elias, N. (1987). *A Sociedade de Corte.* Lisboa: Editorial Estampa.

Encyclopedia Britannica (s.d.). *Medici Family.* Disponível em: http:www.britannica.com/EBchecked/topic/372380/Medici-family [consultado a 17 de Agosto 2012].

Epstein, M. (1993). The fall of corporate charitable contributions. *Public Relations Quarterly*, *38*(2), 37-39.

Esquenazi, J. (2003). *Sociologia dos Públicos.* Porto: Ed. Porto Editora.

Ettore, B. (1994). Don't just think global marketing. Breathe it. *American Management Association*, *83*(9), 39-39.

Expresso (2013, 27 de março). Vinte anos da Culturgest. *Expresso Revista*, 5-5.

Falk, J. & Dierking, L. (2016). *The Museum Experience Revisited.* New York, London: Ed. Routledge.

Faustino, P. coord. (2013). *Indústrias criativas, media e clusters.* Lisboa: Editora Media XXI.

Farris, P., Bendle, N., Pfeifer, P., & Reibstein D. (2010). *Marketing Metrics: The Definitive Guide to Measuring Marketing Performance* (2nd ed.). Upper Saddle River, Nova Jersey: Pearson Education, Inc.

Fenton, W. (2011). *The Sponsorship Handbook.* San Francisco. California: Jossey-Bass.

Ferin, I. (2002). *Comunicação e Culturas do quotidiano.* Lisboa: Ed. Quimera.

Fernandes, J. M. (1985, 25 de maio). A memória. *Expresso – Revista*, 14-16.

Fernandes, M. G. (1990, 4 de maio). Bancos seduzidos pela ostentação europeia. *O Jornal*, 32-33.

Ferreira, A. (2007). *Gestão Estratégica de Cidades e Regiões* (2ª ed.). Lisboa: Fundação Calouste Gulbenkian.

Ferreira, M. (1994). O Bairro Social do Arco do Cego — uma aldeia dentro da cidade de Lisboa. *Análise Social, 29*(127), 697-709. Disponível em: http://www.jstor.org/stable/41011027.

Figueiredo, A. (2009). *A especificidade na atuação dos bancos públicos – o caso da Caixa Geral de Depósitos* (Dissertação de Mestrado). Instituto Superior de Ciências do Trabalho, Lisboa.

Figueiredo, C. (1989, 8 de dezembro). Brechas em morarias. Vizinhos ameaçam processar a CGD. *Expresso* A13.

Figueiredo, C. (1993, 26 de junho). Cultura Sociedade Anónima. *Expresso. Revista* p. 6.

Flavián, C., Guinalíu, M., & Torres, E. (2005). The influence of corporate image on consumer trust: A comparative analysis in traditional versus internet banking, *Internet Research*, *15*(4), 447-470. doi: 10.1108/10662240510615191

Foddy, W. (1996). *Como Perguntar. Teoria e Prática da construção de perguntas em entrevistas e questionários.* Oeiras: Celta Editora.

Fombrun C. J. & Van Riel, C. B. (2018). *Fame & Fortune: How Successful Companies Build Winning Reputation.* USA: Prentice Hall.

Fortuna, C. (2006). A Cidade como comunidade? A precária resposta da teoria sociológica urbana. *Encontro de Saberes: Três Gerações de Bolseiros da Gulbenkian* (p. 127), 50 ANOS Fundação Calouste Gulbenkian, Lisboa.

Fortuna, C. (1997). *Cidade, Cultura e Globalização.* Lisboa:Celta.

França, J. A. (1982, 3 de julho). Um inimigo público: a Caixa Geral de Depósitos. *Expresso. Revista Actual.*

França, J. A. (1980). *A Arte e a Sociedade Portuguesa no Século XX.* Lisboa: Livros Horizonte. Franco, A. S. (1982). *Direito Financeiro e Finanças Públicas* (Vol. 2). Lisboa: Coleção Vega Universidade.

Francastel, P. (1983). *Arte e Técnica.* Oeiras: Ed. Livros do Brasil.

Featherstone, M. (2001). Culturas globais e Culturas Locais. In.: Fortuna, C. (ed.) *Cidade, Cultura e Globalização.* Oeiras: Celta pp. 83-103.

Freeman, L. & Walley, W. (1988). Marketing with a cause takes hold. *Advertising Age*, 59(21), 34.

Freeman, R. (2010). *Strategic Management: A Stakeholder Approach.* United Kingdom: Cambridge University Press.

Freeman, R., Palmar, B., & Harrison, J (2010). *Stakeholders Theory: the state of the Art.* United Kingdom: Cambridge University Press.

Friedman, G. (2012). *A Próxima Década. Onde temos estado e para onde nos dirigimos.* Alfragide: D. Quixote.

Friedman, M. (1970, September 13). The social responsibility of business is to increase its profits. *The New York Times Magazine*, 122-126.

Frota, G. (2017, 22 de dezembro) Mark Deputter quer "criar um grande público" para a Culturgest. *Público-Ípsilon.* Disponível em: https://www.publico.pt/2017/12/22/culturaipsilon/noticia/mark-deputter-quer-criar-um-grande-publico-para-a-culturgest-1796856 [consultado a 5 de novembro de 2020].

Frumkin, P. (2006). *Strategic Giving.* Chicago: University of Chicago. Fuelner, E. (1992). Giving by objective. *Chief Executive*, (75), 16-17.

Gabinete Moura George [GMG] (1991). *Europália 91.* Bélgica: Martine Baudin. Garcia, J. (1992, 19 de setembro). A Caixa-forte. *Expresso-Revista*, 21-24.

Garrido, F. (2004) *Comunicación estratégica. Las claves de la comunicación empresarial en el siglo XXI*, Barcelona: Gestión 2000.

Grant, D. (2010). *The business of being an Artist* (4th ed.). New Jersey: Allworth.

Gray, E. & Balmer, J. (1997). Corporate Identity: a vital component of strategy. *International Centre for Corporate Identity Studies.*

Greffe, X. (2002). *Arts and Artists from an Economic Perspective.* Paris: UNESCO Publishing.

Grégory, P. (1984). Sponsoring et mécénat: instruments de communication institutionnelle. *Revue. Française de Gestion,* (47-48), 163-175.

Gobin A. (1987). *Le Mécénat: histoire, droit, fiscalité.* Paris: Entreprise moderne d'édition.

Gomes, R.T; Lourenço, V. (2009). *Democratização Cultural e formação de Públicos: inquérito aos Serviços Educativos em Portugal.* Lisboa: OBS.

Gonçalves, J. P. (2017). *30.º Aniversário do Lançamento da Primeira Pedra do Edifício Sede da Caixa Geral de Depósitos.* Lisboa: Gabinete do Património Histórico da Caixa Geral de Depósitos.

Giddens, A. (2002). *O mundo na Era da Globalização.* Ed. Presença.

Guy, D. (1972). *A Sociedade do Espectátulo.* Lisboa: Ed. Afrodite.

Gurin, M. & Van Til, J. (2008). Understanding Philanthropy: Fund Raising in Perspective. *Journal of Library Administration, 12,* 3-14. doi: 10.1300/J111v12n04_02

Hadden, P. (1998). T*he artist's Guide to new Markets. Opportunities to Show and Sell Art Beyond Galleries.* New York: Allworth Press.

Hallahan, K., Holtzhausen, D., Van Ruler, B., Verčič, D. & Sriramesh, K. (2007) *"Defining Strategic Communication"*, International Journal of Strategic Communication, 1, 1: pp. 3-35.

Hartley, J. (2004). *Comunicação, Estudos Culturais e Media. Conceitos-Chave.* Lisboa: Quimera.

Haskell, F. & Gonçalves, L. (2008). *Mecenas e Pintores.* São Paulo: EDUSP. University Press.

Haskell, F. (1997). *Mecenas e Pintores – Arte e Sociedade na Itália Barroca.* São Paulo: EDUSP. University Press.

Hauser, A. (1954). *História Social da Arte e da Cultura.* Lisboa: Editorial Presença. Heller, A. (1982). *O Homem do Renascimento.* Lisboa: Ed. Presença.

Herzberg, F., Mausner, B., & Snyderman, B. (1959). *The Motivation to work.* New York: Transaction Publishers.

Hopkins, C. (2014). *My Life in Advertising and Scientific Advertising.* U.K, London: Merchant Books.

Horta, B. (2017, 17 de outubro). Mark Deputter: "A Culturgest tem de assumir uma nova posição". *Observador.* Disponível em: https://observador.pt/2017/10/17/mark-deputter-a-culturgest-tem-de-assumir-uma-nova-posicao/ [consultado a 23 de março de 2020].

Iglesia, R. (2012). *Arte, Empresa y Sociedade más allá del patrocínio cultural.* Vitoria-Gasteiz: Grupo Xabide.

Islas, O. (2005) *"De las relaciones públicas a la comunicación estratégica".* Chasqui, disponível em http:// chasqui.comunica.org/content/view/44/56/

Janson, H. (1984). *História da Arte. Panorama das Artes Plásticas e da Arquitectura da Pré-História à Actualidade* (3ª ed). Lisboa: Fundação Calouste Gulbenkian.

Janson, H. (1977). *História Geral da Arte – Renascimento e Barroco.* São Paulo: Martins Editor.

Javalgi, G., Traylor, M., Gross, A., & Lampman, E. (1994). Awareness of Sponsorship and Corporate Image: an empirical Investigation. *Journal of Advertising, 23*(4), 47-58. doi:

10.1080/00913367.1943.10673458

Jeffri, J. (1983). *Arts Money: Raising it, saving it, and Earning it.* New York: Neal – Schuman.

João, J. (2012). *A importância da mediação cultural na relação entre a escola e a instituição cultural* (Relatório Final de estágio de Mestrado). Universidade de Lisboa, Instituto de Educação, Lisboa.

Kapferer, J. (1992). *Strategic Brand Management:* New approaches to Creating and Evaluating Brand Equity. NYC: The Free Press

Keller, K. (2001). *Building Customer based Brand Equity. A Blueprint for Creating strong Brands.* Working paper. Report N. 1-107. MA. Cambridge: Marketing Science Institute. Keller, K. (1998). *Strategic Brand Management: Building, Measuring, and Managing Brand Equity* (1ª ed.). Upper Sadle River: Prentice Hall.

Kempers, B. (1992). *Painting, Power and Patronage: The Rise of the Professional Artist in the Italian Renaissance.* London: Allen Lane / The Penguin Press.

Kirchberg, V. (2003). Corporate arts sponsorship. *A Handbook of cultural economics.* edited by Ruth Towse, Massachussets, USA: Edward Elgar Publishing.

Kirchberg, V. (1995). Arts Sponsorship and the State of the City, *Journal of Cultural Economics*, 19, 305–20.

Kitchen, P. & Proctor, T. (2015). Marketing communications in a post-modern world. *Journal of Business Strategy, 36*(5), 34-42. https://doi.org/10.1108/JBS-06-2014-0070

Klein, N. (2001). *No Logo. El Poder de las Marcas.* Barcelona: Paidós. Koekemoer, L. (2004). *Marketing Communications.* Cape Town: Juta Academic.

Kotler, P. & Keller, K. (2012). *Marketing Management.* (14 th. ed.). New Jersey: Prentice Hall. Kotler, P. (2000). *Administração de marketing* (10ª ed.). São Paulo: Prentice Hall.

Kotova, O. (2012) – *Coleção da Caixa Geral de Depósitos. As linhas de orientação: política de aquisições e projetos expositivos* (Dissertação de Mestrado). Universidade de Coimbra, Coimbra.

Kotter, J.P. (1998). *Liderando Mudança.* 12ª Edição. Rio de Janeiro: Ed. Campus

Kramer, M. (2011). *Toward a Communication Model for the Socialization of Voluntary Members.* Communication Monographs, 78(2), 233-255. https://doi.org/10.1080/03637751.2011.564640

Krieken, J. V. (1989, 16 de setembro). CGD constrói o maior edifício do século. *Expresso – Revista*, 7-7.

Krugman, P. (2009). *O regresso da Economia da Depressão e a Crise Actual.* Lisboa: Editorial Presença.

Kunsch, M. (2003). *Planejamento de relações públicas na comunicação integrada.* São Paulo, SP: Summus

Kushner, R. (1996). Positive Rationales for Corporate Arts Support. In R. Martorella (Ed.), *Art and Business: An International Perspective on Sponsorship* (pp. 233-246). Connecticut: Praeger.

Lains, P. (2011). *História da Caixa Geral de Depósitos, 1974-2010. Política Nacional, Banca Publica e Integração Europeia.* Lisboa: Imprensa de Ciências Sociais.

Lains, P. (2008). *História da Caixa Geral de Depósitos, 1910-1974. Política, Finanças e Economia na República e no Estado Novo.* Lisboa: Imprensa de Ciências Sociais.

Lains, P. (2002). *História da Caixa Geral de Depósitos, 1876-1910. Política e Finanças no Liberalismo Português.* Lisboa: Imprensa de Ciências Sociais.

Laporte, A. (2009). El análisis de los públicos como instrumento de gestión: el Centro Cultural de la Fundación "la Caixa". In Bonet, L. & Castaner, X., *Gestión de proyectos culturales. Análisis de casos* (pp. 225-247). Barcelona: Ariel Património.

Latarjet, M. B. (2015). *L'action des fonds de dotation dans le secteur de l'art et de la culture.* Paris: Pro Cultura. Disponível em: http://admical.org/sites/default/files/uploads/basedocu/etude_fonds-de-dotation_procultura.pdf [consultado a 5 de novembro de 2020].

Laurent, G., & Kapferer, J. N. (1985). Measuring consumer involvement profiles. *Journal of Marketing Research, 22*(1), 41–53. doi: 10.2307/3151549

Le Goff, J. (2005). *A civilização do Ocidente Medieval.* São Paulo: University Press.

Leiderfard, L. (2013, 27 de setembro). A casa aberta. *Jornal Público,* 28-32.

Lefebvre, H. (1971). *O fim da história.* Lisboa: Dom Quixote.

Lencastre, P. (2007). *O Livro da Marca.* Lisboa: Dom Quixote.

Lendrevie, J., Lindon, D., Lévy, J., Dionísio, P., & Rodrigues, J. (2018). *Mercator 25 anos: o Marketing na Era Digital.* (17ª ed.). Lisboa: Publicações D. Quixote.

Lendrevie, J., Lindon, D., Lévy, J., Dionísio, P., & Rodrigues, J. (2015). *Mercator XXI: Teoria e prática do Marketing* (10ª ed.). Lisboa: Publicações D. Quixote.

Lipovetsky, G. (2014). *O capitalismo estético na Era da Globalização.* Lisboa: Edições 70.

Lipovetsky, G. & Serroy, J. (2010). *A Cultura Mundo.* Lisboa: Edições 70.

Llorente, J. (2011). *El patrocinio y el mecenazgo em la comunicación empresarial.* Madrid: Ed. Dyckynson.

Locke, E.A. e Latham, G.P. (1984). *Goal setting: A motivational technique that works.* Englewood Cliffs N.J: Prentice-Hall.

Loebl, S. (2010). *America's Medicis: The Rockefllers and Their Astonishing Cultural Legacy.* Nova York: Harpers-Collins Publishers.

Lopes; A. S. & Pontes J. P. (2010), *Introdução à economia urbana.* Lisboa: Fundação Calouste Gulbenkian.

Lopes, B. F. (2017, 13 de setembro). *Caixa fez desconto de 400 milhões na venda da Fidelidade. Revista Sábado.* Disponível em: https://www.sabado.pt/dinheiro/ detalhe/caixa-fez-desconto-de-400-milhoes-na-venda-da-fidelidade [consultado a 25 de abril de 2020].

Lopes, E. (2010). *Programação Cultural enquanto exercício de poder* (Tese de Doutoramento). Faculdade de Ciências Sociais e Humanas da Universidade Nova de Lisboa, Lisboa.

Lopes, J. (1998). *A Cidade e a Cultura. Um Estudo das Práticas Culturais Urbanas* (Tese de Doutoramento). Universidade do Porto, Porto.

Machete, R. (2002). *1986-2002 Zoom-Colecção de Arte Contemporânea Portuguesa da Fundação Luso-Americana para o Desenvolvimento.* Porto: Ed. Museu de Arte Contemporânea de Serralves, p. 42.

Madeira, C. (2002). *Novos Notáveis: Os Programadores Culturais.* Oeiras: Celta.

Mann, J. (2016). *From Mesopotamia to 1980s New York, the History of Art Patronage in a Nutshell.* Retirado do Website Art Sy: https://www.artsy.net/article/the-art-genome-project-from-mesopotamia-to-1980s-new-york-what-art-history-owes-to-its-patrons [consultado a 20 de outubro de 2020].

Mamontova, I. (2019). *Coleção da Caixa Geral de Depósitos: Contributos para a produção das exposições "Contra a Abstração" e "Coletivo de Curadores"* (Dissertação de Mestrado). Faculdade de Ciências Sociais e Humana da Universidade Nova de Lisboa, Lisboa.

Magistrali, S. & Szybowicz, A. (1990). *Esponsorización y Mecenazco.* Barcelona: Ediciones Gestión.

Martorella, R. (1996). *Art and Business: an international perspective on sponsorship*: Westport, CT: Praeger.

Martorella, R. (1990). *Corporate Art.* New Brunswick, NJ: Rutgers University Press.

Mateus, A. (2009). *A Grande Crise Financeira do Início do Século XXI.* Lisboa: Editora Bnomics.

Mateus, J.M (1999). Contribuição para um melhor conhecimento da história do fabrico do tijolo. *Pedra & Cal. Revista do Grémio das Empresas de Conservação e do Património Arquitetónico,* (4), 24-26. Disponível em: http://www.gecorpa.pt/Upload/Revistas/Rev4_Revista_Completa.pdf.

Mauss, M. (2003). *The Gift.* NYC: Routledge.

McGeer, B. (2003). Deciding when sponsorship can benefit a brand. *American Banker, 168*(81), 8-8.

Meenaghan, T. (2001). Understanding Sponsorship Effects. *Psychology and Marketing, 18*(2), 95-122. doi:10.1002/1520-6793(200102)18:2<95:AID-MAR1001>3.0.CO;2-H

Meenaghan, T. (1999). Media Effects in Commercial sponsorship European. *Journal of Marketing, 33,* 328-348. Disponível em: https://pdfs.semanticscholar.org/8544/ 7ba2b-71222c08ac5f5f837d9d782e1474b35.pdf

Meenaghan, T. (1993). Commercial Sponsorship. *European Journal of Marketing,* (7), 2-26. Meenaghan T. (1991), The Role of Sponsorship in the Marketing Communications Mix, *International Journal of Advertising, 10,* 35-47.

Meirinhos, R. & Barreto, A. (2018). A Comunicação Estratégica como Fator de Retenção de Recursos Humanos. *Media & Jornalismo, 33*(18), 75-90.

Melo, A. (2012a). *Sistema da Arte Contemporânea.* Lisboa: Edições Documenta. Melo, A. (2012b). *O que é a Arte.* Lisboa: Ed. Difusão Cultural.

Mendes, J. (2002). A empresa bancária em Portugal no século XX: Evolução e estratégias in *Gestão e Desenvolvimento, 11,* 39-56. Disponível em: http://www4.crb.ucp.pt/biblioteca/gestaodesenv/GD11gestao desenvolvimento11

Mendes, J. V. (1991). *Marketing, Patrocínio e Mecenato.* Lisboa: Texto Editora. Moita, I. (1994). *O livro de Lisboa.* (4ª ed). Lisboa: Ed. Horizonte.

Mollick, E. (2013). The dynamics of crowdfunding: An exploratory study. *Journal of Business Venturing,* 29, pp. 1-16.

Monereo, C. (2018). *Partnering your Business with Artists: a win-win relation. Case studies of Portugal.* Lisboa: Media XXI Formalpress.

Monier, A. (2019). *Nos chers "Amis américains" Une enquête sur la philantrthopie transnationale.* Paris: Presses Universitaires de France.

Moura-Carvalho (2020, 1 de maio), Voltar a olhar para o mecenato. *Público-Ípsilon.* Disponível em: https://www.publico.pt/2020/05/01/culturaipsilon/opiniao/voltar-olhar-mecenato-1914714 [consultado a 6 de novembro 2020].

Muylaert, R. (1993). *Marketing cultural & comunicação dirigida.* São Paulo: Ed.Globo.

Nantel, J. & Colbert, F. (1992). Positioning cultural arts products in the market. *Journal of cultural economics, 16*(2), 63-71.

Neves, A. (1998). *O Mecenato Cultural de Empresa* (Dissertação de Mestrado). Universidade do Algarve & Universidade Paris, Faro, Paris.

Nguyen, N. and Leblanc, G. (2001) Corporate Image and Corporate Reputation in Customers' Retention Decisions in Services. *Journal of Retailing & Consumer Services,* (8), 227-236. doi: 10.1016/S0969-6989(00)00029-1

O Diário (1982, 24 de abril). Demolição da Cerâmica Lusitânia ameaça conjunto de valor histórico. *Jornal O diário,* 7-7.

O Jornal (1990, 2 de novembro). Um edifício único para Sede da Caixa Geral de Depósitos. *O jornal – Especial Construção,* 13-13.

Odendahl, T. (1987). Foundations and the nonprofit sector. In Odendahl, T. (Ed.), *America's wealthy and the future of foundations* (pp. 27-42). New York: The Foundation Center.

O'Hagan, J. & Denice, H. (2000). Why Do Companies Sponsor Arts Events? Some Evidence and a Proposed Classification. *Journal of Cultural Economics.* 24(3):205-224. DOI: 10.1023/A:1007653328733.

Oliveira, J.M.P. (2004). O público não existe. Cria-se. Novos Media, novos públicos. In *Observatório das Actividades Culturais. Públicos da Cultura.* Lisboa: Observatório de Atividades Culturais.

Oliveira, L. (2018). *Escrita Científica. Da folha em branco ao texto final. Guia de boas praticas para dissertações, teses e publicações de investigação.* Lisboa: Ed. Lidel.

Oliveira, M. *Fotografia aérea da zona da Av. Oscar Monteiro Torres e terrenos da fábrica de cerâmica Lusitânia.* Lisboa: Arquivo histórico da Caixa Geral de Depósitos, Data da produção descritiva, 1989.

Olins, W. (2005). *A marca.* Lisboa: Ed.Verbo.

Ordanini, A., Miceli, L., Pizzetti, M. & Parasuraman, A. (2011), "Crowd-funding: transforming customers into investors through innovative service platforms", *Journal of Service Management,* 22 (4), pp. 443-470.

Pais, J.M. (1993). Na Rota do Quotidiano, (37) pp. 110-111. *Revista Critica de Ciências Sociais.*

Pais, J. M. (2002). O Estado das Artes: As Artes do Estado

Pais, J. M. (1995). O Espaço Público da Cidade. *Olhares,* pp. 45-51. Câmara Municipal de Lisboa.

Pais, J. M. (1989). Os Jovens e a Cidade. A Cidade em Portugal, pp. 65-92. *Centro de Estudos dos Povos e Culturas de Expressão Portuguesa,* Universidade Católica Portuguesa.

Pais, J. M. (1998). *As cronotopias das praticas culturais do quotidiano, in OBS, nº 4, Outubro,*

Lisboa: Observatório das Actividades Culturais, pp. 7-9.

Palencia-Lefler, M. (2007). Donación, mecenazgo y patrocinio como técnicas de relaciones públicas al servicio de la responsabilidad social corporativa. *Revista Anàlisi: quaderns de comunicació i cultura,* (35), 153-170.

Parés, M. (1994). *La nueva filantropía y la comunicación social: mecenazgo, fundación y patrocínio.* Barcelona: ESRP-PPU.

Parker, K. (1991). Sponsorship – legitimizing the medium. *European Journal of Marketing,* 25(2), 22-30.

Parks, T. (2009). *Os Medicis, banqueiros, diplomatas, mecenas na Florença do Séc. XV.* Lisboa: Editorial Presença.

Pérez Del Campo, E. (2002). *Comunicación fuera de los médios. "Below the Line".* Madrid: ESIC.

Pérez, RA. (2001) Estrategias de Comunicación, Madrid: Ariel. Pérez, RA. (2012) "Comunicación estratégica: sí claro". merci Pessoa, F. (2015). *Mensagem.* Lisboa: Porto Editora.

Piquet, S. (1991). Version antique et version moderne du Mécénat. *Revue Française de Gestion, Mars/April/Mai,* 5-17.

Piquet, S. (1985). *Sponsoring et mécénat: la communication par l'évenement.* Paris: Vuibert. Pinto, A. O. (2013) *Memória de um Gestor, Nove Anos na Presidência da Caixa Geral de Depósitos.* Lisboa: Mercado de Letras Editores.

Pires, L. (2004). *Teorias da Cultura.* Lisboa: Universidade Católica Editora.

Philip, A. (1980). *História dos Factos Económicos e Sociais.* Lisboa: Moraes Editores. Pomar, A. (1993, 26 de junho). Entrar nos Circuitos. *Expresso – Revista,* 69-71.

Pontes, F. (2012). *Ajuda da/à Troika: causas e impactos no sector bancário português, mestrado em Gestão Empresarial* (Dissertação de Mestrado). ISCTE Business School, Lisboa.

Popper, K. (2009). *O Conhecimento e o Problema Corpo e Mente.* Lisboa: Edição 70, p. 145.

Porter, M. (1980). *Competitive Strategy. techniques for analyzing industries and Competitors.* New York: The Free Press.

Porter, R. A. (1996). *ACA Guide to Corporate Giving.* New York: American Council for the Arts Books.

Ramires, M. (2018). *Galerias de Arte em Lisboa. Passado e presente* (Dissertação de Mestrado). Instituto Superior de Ciências do Trabalho e da Empresa, Lisboa.

Ramos, F. (2007). *Estratégias e Protocolo para a Comunicação Corporativa. Um valor acrescentado para as empresas e instituições.* Lisboa: Media XXI.

Rancière, J. (2010). *O Espectador Emancipado.* Lisboa: Orfeu Negro. Read, H. (1968). *O significado da Arte.* Lisboa: D. Quixote.

Reich, R. (2018). *Just Giving. Why Philanthropy is failing democracy and how it can do better.* New Haven: Princeton University Press.

Reich, R., Cordelli, C., & Bernholz, L. (2016). *Philanthropy in Democratic Societies: History, Institutions, Values.* Chicago, IL: University of Chicago.

Reis, A. (2003). *Marketing Cultural e Financiamento da Cultura: Teoria e prática em um estudo internacional comparado.* São Paulo: Thompson Learning Edições.

Reis, A. & Santos, R. (1996). Patrocínio e mecenato: ferramentas de enorme potencial para as empresas. *Revista de Administração de Empresas, 36*(2), 17-25.

Rendeiro, H. (2010). *Parcerias, receitas próprias e mecenato: desafios para a gestão museológica, O Museu de Francisco Tavares Proença júnior: um estudo de caso* (Dissertação de Segundo Ciclo). Faculdade de Letras da Universidade de Coimbra, Coimbra.

Repositório Institucional da Universidade Federal de Santa Catarina (s.d.). *Dicionário de Sociologia*. Disponível em: https://repositorio.ufsc.br/xmlui/ bitstream/handle/praxis/482/5023019-DICIONARIO-DE-SOCIOLOGIA.pdf? sequence=1&isAllowed=y

Ribeiro, A.P. (2011). *Questões Permanentes*. Lisboa: Edições Cotovia. Ribeiro, A.P. (2009). *À Procura da Escala*. Lisboa: Edições Cotovia.

Ribeiro, A. P. (1998). A Cultural em Portugal no final do século: entre a abundância e a miséria, *Observatório das Actividades Culturais*, (3), 4-6.

Rodrigues, A. D. (1994). *Comunicação e cultura. A Experiência Cultural na Era da Informação* (3ª ed.). Lisboa: Edições Presença.

Rosa, M. J. (2000). *Análise Social, 34*(153), 1045-1055.

Rosanvallon, P. (1986). *A Crise do Estado Providência*, Editorial Inquérito, Lisboa, e Pereira, Miriam Halpern. «*As origens do Estado Providência em Portugal: as novas fronteiras entre o público e o privado*», in Teixeira, Nuno Severiano e Pinto, António Costa (coord.). A Primeira República Portuguesa. Entre o liberalismo e o autoritarismo, Lisboa, Colibri, 1999, pp. 47-76.

Roselló, A. & González, J. (2014). *Manual de Tiendas de Museos*. Madrid: Editorial: Trea Ediciones.

Rother, L. (2009). Promoting the arts at the Deutsche Bank: means to an end? Implementing the concept of art in the workplace at the bank's headquarters in Frankfurt. *Zeitschrift für Unternehmensgeschichte, 54*(2), 158-178.

Rua, H. (2017, 26 de julho). Entrevista concedida por Fernando Nogueira. Devia haver mais marcas a fazer mecenato. *Executive Digest.pt*. Disponível em: https://executivedigest.sapo.pt/devia-haver-mais-marcas-a-fazer-mecenato/ [consultada a 6 de novembro de 2020,17:30].

Salgueiro, J. (2002). Perspectivas da banca portuguesa. *Cadernos de Economia, 61*, 48-51.

Salema, I. (2020, 5 de fevereiro). Bruno Marchand uma nova geração de curadores que chega à Culturgest. *Público-Ípsilon*. Disponível em: https://www.publico.pt/2020/02/05/culturaipsilon/noticia/curador-bruno-marchand-substitui-delfim-sardo-culturgest-1902930 [consultado a 5 de novembro de 2020].

Samuelson, P. (1973) *Economia*. I Volume. Lisboa: Fundação Calouste Gulbenkian. Santos, J. R. dos (2001). *Comunicação*. Lisboa: Coleção Mocho.

Santos, L. (2009). Relaciones públicas: patrocinio y mecenazgo public relations: sponsorship and patronage. *Revista de Comunicación Vivat Academia, 109*, 63-76.

Santos, M. L. dos (Coord.) (1998). *10 anos de Mecenato Cultural em Portugal*. Lisboa: Observatório das Actividades Culturais.

Santos, M. L. dos (1994). Cultura, aura e mercados. In Melo, A. (Coord.), *Arte e Dinheiro*. Lisboa: Assírio & Alvim.

Santos, R. (2007). *Indústrias Culturais – Imagens, valores e consumos.* Lisboa: Edições 70.

Sarcovas, Y. (1992). Negociação do projeto cultural. In C. Almeida & S. Darin, *Marketing cultural ao vivo* (pp. 144-153). Rio de Janeiro: Ed. Francisco Alves.

Sardo, D. (2009). *Abrir a caixa – Obras da Colecção da Caixa Geral de Depósitos.* Lisboa: Fundação Caixa Geral de Depósitos – Culturgest.

Schultz, D., Tannenbaum, S. & Lauterborn, R. (1994) *The new marketing paradigm. Integrated marketing communications.* Chicago: NTC Business Books.

Seabra A. (2013, 21 de março). Duas décadas passaram. *Público,* 3-3.

Severino, T. (2014). Cultural Sponsorship and Entrepreneurship and entrepreneurial mistrust. In Aiello, L. (Ed.), *Handbook of research on management of Cultural Products. E- relationship, Marketing and accessibility Perspectives.* Hershey PA: Business Science Reference.

Shanke, R. (2007). Angels in the American Theatre: Patrons, Patronage, and Philanthropy (Theatre in the Americas). *The Journal of American Culture, 30*(3), 334-335. doi: 10.1111/j.1542-734X.2007.00562.x

Shirky, C. (2011). *Cognitive Surplus: How Technology Makes Consumers into Collaborators.* London: Penguin Group.

Singer, P. (2004). *Um Só Mundo. A Ética da Globalização.* Lisboa: Gradiva

Silva, A. (2005). Como Financia o Estado as Actividades Culturais? *Observatório das Actividades Culturais, Novembro* (4), 75-93.

Silva, A. (1997). Cultura: das obrigações do Estado à participação civil. *Sociologia: Problemas e Práticas,* (23), 37-48.

Silva, M. R. (2017, 25 de agosto). Há novidades na Culturgest e no Maria Matos (e menos consumo de papel). *TimeOut.* Disponível em: https://www.timeout.pt/lisboa/pt/blog/ha-novidades-na-culturgest-e-no-maria-matos-e-menos-consumo-de-papel-082517 [consultado a 5 de outubro de 2020].

Silva, T. (2008). *Utilização do Patrocínio Como Estratégia para Reforçar a Imagem Institucional. Caso da Caixa Geral de Depósitos* (Dissertação de Mestrado). Instituto Superior de Economia e Gestão, Lisboa.

Simon, N. & Eshet, M. (2009). *Le Mécénat, Valeur Actuelle. Quand la Société peut compter sur l'entreprise.* France: Editions Gallimard.

Skinner, B. & Rukevina, V. (2003). *Event Sponsorship.* Hoboken, N.J.: John Wiley & Sons, Inc.

Soares, L. B. (1994). Lisboa – As Bases do Novo Planeamento da Cidade *(1990-1994). Finisterra, XXIX* (57),147-156.

Soros, G. (2008). *The New Paradigm for Financial Markets: The Credit Crisis of 2008 and What It Means.* New York: Public Affairs.

Stadler, J. (s.d.). *Shaping philanthropy.* Zurich: UBS. Disponível em: https://www.ubs.com/global/en/wealth-management/uhnw/philanthropy/shaping-philanthropy.html.

Stutts, N. B. (2017). Philanthropy in democratic societies: History, institutions, values by Rob Reich, Chiara Cordelli, and Lucy Bernholz. *Journal of Public and Nonprofit Affairs, 3*(2), 235-237. doi:10.20899/jpna.3.2.235-237

Szybowicz, A. & Magistrali, S. (1990). *Esponsorización y mecenazgo.* Editorial: Géstion 2000.

Tavares, V. (2016). *Gestão das Marcas*. Lisboa: Escolar Editora

Tavares, M.S. (1988, 29 de novembro). A ordem é rica? *A Capital. Caderno principal*, 7-7.

Teixeira, J. (2019). O mecenas: responsabilidade social e projeção de uma imagem, Secção 30 anos do legado do Comendador Nogueira da Silva. *Revista Forum, 38* . Disponível em https://revistas.uminho.pt/index.php/forum/article/view/2054 [consultado a 10 dezembro 2019].

Teixeira, N. S. & Pinto, A. C. (2012). *The Europeanization of Portuguese Democracy*. NYC: Columbia University Press, New York.

Throsby, D. (2001). *Economics and Culture*. UK: Cambridge University Press

Tiago, M.C. (2010). Bairros Sociais da I República: projectos e realizações», Ler História 59 | 2010, URL: http://journals.openedition.org/lerhistoria/1413; DOI: https://doi.org/10.4000/lerhistoria.1413.

Tironi, E. & Carvallo, A. (2011). *Comunicación estratégica*. Chile: Taurus.

Towse, R. (1997). *Cultural Economics: The Arts, The Heritage and The Media Industries* (Vol. I.). Chaltenham, United Kingdom: Edward Elgar Publishing.

Tomlinson & Crowling, (2003). Globalization and Corporate Power. *Contributions to Political Economy*, (24) 33-34 https://doi.org/10.1093/cpe/bzi002

Trindade, M. A. (2019). *Mecenato Cultural: o caso português* (Dissertação de Mestrado) FCH, Universidade Católica Portuguesa, Lisboa.

Trindade, R. (1985, 25 de maio). Roteiro do Património ameaçado. *Expresso – Revista*, 17-18.

Turabian, K. (2017). *A Manual for writers of Research Papers, Theses and Dissertations. Chicago style for students and Researchers* (17th ed.). Chicago: The University of Chicago Press.

Turgeon, N. & Colbert F. (1992). The decision process involved in corporate sponsorship for the arts. *Revista de Economia Cultural, 16*(1), 41-51.

Tzu, S. (2009). *A arte da guerra*. Lisboa: Bertrand.

Tzu, S. (1963). *The Art of War*. UK: Oxford University Press.

Useem, M. & Kutner, S. (1986). Corporate Contributions to Culture and the Arts: The Organization of Giving, and the Influence of the Chief Executive Officer and Other Firms on Company Contributions in Massachusetts. In DiMaggio, P. (Ed.), *Nonprofit Organizations in the Production and Distribution of Culture*. New York, NY: Oxford University Press.

Useem, M. (1985). *The inner circle: large corporations and the rise of business and political activity in the U.S. and the U.K.* New York: Oxford University Press.

Vahia, L. (2006). *Entrevista a Miguel Wandschneider*. Retirado do Website Arte Capital: https://www.artecapital.net/entrevista-173-miguel-wandschneider [consultado a 15 de abril de 2020].

Vaz, E. (2013). *O impacto da crise financeira no sector bancário português* (Dissertação de Mestrado). Instituto Superior de Economia e Gestão, Lisboa.

Veyne, P. (1976). *Le Pain et le Cirque, Sociologie Historique d'un pluralisme politique*. Paris: Editions du Seuil.

Vescia, R. (1987). *Le mécénat, art de la communication, communication de l'Art*. Paris: Economica.

Vieira, C. (1989, 5 de outubro). CGD vai vender 25 dos prédios. *O Jornal*, 5-5.

Vilar, E. (2004). *Imagem da Banca. Análise Empírica de determinantes e Efeitos* (Tese de Doutoramento). Instituto Superior Das Ciências do Trabalho e da Empresa, Lisboa.

Vilar, R. (2019, 15 de Maio). Memória da Europália 91 – Portugal. *Jornal As Artes Entre As Letras, 6-7.*

Vilar, R. (2013). Responsabilidade Social das empresas ou cidadania empresarial. *Cadernos de Economia, 102* (Jan-Mar).

Vilar, R. (2009). *Portugal e o Mundo: um desígnio intercultural A interculturalidade na Europa e o papel das Organizações da sociedade civil, Povos Culturas, Portugal Intercultural.* Lisboa: Centro de Estudos dos Povos e Culturas de Expressão portuguesa, Universidade Católica Portuguesa.

Vilar, R. (2007). Sobre a Economia da Cultura. *Comunicação & Cultura, 3*, 131-144. FCH-Universidade Católica Portuguesa, Lisboa.

Vilar, R. (2003). Sobre a Origem da Culturgest. *Jornal de Letras, setembro*, 562-563.

Villafañe, J. (2005). *La buena reputación*, Madrid: Pirámide.

Vilfredo, Pareto. (1902-1903). Les systèmes socialistes. Cours professé à l Université de Lausanne.(2018)Paris:V.Giard & E. Brière.

Villafañe, J. (2004). *La buena reputación. Claves del valor intangible de las empresas.* Madrid: Pirámide.

Villafañe, J. (2002). *Imagen positiva. Gestión estratégica de la imagen de las empresas.* Madrid: Ediciones Pirámide.

Vinyals, M. (2002). *Patrocinio y mecenazgo empresarial.* Granada: La Montaña.

Vinyals, M. (2006). El patrocini i el mecenate cultural com a elements, estratègics de les relacions publiques. *Anàlisi, 34*, 271-286.

Weber, M. (1978). *Economy and society.* Guenther Roth and Claus Wittich (Eds.). Berkeley, CA: University Press.

Weber, M. (2015a). *Conceitos Sociológicos Fundamentais* (Morão, A., Trad.). Lisboa: Edições 70.

Weber, M. (2015b). *A ética Protestante e o Espírito do Capitalismo* (8ª ed.). Lisboa: Editorial Presença.

Weber, M. (1968). *Economic and Society.* Berkeley: University of California. Weil, P. (1992). *La Comunicación Global. Barcelona: Ed. Herder.*

Welzel, E., Lavarda, R., & Aldraci, B. (2016). Corporate social responsibility strategizing model: systematizing the process of implementation of CSR considering the focus of the strategy as practice. *Revista de Ciências da Administração, 16*, 9-9.

West, D. (2010). *Identidade, Cultura e Museus Moradas Colectivas: Um estudo de caso sobre o Centro de Arte Moderna, Fundação Calouste Gulbenkian* (Dissertação de Mestrado). Faculdade de Ciências Sociais e Humanas da Universidade Nova de Lisboa, Lisboa.

Williams, R. (1981). *The sociology of culture.* New York: Schocken. Wolton, D. (2003). *A Outra Globalização.* Lisboa: Difel.

Yin, R. (1993). Application of case study research. Beverly Hills, CA: Sage. Yin, R. (1984). *Case study research: design and methods.* London: Sage.

Yábar, D. (2011). *La política cultural de la Unión Europea: [los fundamentos económicos e institucionales]*. Madrid: Universidad Rey Juan Carlos: Dykinson.

Zambianchi, P. (1996). Art Patronage Among Banks in Italy. In Martorella, R. (Ed.), *Art and Business: An International Perspective on Sponsorship* (pp. 151-158). Connecticut: Praeger.

Zentes, J. & Deimel, K. (1991). Mécénat, encouragement à la culture, sponsoring: de nouvelles chances pour le marketing. *Revue Française du Marketing*, (131), 1329-1329.

5. Sites Institucionais

Agenda Cultural Lisboa (s.d.). Disponível em: http://agendalx.pt//evento/obras-da-colecao-da-caixa-geral-de-depositos [consultado a 2 de outubro de 2013].

ADMICAL (2018). Baromètre du mécénat d'entreprise. LES CHIFFRES-CLÉS 2018. Disponível em: http://admical.org/contenu/barometre-du-mecenat-dentreprise [consultado a 6 de novembro de 2020].

American Association of Fundraising Counsel (s.d.). *Sagejornals* Disponível em: www.americanmarketingassociation.com [consultado a 18 julho de 2020].

Ordem dos Arquitetos Secção Regional Sul (s.d.). Disponível em: https://www.oasrs.org/media/uploads/AAP_CGD_I.pdf [consultado a 14 novembro de 2020].

Banco Comercial Português (BCP) – Banco Millenium BCP (2012). *Relatório e Contas do BCP, 2012.* Lisboa: BCP. Disponível em: https://ind.millenniumbcp.pt/pt/Institucional/investidores/Pages/RelatorioContas.aspx

Banco Nacional de Desenvolvimento [BNDES] (2020). *Patrocínios.* Lisboa: BNDES. Disponível em: https://www.bndes.gov.br/wps/portal/site/home/patrocinios [consultado a 28 de março de 2020].

Bancos de Portugal (2020). *Bancos em Portugal.* Disponível em: https://www.bancosdeportugal.info/lista/ [consultado a 10 novembro de 2020].

Caisse des Dépôts – Disponível em: https://www.caissedesdepots.fr/en/mecenat [consultado a 18 de novembro de 2020].

CaixaBI (2020). Caixa Banco de Investimento (Caixa BI). *Relatório e contas 2012.* Lisboa: CGD. Disponível em: CaixaBIwww.caixabi.pt. e http://www.caixabi.pt/en/institutional/reports-and-accounts/

CaixaForum (2020). Disponível em https://caixaforum.es/es/home

Caixa Geral de Depósitos [CGD] (1989). *Boletim de Informação, n. º 246.* Lisboa: CGD.

Caixa Geral de Depósitos [CGD] (1992). *Acta do despacho do Conselho de Administração, de 12 de março de 1992 que aprova a criação da Empresa Culturgest e o Plano de Atividades da Culturgest, S.A.* Lisboa: CGD.

Caixa Geral de Depósitos [CGD] (2006). *Relatório e Contas 2006.* Lisboa: CGD. Disponível em: https://www.cgd.pt/Investor-Relations/Informacao-Financeira/CGD/Relatorios-Contas/Documents/CGD-Relatorio-Contas-2006.pdf [consultado a 30 de março de 2020].

Caixa Geral de Depósitos [CGD] (2008a). *Relatório de Sustentabilidade 2008.* Lisboa: CGD. Disponível em: www.cgd.pt.

Caixa Geral de Depósitos [CGD] (2008b). *Relatório de contas.* Lisboa: CGD.

Caixa Geral de Depósitos [CGD] (2008c). *Relatório do Conselho de Administração 2007.* Lisboa: CGD. Disponível em: https://www.cgd.pt/Investor-Relations/Informacao-Financeira/CGD/Relatorios-Contas/Documents/CGD-Relatorio-Contas-2007.pdf

Caixa Geral de Depósitos [CGD] (2008d). *Estratégia envolvimento com a comunidade.* Lisboa: CGD. Disponível em: https://www.cgd.pt/Sustentabilidade/Visao/Documents/CGD-politica-EComunidade.pdf.

Caixa Geral de Depósitos [CGD] (2010). *Código de Conduta da Caixa Geral de Depósitos. Anexo à OS n.º 39/2010, Cód. EO.20, de 1 de Outubro.* Lisboa: CGD.

Caixa Geral de Depósitos [CGD] (2017). *Relatório de Governo Societario.* Lisboa: CGD. Disponível em: https://www.cgd.pt/Institucional/Governo-Sociedade-CGD/Praticas-de-Bom-Governo/Documents/Relatorio-Governo-Sociedade-CGD-2017.pdf.

Caixa Geral de Depósitos [CGD] (2017). *Relatório de Gestão e Contas.* Lisboa: CGD

Caixa Geral de Depósitos [CGD] (2018a). *Relatório de Gestão e Contas da Caixa Geral de Depósitos em 2018.* Lisboa: CGD.

Caixa Geral de Depósitos [CGD] (2018b). *Relatório do Programa de Sustentabilidade.* Lisboa: CGD. Disponível em: https://www.cgd.pt/Sustentabilidade/ Desempenho/Documents/Relatorio-Sustentabilidade-CGD-2018.pdf.

Caixa Geral de Depósitos [CGD] (2018c). *25 Anos Edifício Sede 1993-2018.* Lisboa: CGD. Disponível em: https://www.cgd.pt/Institucional/Noticias/Pages/25-Anos-Edificio-Sede-Caixa-1993-2018.aspx.

Caixa Geral de Depósitos [CGD] (2019). Carta de Missão da Caixa Geral de Depósitos aprovada pelo Acionista em 06/05/2019. Disponível em: www.cgd.pt. [consultado a 18 de março 2020].

Caixa Geral de Depósitos [CGD] (2019). *Relatório de Contas CGD em 2019.* Lisboa: CGD.

Caixa Geral de Depósitos [CGD] (2020a). https://www.cgd.pt/Institucional/Governo--Sociedade-CGD/Pages/Missao-Estrategia.aspx. [consultado a 15 de abril 2020]. Lisboa: CGD.

Caixa Geral de Depósitos [CGD] (2020b). *História da Caixa Geral de Depósitos. Da fundação à atualidade.* Lisboa: CGD. Disponível em: https://www.cgd.pt/Institucional/Patrimonio-Historico-CGD/Historia/Pages/Historia-CGD.aspx [consultado a 26 de março 2020].

Caixa Geral de Depósitos [CGD] (2020c). *Código de Conduta da Caixa Geral de Depósitos.* Lisboa: CGD. Disponível em: https://www.cgd.pt/Institucional/Governo-Sociedade-CGD/Regulamentos/Documents/Codigo-de-Conduta-CGD.pdf.

Caixa Geral de Depósitos [CGD] (2020d). *Lançamento da 1ª pedra do Edifício Sede da GCD. Exposição realizada pelo Gabinete de Património Histórico.* Lisboa: CGD. Disponível em: https://www.cgd.pt/Institucional/Patrimonio-Historico-CGD/Exposicoes-PH/Pages/Exposicao-6.aspx [consultado a 11 de março 2020].

Caixa Geral de Depósitos CGD (2020). *As exposições que contam a nossa história.* Lisboa: CGD. Disponível em: https://www.cgd.pt/Institucional/Patrimonio-Historico-CGD/Exposicoes-PH/Pages/Exposicoes.aspx [consultado a 30 de março 2020].

Caixa Econômica Federal (2020). *Sobre a Caixa*. Brasília: Caixa Econômica Federal Disponível em http://www.caixa.gov.br/sobre-a-caixa/Paginas/default.aspx. [consultado a 28 de março 2020].

Câmara Municipal de Lisboa (1992). *Plano Estratégico da Cidade de Lisboa*. Lisboa: CML. Carnegie Corporation of New York (2020). *Andrew Carnegie: Pioneer. Visionary Innovator*. New York: Carnegie Corporation of New York. Disponível em: https://www.carnegie.org/interactives/foundersstory/#!/#wealthiest-man-world [consultado a 10 de setembro 2020].

Comissão Europeia [CE] (s.d.). *European capital of culture*. Bruxelas: CE. Disponível em: https://ec.europa.eu/programmes/creative-europe/actions/capitals-culture_en [consultado a 7 de novembro 2020].

Comissão Europeia [CE] (2001). *Livro Verde COM (2001) 366 final*. Bruxelas: CE. Disponível https://www.europarl.europa.eu/meetdocs/committees/empl/20020416/doc05a_pt.pdf [consultado a 5 de novembro 2020].

Comissão europeia [CE] (Direcção-Geral para a Educação e a Cultura) (2006). The Economy of Culture, Outubro. Bruxelas:Disponível:http://ec.europa.eu/culture/eac/sources_info/stu dies/ economy_en.html.

Culturgest (1993a). *Plano de atividades da Culturgest 1993*. Lisboa: Ed. Culturgest. Culturgest (1993b). *"Arte Moderna em Portugal, Coleção de Arte da Caixa Geral de Depósitos" Outubro-Dezembro 1993*. Lisboa: Ed. Culturgest.

Culturgest (1993c). *Relatório & Contas da Culturgest*. Lisboa: Culturgest.

Culturgest (1994). Catálogo *"Olhares Estrangeiros. Fotografias de Portugal". Coleção da Caixa Geral de Depósitos, Fidelidade Mundial Chiado 8, com curadoria de Jorge Calado*. Lisboa: Culturgest.

Culturgest (1995 – 2019). *Relatório & Contas da Culturgest*. Lisboa: Culturgest.

Culturgest (2020). *Dossier Técnico da Culturgest*. Lisboa: Culturgest. [consultado a 17 de abril 2020].

Direção-Geral do Património Cultural (2020). Disponível em http://www.patrimonio cultural.gov.pt/pt/ [consultado a 23 de março 2020].

European Commission (2020). *European cooperation projects*. Bruxelas: EC. Disponível em: https://eacea.ec.europa.eu/creative-europe/actions/culture/cooperation-projects_en

Gabinete de Património Histórico da CGD (2002). *01A0/1LRG 2/4/2-06 Ordens de Serviço 1251 a 1500*. Lisboa: CGD.

Festivais de Verão.com (2017). Caixa Alfama 2017. Disponível em: https://www.festivais-verao.com/Festivais-2017/Caixa-Alfama-2017.html [consultado a 23 de março 2020].

Fidelidade (2020). Disponível em: https://www.fidelidade.pt [consultado a 17 de março 2020].

Fundação Luso-Americana para o Desenvolvimento [FLAD] (2020). *O que move um colecionador de arte contemporânea?* Debate com moderação de Correia, Ana P. R. Intervenientes: António Cachola, António Pinto Ribeiro, José Carlos Santana Pinto, José Lima e Rita Faden. Lisboa: MAAT – Museu de Arte, Arquitetura e Tecnologia.

Disponível em https://www.youtube.com/watch?v=tx4lzfGJMvU& feature=share &fbclid=IwAR09Usbz2bObR8sW0_v3Nsc0-Dg0WjaEJZGZUaN wvXZDT0tEGSd NXaPfQQE [consultado a 9 de novembro 2020].

Fundação Luso-Americana para o Desenvolvimento [FLAD] (2020). *Catálogo "Festa. Fúria. Femina". Obras da Coleção FLAD, com curadoria de António Pinto Ribeiro e Sandra Vieira Jüngens.* Lisboa: FLAD.

Fundación "La Caixa" (2020). Disponível em: https://fundacionlacaixa.org/es/home [consultado a 24 de março 2019].

Fundação PLMJ (2020). Disponível em: https://www.plmj.com.pt [consultado a 18 de abril 2020].

Fundação Serralves (2020). Disponível em: https://www.serralves.pt [consultado a 18 de abril 2020].

Fundo Monetário Internacional [FMI] (2020). *Portugal.* Washington, D.C.: FMI Disponível em: https://www.imf.org/en/Countries/PRT [consultado a 18 de abril 2020].

IEG (s.d.). *IEG Sponsorship Report.* Disponível em: http://www.sponsorship. com/iegsr/ [consultado a 31 de julho 2020].

Instituto Nacional de Estatística [INE] (1995). *Estimativas da população residente 1994.* Lisboa: INE.

Instituto Nacional de Estatística [INE] (2000). *Recenseamentos Gerais da População e Estimativas de População Residente e idosos, Portugal, 1960-2001.* Lisboa: INE. Internacional Council of Monuments and sites (ICOMOS) (2003). *Carta de Nizhny Tagil.* Charenton--le-Pont, France: ICOMOS.

Itaú Cultural (2020). Itaú Cultural – quem somos. Disponível em: https://www.itau cultural.org.br/quem-somos [consultado a 28 de março 2020].

Marketing Accountability Standards Board (2020). *Common Language Marketing Dictionary.* Disponível em https://marketing-dictionary.org/d/display-advertising-point-of-purchase/ [consultado a 5 de novembro 2020].

Massulution (2013), "Massolution releases 2013 Crowdfunding Industry Report", Professional Services Close – Up, (Online). Disponível em: http://search.proquest.com/doc view/1325230232?accountid=38384 [consultado a 5 de novembro 2020].

Música no Coração (2017). *CAIXA ALFAMA 2017.* Disponível em: https://musicano coracao.pt/pt-pt/evento/caixa-alfama-17 [consultado a 15 de Setembro 2017].

kea (2018). *research for the cult committee.* cidade: kea.

kea european affairs (2006). *the Economy of Culture in Europe. Study prepared for the European Commission (Directorate-General for Education and Culture).* Brussels: Ed. KEA European Affairs.

OCDE (2005), "Manual de Oslo – Diretrizes para a colecta e interpretação de dados sobre inovação", 3ª Edição, OCDE, EUROSTAT e FINEP.

OECD (2020). Disponível em: https://data.oecd.org/ [consultado a 5 de novembro 2020].

PopulationPyramid.net (2019). *Population Pyramids of the World from 1950 to 2100.* Disponível em: https://www.populationpyramid.net/ [consultado a 5 de novembro 2020].

República Portuguesa (2020). *Consulta de Governos Anteriores*. Disponível em: https://www.portugal.gov.pt/pt/gc22/governo/governos-anteriores [consultado a 20 de abril 2020].

Review of Crowdfunding Regulation (2014), "Interpretations of existing regulation concerning crowdfunding in Europe, North América and Israel", (Online). Disponível em: http://www.eurocrowd.org/2014/12/ecn-review-crowdfunding-regulation-2014/

South by Southwest (2020). *Advertising & brand experience*. Disponível em: https://www.sxsw.com/conference/brands-and-marketing/ [consultado a 1 de novembro 2020].

Teatro Maria Matos (s.d.). Disponível em: www.teatromariamatos.pt [consultado a 10 de abril 2020].

The Chronicle of Philanthropy (2020). Vision, n.º 57 January 2020. Disponível em: https://www.philanthropy.com/ [consultado em 7 de novembro de 2020].

United Nation Educational, Scientific and Cultural Organization [UNESCO] (2002). *Declaração Universal sobre a Diversidade Cultural*. Washington, D.C: Autor. Disponível em: http://www.unesco.org/new/fileadmin/MULTIMEDIA/HQ/ CLT/diversity/pdf/declaration_cultural_diversity_pt.pdf.

6. Webgrafia

Antonie, C. (2014, 19 Maio). *Porqué las empresas deben apoyar con su patrocinio a las organizaciones culturales* [Publicação em Blogue]. Disponível em: http://cristian-antoine.blogspot.com/2014/05/porque-las-empresas-deben-apoyar-con-su.html [consultado a 12 de setembro de 2020].

Antonie, C. (2020, 4 de abril) *Resumen de Historia del Mecenazgo* [Publicação em Blogue]. Disponível em: http://cristian-antoine.blogspot.com/2020/04/historia-del-mecenazgo-resumen.html [consultado a 12 de setembro de 2020].

Antonie, C. (2020, 18 de agosto). *Queremos crer que el mecenazgo funciona, pero eso es um acto de fé* [Publicação em Blogue]. Disponível em: http://cristian-antoine.blogspot.com/2020/08/queremos-creer-que-el-mecenazgo.html [consultado a 12 de setembro de 2020].

Admical: le mécenat de compétences. pratiques et prespectives. parís: ministère d'emploi et de la solidarité. www.admical.com

American for the arts: https://blog.americansforthearts.org/2019/05/15/ten-reasons-to-support-the-arts-in-2018

American marketing association: www.ama.org

American association of fundraising counsel: www.americanmarketingassociation.com [consultado a 18 julho de 2020].

Arts and business: http www.artsandbusiness.org.uk. Art council of england: www.arts-council.org.uk

Arquivo municipal de lisboa: http://arquivomunicipal.cm-lisboa.pt/ Banco de portugal: www.bportugal.pt

BPI – la caixa: www.bpi.com

BNP Paribas https://history.bnpparibas/document/the-caisse-generale-depargne-et-de-retraite/ [consultado a 18 dezembro de 2020].
Business for social responsibility: www.bsr.org Carnegie: https://www.carnegie.org/
Comité European pour le Approchement de l' économie et de la culture – cerec: http://www.cerec.org
Cision comunicação: www.cision.com
Cobb, N. K. (1996). *Looking ahead: Private Sector Giving to the Arts and Humanities* [Publicação em Blogue]. Disponível em: https://www.americansforthearts. org/by-program/reports-and-data/legislation-policy/naappd/looking-ahead-private-sector-giving-to-the-arts-and-humanities
Cohen, R. (2019, Oct 02). *Top 10 Reasons to Support the Arts for National Arts & Humanities Month* [Publicação em Blogue]. Disponível em: https://blog.americansforthearts.org/2019/10/02/updated-top-10-reasons-to-support-the-arts-for-national-arts-humanities-month
Coleção de fotografia contemporânea do novo banco: www.nbcultura.pt/acervos/fotografia/ Dg artes: https://www.dgartes.gov.pt/
Gofunme: www.gofunme.com Indiegogo:www.indiego.com Kickstarter: www.kick starter.com
Direção geral do património cultural: http://www.patrimoniocultural.gov.pt/pt/e-cultura: https://www.e-cultura.pt/
e-flux (2012, Novembro 21). *Rosemarie Trockel: Flagrant Delight.* Disponível em: https://www.e-flux.com/announcements/33419/rosemarie-trockel-flagrant-delight/ [consultado a 28 de abril de 2020].
Europa Criativa: https://www.europacriativa.eu
European committee for business, arts and culture (cerec): https://www.cerec.org Fidelidade arte: https://www.fidelidadearte.pt/sobre/
Fosun: https://ir.fosun.com/
Fundação calouste gulbenkian: https://www. gulbenkian.pt Fundação la Caixa: https://fundacaolacaixa.pt/pt/
Fundação luso-americana para o desenvolvimento – http://www.flad.pt Fundação Millenium: http://www.fundação millennium bcp.pt Fundação Ricardo Espírito de Santo:
https://www.redearteseoficios.pt/pt/oficinas/fundacao-ricardo-do-espirito-santo-silva_129 Fundação Serralves (2020): http://www.serralves.pt
Fundo Monetário Internacional: https://www.imf.org/en/countries/prt
Giving Usa: The Annual Report On Philanthropy https://givingusa.org/giving-Gofundme – http://www.gofundme.com
Indiegogo – http://www.indiegogo.com
Instituto nacional de estatistica-estatísticas da cultura, desporto e recreio: http://www.ine.pt International event group – ieg (ieg, 2000). sponsorship report: http://www.sponsorship.com/ Marketing Journal: http://www.marketingjournal.org/articles

Ministère De La Culture Et De La Communication: http://www.culture.fr National Endowment For The Arts: http://www.arts.org

Observatório Das Atividades Culturais: http://www.oac.pt

Populationpyramid.Net: https://www.populationpyramid.net/ [consultado a 14 de julho 2020]. Restos de Colecção (2012). *Companhia das Fábricas Cerâmica Lusitânia* [Publicação em Blogue]. Disponível em: https://restosdecoleccao.blogspot.com/2012/11/companhia-das-fabricas-de-ceramica.html [consultado a 6 de novembro de 2020].

Ted Talk Business, Edward Freeman [consultado a 31 de julho de 2020]. the giving institute: https://www.givinginstitute.org/page/about ubs–philanthropy: www.ubs.com/philanthropy

UNESCO: www.unesco.org

NAÇÕES UNIDAS: https://www.ods.pt/ods/

ANEXOS

ANEXO A
ENTREVISTAS

Nome, data, hora, local da entrevista.

António Pinto Ribeiro, no dia 17 de março de 2020, às 16:00 horas, em Lisboa.

Filomena Crespo, no dia 21 de outubro de 2017, às 16:00 horas em Lisboa.

Filipe Folhadela, no dia 10 de junho de 2013, às 15:00 horas na Fundação Culturgest, em Lisboa.

Mark Deputter, no dia 13 de março de 2020, às 10:00 horas, na Fundação Culturgest, em Lisboa.

Miguel Lobo Antunes no dia 4 de junho de 2013, pelas 10:00 horas, na Fundação Culturgest, em Lisboa.

Pedro Laranjeira no dia 3 de fevereiro de 2017, 14:30, na Direção de Comunicação e Marca no Edifício Sede da CGD, em Lisboa.

Emílio Rui Vilar no dia 4 de março de 2020, 11 horas, no Gabinete do Presidente do Conselho de Administração, Edifício Sede da CGD, em Lisboa.

Nota: o conteúdo destas entrevistas destina-se apenas ao tratamento do texto do doutoramento ou da sua inclusão em anexo no trabalho de investigação.

ANEXO A.1.
ENTREVISTA A ANTÓNIO PINTO RIBEIRO

Entrevista realizada em Lisboa a 17 de março de 2020. O entrevistado desempenhou funções de programador cultural na Culturgest entre 1993 e 2003.

Chegou à Culturgest em 1993. Quais foram os principais desafios que teve que enfrentar?

António Pinto Ribeiro – O primeiro desafio de todos foi fazer uma linha de programação porque estamos em 93, e Portugal tinha entrado para a CEE [Comunidade Económica Europeia] em 1986.

Depois de tantos anos em que não havia rigorosamente nada em Portugal, nesta escala. O Teatro Nacional umas vezes abria outras vezes fechava, apenas existiam quatro galerias e o Centro Cultural de Belém tinha aberto um ano antes.

Não havia referências em Portugal, apenas no estrangeiro.

Eu vinha com a experiência do ACARTE onde tinha trabalhado com a Madalena Perdigão e por isso tinha toda a experiência cosmopolita. Embora naquela altura a Fundação Gulbenkian fosse muito "esquizofrénica". Tinha o serviço de música completamente conservador e o ACARTE, algo mais inovador, cosmopolita, moderno ligado ao mundo europeu novo. E, portanto, era essa a experiência que eu trazia.

A própria Caixa Geral de Depósitos, de facto, não tinha nenhum programa e a própria Culturgest chamava-se empresa de gestão. Portanto havia a ideia de uma atividade que fosse de natureza mais empresarial.

E a referência que eles tinham, que era a referência para toda a gente, era o modelo da Fundação Gulbenkian. E eu pensei que não fazia sentido estar a repetir. Primeiro, porque não tínhamos o orçamento para fazer coisas semelhantes como a Gulbenkian fazia e segundo, porque havendo já a Gulbenkian não fazia sentido repetir. E o que toda a gente esperava era que se fizesse algo igual.

Defendi que os grandes acontecimentos e as grandes linhas foram sempre produzidos por ruturas com o passado e por isso defendi fazermos uma coisa completamente nova.

Eu acho que há bolsas de espectadores e de leitores em Lisboa, fundamentalmente, que querem ver coisas que só vêm quando vão ao estrangeiro e que há por ouro lado, uma nova geração de artistas que começam a fazer trabalhos muito interessantes. Era altura da Nova Dança, do grupo dos anos 80 da pintura, e que começavam a internacionalizar-se.

Esta era a sua argumentação?

APR – Sim, esta era a minha argumentação. Por outro lado, tinha um aspeto que eu achava muito interessante. A Culturgest era um Centro cultural. Não era um museu, não era um teatro, não era uma sala de concertos, não era uma galeria. Era tudo. E era tudo porque fomos nós que o fizemos. No programa de arquitetura inicial estava prevista uma sala de conferências preparada para os funcionários do banco e que, eventualmente, faria concertos.

Uma sala muito grande com erros de construção complicados que tiveram que ser alterados, e felizmente, nós entrámos quando o edifício ainda estava em construção.

Onde hoje são as galerias de exposições da Culturgest estava para ser um Museu Numismático, o que aliás fazia sentido numa lógica bancária, que é apresentar a Coleção de moedas do banco, pese em embora, a Caixa tivesse uma Coleção de Arte que tinha sido iniciada nos anos 40, no pós-guerra.

O pequeno auditório da Culturgest não existia.

Fomos nós que reparámos, numa visita ao edifício ainda em construção, que havia um espaço, uma sala pequena que não serviria para nada. Funcionaria como uma sala experimental.

E isto permitiu tornar num Centro Cultural polivalente.

Podíamos fazer música, teatro, dança, exposições, também porque a natureza dos públicos a partir da década de 80, por toda a Europa, era muito pluridisciplinar. Ou seja, os arquitetos iam ver dança, iam ver teatro, cinema. As pessoas da dança iam ver teatro, exposições e isso era relativamente novo na Europa dos anos 80, pela própria pela natureza da dinâmica das artes, mas também pela própria produção do conhecimento que começava a ser pluridisciplinar, pelo contágio e, portanto, a programação da Culturgest também foi nesse sentido.

Decidimos fazer uma programação cultural pluridisciplinar, de muitos géneros, coisas que fossem bastante novas e que tivessem relacionados com o mundo que estávamos a viver.

Eu tinha consciência, e incomodava-me mesmo antes de ter assumido as funções na Culturgest, que em Portugal tínhamos vivido 50 anos longe de tudo. Longe das alterações das correntes filosóficas da Europa e dos Estados Unidos, a literatura que não chegava, a Pop Arte que ninguém sabia o que era, só por eco. Tínhamos vivido num buraco negro.

Em que medida contribuiu a experiência da Europália?

APR – A Europália ajudou a levantar um arquivo que não estava organizado e sobretudo numa espécie de autoestima que deu aos artistas, que foram ao estrangeiro e sentiram-se reconhecidos, e por outro lado foi uma escola, do ponto de vista da gestão.

A Europália teve o condão de profissionalizar o sector e isso foi muito importante porque todas as pessoas que estiveram envolvidas, aprenderam a ser profissionais de uma forma europeia. Como se faz, como se gere, como é que se produz, como se distribui, os objetos de culto, etc...

E foi tão importante, que a maioria daquelas pessoas que passaram pela Europália estiveram depois vários anos noutras instituições, profissionalizando essas instituições. Desde o INCA, o Instituto de Arte Contemporânea, o Centro Cultural de Belém, a Culturgest. Eu não estive muito ligado, mas vivi a experiência da Europália.

Estas pessoas aprenderam e profissionalizaram-se muito com a Europália.

Outro aspeto importante da Europália foi o facto de se ter tornado consciente para as pessoas que a arte não era apenas algo de talento de um artista. A arte implicava dinheiro, implicava produção, equipas, calendários. Eu acho que a maioria das pessoas não tinha esta ideia mesmo os que trabalhavam no sector.

Eu penso que uma das razões de sucesso da Culturgest foi ter criado uma equipa onde todos eram polivalentes. Trabalhavam em várias áreas se fosse possível. Uma equipa onde todos dominavam várias línguas, o que era inédito no sector cultural nessa altura e um trabalho de planeamento que era básico para toda a atividade cultural. Nós programávamos com dois, três anos de antecedência e essa parte foi muito importante.

Mas dado o país que éramos, no princípio foi muito difícil.

Lembro-me, por exemplo, que organizei em 94-95 o primeiro Grande Festival de Cinema Africano e entrei numa sessão no grande auditório em que estavam oito pessoas num auditório para seiscentas pessoas. E eu pensei: "o que estou aqui a fazer? isto não tem sentido nenhum."

E nesse aspeto, acho que foi muito importante o apoio do Conselho de Administração da Culturgest e da Caixa Geral de Depósitos, naturalmente, porque não desistiram.

E de repente houve um *click,* e em 95, os públicos para quem tendencialmente aquela programação era feita começaram a aparecer, houve um reconhecimento internacional muito grande e isso foi muito importante porque depois as pessoas vinham ver as práticas internacionais, os projetos internacionais e deparavam-se no programa com artistas portugueses que eram produzidos pela Culturgest. E, portanto, também se criou um público para esses artistas portuguesas. Isso foi muito importante porque tentar conciliar a produção internacional com a produção portuguesa era o objetivo, mas não era fácil de fazer.

Mas havia um dilema. Tínhamos o vazio da história de 50 anos e tínhamos que decidir se recuperar esse vazio. O que fazer? Vamos tentar recuperar o que nunca foi feito em Portugal, e ao fazer isso estamos a ocupar espaço, tempo, dinheiro e não apresentamos o que está a ser feito no mundo ou, apresentamos apenas projetos contemporâneos e esquecemos as coisas que aconteceram e que são determinantes para compreender o contemporâneo?

E isso foi um dilema permanente durante vários anos. O que acabámos por fazer foi uma programação intermédia.

Por um lado, tentar fazer algumas coisas interessantes, que nós achávamos que era importante dar a conhecer, como por exemplo o movimento CoBra. Fizemos uma exposição de Modigliani, uma grande exposição de Pop Arte, fizemos uma série de coisas do passado, mas que Portugal nunca tinha visto e, simultaneamente, no capítulo das exposições íamos apresentando obras e exposições contemporâneas quer nacionais quer internacionais.

E no domínio das artes performativas fizemos algo importante. Não era possível repor bailados do princípio do século XX pois soa sempre a algo antigo, velho, para além de não haver. E o que fizemos foi uma revisitação de artes performativas, no teatro, na música e na dança, mas convidávamos novos artistas de hoje, para imaginarem o que era o bailado de Nijinsky, o que era o teatro de Pirandello. Essas pessoas repensaram e refizeram clássicos de uma forma contemporânea. E fizemos ciclos dança, de teatro, de música do século XX.

Essa foi uma solução do ponto de vista programático importante, porque permitiu ter acesso à História de Arte, e ao mesmo tempo, sem deixar de ser contemporâneo e estar aberto.

Fizemos outra coisa que era muito importante.

Eu acho que a comunicação é fulcral em mediação cultural, porque sem comunicação, não há adesão dos públicos, os públicos sentem-se confusos, não entendem.

Um dos nossos problemas era como poderíamos responder à ansiedade de algum público, da Caixa Geral de Depósitos quer funcionários quer clientes, que estavam interessados, mas não entendiam, tinham vergonha, era desconhecido.

Havia essa preocupação de chegar ao público interno?

APR – Sim, e fizemos cursos de História de Arte, ao final da tarde com pessoas que eram bons comunicadores e historiadores. Lembro-me de ter a sala cheia com funcionários da Caixa Geral de Depósitos e público externo, que durante meses e anos seguidos, faziam cursos da História da Dança, História do Teatro, História das Artes Plásticas.

Isso permitia formar público interno, pessoas que queriam aprender chaves de entrada naqueles espetáculos bizarros que a seguir nós apresentávamos. Sentiam-se muito mais à vontade.

Em Portugal, de forma geral não há debate depois do espetáculo, as pessoas dizem "gostei" e "não gostei" e lembro-me de situações muito comoventes, como depois dos espetáculos, as pessoas começarem a conversar a partir das ferramentas que tinham aprendido e usavam categorias de estética e categorias de gosto que tinham aprendido nos cursos.

Eu acho que o público do interior da Caixa Geral de Depósitos, funcionários, que até tinham alguns benefícios, cresceram imenso e era uma parte muito importante do nosso público, para o qual a Culturgest fazia uma comunicação especial. Isso permitiu formar um público interno, mas não era exclusivo de um público interno.

Significa que a Culturgest formou um público interno?

APR – Sim, e o público vizinho desta zona de Lisboa, que originariamente estavam absolutamente zangado com a Caixa Geral de Depósitos por causa da dimensão do edifício, e por causa das fraturas que o edifício tinha provocado em algumas casas à volta.

Houve muita reação ao edifício?

APR – O edifício foi uma enorme violência provocada num bairro popular, pequeno, acolhedor de uma escala pequena e de repente há um monstro que ainda por cima é feíssimo.

O interior era feio. Parecia que meteram todas as amostras de materiais dentro para ver o que dava e por outro lado a Caixa não comunicou à população. E foi muito difícil. E a Caixa Geral de Depósitos no princípio não ajudava nada.

O Café, espaço de lazer na Culturgest, demorou quatro anos a ser aceite pela administração. Argumentávamos que um centro lúdico deve ter uma Café, um espaço social onde as pessoas se encontram antes e depois do espetáculo. Não havia. O edifício era de uma grande frieza.

Eu dizia muitas vezes aos meus colaboradores que o difícil era convencer as pessoas a entrarem no edifício porque não apetecia. Depois de entrarem no edifício estavam conquistadas.

Foram constrangimentos muito grandes e o edifício não ajudava. Para além de que significava vir a um Banco. As pessoas sentiam que entravam num Banco. A dimensão da escala era grande e a própria imagem do Banco era fria.

Quais os motivos do banco para criar e apoiar a Culturgest?

APR – Eu acho que Rui Vilar, que na altura era o Presidente do banco tinha a experiência da Europália que foi muito importante para ele como pessoa. É uma pessoa culta, para utilizar um termo simples, e era uma pessoa que gostava da Cultura.

Na origem, a Culturgest era uma empresa de gestão cultural que não se ficaria apenas pelo espaço da Caixa Geral de Depósitos e, supostamente, era uma empresa que tinha a vocação de gerir outros espaços.

Depois, por motivos que desconheço, o Emílio Rui Vilar decidiu centrar todo o projeto da Culturgest dentro da Caixa Geral de Depósitos, já que tinha aquele equipamento que foi alterado durante a própria construção. Mas a Culturgest foi "à experiência" e tínhamos três anos para ver como funcionava.

Foi pela pessoa, porque estas decisões são sempre pessoais, por outro lado porque vinha com a experiência importante que teve da Europália, e também para dar à Caixa [Geral de Depósitos] uma imagem de um banco mais moderno, um banco mais democrático, um banco que eventualmente devolvia às pessoas, em termos de usufruto artístico aquilo que as pessoas davam através da confiança depositária dos seus recursos financeiros. Houve essa conjugação.

Na sua opinião a relação da Caixa Geral de Depósitos com a Culturgest é mecenato ou patrocínio?

APR – Eu sempre defendi que fosse mecenato e eu acho que a posição era de mecenas porque na altura a Caixa [Geral de Depósitos] continuava a patrocinar outros projetos. A Culturgest era o resultado do trabalho mecenática da Caixa Geral de Depósitos, e depois, havia o departamento de marketing que patrocinava outras atividades. Fez isso durantes anos no desporto e na cultura.

Havia uma divisão muito grande das coisas.

E a programação?

APR – A programação cultural era independente, se bem que às vezes a Caixa Geral de Depósitos utilizava isso. E o pensamento era "já que temos estas atividades que têm um caráter vanguardista, porque não facilitar aos estudantes, um acesso com condições mais vantajosas através do cartão universitário? e perto do edifício existem quatro universidades..."

A Caixa [Geral de Depósitos] criou uma parceria muito inteligente com benefícios muito grandes.

Esses estudantes e professores tinham um cartão, que lhes permitia assistir aos espetáculos e exposições com benefícios.

Esse cartão foi uma ideia inteligente da Caixa Geral de Depósitos porque não precisávamos de desvirtuar a programação cultural e, por outro lado, estávamos a contribuir para a formação de uma massa crítica, entre estudantes e professores, que de alguma forma elevava ou superava a ignorância que na altura havia sobre as artes contemporâneas

Primeiro a comunidade e depois a atividade comercial?

APR – Sim, primeiro estava a comunidade.

Durante o período que desempenhava funções como programador cultural foi fácil programar do ponto de vista financeiro?

APR – Era muito bem gerido, primeiro eramos muito poucos. A Culturgest esteve durante seis meses, só com três pessoas no Calhariz apenas com a parte de gestão. O que havia era uma boa gestão de recursos financeiros e humanos. As pessoas eram muito capacitadas. Quando passámos para a Avenida João XXI estivemos muito tempo apenas com doze pessoas.

E de facto havia uma boa gestão. Era interessante porque sendo um banco, com uma estrutura hierárquica muito rígida e burocratizada, como acontece nos bancos, a nossa comunicação interna na Culturgest era horizontal. Havia uma equipa muito boa e com uma comunicação interna que era completamente horizontal, 10% era administração e diretor artístico, mas o resto da comunicação era partilhada por todos em tempo real e, por isso, havia uma redução de custos por essa partilha.

Outro aspeto, quando um equipamento cultural começa a ter prestígio, isso torna-se uma mais valia na negociação, porque torna-se mais fácil negociar com os artistas, com os produtores e isso tem impacto nos custos.

Eu lembro-me no início ser difícil negociar com artistas internacionais, por diversas razões, algumas anedóticas, que tinham a ver com alguma má experiência que tinham tido com outro equipamento cultural em Lisboa.

E a partir de um dado momento, passou a ser fácil negociar e era muito importante para muitos artistas passarem pela Culturgest. Passou a ser um lugar de referência na Península Ibérica. Vir à Culturgest era importante para alguns artistas internacionais e, a partir do momento em que a Culturgest passou a fazer parte das redes internacionais, tornou-se tudo mais fácil porque estava na rota do artista. Aproveitavam-se datas de alguns eventos que aconteciam em Espanha ou em França. Era muito mais fácil convidar artistas ou uma Companhia. Era muito menos dispendioso.

Isso foi a partir de 1994 e 1995 e nasce a frase "Culturgest, uma casa do mundo". Vir à Culturgest passou a ser importante e a partir daí passa a ser mais fácil negociar com os artistas.

Os mecenas, sobretudo de grandes marcas, procuram grandes produções mediáticas, conseguem conciliar com a programação de autor?

APR – Muito dificilmente. Acho que há uma grande perversão nisso e na maior parte dos casos trata-se de publicidade e marketing básico e não tem nada a ver com mecenato.

Mas a nossa Lei de Mecenato permite isso. Tem muitos buracos que permitem que as empresas de telecomunicações ou empresas de bebidas alcoólicas, etc. invistam nos festivais, com dinheiro de mecenato e depois descontem no relatório final de contas. O que é uma grande perversão, isso trata-se de marketing, e ao contrário do que se diz é pago pelos contribuintes.

Há um argumento que muitas destas empresas utilizam quando dizem que os eventos não têm nada a ver com o Estado. Este argumento é completamente falso.

As empresas dizem, isto é pago pelo público não têm apoios do Estado o que é completamente falso. Se a empresa y de telemóveis produz um conjunto de festivas, esses festivais são pagos pelo orçamento e o orçamento destas empresas decorre dos pagamentos dos clientes, dos contribuintes.

Se, em vez de organizarem festivais se baixassem os preços dos seus serviços e produtos, já não conseguiriam fazer festivais. Isso, basicamente, é publicidade.

Nem se deveria chamar ação mecenática?

APR – É uma mentira, uma falácia. Trata-se da venda de produtos e serviços. Neste caso é a venda de uma marca.

Somos nós que pagamos. Isto é, basicamente, patrocínio e não deveria ser chamado mecenato.

Significa que não se pode chamar programação de autor?

APR – Não tem nada a ver com programação de autor. A programação de autor implica três premissas. A primeira, uma ideia de que a produção artística é uma forma de produção de conhecimento e de pensamento crítico.

A segunda, a programação de autor tem a ver com uma determinada linha programática, seja ela qual for, mas que é coerente, homogénea e que tem sempre um objetivo final para a comunidade: adquirir e partilhar conhecimento. E a terceira, a programação de autor tem sempre uma dimensão experimental e de risco.

Nenhum festival desses tem nada a ver com estas três premissas da programação de autor. Rigorosamente nada.

Não estou a fazer juízos morais sobre isso, sobretudo é preciso distinguir bem que, quando se fazem estudos de públicos, de gosto de públicos, eles não indicam todas as variáveis, só posso conhecer as variáveis que nos dão a conhecer. Os estudos são muito manipuláveis.

Dizem que, em função do determinado concerto, o banco conseguiu ter mais número de contas abertas. Eles indicam um produto para cumprir o gosto daquele público. Isso não tem nada a ver com a programação de autor.

Quais os desafios atuais para salas de espetáculos como a Culturgest?

APR – Neste momento, assiste-se a uma situação muito delicada, para a qual não há grandes nem imediatas soluções. E também depende muito de país para país.

Mas maioritariamente o que se assiste, sobretudo, nas chamadas artes performativas e visuais, temos os grandes acontecimentos, os grandes festivais para 2.000, 3.000 ou 10.000 pessoas.

E por outro lado, temos objetos artísticos cujo publico é cada vez mais reduzido ou seja 50, 60, 70 pessoas.

Aquela faixa intermédia, para utilizar categorias antigas, da burguesia culta, desapareceu.

Existem os extremos. Temos o ALTICE |ARENA num extremo e noutro, por exemplo as salas da Culturgest ou o do antigo Teatro Maria Matos.

Temos salas muito grandes ou salas muito pequenas. Essa faixa mediana desapareceu, o que é muito grave pois era uma faixa que ia sustentando o reconhecimento dos artistas.

Por exemplo, a Pina Bausch começou a fazer espetáculos minoritários em Paris para públicos medianos. Mas foi essa faixa parisiense, da burguesia culta, que em salas muito pequenas começou a sustentar o seu trabalho. Esse público foi crescendo e chegou a uma altura que a sala era pequena para ver a Pina Bausch.

Hoje, ou temos pessoas muito ousadas que gostam de programação de risco, a programação de autor, ou pessoas que vão à procura da publicidade e espetáculos com as músicas das telenovelas etc.

Infelizmente, a maior parte dos casos está do lado da massificação, salvo raras exceções.

A Fundação *La Caixa* funciona bem, embora já tenha funcionado melhor, é preciso dizê-lo. Acho que hoje em dia está a desviar-se e, por enquanto, a experiência Culturgest ainda é uma experiência bastante exemplar. Mas vamos ver...

Acha que a programação cultural da Culturgest está a ficar anacrónica?

APR – Não, não acho que a programação da Culturgest esteja anacrónica.

O que acho é que tem um problema: está a ficar uma coisa um bocadinho bipolar que é entre ter que fazer uma programação de autor dos seus programadores e simultaneamente ter que cumprir o trabalho de promoção e de marketing da Caixa Geral de Depósitos que ela fazia antes através do seu Departamento de marketing. Está dividida nisto. Vamos ver quais são as consequências a médio prazo e quais são as opções que o Conselho de Administração vai fazer relativamente a isto.

Encher uma sala é a coisa mais fácil do mundo, é facílimo, mas que vantagem isso tem?

Depois da crise há o desafio da Culturgest encontrar outras fontes de financiamento?

APR – Sim, mas eu tenho as maiores dúvidas de que, o facto de um determinado banco promover um espetáculo no ALTICE |ARENA, que aquelas 10.000 pessoas se vão tornar clientes daquele banco ou não terão dúvidas em continuarem a ser cliente.

Será pela marca?

APR – Eu acho que não. Não acredito que isso funcione. Acho que é uma ilusão. Acho que é mais por causa dos brindes que os bancos oferecem. Não interessa aos bancos dizer que não funciona. Mas existem outras variáveis, por exemplo, se fizerem um acordo com um empresário para abrir 50 contas em troca de a marca oferecer bilhetes a uma determinada empresa para a abertura de contas pode funcionar, mas tenho dúvidas que as contas bancárias sejam movimentadas.

Não há estudos sobre isso em Portugal.

Na sua opinião como programador cultural, os bancos devem estar no sector cultural com que objetivo principal?

APR – Acho que os bancos devem fazer opções. Acho que deviam ser muito claros e não mascarem o patrocínio com o mecenato porque há uma ideia de nobreza no mecenato que não se pode aplicar a esta perversão da publicidade.

Estão a enganar os contribuintes e o Estado, porque estão de facto a usar uma Lei, que é um dispositivo legal que não corresponde à verdade e também estão a enganar o público porque aquilo não corresponde a mecenato. Se querem fazer, façam e depois as pessoas decidirão se querem ir ou não. Se fazem mecenato devem fazem mecenato.

Curiosamente, apesar da Culturgest apenas ter passado a fundação em 2007, eu toda a vida defendi que a Culturgest passasse a fundação. Sempre defendi desde o início, fundamentalmente, pelas seguintes razões: por um lado, passa a ter ativos e há um grau de autonomia maior, do que se for uma empresa do Grupo Financeiro; por outro lado, um exemplo elevado ao absurdo, a Caixa Geral de Depósitos nunca poderia obrigar a Culturgest a fazer só espetáculos do género do Festival Caixa Alfama, porque aí transformava-se numa empresa de sala de espetáculos.

E quanto à autonomia da programação?

APR – Essa desaparecia. Uma Fundação não pode fazer isso e os estatutos das fundações culturais são muito claros em relação a isso.

Como a Culturgest já é uma marca consolidada no mercado cultural, poderia autonomizar-se do banco se tiver outras fontes de financiamento e recorrer a recursos de fundos europeus?

APR – Sim, essa é a melhor solução e a única solução porque um dos problemas que a Culturgest tem, tal como têm outras fundações que dependam de bancos ou de grandes multinacionais, é a dificuldade em angariar outros recursos, porque as pessoas diziam muitas vezes: *"Se a Culturgest tem um banco por trás, então porque é que me está a pedir dinheiro a mim?"* Isso era uma coisa que acontecia muitas vezes. É difícil angariar outros recursos.

Mas pode candidatar-se a fundos europeus, a fundos internacionais, pode introduzir-se em redes internacionais que são redes de cooperação e que também têm impacto na redução das despesas. Porque se desaparecer e passar a ser uma empresa, como tantas que há por aí só poderá vender espetáculos.

Significa que a presença da marca Caixa pode ter vantagens e também desvantagens, quando se trata de recorrer a outras fontes de financiamento e a outros mecenas?

APR – Sim, absolutamente. A pensar na questão da natureza de mecenato.

Tendo em conta as transformações na cidade de Lisboa, uma cidade cada vez mais turística, a dinâmica da comunicação digital, e a variedade de escolhas que existem, quais são os principais desafios que atualmente se colocam na programação dos equipamentos culturais?

APR – Essa pergunta é ótima. [risos]. Acho que há duas questões diferentes.

Comecemos pela primeira: o digital e a tecnologia. Eu acho que não estamos a saber lidar com as novas tecnologias nomeadamente com a comunicação digital e não estamos a saber lidar devido à iliteracia digital, como é muito típico de países periféricos com enorme dificuldade de massa critica e também não estamos a saber lidar com as consequências do digital na programação, ou seja, como é que o digital veio alterar a produção artística.

A segunda questão e, vou usar um termo económico, é mais fácil de compreender. Nunca houve tanta oferta cultural em Lisboa como atualmente.

O problema é que toda essa oferta cultural é mediana, muito semelhante, muito doméstica e muito pequena. Oferta precária, não há muita diferenciação, pouco criativa e sucedânea de coisas muito boas que já aconteceram noutras cidades. Tudo muito semelhante: a oferta é muito grande, mas feita de forma muito pequena.

Sem diferenciação?

APR – Sim, são sucedâneos de coisas muito boas que já aconteceram fora de Portugal. Tenho viajado e estado em várias cidades da América Latina, África, Europa e não consigo ver determinados espetáculos em Lisboa. Em alguns casos sim, pode ser um problema de custos, mas poderíamos por exemplo, ver óperas de câmara mais pequenas que são geralmente simples, sem cenários, como por exemplo Buenos Aires: tem centenas de teatros. E neste caso não é só um problema de custos.

Na minha perspetiva, não existe apenas um problema orçamental para não haver melhor oferta cultural em Lisboa. Acho que existe um problema de estudo por parte dos programadores, não se informam, haver um problema de informação e por outro lado os programadores não querem correr riscos que é o que distingue um programador. Não querem correr riscos pois sabem que à partida se fizerem sempre o mesmo, terão sempre o mesmo resultado.

Será apenas um problema de custos?

APR – Não se trata apenas de custos.

Podem-se fazer poucos espetáculos, mas bons. É melhor do que muitos e fracos. Não é preciso fazer muitos espetáculos porque não há públicos.

Quem financia?

APR – A maioria do financiamento é do Estado. Na minha perspetiva, deve-se fazer coisas numa escala maior e em menor quantidade e tornar exposições e concertos mais interessantes que ligassem ao mundo.

A Culturgest pode contribuir para o surgimento de mais filantropos e promover na comunidade de filantropos particulares e institucionais ao modelo norte americano?

APR – O modelo europeu será sempre diferente do modelo americano e sobre isso não temos dúvidas, porque a sociedade calvinista norte americana tem um sentido de responsabilidade de cidadania que nós não temos. Aí começa a grande distinção.

Eu hoje não sei se a Culturgest está a formar filantropos, mas seria desejável que o fizesse. Mas sei que no passado foi exemplo.

Entre vários exemplos que eu posso dar, distribuídos pelo país, há um que é significativo. A Culturporto nasceu de uma iniciativa da Câmara Municipal do Porto. Chamava-se CulturPorto exatamente para, de alguma, forma mimetizar a Culturgest. O modelo era muito semelhante, pluridisciplinar, multigéneros e com coisas muito ousadas. E houve outras no país.

Era uma programação da Câmara Municipal do Porto, que funcionava no Rivoli e que foi extinta por Rui Rio. Foi importante e na altura foi exemplar. No fundo, era uma empresa do Porto que nasceu poucos anos depois da Culturgest. A Isabel Alves Costa na altura era Diretora do Culturporto. Era uma cúmplice e amiga da Culturgest, vinha buscar imensos espetáculos à Culturgest que era a referência da CulturPorto.

Por outro lado, há aqui um outro aspeto que vale a pena referir. Para além do impacto que a Culturgest teve no país, foram anos em que muitas Câmaras Municipais escreviam à Caixa e questionavam porque motivo não podiam também ter uma Culturgest "lá no bairro".

Não era fácil, mas criámos a Culturgest Porto, que basicamente é um espaço de exposições porque não havia espaço para fazer Artes Performativas. A Culturgest no Porto nasceu desta reivindicação das pessoas do Porto, dos artistas, da Câmara Municipal do Porto e de pessoas que também queriam, de alguma forma, refletir a Culturgest no Porto.

Qual era a ligação da Culturgest com a CulturPorto?

APR – A Culturgest criou um modelo de arte contemporânea democrática para uma elite de iluminados. Um modelo de muito boa gestão, de boa informação. Soubemos comunicar bem. Lembro-me que saíam muitos artigos na imprensa, e na televisão sobre a Culturgest.

Formou um público, o que no início era uma coisa angustiante com as oito pessoas, depois no fim já tínhamos salas esgotadas. Apareceu com arte contemporânea algo que não era interessante para a maioria das pessoas, e apareceu com esse lado sedutor.

Eu hoje não sei se a Culturgest faz filantropos.

A Culturgest criou modelo?

APR – Sim, a Culturgest criou um modelo de boa gestão e boa comunicação. Nós soubemos comunicar muito bem. A Culturgest formou um público.

E foi fácil convencer os particulares a serem filantropos?

APR – Na Culturgest tivemos uma altura em que estimulámos muito os colecionadores.

Chegámos a fazer exposições de colecionadores particulares não sei depois como continuou. Como o colecionismo é importante e se calhar é bom para os outros todos que tem rendimentos normais, que não são milionários, poderem também começar as suas coleções. Fizemos isso na CulturPorto no Porto.

Acho que no tempo do Miguel também fizeram algo, cujo impacto nunca estudei e não sei, foi a circulação da coleção de obras de arte da Caixa Geral de Depósitos que é mais para formar públicos, do que para formar filantropos. Mas não sei se estimulou a filantropia de algumas pessoas com posses a comprar obras de arte e oferecer aos museus. Não sei, mas gostaria de saber o impacto que teve.

Acho que a parte dos nossos concidadãos que têm alguns recursos são muito ignorantes e incultos. As estatísticas dizem que temos os empresários menos qualificados em termos de gestão na Europa São pouco qualificados e naturalmente isso reflete-se.

Um mecenas é alguém interessado e culto. Além de ter recursos financeiros, gosta de os aplicar em prol de si próprio porque também lhe dá prestígio, e também em prol da comunidade.

Há um caminho a percorrer?

APR – Sim, um enorme caminho. Eu acho que as outras Fundações que já existem deveriam fazer um trabalho nessa direção e infelizmente não fazem.

Até porque a maior parte delas estão falidas. Deveria ser interessante estudar as Fundações culturais porque isso também é uma trapaça na maior parte dos casos. Foi uma forma das famílias ficarem com os recursos sem pagarem impostos ao Estado. Sim, deveria ser responsabilidade cívica.

Muito obrigada pela sua disponibilidade.

ANEXO A.2.
ENTREVISTA A FILOMENA CRESPO

Entrevista a Filomena Crespo. A entrevistada desempenhou funções na Caixa Geral de Depósitos na área de Patrocínios e Mecenato da Direção de Comunicação e Imagem.

Entrevista realizada na Caixa Geral de Depósitos no dia 21 de outubro de 2017, pelas 16:00.

Recorda-se em que ano a empresa se iniciou no apoio à cultura?

Filomena Crespo – Foi mais ou menos a partir dos anos 90, há mais de 30 anos que a CGD começou a desenvolver apoios à cultura de forma contínua e mais consistente. Foi com a criação da Culturgest que passámos a ter um apoio permanente na Cultura.

Qual é o papel da Culturgest na atividade mecenática da CGD?

FC – A Culturgest, inicialmente, foi constituída como Sociedade Anónima. O objetivo era possibilitar que a CGD se candidatasse à gestão dos espaços culturais do Centro Cultural de Belém. E, em simultâneo, ficar a gerir os espaços do edifício sede. Já na liderança do Dr. Rui Vilar, a Culturgest foi construída neste edifício, com a perspetiva de ter um Grande Auditório, um Pequeno Auditório, Salas e museus. A Administração do Dr. Rui Vilar, entendia que era problemático vir para esta zona de Lisboa, construir um grande edifício e fechá-lo à cidade. A sua ideia era proporcionar à população local, durante o dia e a noite, se possível, um conjunto de atividades culturais e sociais como que uma retribuição ou compensação. Os espaços poderiam ser usados para programação cultural, mas também como equipamento para que Lisboa tivesse mais espaços de oferta. E assim tem sido.

Qual o papel que a CGD desempenha como mecenas da cultura, no âmbito de responsabilidade social?

FC – A CGD é uma entidade pública que procura intervir na sociedade civil, e entende que a responsabilidades social é uma vertente importante, no sentido de participar de forma responsável com a sociedade. Ao falarmos do papel social da CGD temos que relacionar com a atividade mecenática.

Para além da Culturgest, a CGD financia outros projetos ou outras entidades?

FC – Sim, somos mecenas de empresas, individuais ou associações. Temos algum critério em relação a isso, por exemplo, é raro apoiarmos projetos individuais. Tentamos construir uma relação institucional e por manter esse principio damos prioridade a autarquias e a associações.

De que forma a CGD apoio projetos culturais enquanto mecenas da cultura?

FC – A CGD participa no sector cultural de diversas formas por exemplo financeiramente com a entrega de donativos, com apoio técnico, com a oferta de materiais, disponibilizando espaços. Para projetos maiores, normalmente o apoio dado é financeiro.

Contudo, nos projetos mais correntes também damos apoio em materiais, fornecemos espaços mas isso está dependente de um projeto com determinado prestígio, e depende da entidade que pede apoio de mecenato à CGD. Por exemplo, o Porto Cartoon, já demos apoio a projetos nesse sentido. As exposições desta iniciativa realizavam-se aqui nas instalações no Atrium do edifício sede. Procuramos que haja uma confluência de interesses, pois para os organizadores da exposição era boa essa visibilidade. Outro exemplo é a Culturgest. A Fundação tem uma atividade própria, uma programação e os espaços são cedidos pela CGD. Neste caso, com a Culturgest diversas vezes solicitamos cedência de espaços à Culturgest, ou é para projetos de entidades que estejam muitas associadas à Caixa, ou outras ações pontuais como por exemplo conferencias organizadas por entidades de beneficência social, e espetáculos musicais. Deste modo, uma das formas da CGD dar apoio também é, ceder de modo, as instalações dos espaços da Culturgest.

Para além da Culturgest, a CGD financia outros projetos ou outras entidades?

FC – Sim, somos mecenas de empresas, pessoas ou associações e mantemos algum critério na seleção dos projetos a financiar. Raramente somos mecenas de projetos individuais e privilegiamos estabelecer relações institucionais e por isso damos prioridade a projetos apresentados por autarquias e a associações.

Flutuações nas Administração que mudar de quatro em quatro anos, influência a atividade mecenática da CGD?

FC – Sim influência, porque mudam as estratégias. O acionista único que existe é o Estado, o que significa que no fundo os Administradores são nomeadas pelo Governo, que é representado pelo Ministro das Finanças. Os Administradores, sentem-se obrigados a cumprir os objetivos estratégicos do Estado.

A pratica de mecenato cultural está enquadrada na estratégia de marketing da empresa?

FC – A Culturgest está integrada na política de comunicação da CGD e não na estratégia de marketing. Na área do marketing, a cultura está direcionada, para determinados alvos num sentido de publicidade, de acordo com os produtos e serviços. Na área de comunicação é que o mecenato tem um papel relevante, no prestigio da empresa e não na difusão de produtos, ou seja, o objetivo é reforçar o prestígio da própria marca institucional. A CGD procura reconhecimento da marca, não propriamente notoriedade imediata. O que nós procuramos na comunicação, através do mecenato, é valorizar essa imagem institucional. Por outro lado, a Direção de Marketing, o que procura é desenvolver uma relação próxima e duradora com os seus clientes oferecendo-lhes uma variedade de produtos e serviços. A prática do mecenato surge como uma das ações de marketing que a CGD tem para promover e melhorar a imagem.

A CGD tem uma crescente intervenção no desenvolvimento da cultura, através do financiamento de projetos culturais?

O seu apoio foi impulsionado pela abertura da Culturgest. Esse momento permitiu que a CGD ganhasse mais visibilidade na área da cultura. Financiamos outros projetos pontuais, em diversas áreas da cultura (música, cinema, artes performativas, artes visuais, projetos multimédia, entre outras), que permite alcançar um público diversificado, mas a principal intervenção continua a ser a Culturgest.

Qual o critério de seleção de projetos culturais?

FC – Cabe ao Departamento de Comunicação e Imagem, e especificamente à área onde trabalho, a receção, gestão e execução das solicitações aos projetos. Analisamos a qualidade dos projetos e a disponibilidade de orçamento. Certos pedidos chegam-nos mal estruturados, mal argumentados e acabam por recusados. Ainda se nota falta de preparação na elaboração dos pedidos de financiamento a projetos artísticos. Em períodos de contenção orçamental como o atual, o orçamento destinado à cultura é menor e acabamos por financiar muito menos projetos.

A seleção, e a aprovação de financiamento de projetos culturais passa pela Administração da CGD?

FC – A natureza de alguns projetos e os montantes envolvidos são decididos pela Administração. Na área da Cultura, no Departamento de Comunicação e Marca da CGD fazemos primeiro uma prévia análise porque chegam-nos muitos pedidos alguns não têm capacidade para serem financiados ou não correspondem às nossas expectativas. Identificamos em que área se enquadram e se a instituição que solicita o apoio, já tem ou não uma relação com a CGD. Nos grandes projetos preferimos ter exclusividade como mecenas enquanto Banco, ou seja, se a instituição já recebe ajuda de outros bancos não nos interessa apoiar porque também há menos possibilidade de crescermos como parceiros comerciais. Se o projeto nos interessa definimos se é mecenato ou patrocínio. Se gostamos do projeto então falamos com a instituição cultural que solicita o apoio e, definimos com mais detalhes as contrapartidas. O passo a seguinte é levar a proposta para decisão da Direção de Comunicação, e em alguns casos à Administração da CGD.

A CGD distingue ações de patrocínio de ações de mecenato?

FC – Sim, fazemos essa distinção. Os patrocínios são orientados para eventos ou projetos em diferentes áreas e que não correspondem obrigatoriamente à área da cultura. Com o mecenato é diferente. Em termos de mecenato é predominantemente destinado a cultura, e a existência da Culturgest é o projeto principal. A atual lei permite benefícios fiscais e exige de contrapartidas. A Culturgest é um projeto de mecenato e tem a sua própria programação. Depois temos outros projetos pontuais.

Considera que a Lei do Mecenato favorece que as empresas se envolvam mais com o sector cultural?

FC – Com a atual Lei de Mecenato são muito raros os apoios que se pode enquadrar na lei porque existe a impossibilidade de referenciar a marca que apoia. Queremos apoiar uma determinada entidade ou projeto cultural, e gostamos de ver reconhecida essa participação. Mas a lei não permite e muitas vezes, e há pouca visibilidade dos mecenas, isto é, apoia-se e depois não podemos fazer referencia à marca o que acaba por desmotivar. Tal facto leva a situações em que se opte por apoiar determinadas iniciativas como patrocínio para que possa ser maior a visibilidade da marca CGD.

No caso da CGD, o Banco usufrui dos benefícios fiscais que a atual Lei de Mecenato promove?

FC – Sim. Como o projeto das Orquestras, uma parte do apoio pode ser inserido no Estatuto dos Benefícios Fiscais, o apoio direto. Todas as verbas que são envolvidas para promover determinados eventos não se inserem. O que difere que alguns projetos sejam inseridos em patrocínio e outros em mecenato, está também relacionado com a visibilidade da marca. Quando o nome "Caixa" aparece nos materiais publicitários, a lei considera que já não se trata de mecenato, mas sim patrocínio. A lei é ambígua, ou seja, não é muito clara na distinção e interpretação pode ser muito diversa.

Alguns projetos tencionamos financiar como mecenato, mas devido à atual lei, não é mecenato. E existem também exigências para as entidades culturais. Para beneficiarem de mecenato têm de percorrer um processo burocrático para obter o reconhecimento de interesse cultural, processo que nem sempre fácil.

Nem todas adquirem esse reconhecimento social que é necessário.

Quais são as motivações da CGD para praticar mecenato?

O reforço da imagem institucional do banco, oferta cultural a diferentes públicos e a possibilidade de a CGD aproximar-se de públicos diversificados.

Com as ações de mecenato e de patrocínio consegue-se chegar a vários públicos do que a publicidade normal. Valorizamos a notoriedade que o projeto poderá vir a ter.

Muito obrigada pela sua disponibilidade.

ANEXO A.3.
ENTREVISTA A FILIPE FOLHADELA

Entrevista a Filipe Folhadela, realizada na Culturgest em 10 de junho de 2013. O entrevistado exerceu funções como responsável pela área de Comunicação da Culturgest, onde exerceu funções entre março de 2003 e fevereiro de 2018.

O plano de comunicação da Culturgest está alinhado com os objetivos de comunicação da Caixa Geral de Depósitos?

Filipe Folhadela – Procuramos que esteja alinhado com os compromissos assumidos com a CGD.

O que faria se tivesse mais orçamento?

FF – Mais comunicação. Neste momento temos menos orçamento e comunicamos menos, mas estamos a apostar mais na comunicação digital, que tem custos mais reduzidos.

A Culturgest beneficia por situar-se neste edifico?

FF – A acessibilidade e a localização em Lisboa são apontadas como um ponto favorável, mas na minha opinião, o edifício é pouco explorado, e a Culturgest está centrada na sua própria programação cultural.

Se tivesse que fazer uma análise quais as principais oportunidades e ameaças da Culturgest?

FF – Não há o aproveitamento do edifício como cenário, os jardins, à arte contemporânea existente no edifício, não há referência aos vestígios arqueológicos do património industrial – os fornos da fábrica, a chaminé, ou seja, não se venda, não se comunica o edifício. Poder-se-ia por exemplo realizar visitas guiadas aos bastidores como faz o Teatro Maria Matos.

E quanto ao edifício?

FF – Apesar de se tratar de um espaço pouco acolhedor, pouco convidativo, as pessoas da cidade acolheram bem este projeto.

As pessoas hoje vêm à Culturgest por causa da programação. Por exemplo o Centro Cultural de Belém tem um jardim, uma cafetaria, enfim infraestruturas que a Culturgest não dispõe. Outro exemplo: o evento Serralves em Festa.

Nos primeiros anos houve a preocupação de envolver a comunidade, pois geograficamente Serralves situa-se perto de Bairros problemáticos. Seria limitado dar mais a um público em detrimento de outro, dar mais programação ao público residente em relação a outro.

Como mede os resultados dos esforços em comunicação?

FF – Pelo público que vem à Culturgest, pela comunicação social e pelo impacto do site e redes sociais, mas não temos estudos de públicos.

A nossa preocupação principal é o não público da cultura. Preocupamo-nos em saber o motivo de quem não vem e como fidelizá-los. Importa tratar bem quem vem.

A relação da CGD com a Culturgest é Mecenato?

FF – Sim. E se me perguntares se acho que os bancos colhem dividendos destas atividades mecenáticas, aí não tenho dúvidas em responder que sim.

Culturgest beneficia por ter a CGD como mecenas?

FF – Acho que é uma *win-win situation* – os equipamentos culturais conseguem fundos para melhorar os "produtos" que oferecem, o público tem acesso a um "produto final" melhor, os bancos ganham a goodwill da sociedade.

De que maneira a Culturgest pode participar no processo de construção de imagem positiva da cidade de Lisboa?

FF – A minha conclusão será a seguinte: da mesma forma que os outros equipamentos culturais; não acho que seja relevante para o "consumidor", nacional ou internacional, se quem apoia é a banca ou outra entidade, mas sim o "produto final" oferecido; a questão principal parece-me ser aqui "de que forma podem os equipamentos culturais participar no processo de construção de marca de uma cidade" – e sobre isso, não tenho dúvidas que podem ter um papel bastante relevante, sendo uma mais valia clara, passando a imagem de uma cidade cosmopolita, com uma vida cultural ativa e diversificada.

Muito obrigada pela sua disponibilidade.

ANEXO A.4.
ENTREVISTA A MARK DEPUTTER

Entrevista a Mark Deputter,
Administrador e Diretor Artístico da Fundação Culturgest.
Realizada em Lisboa, a 13 de março de 2020.
Duração 50 minutos.

Conforme foi previsto na metodologia, realizou-se uma entrevista ao **Administrador e Diretor Artístico da Fundação Culturgest, Mark Deputter.**

Esta entrevista durou, aproximadamente, cinquenta minutos e foi semi-orientada, pois o objetivo era que o entrevistado desenvolvesse os temas abordados sem negligenciar os tópicos que conduziam aos objetivos da investigação da tese, designadamente:

- Aferir em que medida a atual gestão da administração da Culturgest é um reflexo do período pós-crise económica;
- Aferir como a imagem do mecenas Caixa Geral de Depósitos tem contribuído para a Culturgest conquistar outros mecenas;
- Aferir quais as premissas que norteiam a atividade mecenática da Caixa Geral de Depósitos junto da Culturgest;
- Aferir em que medida modelo de gestão da Culturgest está alinhado com a estratégia de comunicação e de marketing do principal mecenas;
- Aferir em que medida a abertura a outros mecenas tem influência na programação cultural da Culturgest;
- Aferir a relação de poder da atividade mecenática da Caixa na Culturgest e na Comunidade;
- Aferir a possibilidade de captar filantropos particulares.

Nota: o conteúdo desta entrevista destina-se apenas ao tratamento do texto do doutoramento ou da sua inclusão em anexo no trabalho de investigação.

Agradeço a sua disponibilidade em receber-me. Tenho alguns tópicos para uma conversa no âmbito da investigação que estou a desenvolver para a tese de doutoramento.
Mark Deputter chegou à Culturgest em meados de 2018 na fase pós-crise económica que Portugal atravessou. Quais foram os principais impactos que notou da crise económica e financeira na Culturgest?

Mark Deputter – De facto os impactos já tinham sido anteriores e isto aconteceu em 2011. Durante a administração de Miguel Lobo Antunes já houve um impacto muito grande.

Ou seja, eu apanhei a situação já mais ou menos instalada porque houve um corte na doação muito grande por parte da Caixa Geral de Depósitos à Culturgest, tal e qual como aconteceu em todo o sector cultural, como no Teatro Nacional, no Centro Cultural de Belém, na Casa da Música e aqui também. A Caixa na altura seguiu as indicações por parte do Governo.

Foi um corte muito importante e teve impacto em várias áreas: na área de Comunicação na área de programação cultural também e no próprio funcionamento da Casa.

Pelo que percebi nas conversas com o Miguel Lobo Antunes o que eles decidiram fazer foi diminuir muito o orçamento e os esforços de Comunicação no sentido de manter mais dinheiro para a programação cultural, para salvaguardar a programação. Em segundo lugar, reduzir ao máximo nas despesas de funcionamento no que fosse possível.

Claramente é mais difícil numa instituição de grande dimensão do que numa dimensão mais pequena e independente. É como aqueles barcos muito grandes que precisam de algum tempo para mudar de direção enquanto que um barco pequeno é mais fácil...

E também decidiram na altura, estou a falar de 2011, pela história que ouvi e que consta nos relatórios não diminuir a programação, mas apostar em espetáculos mais pequenos, como projetos com bancadas para menos público que obviamente são projetos que custam menos na sua realização, na sua produção porque têm menos artistas, implicam menos interpretes, menos músicos e são caches mais baixos. Foi essa a decisão.

Quando eu cheguei, decidi de certo modo mudar algumas destas indicações e em vez de fazer o mesmo número de espetáculos, conferências e exposições pequenas, decidi fazer só eventos de grande dimensão e diminuir na quantidade.

Esta foi a grande mudança na programação?

MD – Sim, esta foi a grande mudança.

Não houve uma mudança radical em temos de conteúdo, pois houve uma grande continuidade na ideia da Culturgest ser uma Casa contemporânea, ou seja, não mudei essa ideia ou esse perfil da Casa, mas em termos de formato decidimos apostar em grandes espetáculos e em eventos com mais visibilidade e fazer menos em termos de quantidade.

E isto tem uma tradução muito concreta. Temos uma sala de seiscentos lugares e quando eu cheguei a maior parte dos espetáculos era feita com a bancada para cento e cinquenta pessoas porque eram espetáculos mais pequenos não pensados para uma sala com seiscentos lugares.

Eu decidi não fazer espetáculos com bancadas, mas decidi fazer espetáculos para a sala toda, para seiscentas pessoas.

A ideia era aproveitar a grande dimensão do auditório?

MD – Sim, e ao mesmo tempo entendi que obviamente não era possível fazer esta mudança sem apostar na Comunicação. Voltámos a aumentar o investimento na Comunicação, e fazer novo Website, um novo visual no *Facebook, Instagram*, etc...

Ou seja, a resposta à redução de orçamento por causa da crise, é uma resposta que de facto muda a lógica da própria oferta e da maneira como levamos essa resposta ao público.

Acha que o atual modelo de gestão da Culturgest está adequado à programação cultural que planeou para fase pós-crise?

MD – A nossa experiência é curta porque eu entrei há dois anos e a programação já estava feita até setembro. Em termos de dados concretos, temos um ano e meio de programação. O que temos, em termos de público teve um impacto muito positivo.

Em vez de salas pequenas com públicos reduzidos, temos salas grandes mesmo que sejam menos espetáculos. Como são 600 pessoas e não 150 tivemos um aumento.

Em 2018 o público aumentou em 6%, para um período de quatro meses, foi bom e no ano passado, em 2019 aumentámos em 14%.

Em conjunto foi 20% de aumento num ano e meio. Deste ponto de vista tem sido positivo esta alteração porque acho que para uma Casa desta dimensão é muito importante ter muito público e visibilidade.

Em termos de visibilidade, também aumentou?

MD – Penso que sim, mas é difícil de confirmar. Temos números objetivos, que tem a ver com a visibilidade, de acessos ao *website* e às redes sociais como *Instagram e Facebook*. Em termos de acesso as redes sociais temos mais visibilidade.

Qual o atual público da Culturgest?

MD – A Culturgest tem um perfil muito claro com uma programação mais ligada às artes contemporâneas. Tem sido essa a história da Casa. Por exemplo, não fazemos espetáculos de música clássica, as propostas na área da dança e do teatro são mais para artistas que estão à procura de novas linguagens, que fazem um trabalho menos *mainstream,* isto é a imagem da Casa e temos continuado a fazer isso também nas exposições, não fazemos arte do século passado ou arte antiga é tudo arte contemporânea que está a ser criada neste momento pelos artistas.

Neste momento, não estamos a programar a franja mais experimental. Não estamos a programar artistas que começaram a carreira ou que saíram na escola há pouco tempo. Estamos a apostar em propostas artísticas que já tenham experiência e alguma segurança. Aliás para salas de grande dimensão não faria muito sentido convidar artistas com muito pouca experiência.

O que significa que o nosso público que está claramente à procura destas linguagens contemporâneas. É um público que está disponível para arriscar, para ir ver coisas que não conhece. Sabe que é uma Casa que tem uma determinada linha de programação, portanto está disponível para ir ver algo que não conhece mas numa área que interessa.

Obviamente que também há uma parte de público que, pelo mesmo raciocínio sabe que não vem. Pessoas que adoram música clássica provavelmente vão à Fundação Gulbenkian ou ao Centro Cultural de Belém. Mas não é preto e branco e há pessoas que gostam, por exemplo, de visitar a Ópera mas também vêm aqui.

Por essa razão, o nosso público é bastante jovem; temos uma percentagem alta de público com menos de 30 anos. Também há uma parcela importante de pessoas com formação superior, embora não tenhamos informação objetiva recente. Teríamos que fazer um estudo de públicos. É algo a fazer porque conhecer a constituição dos públicos é importante.

De que forma a programação cultural e o modelo de gestão da Culturgest estão alinhados com a estratégia de comunicação e de marketing da Caixa Geral de Depósitos?

MD – Sim, a Culturgest só indiretamente tem um papel no marketing da Caixa. Faz parte da responsabilidade social da Caixa Geral de Depósitos apoiar iniciativas na área da Cultura, na área social e às universidades. São estes os três grandes pilares de atuação em termos de Responsabilidade Social, parece-me.

Na área da Cultura a grande aposta é a Culturgest. Para a Caixa Geral de Depósitos a Culturgest tem sido uma bandeira importante.

Como a Culturgest tem um perfil muito específico desde o início, penso que serve à Caixa porque passa uma imagem de inovação e de contemporaneidade, que também para um banco poderá ser importante. Transmite a mensagem "nós vivemos neste mundo, somos inovadores, e apostamos em novos produtos".

Não sou perito em marketing, mas acho que a Caixa Geral de Depósitos pode ter interesse em manter uma Culturgest com esse perfil, em termos de marketing. Acho que esta imagem de inovação e de modernidade é interessante para a Caixa.

Para além disso, apoiamos a CGD na apresentação do ciclo "Caixa na Culturgest", que é uma programação bastante mais popular, mais *mainstream*.

É algo novo?

MD – Sim a "Caixa na Culturgest" é um projeto novo que foi criado o ano passado. Consiste de uma serie de concertos de música popular portuguesa, por exemplo Pedro Abrunhosa ou Xutos & Pontapés.

Significa uma mudança na linha de programação cultural da Culturgest?

MD – Não é programação da Culturgest, mas, sim, do Departamento de Marketing da Caixa, com o apoio da Culturgest. São mesmo eventos que são da Caixa Geral de Depósitos mas que a Culturgest ajuda a organizar e divulgar junto do público. A Caixa utiliza estes Concertos, por um lado para convidar pessoas – clientes ou colaboradores – e por um outro lado para chegar a uma parte de público que, possivelmente, a Culturgest não atinge com a sua própria programação.

Acaba por haver aqui duas programações para o mesmo espaço?

MD – Não chega a ser tanto, porque, são apenas alguns eventos, neste momento, quatro eventos por ano. Antigamente, os concertos da CGD existiam fora da Culturgest, por exemplo o Festival Caixa Alfama que já não existe. Agora, a CGD tem o ciclo Caixa na Culturgest.

Na sua opinião considera que a relação que a Caixa Geral de Depósitos tem com a Culturgest é mecenato cultural ou patrocínio?

MD – Claramente mecenato.

Claramente mecenato?

MD – Sim.

E esta atual abertura a novas fontes de financiamento, por parte da Culturgest, na sua opinião, pode ter impacto na programação cultural e pode haver uma mudança? Até que ponto a Culturgest pode continuar a ter uma programação cultural experimentalista, vanguardista e multiculturalista com a abertura a novas fontes de financiamento?

MD – Acho que não tem impacto, porque possíveis patrocinadores têm interesse na Culturgest porque têm interesse no perfil da Culturgest.

Acho que temos vantagem porque temos um perfil. O patrocinador em princípio está interessado em ligar a sua marca a uma outra marca e a Culturgest tem uma marca muito clara, um perfil muito claro. Quem está interessado nesse perfil de vanguarda, de modernidade vem ter connosco.

Desse ponto de vista são financiamentos, parcerias que dão continuidade ao nosso trabalho.

Isto está a acontecer, por exemplo, com a Fidelidade com quem temos uma parceria de três anos nas Artes Visuais e está a funcionar muito bem. Eles utilizam os nossos serviços e nosso *know how* para programar na galeria de arte da Fidelidade, no Chiado. Temos um programa de exposições que passa lá e depois na Culturgest Porto, que também é uma galeria pequena. Com a Fidelidade também temos uma parceria de três anos na área das conferências.

Esta parceria é algo novo já concretizada durante a sua administração na Culturgest?

MD – Sim, é nova.

A Culturgest é uma referência na formação de públicos da cultura em Portugal. Na sua opinião, pode também vir ser uma referência para a criação de novos filantropos e fomentar filantropia ao modelo norte-americano?

MD – Não sei... O modelo norte-americano é um modelo que não existe aqui em Portugal.

Há alguns, mas poucos, exemplos e os que existem são normalmente nas artes visuais. São colecionadores que ajudam uma série de artistas através da compra de obras de arte porque ali têm uma conjugação de dois lados: por um lado, o apoio a artistas e por outro lado o investimento, porque comprar obras de arte também é um investimento.

Existem algumas empresas que o fazem. A própria Caixa Geral de Depósitos também o faz. Existe uma coleção de arte contemporânea cuja política de aquisições foi interrompida também com a crise (creio que em 2008), decidiram deixar porque já não havia condições para continuar a comprar obras de arte. A Culturgest gere a coleção e organiza regulamente exposições de obras da coleção em Lisboa, mas cada vez mais em outras cidades do país.

A Caixa Geral de Depósitos voltou a comprar obras de arte para a coleção?

MD – Neste momento, não.

É um dos desejos que eu tenho. Gostava de voltar às aquisições pois acho que é importante uma Coleção não ficar parada no tempo. Estamos a falar com a Administração da Caixa Geral de Depósitos porque a Coleção de Arte é um investimento da Caixa, não é da Culturgest. Como referi, nós gerimos a coleção e era costume a Culturgest ajudar também na decisão de quais as obras a comprar e quais os artistas a apoiar. Estamos em conversas para voltar a fazer isso.

Na sua opinião, acha que ainda é uma realidade muito distante a entrada de filantropos particulares na Culturgest, por exemplo com contrapartidas, como a atribuição do nome do filantropo no auditório ou ter mais pessoas envolvidas?

MD – Acho que é uma realidade distante neste momento. Não digo que seja impossível. Estamos a fazer um esforço no sentido de atrair outros financiamentos, mas estamos a pensar em financiamento de empresas e não tanto em pessoas individuais.

Normalmente, os grandes filantropos funcionam com grandes fundações, como exemplo Fundação Rockefeller, Fundação Guggenheim, Fundação Bill Gates. Não são as pessoas individuais que apoiam, mas as suas fundações. É essa a prática nos Estados Unidos da América. Acho que obter financiamento por parte de outras Fundações é difícil porque nós próprios somos uma fundação e acho que é pouco provável que haja uma fundação disposta a financiar outra Fundação.

A Culturgest para além disso tem uma outra limitação porque já está numa empresa que tem uma presença muito forte, que é Caixa Geral de Depósitos.

Significa que a marca da Caixa pode de certa medida, dificultar a captação de outras fontes de financiamento?

MD – Sim, claro. A marca da Caixa é forte. A Culturgest é a fundação da Caixa Geral de Depósitos. Quem vem aqui, vem para o edifico central da Caixa Geral de Depósitos.

Quando contacta as empresas no sentido de serem mecenas da Culturgest, nota essa dificuldade pelo facto de existir a marca da Caixa?

MD – Sim, é mais difícil para criar uma visibilidade para outros mecenas. Quem patrocina está interessado em utilizar a imagem da Culturgest, ligando-a à sua própria marca.

Mas se a Culturgest já tem uma grande marca associada, será obviamente mais difícil colocar uma outra marca com a mesma força.

Quais são os argumentos que apresenta aos potenciais mecenas?

MD – Tentamos encontrar outros modelos como estamos a fazer com a Companhia de Seguros Fidelidade, em que uma empresa se junta à Culturgest com um programa muito específico e delineado.

Neste caso, damos à Fidelidade uma grande visibilidade no contexto de projetos específicos. Quando divulgamos as atividades da Fidelidade realizadas na Culturgest, utilizamos em toda a comunicação a menção, o logo e a cor de base da empresa Fidelidade que é o vermelho.

Neste caso que exemplifica, significa que existe um esforço por dar visibilidade ao outro mecenas?

MD – Sim, e para além disso também fazemos com que as pessoas que venham à Culturgest participar nas atividades que coorganizamos com a Fidelidade, também sintam a presença da Fidelidade aqui no edifício. Ou seja, que na experiência de virem à Culturgest, que é a "casa da Caixa", naquele dia, para aquele evento, também sintam que é a "casa da Fidelidade".

No dia dos eventos fazemos com que a Fidelidade esteja muito presente, por exemplo, na entrada, no foyer... Antes do próprio evento é o Presidente da Fidelidade quem recebe as pessoas, é quem que faz a primeira introdução... São pequenas coisas que podemos fazer para dar visibilidade, exatamente porque não é evidente criar espaço para outras empresas na situação em que estamos, onde existe uma marca forte da Caixa.

Em relação ao edifício, nota que ainda há alguma estranheza à dimensão do edifício e ainda existe algum impacto quando as pessoas vêm a este equipamento cultural ou já está ultrapassado e o público já esta fidelizado?

MD – Sim, o público está muito fidelizado e acho que em relação ao nosso público essa estranheza já não existe.

Esta estranheza acontece mais com os estrangeiros. Quando os artistas e os programadores culturais de outros países vêm e conhecem o edifico dizem-nos: "Uau! Vocês têm este espaço todo?"

É um espaço que não é fácil porque o edifício é muito impositivo e formal. Quando há muita gente para espetáculos grandes, ou nos festivais de cinema, funciona bem porque é um espaço muito amplo.

Participar na inauguração de uma exposição ou vir assistir a um espetáculo tem sempre um lado social. É importante. As pessoas juntam-se. Quando se sente esse elemento social, com muita gente a entrar e a sair do edifico, é nessas alturas que se sente que este edifico foi criado para eventos de grande dimensão.

A Culturgest, fundação corporativa com este espaço, na sua opinião é uma referência única em Portugal?

MD – Sim, a Culturgest é única em Portugal. Não me ocorre nenhum outro exemplo de uma fundação de uma empresa com programação própria. E com esta longevidade. Até a nível internacional, sobretudo na Europa, há poucos exemplos, nos Estados Unidos existem mais exemplos. Os meus colegas programadores culturais ficam sempre muito admirados com este equipamento cultural e com o facto de ser a Caixa Geral de Depósitos a financiar o funcionamento e a programação de um centro cultural desta dimensão.

Conhece outro exemplo internacional de um banco com capitais públicos, com um edifício desta dimensão?

MD – Só conheço exemplos nos Estados Unidos e no Brasil. O Brasil tem uma política de mecenato muito forte.

Pode-se considerar a *La Caixa* um caso homólogo à Culturgest?

MD – A *La Caixa* é uma grande fundação, que apoia as artes, mas não tem uma Casa própria e uma programação cultural própria, como nós. A *la Caixa* apoia iniciativas de entidades terceiras. O caso da Culturgest é bastante excecional.

Mas bancos com equipamentos culturais desta dimensão dentro da própria sede do Edifício?

MD – Há muitos bancos com Fundações, mas um equipamento cultural desta dimensão, dentro de um edifício do próprio banco penso que é muito raro.

Aliás, a própria Caixa também utiliza muito o auditório da Culturgest para outros eventos como congressos e eventos com colaboradores da Caixa. Este serviço também prestamos.

O aluguer das salas representa mais uma fonte de rendimento?

MD – As salas podem ser alugadas e isso representa uma fonte de rendimento.

As maiores fontes de rendimento que temos neste momento, para além do donativo anual da Caixa Geral de Depósitos, são os patrocínios, os alugueres dos espaços e os co-financiamentos por parte da Comunidade Europeia.

Refere-se aos programas Europa Criativa da União Europeia?

MD – Sim.

Como está a correr?

MD – Está a correr muito bem. Neste momento já temos três programas em vigor.

Significa que pode haver margem para mais projetos com esta nova fonte de financiamento?

MD – Sim, é nisto que estamos a trabalhar.

Esta candidatura a programas europeus também é uma novidade na atual gestão da Culturgest. Faz parte da estratégia de mudança?

MD – Sim. A angariação de outras fontes de rendimento tem aumentado. No ano passado, tivemos um aumento de 250% em termos de angariação de meios próprios.

Foi uma exigência da Caixa Geral de Depósitos?

MD – Foi. Houve este o indicação por parte da administração da Caixa. De um lado, de criar mais público e, do outro, tentar conquistar mais financiamento. Estou completamente de acordo com ambos os objetivos.

Existe separação de poderes entre o mecenas Caixa Geral de Depósitos e a Culturgest?

MD – Existe sim. A Caixa não participa na gestão corrente, nem na programação da Fundação. Mas há certas decisões que têm que ser tomadas ao nível do Conselho de Administração, onde a instituidora está representada.

Qual a atual estrutura organizacional da Culturgest?

MD – Sou administrador e diretor artístico. José Ramalho é administrador e presidente do conselho diretivo. O Doutor Paulo Macedo é Presidente do Conselho de Administração da Culturgest e Presidente da Comissão Executiva da Caixa Geral de Depósitos. Portanto, a presença da Caixa Geral de Depósitos na Culturgest é importante. Aliás, é a administração da Caixa Geral de Depósitos que nomeia os administradores da Culturgest.

Ficou mais clarificado que existe uma mudança de estratégia de gestão, de programação, de imagem e de Comunicação na Culturgest. Obrigada pela sua disponibilidade.

MD – Eu é que agradeço.

ANEXO A.5.
ENTREVISTA A MIGUEL LOBO ANTUNES

Entrevista realizada a Miguel Lobo Antunes, na Culturgest em Lisboa, pelas 10 horas, no dia 4 de junho de 2013. O entrevistado desempenhou funções na Culturgest, como Administrador, de 2003 a setembro de 2018.

No conjunto de atividades definidas em 1993, havia a preocupação de criar condições privilegiadas de acesso e fruição ao público interno constituído por empregados e clientes da Caixa e à comunidade residente na área envolvente do edifício.
Na sua opinião, decorridos 20 anos de atividade, a Fundação Caixa Geral Depósitos – Culturgest conseguiu alcançar os objetivos traçados, mais concretamente no espaço urbano onde está inserida?

Miguel Lobo Antunes – A história que me contaram desde sempre foi que o Dr. Emílio Rui Vilar na altura em que o edifício da Caixa Geral de Depósitos foi construído houve uma enorme polémica, por um lado por ser um edifício de enormes dimensões que constituiria uma agressão urbanística pela dimensão e pela quantidade de pessoas que viriam para aqui trabalhar, por outro pelo facto de nos terrenos ocupados pelo edifício estar outrora a Antiga Fábrica de Cerâmicas Lusitânia, de que ainda se conservavam muitos elementos arquitetónicos, considerados muito importantes para documentar a história da indústria em Portugal.

Na construção do edifício há memórias dessa Fábrica, entre elas uma grande chaminé no jardim que dá para a Avenida João XXI. Suponho que uma das razões mais relevantes que levou à criação da Culturgest foi amenizar essa agressão ao bairro oferecendo-lhe, e à cidade, um centro cultural.

Outra razão seria a de facultar às pessoas que trabalham no edifício uma possibilidade de contacto com as artes, desde logo pelo facto do centro cultural se situar dentro do edifício onde as pessoas trabalham.

Tinha-se, pois, em vista, como diz, dois tipos de público preferenciais – o da vizinhança e o dos trabalhadores da Caixa Geral de Depósitos. E sempre se desenvolveram atividades nessas duas direções. Por exemplo, estabelecendo colaborações com o Instituto Superior Técnico ou com as escolas em volta, fazendo uma divulgação do que oferecemos junto da vizinhança, etc.

Quanto ao público interno, para além de descontos especiais, de organização de iniciativas várias dirigidas especificamente aos funcionários (cursos, *workshops*, *ateliers*, visitas guiadas à hora do almoço...) ou de que eles podem melhor beneficiar (como *ateliers* nas férias escolares em que temos uma grande participação de filhos dos trabalhadores da Caixa Geral de Depósitos), divulgamos o nosso trabalho em vários locais do edifício e, quando se dirigem especialmente aos funcionários, na intranet.

Enfim, tentamos seduzir as pessoas que trabalham da Caixa Geral de Depósitos para que venham estar connosco, e vêm algumas, às vezes vêm muitas (por exemplo, a certos espetáculos), mas não tantas como quereríamos, confesso.

Temos também uma enorme preocupação em manter uma boa relação com as estruturas internas (Dadores de Sangue, Serviços Sociais e diversos serviços da Caixa Geral de Depósitos que usam as salas que nos estão atribuídas para atividades deles). Ou seja, queremos que os nossos colegas da Caixa sintam que a Culturgest também é deles, que são sempre muito bem-vindos, que não somos um "corpo estranho" aqui colocado à força, mas fazemos parte deste grupo enorme e muito rico como é o da Caixa Geral de Depósitos. Mas como digo, ainda não conseguimos que um número elevado de funcionários do Banco viesse à Culturgest, apesar dos nossos esforços

Sempre houve essa preocupação?

MLA – Sim, sempre houve essa preocupação de atingir quer os trabalhadores do banco, quer a vizinhança. Mas não podemos saber exatamente se população desta zona urbana vem à Culturgest porque não temos forma de controlar (só se perguntássemos a morada às pessoas).

Por outro lado, a oferta cultural que atualmente existe em Lisboa é elevada, as pessoas têm muitas solicitações, sobretudo de espetáculos de entretenimento, mas não só. Se temos a preocupação de atingir aqueles dois tipos de público, a nossa programação dirige-se a toda a população de Lisboa e arredores.

Nem poderia ser de outra forma. A Culturgest não é um centro cultural de bairro. É uma instituição cultural com projeção nacional e internacional. Digo-o com a tranquilidade de não ter sido eu a "inventar" a Culturgest. Quando vim para cá trabalhar, já era uma instituição marcante aqui e no estrangeiro.

E quanto ao público? Ainda podemos dizer que o público que vem à Culturgest pertence a uma elite? Pode-se afirmar como se dizia no passado, que a programação da Culturgest é elitista?

MLA – Antes de vir trabalhar para cá, ouvia dizer, como crítica, que a Culturgest era uma instituição elitista. De facto, era, e é, uma instituição que se dedica à arte contemporânea, que em geral não apresenta espetáculos de entretenimento ou *mainstream* (mas apresentamos alguns).

Muitos desses espetáculos e exposições eram e são inovadores, o que provoca alguma perplexidade e alguma dificuldade de entendimento em muitas pessoas por não estarem habituadas a essas novas linguagens. As artes contemporâneas muitas vezes provocam ruturas, dificuldades de entendimento, exigem uma grande abertura ao que é novo, e nem toda a gente está para fazer esse esforço.

Daí se salta facilmente para a conclusão que o que fazemos é para um grupo restrito de pessoas, as tais elites. Ao contrário do que as pessoas que faziam (e ainda farão) essa crítica pensam, as elites são fundamentais para que um país avance e se desenvolva, e ter elites cultas é uma coisa boa, não é uma coisa má. Por outro lado, está demonstrado, em Portugal e no estrangeiro, por estudos vários, que o público das atividades culturais é, esmagadoramente, um público instruído, com uma formação superior ou a estudar no ensino superior.

Nós temos uma percentagem muito elevada de estudantes e de novos licenciados no nosso público. Como os jovens até aos 30 anos só pagam 5 euros nos espetáculos, sabemos o que que representam em percentagem. Em certos espetáculos chegam a mais de 50% dos espectadores.

Felizmente que o número de jovens que estudam no ensino superior é muitíssimo maior do que era no meu tempo. Nem tem comparação possível.

Uma última observação sobre este ponto. Antes de vir para aqui trabalhar, vinha a muitos espetáculos e todas as exposições. Nem sempre os compreendia, mas sempre ia para casa mais rico, a pensar no que tinha visto. O que me dava prazer e era motivo de conversa com amigos que também por aqui passavam.

Então, não está propriamente relacionado com o poder económico?

MLA – Tem a ver com as duas coisas. As pessoas que mais vêm às atividades culturais têm uma educação formal (a que tiveram no sistema de ensino) avançada e algum poder de compra, até porque normalmente uma coisa acompanha outra. Estou a falar do público de uma "cultura mais sofisticada" que vem de uma tradição erudita.

Embora muita gente educada não tenha hábitos de ir a museus, a exposições, a espetáculos não integrados em grandes festivais, a verdade é que as que têm hábitos culturais têm elevados níveis de educação. Ou seja, nem toda a gente educada tem práticas culturais, mas todas as que têm essas práticas são educadas (no sentido de terem um curso superior ou estudos secundários avançados). Quando se faz uma programação marcadamente contemporânea, já sabe que não se vai ter o mesmo número de pessoas, nem nada que se possa parecer, que um concerto da Madona ou um espetáculo de *stand-up comedy*, com todo o valor que esses tipos de espetáculos têm.

Não estou a dizer que o que apresentamos é que é bom e a Madona ou a comédia não o são. Há espetáculos bons e maus em todos os tipos. Mas há vários tipos de criação que se destinam a vários grupos de pessoas.

Existe algum esforço em trabalhar a marca e imagem da Culturgest de alguma forma diferente?

MLA – Por inquéritos feitos à população sabemos que a marca Culturgest é uma das marcas que as pessoas mais associam à Cultura. É uma marca muito forte nesse domínio e continuamos sempre a trabalhar para que essa posição se mantenha, nomeadamente ao nível da comunicação.

Por outro lado, houve uma preocupação, quando vim para cá trabalhar, em quebrar um pouco a distância que ainda existia entre a Culturgest e o público que podia ser atraído para a nossa atividade. Isso fez-se através da programação, da comunicação e da política de preços.

Alguns rápidos exemplos: o acolhimento e coprodução dos dois maiores festivais de cinema de Lisboa trouxe um público novo e numeroso; o cuidado que pomos na elaboração das folhas de sala ou as conversas após os espetáculos, dão às pessoas mais informação e uma ligação mais próxima entre elas, nós e os criadores; alguns espetáculos para um público mais largo, também trouxeram novas pessoas; idem para a atividade interessantíssima do nosso Serviço Educativo. Podia continuar, mas acho que já chega.

E o edifício? A Culturgest situa-se num edifício projetado pelo Arquiteto Arsénio Cordeiro aberto ao público em 1993. Pode-se dizer que confere um ar cosmopolita à cidade de Lisboa?

MLA – O edifício foi construído para ser a sede do maior banco português. Era esse o projeto.

A adaptação de uma sua pequena parte a um centro cultural não constava do plano inicial. Adaptou-se bem o que foi possível, mas muita coisa não foi possível, por isso a parte do edifício que ocupamos não é verdadeiramente apropriado para aquilo que serve. Dois exemplos muito simples: não temos uma sala para ensaios e o nosso Pequeno Auditório tem um pilar no meio do palco.

É claro que se fosse pensado para espetáculos, nunca teria esse pilar. Para além disso, há muitas pessoas que não gostam deste edifício e que acham que não é um edifício acolhedor para quem venha ver um espetáculo, uma exposição, uma conferência. Se nos compararmos com o Centro Cultural de Belém, Fundação Gulbenkian, Fundação Serralves, Casa da Música ou, numa dimensão mais próxima da nossa, com o teatro São Luiz, o São Carlos, o Museu Vieira da Silva, etc. etc., o nosso espaço fica a perder. Não é tão apropriado, não é tão acolhedor. O que confere um ar cosmopolita não creio que seja o edifício, mas o que se faz aqui dentro.

Então considera que, o serviço que a Culturgest presta à cidade funciona como uma compensação para o impacto negativo "que o edifício representa em termos de volume"?

MLA – No início talvez tivesse esse resultado. Mas nós habituamo-nos depressa às transformações urbanísticas. Já pouca gente se lembra que a construção do Centro Cultural de Belém foi igualmente muito polémica, ou mesmo a do CAM na Gulbenkian, ou das Torres das Amoreiras. Hoje em dia, 20 anos passados, suponho que já ninguém fala no impacto negativo do edifício. Habituámo-nos a ele e à transformação da paisagem urbana que operou (o que não quer dizer que toda a gente goste).

Muito obrigada pela sua disponibilidade.

ANEXO A.6.
ENTREVISTA A PEDRO LARANJEIRA

Entrevista realizada a Pedro Laranjeira, na Sede da Caixa Geral de Depósitos, no dia 3 de fevereiro de 2017, às 14:30. Duração 60 minutos. O entrevistado exerceu funções como Coordenador da área de patrocínios e mecenato da Direção de Comunicação e Marca, da Caixa Geral de Depósitos.

A Caixa Geral de Depósitos vê a cultura como um contributo para a comunidade?

Pedro Laranjeira – Sim, claramente.

A Caixa Geral de Depósitos relaciona-se com a Culturgest como mecenas ou patrocinador?

PL – Como mecenas da cultura.

Pode exemplificar a presença da Caixa Geral de Depósitos na cultura não como mecenas, mas sim como patrocinador?

PL – O Festival de música portuguesa Caixa Alfama.

É uma iniciativa do Banco?

PL – A Caixa é patrocinador desde 2012. Vou clarificou a separação de responsabilidade. O *naming* é da Caixa Geral de Depósitos porque é o *Sponsor* principal.

O Banco é patrocinador do evento e não organizador. Não tem qualquer responsabilidade na organização e no orçamento global do Festival. A ideia partiu da empresa promotora de espetáculos – Música no Coração, liderada pelo empresário Luís Montez, e foi inspirada na experiência do festival texano, South by Southwest, que se trata de um festival urbano que acontece anualmente em março em Austin, nos Estados Unidos.

O objetivo era a promoção de um festival urbano, no qual a Caixa Geral de Depósitos assumia-se como patrocinador, tal como acontece noutros Festivais de música ao vivo. É uma relação que tem vindo a melhorar pois sabemos que a música é uma forma de comunicar muito bem a marca, de acordo com os seus targets. A música cria uma empatia

O festival Caixa Alfama é uma associação efetiva à cultura portuguesa, ao património cultural português por excelência, e coloca a marca Caixa de forma definitiva num diferente patamar de transversalidade, de renovação e de inovação na esfera da sua associação à música.

Foi uma forma da Caixa associar-se a um conceito inovador que dá outra vida às ruas de um dos bairros mais típicos de Lisboa. Não nos podemos esquecer que Alfama é um "bairro popular", o mais antigo de Lisboa, e um local que respira a história do Fado.

Estamos perante um evento-festivo, financeiramente suportado pela Caixa Geral de Depósitos, embora no mesmo evento estejam associadas outras as marcas |como CASA ERMELINDA (vinhos), TOFA CAFÉ (café) e SUPER BOCK (cervejas).

O evento que é organizado por uma empresa profissional na organização de Festivais e eventos de grande dimensão. A organização segue um *briefing*, com conceitos e atributos definidos pelos patrocinadores. E desde a primeira hora que conta com parceria do Museu do Fado.

A iniciativa surgiu a 4 de julho, dois anos após a UNESCO elevar o Fado à categoria de Património Imaterial e o fado começava a estar na moda. O contexto era favorável e a Caixa assumia-se como patrocinador oficial do Festival que constituía um projeto de iniciativa profissional com objetivos muito claros. A Caixa e a empresa promotora – Música no Coração reuniram-se no desafio de criar o primeiro grande Festival da música que transporta a identidade e a alma lusa. Nesta edição tínhamos o *slogan*: "Caixa Alfama, Aqui Mora o Fado".

E este acontecimento era uma homenagem a um dos elementos-marca de Portugal foi a premissa para um evento que, desde então, se constitui como um dos maiores acontecimentos enaltecedores do Fado no nosso país. Fado é identidade, arte e referência.

Reunimo-nos para o primeiro grande festival ao vivo da música que transporta a cultura, a identidade e a alma lusa, o Fado. Nasceu assim o evento que assume a marca Caixa Alfama.

Que estratégias e objetivos estão subjacentes?

PL – Numa perspetiva comercial, a estratégia de comunicação da Caixa Geral de Depósitos prevê a divulgação de produtos comerciais "pacotes" de produtos bancários destinados a incentivar a adesão de produtos com oferta de bilhetes para o festival.

Os clientes da Caixa Geral de Depósitos têm descontos nos bilhetes adquiridos com qualquer cartão de débito ou crédito.

A Caixa realizou algum estudo prévio sobre os públicos?

PL – A construção da marca Caixa Alfama e a primeira edição do Festival não teve um estudo prévio sobre os públicos da cultura. Acreditava-se que associado às marcas Caixa + Alfama, que constituem duas marcas com elevada notoriedade, se refletisse no sucesso do evento.

No caso do Festival Caixa Alfama, este evento carateriza-se por ter um cariz fortemente vincado pelos atributos do orgulho de ser português, a mensagem dos conceitos de portugalidade e o Fado ser Património Cultural Imaterial da Humanidade.

Qual é a população que a Caixa Geral de Depósitos atingir ao patrocinar este festival de música?

PL – Pretende-se que o Festival alcance um público diversificado, muito embora algumas variáveis pudessem indiciar que para o evento exista maior propensão de adesão por parte de um público jovem com hábitos de ida a festivais de verão. O público-alvo reside maioritariamente da zona metropolitana de Lisboa e é heterogéneo. O Festival Caixa Alfama foi desenhado com o objetivo de chegar a todos os públicos: residentes e não residentes, turistas, apreciadores e conhecedores de Fado, àqueles que pretendem inteirar-se desta arte maior, ou que só há pouco a vêm descobrindo. O evento não se destina apenas aos clientes do Banco.

As características da acessibilidade, com palcos espalhados por todo o bairro, influenciam que o festival seja dirigido a um público jovem porque este festival pressupõe deslocação e mobilidade por vários espaços de Alfama onde acontece o evento. As características particulares do Caixa Alfama promovem o movimento, a deslocação por vários espaços e a organização, procurando que o público seja protagonista maior, dando vida às ruas e aos miradouros.

Pretende-se atrair públicos não apenas com hábitos de lazer noturno, mas apreciadores de Fado e da tradição.

Onde se posiciona em termos de imagem tento em conta que o fado é visto como uma expressão musical mais conservadora e porque motivo o bairro histórico de lisboa?

PL – Por causa dos valores associados ao evento.

A Caixa tem uma forte presença como patrocinador nos principais festivais de verão que se realizam em Portugal.

Pelo facto de o fado estar na moda, e ao aparecimento de novos fadistas de gerações mais novas, congregaram-se os conceitos de portugalidade, a Alfama Moderna não está descaracterizada. O Festival Caixa Alfama tem aproximado muitas pessoas deste som tão português.

Qual é a mensagem que a CGD pretende comunicar ao envolver-se nesta iniciativa cultural?

PL – Há 10 ou 15 anos, o fado era uma coisa para gente mais idosa, havia uma geração que tinha ficado desligada e hoje vemos aqui muitos jovens na assistência e outros jovens a cantar, assim como muitos novos talentos a aparecer.

O fado tornou-se muito mais universal e as pessoas sentem-no como genuinamente português. A Caixa Geral de Depósitos pretende associar-se ao que de melhor Portugal tem, faz e exporta.

De que forma este evento está enquadrado na estratégia de Comunicação da CGD, na política de financiamento a atividades culturais?

PL – É uma associação efetiva à cultura portuguesa, ao património cultural português por excelência, colocando a marca Caixa de forma definitiva num diferente patamar de transversalidade, de renovação e de inovação na esfera da sua associação à música.

A marca associa-se a um conceito inovador que promete dar outra vida às ruas de um dos bairros mais típicos de Lisboa e ao conceito de portugalidade, à qualidade do que é ou de quem é português. Fortalece um sentimento de afinidade ou de amor por Portugal. Em 2015, no período de crise financeira que o país atravessava realizou-se a 3ª Edição do Festival. Este ano já estamos na 5ª edição.

Como avalia a atual Lei de Mecenato?

PL – Atualmente, existem limitações impostas pela Lei, para referenciar a marca da empresa que financia. Queríamos apoiar determinados projetos, mas acabamos por desmotivar por não ver reconhecida a nossa participação. Isto leva a que as empresas apoiem determinadas iniciativas em que possa existir maior visibilidade da sua marca.

A CGD faz uma distinção entre ações de patrocínios cultural e de mecenato cultural?

PL – Sim e normalmente os benefícios pretendidos são distintos. Patrocinamos vários eventos que não são na área da Cultura, já as ações mecenato são destinados às áreas da cultura. Em termos de responsabilidade social temos vários projetos que apoiamos como mecenas.

Muito obrigada pela sua disponibilidade.

ANEXO A.7.
ENTREVISTA A EMÍLIO RUI VILAR

Entrevista realizada a Emílio Rui Vilar, Presidente da Caixa Geral de Depósitos, no dia 4 de março de 2020, 11:00 com a duração de 56 minutos.

Começava por perguntar como surgiu a ideia de criar a Culturgest?

Emílio Rui Vilar – Eu cheguei à Presidência da Caixa Geral de Depósitos em outubro de 1989. Estava em Bruxelas, era Diretor-Geral da Comissão Europeia e tinha-me comprometido estar três anos em Bruxelas. Quando terminei, ao fim dos três anos disse ao primeiro ministro, que na altura era o Professor Cavaco Silva, que não queria continuar em Bruxelas, e ele disse-me "eu tenho a um desafio para si".

O desafio foi a Presidência da Caixa Geral de Depósitos.

Nessa altura, este edifício estava em meio de construção e uma das razões da substituição da Presidência da Caixa foi a grande derrapagem nos custos deste edifício que era criticado pela dimensão e pelo impacto urbanístico que iria ter nesta zona da cidade porque se previa que aqui trabalhassem mais ou menos entre 3.000 a 3.500 pessoas.

Uma das preocupações que tive quando assumi a presidência da Caixa foi olhar para este projeto e tentar não só gerir o problema dos custos, mas logo desde o início que eu pensei que era importante reduzir o impacto em termos de ocupação urbanística do edifício e daí o ter decido com grandes protestos do arquiteto Arsénio Cordeiro, cortar o topo nascente, onde aliás já havia pilares em inicio de construção que se cortaram, e abrir uma quarta frente e dar uma rua à cidade e cortar uma arcadilha e um edifício, no topo poente do edifício, onde agora há rua e jardim com auditório ao ar livre.

Na altura, o edifício, e o que se gastava neste edifício, era objeto de inúmeras críticas na Comunicação Social – nos Jornais e na Televisão. Um dos mais vocais era o [jornalista] Miguel Sousa Tavares.

Portanto além do problema custo, de não haver necessidade de tantos espaços, havia um problema de imagem e de relacionamento da Instituição com os públicos porque o edifício estava a ser um fator extremamente negativo.

Portanto a decisão foi cortar aquilo que era possível cortar e como viu na maquete [exposta no Atrium], é fácil ver o que estava para ser e aquilo que ficou.

Dentro desta lógica de melhorar a relação com o público, como poderíamos compensar a cidade por passar a ter este edifício tão pesado?

Para além da rua e do jardim eu pensei, porque havia espaço, que era possível fazer qualquer coisa para o público, e a ideia de um espaço cultural surgiu no encadeamento que foi o de ter feito uma proposta ao Governo para a gestão do Centro Cultural de Belém. O CCB que foi terminado para a primeira Presidência Portuguesa das Comunidades em janeiro 92.

Eu tinha sido o Comissário Geral da Europália Portugal que foi feita para anteceder a nossa primeira Presidência das Comunidades Europeias e construído o Centro Cultural de Belém e usado para a presidência, estávamos em meados de 1992. Eu fiz uma proposta ao Governo em que disse que estava disposto a constituir uma Sociedade Gestora do Centro Cultural de Belém e a concorrer à gestão daquele edifício.

Porquê esta proposta?

ERV – Porque eu conhecia, a Instituição que era homóloga da Caixa Geral de Depósitos em França, que era a *Caisse des Dépôts et Consignations* que tinha uma empresa gestora de espaços culturais. Falei com eles que acharam a ideia interessante, de se associarem a nós, para gerir o Centro Cultural de Belém.

Nunca recebi resposta do Governo. Passado pouco tempo o Governo criou a Fundação das Descobertas a quem entregou o Centro Cultural de Belém.

Mas a ideia da sociedade gestora de atividades culturais estava subjacente.

E o que eu encontrei neste projeto do edifício (sede da Caixa na Avenida João XXI em Lisboa)?

Um grande auditório para 600 lugares que estava destinado aos serviços de formação. Ora, eu achei que era impossível dar formação a 600 pessoas.

O auditório não ia servir para formação. Por outro lado, os arquivos estavam previstos ficarem no 9º andar o que era um erro técnico grave porque colocar coisas pesadas no último andar não só tinha os custos da construção reforçada, como em termos sísmicos é um erro colocar as coisas pesadas no topo, porque aumenta a flecha de movimentação do edifício.

De maneira, que os serviços de formação do pessoal passaram para o 9º andar onde há um auditório e salas destinadas à formação. E no espaço que era destinado à formação eu pensei que era possível fazer um espaço Cultural. O auditório pode transformar-se em auditório de teatro, com todas as valências de um teatro e há um outro pequeno auditório, há salas de geometria variável para reuniões.

Havia um espaço para o Museu da Caixa Geral de Depósitos, mas a Caixa não tinha património museológico com significado, e esses espaços poderiam transformar-se em galerias de exposição ate porque havia algumas obras de arte que poderia ser um embrião de uma verdadeira coleção.

E um belo dia, propus ao Conselho de Administração da Caixa, todo este plano. Os meus colegas já tinham aprovado o corte, e eu propus que se construísse uma empresa para gerir um espaço cultural constituído pelo grande auditório, o pequeno auditório, as salas anexas e as galerias de exposição.

Lembro-me muito bem que os meus colegas não disseram nem sim nem não, o que significava que havia alguma dúvida, aprovaram em silêncio, mas aprovaram...

E assim em 1993 surgiu a Culturgest.

Eu fui buscar para a gestão da Culturgest algumas pessoas que tinham trabalhado comigo na Europália, a Fátima Ramos, que tinha sido meu braço direito e o António Pinto Ribeiro, que eram pessoas cujas capacidades eu conhecia bem, porque tinham sido meus colaboradores na Europália. E constituí uma sociedade.

Convidei a Fundação Luso-Americana para ser acionista minoritário e a FLAD aceitou, e participou com 10% no capital da Sociedade.

E defini uma vocação para aqueles espaços culturais que era a vanguarda, multiculturalidade e o experimentalismo.

E porquê esta escolha?

ERV – Porque eu queria melhorar a relação da Caixa e deste edifício com a cidade, mas queria sobretudo apostar nos públicos jovens.

E isto em simultâneo com uma outra atuação comercial que foi o de propor às Universidades e aos Politécnicos um cartão – o cartão Caixa Universidade, que seria um cartão simultaneamente de débito e de identificação dos alunos. Portanto as Universidades passavam a dispor de ter um instrumento de identificação que nós fornecíamos. Eles passavam a ter um cartão de identificação e controlo de acessos.

Contatei as Universidade e Politécnicos e fiz protocolos com todas as Universidades e Institutos Politécnicos em Lisboa e Porto praticamente toda a parte, não me recordo se algum ficou de fora, mas isso foi uma ação comercial que nos permitiu fidelizar pessoas que depois seriam grandes clientes da Caixa quando prosseguissem as suas carreiras. As duas coisas foram pensadas de uma maneira articulada. A Caixa tinha a imagem da Instituição pesada, dos pensionistas, dos reformados, dos funcionários públicos...

E isto tudo também dentro de um quadro de transformação institucional, visto que a Caixa era um Instituto público, era uma entidade da Administração Pública e tinha alguns privilégios como a garantia do Estado para os depósitos, os funcionários públicos e os pensionistas do Estado eram pagos através da Caixa também.

E com o mercado interno de 1992 houve que fazer a transformação Institucional e a Caixa perdeu os privilégios e foi transformada em Sociedade Anónima embora com um acionista único que era o Estado.

Porque eu também tive que fazer este processo de transformação de um Instituto Público com privilégios para uma entidade plenamente concorrencial e em Agosto de 93 saiu o Decreto que transformava a Caixa em Sociedade Anónima, que extinguia os privilégios, que separava a Caixa Geral de Aposentações numa entidade também autónoma embora continuasse a ser operada pela Caixa, mas era juridicamente autónoma.

Eu tinha várias frentes: tinha que transformar a Caixa num Banco plenamente concorrencial; tinha que combater a imagem negativa do edifício; perante a concorrência dos bancos privados ou bancos públicos que iam ser privatizados, eu tinha que preparar a Caixa em termos concorrências.

Isto tudo fez sentido dar à cidade uma rua, um jardim, dar à cidade uma instituição cultural, virar esta Instituição Cultural para o público jovem e "atacar" o público jovem do ponto de vista comercial com o cartão Caixa Universidade. Fechar estas várias frentes.

A Culturgest foi um sucesso?

ERV – Foi um sucesso. Penso que tinha uma programação agressiva e isso atraiu públicos novos.

Nunca fui nada na Culturgest, a não ser Presidente do Conselho Consultivo para que convidei gente como Eduardo Lourenço, a Ivete Centeno, Gérard Castelo Lopes, grande fotógrafo, Rui Machete, Paulo Marques, Manuel Pinto Barbosa, João Marques Pinto, de Serralves, o Rui Vieira Nery, enfim, que me ajudaram a fazer um contrato-programa que foi celebrado entre a Caixa e a empresa Culturgest.

A Culturgest não custou nada à Caixa, exceto as obras de adaptação dos espaços, porque a Caixa não aumentou as despesas de Comunicação e o subsídio que dava à Culturgest, era medido em função da ocupação de espaço de comunicação que era ocupado em primeira linha pelo jornal e segunda pela televisão.

No fundo, a Caixa substitui a publicidade pela Culturgest e aparecia nos jornais e na Televisão não como um Banco a vender depósitos e títulos, mas como uma atividade cultural e isso também com uma lógica subjacente.

E porque é que a Culturgest era uma empresa?

ERV – A Culturgest era uma empresa, porque no meu entender a Culturgest não era mecenato, era um instrumento de Comunicação e de Marketing.

Agora anos depois foi transformada numa Fundação. Mas nasceu como uma empresa que tinha que ter as contas equilibradas que teria mais ou menos o subsídio da Caixa, consoante conseguisse mais exposição mediática da sua atividade.

Significa que a Caixa procurava obter visibilidade através da Culturgest?

ERV – A Culturgest tinha a marca da Caixa, e estava associado à Culturgest e o Edifico Sede; as pessoas vinham ao edifício e as pessoas vinham aqui às exposições. A entrada *Meia Laranja* abria para as exposições. As escadas rolantes vinham ter ao Átrio principal do Edifício onde há pouco lhe mostrei a maquete...

Também havia na Caixa um Centro de Documentação que abri ao público com o nome Mediateca porque equipei com coisas com o "estado da arte", de consulta, inclusive com a possibilidade para amblíopes e cegos. E também pus à disposição da sociedade e do público, o Centro de Documentação e também com acessibilidade para pessoas com deficiência. Um espaço de ocupação destes públicos.

Portanto, a Culturgest e o Centro de Documentação Mediateca eram duas entidades que estavam nesta linha que eu lhe referi.

A Culturgest também tinha a preocupação em chegar a um público interno?

ERV – Sim, havia muitos descontos e muitos espetáculos em que o pessoal da Caixa era convidado.

Até porque não só a Caixa apoiava a Culturgest como também as empresas do Grupo como o Banco Nacional Ultramarino que pertencia, na altura, à Caixa, a Companha de Seguros Fidelidade, as Empresas de Leasing, as empresas de investimento como a Fundimo e a Caixagest. Todas estas empresas do Grupo convidavam pessoas, os clientes para fazerem atividades na Culturgest. Por exemplo, quando os escritórios do Morais Leitão e Galvão Teles se fundiram, a apresentação foi feita na Culturgest. A Culturgest recebia porque alugava os espaços para terceiros.

Uma outra das atividades da Culturgest era o aluguer de espaços. Isso era uma fonte de receita, e por isso era uma empresa.

Significa que a Culturgest devia ser gerida como uma empresa?

ERV – Agora é uma Fundação, mas nasceu como uma empresa e devia ser gerida como empresa.

Para mim sempre foi muito claro que se deveria distinguir o que é mecenato e o que é marketing. E muitas vezes as empresas não fazem uma distinção clara entre uma coisa e outra. O mecenato deve ser altruísta. Ora, normalmente as empresas fazem coisas em que procuram, que a ação dita mecenática seja um veículo de imagem e de notoriedade e não um ato altruísta.

Tenho defendido que o mecenato não deve fazer parte da responsabilidade social das empresas, mas sim daquilo eu prefiro chamar de cidadania empresarial.

Por isso, o mecenato não deve fazer parte da responsabilidade das empresas, mas sim da cidadania empresarial.

Eu acho que a responsabilidade social das empresas é produzirem bens e serviços de qualidade e praticarem preços "*fair*" tratar de maneira "*fair*" os seus empregados, clientes, os fornecedores, os seus *stakeholders* e devem remunerar os capitais que estão investidos.

As empresas existem para fazer a uma provisão de bens e serviços não para darem dinheiro para outras coisas. Porque quando estão a dar dinheiro estão a retirar dinheiro aos acionistas. O mecenato de uma empresa deve ser decidido pelos acionistas e não pela gestão.

Isso é filantropia?

ERV – Isso é que é mecenato, que é filantropia. O mecenato é altruísmo. "Eu reduzo os meus bens para dar."

As empresas quando fazem uma ação, se não foi aprovada pelos acionistas estão a fazer marketing e comunicação. Estão a dar dinheiro não estão a ser altruístas. Elas estão a retirar dinheiro aos seus acionistas.

O mecenato de uma empresa deve ser decidido pelos acionistas e não pelos gestores.

Se os acionistas quiserem renunciar de uma parte do seu rendimento estão no seu direito. Mas isso são as pessoas acionistas porque elas é que fazem mecenato. Isso é que é mecenato que é o altruísmo.

Reduzem os seus bens para dar e isso estão no seu direito de oferecer o que lhes pertence. As empresas quando dão dinheiro se não foi aprovada pelos acionistas estão a fazer marketing e comunicação. As empresas estão a "dourar o seu brasão" não estão a fazer um ato altruísta porque não é papel das empresas serem altruístas. Quem pode ser altruísta são os acionistas e não as empresas.

Nem toda a gente está de acordo com isto...

Partilha da ideia que as empresas devem, através do mecenato, fazer um retorno à comunidade daquilo que ganham?

ERV – Quem deve fazer retorno à comunidade são os acionistas e não são as empresas. A gestão pode na Assembleia Geral dizer aos acionistas "está aqui um orçamento, e nós entendemos que devemos dar isto à sociedade, no ambiente, na cultura, no auxílio de pessoas em dificuldade, etc.

Se a decisão for dos acionistas é filantropia, é mecenato. Se não for decisão dos acionistas eu acho que é marketing, comunicação e imagem. Isso é Cidadania Empresarial.

Como no caso da Caixa, instituição de capitais públicos pode fazer mecenato? Mas como se aplica ao caso da Caixa? Através do Estado?

ERV – O Estado é outra coisa. Estamos a falar de sociedade civil. A Caixa pertence ao Estado, mas é uma sociedade anónima. Nós estamos obrigados a remunerar o capital que recebemos do Estado e somos uma empresa que está no mercado concorrencial. Exatamente como os outros Bancos.

A Caixa não deve ter nem menos privilégios nem mais ónus do que tem as outras empresas; temos e pagamos os mesmos impostos. Estamos sujeitos a regulamentação do Banco Central Europeu e da Direção Geral da Concorrência das Comunidades.

O que gastamos em mecenato, o que se costuma chamar de mecenato deve ser aprovado pelos seus acionistas porque é uma redução dos seus resultados, do que lhe pertence.

Considera que a Caixa pode ter um papel de pedagógico na Sociedade através da Culturgest, ou seja, será que a Caixa Geral de Depósitos pode fomentar o surgimento de mais filantropos?

ERV – Penso que o sucesso da Culturgest, o nome e a imagem que a Culturgest alcançou demonstrou que tem a capacidade de se renovar e manter públicos, serve de exemplo. Eu admito que outras instituições tenham olhado para este exemplo da Culturgest. A EDP quando lançou o Museu da Eletricidade e os programas da Fundação EDP eu admito que tenham olhado para este exemplo. A Fundação EDP tem muitas atividades que são próximas das exposições que faz a Culturgest.

A Culturgest faz espetáculos, exposições, tem uma coleção, organiza conferências tem uma atividade dirigida a públicos diferentes e por veículos diferentes também.

O que prevê em termos de futuro para a relação da Caixa Geral de Depósitos com a Culturgest? Que aprendizagem podem as duas Instituições recolher da crise?

ERV – A Culturgest durante a crise sofreu um corte no apoio da Caixa até porque por houve determinações legais na subsidiação as fundações por entidades publicas mas conseguiu com muita imaginação e trabalho, manter um ritmo de trabalho muo interessante e hoje a Culturgest faz parte do património cultural da cidade e se desaparece havia um vazio, porque tem um espaço nas artes performativas, no cinema, nas exposições, no teatro, que tem muito mérito.

Hoje posso dizer isto e estou à vontade para dizer porque passaram 25 anos da decisão de a criar.

Para a Caixa, a Culturgest continua a ser um fator de relação com os públicos mais novos e a Caixa continua a investir bastante e apostar muito no público mais jovem universitário e continua a ter protocolos com as Universidades. O público Universitário continua a ser um alvo comercial da Caixa.

Tinha a vontade de fomentar um público interno, ou seja, os empregados da Caixa?

ERV – Sim, a Caixa era uma Instituição pública e com privilégios e foi transformar 10.000 pessoas de um banco do estado sentados nos privilégios, para um Banco Universal e, portanto, a Culturgest também fez parte dessa mudança das pessoas. As pessoas viam os cartazes, as exposições. A Culturgest sempre teve esse interesse.

Depois dos efeitos da crise financeira do país, a Culturgest tem que realizar uma mudança na programação cultural? Pode continuar a ter uma programação elitista ou terá que abrir algum espaço à massificação?

ERV – A programação da Culturgest não era elitista, eu disse que a programação cultural da Culturgest era vanguardista, experimentalista e multiculturalista. E não se pode ser elitista porque era dirigida a um público muito jovem.

Mas há quem diga que a programação da Culturgest era elitista...

ERV – A ideia era a Culturgest fazer a diferença, não era fazer mais do mesmo. Senão diriam que era igual ao ACARTE...

E é a única maneira que as Instituições têm de se afirmarem. A programação era dirigida a um público mais disponível, era uma programação experimental, vanguardista e em alguns casos era chocante, mas era diferente. Este foi o mandato que foi dado à Culturgest. Ser diferente.

Mas será possível a Culturgest manter a mesma linha de continuidade na programação cultural?

ERV – Não posso responder pela Culturgest, mas eu penso que o atual Diretor Artístico, o Mark Deputter tem uma carreira que mostra muito a capacidade de renovação e, a renovação está no ADN da Culturgest. Mas deve ser a Culturgest a responder.

A relação de apoio da Caixa Geral de Depósitos com a Culturgest continua?

ERV – Sim é um apoio que vem por experiência do passado.

Hoje a Culturgest já é uma Fundação e, portanto, o relacionamento já é diferente.

Pode a Culturgest procurar outros apoios?

ERV – A Culturgest tem que conseguir mais receitas para além do apoio da Caixa. Tem que alugar os espaços, tem que conseguir mais receitas, outros subsídios, procurar outros patrocinadores.

Deve ser vista com os princípios de racionalismo económico?

ERV – A Culturgest é uma Fundação e tem uma lógica diferente de uma empresa. Nasceu como empresa, e, portanto, hoje tem uma lógica diferente, mas é evidente que a Caixa Geral de Depósitos enquanto grande apoiante não deixa de exigir à Culturgest uma gestão rigorosa.

Participa na programação cultural?

ERV – Não, a Caixa não participa na programação cultural e nunca participou. E a Culturgest é uma entidade separada. Na altura o Presidente da Culturgest era uma pessoa que veio de fora.

Hoje, o Presidente da Fundação é o Presidente Executivo da Caixa – o Dr. Paulo Macedo e o Dr. José Ramalho é o Presidente Executivo da Fundação.

Nesta estratégia havia a preocupação em formar um público interno, ou seja, fomentar o gosto pela cultura e pela arte, que no fundo é o gosto e sensibilidade do Dr. Rui Vilar?

ERV – Sim, havia essa preocupação. Quando cheguei, a Caixa era uma Instituição pública e com privilégios e foi necessário transformar 10.000 pessoas que era a população da Caixa, de um Banco Público, sentado nos seus privilégios, para um Banco Universal e plenamente concorrencial, e, portanto, a Culturgest também contribuiu para a mudança dessa cultura das pessoas da Caixa.

Significa que o senhor teve sempre esta preocupação da Cultura pela educação?

ERV – Sim. As pessoas viam os cartazes, as exposições. A Culturgest sempre teve esta missão de ter uma boa relação com os empregados da Caixa.

E isso também se aplica ao próprio espaço da Caixa Geral de Depósitos, onde se pode encontrar várias peças de arte nas instalações?

ERV – Sim.

A coleção de obras de arte da Caixa Geral de Depósitos também fazia parte da estratégia?

ERV – A Caixa tinha um acervo de obras de arte e pedi ao Fernando Calhau e à Margarida Veiga para fazerem uma classificação daquilo que deveria ser património de coleção e o que deveria ser património decorativo. Este património decorativo foi para decorar as agências. As peças de coleção e essa coleção foi entregue à Culturgest e é a Culturgest que guarda, compra e valoriza a coleção. A Caixa já não compra.

Muito obrigada pela sua disponibilidade.

ANEXO B
IMAGENS DO ESPAÇO DA CULTURGEST

ANEXO B.1.
IMAGENS DA CULTURGEST LISBOA

ANEXO B.2.
IMAGENS EXTERIORES DA CULTURGEST LISBOA

ANEXO B.3.
GRANDE AUDITÓRIO DA CULTURGEST

ANEXO B.4.
LIVRARIA E PEQUENO AUDITÓRIO DA CULTURGEST

ANEXO B.5.
GALERIAS DE EXPOSIÇÕES DA CULTURGEST

THESHOWISOV
ERTHEAUDIEN
CEGETUPTOLE
AVETHEIRSEA
TSTIMETOCOL
LECTTHEIRCO
ATSANDGOHOM
ETHEYTURNAR
OUNDNOMOREC
OATSANDNOMO
REHOME

ANEXO B.6.
SALAS NO ESPAÇO DA CULTURGEST EM LISBOA

ANEXO B.7.
FACHADA DO EDIFÍCIO DA CULTURGEST PORTO, NA AVENIDA DOS ALIADOS

ANEXO B.8.
CULTURGEST PORTO

ANEXO C
IMPRENSA

ANEXO C.1. EXPRESSO Nº 656 – 25 DE MAIO DE 1985 – REVISTA – PÁGINAS 14 A 18

A Central Tejo é, desde ontem, palco de um cenário que certo «progresso» tem vindo a consumir: aí estarão expostos objectos, sinais e máquinas de uma era industrial que só o nosso atraso tecnológico permite ainda reconstituir com assombrosa fidelidade. Entretanto, por esse país fora, património é ainda sinónimo de abandono

actual

arqueologia

A memória

José Manuel Fernandes

O nascimento de uma nova ciência

a crónica de Vicente Jorge Silva

O PSD entre o divórcio e a agonia

14-R EXPRESSO, SÁBADO, 25-MAIO-1985

dos tempos modernos

do espaço fabril e a construção em série banalizaram imenso a arquitectura industrial. Depois da arquitectura do ferro e da arquitectura do tijolo, estamos na época da arquitectura do betão onde um simples barracão incaracterístico é suficiente para alojar a mais complexa das indústrias.»

Tal como as cidades, que também começam a ser construídas em série e cada vez mais rapidamente, as indústrias são particularmente afectadas por esta «aceleração da história». E tal como em relação às cidades nascem novos conceitos de defesa do património arquitectural segundo os quais não é necessário preservar unicamente os monumentos isolados mas todo o conjunto urbano, também em relação à indústria surgem os primeiros trabalhos de defesa do seu património arquitectural e tecnológico. Na Inglaterra, o primeiro país a conhecer a revolução industrial do século XIX, e logo depois na França, na Bélgica, na Alemanha e na Itália, os anos cinquenta vêem assim emergir a arqueologia industrial como ciência autónoma. Iniciava-se assim um movimento que o alargamento do conceito de defesa do património, consagrado em 1964 na «Carta de Veneza», viria consagrar.

«Nessa altura — recorda ainda o mesmo especialista — a pressão que se fazia sentir era particularmente forte. Vivia-se na época do 'Plano Marshall', em que a reconstrução da Europa exigia a reconversão industrial e, por isso, a demolição das antigas unidades fabris por razões de viabilidade económica. Entretanto, as pressões desenvolvimentistas levavam à destruição de complexos tão importantes como 'Les Halles', em Paris, e a 'Euston Station', em Londres. Tudo isso tornou a arqueologia industrial numa ciência fortemente interveniente.»

Mas ao mesmo tempo que nascia de uma necessidade de intervenção directa na preservação de um património ameaçado, a arqueologia industrial afirmava-se igualmente pela forma nova como encarava o estudo do passado recente e integrava os contributos de intervenções mais antigas, pontuais, como eram os museus tecnológicos ou as exposições industriais. Primeiro que tudo, esta nova disciplina permitiu dar uma nova dimensão à história económica e industrial, que até então se fazia de forma apenas documental. O estudo dos vestígios fabris passou a ser encarado como fundamental.

Mas o mais importante é que toda uma nova dimensão é dada à própria arqueologia:

«Antes, a história era feita apenas na horizontal: estudava-se o período romano, por exemplo. Nós intervimos na vertical: estudamos como evoluiu uma indústria desde a pré-história aos tempos modernos. Isto implica que recorramos a novos métodos, novas formas de estudo mais integradoras e pluridisciplinares. Em lugar da arqueologia tradicional que utilizava sobretudo uma perspectiva estatrigráfica, horizontal, a que correspondia inevitavelmente uma destruição — destruía-se, por exemplo, tudo até pôr à superfície a fatia de terreno da época romana, aquela que eventualmente interessava — nós tentamos uma nova dimensão. Procuramos não destruir nada, fazer uma estatrigrafia vertical.»

É o que se procura fazer na Central Tejo. Faz-se uma leitura do edifício que integra a nova tecnologia que utilizou, os materiais utilizados na construção, os seus fornecedores, a forma como se organiza no terreno. Tudo isto não impede que a arqueologia industrial também faça escavações. Em Portugal, por exemplo, tem vindo a ser posta a descoberto, através de escavações que decorreram nos últimos anos, a antiga fábrica de vidros do Seixal. Há sempre é uma perspectiva de investigação nova:

«O que nós queremos estudar — prossegue Jorge Custódio — são, afinal de contas, os vestígios de uma sociedade em que a indústria é estrutural e estruturante, estando indissociavelmente ligada à forma das cidades, aos bairros operários, às soluções de abastecimento de água ou de electricidade. No fundo, transportamos para o estudo dessa sociedade contemporânea um método que julgava não se poder aplicar: o método arqueológico. E o objecto desse estudo é toda a realidade industrial nos efeitos que teve e tem.»

Central Tejo: o «templo» da arqueologia industrial

Unir as «letras» às «ciências»

É assim que, por exemplo, enquanto o etnólogo, ao estudar um velho moinho, procura sobretudo a sua forma pura, original, o arqueólogo industrial procura todos os vestígios, mesmos os adulterados, pois estes permitem perceber a forma como a comunidade rural foi evoluindo ou está integrada numa comunidade mais complexa. Como nos dizia Jorge Custódio, se hoje se encontra ainda um moinho a funcionar é certamente «porque há permanências de hábitos que têm a ver com as formações sociais e são moldadas por elas». No fundo, o moinho não subsiste isoladamente, por um qualquer milagre de reminiscência localizada, e isso é que é necessário compreender.

Mas há ainda um outro domínio onde a irrupção do fenómeno da arqueologia industrial vai fazer estremecer conceitos ou práticas que o tempo havia institucionalizado. É o da relação entre a cultura técnico-científica e a cultura literária.

Habitualmente apartadas, nomeadamente em Portugal onde há as «letras» e há as «ciências», estas duas culturas podem ser aproximadas por via da arqueologia industrial:

«Nós trazemos para o domínio da chamada cultura literária vectores que antes não eram considerados — considera ainda o fundador da AAI. Demonstramos que estudar um lingote de ferro pode ser muito importante para compreender a evolução da cultura humana, por exemplo. Daí o papel de certos objectos 'fetiches', daí também a nossa preocupação em que a exposição que montámos possa dar ao grande público uma aproximação à compreensão da sociedade pelo lado da cultura técnica de que habitualmente está afastado. É nosso objectivo fazer com que o indivíduo comum, que nunca teve acesso à fábrica, compreenda como é que 'as coisas se fazem' e que essas imagens possam contribuir para globalizar a sua visão do mundo».

Salvaguarda e investigação

É por isso tudo que esta ciência, que se interessa «por coisas que estão vivas e por coisas que estão a morrer», se desenvolve hoje em três grandes áreas, a saber:

• a da salvaguarda, conservação e reutilização do património industrial construído;

• a da investigação, do estudo científico das componentes técnicas, sociais, culturais, arquitectónicas e económicas dos vestígios da Revolução Industrial; e

• a da divulgação, integrando-se na nova museologia caracterizada pelo desenvolvimento dos museus abertos, vivos, didácticos.

Compreende-se assim que o nascimento e desenvolvimento da arqueologia industrial em Portugal não tenha sido um processo pacífico, apesar de o nosso país possuir, devido à forma peculiar como se processou o seu desenvolvimento industrial, condições de excepção para o florescimento desta disciplina.

Com efeito, esta nova ciência só ganha projecção entre nós nos últimos anos apesar de serem numerosos os contributos parcelares que foi recebendo. Teve, naturalmente, os seus pioneiros, alguns deles inconscientes do seu próprio pioneirismo, como o já referido Sousa Viterbo ou um Gustavo de Matos Sequeira. Houve igualmente momentos em que trabalhos de investigação ou exposições foram levados a cabo, como aconteceu nas minas de São Domingos onde, durante as escavações de novos túneis, se encontraram vestígios de uma exploração secular, nomeadamente um sistema de esgotos e rodas hidráulicas que vinham do tempo dos romanos. Porém, esses trabalhos raramente tiveram sequência, não surpreendendo por isso que o material encontrado em São Domingos se tenha perdido ou dispersado, sabendo-se pouco mais para além de que uma das rodas hidráulicas encontradas está no Museu da Ciência e da Técnica em Paris.

Houve também dois museus da indústria, um em Lisboa e o outro no Porto, ambos no fim do século passado mas que tiveram uma vida extremamente efémera pois estavam ligados a escolas e perderam o seu sentido quando o sistema escolar mudou. As suas peças, naturalmente, também desapareceram.

O caso da escola Marquês de Pombal

No entanto, este ciclo negativo tinha de ser interrompido e isso aconteceu precisamente quando uma

(Continua na pág. 16-R)

«Isto não é a décima sétima»

APESAR do trabalho de recuperação do velho edifício da Central Tejo, para que pudesse albergar esta exposição, apesar dos numerosos painéis expositivos, dos diversos suportes que acondicionam fotografias, maquetas, desenhos e todo o tipo de objectos, apesar da iluminação, do arranjo preconcebido dos itinerários, das inesperadas soluções técnicas encontradas para albergar «objectos» museológicos como minas, ou moinhos, apesar de tudo isso, nunca esquecemos que estamos dentro de uma fábrica.

«Isto não é a décima sétima, não tem chão alcatifado» — sublinha Jorge Custódio. Na verdade, ao recuperar-se o edifício da Central Tejo procurou-se que ele não perdesse o essencial da sua ambiência natural, do seu aspecto rude, eminentemente fabril. «A Central Tejo é o primeiro objecto museológico desta exposição» — acrescenta ainda Jorge Custódio. Não estamos, portanto, perante um cenário indiferente ou «composto», mas perante um elemento constitutivo da própria exposição, cuja «leitura» se integra de forma dinâmica no itinerário que é proposto ao visitante. É que o eixo desta exposição é a energia, caracterizada nas suas diversas formas: humana, animal, eólica, hidráulica, a vapor, eléctrica, solar. Das noras e atafonas aos moinhos de maré, das máquinas a vapor aos painéis solares os objectos vão traduzindo a diversidade da experiência humana até que, no processo expositivo, se cruzam com a fábrica. Três oficinas — de tinturaria, de papel e de fundição — corporizam este cruzamento. Para além delas, no entanto, o espaço povoa-se de referências fabris, resumindo uma trajectória que parte das primeiras manufacturas para terminar em plena era industrial. Neste itinerário, que tem a energia como fio condutor, a parte terminal será ocupada pelos equipamentos colectivos (os abastecimentos de água, de luz, de gás, os transportes, os portos, etc.): a energia abandona a fábrica para invadir a colectividade.

Recuperar a memória

São, ao todo, 5100 metros quadrados de exposição, distribuídos fundamentalmente por duas grandes áreas — uma das quais, a dos turbo-alternadores, apenas abrirá ao público em fase posterior. A sua importância, no entanto, não se resume nas quase mil peças que vão estar ao dispôr do público, nem nas perto de 800 fotografias que, seleccionadas entre 4000 «chapas», vão, por certo, constituir um dos grandes pólos de atracção para os visitantes. Mais do que nesta acumulação de referências, a exposição torna-se verdadeiramente exemplar é na tentativa de imprimir um carácter «vivo» e dinâmico àquilo que expõe. Trata-se não meramente de mostrar objectos mas de responder a questões: como funciona esta máquina? Que condições de trabalho existiam nesta fábrica? Como se opera a extracção deste minério? Daí que a reconstituição de peças, de cenários (como a entrada de uma mina), de locais de trabalho, etc., tenha uma importância crucial na estratégia desta exposição. «Procurámos que as pessoas tivessem oportunidade de ter acesso a um conjunto de conhecimentos científicos e técnicos que a nossa cultura tem desvalorizado», afirma Jorge Custódio. Trata-se, afinal, não só de recuperar a memória de um passado industrial muito mais rico do que à partida poderia supor-se (não nos têm dito que somos um país eminentemente rural?), como de redescobrir uma inventiva que quase desconhecemos. De outra forma como explicar casos como o de Bento Moura de Portugal, um precursor da máquina a vapor, ou do espectacular Padre Himalaia o qual, em 1904, apresentou em Saint Louis um sistema de 6147 espelhos, capaz de fundir o azoto do ar e atingir a temperatura de 3500 graus centígrados, tornando-se num verdadeiro pioneiro da utilização da energia solar?

EXPRESSO, SÁBADO, 25-MAIO-1985

15-R

Uma riqueza nacional

(Continuação da pág. 15-R)

nova destruição-atentado estava em curso: a demolição parcial da antiga Escola Industrial Marquês de Pombal, um edifício notável do arquitecto Pedro d'Ávila, o mesmo que projectou o palácio da Tapada da Ajuda.

Foi apenas há meia dúzia de anos e, apesar da consciência que já então existia da necessidade de preservar o património, estava-se a destruir toda a ala das oficinas e o antigo sistema de ventilação para instalar umas novas mansardas. Foi então que todos quantos se interessavam — ou começavam a interessar — pelos problemas da arqueologia industrial se uniram para conseguir embargar a obra e classificar o edifício.

Nessa altura já havia três instituições com trabalhos em curso no domínio da arqueologia industrial. Eram elas a Fundação Calouste Gulbenkian, que criou um departamento de investigação mais ligado à arquitectura fabril, mas que entretanto esmoreceu; a Biblioteca Nacional, através de Fernando Marques da Costa que, em 1978, organizou em Tomar uma exposição na Central Mendes Godinho; e, finalmente, a Faculdade de Letras de Lisboa, que realizou vários trabalhos de campo no âmbito da cadeira de Revolução Industrial, tendo organizado uma exposição em 1979. É deste último departamento que sairá o núcleo fundador da Associação de Arqueologia Industrial da Região de Lisboa de que Jorge Custódio será o primeiro presidente. Estamos em 1980.

De então para cá multiplicaram-se os grupos de trabalho, organizaram-se já alguns núcleos museológicos — nomeadamente no Eco-Museu do Seixal e no Museu do Ferro de Moncorvo — publicaram-se revistas, deram-se cursos, organizaram-se visitas guiadas e interveio-se até na recuperação de valores patrimoniais. Foi o caso, por exemplo, da ponte de ferro D. Luís, em Santarém, totalmente restaurada e pintada em 1981, ano do seu centenário, acção que foi acompanhada por uma exposição.

A ideia da exposição

Até que, em 1981, surge a ideia de realizar uma grande exposição nacional e Jorge Custódio é convidado pelo Instituto do Património Cultural para liderar a comissão organizadora.

«Inicialmente — lembra — nem sabíamos onde iria ser a exposição. Sabíamos apenas que não podia nem devia ser apenas uma exposição fotográfica devido à riqueza do nosso património. Começámos por pensar na antiga Fábrica de Sedas das Amoreiras, na Central elevatória dos Barbadinhos e na Garagem Auto-Palace, até que nos surgiu a possibilidade de utilizarmos a Central Tejo, um imóvel que, ainda por cima, corria riscos de ser demolido. Era o terreno ideal para uma exposição que, além disso, queríamos que tivesse um fio condutor nas diversas formas de utilização e transformação da energia.»

Dois trabalhos arrancam, então, em paralelo: o de recuperação do imóvel (onde a instalação eléctrica ainda era de 110 volts), a cargo do seu proprietário, a EDP, e um de investigação.

«A exposição não podia ser uma mera recolha do material disponível. Ela devia corresponder, pelo contrário, a um trabalho sistemático de inventariação e procura do que de mais significativo houvesse. Foi assim que, por exemplo, fomos à procura do verdadeiro moinho português, um moinho sem velas mas com uma torre no interior da qual giravam pás de madeira verticais e não orientáveis. Pensamos ter encontrado, no Cabo Mondego, os restos do que terá sido um desses moinhos cuja memória já se tinha perdido.»

Exposição da arqueologia industrial na Central Tejo: um património particularmente rico

Um património muito rico

Este trabalho de investigação permitiu confirmar aquilo de que já se desconfiava: de que possuímos um património particularmente rico. Com efeito, a forma como se processou o nosso desenvolvimento económico, marcado nomeadamente pela «lei do condicionamento industrial» — que não permitia que se produzisse mais do que o país estava apto a consumir — levou a que muitas empresas não pudessem investir na modernização das suas unidades. Daí que conservemos ainda hoje muitas unidades fabris onde as máquinas e os processos tecnológicos utilizados são os mesmos de há um século. No Seixal, por exemplo, a Fábrica da Pólvora ainda labora com máquinas de 1900 e na refinaria de açúcar da SIDUL há máquinas de 1903.

Porém, o mais grave é que, inconscientes do valor deste património, muitas empresas que só agora se estão a modernizar vendem a quilo essa maquinaria, sucedendo até que parte dela tem saído do país, uma vez que vêm cá especialistas de museus estrangeiros comprar por uns tostões relíquias já desaparecidas nos seus países.

«Vá lá que casos como esse acontecem cada vez menos — alegra-se Jorge Custódio — e hoje já sentimos que as pessoas começam a estar conscientes de que, pelo menos, a arqueologia industrial existe. Temos sido consultados por inúmeras empresas, algumas das quais até irão colaborar na exposição, assim como as próprias autarquias locais se nos têm dirigido a pedir consultadorias. Algo já está a mexer.»

É algo de positivo a acontecer. A exposição da Central Tejo, momento culminante dessa primeira fase de lançamento e divulgação da arqueologia industrial, aí está para o provar. Realizada com poucos meios e poucos investigadores, ela até tocou a própria rotina do Instituto Português do Património Cultural. Agora a sua aposta é não só cativar a atenção do público, contribuir para a sua formação, mas pagar o investimento realizado, numa palavra, dar lucro. O que também será inédito num país onde a cultura, por definição ou hábito, dá prejuízo.

Roteiro do património ameaçado

Rui Trindade

A recuperação do edifício da Central Tejo constitui um bom exemplo de preservação do nosso património industrial. Apesar de não se tratar de um caso único, poucos mais tiveram igual sorte. Na sua maioria, embora classificados como imóveis de interesse público, aguardam um investimento que viabilize a sua recuperação. Entretanto, são vários os testemunhos do nosso passado industrial que se encontram ameaçados de irem engrossar a «lista negra» dos desaparecidos — o destino da «Cerâmica Lusitânia» é, a esse título, entre os casos recentes, o mais eloquente.

Cerâmica Lusitânia: apagar da memória da cidade um vestígio importante do seu passado recente

Cerâmica Lusitânia

É UM dos casos mais polémicos em anos recentes: ocupando 37 mil metros quadrados entre o Campo Pequeno e a Praça de Londres, em Lisboa, a Fábrica de Cerâmica Lusitânia, que deteve um lugar proeminente neste sector industrial, é adquirida em 1981 pela Caixa Geral de Depósitos que pretende aí construir uma sua dependência.

Uma proposta de classificação accionada pela Comissão Organizadora da Exposição de Arqueologia Industrial junto do Instituto Português do Património Cultural tem inicialmente um parecer positivo para, depois, num «volte-face» espectacular, vir a ser rejeitada.

Entretanto, reactiva-se o processo de demolição que fora embargado. O modo como é feito suscita as maiores reservas. A Associação dos Arquitectos Portugueses entra no complexo «puzzle» de destruição da Cerâmica Lusitânia contestando o concurso que a Caixa Geral de Depósitos realizara. Nada a fazer: o destino da Cerâmica Lusitânia parecia de há muito traçado. A bem dizer, desde o momento em que não havendo ainda autorização camarária para a demolição ela é levada a cabo a coberto da noite e utilizando o dinamite. A destruição parcial dos fornos Hoffmann e o desmantelamento de quatro pisos do edifício «justificam» depois o desinteresse pela sua classificação. Estava-se perante a política do facto consumado. Para trás, definitivamente esquecido, ficava um projecto de recuperação e reabilitação do conjunto da Cerâmica Lusitânia. Agora — diz-se — algumas das peças existentes na fábrica e que foram classificadas serão integradas no novo espaço que a Caixa Geral de Depósitos vai ocupar. Os azulejos, esses, irão para o Museu do Azulejo.

Ignorando as múltiplas experiências que um pouco por toda a Europa apontam para a preservação das estruturas fabris, às quais são conferidas novas funções, preferiu-se destruir uma peça invulgar do património da cidade, apagar da sua memória um vestígio importante do seu passado recente.

Fábrica das Gaivotas

APESAR de haver uma proposta de classificação em estudo, a incerteza quanto ao seu futuro é grande. No relatório elaborado pela Comissão Organizadora da Exposição de Arqueologia Industrial (COAI), a pedido do Ministério da Cultura, a Fábrica das Gaivotas é considerada «um caso interessante e personificado do património industrial». Para além dos bens imóveis que possui — com destaque para os moldes — a fábrica «significa uma solução arquitectónica curiosa de integração e camuflagem de uma unidade fabril no tecido urbano planificado de um bairro comercial e habitacional».

Fundada em 1811, por Silvério Taibner, um empresário liberal, com o nome de Fábrica de Vidros Cristal, viria a conhecer diversos proprietários. Em 1881, o Inquérito Industrial citava-a como produzindo vidro liso, lapidado, moldado à prensa, gravado, além de fabricar garrafaria diversa. No final do século, estava essencialmente especializada na produção de frascaria sendo a principal fornecedora de laboratórios, farmácias e perfumarias. Tinha também um papel destacado na produção de vidros para iluminação, chegando mesmo, mais tarde, a ser uma das fornecedoras privilegiadas da Câmara Municipal de Lisboa na produção de globos para a iluminação pública.

Após a I Guerra Mundial, e depois de um período de crise, a fábrica surge reestruturada sob o nome de Gaivotas Lda., e é com esta designação que chega à actualidade.

Situada, desde as origens, na rua das Gaivotas, em Lisboa, a fábrica está hoje — por desinteresse e abandono dos seus administradores — na iminência de fechar definitivamente as suas portas, mantendo uma laboração já muito reduzida. Em 1983, o Sindicato dos Trabalhadores da Indústria Vidreira propôs à Secretaria de Estado da Cultura que ela fosse transformada em escola de aprendizagem da arte de produção do vidro manual, e

(Continua na pág. 18-R)

EXPRESSO, SÁBADO, 25-MAIO-1985

17-R

Roteiro do património ameaçado

(Continuação da pág. 17-R)

bem assim, do museu vivo do vidro». Alguns meses depois, o ministro da Cultura requeria à COAI que estudasse o projecto de transformação da fábrica de vidros das Gaivotas em articulação com o programa de instalação do Museu Nacional do Vidro, na Marinha Grande, o qual, homologado em 17/8/68, ainda não foi concretizado. No relatório que elaborou, embora concorde com a proposta do Sindicato dos Trabalhadores da Indústria Vidreira e proponha, ponderado o «**interesse cultural, educacional, e patrimonial**» da fábrica das Gaivotas que ela se venha a integrar no projecto global do museu nacional do vidro, a COAI aponta a necessidade do caso da fábrica das Gaivotas ser objecto de uma análise interministerial já que a fábrica «**tem problemas jurídicos, tem dívidas, tem operários, tem máquinas e técnicas em funcionamento, é uma indústria em laboração e em crise**».

Depois de analisado no Ministério da Cultura, o «dossier» da fábrica das Gaivotas está agora no Ministério da Indústria aguardando andamento. Para além deste, também o Ministério do Trabalho e da Educação terão ainda de se pronunciar. Entretanto, o processo jurídico de falência da fábrica segue o seu curso e o encerramento poderá estar para muito breve, privando a cidade não só da única representante da indústria do vidro que possui como de uma das que melhor tipifica a produção de vidro nos princípios do séc. XX.

Fábrica das Gaivotas: a única sobrevivência da indústria vidreira em Lisboa

Estação dos Barbadinhos

COM o seu processo de classificação a decorrer — como imóvel de interesse público — a Estação Elevatória de Água dos Barbadinhos irá abrir as suas portas ao público em simultâneo com a exposição da Central Tejo. A sua recuperação e conservação, tendo em vista a constituição de um museu monográfico da Água, representa um exemplo positivo de preservação de um património cuja importância na história do abastecimento de água à cidade de Lisboa é evidente.

Inaugurada em 3 de Outubro de 1880, esta Estação vinha suprir as insuficiências no abastecimento de água à cidade — até aí fundamentalmente fornecida pelo aqueduto das Águas Livres — mas, para além disso, marcava também a transformação da distribuição de água num processo industrial. Equipada com 4 máquinas a vapor tipo Wolf, a Estação dos Barbadinhos faria a distribuição da água do Alviela, cuja derivação de Pernes a Lisboa, se iniciara em 1876.

Tratava-se de um melhoramento importante numa cidade que, desde os primórdios da nacionalidade, sempre conhecera a penúria de água. Daí a pompa com que a Estação dos Barbadinhos viria a ser inaugurada: com a presença do Rei D. Luís, do arcebispo de Mitilene — que daria a sua benção ao canal, ao reservatório e às máquinas — e de vários ministros da Coroa, deputados, altos funcionários e mesmo membros do corpo diplomático. Escreve Luís Pinto Leite, em «**Subsídios para a história do abastecimento de água da cidade de Lisboa**», que cada uma das «**fases da notável festa foi assinalada por numerosas girândolas de foguetes e salvas de morteiros**». Na noite da inauguração e nas duas que se lhe seguiram «**houve luminárias e música no Largo do Pelourinho**», enquanto as instalações dos Barbadinhos eram franqueadas ao público lisboeta que aí acorreu em grande número: calcula-se «**em dez mil o número de pessoas que lá concorreram**».

O abastecimento de água à cidade de Lisboa fora desde sempre, problemático. Desde o início da nacionalidade até praticamente o segundo quartel do século XVIII, Lisboa apenas podia contar com cerca de 600 metros cúbicos de água por dia. A população, entretanto, aumentava sem que se verificasse qualquer alteração.

A construção do aqueduto das Águas Livres, que se iniciou em 1732 para só vir a ficar terminada quase no final do século, embora tenha levado à edificação de uma vastíssima rede de galerias para alimentar uma quantidade de novos chafarizes que vieram servir a população de Lisboa, até aí condenada a deslocar-se à beira-rio para recolher a águas nos chafarizes aí existentes, esteve longe, no entanto, de constituir a solução definitiva para os problemas do abastecimento, que os seus construtores imaginavam. Além disso, escreve Luís Pinto Leite, «**só uma parte mínima do caudal que o aqueduto trazia à cidade era recebida directamente por alguns serviços públicos e por raríssimos edifícios particulares. (...) Na grande maioria dos casos, a população tinha de acorrer continuadamente à fonte, tal como nos tempos antigos**». Seria preciso esperar pelos finais do séc. XIX, princípios do século XX, para ver esta situação alterar-se.

Estação Elevatória de Água dos Barbadinhos: abrirá as portas ao público em simultâneo com a Central Tejo

Ponte D. Luís I

EM 1981, as comemorações do 1.º centenário da ponte D. Luís I, em Santarém, vieram chamar a atenção para a importância da conservação destas construções como testemunhos da era industrial e documentos vivos de uma época marcante na história da engenharia e da construção metálica de pontes. Para além do trabalho de recuperação e beneficiação em que a Junta Autónoma das Estradas se empenhou, as comemorações permitiram também avançar, no domínio da investigação histórica, num campo ainda escassamente explorado.

Inaugurada em 17 de Setembro de 1881, a ponte que liga Santarém a Almeirim, não constitui um caso isolado mas integra-se no grande movimento de renovação do sistema de transportes que, a partir dos finais do século XVIII princípios do século XIX, e como reflexo das alterações económicas e sociais em curso, se começa a dar na Europa. Das pontes de barcas do final do século XVIII às pontes pênseis de madeira da primeira metade do século XIX e destas às pontes metálicas, é todo um percurso a assinalar nas novas aspirações de criação de uma unidade económica nacional que se sobreponha às velhas compartimentações regionais. Será, no entanto, a necessidade de desenvolver a rede ferroviária por todo o país que irá criar as condições para uma decisiva renovação na construção de pontes. A partir dos anos de 1840 começa a utilizar-se o ferro laminado, produzido em larga escala pela utilização do martelo-pilão a vapor, o que permite erguer pontes de vigas metálicas relativamente económicas e práticas. Constroem-se então inúmeras pontes, quer para servir o comboio quer para a viação rodoviária. A ponte de D. Luís I é uma delas. Nalguns casos, os problemas técnicos que se vão colocar para a construção das pontes acabarão por ter um papel importante no desenvolvimento da engenharia internacional. É o caso da ponte D. Maria, no Porto, projectada por Gustave Eiffel, em que, pela primeira vez, surge um arco em forma crescente, de tipo parabólico.

Apesar das comemorações do centenário da ponte D. Luís I terem constituído um momento importante para a consciência colectiva do seu valor não só enquanto «monumentos» de uma determinada fase da era industrial, mas também como elementos integrantes das várias manifestações da arquitectura do ferro que assinalam uma época muito específica da história recente, existem numerosos outros exemplares, cuja preservação seria igualmente importante, mas que se encontram ameaçados. Dois exemplos: as pontes D. Maria Pia e da Régua, construída em 1872/3 e que constitui um exemplo de um tipo de pontes outrora chamadas «cantilever».

Impedir o seu desaparecimento — como aconteceu a numerosas pontes Eiffel destruídas ao longo da linha da Beira Baixa — ainda que atribuindo-lhes uma funcionalidade diferente, permitiria perpetuar na memória colectiva os testemunhos de uma época marcante na arquitectura do ferro em Portugal.

e ainda...

- **Escola Industrial Marquês de Pombal** — Actualmente Escola Secundária Fonseca Benevides, é um caso único de uma escola industrial do século passado construída de raiz. Em 1981, a Associação de Arqueologia Industrial da Região de Lisboa (AAIRL) é alertada para as obras que estão a ser levadas a cabo no edifício, ameaçando destruir parte do património arquitectónico e outro considerado de grande interesse. Apesar do processo então desencadeado, algumas modificações irreversíveis haviam já sido feitas, todo o interior e a cobertura da parte oficinal tinha sido destruída, alterado o sistema de lanternins e muito outro material (motores, peças várias, etc.) tinha desaparecido.

A Escola Industrial Marquês de Pombal, começada a construir em 1886 segundo um projecto do arquitecto Pedro Ávila — o mesmo que fora responsável pelo Palácio da Tapada da Ajuda — integrava-se num projecto de edificação de escolas industriais nas zonas do país que, pela sua indústria, mais necessitassem desse tipo de ensino.

- **Palácio e Fábrica Ratton e Filhos** — O Palácio Ratton, na rua do Século, em Lisboa, apesar dos trabalhos de recuperação a que foi sujeito para instalação do Tribunal Constitucional não é ainda um edifício classificado. Na realidade, a proposta de classificação do Palácio bem como da Fábrica que lhe era anexa, foi feita em 1978 não tendo tido qualquer evolução. Os vestígios da antiga Fábrica Ratton desapareceram, entretanto, para dar lugar a uma construção moderna.

Jácome Ratton, fundador de uma grande casa comercial que havia de perdurar até à época do liberalismo, industrial célebre — o seu nome está ligado a numerosos e variados empreendimentos, fábricas de chapéus, de papel, de fiação (com destaque para a de Tomar) etc. — era de origem francesa, tendo vindo muito novo para Portugal. Nascido em Monnestier de Briançon em 7 de Julho de 1736 acabaria por naturalizar-se português em 1761.

- **Tinturaria da Fábrica de Panos do Marquês de Pombal** — Descoberta quando se efectuavam as obras para o Instituto Universitário da Beira, na Covilhã. As tinas e as fornalhas que se encontraram criaram um movimento de interesse em torno da sua preservação. Apesar de classificado o conjunto, a indefinição quanto ao destino a dar-lhes — pôs-se a hipótese de criação do Museu da Indústria Têxtil na região — não tem permitido encontrar uma solução, permanecendo a sala da tinturaria que foi encontrada sem qualquer função.
- **Companhia Aliança** — Trata-se de uma fábrica de 1902, situada no Porto, e que possui um espólio monumental de desenhos, peças e um arquivo bibliográfico que deveria ser preservado. Existe um processo de classificação a correr no Ministério da Cultura mas não foi emitido ainda nenhum parecer. Pela sua localização geográfica, pela importância que teve no campo da fundição e pelo seu espólio — só desenhos são 23 mil, testemunhos da arte e da arquitectura do ferro em Portugal — a Companhia Aliança surge como um património a preservar.
- **Fábrica de Cerâmica de Massarelos** — Um fábrica dos princípios do século XX que foi destruída por causa da construção da nova ponte sobre o rio Douro. No entanto, foi possível chamar a atenção para os seus fornos de lenha, estando a sua classificação, através do Ministério do Equipamento Social, actualmente em curso. Só existem hoje 4 fornos idênticos em todo o país quando, ainda recentemente, era possível encontrá-los às dezenas.
- **Moinhos de maré do Seixal** — Um conjunto importante de uma dezena de moinhos utilizando a energia das marés foi classificado, em Junho de 1984. O adiantado estado de degradação da sua maioria impõe, no entanto, um investimento na sua recuperação. Só assim será possível concretizar o projecto de criação de um museu vivo que permita recriar as condições de produção deste tipo de moinhos.
- **Bairro Grandela** — Classificado como imóvel de interesse público, este bairro, situado junto à estrada de Benfica, em Lisboa, foi construído por iniciativa de Francisco de Almeida Grandela, tendo o seu projecto sido aprovado em 1906. Destinava-se a alojar os operários da «Sociedade Algodoeira do Fomento Colonial» e os empregados dos Armazéns Grandela ao Chiado, ambos pertencentes a Francisco de Almeida Grandela. As ruas tinham um carácter privado e dispunham de portões de ferro (hoje desaparecidos). Também neste caso, impunha-se um trabalho de recuperação e restauro da zona.
- **Fábrica da Romeira** — Em 1983, a AAIRL propôs a classificação não só do edifício fabril mas também do conjunto de casas que constituem o bairro operário que lhe é anexo e do palacete do fundador do empreendimento da Romeira. Até hoje não houve qualquer sequência desse processo. A fábrica da Romeira, fundada em 1872, em Alenquer, foi uma das mais importantes desta região industrial, no sector dos lanifícios. A sua história exemplifica várias fases do desenvolvimento industrial pois ela manteve-se activa praticamente até aos nossos dias. Em parte abandonada, em parte servindo de armazém a uma empresa do Carregado, a magnífica fábrica da Romeira poderá vir a ser mais uma vítima do «progresso».

Palácio Ratton: os vestígios da velha fábrica desapareceram para dar lugar a uma construção moderna

18-R

EXPRESSO, SÁBADO, 25-MAIO-1985

ANEXO C.2. A CAPITAL Nº 6586 – 29 DE NOVEMBRO DE 1988 – CADERNO PRINCIPAL – PÁGINA 7

CLASSE MÉDIA

Por BRICKMAN

A ORDEM É RICA?

Por MIGUEL DE SOUSA TAVARES

ALI, para os lados do Campo Pequeno, a Caixa Geral de Depósitos tem em construção o que os seus próprios responsáveis classificaram como a mais luxuosa sede bancária da Europa. Só para climatização, por exemplo, são perto de quatro milhões de contos. Entre a compra do terreno, o projecto, a construção e os acabamentos, ninguém sabe ao certo quanto custará este sonho bancário. Cinquenta, setenta, oitenta milhões de contos, no fim se verá. E, quando a nova sede ficar pronta, é provável que ocorra aos administradores a necessidade de a decorarem «condignamente». Talvez lhes apeteça ter uma cómoda D. José no gabinete da administração. Nada de mais natural e legítimo: os seus colegas do Banco de Portugal tiveram a mesma ideia e não se ficaram pelo sonho. Presentes ao mais luxuoso leilão de mobiliário a que Portugal já assistiu, eles bateram toda a concorrência de antiquários e novos-ricos, lance após lance, até arrematarem a cómoda que queriam pela módica quantia de cinquenta mil contos, mais 11,7 por cento da taxa e comissões.

Os exemplos abundam, mas fiquemos por estes dois. Porque eles envolvem duas instituições bancárias do Estado, com especial papel na economia nacional.

A Caixa Geral de Depósitos sabe-se estar vocacionada para financiar o crédito à habitação. O Banco de Portugal é o banco central, regulador de toda a economia.

Torna-se assim particularmente difícil de aceitar que, ao mesmo tempo que o cidadão comum vê restringido o acesso ao crédito para aquisição de casa própria, a instituição bancária que lha deveria conceder esse crédito gaste na aquisição da sua própria sede o equivalente a cem mil habitações, ao preço de sete mil contos cada. Ou seja, e mais cruamente: com o dinheiro gasto a construir a sede da CGD, o Estado poderia alojar gratuitamente trezentos mil portugueses!

Por outro lado, o Banco de Portugal, que tão perdulário se mostra no conforto dos seus governadores, é o mesmo que ainda há dias alertava para a derrapagem das despesas do sector público administrativo que, entre outros males, trazem por arrasto a subida das taxas de juro bancárias. A ordem é rica, dir-se-ia. Mas, se a ordem é rica, não faz sentido que o ministro das Finanças aconselhe os portugueses a deixarem de comprar casa e carro, ameaçando-os de que «ou há poupança voluntária ou teremos de a forçar».

Como pode o Estado exigir dos contribuintes «poupanças forçadas», ao mesmo tempo que os organismos públicos dele dependentes se comportam como se nadassem em petrodólares?

A verdade é que não há, em Portugal, uma tradição de respeito pelo dinheiro do contribuinte. Quando o casal Reagan se instalou na Casa Branca a sr.ª Reagan resolveu redecorar algumas salas. A imprensa caiu em cima dela e não a poupou, perguntando-lhe se era para isso que os americanos pagavam impostos.

Em Portugal, pelo contrário, os servidores públicos têm tendência a pensar que o dinheiro que gastam nasce directamente das dependências do Banco de Portugal e que, sendo de todos, não é, afinal, de ninguém.

Que o Estado gaste o dinheiro dos contribuintes com a saúde, com os transportes, com a educação, com o sector público empresarial, é uma coisa. Que o gaste a construir ou redecorar sedes bancárias de fazer inveja ao Chase Manhattan é outra, bem diferente.

Quando o Governo apela à poupança dos particulares, mandaria o mínimo de decência financeira que o sector público administrativo — que não produz riqueza, não satisfaz necessidades públicas, não cria investimentos — fosse o primeiro a dar o exemplo. Mas não, o que se passa é rigorosamente o contrário: nenhuma despesa pública cresce ao ritmo desta.

Ora, esta situação é insustentável, é imoral. Um país pobre não pode coexistir com um Estado rico.

É sabido que em Portugal há duas classes que escapam ao sacrifício fiscal: os pobres e os ricos. Uns porque vivem abaixo do mínimo colectável; os outros são espertos, ganham dinheiro a negociar e não a trabalhar. No meio, está toda a classe média, que vai do Fiat Uno ao Honda Civic, que vive exclusivamente do seu trabalho e à quem — por via da fiscalidade essencialmente injusta que é a nossa — o Estado não perdoa um tostão. A eles é-lhes exigido tudo — que aguentem a inflação, que financiem os défices do sector público, que cubram os disparates empresariais do Estado, que paguem as mais altas taxas de juro do mercado de cada vez que precisem de recorrer ao crédito. Nenhuma ocupação é tão desacreditada e tão mal tratada em Portugal como a do trabalho. «Quem trabalha, paga» é o princípio financeiro em que assenta a economia do País.

Mas há um limite para tudo.

O limite para a carga fiscal que pesa sobre os contribuintes é que ela não seja de tal modo violenta e irracional que se torne mais útil ao contribuinte trabalhar menos para pagar menos.

E o limite para um sistema fiscal legítimo é que o Estado não cobre impostos para despesas desnecessárias. Porque não é lícito que o Estado exija dos cidadãos virtudes que ele próprio não pratica e não é decente que aplique as «poupanças forçadas» dos contribuintes na satisfação do gosto esbanjador de alguns servidores públicos.

CADILHE ANUNCIA DIPLOMA

DÍVIDA PÚBLICA TEM MELHOR GESTÃO

O ministro das Finanças considerou a colocação de «fatias crescentes» da dívida pública sem o recurso à intermediação bancária como «condição do bom funcionamento do controlo monetário».

Miguel Cadilhe, que falava ontem durante a cerimónia de posse dos membros do Conselho para o Sistema Financeiro – 1992, adiantou que vai ser publicado «muito em breve» o diploma com vista ao melhor enquadramento e articulação da gestão da dívida pública com os objectivos macroeconómicos do Governo.

«Antes da transição do controlo monetário directo para o indirecto, haverá que assegurar a consolidação da liquidez excedentária não desejada pelo sistema bancário», referiu a respeito do diploma anunciado, acrescentando que tal deverá ser feito «mediante uma acção articulada entre o Tesouro e o Banco de Portugal».

Dentro da estratatégia traçada pelo Ministério das Finanças, caberá à Junta de Crédito Público uma actuação mais dinâmica no campo da diversificação dos produtos da dívida, de forma a favorecer a modernização do sistema financeiro.

Miguel Cadilhe sublinhou também o papel que vai desempenhar a reactivação do Fundo de Regularização da Dívida Pública (FRDP) como instrumento de intervenção no mercado da dívida pública e da política global de controlo indirecto da massa monetária que o Governo pretende prosseguir.

A respeito do FRDP explicou que «desempenhará o papel de canalizador das receitas das privatizações maioritariamente afectas à amortização antecipada da dívida pública».

Miguel Cadilhe referiu-se depois às privatizações, processo pelo qual passam também as linhas estratégicas do sistema financeiro, recordando o programa de privatização em curso do Banco Totta & Açores e fez referência ao IPE — Investimentos e Participações do Estado que, disse, «embora não pertença ao sistema financeiro, tem vocação para reforçar os laços com instituições bancárias, parabancárias e seguradoras».

O ministro referiu que o IPE, como estratégia derivada, tem vindo a alargar a sua presença ao sector financeiro, encontrando-se ligado a várias empresas, o que lhe permitirá desenvolver a capacidade de funcionar como parceiro de risco nas empresas do sector produtivo.

Em nome do conselho falou João Morais Leitão, para recordar que um dos principais bloqueamentos à modernização do sistema financeiro é o excessivo endividamento do mercado português.

A CULTURA PORTUGUESA FORA DO PAÍS

Por ANTÓNIO SALES

DURANTE duas semanas os franceses, sobretudo os de Paris, tiveram oportunidade de contactar de novo com a cultura portuguesa, mais precisamente com a literatura, através da «Belles Étrangères» que este ano dedicou a sua jornada às belas letras do País do Sol. Uma embaixada de vinte escritores, mais algumas entidades oficiais de cá e de lá, onde se distinguem o Dr. Mário Soares e M. Jacques Lang, estabelecem o contacto com o público em diversas sessões cuja suprema seria a da Sorbonne onde o sucesso se faria coroar por um anfiteatro à cunha e interessado.

Os franceses tiveram este ano algumas oportunidades para se actualizarem um pouco sobre a cultura de um povo mais conhecido pela sua emigração e por alguns nomes cujo prestígio irá da Amália Rodrigues ao Artur Jorge, intercalados pela Vieira da Silva ou pelo Fernando Pessoa. Digamos que os sucessos isolados são insuficientes para criarem a imagem de uma nação, do seu viver ou da sua cultura, conduzindo às vezes a involuntárias generalizações que nada têm a ver com a realidade.

Para a Europa dos doze Portugal será o País menos conhecido e aquele sobre o qual persistem algumas bizarras ideias para não dizer uma efectiva confusão sobre o nosso papel histórico no contexto da Península Ibérica. Pessoalmente não fico aflito perante as manifestações de ignorância exteriores, a qual em parte também nos cabe pelo pouco que fizemos pela representação da nossa personalidade histórica e cultural para além das nossas fronteiras. Deste modo, aflige-me que a ignorância dos outros sobre nós possa ser o reflexo da nossa, do nosso sentimento de pequenez que nos tem impedido de nos apresentarmos ao mundo, sem licença, faz favor, muito obrigado. Durante muitos anos vivemos num gueto cujas limitações nos lançaram nos enigmas do isolamento. E não vamos lançar todas as culpas sobre o Salazar porque a nossa história está cheia de obscurantismos e de uma trágica ancestralidade de solidão em relação às correntes mais modernas que se verificavam no pensamento europeu.

Apesar das Descobertas não é estranho que permanecêssemos envoltos num certo mistério. Nós assumimos o complexo da humildade mesmo quando éramos os donos de um império que se espalhava pelas sete partidas do mundo. Os representantes do reino, e depois de 1930 os do Estado Novo, comportaram-se na defesa de um país fechado ao exterior convencidos que assim melhor o defendiam dos micróbios da mudança.

Não surpreende que só agora a Europa comece a interessar-se pelo outro rosto de Portugal, aquele que é o cultural e pensante e que o descobre com o entusiasmo da novidade. Mercê das actuais circunstâncias da vida portuguesa também nós vimos adquirindo um outro dinamismo e um à-vontade para nos apresentarmos segundo o nosso valor seja ele passado ou presente. Estas duas apetências formam aquilo que por cá começa a impor-se como um «slogan» de que «Portugal está na moda». É bem possível que assim seja, sendo-o, resta-nos aproveitar o melhor possível porque a moda é sempre uma curiosidade muito transitória.

O que importa, pois, é conseguirmos estabelecer uma nova relação com o mundo que não seja apenas económica e tecnocrática. Devemos apresentar-nos segundo uma nova filosofia de vida que tocando as diversas vertentes da estrutura social acaba, fatalmente, por tocar a vertente cultural.

O sucesso de que a imprensa deu eco do que representou a jornada das letras portuguesas em França leva-nos à conclusão de que devemos intensificar iniciativas deste tipo que dêem a conhecer a linha de uma nossa cultura que sempre existiu. A imagem de um país apagado e solitário não pode ser alimentada, pois para isso basta-nos o peso dos séculos. Também não teremos que fazer a revolução do nosso mérito andando por tudo quanto é sítio como se fôssemos os feirantes da cultura portuguesa. Todavia, seria lamentável se perdêssemos a oportunidade de satisfazer com dignidade a curiosidade alheia a nosso respeito ajudando-os a conhecerem um pouco do nosso pensamento, da nossa arte e da nossa humana condição. Este é um trabalho que não podemos deixar por mãos alheias, porque quem melhor do que nós poderá comunicar aos outros aquilo que somos e como somos?

ANEXO C.3. EXPRESSO Nº 881 – 16 DE SETEMBRO DE 1989 – PRIMEIRO – PÁGINA 7

EXPRESSO, SÁBADO 16 DE SETEMBRO 1989

Nacional

CGD constrói o maior edifício do século

"Super-sede" da Caixa Geral de Depósitos: um quarteirão de 40 mil metros quadrados

25 milhões de contos

Edifício inteligente: pessoal "dá" energia

Actividades culturais

Fábrica desaparecera

Jorge Van Krieken

Incêndio destruiu coração do Gerês

O interesse dos madeireiros

Hierarquias afrastam combate ao fogo

Reflorestação custa 200 mil contos

Mário Carvalho

Gerês: a cinzento, a área ardida

ANEXO C.4. EXPRESSO Nº 893 – 08 DE DEZEMBRO DE 1989 – PRIMEIRO CADERNO A – PÁGINA 13

EXPRESSO, SEXTA-FEIRA 8 DE DEZEMBRO 1989 — NACIONAL — A13

Brechas em moradias

Vizinhos ameaçam processar CGD

Bloco de informática no centro da polémica

Cristina Figueiredo

Obras do Metro em Alvalade recomeçam em Janeiro

Conclusões animadoras

Um Metro português

Custo diário de dois mil contos

Projecto único no Mundo

ANEXO C.5. O JORNAL Nº 793 – 04 DE MAIO DE 1990 – CADERNO PRINCIPAL – PÁGINAS 32 E 33

32 ACTUALIDADE

Bancos seduzidos pela ostentação europeia

A construção do Mercado Único Europeu começa pelo sector financeiro no próximo dia 1 de Julho. Os maiores bancos portugueses resolveram edificar novas sedes, arrancando para um novo mundo

MANUEL GIL FERNANDES

BNU: 21 andares, 1500 pessoas

O Mercado Único Europeu está cada vez mais perto e a resposta dos bancos portugueses vai sendo preparada, dia a dia, para esse desafio. Assim novas sedes foram ou vão ser construídas, adequando estas instituições com os mais modernos e sofisticados requisitos, desde a informática às telecomunicações.

A sede do Banco Nacional Ultramarino está em pleno funcionamento. Localizada na Avenida 5 de Outubro, com fachada também para a Avenida de Berna, surge como corolário da comemoração dos 125 anos de uma instituição de crédito, ontem habituada a actuar sobretudo nos vastos territórios do Ultramar, hoje com uma agressividade comercial que a leva a encarar com optimismo o embate da internacionalização.

A decisão de construir o novo edifício central onde estão concentrados os serviços das 16 dependências até aqui actuando em Lisboa foi tomada em 1982 mas verificaram-se interrupções nas obras que só recentemente permitiram a abertura oficial. Uma fonte ligada ao Departamento de Marketing do BNU não adiantou os custos definitivos do investimento. «Não estão ainda apurados os números finais» — disse. A centralização dos vários serviços na Avenida 5 de Outubro possibilitará a alienação de diversos imovéis na capital, com reflexos directos no activo imobilizado do Banco.

A nova sede do BNU surge directamente ligada ao desafio europeu que se colocará no nosso país a partir de 1993: são 21 andares, cinco dos quais subterrâneos, para uma área total coberta de 45 mil metros quadrados, variando a área de cada piso entre 750 e 3500 metros quadrados. A sua capacidade está calculada para cerca de 1500 trabalhadores, distribuídos por zonas de trabalho organizadas em «open space» ou compartimentadas, sendo o acesso aos andares superiores feito por quatro escadas e 11 elevadores, dois dos quais destinados a carga.

O BNU está, pois, preparado para o confronto com os outros bancos europeus cuja política expansionista, face à futura livre circulação de capitais, tornam um imperativo o salto para o futuro executado em estreita colaboração com o Governo. É, assim, que o Decreto—Lei n.º 232/88 de 5 de Julho, do Ministério das Finanças transforma a empresa pública Banco Nacional Ultramarino, EP em sociedade anónima de capitais exclusivamente públicos. Na sequência desta transformação, o Banco Nacional Ultramarino passou a ter como accionista maioritário a Caixa Geral de Depósitos.

O ex-ministro Miguel Cadilhe dizia que a ligação entre estas duas instituições de crédito é determinante em termos de futuro: «Onde um apareça como banco comercial, pode o outro surgir como banco de investimento, com evidentes economias de escala, ganhos de eficiência, melhorias de produtividade e partilhas de risco.»

Nova sede da Caixa Geral de Depósitos
Um dos edifícios de maior envergadura de Lisboa

200 mil m² para a Caixa Geral

A nova sede da Caixa Geral de Depósitos será, dentro de dois anos, quando concluída, um dos edifícios de maior envergadura em Lisboa. A área de construção estende-se desde o Campo Pequeno e o Arco Cego quase até à Avenida de Roma com uma área de construção de cerca de 200 mil metros quadrados, 110 mil dos quais abaixo do solo e 90 mil acima do chão.

As obras começaram em meados de 1987 e, de acordo com Henrique Queirós Nazaré, director das Relações Públicas, «não deverão ultrapassar os 25 milhões de contos previstos no orçamento-base, levando em conta as correcções de preços surgidas após ter sido oficialmente aprovado. Aliás, conforme desde o início ficou previsto, 40 a 50 por cento deste investimento será coberto com o produto da venda dos imóveis hoje ocupados pelos serviços e que ficarão disponíveis logo que estes se transfiram para as novas instalações».

Ficarão, também, localizados na futura sede da Caixa Geral de Depósitos o Museu da Caixa, já em embrião e que inclui obras de pintores como Vieira da Silva e Pomar, o anfiteatro, o centro médico, para além de vários espaços para manifestações lúdicas, desde exposições de arte a ensaios de grupos musicais ou teatrais.

Queirós Nazaré adiantou a «O Jornal» que a grandiosa edificação que vai subindo junto às Avenidas Novas não se integra, directa e especificamente, numa «onda» de renovação que atinge outras instituições de crédito portuguesas. «Cada banco sabe de si e, pela nossa parte, era fundamental encontrar uma casa central para os 25 edifícios espalhados por Lisboa. O crescimento impunha uma concentração dos serviços, sem grandes pompas ou luxos mas com maior bem-estar. O porta-voz da Caixa Geral esclareceu, também, que esta decisão nada teve a ver com a adesão de Portugal ao Mercado Único Europeu em 1992: "Tivemos, isso sim, que assegurar uma melhoria da nossa prestação aos cidadãos, ligada ao aperfeiçoamento sentido em todos os vectores ligados à vida económica nacional à medida que nos aproximamos de 1993. Vamos recorrer às mais modernas e avançadas tecnologias, tanto mais que a nossa aposta visa mais o século XXI que a adesão plena ao Mercado Único», concluí Queirós de Nazaré.

Praça de Espanha: Montepio e Banco de Portugal

Duas instituições com a tradição do Banco de Portugal e do Montepio Geral vão ficar localizadas no novo planeamento urbanístico na Praça de Espanha, tarefa que a Câmara Municipal espera encetar a curto prazo.

A construção da nova sede do Banco de Portugal vai originar o desaparecimento do Teatro Aberto e do restaurante A Gôndola, para além de alguns edifícios alugados pela câmara junto à Avenida de Berna. Basílio de Almeida, responsável pelas Relações Públicas, não quis adiantar a «O Jornal» qual o custo global das obras previstas

Banco Nacional Ultramarino
Agressividade comercial tem mão de Taveira

ojornal 4.5.90

ACTUALIDADE

33

para a Praça de Espanha, dado que «está a decorrer um concurso para seleccionar a melhor empreitada para o edifício central, tendo sido escolhidas cinco propostas, cada qual com o seu orçamento total para este empreendimento. No princípio do próximo ano deverá ser divulgado o nome da empresa encarregada de levar a cabo as obras. O arranque da construção está previsto para o segundo semestre de 1991, devendo a inauguração ocorrer cinco anos mais tarde.

Basílio de Almeida frisou que ficarão concentradas na nova estrutura todas as instalações do Banco de Portugal dispersas pela capital, às quais serão acrescentados refeitórios, ginásios, galerias de exposições, etc.

Montepio vai custar 2 milhões e meio

A nova sede do Montepio Geral situar-se-á à entrada na Avenida Columbano Bordalo Pinheiro, numa zona muitas vezes ocupada por companhias de circo. Também neste caso as razões que levam à concentração da quase totalidade dos serviços num mesmo edifício tem a ver com uma maior operacionalidade, face ao crescimento das operações bancárias nesta instituição. Apenas o Conselho de Administração e o Departamento Mutualista ficarão separados, uma vez que continuarão a funcionar na Rua do Ouro.

Segundo vincou a «O Jornal» Correia Brás, director do Património, prevê-se um orçamento global de 2 500 000 contos para as obras a efectuar na Praça de Espanha. Além dos balcões de atendimento ao público, surgirá um da Caixa Económica. Serviços sociais, galeria de exposições, para além de um anfiteatro para conferências e actividades culturais.

Aguarda-se o aparecimento de projectos de empresas interessadas na edificação da nova sede, os quais serão apreciados e julgados por uma comissão que inclui técnicos de várias especialidades, desde informática a telecomunicações. Existem já 15 propostas das quais serão escolhidas quatro, antes da decisão final. A primeira pedra deverá ser colocada no dia 4 de Outubro, data em que se celebra o 150.º aniversário do Montepio Geral, sendo as portas abertas ao público em 1994.

Segundo Correia Brás, uma nova sede impõe-se cada vez mais no sentido de serem minimizados os custos de manutenção, bem como melhoradas as ligações interdepartamentos, para além de ser necessário fazer face aos actuais estrangulamentos de espaços, detectados em diversos departamentos.

Também o desafio da Europa, à medida que se aproxima o ano de 1993, teria que merecer uma resposta do Montepio. É assim que se procuram inovações no domínio do mutualismo, bem como um apetrechamento tecnológico que proporcione uma resposta capaz desta instituição. «Temos que estar preparados para concorrer com os bancos estrangeiros, já instalados ou a instalar entre nós, objectivo que queremos conquistar gradualmente. Logo que a nova sede for inaugurada, acreditamos que os nossos clientes poderão encontrar no Montepio Geral a resposta que pretendem» — conclui Correia Brás.

Sede do Espírito Santo, na Avenida da Liberdade
Um projecto ainda anterior ao 25 de Abril

Fonsecas & Burnay
Um Prémio Valmor que deu que falar

ANEXO C.6. O JORNAL Nº 819 – 02 DE NOVEMBRO DE 1990 – CONSTRUÇÃO – PÁGINA 13

Um edifício único para sede da CAIXA GERAL DE DEPÓSITOS

Edifício da Caixa Geral de Depósitos em construção

Um edifício de quinze pisos, em construção na zona do Campo Pequeno, ocupando uma área de 22 850 metros quadrados num terreno de 38 mil, será a nova sede da Caixa Geral de Depósitos. Ele substituirá as insuficientes instalações agora dispersas por vinte e cinco edifícios espalhados pela cidade de Lisboa.

LOCALIZA-SE na zona do Campo Pequeno a nova sede da Caixa Geral de Depósitos cuja construção visa permitir a concentração dos seus serviços centrais actualmente dispersos por vinte e cinco edifícios em Lisboa. O terreno onde a grandiosa construção se está a implantar mede cerca de trinta e oito mil metros quadrados e tem frentes para a Avenida João XXI, para a Rua do Arco do Cego e para o Bairro Social com o mesmo nome.

Para coordenar todo este empreendimento, a Caixa Geral de Depósitos criou dentro da sua estrutura administrativa um Gabinete exclusivamente dedicado a essa tarefa. Daremos a seguir alguns dados numéricos sobre a dimensão da nova sede da maior instituição de crédito portuguesa, mas fique-se desde já com uma ideia do que ela será retendo-se que, sendo a área de implantação de 22 850 metros quadrados, as áreas brutas de construção atingem os 205 160 metros quadrados.

É responsável pelo projecto do edifício e das áreas que o envolvem um consórcio dividido pelas tarefas de arquitectura que cabem ao Gabinete do Arquitecto Arsénio Cordeiro e as de engenharia que cabem à Lusotecna, Consultores Técnicos Industriais, SA. O planeamento da obra está a cargo da empresa Tecnoplano, Tecnologia e Planeamento, SA.

Quinze pisos, sendo nove acima da rua

A construção soma em termos de áreas brutas, e como já dissemos, 205 160 metros quadrados, sendo 96 390 metros quadrados acima do terreno e 108 770 abaixo. O edifício terá a sua área total de construção dividida por quinze pisos, nove dos quais acima da cota média da Avenida João XXI.

Outros números significativos da importância desta construção são, por exemplo: reserva de água – para abastecimento 800 metros cúbicos, para incêndios 220 metros cúbicos; potência dos grupos electrogéneos, 2,8 megavátios; potência das unidades UPS, 600 quilovátios; número de quadros eléctricos, 400; armaduras de iluminação, 50 mil; tomadas de energia, 12 mil; terminais telefónicos, 3 mil; aquecimento, ventilação e ar condicionado – caudal de ar tratado, 1,1 milhões de metros cúbicos hora.

Cinquenta e sete elevadores e seis escadas rolantes facilitarão a deslocação entre os vários pisos, enquanto que a protecção contra incêndios conta com 6 500 **sprinklers**, 510 bocas de incêndio, 10 hidrantes, 400 extintores, 5 mil detectores automáticos e 450 botões de alarme. Para além de que o edifício se encontra compartimentado em zonas corta-fogo, existindo em cada uma delas uma unidade de tratamento de dados local.

Uma forte componente cultural

O edifício dispõe de zonas morfológicas bem diferenciadas nas suas funções, destacando-se as de: Administração e Conselho Fiscal; Departamentos Centrais e Agência; Centro de Actividades Culturais e de Formação; e Serviços Sociais.

A Agência disporá de dezasseis tesourarias dotadas de sistemas de teleprocessamento e áreas de atendimento personalizado.

O Centro de Actividades Culturais englobará o Serviço de Documentação e Informação Técnica que incluirá uma biblioteca especializada em assuntos económicos e financeiros de fácil acesso ao público, a área de formação do pessoal e uma zona cultural integrando um auditório com cerca de setecentos lugares, galeria de exposições temporárias e museu.

Arquivos, armazéns, parqueamentos para 1150 viaturas e locais para instalações técnicas completam o grande edifício em construção.

ANEXO C.7. A CAPITAL Nº 7321 – 14 DE MAIO DE 1991 – CADERNO PRINCIPAL – PÁGINA 13

«DOSSIER» FLORESTAL EM NEGOCIAÇÃO NA CEE

PAF 2 PREVÊ INVESTIMENTO DE 20 MILHÕES DE CONTOS

A floresta ocupa em Portugal pouco mais de três milhões de hectares. É um filão natural que reúne todas as condições para crescer. No entanto, se todo o solo potencial, cinco milhões de hectares (58 por cento do total), fosse arborizado, a fatia agrícola seria reduzida para cerca de metade. Não é, pois, possível «pensar» as florestas e a agricultura como se de compartimentos estanques se tratasse. Uma questão que ganha de novo acuidade, num país que é o único exportador líquido de produtos florestais da CEE, quando decorre em Bruxelas a negociação da segunda fase do Plano de Acção Florestal (PAF).

O PAF constitui uma parcela do Plano Específico de Desenvolvimento da Agricultura Portuguesa (PEDAP), programado para uma década, entre [illegible] e 95. Naturalmente, considerado o mais importante instrumento financeiro de desenvolvimento do nosso sector primário, envolvia um bolo global de cerca de 120 milhões. Avaliando as múltiplas carências, o Governo decidiu aumentar o número de sub-sectores inicialmente abrangidos. Resultado: a parcela destinada às florestas, um dos 20 subprogramas, baixou em quase um terço.

Ainda assim, o Executivo continua a encarar a floresta como «alternativa estratégica para o desenvolvimento do espaço rural». É esta a mensagem que o secretário de Estado Álvaro Amaro tem sucessivamente transmitido. Daí a atenção especial que tem sido prestada à florestação, independentemente das opções em torno das espécies a implantar.

«Estamos a fazer floresta nova, mas não deixamos de valorizar a velha», afirmou recentemente Amaro a «A Capital», durante uma visita à Beira Interior destinada a assinar projectos no âmbito do PAF. A declaração, optimista, não oculta a realidade. A chaga dos incêndios, que regularmente delapida a nossa floresta, desanima os produtores, à mercê de factores que não podem controlar. O governante tem consciência deste risco. «A aposta na floresta tem uma adversidade. Quando assinam os projectos, as pessoas nada pagam. Mas têm receio de que o seu esforço possa arder logo a seguir», diz.

A problemática da recuperação da floresta não se limita aos fogos estivais. Tal como na agricultura, a população produtora está envelhecida, como resultou evidente na deslocação de Álvaro Amaro a que aludimos. Mesmo com todas as garantias de que não perde com o investimento, o produtor nem sempre adere. Na maior parte dos casos, sabe que não verá o fruto do seu investimento, que está a renovar uma floresta de cujos proventos beneficiarão apenas os descendentes.

Os milhões do PAF

Não é, portanto, tarefa fácil a mobilização para o investimento nesta área. Mais complexa se torna ainda em Portugal, cujo solo florestal é em 80 por cento propriedade particular. Álvaro Amaro garante que o PAF2 terá o privado como primeira prioridade. O «dossier» em estudo nas instâncias comunitárias prevê um investimento global de mais de 20 milhões de contos, 18 milhões dos quais subsidiados. Se tiver «luz verde», serão arborizados 60 mil hectares e beneficiados 140 mil, construídos quatro mil quilómetros de caminhos rurais e 500 pequenas barragens.

O Governo decidiu avançar com a segunda fase do PAF, que envolveu até agora um investimento superior aos 23 milhões (ver caixa), apesar de não estarem concluídas as negociações em Bruxelas. A nova legislação ainda não tem um mês. Mantendo como objectivo o fomento do uso múltiplo da floresta, através da silvo-pastorícia, cinegética e apicultura, por exemplo, pretende estimular os agrupamentos de produtores, os quais só poderão beneficiar de financiamento para terrenos superiores a cinco hectares. Daí o papel fundamental das autarquias, sobretudo as freguesias, que representam os produtores em vários protocolos firmados com o Estado.

O plano não se destina apenas a rearborizar a floresta atingida por incêndios, mas também a conservar a existente e arborizar novas zonas, incultas ou de agricultura marginal. Grande parte dos projectos, muitos dos quais subsidiados a 100 por cento, prevê, como já referimos, a beneficiação da rede viária e divisional e a construção de pequenos pontos de água, de apoio ao combate a fogos.

Adaptação foi difícil

A introdução do Plano de Acção Florestal gerou, compreensivelmente, algumas tensões. O sector estava habituado a métodos tradicionais, tornando difícil a adaptação. Isso mesmo admite Corrêa de Sá, secretário-geral da Associação Nacional de Empreiteiros Florestais e Agrícolas (ANEFA). «Cometeram-se muitas asneiras. Fizeram-se, por exemplo, projectos no gabinete, desadaptados em relação às condições de campo», afirma a «A Capital». Entre os diversos «bloqueios», chama a atenção para o facto de a capacidade do IFADAP nos reembolsos aos produtores não ter sido uniforme.

Se outra virtude não teve, o PAF obrigou pelo menos à abertura do mercado, uma transformação que o secretário de Estado defende como sua «dama». Para trás ficou o tempo em que o Estado ou as celuloses eram os únicos operadores da floresta, alugando máquinas. A figura do empreiteiro ganhou autonomia, uniu interesses na associação, ocupou a sua posição no sistema. O reduzido número de especialistas encareceu a mão-de-obra e o salário do operador duplicou nos últimos anos.

Corrêa de Sá não esconde, porém, algumas críticas ao PAF2. Aplaude o facto de o projectista passar a estar «comprometido com a obra», mas continua a atribuir uma excessiva centralização ao processo de análise dos projectos, prejudicial para o produtor e, por tabela, para o empreiteiro.

O dirigente da ANEFA, que ainda há duas semanas debateu em Coimbra a problemática do desenvolvimento florestal à luz do plano, chama ainda a atenção para outro fenómeno: «Tem de ser criada uma nova mentalidade nos técnicos dos serviços do Estado que estão no campo. Já não são senhores executantes. Devem deixar de intervir no circuito; ficar apenas pela fiscalização».

O «797 florestal»

Em paralelo ao desenvolvimento do PAF, o Governo acaba de regulamentar mais um instrumento de fomento aprovado pela Comunidade. Trata-se do chamado «797 florestal», regulamento horizontal (não específico, portanto), inicialmente vocacionado para a modernização de explorações agrícolas, mas cujo âmbito foi ampliado à floresta.

O 797 prevê subsídios à florestação inferiores aos do PAF. Apresenta, contudo, um mecanismo diferente: a atribuição de prémios anuais por hectare que poderão atingir um máximo de 150 ecus, cerca de 31 contos, durante um período de 20 anos. Também neste caso os produtores têm vantagem em desenvolver formas de associação, já que os agrupamentos usufruem de mais altos financiamentos.

Noutra vertente, o novo regulamento apoia a instalação de linhas de corta-fogo, cortinas de abrigo, caminhos e meios de captação de água. De salientar que o 797 não se destina à arborização ou melhoria de espécies de crescimento rápido. Com efeito, o 797 privilegia o pinheiro, sobreiro, azinheira, cerejeira brava, castanheiro, nogueira e alfarrobeira. Corresponde, assim, à tradição portuguesa: 40 por cento do nosso solo florestal é ocupado com pinheiro bravo, 21 com o sobreiro e 15 com a azinheira. O eucalipto está, por enquanto, remetido para uma discreta quarta posição, com 13 por cento.

Com o PAF, o empreiteiro florestal conquistou um estatuto

APLICAÇÃO DO PAF ENTRE [illegible] E [illegible]

Projectos aprovados – 1735
Investimento – 23, 625 milhões de contos
Subsídio – 22, 122 milhões de contos
Área arborizada ou rearborizada – 36 800 hectares
Área beneficiada – 138 mil hectares
Rede viária – 3881 Km
Rede divisional – 1895 Km
Barragens- 415
Fonte: Secretaria de Estado da Agricultura

MAIS 20 POR CENTO

TURISTAS ITALIANOS AUMENTAM EM PORTUGAL

PORTUGAL continua a ser o destino mais procurado pelos turistas transalpinos, segundo anunciou, ontem, a Região de Turismo do Algarve (RTA), citando o jornal italiano «Il Giorno».

De acordo com aquele diário, a seguir a Portugal, os destinos preferenciais dos turistas italianos são o norte da Europa, o Oceano Índico, o Extremo-Oriente, o Egipto e os Estados Unidos.

Ao referir que a preferência dos italianos por Portugal continua a ocorrer «num período em que os efeitos da guerra do Golfo não foram totalmente apagados», o periódico transalpino escreve: «Durante 1990, a afluência de turistas italianos em Portugal registou uma subida na ordem dos 20 por cento em relação ao ano anterior».

SINDICALISTAS CONTRARIAM NÚMEROS OFICIAIS

«CONSTRUÇÃO DE SEDE DA CGD JÁ MATOU 27 A 30 OPERÁRIOS»

A construção da sede da Caixa Geral de Depósitos, ao Campo Pequeno, já terá causado a morte de 27 a 30 operários da construção civil, embora dados oficiais contabilizem apenas seis, revelou João Serpa, dirigente do Sindicato dos Trabalhadores da Construção, Mármores e Madeiras do Distrito de Lisboa.

Na opinião daquele sindicalista, que falava ontem durante um encontro com os jornalistas promovido pela União dos Sindicatos de Lisboa, organização filiada na CGTP, o número preocupante de mortes no sector da construção civil deve-se ao facto de as grandes empresas pouco ou nada investirem na segurança e terem, cada vez mais, ao seu serviço trabalhadores sem qualquer qualificação.

João Serpa disse que no sector da construção civil existem mais de 150 mil trabalhadores clandestinos (entre os quais muitos oriundos de países africanos de língua oficial portuguesa), o que dificulta um levantamento exacto do número de acidentes em obras, pois a sua situação irregular faz com que os patrões não declarem tais ocorrências.

Aquele dirigente lembrou ainda, a propósito, que, de acordo com a legislação em vigor, o conceito de acidente mortal se reporta apenas ao momento do sucedido, não sendo considerados mortais aqueles cuja morte do sinistrado ocorra no hospital ou mesmo numa ambulância.

Trabalho precário

O sector das indústrias eléctricas também foi focado neste encontro convocado pela União dos Sindicatos de Lisboa, nomeadamente no que diz respeito à redução dos empregos estáveis com o consequente aumento do trabalho precário.

Segundo o dirigente do sindicato do sector, Churra Brita, o emprego tem vindo a reduzir na área da fabricação de material eléctrico e electrónico. Só em 13 empresas, referiu, foram suprimidos, nos últimos quatro anos, 3500 empregos permanentes.

Citou o exemplo da Automática Eléctrica Portuguesa, controlada pelo Grupo Centrel e pelo IPE, que recentemente anunciou a intenção de proceder a um despedimento de 405 dos 690 trabalhadores da empresa.

«É um caso exemplar da introdução de novas tecnologias sem acautelamento dos custos sociais das alterações produtivas», disse, acusando Rocha de Matos, administrador do grupo, de querer «ganhar sem se importar com a situação social dos trabalhadores».

Um representante do Sindicato dos Trabalhadores da Indústria Metalúrgica e Metalomecânica do Distrito de Lisboa falou também do sector que representa, revelando que a redução dos postos de trabalho permanentes também é grande, só não havendo desemprego porque há muito trabalho precário.

A revisão do contrato colectivo de trabalho, que dura há dois anos, é outra das preocupações do sindicato.

Félix Pinho, da União dos Sindicatos de Lisboa, fez um ponto da situação sobre a conflitualidade laboral no distrito, anunciando que a estrutura que dirige vai promover, a partir da próxima segunda-feira, uma semana de acções de protesto contra o «pacote laboral».

Durante a acção, a união vai entregar, nos dias 20, 21 e 22, na Assembleia da República, pareceres para pressionar os deputados a não aprovarem os diplomas governamentais sobre legislação laboral e, no dia 24, haverá uma concentração de sindicalistas junto do Ministério do Emprego com idêntico propósito.

FESTA PARA JOAQUIM VERMELHO

ESTREMOZ HOMENAGEIA DIRECTOR DE MUSEU

O director do Museu Municipal de Estremoz, Joaquim Vermelho, foi ontem homenageado pela população local durante uma festa-convívio que decorreu naquela cidade.

Na festa foi ainda sugerido atribuir o nome de Joaquim Vermelho ao museu, bem como publicar um livro com os seus poemas e os seus trabalhos sobre o património histórico de Estremoz.

A Casa do Alentejo e a Junta de Freguesia de Santo André enviaram votos de louvor ao director do museu municipal.

Joaquim Vermelho, professor aposentado, nasceu em Estremoz em 1927.

ANEXO C.8. A CAPITAL Nº 7449 – 16 DE OUTUBRO DE 1991 – CADERNO PRINCIPAL – PÁGINA 13

CGD DESMENTE «BRAÇO-DE-FERRO» COM CÂMARA

Nova via vai nascer entre Arco do Cego e João XXI

CONSTRUÇÃO DE ARRUAMENTO OBRIGA A DEMOLIR PARTE DE SEDE

A Caixa Geral de Depósitos está a demolir parte do edifício da sua futura sede. Por detrás desta decisão encontra-se um estudo de impacte – realizado em colaboração com a Câmara Municipal – que revelou dificuldades de acesso ao imóvel ainda em construção, situado na Avenida João XXI, e o agravamento dos problemas de circulação que o funcionamento das instalações trará às já tão congestionadas vias daquela área da capital.

O desaparecimento de uma parte das instalações, apesar de alterar o traçado original do projecto, vai tornar possível a construção de um arruamento que permite a ligação rodoviária entre o Arco Cego e a Avenida João XXI. Este procedimento, de acordo com responsáveis do Departamento de Tráfego da Câmara Municipal de Lisboa, contribuirá também para desanuviar o trânsito da área do Campo Pequeno e Areeiro.

A questão levantada prende-se com o facto de só agora se proceder à demolição de paredes, quando o projecto da nova sede foi aprovado há já alguns anos.

O director das relações públicas da Caixa Geral de Depósitos, Queirós Nazaré, disse a «A Capital» que «esta decisão foi tomada pela nova administração depois de se constatar a impossibilidade de compra de dois imóveis situados ao lado da futura sede. Os prédios deveriam ser demolidos para se conseguir o espaço necessário à construção do referido arruamento entre o Arco do Cego e a Avenida João XXI.

«Como a aquisição dos edifícios não se concretizou, a nova direcção da Caixa Geral de Depósitos concluiu que era necessário demolir uma pequena parte das instalações, criando maior facilidade de comunicação entre a João XXI e o Arco do Cego», explicou aquele porta-voz da CGD. De qualquer forma, segundo realçou o mesmo responsável, «a parte em demolição ainda não estava completamente pronta e o arruamento vai passar por cima das nossas caves».

No «segredo dos deuses»

O estudo de impacte, realizado em conjunto pela CGD e pelo pelouro do Trânsito da Câmara Municipal de Lisboa, revela as repercursões no trânsito decorrentes do afluxo de elevado número de funcionários, após a abertura da nova sede da CGD.

No entanto, não nos foi facilitado o acesso ao documento, nem tão-pouco nos foi dada qualquer explicação resumida do seu conteúdo, «por ser um documento interno».

A instituição bancária, porém, não se mostrou reservada a desmentir, pela voz de Queirós Nazaré, o já noticiado «braço-de-ferro» que, segundo notícias publicadas por um semanário, foi protagonizado pela Caixa Geral de Depósitos e pela Câmara Municipal de Lisboa.

De acordo com o director das relações públicas da CGD, a autarquia da capital não obrigou a demolir as paredes para construir a rua.

Foi a própria instituição que, «depois de realizado o estudo, tomou consciência de que seria necessário este procedimento».

Da parte da autarquia, foi impossível recolher qualquer declaração do vereador Machado Rodrigues.

Foi o responsável pelo Departamento de Tráfego Rodoviário, Manuel Vieira, quem disse a «A Capital» que se realizaram várias reuniões envolvendo as duas partes. Nestes encontros, dos quais nos disse não possuir qualquer acta, chegou-se à conclusão da necessidade de abrir o novo arruamento.

NA GOLEGÃ E EM SANTARÉM

CAVALOS E GASTRONOMIA TRAZEM BRASILEIROS A PORTUGAL

CRIADORES brasileiros de cavalos lusitanos anunciaram a sua presença na XVI Feira Nacional do Cavalo, que se realiza na Golegã. A deslocação é apoiada pelo centro de turismo de Portugal no Brasil e pela TAP. Entretanto, e numa outra iniciativa, jornalistas das revistas «Quatro Rodas», «Cláudia» e «Manchete» e do jornal «O Globo» estarão no fim deste mês em Santarém, para cobrir o festival de gastronomia da capital ribatejana. Numa acção que visa trazer o Brasil a Portugal, Rubens Rodrigues dos Santos, do jornal «O Estado de São Paulo», visitou, por sua vez, várias regiões portuguesas, tendo recolhido elementos para uma reportagem sobre as pousadas e as unidades de turismo no espaço rural. Rubens dos Santos, também cineasta, é autor do documentário de longa metragem «Viagem do Mundo da Língua Portuguesa», cuja exibição está a ser feita em vários canais de televisão do Brasil. Por outro lado, vários agentes de viagens brasileiros participarão no XXV congresso da Federação Universal das Associações de Agentes de Viagens, marcado para o período de 10 a 16 de Novembro, no Estoril.

APÓS DOIS MESES NA CLANDESTINIDADE

DÍVIDAS ENCERRAM CANAL 1

A estação de rádio setubalense Canal 1 encerrou ontem oficialmente a sua emissão, depois de ter estado a trasmitir clandestinamente durante quase dois meses. Fonte próxima daquela emissora local revelou a «A Capital» que as razões do fecho se prendem sobretudo com dificuldades financeiras e desentendimentos administrativos. A mesma fonte disse ainda que a Canal 1 tinha várias dívidas junto de outras empresas. Os credores moveram um processo judicial contra a estação, tendo a Inspecção Económica selado as instalações da rádio, há dois meses, interditando a entrada dos colaboradores e impedindo o prosseguimento normal da emissão.

A administração da rádio decidiu ainda assim continuar a transmitir, embora clandestinamente, já que o emissor não foi selado.

A Canal 1 foi fundada há quatro anos por uma cooperativa de 10 pessoas, que com verbas recebidas do Instituto do Emprego e Formação Profissional compraram as instalações da antiga Rádio Clube de Setúbal, passando a emitir a partir daí. Durante o perído de legalização das rádios locais, a Canal 1 viu o seu projecto ser aprovado, tendo recebido a frequência mais baixa do concelho, onde funcionam também a Rádio Azul e Rádio Voz de Setúbal.

CONDUÇÃO EM SENTIDO CONTRÁRIO NA AUTO-ESTRADA DO NORTE

SÓ INVERSÃO DE MARCHA EXPLICA VIAGEM FATAL

O automobilista que morreu ontem de madrugada na Auto-Estrada do Norte quando conduzia o seu carro em sentido contrário e embateu violenta e frontalmente com outro, «terá forçosamente feito inversão de marcha em qualquer ponto da estrada ou numa área de serviço».

A informação foi prestada a «A Capital» pela Brigada de Trânsito da GNR da Mealhada, que tomou conta da ocorrência e nos garantiu «ser impossível» entrar na auto-estrada, naquela zona, «sem ser pela sua mão».

Alguns «buracos» nos railes de protecção, que anteriormente existiram para casos de emergência, estão há muito fechados, impossibilitando a sua utilização, adiantaram-nos.

Ainda segundo a BT, desconhece-se o sítio em que o «despistado» automobilista terá entrado na auto-estrada, «de onde vinha ou para onde ia», admitindo-se que a dada altura tenha verificado ter passado a saída desejada e resolvido fazer inversão de marcha. Por outro lado, como nos foi sugerido por algumas pessoas com quem falámos, poderá estar-se perante um acidente provocado pelo álcool.

Mas também isto é mera especulação: a autópsia só foi efectuada esta manhã no Centro de Saúde de Oliveira do Bairro e só daqui a oito ou dez dias serão conhecidos os seus resultados.

De qualquer maneira, o insólito acontecimento é, até agora, inexplicável a não ser por hipóteses, uma vez que o condutor terá andado cerca de 20 quilómetros na auto-estrada, em sentido contrário.

A única pista veio de um automobilista assustado, que só por muita sorte não chocou de frente com o condutor em transgressão junto à área de serviço da Mobil da Mealhada. No entanto, quando chegou à primeira portagem e contou, ainda estupefacto, o susto que acabara de apanhar, acabava de ali chegar a notícia do acidente que vitimaria o «enganado» condutor.

De concreto sabe-se que, cerca da 1.45 da madrugada de ontem, ao km 233.570 da Auto-Estrada no Norte, perto de Oiã, Oliveira do Bairro, um Fiat 124 (ou 128) com a matrícula FO-79-92, conduzido por Albino Augusto Bordalo Teixeira, de 41 anos, divorciado, pai de cinco filhos, natural de Alijó e residente na Rua Nova do Vilão, Esgueira, Aveiro, embateu frontalmente com outro automóvel ligeiro, um Fiat Uno com a matrícula UD-41-46.

Do violento acidente, que destruiu os dois automóveis, resultou a morte do condutor do primeiro – que circulava em sentido contrário na auto-estrada – e ferimentos nos três ocupantes da segunda viatura. Esta era conduzida por Luís Nuno Grandão Magro, de 27 anos, residente em Coimbra e que ficou gravemente ferido. Feridos ficaram, também, os seus pais, Luís Lopes Magro, de 58 anos e Maria Fernanda Grandão Magro, de 55 anos, que o acompanhavam.

Foram todos transportados para os hospitais da Universidade de Coimbra.

ANEXO C.9. EXPRESSO Nº 1007 – 15 DE FEVEREIRO DE 1992 – CONSTRUÇÃO – PÁGINA 6

PROJECTOS

CGD: o edifício do século

A construção do maior edifício português ocupa uma área de 205 mil metros quadrados e deverá custar mais de 30 milhões de contos. Utilizando apenas recursos próprios, como a maior parte das 25 instalações espalhadas pela cidade que ficarão devolutas, a Caixa Geral de Depósitos espera ter pronta este ano a sua nova sede do Campo Pequeno.

Dividido por quinze andares, sendo nove acima da rua, o novo edifício é «inteligente» dado que utiliza o último grito da electrónica e informática aplicadas à concepção, gestão, funcionamento e segurança de prédios. Os números relacionados com o empreendimento são impressionantes. Albergará mais de três mil funcionários servidos por 57 elevadores e seis escadas rolantes e será composto por três mil terminais telefónicos, 12 mil tomadas de energia, mais de mil metros cúbicos de água para abastecimento e incêndios e terá um parque para 1.150 viaturas, além de um auditório com 700 lugares para congressos e reuniões.

Comutação digital (circuitos e pacotes), intercomunicadores, comunicação via-rádio, distribuição de som e tv-vídeo, distribuição horária e controlo de ponto são os cinco sistemas autónomos instalados, os quais, juntamente com o de informática, o de comando controlo e gestão de energia e a central de segurança, estão interligados através de um eixo óptico central.

Pelo tamanho, pelos números que envolve e pela tecnologia utilizada, a nova sede da Caixa Geral de Depósitos já constitui marco arquitectónico do tecido urbano lisboeta. ●

ANEXO C.10. EXPRESSO Nº 1038 – 19 DE SETEMBRO DE 1992 – REVISTA – PÁGINAS 21 A 24

No local onde, há cem anos, se construiu uma fábrica de tijolo que havia de fazer história, ergue-se hoje um edifício-gigante que albergará três mil funcionários e irá consumir tanta energia eléctrica como a cidade de Santarém. A nova construção é polémica — tão polémica, pelo menos, como foi a demolição da Fábrica de Cerâmica Lusitânia

Caixa-forte

JOÃO GARCIA

O SÉCULO estava a acabar e Lisboa crescia. O Saldanha, o Campo Pequeno e o Campo Grande iam ser conquistados ao mundo rural. A «telha Marselha» era a última palavra na tecnologia dos telhados e os azulejos começavam a cobrir as fachadas dos prédios. A cerâmica tinha de dar uma resposta. No Arco do Cego, nascia uma nova indústria.

Passaram-se cem anos.

A década de 80 trouxe novas promessas. O imobiliário prometia e a banca tinha de marcar presença. Percebia-se que a ostentação haveria de ser premiada. Chegara o tempo dos «yuppies». O BESCL já usava a nova sede, o BNU atacava em força na Avenida de Berna e mesmo o Crédito Predial marcava lugar na Avenida da Liberdade. O Banco de Portugal tinha a Praça de Espanha debaixo de olho. Poderia a Caixa ficar para trás?

Em 26 de Agosto de 1981, a Caixa Geral de Depósitos fazia seu o terreno que Sylvan Bessière, um francês que descobrira o filão da cerâmica em Lisboa, comprara no Arco do Cego. A demolição da Fábrica Lusitânia iria ser irreversível, apesar das tentativas para que o Instituto do Património Cultural classificasse o conjunto, tido como importante testemunho para a Arqueologia Industrial. O processo de salvaguarda falhou.

No pacato «bairro social» herdado de Duarte Pacheco, Lisboa vai ter, no final deste ano, um edifício de 40 milhões de contos (números oficiais que deverão pecar por defeito). Das instalações que cozeram o tijolo para a Praça de Touros do Campo Pequeno resta uma pequena chaminé, cuja presença só será entendível através de lápide: «Homenagem da Caixa Geral de Depósitos à Fábrica de Cerâmica Lusitânia que tão bem soube preservar este terreno durante um século». Curiosidade maior será ver o Presidente da República a inaugurar a nova sede da Caixa, no mesmo local em que Óscar Fragoso Carmona, em 1929, participou na cerimónia de abertura do edifício da administração da Lusitânia, o último bloco a ser construído de um conjunto a que hoje se chamaria um complexo industrial.

O Hospital de Santa Maria vai sentir-se diminuído. Lisboa nunca viu nada tão grande e só o futuro Centro Comercial Colombo, este mês aprovado pela Câmara de Lisboa, irá ter dimensão para se opor à sede da CGD. A oferta da Caixa à cidade é, no entanto, um presente envenado.

«Quando passo no Arco do Cego, tenho a sensação de estar no meio de um gigantesco cenário de filme americano. Não tenho a menor dúvida de que, hoje, com os novos regulamentos urbanísticos, a Câmara não aprovaria o projecto». A sensação e a certeza são de Jorge Sampaio.

A superprodução peca pelo exagero. **«Não discuto a bondade estética do edifício»**, afirma o presidente da Câmara, para logo acrescentar que **«o funcionamento da futura sede torna mais imperiosa a construção de um túnel que ligue o Campo Pequeno ao Areeiro».**

O proposta do arquitecto Arsénio Cordeiro foi a escolhida pela administração do

Não é bem assim

EM todos os tempos, em todos os lugares, os edifícios novos que afectam decisivamente a imagem de uma cidade começam por ser detestados pela chamada opinião pública. Em Lisboa, as Amoreiras e o Centro Cultural de Belém sofreram esse destino. Agora chegou a vez da nova sede da CGD.

As indignações contra as Amoreiras falharam o alvo ao dirigirem-se contra o estilo arquitectónico e esquecerem as duas coisas que nelas são mesmo más: a arquitectura de papelão pintado e a inserção do conjunto na zona; a crítica ao CCB foi pelo mesmo caminho: depreciou-se o que é excelente (a concepção global) e deu-se de barato o que é menos bom (os problemas de programa).

Depois, veio a mania patrimonial, o medo da mudança (que está na moda por todo o lado). Como o conservadorismo tem em si um aspecto de preocupação justa em relação à qualidade da vida urbana, a «opinião pública» diz agora mal da Caixa por bons motivos, referentes a problemas de trânsito que o novo edifício trará a uma zona da cidade já insuportável. Essas razões exprimem-se, todavia, em argumentos superficiais tanto no sentido próprio como no figurado: é um «bunker», um «mausoléu», um «cofre-forte», etc.

Ora, não é bem assim.

Os defeitos importantes do edifício resultam quase todos do seu programa (traçado pela administração, aprovado pelo Governo): a total concentração de serviços conduziu a dimensões megalómanas. Era fatal como a má sorte: não se pode ser grande por dentro e pequeno por fora.

Para meter no edifício toda a gente e todos os serviços havia duas opções: ou se crescia em altura ou se crescia em largura. Muitos dos projectos que surgiram em concurso, em 1985, propunham torres no meio de áreas ajardinadas. Não foi essa a escolha de Arsénio Cordeiro e Barreiros Ferreira, os arquitectos projectistas. A sua opção, da qual nasceram muitos outros problemas, resultou de três ideias em voga nos anos 80: uma boa ideia, uma duvidosa e uma má. A boa: é necessário encontrar formas e métodos capazes de devolver urbanidade à cidade. A duvidosa: essas formas são a rua, a praça e o quarteirão. A má: a imagem das novas formas deve evocar a monumentalidade do passado clássico.

O partido arquitectónico escolhido pelos autores do projecto foi, neste quadro de ideias, o bloco-quarteirão maciço com malha totalmente ortogonal. Esta escolha preconceituada traduziu-se em insensibilidade relativamente aos factos daquele sítio de Lisboa. Os arquitectos quiseram «cozer» o vazio deixado pela antiga fábrica de tijolo, re-ligar a malha regular do Arco do Cego com a zona do Campo Pequeno. Sucede que estávamos numa área de transição entre tipos edificados, malhas urbanas e cotas do terreno diferentes e não num quarteirão qualquer das Avenidas, onde um bloco único podia ter funcionado. O bloco-quarteirão da CGD escavou a pendente e ficou enterrado ao lado da Av. João XXI, assumindo por isso um aspecto ainda mais pesado e maciço. A rectícula de espaços que o compõem é demasiado rígida. A sua forma global não deixa perceber a diferença de espaços que o constituem e os caminhos que o atravessam. Não houve cuidado em variar a cércea, a não ser através das torres que estão como que acrescentadas ao paralelepípedo gigante.

Caixa Geral de Depósitos: fotograf

EXPRESSO, Sábado, 19 de Setembro de 1992

maior banco português. Entre vários projectistas convidados, o autor da Torre do Tombo foi o eleito. Venceu um concurso polémico, fortemente contestado pela Associação dos Arquitectos. Em 1984, enquanto decorria a selecção de candidatos, a direcção convocava uma conferência de Imprensa para alertar para o **«primitivismo cultural»** da CGD, manifestado no desejo de construir um grande imóvel e no currículo que exigia aos concorrentes: terem experiência na concepção de grandes edifícios dotados de sofisticados equipamentos. De fora, ficava a generalidade dos projectistas portugueses — excepção para aqueles que se conseguissem associar a grandes empresas internacionais. No lote de dez consórcios que ultrapassaram a primeira selecção, nem um único dispensara o apoio de projectistas de além-fronteiras. Que o projecto não seria fácil é, hoje, óbvio: em funcionamento, vai consumir tanta energia eléctrica como a cidade de Santarém.

Em Maio de 1985, era formalmente anunciado o vencedor. A controvérsia que todo o processo tinha suscitado levou a Caixa a anular a promessa de realizar uma exposição com os trabalhos apresentados. Ainda hoje permanece confidencial a acta do júri que escolheu o melhor projecto, e do qual fizeram parte Krus Abecasis, Helena Vaz da Silva, João Palma Ferreira, então presidente do IPPC, Ayres de Carvalho, pela Academia Nacional de Belas-Artes, Carvalho Mesquita, em representação do Conselho Superior de Obras Públicas, Teixeira Trigo, do LNEC, e Augusto Pereira Brandão, da Faculdade de Arquitectura.

Crítica foi, também, a revista «Arquitectura». Referindo-se à **«banalidade do conjunto»** de propostas que chegou à fase final do concurso, considerou que o projecto vencedor **«não teve grande dificuldade em impor-se»**. Uma controvérsia que deixou marcas, a explicar a razão pela qual Oliveira Pinto, o presidente da CGD que decidiu a compra do terreno do Campo Pequeno e lançou o concurso de arquitectura, ainda hoje **«não considera oportuno»** falar sobre o empreendimento, segundo nos disse a sua secretária.

Joaquim Braizinha, professor de Arquitectura, que na década de 80 estava entre os que se distinguiram na contestação à demolição da Cerâmica Lusitânia, olha hoje para o edifício quase concluído e confirma os receios que então manifestava. **«Trata-se de um empreendimento que nada tem a ver com o processo pelo qual se faz uma cidade. É uma megaforma que necessariamente tenderá para introduzir uma ruptura do tecido urbano»**. Reconhece, no entanto, que **«a linguagem classizante usada pelo projectista»** ajuda a disfarçar a dimensão do edifício.

NOS planos iniciais, a Caixa previa instalar 4300 funcionários no novo imóvel. Hoje, fala em 3000. Nos 205.000 metros quadrados de área construída — dos quais mais de metade está debaixo do chão — vão funcionar todos os serviços administrativos, as sedes »»

Encarar a malha urbana como realidade abstracta não ajuda a compreender a cidade, que é um fenómeno complexo e de formas muito variadas. A não-construção da zona do edifício virada a Sul — a que se propunha estabelecer uma transição mais coerente com o Arco do Cego — vai afectar muito seriamente o conjunto, desvirtuar o projecto, reforçar os seus aspectos negativos. Os projectistas não têm culpa nenhuma disso; trata-se, mais uma vez, dos inevitáveis recuos da megalomania programática.

...da maqueta e aspecto actual

Para aquilo que sobrecarrega a cidade em tráfego, a CGD dá pouco em troca: ao público são oferecidos um pequeno jardim para a João XXI, espaços museológicos e galerias.

Do programa resultou o excessivo fechamento do edifício a outras utilizações e percursos. Uma das qualidades relevantes do conjunto, resultante da boa ideia referida acima, são as «ruas» que o atravessam: o eixo central, uma rua a nascente, os acessos à zona do museu, galerias porticadas a poente e a Sul. A população poderá atravessar o edifício da Caixa ou bordejá-lo ao abrigo da chuva e do calor. Teria sido mais interessante se algumas dessas «ruas» e galerias pudessem ter lojas ou cafés.

Pessoalmente não gosto nada da decoração interior e exterior: formas «post-modern», muito marcadas pela formação dos projectistas no «over-design» e no tipo de desenho dos anos 60/70 («brutalismo» de dimensões, lâminas nos topos das torres que albergam serviços técnicos, etc.). Mas estas questões de gosto decorativo são irrelevantes; as modas mudam, os edifícios marcam épocas sempre transitórias. Acresce que a decoração é bem feita, sólida e grande — os projectistas evitaram a tentação dos «rodriguinhos» decorativos que, num edifício daquela dimensão, seriam ridículos.

O melhor está lá dentro: excelente pormenorização e construção com magníficos revestimentos em pedra-de-lioz branca e rosa; solidez de aparência; amplitude e clareza de espaços (não se trata de arquitectura de decorador); contrastes arrepiantes de escalas na transição dos átrios para os espaços de pé-direito altíssimo e cobertura de abóbada (transparente, no caso da galeria central, de fibra de vidro revestida a cimento, pintada, em algumas galerias laterais — o que constitui uma inovação tecnológica interessante); largas escadarias e rampas que «respiram» à vontade; perfeito controlo da luz e da temperatura através da cornija-beiral e dos pilares-quebra-sol, que tornam o edifício praticamente isotérmico, sem necessidade de recurso aos ares condicionados; limitação da solenidade autocrática das macroformas pela cor de caixilharias, tectos falsos e pavimentos, pela luz coada e alegre das galerias, pelas obras de arte (tapeçarias, esculturas, azulejos).

A zona museológica é magnífica: «recordando» a fábrica antiga, as salas e rampa descendente estão revestidas em tijolo-burro e cobertas de abóbadas abatidas muito bonitas. Pátios e salas sucedem-se ortogonalmente, assumem dimensões variadas, evocam velhos protótipos da Antiguidade.

Arsénio Cordeiro formou-se, enquanto «construtor», com Frederico George, Maurício de Vasconcelos e Conceição e Silva. No escritório deste último, onde teve papel de destaque na formação de várias equipas, participou no «boom» empresarial verificado no final dos anos 60. Aí aprendeu a construir para as grandes empresas. Com Barreiros Ferreira, projectou, em 1974, a sede da União de Bancos, na Av. José Malhoa, um prédio «abstracto» dos anos 70, característico da arquitectura-de-empresário. Depois, os dois arquitectos viraram-se para o «post-modern» e para as teorias urbanas neoclássicas.

A CGD (como, aliás, a Torre do Tombo, também projectada por eles) prova que não foi destas últimas aprendizagens que resultou uma relação correcta com a cidade tal como ela é (e não como o preconceito classicista gostaria que fosse). ■

PAULO VARELA GOMES

EXPRESSO, Sábado, 19 de Setembro de 1992

»+ das empresas do grupo Caixa, mas apenas uma agência bancária — o que leva a actual administração a dizer que o edifício terá **«apenas 1200 a 1300 utilizadores diários»**, uma clientela que **«ficará muito aquém da que procura os balcões mais movimentados»**. Mesmo sem clientes, o edifício em funcionamento será um quebra-cabeças para a cidade. Nele cabiam mais de dois mil apartamentos de bela dimensão. Os estudos feitos sobre a capacidade de escoamento de tráfego e sobre a forma como se processava a saída dos parques situados nas caves revelaram que se formariam enormes filas de espera: falou-se em duas a três horas de engarrafamento subterrâneo, questão que estará, já, parcialmente ultrapassada. Varatojo Júnior, o administrador da CGD que tem as novas instalações a seu cargo, desdramatiza: **«Os últimos estudos apontam para tempos de espera entre os 18 a 33 minutos, se todos os funcionários saíssem ao mesmo tempo, o que não acontecerá»**.

A CERÂMICA Lusitânia e a cidade de Lisboa perderam uma batalha. Jorge Custódio, da Associação de Arqueologia Industrial, recorda a derrota: **«Quando a classificação estava quase conseguida, uma explosão nocturna destruiu o essencial do conjunto. Depois, o IPPC já poucas razões tinha para justificar a preservação»**. Seguiu-se a demolição, mas a batalha pelos valores da arqueologia industrial marcara pontos. **«O que se passou com a defesa da Central Tejo, em Belém, só foi possível depois da luta travada pela Cerâmica Lusitânia»**. Foi uma batalha perdida, numa guerra que continua: são os interesses do momento em luta com os testemunhos do passado.

O interesse do banco chama-se produtividade. **«Contamos ter ganhos da ordem dos 18 a 20 por cento»**, admite Varatojo Júnior. Para isso, a CGD, **«a maior cliente de material informático do país»**, o 128º banco do mundo em capitais próprios, fez construir um edifício que terá **«a maior central de ar condicionado da Europa»**. Quase metade dos 10.000 funcionários trabalha em Lisboa. Destes, só os das agências não serão transferidos para as novas instalações. Vão ficar longe daquela que será porventura a maior cantina do país, capaz de fornecer 900 refeições por hora, 3000 por dia.

Pagar o investimento, acreditar na administração não será problema de maior **«A venda dos 25 edifício que serão desocupados garantirá a cobertura de 7 por cento do investimen to»**, garante Varatojo Júnior Destes prédios, alguns vão entrar no mercado de arrendamento — um negócio novo para quem se dedica fundamentalmente, a financiar a compra das casas do outros.

Mesmo sem a actual crise a CGD já contava que, a lançar os seus imóveis n mercado, contribuiria par uma inconveniente descida d preços.

Quando, no final dest ano, as novas instalações e tiverem em funcionament Lisboa terá o seu templo d dinheiro. Da Praça de Esp nha à Avenida de Roma, Wall Street à portugues provará que a cidade romântica passou de moda. A fábr ca de tijolos — com que fazíam as casas — deu lug ao centro informático — q decide como se compram casas.

Fotos: Luiz Carvalho

ANEXO C.11. A CAPITAL Nº 7850 – 13 DE FEVEREIRO DE 1993 – CADERNO PRINCIPAL – PÁGINA 21

Custo total triplica valor da adjudicação

CGD MOSTRA SEDE DE LUXO

MUDANÇAS COMEÇAM EM MAIO E DEMORAM SEIS MESES

A Caixa Geral de Depósitos abriu ontem, pela primeira vez, aos jornalistas as portas da sua nova sede. Inúmeras polémicas e o triplicar do montante do investimento desde a adjudicação da obra, em 1985, justificavam uma grande curiosidade em torno deste colossal projecto. Quarenta e um milhões e meio de contos (mais 28 milhões do que o previsto) ergueram um edifício gigantesco com características «inteligentes», para o qual começarão a ser mudados, já em Maio, cerca de três mil trabalhadores. Fica na Avenida João XXI e é fácil de encontrar.

Os números falam por si: 38 mil metros quadrados de terreno, 15 pisos, 16 MVA de potência instalada, 60 elevadores, dos quais 48 eléctricos e 12 hidráulicos, seis escadas rolantes, 6500 dispositivos de protecção contra incêndios e 18 mil pontos de informação instalados. Entre outras coisas grandes, também há um restaurante com 850 lugares e uma cozinha com capacidade para servir 900 refeições em meia hora.

Orgulhosos com o projecto estão, naturalmente, os responsáveis da CGD: «Os trabalhos desenvolveram-se, de um modo geral, em bom ritmo, tendo-se atingido elevados rendimentos na construção das estruturas, onde nos últimos meses do prazo para a sua conclusão a média alcançada excedeu os 600 metros quadrados de pavimento por dia.»

Nesta fase, o número médio de operários em obra citrou-se em cerca de 1600 homens.

Foram montadas três centrais de betonagem e 13 gruas, algumas de grande alcance. Tudo isto para edificar as estruturas do edifício, em betão armado. A nível de energia eléctrica, há mesmo quem diga que o complexo vai consumir tanto como uma cidade média de província. Se é verdade ou não, uma coisa é, pelo menos, certa: o complexo será alimentado através de um anel privativo a partir da subestação da EDP de Entrecampos, sendo a potência instalada de 16 MVA.

A iluminação do edifício, essa, é assegurada por armaduras equipadas com reflectores de alto rendimento e baixa luminância, sendo os balastros instalados do tipo electrónico devido a razões económicas de exploração e manutenção. Outro factor curioso deste edifício «inteligente» diz respeito à utilização de elementos de revestimento e vidros que «minimizam as trocas térmicas entre o interior e o exterior, bem como elementos sombreadores nos locais de insolação directa».

Polémicas e explicações

Para além do número de operários que morreram durante a construção do edifício, os seus custos constituíram outro dos motivos da polémica que envolveu a obra nos últimos anos. Ontem, o director da CGD e técnico do gabinete de novas instalações, Alves Rodrigues, justificou o principal factor do aumento dos custos após a adjudicação: «O elevado nível da inflação registada em alguns anos obrigou a acertos nos números.» Mas também a «introdução de novas tecnologias que não estavam previstas inicialmente».

Ao todo, como referimos, a nova sede da CGD vai custar 41,5 milhões de contos. Um montante para o qual contribuirá o produto da venda dos 25 edifícios que ficarão disponíveis com a concentração dos serviços centrais na João XXI e que permitirá a amortização de cerca de 70 por cento do custo final do edifício.

Para além das dimensões gigantescas, outro factor chama a atenção para a nova sede da Caixa: os equipamentos altamente sofisticados, que lhe conferem o epíteto de edifício «inteligente». Um dos directores da obra, Alves Rodrigues, disse mesmo que mais de metade do investimento foi em tecnologia e equipamentos. Sublinhou também que 85 por cento do capital investido é de incorporação nacional.

A nova sede da Caixa Geral de Depósitos será parcialmente financiada pela venda dos 25 edifícios da CGD que ficarão disponíveis com a concentração dos serviços centrais na João XXI

A importância da adopção de tecnologias de ponta foi de tal ordem que representou um acréscimo de três a quatro por cento no custo final da obra, mas, segundo garantem os seus responsáveis, «as poupanças de energia daí decorrentes permitirão amortizar esse excesso de custos num prazo de quatro a cinco anos».

Na sala de controlo e gestão de energia, foi, então, explicado aos jornalistas que o edifício está dividido em 104 zonas corta-fogo, que em caso de sinistro funcionarão como se de edifícios independentes se tratassem, o que faz aumentar o grau de segurança.

Esta sala de comando centralizado permite o controlo informático dos equipamentos instalados, a gestão de energia, o controlo da temperatura e humidade do ar condicionado, a partir da informação dada por 18 mil sensores espalhados por todo o espaço. A partir dela, os operadores podem ligar e desligar equipamentos avariados, bem como accionar a sua manutenção.

Uma outra sala, de segurança, também informatizada, utiliza mais de 250 câmaras de televisão para controlar o exterior, todas as zonas de acesso e as zonas de alta segurança.

E já a partir de Maio, o edifício começará a ser ocupado. Até à sua lotação total – três mil pessoas, das quais 2500 da Caixa Geral de Depósitos e 500 de empresas do grupo CGD (com excepção do BNU e da Fidelidade) –, seis meses são necessários.

NESTLÉ COMPRA MONTARROIO E LONGA VIDA

A Nestlé Portugal, S.A., comprou à «holding» RAR a Montarroio – Sociedade de Cafés, S.A., empresa que produz e comercializa os cafés Buondi. Para a Nestlé, a operação «constitui uma nova etapa no desejado reforço da sua actual presença no mercado de cafés torrados em Portugal», onde já controla a Sical, a Casa Christina e a Tofa. O anúncio desta transacção coincidiu com a formalização da compra da Longa Vida, na quarta-feira. O montante de ambas operações mantém-se, no entanto, no «segredo dos deuses». Refira-se que a compra da Montarroio estava a ser estudada por três multinacionais – a Nestlé, que acabou por concretizar o negócio, a Philip Morris e a Sara Lee – interessadas no mercado nacional de café, que movimenta mais de 22 toneladas por ano, com um volume de negócios que ronda os 25 milhões de contos.

JERÓNIMO MARTINS «CONVERTE» OBRIGAÇÕES

A Jerónimos Martins & Filho Administração e Participações Financeiras vai converter 281 672 obrigações JM Convertíveis/91 em acções ao portador, com o valor nominal de mil escudos cada. Actualmente, os seis milhões de acções representativas do capital social da Jerónimo Martins estão admitidas à negociação do mercado oficial de âmbito nacional.

BVP SUSPENDE ACÇÕES DA ESTAMPARIA IMPÉRIO

As acções da Estamparia Império, representativas do seu capital social de 600 mil contos, foram ontem suspensas do mercado sem cotações da Bolsa de Valores do Porto. Segundo informações da praça nortenha, a negociação das referidas acções foi interrompida após ter-se verificado que a sociedade já não prossegue o seu objectivo social, uma vez que tem a laboração parada. Se quiser regressar à BVP, a Estamparia, que desde 1990 não tem revelado actividade significativa em bolsa, deverá agora proceder aos esclarecimentos considerados necessários pela praça nortenha.

COTAÇÃO DO OURO

12/2/93		Compra	Venda
Barra			
Grama de ouro fino		1 647.50	1 707.50
AMOEDADO			
Alemanha	20 marcos	12 300.00	13 300.00
Bélgica	20 francos	9 700.00	10 700.00
Estados Unidos	5 d. Liberty	18 200.00	19 200.00
	10 d. Liberty	27 000.00	29 000.00
	20 dólares	51 700.00	55 700.00
França	20 francos	9 700.00	10 700.00
Holanda	10 florins	10 060.00	11 060.00
Inglaterra	Libra Vitória	12 140.00	13 140.00
	Libra Reis	12 140.00	13 140.00
	Libra Isabel	12 140.00	13 140.00
	1/2 £ Vitória	9 400.00	10 400.00
	1/2 £ Reis	9 400.00	10 400.00
Itália	20 liras	9 650.00	10 650.00
México	50 pesos	61 900.00	66 900.00
Portugal	2000 reis	17 400.00	18 400.00
	5000 reis	27 440.00	29 440.00
	10000 reis	61 500.00	66 500.00
Suíça	20 francos	9 700.00	10 700.00

TAXAS DE DESCONTO

11/2/93	
Alemanha	8,25
Reino Unido	6,00
França	10,00
Espanha	9,75
Itália	11,50
Bélgica	7,50
Holanda	7,75
Dinamarca	9,50
Irlanda	10,75
Grécia	19,00
Canadá	6,16
Suíça	5,50
Suécia	12,50
Noruega	7,75
Finlândia	—
EUA	3,00
Japão	2,50

CÂMBIOS DO BANCO DE PORTUGAL

12/2/93		Compra	Venda
EUA	Dólar	150$ 180	–
Alemanha	Marco	91$ 103	–
França	Franco	26$ 908	–
Espanha	Peseta	1$ 2759	–
Itália	Lira	$ 09758	–
Reino Unido	Libra	212$ 835	–
CEE	Ecu	177$ 090	–
Holanda	Florim	80$ 962	–
Bélgica	Franco	4$ 4176	–
Suíça	Franco	96$ 309	–
Japão	Iene	1$ 2456	–
Suécia	Coroa	20$ 180	–
Noruega	Coroa	21$ 428	–
Dinamarca	Coroa	23$ 753	–
Finlândia	Markka	25$ 519	–
Irlanda	Libra	221$ 289	–
Grécia	Dracma	$ 68033	–
Canadá	Dólar	119$ 611	–
Áustria	Xelim	12$ 947	–
Áfr. do Sul	Rand	48$ 028	–
Austrália	Dólar	101$ 749	–
Macau	Pataca	18$ 853	–

ANEXO C.12. EXPRESSO Nº 1065 – 27 DE MARÇO DE 1993 – ECONOMIA – CADERNO C – PÁGINA 1

Nº 1065 · 27 DE MARÇO DE 1993

Expresso

economia

CADERNO C

'LIMPEZA' GERAL NO GRUPO CGD

BNU cria fundo de pensões

BNU

Caixa passa a S.A.

Fidelidade com mais provisões

ÚLTIMAS

'Guerra' de preços nos mares da Madeira

Consumo de cimento cai 8%

Projectos no Ambiente podem chegar a 115 milhões

Louis Gerstner na IBM

SME: escudo continua a descer

IPE pode valer cem milhões

GESTÃO DE INVESTIMENTOS

Grupo Mello lança sub-holding

GRUPO JOSÉ DE MELLO

ANEXO C.13. EXPRESSO Nº 1078 – 26 DE JUNHO DE 1993 – REVISTA – PÁGINA 6

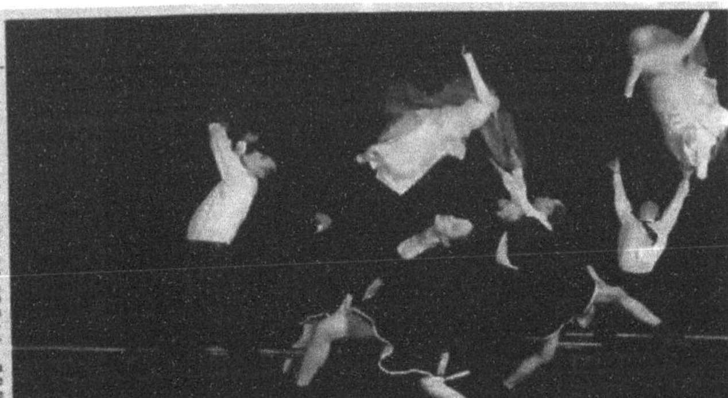

«Homenagem aos Ballets Russes», de Angelin Preljocaj

CGD

Cultura sociedade anónima

A Caixa Geral de Depósitos entra numa nova fase das suas actividades mecenáticas, abrindo a 10 de Outubro o seu centro cultural com um concerto inaugural e duas exposições simultâneas. Os responsáveis pela Culturgest apresentam a programação para 93/94 e as linhas de orientação

ALEXANDRE POMAR

A NOVA sede da Caixa Geral de Depósitos, no Campo Pequeno, não é só o maior edifício comercial em construção na Europa — é também o lugar de implantação de uma experiência de gestão cultural inédita em Portugal. A CGD, que tem mantido, nos últimos anos, uma larga mas discreta acção de mecenato, vai ter a partir de Outubro a sua própria «fachada cultural», inaugurando no seu faraónico palácio do Campo Pequeno um centro de espectáculos e exposições com programação regular.

Não se trata de mais uma fundação, embora houvesse neste caso (ao contrário do que sucede em S. Carlos ou no Centro Cultural de Belém) uma rectaguarda financeira sólida assegurada pelo maior banco português. Para gerir aquela programação e os seus espaços próprios, e rentabilizá-los também através da organização de congressos e da venda de serviços, Rui Vilar criou uma empresa, a Culturgest — Gestão de Espaços Culturais, Sociedade Anónima. Os seus capitais pertencem em 90 por cento ao Grupo Caixa (CGD e a sua holding), e os dez por cento restantes são investidos pela Fundação Luso-Americana para o Desenvolvimento. É uma lógica empresarial, mesmo que inevitavelmente sem resultados lucrativos, que presidirá às suas actividades.

Na respectiva administração encontram-se Manuel José Vaz, engenheiro com uma longa ligação ao S. Carlos (fundador do seu Grupo de Amigos e durante três anos membro do conselho de administração, declarando-se, em 1991, indisponível para novo mandato), Fátima Ramos (ex-funcionária superior dos quadros da SEC, vice-comissária geral da Europália 91 e, mais recentemente, chefe de gabinete de Teresa Gouveia na Secretaria de Estado do Ambiente) e ainda Luís Santos Ferro, em representação da FLAD.

É SÓ A 10 ou 11 de Outubro que se abrirão as portas da CGD/Culturgest, com um concerto inaugural e duas exposições simultâneas: a apresentação das obras de arte da colecção da própria Caixa e da grande mostra de fotografia que comemorou os 50 anos da agência Magnum e se encontra em digressão mundial desde 1989 (passou pela Hayward Gallery, de Londres, Folkwang Museum, de Essen, Stedelijk Museum, de Amsterdão, Pallazo delle Exposizioni, de Roma, Museo Alinari, de Florença, Palais de Tokyo, de Paris, e está desde a passada segunda-feira no Centro Reina Sofia, de Madrid, para citar apenas alguns pontos da viagem da sua «edição» europeia).

As 300 fotografias da Magnum, «In Our Time» no seu título inglês, são uma indicação bastante do «fôlego» imprimido a uma programação que corresponde, de facto, à abertura de um novo pólo cultural na capital.

Quanto à colecção de arte, mostrada apenas uma vez, em 1989, em instalações do Ministério das Finanças, ela foi entretanto sujeita ao reexame da sua representatividade, confiado a Fernando Calhau, iniciando-se depois um novo programa de aquisições. A colecção surgirá, portanto, já redefinida e ampliada.

Para Dezembro, continuando no capítulo das exposições, a programação promete uma mostra de 22 jovens artistas portugueses seleccionados por Fernando Pernes, «Imagens dos anos 90», em co-produção com a Fundação de Serralves e com passagem também por Chaves, e «Cem aguarelas de Egon Schiele», mostra com origem na colecção Sabasky, de Nova Iorque, organizada para celebrar o centenário do nascimento do grande pintor vienense (1890-1918).

Depois, anuncia-se um panorama da arte belga, «Resistências poéticas», também em colaboração com Serralves; «Máquinas de Cena», com cenários e adereços do grupo de teatro O Bando; uma mostra subordinada ao tema «Arte e dinheiro», paralela a um colóquio organizado no âmbito de Lisboa 94 e comissariada por Alexandre Melo; e, por fim, «Paraísos e outras histórias», novas séries ainda inéditas de pinturas de Júlio Pomar, também no quadro da programação da Capital Cultural.

A MÚSICA, a dança e o teatro serão outras áreas de programação regular, dispondo a sede da Caixa de um Grande Auditório com 700 lugares, plenamente equipado e com fosso de orquestra para 40 músicos, e de um outro mais pequeno, com 150 lugares, vocacionado para conferências e espectáculos de cunho experimental. Entretanto, tal como no capítulo das exposições, também na programação da área dos espectáculos há duas constantes que podem ser sublinhadas: a programação a longo prazo (o que é raríssimo nas instituições nacionais) e a opção pelas co-produções, com abertura às circulações nacionais e internacionais (ver texto ao lado).

Significativamente, o segundo concerto previsto será de jazz, com a Big Band do Hot Club e um solista de renome, ficando assim provada desde logo a intenção de não restringir a agenda musical às áreas eruditas, mesmo que não se preveja a concorrência com os empresários do rock. O jazz, aliás, dará lugar imediatamente a um miniciclo dedicado à música americana, das raízes autênticas dos espirituais, do gospel ou do dixieland, aos grandes êxitos de Gershwin, Cole Porter, etc., segundo um programa da responsabilidade de Gary Gibbs, que é o animador cultural da Ópera de Houston. Mas os grandes acontecimentos do próximo ano serão a colaboração com a Capital Cultural num «Ciclo de Integrais» (32 concertos, de Janeiro a Novembro, sucessivamente dedicados aos quartetos e quintetos de Beethoven, Mozart, Bartók ou da Segunda Escola de Viena e ainda a obras solísticas de Schubert, Ravel e Bach) e, por outro lado, a divisão com a Fundação Gulbenkian da responsabilidade pelos Encontros de Música Contemporânea, em Maio.

Outros acontecimentos, reduzindo sempre o calendário aos grandes títulos, serão a apresentação, em Maio, da ópera **Orfeu**, de Walter Hus, encenada por Jan Lawers e que fez parte do Festival de Ópera Contemporânea de Antuérpia 93; um recital de obras de Rachmaninov por Sequeira Costa, por ocasião do lançamento de um disco gravado com a Royal Philarmonic Orchestra, patrocinado pela CGD, já em Novembro; e, em Outubro de 94, o acolhimento de um Concurso Internacional de Clarinete organizado pela RDP.

MAS a dança terá também um lugar destacado na programação do primeiro ano da Culturgest, a que não é alheia a presença de António Pinto Ribeiro como assessor artístico. Anuncia-se já a estreia mundial de uma coreografia de Vera Mantero (**Sob**), que inaugura um ciclo intitulado «Mediterrâneos» e irá depois encerrar a programação de dança de Antuérpia 93, numa co-produção com Tejo Trust e Ferme de Buisson. Depois, num outro ciclo dedicado à Dança do Séc. XX, seguir-se-ão espectáculos de solos em homenagem a Isadora Duncan, por Margarida Bettencourt, Miguel Pereira e Allison Green, sob o título genérico «Atiro uma flecha pelo ar»; mais tarde, um espectáculo de Meg Stuart, **No Longer Ready Made**, numa alargada co-produção da Culturgest com os festivais de Klapstuk, Springdance, etc.; uma **Homenagem aos Ballets Russes**, pela Companhia de Angelin Preljocaj; uma nova criação de Joana Providência com uma bailarina de Cabo Verde, a integrar num ciclo denominado «Novas mestiçagens»; **Co-rol.la**, de Angels Margarit; e, a encerrar o ano, a comemoração do centenário do nascimento de Martha Graham, ainda em co-produção com Lisboa 94.

Passando ao teatro, que terá menor expressão no primeiro ano devido à longa preparação de que necessita, alinhem-se os espectáculos **Songo la Rencontre**, de Vincent Mombachaka, com encenação de Richard Demarcy e actores da República Centrafricana (ciclo «Multiculturalismo»); **Miscelânia**, de Garcia de Resende, a encenar por Rogério de Carvalho e com vídeos de Daniel Blaufuks (em colaboração com a Comissão dos Descobrimentos e no quadro do VI centenário do Infante D. Henrique); um ciclo de três encenações sucessivas da peça de Pirandello **Esta Noite Improvisa-se**, por Fernando Mora Ramos, Isabel Câmara Pestana e João Brites, em colaboração com Lisboa 94; e ainda «As Novas Marionetas», com o apoio do Théâtre de Marionettes de Paris.

Para além dos «workshops», «ateliers» de experimentação e colóquios, que acompanharão, por regra, a actividade da Culturgest, deve ainda destacar-se um programa original de leituras em voz alta, com debate final sobre os textos — nomes anunciados desde já são os de José Alberto de Carvalho, Eduardo Prado Coelho, Helena Amaral, Paulo Ferreira de Castro, Isabel Matos Dias, como leitores, e Musil, Joyce, Gertrude Stein, Adorno e Merleau-Ponty. O título geral será «La Liseuse». ■

EXPRESSO, Sábado, 26 de Junho de 1993

ANEXO C.14. EXPRESSO Nº 1078 – 26 DE JUNHO DE 1993 – REVISTA – PÁGINAS 69 A 71

Entrar nos circuitos

«A CULTURGEST é uma empresa privada e comercial **que assegura a animação dos espaços culturais da nova sede da CGD»**, diz o seu principal responsável, Manuel José Vaz. A utilização de tais espaços constituía, inicialmente, um projecto interno à CGD, dirigido para os seus empregados e para actividades de representação ligadas à natureza própria de um banco. Foi Rui Vilar, presidente da CGD, quem, entretanto, resolveu **«voltar também para o exterior a utilização do edifício, abrindo-o à cidade e procurando assim suavizar o impacto negativo de uma tão grande concentração de serviços»** numa única zona da cidade, decidida de acordo com concepções de gestão que hoje já não são pacíficas.

Abrir a fortaleza a diferentes usos, com novas circulações de público e horários mais flutuantes, implicou algumas alterações na obra e a revisão de condições de segurança. Mas reconheceu-se que o gigantismo da sede veio, de facto, alterar as características ambientais de uma área densamente povoada, sujeitando-a, para além de outros efeitos secundários, a uma nova vocação de serviços e ao peso do fluxo regular dos seus milhares de empregados. Toda a zona sofreria rapidamente, sem o projecto de animação cultural, um processo de desertificação no período posterior ao encerramento do banco semelhante ao que ocorre na baixa pombalina.

Entretanto, se o mecenato cultural se tornou, para a generalidade das grandes empresas, um processo de adquirir um renovado prestígio através da ideia de uma espécie de retorno de benefícios, a animação do edifício, em especial na sua fachada voltada ao Arco do Cego, corresponde também a uma contrapartida oferecida aos moradores das áreas limítrofes, depois de anos de perturbação causada pelo mastodôntico estaleiro da Caixa.

Mas as atribuições da Culturgest voltam-se ainda para o aproveitamento de algumas das potencialidades do edifício na perspectiva da sua rentabilização (congressos, reuniões, etc.), actuando como «interface» entre o público e os equipamentos que se integram na estrutura da Caixa. É o caso da biblioteca da CGD, que, além da sua componente mais técnica e especializada, dedicada à economia, às finanças e ao direito, desenvolverá uma nova vertente com criação de um Centro de Documentação Europeia, em colaboração com o Centro Jean Monet, com acesso a bases de dados internacionais. Paralelamente, outro pólo reunirá documentação especializada no domínio das artes plásticas, em articulação com a própria colecção de arte da Caixa, e também no campo das artes do espectáculo.

EM TERMOS de estrutura interna, a Culturgest é uma empresa muito leve, que conta apenas com o núcleo formado pela administração, um assessor artístico, António Pinto Ribeiro, e um director-técnico, Eugénio Sena, mais um secretariado de duas pessoas. Não terá estruturas artísticas residentes e, em termos práticos, irá socorrer-se da contratação temporária de serviços especializados, embora conte com a disponibilidade das equipas técnicas que pertencem aos quadros da própria CGD.

Entretanto, a natureza própria dos seus «serviços» levou a Culturgest a constituir um Conselho Consultivo, que já reuniu no dia 15 para apreciar a programação prevista e os princípios gerais que enformam o seu plano de actividades. Actualmente preenchido por 12 elementos, num total previsto de 15, o Conselho elegeu, nessa primeira reunião, Rui Vilar como seu presidente e Rui Machete (FLAD) e Yvette K. Centeno como vice-presidentes, sendo os restantes titulares Eduardo Lourenço, António Barreto, João Marques Pinto (presidente da Fundação de Serralves), Isabel Silveira Godinho, Ruy Vieira Nery, Gerard Castello Lopes, Paulo Lowndes Marques, José Mariano Gago e Manuel Pinto Barbosa. Sem poderes vinculativos, o Conselho reúne duas vezes por ano.

1993 é o ano de abertura da sede da CGD e das actividades culturais da Culturgest, limitado a um trimestre de lançamento. O próximo ano será excessivamente marcado pela dinâmica da capital cultural para se poder considerar exemplar dos propósitos da empresa, justificando-se mesmo alguma preocupação dos seus responsáveis perante os riscos de um previsível excesso de oferta cultural global. É, por isso, só para a temporada de 94/95 que se prevê uma velocidade de cruzeiro e uma exacta caracterização da sua lógica de programação. Entretanto, irá procurar criar um público novo, alargando o público cultural existente, para o que se conta em especial com a população estudantil do eixo Cidade Universitária-Instituto Superior Técnico.

Para o futuro, não se exclui a hipótese de outros espaços culturais, fora de Lisboa, virem a ser incluídos na órbita da Culturgest. Para já, porém, existem uma sede precisa para a sua acção e uma clara distinção entre os apoios mecenáticos que continuarão a ser da competência da CGD, e são várias vezes superiores ao orçamento da empresa, e o seu próprio plano de actividades. A Culturgest não é uma instituição-mecenas, disponível para distribuir bolsas ou subsidiar projectos alheios.

NÃO É SÓ por se tratar de uma empresa comercial que a Culturgest se quer definir como um projecto original no terreno da cultura. A própria linha de programação adoptada (ver texto de abertura) reveste-se de características inovadoras, e a lógica empresarial que se lhe impõe pretende igualmente reflectir um conhecimento actualizado da realidade internacional das indústrias e dos mercados culturais. Por um lado, apresenta-se, segundo Fátima Ramos, como **«uma empresa privada, que é gerida por princípios estéticos, artísticos e de gosto da sua única responsabilidade»**. A procura de um perfil próprio entre as instituições culturais passa por uma opção resoluta pela actualidade da criação artística e intelectual.

«A área principal de actuação vai basear-se na actualidade e em geral »

»· no século XX, mas, na medida em que o século XX também já é em grande parte passado, gostávamos de imprimir à nossa programação a perspectiva de um olhar de hoje, e mesmo a marca da leitura que o final do século faz sobre esse passado.» Daí até ao projecto de estruturar um programa de reflexão sobre o modo como as artes abordam as angústias do final do século e do milénio vai um pequeno passo que certamente será dado com o «Ciclo Apocalipse».

A programação por ciclos temáticos, e não como soma de acontecimentos desconexos ou avulsos, é, aliás, uma das regras da casa. Inscritos na programação anunciada estão já os ciclos «Multiculturalismo e novas mestiçagens», em colaboração com a Comissão dos Descobrimentos, «Mediterrâneos», «Dança do século XX», «La Liseuse» (leituras públicas). **«A interdisciplinaridade, o multiculturalismo e o diálogo entre o 'antigo' e o 'novo', o reportório e o experimentalismo deverão favorecer tensões criativas que contribuirão para uma programação atraente e coerente»** — pode ler-se num documento interno.

Fátima Ramos e Manuel José Vaz, responsáveis pela Culturgest

Por outro lado, a intervenção cultural da empresa pretende expressamente apoiar os artistas portugueses e favorecer o seu acesso às redes da circulação internacional de exposições e espectáculos. Com a reserva das suas limitadas possibilidades de intervenção: **«Não queremos sobrepor-nos nem às outras instituições que já existem ou estão a ser criadas nem entrar em competição com elas, tal como não pretendemos substituir-nos ao que são as obrigações das instituições estatais em matéria de cultura»**, dizem os administradores.

No entanto, Manuel José Vaz e Fátima Ramos definem como seus objectivos **«tentar impulsionar a criação e fazer a melhor divulgação que pudermos das obras dos criadores portugueses, ao mesmo tempo que se apresentarão produtos estrangeiros de boa qualidade»**. Para além das fórmulas abstractas, trata-se de valorizar a noção de rede e de a traduzir pela prática constante da co-produção, entrando desde o início nos circuitos internacionais: uma estreia não deve esgotar-se na sua apresentação isolada, deve circular; a vinda de uma exposição ou de um espectáculo a Portugal é mais útil e mais económica se ela (ou ele) percorrer um itinerário de várias cidades — e a intervenção cultural é mais sólida, e menos passiva, se for possível participar desde o início na definição do seu programa; melhor ainda se a encomenda feita lá fora tiver as contrapartidas de um processo de trocas.

Segundo princípios já correntes de gestão cultural, mas que são raros em Portugal, trata-se de pensar a programação,

desde o início, de parceria com outras instituições, assegurando uma maior divulgação, diminuindo os custos e estabelecendo mecanismos de circulação capazes de assegurar que a importação de criações estrangeiras possa ter a contrapartida da apresentação de autores portugueses no exterior.

Mas será preciso encontrar parceiros em locais exteriores à sede lisboeta, e a realidade nacional não é imediatamente favorável: por toda a parte espera-se acolher espectáculos oferecidos, limitando os investimentos à cedência de uma sala.

«É patente a ausência de um mercado de produção e de distribuição artística em Portugal», lê-se no documento já citado. *Aí* se adianta que **«as razões fundamentais residem na inexistência e ignorância dos mecanismos de produção, (...) das regras de comportamento laboral e de mercado entre todos os agentes intervenientes no processo cultural, dos artistas aos programadores, na desorganização e na falta de planeamento de produção e organização de reportórios e criações».** ■

A.P.

Eficácia 'empresarial'

RUI VILAR é o mentor do novo projecto cultural da Caixa, mas é ele próprio quem sublinha a independência empresarial e programática dos responsáveis pela Culturgest. As suas respostas a um questionário escrito definem, no seu medido laconismo, o quadro global em que se moverá **«este novo tipo de gestão cultural»**, com a **«preocupação de eficácia que é inerente à gestão empresarial»**.

EXPRESSO — Com a inauguração da nova sede, a CGD vai alterar o modo como anteriormente praticou o mecenato cultural, constituindo-se como um dos pólos culturais de Lisboa?

RUI VILAR — Não. A CGD não vai alterar, no essencial, a sua prática de mecenato cultural. Vai, outrossim, complementá-la com outras actividades artísticas e culturais cuja programação será da exclusiva responsabilidade da Culturgest.

EXP. — A criação da Culturgest é significativa de um projecto de gestão empresarial da cultura?

R.V. — A Culturgest foi criada como empresa com o objectivo principal de gerir, de forma eficaz e planeada, os recursos físicos disponibilizados pela CGD. Este novo tipo de gestão cultural pretende beneficiar directamente a cidade, a comunidade no seio da qual o Grupo CGD está implantado, os seus clientes e também, e de certo modo, os empregados do Grupo.

EXP. — Qual é o horizonte financeiro e qual a orientação predominante, em termos culturais, que lhe atribui?

R.V. — A programação das actividades culturais e artísticas da Culturgest é da responsabilidade do seu Conselho de Administração. A Culturgest é dotada de um subsídio anual que corresponderá a uma determinada percentagem da previsão de custos globais para cada ano e será medido em função do contributo efectivo para os objectivos previamente definidos. Segundo as linhas programáticas da Culturgest elaboradas pelo Conselho de Administração, e já apreciadas pelo seu Conselho Consultivo, no horizonte imediato a Culturgest orientar-se-á para uma programação que privilegia a interdisciplinaridade, o multiculturalismo, a criação portuguesa contemporânea e a reflexão em torno das ciências humanas.

Rui Vilar

EXP. — Como entende as responsabilidades sociais das grandes empresas e instituições bancárias no domínio da cultura?

R.V. — As empresas têm hoje a responsabilidade de contribuir para o desenvolvimento, em sentido amplo, das comunidades onde estão inseridas. A preocupação de eficácia que é inerente à gestão empresarial não é contraditória com as actividades culturais: uma sociedade informada e criativa terá mais capacidade de entender e de realizar as transformações necessárias, designadamente no campo económico. Mas, como é também evidente, esta acção das empresas não desresponsabiliza, nem se substitui, ao Estado, aos demais agentes culturais, criadores e público. ■

A.P.

ANEXO C.15. EXPRESSO Nº 1194 – 16 DE SETEMBRO DE 1995 – ECONOMIA – PÁGINAS 1 E 2

ECONOMIA Expresso

RUI VILAR AO EXPRESSO

"Privatização da CGD seria grande sucesso"

MERCADO QUER TESTAR DESVALORIZAÇÃO DO ESCUDO

IPC contraria descida das taxas de juro

A herança de Catroga

INFLAÇÃO

Crescimento moderado até ao final do ano

REVISÃO DO PIB

Défice do SPA atinge 5,8%

Peso do défice SPA no PIB

ÚLTIMAS

SIEMENS

2 ECONOMIA

16 • SETEMBRO • 95

RUI VILAR

"Os bancos centrais não devem depender da cadência dos governos"

Aprender com as crises bancárias

Privatização parcial da CGD

O ciclo da transformação

ANEXO D
ESCRITURA E ESTATUTOS DA FUNDAÇÃO CGD-CULTURGEST

Caixa Geral de Depositos

Fls. 1

NOTARIADO PRIVATIVO – CARTÓRIO DO PORTO
Rua 31 de Janeiro, 75/83
4000 – PORTO

CERTIDÃO

CERTIFICO que a presente fotocópia, contendo dezasseis páginas (nove) folhas, está conforme o original e foi extraída do instrumento notarial outorgado em dois de Outubro do ano dois mil e sete, arquivado nesta Nota Privativa e registado no livro diário respectivo, sob o número três mil trezentos e vinte e três.

PORTO E CARTÓRIO DA NOTA PRIVATIVA DA CAIXA GERAL DE DEPÓSITOS, SA, aos dois de Outubro do ano dois mil e sete.

O AJUDANTE DE NOTÁRIA

ISENTA
Registada sob o n.º 109

mp

AC-FC Registado em 24 Outubro 2007 sob o nº 3323 Fls. 1

NOTARIADO PRIVATIVO DA CAIXA GERAL DE DEPÓSITOS, S.A.

(Instrumento avulso nos termos do § 1º do artigo 1º do Decreto-Lei nº 35.982, de 23/11/1946 e alínea a) do nº 2 do artigo 9º do Decreto-Lei nº 287/93 de 20 de Agosto).--------------------------

---------------------- **INSTITUIÇÃO DE FUNDAÇÃO** -----------------

---No dia dois de Outubro do ano de dois mil e sete, na sede da **CAIXA GERAL DE DEPÓSITOS, S.A.**, sita na Avenida João XXI, número sessenta e três, em Lisboa, perante mim, Helena Maria de Sousa Moreira Delgado, notária privativa da referida **Caixa**, compareceram a outorgar o senhor **DR. CARLOS JORGE RAMALHO DOS SANTOS FERREIRA**, casado, natural da freguesia de Santa Isabel, concelho de Lisboa, residente na Rua Carlos Alberto Mota Pinto, lote quatro - A, oitavo direito, 1070-046 Lisboa, e a senhora **DRA MARIA CELESTE FERREIRA LOPES CARDONA** , casada, natural da freguesia de Tamengos, concelho de Anadia e residente na Avenida Luís Bívar, nº 40, 5º andar A, 1050-045, Lisboa, que outorgam nas qualidades, respectivamente, de Presidente e Vogal do Conselho de Administração, e em representação da **CAIXA GERAL DE DEPOSITOS, S.A.**, sociedade anónima de capitais exclusivamente públicos com sede na Avenida João XXI, número sessenta e três, em Lisboa, com o capital social, integralmente realizado, de dois mil novecentos e cinquenta milhões de euros, matriculada na Conservatória do Registo Comercial de Lisboa, com o número único de matrícula e de pessoa colectiva 500960046, com poderes para o acto, qualidade e poderes que verifiquei por conhecimento pessoal. ---------------------------------------

--- Disseram os outorgantes:------------------------------------

--- Que a CAIXA GERAL DE DEPOSITOS, S.A. que representam, pelo presente instrumento, institui uma fundação que adopta a denominação de **FUNDAÇÃO CAIXA GERAL DE DEPÓSITOS - CULTURGEST**, com sede em Lisboa, na Av. João XXI, número sessenta e três, freguesia de S. João de Deus, a qual se regerá pelos estatutos constantes de um documento complementar elaborado nos termos do número dois do artigo sessenta e quatro do Código do Notariado, documento complementar cujo conteúdo eles outorgantes declaram conhecer perfeitamente; ----

--- Que o património inicial da Fundação é constituído por uma dotação em dinheiro no montante de três milhões e quinhentos mil euros realizada pela Instituidora. -----------------------------

--- Assim o outorgaram. ---

--- Arquivo o referido documento complementar que me foi apresentado e cuja leitura foi dispensada em virtude de os outorgantes terem declarado que conhecem perfeitamente o seu conteúdo. --------------

--- Exibiram:---

----Certificado emitido pelo Registo Nacional de Pessoas Colectivas em 8 de Agosto de 2007 comprovativo da admissibilidade da denominação adoptada para a fundação, ora instituída. -------------

--- Verifiquei a identidade dos outorgantes por conhecimento pessoal. ---

--- Este instrumento foi lido e o seu conteúdo explicado aos outorgantes.

Fls. 2

CONTA

Artº 20º 1.1.1	€............
Artº 20º 1.1.6	€............
Artº 20º 1.1.7	€............
Artº 20º 1.1.8	€............
Artº 20º 1.1.24	€............
SOMA:	€...
DEC.LEI 164/92	€............
Imp. Selo:	
do Instrumento	€......8,00
da Operação	€............
da Hipoteca	€............
da Procuração	€............
Artº 20.1.6	€.......9,00
	€............
TOTAL	€....17,00

São:dezassete euros
Registado sob o nº 105

1

9

DOCUMENTO COMPLEMENTAR elaborado nos termos do número dois do artigo sessenta e quatro do Código do Notariado, que constitui parte integrante do instrumento notarial lavrado pelo Notariado Privativo do Porto da Caixa Geral de Depósitos, S.A. em dois de Outubro de dois mil e sete e registado sob o número 3323, instrumento onde se encontra titulada a instituição de uma Fundação com a denominação de **FUNDAÇÃO CAIXA GERAL DE DEPÓSITOS - CULTURGEST**, a qual se regerá pelos seguintes -------------------

------------------------- **ESTATUTOS** ---------------------------

------------------------- **CAPÍTULO I** --------------------------

----------- Duração, Denominação, Natureza, Sede e Fins ---------

-------------------------- Artigo 1° -------------------------

--------------------- (Duração e Denominação) ------------------

É instituída uma fundação por tempo indeterminado, que adopta a denominação de "**FUNDAÇÃO CAIXA GERAL DE DEPÓSITOS - CULTURGEST**". -

--------------------------- Artigo 2° ------------------------

--------------------------- (Natureza) -----------------------

A FUNDAÇÃO CAIXA GERAL DE DEPÓSITOS - CULTURGEST, adiante designada por Fundação, é uma pessoa colectiva de direito privado que se regerá pelos presentes estatutos e, em tudo o que neles for omisso, pela legislação aplicável. ------------------------------

--------------------------- Artigo 3° ------------------------

---------------------------- (Sede) --------------------------

1. A Fundação tem a sua sede em Lisboa, na Av. João XXI, número sessenta e três, freguesia de S. João de Deus. -----------------

2. Podem ser criadas delegações, dependências ou quaisquer outras formas legais de representação, em Portugal ou no estrangeiro, sempre que a Fundação o julgue necessário para a prossecução dos seus fins. ---

3. O Conselho de Administração poderá, por simples deliberação, transferir a sede da Fundação para outro local, em Portugal. -----

---------------------------- Artigo 4° ---------------------------

------------------ (Fins e âmbito de actuação) ------------------

1. A Fundação tem por finalidade o desenvolvimento de actividades culturais, artísticas e científicas. ----------------------------

2. A Fundação poderá desenvolver as suas actividades tanto no país como no estrangeiro, devendo, neste último caso, privilegiar os países de língua oficial portuguesa. ----------------------------

---------------------------- Artigo 5° ---------------------------

---------------------------- (Actividades) ------------------------

Na prossecução dos fins referidos no artigo anterior, a Fundação desenvolverá, entre outras, as seguintes actividades: ------------

a) Produção e apresentação de exposições de artes plásticas e visuais ou de arquitectura, de artistas portugueses e estrangeiros; --

b) Produção e apresentação de espectáculos de dança, teatro, multidisciplinares ou transdisciplinares; ------------------------

c) Produção e apresentação de óperas, concertos e espectáculos de música; --

d) Produção e apresentação de sessões de cinema, vídeo e outros suportes digitais; --

e) Produção e apresentação de conferências, seminários *ateliers*, *workshops*, mesas-redondas, colóquios, seminários e outras manifestações similares, em todos os domínios do conhecimento e em todas as disciplinas artísticas; --------------------------------

f) Produção e apresentação de actividades dirigidas a públicos específicos, em especial o público escolar, no sentido de lhes desenvolver a prática, o gosto e o conhecimento pelas artes e pela cultura em geral; --

g) Produção, edição ou co-edição de obras bibliográficas ou fonográficas, filmes, vídeos, CD-ROM e outros bens de consumo relacionados directa ou indirectamente com as actividades referidas nas alíneas anteriores; ------------------------------

h) Promoção e apoio de iniciativas destinadas à difusão da cultura e da língua portuguesas; ------------------------------------

i) Apoio de projectos tendentes à inventariação, valorização e conservação de colecções de arte de entidades várias.------------

-------------------------- CAPÍTULO II ------------------------

----------------- Regime patrimonial e financeiro -------------

-------------------------- Artigo 6° -------------------------

------------------------- (Património) -----------------------

O património da Fundação é constituído por: ------------------

1. Uma dotação inicial de TRÊS MILHÕES E QUINHENTOS MIL EUROS, feita pela Instituidora, Caixa Geral de Depósitos, S.A. ----------

2. Uma dotação anual a realizar pela Instituidora Caixa Geral de

Depósitos, S.A., de montante a definir por esta.------------------

3. Quaisquer subsídios, donativos, heranças, legados, doações e demais atribuições de pessoas singulares ou colectivas, públicas ou privadas, nacionais ou estrangeiras, e todos os bens que à Fundação advierem a título gratuito ou oneroso, sujeitos ou não a condição; no caso de haver condição ou encargo, a aceitação deve depender da adequação da condição ou do encargo aos fins da Fundação. --

4. Todos os bens, móveis ou imóveis, adquiridos pela Fundação com os rendimentos provenientes dos seus bens próprios. -------------

5. Todos os proventos que decorram para a Fundação da realização das suas actividades ou de aplicações financeiras.----------------

---------------------------- Artigo 7° -------------------------

---------------------- (Autonomia Financeira) ------------------

1. A Fundação goza de plena autonomia financeira. ---------------

2. No exercício da sua actividade, a Fundação pode: -------------

a) Adquirir, alienar e onerar bens móveis, imóveis, ou outros; ---

b) Aceitar doações, heranças ou legados, devendo a aceitação depender da adequação da condição ou do encargo aos fins da Fundação; ---

c) Negociar e contratar empréstimos, bem como conceder garantias a eles associadas, nos termos e limites estabelecidos na Lei e nos presentes estatutos; --

d) Praticar todos os actos necessários à gestão e valorização do seu património. --

3

7

---------------------------- CAPÍTULO III ------------------------

-------------------- Organização e funcionamento ----------------

------------------------------- SECÇÃO I -------------------------

--------------------------Disposições gerais---------------------

----------------------------- Artigo 8º --------------------------

------------------- (Órgãos e respectivos membros) ---------------

1. São órgãos da Fundação: --------------------------------------

a) O Conselho de Administração; --------------------------------

b) O Conselho Consultivo; ---------------------------------------

c) O Conselho Fiscal. ---

2. Os membros dos órgãos da Fundação são designados pela Instituidora Caixa Geral de Depósitos, S.A..---------------------

---------------------------- Artigo 9º --------------------------

----------------------- (Duração dos mandatos) ------------------

1. O mandanto dos membros dos órgãos da Fundação é de três anos, sem prejuízo do disposto nos números três e quatro do presente artigo e da possibilidade de destituição por justa causa, no caso de incumprimento dos deveres inerentes ao exercício das suas funções.---

2. A destituição por justa causa deverá ser objecto de deliberação do Conselho de Administração da Caixa Geral de Depósitos, S.A., sendo comunicado ao destinatário por carta registada com aviso de recepção.---

3. Os membros dos órgãos da Fundação mantêm-se em funções até à designação de novos membros.-----------------------------------

4. No caso de morte, incapacidade, renúncia, demissão ou qualquer outra situação de impedimento de algum membro de algum órgão da Fundação, o mandato do novo membro designado caduca na data correspondente àquele que seria o termo normal do mandato do membro substituído.---

------------------------- Artigo 10° --------------------------

---------------------------(Actas)-----------------------------

---Haverá um livro de actas de cada um dos órgãos da Fundação, onde serão exarados, resumidamente, os pontos principais das deliberações mais significantes.----------------------------------

-------------------------- SECÇÃO II ---------------------------

------------------(Conselho de Administração)--------------------

------------------------ Artigo 11° ----------------------------

-----------------(Conselho de Administração) --------------------

1. A administração da Fundação compete ao Conselho de Administração, composto por três ou cinco membros, pessoas singulares ou colectivas, dos quais um será o presidente, podendo outro ser vice-presidente. No caso de ser designado membro uma pessoa colectiva, esta deve nomear uma pessoa singular para exercer o cargo em nome próprio. -------------------------------

2. O presidente é substituído, nas suas ausências ou impedimentos, pelo vice-presidente; se não houver vice-presidente, as funções em substituição são exercidas pelo membro mais antigo e, em igualdade de circunstâncias, pelo mais velho. ----------------------------

3. A remuneração dos membros do conselho de administração é fixada

pela Instituidora Caixa Geral de Depósitos, S.A. ----------------

---------------------------- Artigo 12° -------------------------

----------- (Funcionamento do Conselho de Administração) ---------

1. O Conselho de Administração reúne-se, ordinariamente, com a periodicidade que o próprio conselho fixar e, extraordinariamente, quando convocado pelo presidente, pelo vice-presidente no impedimento daquele, ou por outros dois administradores. ---------

2. As reuniões terão lugar na sede da Fundação, ou noutro local indicado e justificado na convocatória. ------------------------

3. O Conselho de Administração é convocado por carta, telefax ou por mensagem electrónica. --------------------------------------

4. O Conselho de Administração não pode deliberar sem que esteja presente a maioria dos seus membros. ----------------------------

5. As decisões do Conselho de Administração são tomadas por maioria simples dos membros presentes. ---------------------------

6. O presidente tem voto de qualidade no caso de empate. ---------

7. O presidente do Conselho de Administração pode convocar o presidente do Conselho Consultivo a estar presente nas reuniões do Conselho de Administração, quando assim o julgar conveniente. ----

--------------------------- Artigo 13° --------------------------

----------- (Competências do Conselho de Administração) ----------

1. Compete ao Conselho de Administração, em geral, a administração da Fundação e a sua representação, em juízo e fora dele. ---------

2. Compete especialmente ao Conselho de Administração praticar todos os actos e operações necessárias ou convenientes à

prossecução dos fins da Fundação, designadamente: ----------------

a) Promover, desenvolver e realizar iniciativas culturais, designadamente exposições, espectáculos e congressos, celebrando os acordos e contratos necessários a esse fim; ------------------

b) Administrar o património da Fundação, praticando todos os actos necessários a esse objectivo e tendo os mais amplos poderes para o efeito, nomeadamente na aquisição, alienação ou oneração de bens móveis ou imóveis, bem como no seu aluguer ou arrendamento e subarrendamento; ---

c) Definir a organização interna da Fundação; -------------------

d) Contratar o pessoal e estabelecer as respectivas condições contratuais, e exercer, em relação aos mesmos, o correspondente poder directivo e disciplinar; ----------------------------------

e) Elaborar, discutir, aprovar, rever e ajustar o orçamento e os programas anuais da actividade; ---------------------------------

f) Submeter à aprovação da Instituidora, Caixa Geral de Depósitos, S.A., o orçamento e os programas anuais de actividade; ----------

g) Preparar e aprovar o relatório anual, o balanço e as contas de cada exercício; --

h) Instituir e manter sistemas internos de controlo contabilístico, de modo a reflectir, em cada momento, a situação patrimonial e financeira da Fundação;---------------------------

i) Aceitar doações, heranças ou legados; ----------------------

j) Negociar e contratar empréstimos, bem como conceder garantias a eles associados; --

k) Deliberar sobre a alteração dos estatutos e transformação ou extinção da Fundação; --

l) Constituir mandatários para a prática de determinados actos; --

m) Decidir de quaisquer outras matérias que respeitem à actividade da Fundação. --

---------------------------- Artigo 14° ------------------------

---------------- (Delegação de poderes. Mandatários) ------------

1. O Conselho de Administração pode delegar a gestão corrente da sociedade em um dos seus membros, que será denominado administrador-executivo, ou numa comissão executiva, fixando-lhe os limites da delegação e conferindo-lhe o respectivo mandato. ---

2. O Conselho de Administração poderá ainda conferir mandato, com ou sem a faculdade de substabelecer, a qualquer um dos seus membros, a empregados da Fundação ou a pessoas a ela estranhas, para a prática de actos determinados. --------------------------

------------------------ Artigo 15° --------------------------

------------------- (Vinculação da Fundação) ------------------

1. A Fundação fica obrigada em quaisquer actos ou contratos pela assinatura de: ---

a) Dois membros do Conselho de Administração; ------------------

b) Um membro do Conselho de Administração e um mandatário; -------

c) Dois mandatários conjuntamente; ------------------------------

d) Um só membro do Conselho de Administração ou um só mandatário, desde que os respectivos mandatos tenham sido conferidos nesses termos. ---

2. Nos actos de mero expediente é suficiente a assinatura de qualquer dos membros do Conselho de Administração ou de um só mandatário com poderes para o acto. ------------------------------

------------------------- SECÇÃO III ----------------------------

------------------ (Conselho Consultivo) -----------------------

------------------------ Artigo 16º -----------------------------

------------------ (Conselho Consultivo) -----------------------

1. O Conselho Consultivo é um órgão colegial, formado por personalidades de reconhecido mérito e prestígio, em número ímpar não superior a treze. ---

2. Antes da designação dos membros do Conselho Consultivo é ouvido o Conselho de Administração da Fundação.--------------------------

3. O Conselho Consultivo elegerá um presidente e poderá eleger até dois vice-presidentes de entre os seus membros. -----------------

4. O Conselho Consultivo emite pareceres, que fundamentará, aprovados por maioria simples dos votos expressos. ---------------

5. Os pareceres do Conselho Consultivo não são vinculativos. -----

6. O presidente tem voto de qualidade. --------------------------

----------------------- Artigo 17º ---------------------------

-------------- (Funcionamento do Conselho Consultivo) -----------

1. O Conselho Consultivo reúne-se, ordinariamente, uma vez por ano, e, extraordinariamente, sempre que convocado para o efeito. -

2. A convocação compete ao presidente e será feita por escrito. --

3. O conselho reúne validamente com a presença de um mínimo de cinco membros. ---

4. Nas reuniões do Conselho Consultivo tem assento um membro do Conselho de Administração, sem direito de voto. -----------------

5. De cada reunião será lavrada acta no livro respectivo, assinada pelo presidente ou por quem o substitua. -----------------------

---------------------------- Artigo 18° ------------------------

--------------- (Competências do Conselho Consultivo) -----------

1. Compete ao conselho consultivo, em geral, pronunciar-se sobre quaisquer matérias das atribuições do Conselho de Administração que lhe sejam submetidas por este, bem como apresentar sugestões e recomendações quanto ao funcionamento da Fundação. --------------

2. Compete especialmente ao Conselho Consultivo emitir parecer sobre os programas anuais de actividade e o orçamento. -----------

------------------------- SECÇÃO IV ---------------------------

--------------------- (Conselho Fiscal) ------------------------

-------------------------- Artigo 19° -------------------------

----------------------- (Conselho Fiscal) ---------------------

1. O conselho fiscal é composto por três membros efectivos e por um suplente, devendo um dos membros efectivos ser revisor oficial de contas ou uma sociedade de revisores oficiais de contas. ------

2. A indicação do presidente do Conselho Fiscal é feita pela Instituidora Caixa Geral de Depósitos, S.A., aquando da designação dos membros do órgão. --

3. A remuneração dos membros do Conselho Fiscal é fixada pela Instituidora Caixa Geral de Depósitos, S.A.. --------------------

------------------------- Artigo 20° --------------------------

---------------- (Competências do Conselho Fiscal) ---------------

1. Compete ao Conselho Fiscal: ------------------------------------

a) Fiscalizar a actividade da Fundação, de acordo com a Lei e com os estatutos; ---

b) Examinar e emitir parecer sobre o balanço e contas de exercício; --

c) Verificar a regularidade dos livros e registos contabilísticos, bem como dos documentos que lhes servem de suporte; -------------

d) Elaborar um relatório anual sobre a sua acção fiscalizadora. --

2. O Conselho Fiscal poderá, sempre que o julgue conveniente, assistir às reuniões do Conselho de Administração, sem direito a voto. --

------------------------- CAPÍTULO IV ----------------------------

------------- Modificação, transformação e extinção --------------

------------------------- Artigo 21º ------------------------------

---------- (Modificação dos estatutos. Transformação) ------------

Sem prejuízo das disposições legais aplicáveis, a modificação dos presentes estatutos e a transformação da Fundação só podem ser aprovadas por maioria dos membros do Conselho de Administração, depois de ouvido o Conselho Consultivo e após parecer favorável da Instituidora Caixa Geral de Depósitos, S.A. ---------------------

------------------------- Artigo 22º ------------------------------

------------------------- (Extinção) ------------------------------

1. Fora dos casos legalmente previstos, a Fundação pode ser extinta por deliberação aprovada por maioria dos membros do

Conselho de Administração, depois de ouvido o Conselho Consultivo e após parecer favorável da Instituidora Caixa Geral de Depósitos, S.A. --

2. Em caso de extinção, o património da Fundação reverterá para o Estado ou para pessoas colectivas de utilidade pública e de solidariedade social, nos termos definidos por deliberação do Conselho de Administração. ---------------------------------------

Carlos Jorge Ramalho dos Santos Ferreira

A notária:

ESTATUTOS CONSOLIDADOS DA FUNDAÇÃO CAIXA GERAL DE DEPÓSITOS – CULTURGEST (APÓS INSERÇÃO DAS ALTERAÇÕES APROVADAS EM REUNIÃO DO CONSELHO DE ADMINISTRAÇÃO EM 17 DE OUTUBRO DE 2017 E DESPACHO DE DEFERIMENTO DA PRESIDÊNCIA DO CONSELHO DE MINISTROS DE 20 DE DEZEMBRO DE 2017 E ESCRITURA DE 2 DE FEVEREIRO DE 2018)

CAPÍTULO I

Duração, denominação, natureza, sede e fins

Artigo 1º

Duração e Denominação

É instituída uma fundação por tempo indeterminado, que adota a denominação de Fundação Caixa Geral de Depósitos – CULTURGEST.

Artigo 2º

Natureza

A Fundação Caixa Geral de Depósitos – CULTURGEST, adiante designada por Fundação, é uma fundação privada que se regerá pelos presentes estatutos e pela legislação aplicável.

Artigo 3º

Sede

1 – A Fundação, tem a sua sede em Lisboa, na Avenida de João XXI, 63, freguesia de São João de Deus.

2 – Podem ser criadas delegações, dependências ou quaisquer outras formas legais de representação, em Portugal ou no estrangeiro, sempre que a Fundação o julgue necessário para a prossecução dos seus fins.

3 – O conselho de administração poderá, por simples deliberação, transferir a sede da Fundação para outro local, em Portugal.

Artigo 4º

Fins e âmbito de atuação

1 – A Fundação tem por finalidade o desenvolvimento de atividades culturais, artísticas e científicas.

2 – A Fundação poderá desenvolver as suas atividades tanto no País como no estrangeiro, devendo, neste último caso, privilegiar os países de língua oficial portuguesa.

Artigo 5º

Atividades

Na prossecução dos fins referidos no artigo anterior, a Fundação desenvolverá, entre outras, as seguintes atividades: a) produção e apresentação de exposições de artes plásticas e visuais ou de arquitetura, de artistas portugueses e estrangeiros; b) produção e apresentação de espetáculos de dança, teatro, multidisciplinares ou transdisciplinares; c) produção e apresentação de óperas, concertos e espetáculos de música; d) produção e apresentação de sessões de cinema, vídeo e outros suportes digitais; e) produção e apresentação de conferências, seminários, ateliers, *workshops*, mesas-redondas, colóquios, seminários e outras manifestações similares, em todos os domínios do conhecimento e em todas as disciplinas artísticas; f) produção e apresentação de atividades dirigidas a públicos específicos, em especial o público escolar, no sentido de lhes desenvolver a prática, o gosto e o conhecimento pelas artes e pela cultura em geral; g) produção, edição ou coedição de obras bibliográficas ou fonográficas, filmes, vídeos, CD-ROM e outros bens de consumo relacionados direta ou indiretamente com as atividades referidas nas alíneas anteriores; h) promoção e apoio de iniciativas destinadas à difusão da cultura e da língua portuguesas, e i) apoio de projetos tendentes à inventariação, valorização e conservação de coleções de arte de entidades várias.

CAPÍTULO II

Regime patrimonial e financeiro

Artigo 6º

Património

O património da Fundação é constituído por:

1) Uma dotação inicial de três milhões e quinhentos mil euros, feita pela instituidora, Caixa Geral de Depósitos, S.A.;
2) Uma dotação anual a realizar pela instituidora Caixa Geral de Depósitos, S.A., de montante a definir por esta;
3) Quaisquer subsídios, donativos, heranças, legados, doações e demais atribuições de pessoas singulares ou coletivas, públicas ou privadas, nacionais ou estrangeiras, e todos os bens que à Fundação advierem a título gratuito ou oneroso, sujeitos ou não a condição; no caso de haver condição ou encargo, a aceitação deve depender da adequação da condição ou do encargo aos fins da Fundação;
4) Todos os bens, móveis ou imóveis, adquiridos pela Fundação com os rendimentos provenientes dos seus bens próprios;
5) Todos os proventos que decorram para a Fundação da realização das suas atividades ou de aplicações financeiras.

Artigo 7º

Autonomia financeira

1 – A Fundação goza de plena autonomia financeira.

2 – No exercício da sua atividade, a Fundação pode: a) adquirir, alienar e onerar bens móveis, imóveis, ou outros; b) aceitar doações, heranças ou legados, devendo a aceitação depender da adequação da condição ou do encargo aos fins da Fundação; c) negociar e contratar empréstimos, bem como conceder garantias a eles associadas, nos termos e limites estabelecidos na lei e nos presentes estatutos; d) praticar todos os atos necessários à gestão e valorização do seu património.

CAPÍTULO III

Organização e funcionamento

SECÇÃO I

Disposições gerais

Artigo 8º

Órgãos e respetivos membros

1 – São órgãos da Fundação: a) o conselho de administração; b) o conselho diretivo; e c) o conselho fiscal.

2 – A Fundação pode ainda ter um conselho de curadores com a missão de velar pelo cumprimento dos seus estatutos e pelo respeito da vontade da instituidora.

3 – Os membros dos órgãos da Fundação são designados pela instituidora, Caixa Geral de Depósitos, S.A.

Artigo 9º

Duração dos mandatos

1 – O mandato dos membros dos órgãos da Fundação é de três anos, sem prejuízo do disposto nos nºs 3 e 4 do presente artigo e da possibilidade de destituição por justa causa, no caso de incumprimento dos deveres inerentes ao exercício das suas funções.

2 – A destituição por justa causa deverá ser objeto de deliberação do conselho de administração da Caixa Geral de Depósitos, S.A., sendo comunicado ao destinatário por carta registada com aviso de receção.

3 – Os membros dos órgãos da Fundação mantêm-se em funções até à designação de novos membros.

4 – No caso de morte, incapacidade, renúncia, demissão ou qualquer outra situação de impedimento de algum membro de algum órgão da Fundação, o mandato do novo membro designado caduca na data correspondente àquele que seria o termo normal do mandato do membro substituído.

Artigo 10º

Atas

Haverá um livro de atas de cada um dos órgãos da Fundação, onde serão exarados, resumidamente, os pontos principais das deliberações mais significantes.

SECÇÃO II

Conselho de administração e conselho diretivo

Artigo 11º

Conselho de administração

1 – O conselho de administração é composto por cinco membros, pessoas singulares ou coletivas, dos quais um é o presidente, podendo outro ser vice-presidente. No caso de ser designado membro uma pessoa coletiva, esta deve nomear uma pessoa singular para exercer o cargo em nome próprio.

2 – O presidente é substituído, nas suas ausências ou impedimentos, pelo vice-presidente; se não houver vice-presidente as funções em substituição são exercidas pelo membro mais antigo e, em igualdade de circunstâncias, pelo mais velho.

3 – Compete ao conselho de administração gerir o património da Fundação, praticar todos os atos necessários a esse objetivo e tendo os mais amplos poderes para o efeito, nomeadamente na aquisição, alienação ou oneração de bens móveis ou imóveis, no seu aluguer, arrendamento ou subarrendamento, bem como deliberar sobre propostas de alteração dos estatutos e de modificação, fusão ou extinção da Fundação.

4 – A remuneração dos membros do conselho de administração é fixada pela instituidora, Caixa Geral de Depósitos, S.A.

Artigo 11-A

Conselho diretivo

1 – O conselho diretivo é constituído por três membros do conselho de administração, como tal designados pela instituidora.

2 – Compete ao conselho diretivo a gestão corrente da Fundação, sendo o respetivo Presidente designado pelo Conselho de Administração da Fundação.

Artigo 12º

Funcionamento do conselho de administração e do conselho diretivo

1 – O conselho de administração reúne-se, ordinariamente, com a periodicidade que o próprio conselho fixar e, extraordinariamente, quando convocado pelo presidente, pelo vice-presidente no impedimento daquele, ou por outros dois administradores.

2 – As reuniões terão lugar na sede da Fundação, ou noutro local indicado e justificado na convocatória.

3 – O conselho de administração é convocado por carta, telefax ou por mensagem eletrónica.

4 – O conselho de administração não pode deliberar sem que esteja presente a maioria dos seus membros.

5 – As decisões do conselho de administração são tomadas por maioria simples dos membros presentes.

6 – O presidente tem voto de qualidade no caso de empate.

7 – O presidente do conselho de administração pode convocar o presidente do conselho de curadores a estar presente nas reuniões do conselho de administração, quando assim o julgar conveniente.

8 – Ao funcionamento do conselho diretivo aplicam-se as normas constantes dos números anteriores.

Artigo 13º

Competências do conselho diretivo

1 – Compete ao conselho diretivo, em geral, a administração da Fundação e a sua representação, em juízo e fora dele.

2 – Compete especialmente ao conselho diretivo praticar todos os atos e operações necessários ou convenientes à prossecução dos fins da Fundação, designadamente: a) promover, desenvolver e realizar iniciativas culturais, designadamente exposições, espetáculos, conferências e congressos, celebrando os acordos e contratos necessários a este fim; b) definir a organização interna da Fundação; c) contratar o pessoal e estabelecer as respetivas condições contratuais, e exercer, em relação ao mesmo, o correspondente poder diretivo e disciplinar; d) elaborar, discutir, aprovar, rever e ajustar o orçamento e os programas anuais da atividade; e) submeter, após aprovação do conselho de administração, à aprovação da instituidora, Caixa Geral de Depósitos, S.A., o orçamento e os programas anuais de atividade; f) preparar e aprovar o relatório anual, o balanço e as contas de cada exercício; g) instituir e manter sistemas internos de controlo contabilístico, de modo a refletir, em cada momento, a situação patrimonial e financeira da Fundação; h) aceitar doações, heranças ou legados, sem prejuízo da competência do conselho de administração; i) negociar ou contratar empréstimos, bem como conceder garantias a eles associados, sem prejuízo da competência do conselho de administração; j) constituir mandatários para a prática de determinados atos; k) decidir sobre quaisquer outras matérias que respeitem à atividade da Fundação e não sejam da competência dos outros órgãos.

Artigo 14º

Delegação de poderes. Mandatários

1 – O conselho diretivo pode delegar a gestão corrente da Fundação em um dos seus membros, que será denominado administrador-executivo, fixando-lhe os limites da delegação e conferindo-lhe o respetivo mandato.

2 – O conselho de administração e o conselho diretivo podem, no âmbito das respetivas competências, conferir mandato, com ou sem a faculdade de substabelecer, a qualquer um dos seus membros, a empregados da Fundação ou a pessoas a ela estranhas, para a prática de atos determinados.

Artigo 15º

Vinculação da Fundação

1 – Nos atos da competência do conselho de administração a Fundação obriga-se pela assinatura de dois membros do conselho de administração, ou por um mandatário desde que o mandato lhe tenha sido conferido nesses termos, salvo em atos de mero expediente em que é suficiente a assinatura de um membro do conselho de administração.

2 – A Fundação fica obrigada, nas matérias da competência do conselho diretivo, em quaisquer atos ou contratos pela assinatura de: a) dois membros do conselho diretivo; b) um membro do conselho diretivo e um mandatário; c) um só membro do conselho diretivo ou um só mandatário, desde que os respetivos mandatos tenham sido conferidos nesses termos.

3 – Nas matérias de mero expediente é suficiente a assinatura de qualquer dos membros do conselho diretivo ou de um só mandatário com poderes para o ato.

SECÇÃO III

Conselho fiscal

Artigo 16º

Conselho fiscal

1 – O conselho fiscal é composto por três membros efetivos e por um suplente, devendo um dos membros efetivos ser revisor oficial de contas ou uma sociedade de revisores oficiais de contas.

2 – A indicação do presidente do conselho fiscal é feita pela instituidora, Caixa Geral de Depósitos, S.A., aquando da designação dos membros do órgão.

3 – A remuneração dos membros do conselho fiscal é fixada pela instituidora, Caixa Geral de Depósitos, S.A.

Artigo 17º

Competências do conselho fiscal

1 – Compete ao conselho fiscal: a) fiscalizar a atividade da Fundação, de acordo com a lei e com os estatutos; b) examinar e emitir parecer sobre o balanço e contas do exercício; c) verificar a regularidade dos livros e registos contabilísticos, bem como dos documentos que lhes servem de suporte, e d) elaborar um relatório anual sobre a sua ação fiscalizadora.

2 – O conselho fiscal poderá, sempre que o julgue conveniente, assistir às reuniões do conselho de administração e do conselho diretivo, sem direito a voto.

SECÇÃO IV

Conselho de curadores

Artigo 18º

Conselho de curadores

1 – O conselho de curadores é um órgão colegial, formado por personalidades de reconhecido mérito e prestígio, em número ímpar não superior a 13.

2 – Antes da designação dos membros do conselho de curadores é ouvido o conselho de administração da Fundação.

3 – O conselho de curadores elegerá um presidente e poderá eleger até dois vice-presidentes de entre os seus membros.

4 – O conselho de curadores emite pareceres, que fundamentará, aprovados por maioria simples dos votos expressos.

5 – Os pareceres do conselho de curadores não são vinculativos.

6 – O presidente tem voto de qualidade.

Artigo 19º

Funcionamento do conselho de curadores

1 – O conselho de curadores reúne-se, ordinariamente, uma vez por ano e, extraordinariamente, sempre que convocado para o efeito.

2 – A convocação compete ao presidente e será feita por escrito.

2 – Em caso de extinção, o património da Fundação reverterá para o Estado ou para pessoas coletivas de utilidade pública e de solidariedade social, nos termos definidos por deliberação do conselho de administração.

3 – O conselho reúne validamente com a presença de um mínimo de cinco membros.

4 – Nas reuniões do conselho de curadores tem assento um membro do conselho de administração, sem direito de voto.

5 – De cada reunião será lavrada ata no livro respetivo, assinada pelo presidente ou por quem o substitua.

Artigo 20º

Competências do conselho de curadores

1 – Compete ao conselho de curadores, em geral, velar pelo cumprimento dos estatutos e pelo respeito da vontade da instituidora, pronunciar-se sobre quaisquer matérias das atribuições dos conselhos de administração e diretivo que lhe sejam submetidas por estes, bem como apresentar sugestões e recomendações quanto ao funcionamento da Fundação.

2 – Compete especialmente ao conselho de curadores emitir parecer sobre os programas anuais de atividade e o orçamento.

CAPÍTULO IV

Modificação, transformação e extinção

Artigo 21º

Modificação dos estatutos. Transformação

Sem prejuízo das disposições legais aplicáveis, a modificação dos presentes estatutos e a transformação ou fusão da Fundação só podem ser aprovadas por maioria dos membros do conselho de administração, depois de ouvido o conselho de curadores e após parecer favorável da instituidora, Caixa Geral de Depósitos, S.A.

Artigo 22º

Extinção

1 – Fora dos casos legalmente previstos, a Fundação pode ser extinta por deliberação aprovada por maioria dos membros do conselho de administração, depois de ouvido o conselho de curadores e após parecer favorável da instituidora, Caixa Geral de Depósitos, S.A.

ANEXO E
LEI DE MECENATO

2 — Não poderá haver reclamação ou impugnação se a quantia em causa for inferior a 5 euros.

Artigo 7.º

Reparação de erros ou omissões prejudiciais à entidade credora

1 — Quando se verificar que na liquidação dos juros de mora se cometeram erros ou omissões de que resultou prejuízo para a entidade credora, os serviços competentes deverão exigi-los adicionalmente.

2 — Não serão exigidos adicionalmente se a importância que resultar da exigência for inferior a 5 euros.

Artigo 8.º

Privilégio

As dívidas provenientes de juros de mora gozam dos mesmos privilégios que por lei sejam atribuídos às dívidas sobre que recaírem.

Artigo 9.º

Planos prestacionais em curso

1 — Os devedores com planos prestacionais em curso ao abrigo do Decreto-Lei n.º 124/96, de 10 de Agosto, beneficiarão de uma redução, com efeitos reportados ao seu início, de 3 pontos percentuais da taxa de juros de mora vincendos prevista no n.º 2 do artigo 4.º daquele diploma legal, na redacção introduzida pelo Decreto-Lei n.º 235-A/96, de 9 de Dezembro, sendo essa redução de 6 pontos percentuais se, até 31 de Março de 1999, constituírem garantias reais ou garantia bancária cobrindo pelo menos metade do remanescente do capital em dívida naquela data.

2 — As entidades credoras aplicarão o regime referido no número anterior às garantias reais constituídas por sua própria iniciativa.

3 — O valor das prestações a pagar será reajustado, de acordo com o valor dos juros de mora vincendos resultante da aplicação da taxa referida no n.º 1, a partir da 25.ª prestação.

4 — Os devedores referidos no n.º 1 poderão também, independentemente da constituição de garantias, beneficiar, quanto à taxa de juros vincendos, da aplicação do disposto nos n.ºs 5 e 6 do artigo 3.º do presente diploma.

Artigo 10.º

Norma transitória

1 — As referências feitas a euros nos artigos 5.º e 6.º, e sem prejuízo do que neles se dispõe, consideram-se feitas, até 31 de Dezembro de 2001, ao correspondente valor em escudos, mediante a aplicação da taxa de conversão fixada irrevogavelmente pelo Conselho da União Europeia, de acordo com o n.º 4, primeiro período, do artigo 109.º-L do Tratado Que Institui a Comunidade Europeia.

2 — Sem prejuízo do disposto no n.º 2 do artigo 7.º, e até 31 de Dezembro de 2001, os serviços competentes da entidade credora poderão liquidar os juros adicionais em escudos.

Artigo 11.º

Norma revogatória

É revogado o Decreto-Lei n.º 49 168, de 5 de Agosto de 1969, à excepção do seu artigo 4.º, que se mantém em vigor.

Artigo 12.º

Entrada em vigor

O presente diploma entra em vigor no 1.º dia do mês seguinte ao da sua publicação.

Visto e aprovado em Conselho de Ministros de 8 de Janeiro de 1999. — *António Manuel de Oliveira Guterres* — *António Luciano Pacheco de Sousa Franco* — *Joaquim Augusto Nunes de Pina Moura.*

Promulgado em 26 de Fevereiro de 1999.

Publique-se.

O Presidente da República, JORGE SAMPAIO.

Referendado em 4 de Março de 1999.

O Primeiro-Ministro, *António Manuel de Oliveira Guterres.*

Decreto-Lei n.º 74/99

de 16 de Março

Pelo artigo 43.º, n.º 11, da Lei do Orçamento do Estado para 1998 (Lei n.º 127-B/97, de 20 de Dezembro) foi o Governo autorizado, no quadro da definição do Estatuto do Mecenato, a proceder à reformulação integrada dos vários tipos de donativos efectuados ao abrigo dos mecenatos, nomeadamente os de natureza social, cultural, ambiental, científica e desportiva, no sentido da sua tendencial harmonização.

Nos termos da mesma disposição, a definição do Estatuto do Mecenato deve realizar-se com vista à definição dos objectivos, da coerência, da graduação e das condições de atribuição e controlo dos donativos, bem como à criação de um regime claro e incentivador, com unidade e adequada ponderação da sua relevância, e à definição da modalidade do incentivo fiscal, em sede de IRS e de IRC, que melhor sirva os objectivos de eficiência e equidade fiscal.

Foi nesse enquadramento que se procedeu à elaboração do Estatuto do Mecenato.

Mantém-se, no essencial, o actual regime dos donativos ao Estado e às outras entidades referidas no Código do Imposto sobre o Rendimento das Pessoas Singulares e no Código do Imposto sobre o Rendimento das Pessoas Colectivas e autonomiza-se o regime do mecenato desportivo, do mecenato científico e do mecenato educacional, sendo certo que algumas das situações neles agora incluídas se encontravam já previstas no âmbito do mecenato social e cultural.

Na hierarquização relativa aos benefícios opta-se por atribuir preponderância ao mecenato social e, finalmente, no âmbito do IRS, admitem-se como beneficiários dos donativos as mesmas entidades consideradas em sede de IRC.

O presente diploma insere-se no âmbito da revisão geral dos actuais benefícios e incentivos fiscais constante do ponto 12.º e na previsão da alínea *r*) do n.º 2 do ponto 14.º da Resolução do Conselho de Ministros n.º 119/97, de 14 de Julho.

Assim:

No uso da autorização legislativa concedida pelo n.º 11 do artigo 43.º da Lei n.º 127-B/97, de 20 de Dezembro, e nos termos das alíneas *a*) e *b*) do n.º 1 do artigo 198.º da Constituição, o Governo decreta, para valer como lei geral da República, o seguinte:

Artigo 1.º

Aprovação do Estatuto do Mecenato

1 — É aprovado o Estatuto do Mecenato, anexo a este decreto-lei e dele fazendo parte integrante.

2 — Para os efeitos do disposto no presente diploma, apenas têm relevância fiscal os donativos em dinheiro ou em espécie concedidos sem contrapartidas que configurem obrigações de carácter pecuniário ou comercial às entidades públicas ou privadas nele previstas, cuja actividade consista predominantemente na realização de iniciativas nas áreas social, cultural, ambiental, científica ou tecnológica, desportiva e educacional.

3 — Os benefícios fiscais previstos no presente diploma, com excepção dos referidos no artigo 1.º do Estatuto, dependem de reconhecimento, a efectuar por despacho conjunto dos Ministros das Finanças e da tutela.

Artigo 2.º

Norma revogatória

São revogados o artigo 56.º do Código do Imposto sobre o Rendimento das Pessoas Singulares, aprovado pelo Decreto-Lei n.º 442-A/88, de 30 de Novembro, e os artigos 39.º, 39.º-A e 40.º do Código do Imposto sobre o Rendimento das Pessoas Colectivas, aprovado pelo Decreto-Lei n.º 442-B/88, de 30 de Novembro.

Artigo 3.º

Entrada em vigor

O presente diploma produz efeitos a partir de 1 de Janeiro de 1999, ficando salvaguardados os efeitos plurianuais de reconhecimentos anteriormente realizados.

Visto e aprovado em Conselho de Ministros de 30 de Dezembro de 1998. — *António Manuel de Oliveira Guterres — António Luciano Pacheco de Sousa Franco — Jorge Paulo Sacadura Almeida Coelho — Eduardo Carrega Marçal Grilo — Eduardo Luís Barreto Ferro Rodrigues — Elisa Maria da Costa Guimarães Ferreira — Manuel Maria Ferreira Carrilho — José Mariano Rebelo Pires Gago — José Sócrates Carvalho Pinto de Sousa.*

Promulgado em 18 de Fevereiro de 1999.

Publique-se.

O Presidente da República, JORGE SAMPAIO.

Referendado em 4 de Março de 1999.

O Primeiro-Ministro, *António Manuel de Oliveira Guterres.*

ESTATUTO DO MECENATO

CAPÍTULO I

Imposto sobre o rendimento das pessoas colectivas

Artigo 1.º

Donativos ao Estado e a outras entidades

1 — São considerados custos ou perdas do exercício, na sua totalidade, os donativos concedidos às seguintes entidades:

a) Estado, Regiões Autónomas e autarquias locais e qualquer dos seus serviços, estabelecimentos e organismos, ainda que personalizados;
b) Associações de municípios e de freguesias;
c) Fundações em que o Estado, as Regiões Autónomas ou as autarquias locais participem no património inicial.

2 — Sem prejuízo do disposto no n.º 3 do artigo 1.º do presente diploma, estão sujeitos a reconhecimento, a efectuar por despacho conjunto dos Ministros das Finanças e da tutela, os donativos concedidos a fundações em que a participação do Estado, das Regiões Autónomas ou das autarquias locais seja inferior a 50% do seu património inicial.

3 — Os donativos referidos nos números anteriores são considerados custos em valor correspondente a 140% do respectivo total quando se destinarem exclusivamente à prossecução de fins de carácter social, a 120% se destinados exclusivamente a fins de carácter cultural, ambiental, científico ou tecnológico, desportivo e educacional ou a 130% quando atribuídos ao abrigo de contratos plurianuais celebrados para fins específicos que fixem os objectivos a prosseguir pelas entidades beneficiárias e os montantes a atribuir pelos sujeitos passivos.

4 — São considerados custos ou perdas do exercício as importâncias suportadas com a aquisição de obras de arte que venham a ser doadas ao Estado Português, nos termos e condições a definir por decreto-lei.

Artigo 2.º

Mecenato social

1 — São considerados custos ou perdas do exercício, até ao limite de 8/1000 do volume de vendas ou dos serviços prestados, os donativos atribuídos às seguintes entidades:

a) Instituições particulares de solidariedade social, bem como as pessoas colectivas legalmente equiparadas;
b) Pessoas colectivas de utilidade pública administrativa e de mera utilidade pública que prossigam fins de caridade, assistência, beneficência e solidariedade social e cooperativas de solidariedade social;
c) Centros de cultura e desporto organizados nos termos dos estatutos do Instituto Nacional de Aproveitamento dos Tempos Livres dos Trabalhadores (INATEL), desde que destinados ao desenvolvimento de actividades de natureza social do âmbito daquelas entidades.

2 — O limite previsto no número anterior não é aplicável aos donativos atribuídos às entidades nele referidas para a realização de actividades ou programas que sejam considerados de superior interesse social.

3 — Os donativos referidos nos números anteriores são levados a custos em valor correspondente a 130% do respectivo total ou a 140% no caso de se destinarem a custear as seguintes medidas:

a) Apoio à infância ou à terceira idade;
b) Apoio e tratamento de toxicodependentes ou de doentes com sida, com cancro ou diabéticos;
c) Promoção de iniciativas dirigidas à criação de oportunidades de trabalho e de reinserção social de pessoas, famílias ou grupos em situações de exclusão ou risco de exclusão social, designadamente no âmbito do rendimento mínimo garantido, de programas de luta contra a pobreza ou de programas e medidas adoptadas no contexto do mercado social de emprego.

Artigo 3.º

Mecenato cultural, ambiental, científico ou tecnológico, desportivo e educacional

1 — São considerados custos ou perdas do exercício, até ao limite de 5/1000 do volume de vendas ou dos serviços prestados, os donativos atribuídos às seguintes entidades:

a) Cooperativas culturais, institutos, fundações e associações que prossigam actividades de investigação, de cultura e de defesa do património histórico-cultural e outras entidades que desenvolvam acções no âmbito do teatro, do bailado, da música, da organização de festivais e outras manifestações artísticas e da produção cinematográfica, audiovisual e literária;
b) Museus, bibliotecas e arquivos históricos e documentais;
c) Organizações não governamentais de ambiente (ONGA);
d) Instituições que se dediquem à actividade científica ou tecnológica;
e) Mediatecas, centros de divulgação, escolas e órgãos de comunicação social que se dediquem à promoção da cultura científica e tecnológica;
f) Comité Olímpico de Portugal, as pessoas colectivas titulares do estatuto de utilidade pública desportiva, as associações promotoras do desporto e as associações dotadas do estatuto de utilidade pública que tenham como objecto o fomento e a prática de actividades desportivas, com excepção das secções participantes em competições desportivas de natureza profissional;
g) Centros de cultura e desporto organizados nos termos dos Estatutos do Instituto Nacional de Aproveitamento dos Tempos Livres dos Trabalhadores (INATEL), com excepção dos donativos abrangidos pela alínea *c*) do n.º 1 do artigo anterior;
h) Estabelecimentos de ensino onde se ministrem cursos legalmente reconhecidos pelo Ministério da Educação;
i) Instituições responsáveis pela organização de feiras universais ou mundiais, nos termos a definir por resolução do Conselho de Ministros.

2 — O limite previsto no número anterior não é aplicável aos donativos atribuídos às entidades nele referidas para a realização de actividades ou programas que sejam considerados de superior interesse cultural, ambiental, científico ou tecnológico, desportivo e educacional.

3 — Os donativos previstos nos números anteriores são levados a custos em valor correspondente a 120% do respectivo total ou a 130% quando atribuídos ao abrigo de contratos plurianuais celebrados para fins específicos que fixem os objectivos a prosseguir pelas entidades beneficiárias e os montantes a atribuir pelos sujeitos passivos.

Artigo 4.º

Donativos a organismos associativos

São considerados custos ou perdas do exercício, até ao limite de 1/1000 do volume de vendas ou dos serviços prestados no exercício da actividade comercial, industrial ou agrícola, as importâncias atribuídas pelos associados aos respectivos organismos associativos a que pertençam, com vista à satisfação dos seus fins estatutários.

CAPÍTULO II

Imposto sobre o rendimento das pessoas singulares

Artigo 5.º

Deduções em IRS por virtude do mecenato

Os donativos atribuídos pelas pessoas singulares residentes em território nacional, nos termos e condições previstos nos artigos anteriores, são dedutíveis à colecta do ano a que dizem respeito, com as seguintes especificidades:

a) Em valor correspondente a 25% das importâncias atribuídas, nos casos em que não estejam sujeitos a qualquer limitação;
b) Em valor correspondente a 25% das importâncias atribuídas, até ao limite de 15% da colecta, nos restantes casos;
c) São dispensados de reconhecimento prévio desde que o seu valor seja inferior ao que anualmente for fixado por despacho conjunto dos Ministros das Finanças e da tutela;
d) As deduções só são efectuadas no caso de não terem sido contabilizadas como custos.

Decreto-Lei n.º 75/99

de 16 de Março

A chamada segunda emenda aos Estatutos do Fundo Monetário Internacional (FMI), aprovada em 1978, teve, entre outras consequências, a abolição do preço oficial do ouro.

A partir de então, a generalidade dos países membros do FMI passou a valorizar as suas reservas de ouro em função da evolução do mercado: alguns países, de forma periódica e sistemática, através do estabelecimento de parâmetros pré-definidos; outros países, como é o caso de Portugal, optaram por um método de actualização, pontual e circunstancial, exigindo a produção de legislação especial para o efeito. Assim, nos últimos 20 anos, o preço oficial do ouro sofreu duas alterações: em 1980, de 35 direitos de saque especiais para 254,92 dólares dos EUA por onça *troy* de ouro fino (Decreto-Lei n.º 107/80, de 10 de Maio); em 1988, de 254,92 para 323 dólares dos EUA (Decreto-Lei n.º 229-H/88, de 4 de Julho).

ANEXO F
APOIOS FINANCEIROS RECEBIDOS PELA CULTURGEST DE 2009 A 2019

Donativos, patrocínios e apoios financeiros recebidos da CGD, Empresas do Grupo CGD, IEFP, Municípios e outras entidades (valores em euros)

2019

Entidade

Caixa Geral de Depósitos, SA	2.886.164,07
Fidelidade-Mundial, SA	286.431,08
Institut Français	8.000,00
Embaixada de França	2.400,00
Institut für Auslansbeziehungen - IFA	6.000,00
Fundação Oriente	753,31
Câmara Municipal de Sines	8.000,00
Fundação Vítor Graça Carmona e Costa	18.000,00
Goethe Institut	7.200,00
Maria João Santos	22.500,00
Create to Connect	100.000,00
COMM - Commune de Bordeaux	8.910,00
Centro Azkuna de Sociedad y Cultura Contemporanea, SA	8.000,00
Câmara Municipal de São João da Madeira	7.050,00
Total dos donativos, patrocínios e apoios	**3.369.408,46**

2018

Entidade

Caixa Geral de Depósitos, SA	2.800.000,00
Embaixada de França	3.000,00
Institut für Auslandsbeziehungen – IFA	4.000,00
Embaixada de Israel	500,00
Município de Ponte de Sor	6.500,00
Total dos donativos, patrocínios e apoios	**2.814.000,00**

2017

Entidade

Caixa Geral de Depósitos, SA	2.200.000,00
Caixagest – Técnicas de Gestão de Fundos de Investimento, SA	25.000,00
Embaixada de França	3.000,00
Sociedad Mercantil Estatal de Accion Cultural, S.A.	5.000,00
Institut für Auslandsbeziehungen – IFA	4.000,00
Total dos donativos, patrocínios e apoios	**2.237.000,00**

2016

Entidade

Caixa Geral de Depósitos, SA	2.063.233,00
Caixagest – Técnicas de Gestão de Fundos de Investimento, SA	25.000,00
Município de Tavira	5.412,00
Embaixada de França	800,00
Município de Bragança	7.593,00
MMK Museum für Moderne Kunst	12.000,00
Sadie Coles HQ	1.500,00
Galerie Neu GmbH &KG	1.500,00
Total dos donativos, patrocínios e apoios	**2.117.038,00**

2015

Entidade

Caixa Geral de Depósitos, SA	2.800.000,00
Caixagest – Técnicas de Gestão de Fundos de Investimento, SA	25.000,00
British Council	4.800,00

Total dos donativos, patrocínios e apoios	**2.829.800,00**

2014

Entidade

Caixa Geral de Depósitos, SA	2.800.000,00
Caixagest – Técnicas de Gestão de Fundos de Investimento, SA	25.000,00
Vlaamse Overheid - Kunsten En Erfgoed	6.000,00
Círculo de Artes Plásticas de Coimbra - CAPC	667,50
Côa Parque, Fundação para a Salvaguarda e Valorização do Vale do Côa	1.350,00
Direção Geral do Património Cultural - DGPC	1.975,00
Total dos donativos, patrocínios e apoios	**2.834.992,50**

2013

Entidade

Caixa Geral de Depósitos, SA	2.184.233,00
Caixa Leasing e Factoring	36.000,00
Caixa – Banco de Investimento	10.000,00
IEFP, IP – Programa de Estágio Profissional	1.208,56
Município de Vila Franca de Xira	13.575,75
FundGer - Sociedade Gestora de Fundos de Investimento	25.000,00
Vlaamse Overheid - Kunsten En Erfgoed	14.000,00
Total dos donativos, patrocínios e apoios	**2.284.017,31**

2012

Entidade

Caixa Geral de Depósitos, SA	3.100.000,00
Fidelidade-Mundial, SA	67.500,00
Caixagest – Técnicas de Gestão de Fundos de Investimento, SA	25.000,00
Caixa Leasing e Factoring	36.000,00
Caixa – Banco de Investimento	10.000,00
IEFP, IP – Programa de Estágio Profissional	4.334,75
British Council	7.000,00
Institut Français	3.000,00
Centro Económico e Cultural de Taipé	1.500,00
Município de Leiria	3.000,00
Vlaamse Overheid - Kunsten En Erfgoed	1.500,00
Total dos donativos, patrocínios e apoios	**3.258.834,75**

2011

Entidade

Caixa Geral de Depósitos, SA	3.615.300,00
Fidelidade-Mundial, SA	67.500,00
Caixagest – Técnicas de Gestão de Fundos de Investimento, SA	25.000,00
Caixa Leasing e Factoring	40.000,00
Caixa – Banco de Investimento	20.000,00
Município de Elvas	2.782,00
Município de Tavira	3.233,00
Total dos donativos, patrocínios e apoios	**3.773.815,00**

2010

Entidade

Caixa Geral de Depósitos, SA	4.017.000,00
Fidelidade-Mundial, SA	75.000,00

Caixagest – Técnicas de Gestão de Fundos de Investimento, SA	25.000,00
Caixa Leasing e Factoring	40.000,00
Caixa – Banco de Investimento	20.000,00
Total dos donativos, patrocínios e apoios	**4.177.000,00**

2009

Entidade

Caixa Geral de Depósitos, SA	4.017.000,00
Fidelidade-Mundial, SA	75.000,00
Fundimo – SGFII, SA	25.000,00
Caixa Leasing e Factoring	40.000,00
Caixa – Banco de Investimento	20.000,00
IEFP, IP – Programa de Estágio Profissional	686,70
Total dos donativos, patrocínios e apoios	**4.177.686,70**

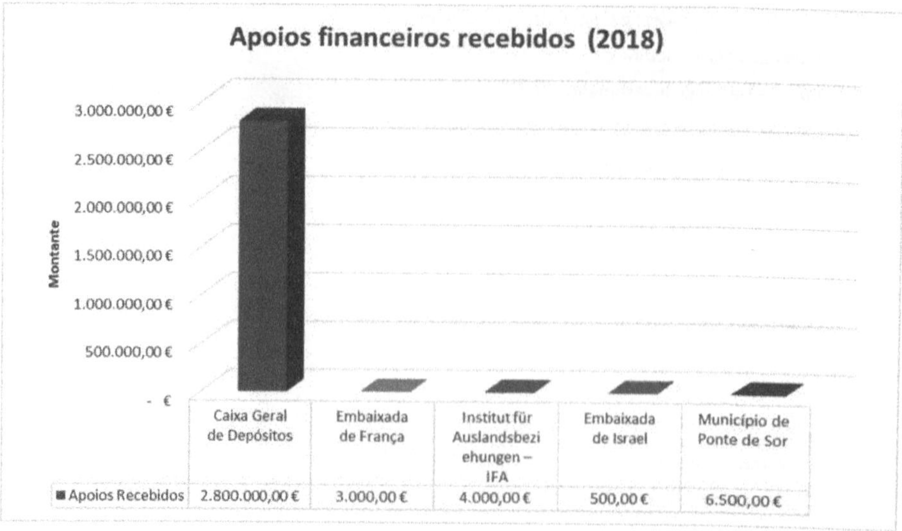
Apoios financeiros recebidos (2018)
Montante
3.000.000,00 €
2.500.000,00 €
2.000.000,00 €
1.500.000,00 €
1.000.000,00 €
500.000,00 €
- €
Caixa Geral de Depósitos
Embaixada de França
Institut für Auslandsbeziehungen – IFA
Embaixada de Israel
Município de Ponte de Sor
Apoios Recebidos
2.800.000,00 €
3.000,00 €
4.000,00 €
500,00 €
6.500,00 €

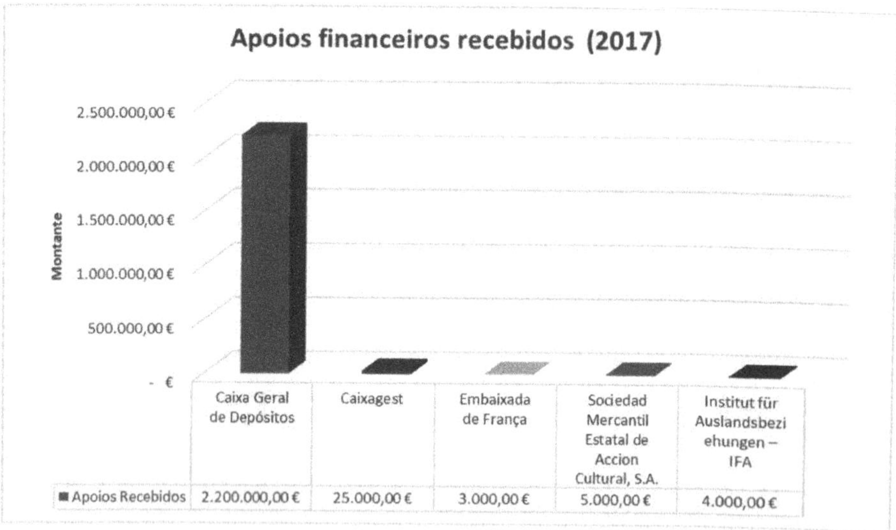
Apoios financeiros recebidos (2017)
Montante
2.500.000,00 €
2.000.000,00 €
1.500.000,00 €
1.000.000,00 €
500.000,00 €
- €
Caixa Geral de Depósitos
Caixagest
Embaixada de França
Sociedad Mercantil Estatal de Accion Cultural, S.A.
Institut für Auslandsbeziehungen – IFA
Apoios Recebidos
2.200.000,00 €
25.000,00 €
3.000,00 €
5.000,00 €
4.000,00 €

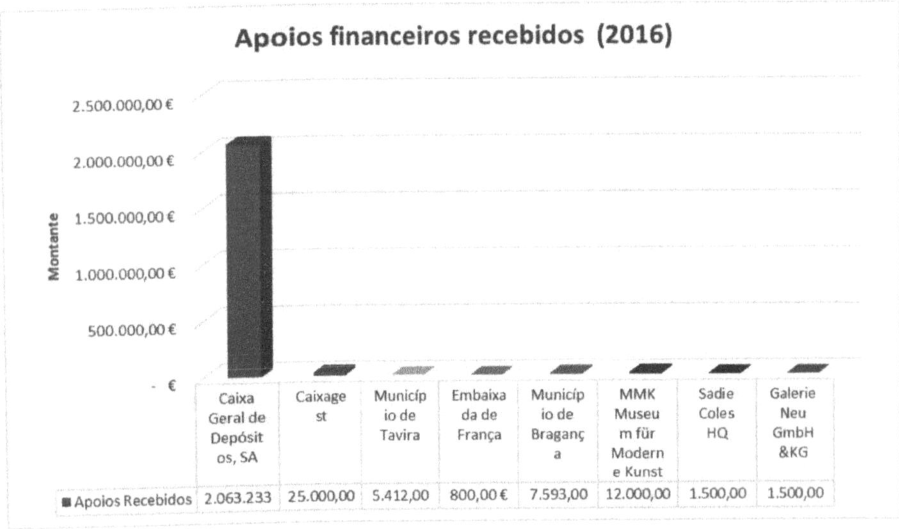
Apoios financeiros recebidos (2016)
2.500.000,00 €
2.000.000,00 €
1.500.000,00 €
1.000.000,00 €
500.000,00 €
- €
Montante
Caixa Geral de Depósit os, SA
Caixage st
Municíp io de Tavira
Embaixa da de França
Municíp io de Braganç a
MMK Museu m für Modern e Kunst
Sadie Coles HQ
Galerie Neu GmbH &KG
Apoios Recebidos
2.063.233
25.000,00
5.412,00
800,00 €
7.593,00
12.000,00
1.500,00
1.500,00

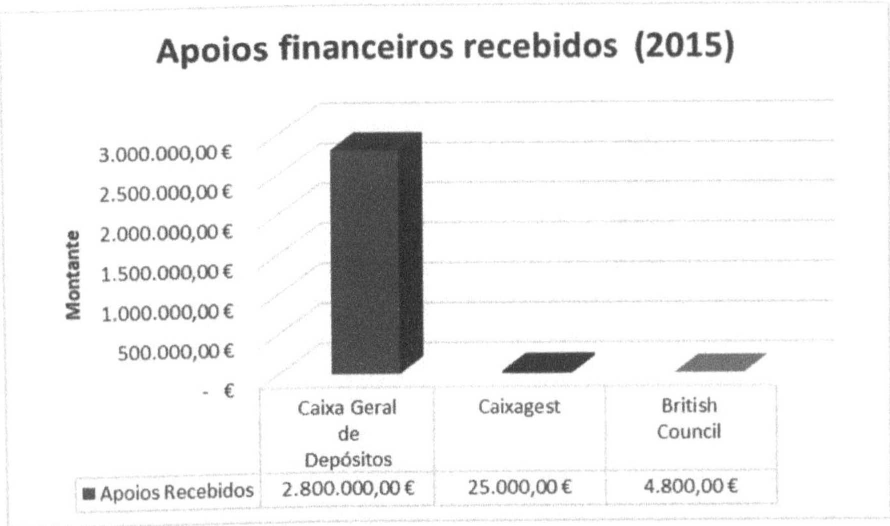
Apoios financeiros recebidos (2015)
3.000.000,00 €
2.500.000,00 €
2.000.000,00 €
1.500.000,00 €
1.000.000,00 €
500.000,00 €
- €
Montante
Caixa Geral de Depósitos
Caixagest
British Council
Apoios Recebidos
2.800.000,00 €
25.000,00 €
4.800,00 €

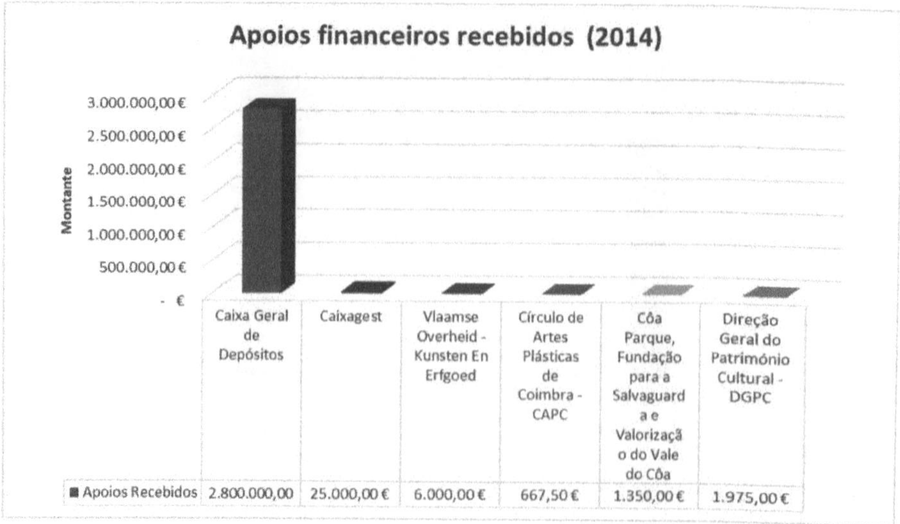
Apoios financeiros recebidos (2014)
Montante
3.000.000,00 €
2.500.000,00 €
2.000.000,00 €
1.500.000,00 €
1.000.000,00 €
500.000,00 €
- €
Caixa Geral de Depósitos
Caixagest
Vlaamse Overheid - Kunsten En Erfgoed
Círculo de Artes Plásticas de Coimbra - CAPC
Côa Parque, Fundação para a Salvaguarda e Valorização do Vale do Côa
Direção Geral do Património Cultural - DGPC
Apoios Recebidos
2.800.000,00
25.000,00 €
6.000,00 €
667,50 €
1.350,00 €
1.975,00 €

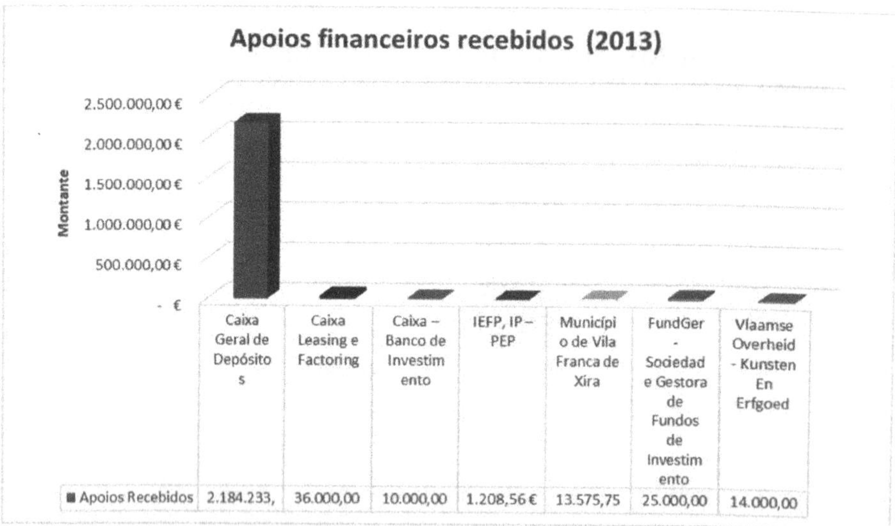
Apoios financeiros recebidos (2013)
Montante
2.500.000,00 €
2.000.000,00 €
1.500.000,00 €
1.000.000,00 €
500.000,00 €
- €
Caixa Geral de Depósitos
Caixa Leasing e Factoring
Caixa – Banco de Investimento
IEFP, IP – PEP
Município de Vila Franca de Xira
FundGer - Sociedad e Gestora de Fundos de Investimento
Vlaamse Overheid - Kunsten En Erfgoed
Apoios Recebidos
2.184.233,
36.000,00
10.000,00
1.208,56 €
13.575,75
25.000,00
14.000,00

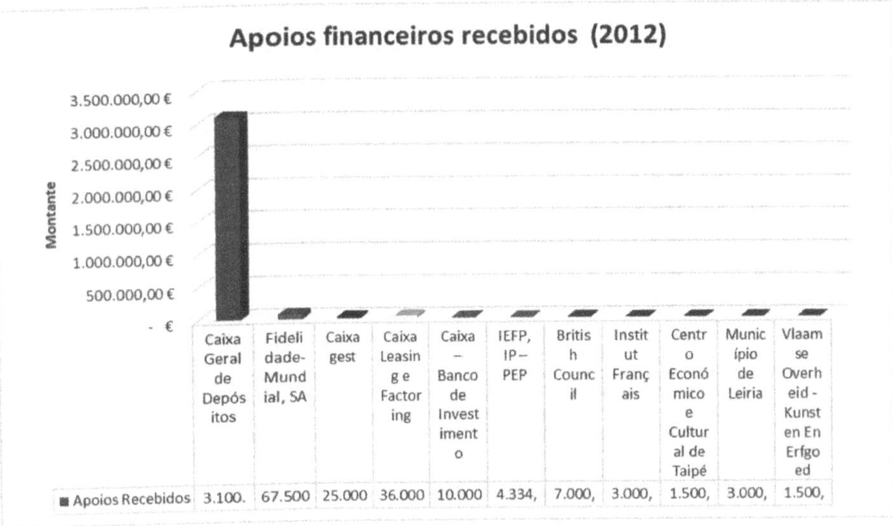
Apoios financeiros recebidos (2012)
Montante
3.500.000,00 €
3.000.000,00 €
2.500.000,00 €
2.000.000,00 €
1.500.000,00 €
1.000.000,00 €
500.000,00 €
- €
Caixa Geral de Depósitos
Fidelidade-Mundial, SA
Caixa gest
Caixa Leasing e Factoring
Caixa – Banco de Investimento
IEFP, IP – PEP
British Council
Institut Français
Centro Económico e Cultural de Taipé
Município de Leiria
Vlaamse Overheid - Kunsten En Erfgoed
Apoios Recebidos
3.100.
67.500
25.000
36.000
10.000
4.334,
7.000,
3.000,
1.500,
3.000,
1.500,

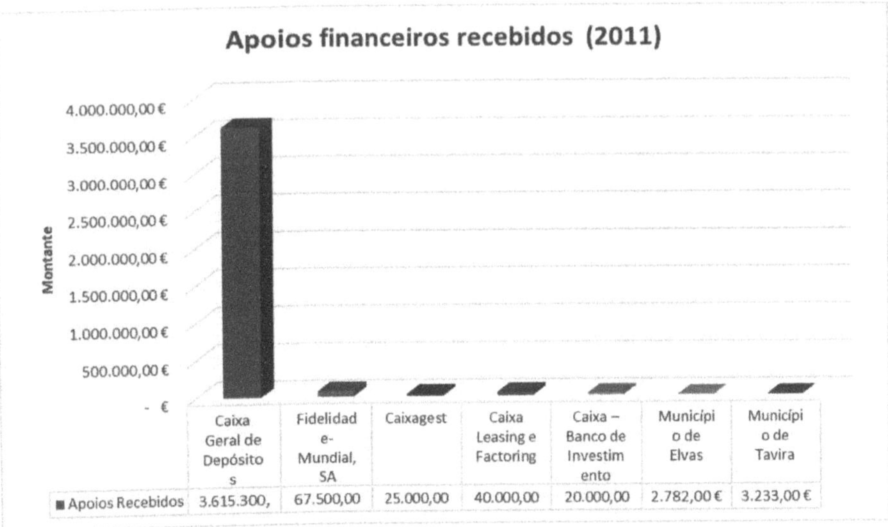
Apoios financeiros recebidos (2011)
Montante
4.000.000,00 €
3.500.000,00 €
3.000.000,00 €
2.500.000,00 €
2.000.000,00 €
1.500.000,00 €
1.000.000,00 €
500.000,00 €
- €
Caixa Geral de Depósitos
Fidelidade-Mundial, SA
Caixagest
Caixa Leasing e Factoring
Caixa – Banco de Investimento
Município de Elvas
Município de Tavira
Apoios Recebidos
3.615.300,
67.500,00
25.000,00
40.000,00
20.000,00
2.782,00 €
3.233,00 €

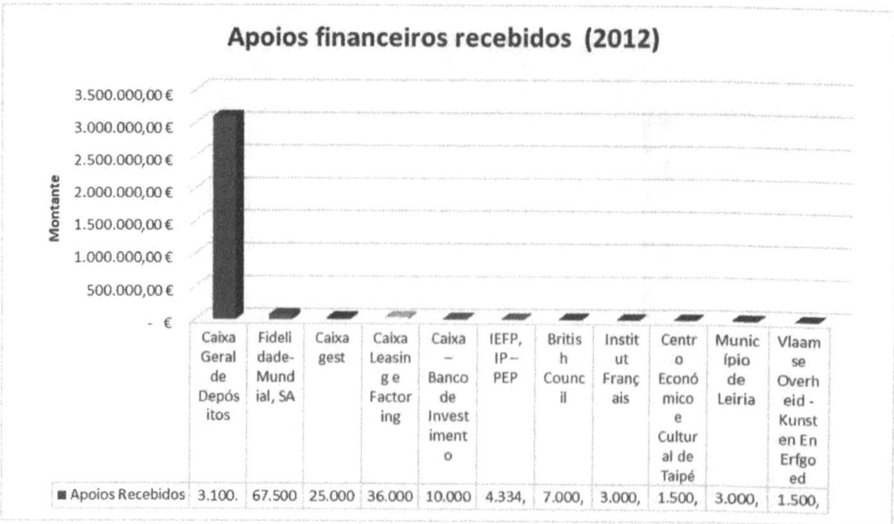
Apoios financeiros recebidos (2012)
Montante
3.500.000,00 €
3.000.000,00 €
2.500.000,00 €
2.000.000,00 €
1.500.000,00 €
1.000.000,00 €
500.000,00 €
- €
Caixa Geral de Depósitos
Fidelidade-Mundial, SA
Caixagest
Caixa Leasing e Factoring
Caixa – Banco de Investimento
IEFP, IP – PEP
British Council
Institut Français
Centro Económico e Cultural de Taipé
Município de Leiria
Vlaamse Overheid - Kunsten En Erfgoed
Apoios Recebidos
3.100.
67.500
25.000
36.000
10.000
4.334,
7.000,
3.000,
1.500,
3.000,
1.500,

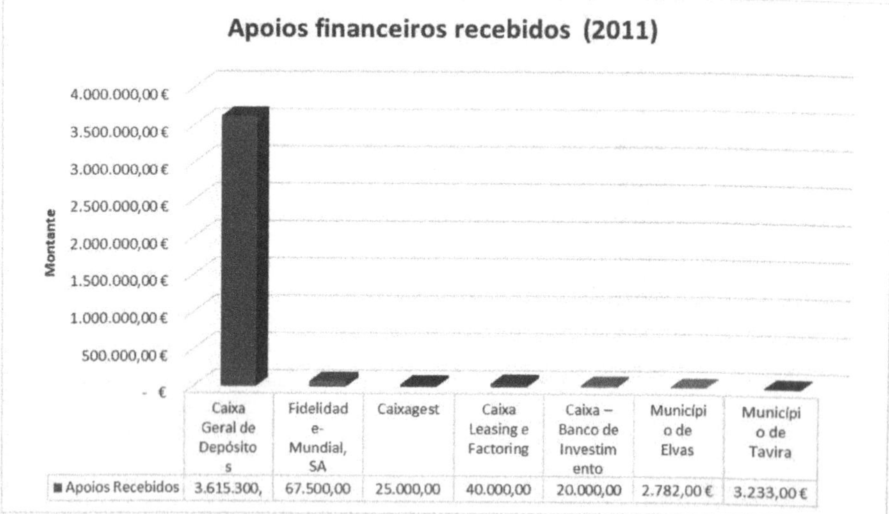
Apoios financeiros recebidos (2011)
Montante
4.000.000,00 €
3.500.000,00 €
3.000.000,00 €
2.500.000,00 €
2.000.000,00 €
1.500.000,00 €
1.000.000,00 €
500.000,00 €
- €
Caixa Geral de Depósitos
Fidelidade-Mundial, SA
Caixagest
Caixa Leasing e Factoring
Caixa – Banco de Investimento
Município de Elvas
Município de Tavira
Apoios Recebidos
3.615.300,
67.500,00
25.000,00
40.000,00
20.000,00
2.782,00 €
3.233,00 €

ANEXO G
LISTA DE BANCOS EM PORTUGAL

Fonte: https://www.rankia.pt/lista-bancos-em-portugal/, consultado a 11 de dezembro de 2019.

Lista dos **bancos em Portugal** com balcões, sucursais ou escritórios. Apenas existe um banco em Portugal que é publico: A Caixa Geral de Depósitos. Os restantes são bancos com acionistas privados, e privados não portugueses.

Barclays – Banco internacional com sede em Londres no Reino Unido, 10º maior a nível mundial, que teve perto de 140 balcões em Portugal. O negócio de retalho do Barclays em Portugal foi comprado em abril de 2016 pelo banco espanhol Bankinter por 86 milhões de euros. O negócio dos particulares, banca privada e parte da banca corporativa em Portugal passou assim a ser representada pelo Bankinter.

Novo Banco (antigo BES) – O Banco de Portugal decidiu aplicar ao Banco Espírito Santo (BES) uma medida de resolução que consiste na transferência da sua atividade para uma instituição financeira provisória, denominada **Novo Banco** (NB). Capital social de 4,9 mil milhões de euros e integralmente subscrito pelo Fundo de Resolução criado pela contribuição de todas as entidades bancárias do sistema português.

Millennium BCP – Banco Comercial Português tem o centro de decisão em Portugal, é o maior grupo financeiro privado em Portugal e o segundo em termos de quota de mercado.

ActivoBank – instituição financeira que pertence ao grupo Millennium BCP com uma actividade centrada essencialmente através do *homebanking* pelos canais de internet, telemóvel e telefone.

Santander Totta – Grupo financeiro liderado pelo Banco Santander, o maior da zona euro e o quarto a nível mundial, teve origem na cidade de Espanha com o mesmo nome.

Montepio – Associação Mutualista – Grupo da economia social, que integra um banco e um conjunto de empresas com serviços que vão desde os seguros à gestão de centros residenciais.

Banco do Brasil – Instituição financeira brasileira estatal e está presente em território português desde 1972. A sua principal função é apresentar soluções sob medida para os brasileiros residentes em Portugal e para portugueses com vínculo ao Brasil.

Itaú BBA – Maior corporate & *investment bank* da América Latina e faz parte do grupo Itaú Unibanco, um dos maiores conglomerados financeiros do mundo. O seu target são investidores institucionais e as empresas com alta faturação.

EuroBic – Nova marca da banca a retalho do Banco BIC Português. A marca anteriormente conhecida como simplesmente BIC foi alterada a 27 de julho depois de uma decisão do tribunal ter obrigado a mudança, na sequência de uma acção judicial do Banco BIG que se queixava das semelhanças entre a imagem e marca de ambas as instituições.

ABANCA – banco líder do noroeste de Espanha, contando com 640 balcões, 4.615 colaboradores e um volume de negócios de 65.531 milhões de euros. Desde dezembro de 2011 que registou uma Sucursal em Portugal. No dia 27 de março de 2018 o ABANCA divulgou a compra da rede de Particulares e Banca Privada do Deutsche Bank Portugal. A aquisição representa uma carteira de crédito de 2.4 mil milhões de euros, 1.000 milhões de euros em depósitos e 3.1 mil milhões de euros de ativos sob gestão. A rede comercial do Deutsche Bank em Portugal adquirida pelo ABANCA conta com 41 agências localizadas na sua maioria nas cidades de Lisboa e Porto. A integração será concluída no primeiro semestre de 2019.

Banco Carregosa nasceu oficialmente em 2008 com a autorização do Banco de Portugal para o projeto de fusão e transformação da sociedade já existente, dedicando-se à banca privada. A casa financeira que lhe deu origem foi constituída em 1833 com sede na cidade do Porto. Em 2000 lançou um serviço pioneiro de corretagem online.

Banco Português de Gestão – constituído em 2000 tendo como acionista de referência a Fundação Oriente. O Banco fixou desde o início, como sua orientação estratégica, o desenvolvimento de competências bancárias especializadas no amplo setor interno da economia social. Possui uma carteira de operações ativas e passivas de qualidade e diversificada, em que estão presentes muitas instituições de referência que operam nesta área. Simultaneamente, dentro dos limites da sua dimensão, foi desenvolvendo gradualmente a sua presença em duas outras áreas. Na área dos investimentos em mercados financeiros, gerindo uma carteira própria e de clientes de referência.

Bank of China (BOC) – banco estatal, nasceu em fevereiro de 1912 e é um dos maiores bancos da República Popular da China (RPC). Tornou-se na instituição financeira daquele país mais internacional, fornecendo uma gama abrangente de serviços financeiros a clientes em todo o continente chinês, Hong Kong, Macau, Taiwan e 36 mais países estrangeiros. O seu Core Business é a banca comercial, incluindo *corporate banking*, serviços bancários pessoais e serviços nos mercados financeiros.

Banco Credit Suisse abriu uma sucursal em Portugal através da sua filial do Luxemburgo. A Instituição de Crédito Suíça foi fundada em 1856 e está sediada em Zurique. Desde julho de 2013 abriu o seu escritório em Lisboa com atendimento ao público.

PrivatBank é um dos bancos mais antigos da Letónia e está representado em Portugal através de uma Sucursal. Tem mais de 22 milhões de clientes em 12 países do Mundo e ocupa o nono lugar no Top 10 dos maiores bancos da Europa Central e de Leste.

Banco de Sabadell está presente em Portugal através de uma sucursal localizada em Lisboa. O Banco Sabadell é o quarto maior grupo bancário privado espanhol, formado por diferentes bancos, marcas, subsidiárias e empresas de investimento que cobrem todas as áreas do negócio financeiro.

Esta instituição nasceu na cidade de Sabadell na Catalunha em 1881, tendo-se dedicado exclusivamente à banca comercial a partir de 1907. Em 1978 inicia a sua expansão internacional com abertura de escritórios na City de Londres no Reino Unido.

Haitong Bank S.A – banco de investimento com sede em Portugal e faz parte da Haitong Securities, que é uma grande empresa de valores mobiliários na China, fornecendo serviços como banca de investimento, finanças, fusões e aquisições, gestão de ativos, fundos mútuos e *private equity*, bem como corretagem de ações e futuros.

Banco CTT – detido a 100% pelos Correios de Portugal e está devidamente credenciado para exercer a actividade bancária em território nacional. A oferta de serviços e produtos assenta numa lógica de baixo custo, simples e competitiva. As operações bancárias de contacto com o publico desenvolvem-se nas Lojas CTT, canais na internet e através de aplicação para smartphone e tablet.

Bankinter iniciou a sua actividade em Espanha durante o mês de junho de 1965 atuando como um banco industrial. Em 1972, passou a cotar-se na Bolsa de Madrid, tornando-se num banco comercial completamente independente. Bankinter adquiriu o negócio de retalho em Portugal do Barclays por

86 milhões de euros, tendo iniciado a sua operação no mercado português no início de abril de 2016 com a mudança de imagem das fachadas das antigas agências do Barclays, numa remodelação que abrangeu 84 balcões em todo o país. A integração total do negócio bancário decorreu até ao final de 2016.

Banco BPI – lidera um grupo financeiro, multifacetado, centrado na atividade bancária em Portugal, dotado de uma oferta completa de serviços e produtos financeiros para os clientes particulares, instituições e empresas. Foi recentemente adquirido pelo espanhol La Caixa, mas manteve o nome português.

CGD Caixa Geral de Depósitos – sociedade anónima de capitais exclusivamente públicos e a sua atividade equipara-se a qualquer outro banco. A Caixa Geral de Depósitos,

S.A. (Caixa ou CGD), fundada em 1876, é uma sociedade anónima de capitais exclusivamente públicos. A transformação em sociedade anónima ocorreu em 1 de setembro de 1993, através do Decreto-Lei no 287/93, de 20 de agosto, que aprovou igualmente os respetivos estatutos. Em 23 de julho de 2001, a Caixa incorporou por fusão o Banco Nacional Ultramarino, S.A. (BNU).

CaixaBI – Caixa Banco de Investimento – braço de investimento do Grupo Caixa Geral de Depósitos com negócio centrado nos investidores institucionais como autarquias e institutos públicos, médias e grandes empresas, particulares com aplicações financeiras e trading.

BBVA – Banco Bilbao Vizcaya Argentaria é um grupo de serviços financeiros com uma sólida posição em Espanha e uma forte presença internacional em 30 países.

Deutsche Bank iniciou a sua actividade em Portugal em 1978, mas foi em 2011 que se converteu de filial para sucursal tornando-se assim num banco de direito alemão. Foi fundado em 1870 na cidade de Berlim, conta atualmente com serviços financeiros em 73 países do Mundo e 80.000 funcionários. Em Portugal chegou a ter mais de 60 sucursais e promotores. A 27 de Março de 2018, o Deutsche Bank comunicou a venda do seu negócio nacional de retalho, *Private and Commercial Clients* (PCC) em Portugal, ao Banco ABANCA.

Foi fundado em 1870 na cidade de Berlim, conta atualmente com serviços financeiros em 73 países do Mundo e 80.000 funcionários. Em Portugal chegou a ter mais de 60 sucursais e promotores. A 27 de Março de 2018, o Deutsche Bank comunicou a venda do seu negócio nacional de retalho, Private and Commercial Clients (PCC) em Portugal, ao Banco ABANCA.

Banco Invest é participado totalmente pela holding Alves Ribeiro – Investimentos Financeiros, SGPS. Nasceu em 1997 com o nome Banco Alves Ribeiro, em 1998 foi criada a Probolsa dedicada aos serviços de Corretagem e a Invest Gestora de Fundos. Em outubro 2005 assume o nome pelo qual é hoje conhecido.

Banco Finantia é uma instituição financeira independente com origem em Portugal e especializada nas áreas de negócio da Banca de Investimento, Privada e Corporate. A instituição direcionada para particulares ou empresas pretende ser o segundo banco dos clientes complementando a relação com os bancos mais comerciais, focando-se no objetivo de fazer crescer a poupança e o investimento dos clientes. E uma das maiores instituições financeiras da Europa. Origem francesa, neste momento em Portugal tem mais de 10 áreas de negócio. Dona da Cetelem por exemplo, em Portugal tem mais negócio na área do crédito pessoal e seguros. Um dos maiores centros operacionais do BNP é em Portugal, tendo quase todas as áreas de suporte centralizadas em Lisboa.

ATLANTICO – estrutura acionista a Sociedade Nacional de Combustíveis de Angola, Banco Millennium Angola e GlobalPactum visa promover atividades de apoio às relações económicas e empresariais entre Angola e as suas contrapartes internacionais, em especial na Europa, através do acompanhamento e suporte dos fluxos comerciais e financeiros.

Caja de Badajoz – Banco Espanhol com 3 balcões em Portugal. Os balcões da Caja de Badajoz estão em Lisboa, Porto e Évora.

BNI Europa (Banco de Negócios Internacional Europa, S.A.) iniciou a sua atividade em Portugal no dia 16 de julho de 2014 essencialmente em 2 segmentos de actividade: banca privada e corporativa. O seu core business bancário é focado nas relações económicas entre Portugal e Angola direcionado para empresas exportadoras, multinacionais e particulares com elevado rendimento e património

O BANC – Banco Angolano de Negócios e Comércio foi fundado em 2007 e tem a sua sede em Luanda. Em Angola tem 20 balcões, 5 centros de atendimento a empresas, 155 colaboradores e perto de 15.000 clientes. Abriu um escritório de representação na capital portuguesa em novembro de 2013.

Instituição Crédito Agrícola é um grupo financeiro português que integra uma série de bancos locais, conta com 85 Caixas Regionais e com cerca de 700 balcões, uma Caixa Central e um conjunto de empresas especiais.

Banque Privée Edmond de Rothschild Europe em Portugal.

Banque Privée Edmond de Rothschild Europe estabelecido no Luxemburgo desde 1969 o é a filial mais importante deste banco suíço com sede em Genebra. Desde outubro de 2000 estabeleceu uma sucursal em Portugal. Com cerca de 700 funcionários, é o maior **Banco Suíço** no mercado financeiro do Luxemburgo. Especialista em Gestão de patrimónios, Administração e Custódia de Fundos de Investimento bem como Gestão Global de Ativos.

BiG – Banco de Investimento Global – uma instituição financeira independente a funcionar desde 1999, sediada em Portugal e detida por investidores privados, e um dos pioneiros na banca online.

Banco Best é uma instituição financeira fundada em 2001 com uma estrutura acionista composta pelo Novo Banco (Antigo BES) e conta com 56.000 clientes e 7 centros de investimento em Portugal. Atua essencialmente na Área do Banking online.

Fonte: https://www.rankia.pt/lista-bancos-em-portugal/, consultado a 11 de dezembro de 2019.

ANEXO H
AUTO DA PRIMEIRA PEDRA
AUTO DA CONSTRUÇÃO DA SEDE DA CGD (1987)

Iniciou-se, em 15 de Julho de 1987, a construção deste complexo arquitectónico, para que nele venham a ser concentrados os Departamentos Centrais da Caixa Geral de Depósitos, dispersos por vários edifícios na cidade de Lisboa.

Reunindo características específicas e obedecendo a imperativos de natureza programática e urbanística, a sua concepção tem em conta a representatividade inerente ao peso histórico da Instituição e à posição que a mesma ocupa no sistema financeiro português, bem como a intervenção marcante e adequada inserção do complexo na malha urbana de Lisboa.

Para além do Conselho de Administração, dos Departamentos Centrais e da Agência Central, que, no seu conjunto, constituirão o principal factor de vivência do complexo, também os Serviços Sociais aqui terão as suas instalações com as infraestruturas necessárias ao desempenho das suas actividades lúdicas e de assistência médica.

O complexo incluirá também um Centro de Actividades Culturais e de Formação destinado a manifestações de carácter cultural, artístico e científico, especialmente no domínio da actividade económico-financeira, envolvendo a instalação de auditório, museu, galeria de exposições, centro de formação profissional e centro de documentação, este com acesso à consulta do público.

Foi dimensionado tendo em vista comportar uma população profissional na ordem das 3500 pessoas, possuindo uma área de construção de 210 000 m², distribuída por 15 pisos.

O processo que conduziu a que nesta data se principie a construção teve praticamente início quando, através da resolução do Conselho de Ministros, n.º 185/81, de 13 de Agosto, foi obtida autorização governamental para aquisição do terreno pertencente à Companhia das Fábricas de Cerâmica Lusitânia, SARL, uma vez que este reunia as condições que se revelaram impossíveis de obter conjuntamente em qualquer outro local da cidade.

Perante a importância e dimensão do projecto a levar a efeito, a mobilização de meios materiais, técnicos e humanos exigida para a implementação do empreendimento, o Conselho de Administração, na altura composto por

Presidente — Alberto Alves de Oliveira Pinto
Vice-Presidente — José Pires Lourenço
Vogais — José Nicolau Pires Correia
— Raul da Silva Pereira
— António de Sousa Ribeiro Moreira
— José Alberto Vasconcelos Tavares Moreira
— José Joaquim Fragoso
— José João Ferreira Vaz de Mascarenhas

na sua reunião de 10 de Novembro de 1981, através do Despacho n.º 135/81, decidiu criar, na dependência directa da Administração, o Gabinete para as Novas Instalações dos Departamentos Centrais da Caixa (G.N.I.), ao qual ficou confiada a centralização, coordenação, dinamização e acompanhamento dos trabalhos e acções a levar a efeito, com vista à definição de orientações, concepção e execução do respectivo projecto.

Para concretização dos objectivos pretendidos, foram, desde logo, iniciados os estudos, contactos com entidades oficiais, recolha e compilação de elementos que permitiram a preparação e abertura de um concurso entre projectistas, no sentido de encontrar o projecto que melhor resposta oferecesse, tendo o mesmo decorrido entre Maio de 1984 e o final de Janeiro de 1985.

Competindo ao Conselho de Administração da Caixa Geral de Depósitos a decisão da escolha, foi esta coincidente com a do Conselho Consultivo previsto nas condições do concurso e constituído pelas seguintes entidades:

— Representante da Câmara Municipal de Lisboa, Eng. Nuno Krus Abecasis (Presidente)
— Representante do Conselho Superior de Obras Públicas, Eng. Jorge Carvalho de Mesquita (Inspector-Geral)
— Representante do Instituto Português do Património Cultural, Dr. João Palma Ferreira (Presidente)
— Representante da Academia Nacional de Belas Artes, Prof. Pintor Ayres de Carvalho (Presidente)
— Representante do Laboratório Nacional de Engenharia Civil, Eng.º José Teixeira Trigo (Investigador-Coordenador)
— Representante do Departamento de Arquitectura da Escola Superior de Belas-Artes de Lisboa, Prof. Arq. Augusto Pereira Brandão (Presidente do Conselho Directivo da ESBAL)
— Representante do Centro Nacional de Cultura, Dr.ª Helena Vaz da Silva (Presidente)

A referida escolha recaiu na proposta da autoria do consórcio constituído pela Lusotecna, Consultores Técnicos Industriais, SARL, e pelo Arqt.º Arsénio Raposo Cordeiro.

Desenvolvida que foi a solução proposta, é nesta data simbolicamente iniciada a construção do complexo com o lançamento da primeira pedra pelo Administrador-Geral e Presidente do Conselho de Administração da Caixa Geral de Depósitos, Alberto Alves de Oliveira Pinto, estando presentes os membros do mesmo Conselho de Administração:

Vice-Presidente — José Pires Lourenço
Vogais — José Nicolau Pires Correia
— Rui Jorge Martins dos Santos
— Fernando Gomes do Carmo
— Carlos Alberto de Oliveira Cruz
— Álvaro João Duarte Pinto Correia
— Amílcar Junqueira Martins

Lisboa, 15 de Julho de 1987